Wolfgang Imo / Jens Philipp Lanwer

Interaktionale Linguistik

Eine Einführung

Mit 40 Abbildungen und Grafiken

J. B. Metzler Verlag

Die Autoren

Wolfgang Imo ist Professor für germanistische Linguistik an der Universität Hamburg.
Jens Philipp Lanwer ist akademischer Rat am Germanistischen Institut der Universität Münster.

ISBN 978-3-476-02659-0
ISBN 978-3-476-05549-1 (eBook)
https://doi.org/10.1007/978-3-476-05549-1

Die Deutsche Nationalbibliothek verzeichnet diese Publikation in der Deutschen Nationalbibliografie; detaillierte bibliografische Daten sind im Internet über http://dnb.d-nb.de abrufbar.

J. B. Metzler
© Springer-Verlag GmbH Deutschland, ein Teil von Springer Nature, 2019

Das Werk einschließlich aller seiner Teile ist urheberrechtlich geschützt.
Jede Verwertung, die nicht ausdrücklich vom Urheberrechtsgesetz zugelassen ist, bedarf der vorherigen Zustimmung des Verlags. Das gilt insbesondere für Vervielfältigungen, Bearbeitungen, Übersetzungen, Mikroverfilmungen und die Einspeicherung und Verarbeitung in elektronischen Systemen.

Die Wiedergabe von allgemein beschreibenden Bezeichnungen, Marken, Unternehmensnamen etc. in diesem Werk bedeutet nicht, dass diese frei durch jedermann benutzt werden dürfen. Die Berechtigung zur Benutzung unterliegt, auch ohne gesonderten Hinweis hierzu, den Regeln des Markenrechts.
Die Rechte des jeweiligen Zeicheninhabers sind zu beachten.

Der Verlag, die Autoren und die Herausgeber gehen davon aus, dass die Angaben und Informationen in diesem Werk zum Zeitpunkt der Veröffentlichung vollständig und korrekt sind. Weder der Verlag, noch die Autoren oder die Herausgeber übernehmen, ausdrücklich oder implizit, Gewähr für den Inhalt des Werkes, etwaige Fehler oder Äußerungen. Der Verlag bleibt im Hinblick auf geografische Zuordnungen und Gebietsbezeichnungen in veröffentlichten Karten und Institutionsadressen neutral.

Einbandgestaltung: Finken & Bumiller, Stuttgart (Foto: shutterstock.com)

J. B. Metzler ist ein Imprint der eingetragenen Gesellschaft
Springer-Verlag GmbH, DE und ist ein Teil von Springer Nature
Die Anschrift der Gesellschaft ist: Heidelberger Platz 3, 14197 Berlin, Germany

Inhaltsverzeichnis

Vorwort und Danksagung		VII
Zeichenerklärung		IX

1	**Interaktionale Linguistik: ein erster Einstieg**	1
2	**Terminologische Klärung**	9
2.1	Kommunikation	9
2.2	Monolog und Dialog	10
2.3	Text und Diskurs	14
2.4	Gesprochene und geschriebene Sprache	17
2.5	Interaktion	30
3	**Interaktionale Linguistik: Entstehung und theoretische Annahmen**	39
3.1	Die Ursprünge: Die Soziologie des Alltags nach Schütz	39
3.2	Der Weg von der Theorie zur Methode: Die Ethnomethodologie nach Garfinkel	43
3.3	Die ethnomethodologische Konversationsanalyse	48
3.4	Von der Soziologie zur Linguistik: die Interaktionale Linguistik	59
3.5	Die Grenzen der Interaktionalen Linguistik: Multimodale Analysen	66
4	**Interaktionale Linguistik: Methode und Umgang mit Daten**	69
4.1	Die empirische Grundhaltung der Interaktionalen Linguistik	71
4.2	Interaktionale Sprachdaten	72
4.3	Der Umgang mit Gesprächsdaten: Transkription	81
4.4	Technische Hilfsmittel	105
4.5	Multimodale Transkripte	120
4.6	Leitfragen für die Analyse	132
5	**Interaktionale Sprache und Zeitlichkeit**	139
5.1	Das Konzept der On line-Syntax	140
5.2	On line- vs. Off line-Syntax	143
5.3	Projektionen und Retraktionen als Grundoperationen einer *Online*-Syntax	146
5.4	Gestalten und potenzielle Gestaltschlüsse	151
5.5	Zeitlichkeit	154
5.6	Zukünftige Forschungsfragen	170
6	**Sequenzialität**	171
6.1	Das Turn-Taking-System	172
6.2	Das Reparatursystem	175

6.3	Nachbarschaftspaare	177
6.4	Themen und größere Sequenzen	179
6.5	Ellipsen und sequenzielle Position	180
6.6	Routinierte Sequenzmuster zur Lösung kommunikativer Probleme: kommunikative Gattungen	187

7 Interaktionale Sprache und Prosodie ... 191

7.1	Prosodie: Ein Phänomen mit vielen Gesichtern	191
7.2	Die phonetisch-phonologische Beschreibung prosodischer Gestaltungsmittel	198
7.3	Relevanz für die eigene Forschungspraxis	215

8 Bedeutungskonstitution in der Interaktion ... 217

8.1	Verstehen dokumentieren, thematisieren und manifestieren	220
8.2	Wortbedeutung interaktional: Was heißt *quasi*?	236

9 Interaktionale Sprache und Multimodalität ... 245

9.1	Eingrenzung des Gegenstandsbereichs	246
9.2	Bestimmungsstücke multimodaler Interaktion	249
9.3	Mögliche Themenfelder multimodaler Untersuchungen	259
9.4	Implikationen für die eigene Forschungspraxis	263

10 Interaktionale Sprache und Varietäten ... 265

10.1	Varietäten aus lebensweltlicher Perspektive	265
10.2	Sprachvariation im Gespräch	270
10.3	Probleme des methodischen Zugriffs	278

11 Interaktionale Schriftlinguistik ... 283

11.1	Fallstudie I: Nachbarschaftspaare	286
11.2	Fallstudie II: Emojis	289
11.3	Zukünftige Forschungsfragen	293

12 Angewandte Interaktionale Linguistik ... 295

12.1	›Reine‹ und ›angewandte‹ Linguistik	295
12.2	Fallbeispiel: Der Einsatz von Kurznachrichteninteraktionen zur Vermittlung von Modalverben	300

13 Literatur ... 307

14 Sachregister ... 335

Vorwort und Danksagung

Bei diesem Buch handelt es sich um eine an Bachelor- und Masterstudierende adressierte Einführung in die Interaktionale Linguistik. Naturgemäß ist es in einem solchen Rahmen nicht möglich, auf alle Forschungsbereiche innerhalb der Interaktionalen Linguistik einzugehen. Parallel zur Fertigstellung dieser Einführung erschien von den Begründerinnen der Interaktionalen Linguistik das Textbook *Interactional Linguistics* (Couper-Kuhlen/Selting 2018) mit dem beeindruckenden Umfang von über 900 Seiten. Es liegt auf der Hand, dass sich eine solche Seitenzahl für ein Einführungswerk verbietet, so dass manche Forschungsbereiche wie die Interkulturelle Kommunikation, sprachkontrastive Ansätze, die Analyse von Erzählungen, die Analyse institutioneller Kommunikation, Stance-Taking und Positionierung, die Konstruktion sozialer Identitäten oder die Analyse massenmedialer Kommunikation hier nicht oder nur am Rande dargestellt werden konnten. Zur entsprechenden Vertiefung und zu einem Überblick über weitere Themengebiete der Interaktionalen Linguistik als die in dieser Einführung vorgestellten sei daher u. a. auf das oben genannte Textbook verwiesen. Wir hoffen, dass unsere Themenselektion dennoch einen guten Überblick und Einstieg in das Thema bietet. Zu besonderem Dank sind wir vor allem Susanne Günthner für ihre detaillierten und äußerst wertvollen Kommentare verpflichtet. Ebenso danken wir den Teilnehmer/innen des Seminars »Interaktionale Linguistik« im SoSe 2018 an der Universität Hamburg, an denen das Manuskript sozusagen getestet wurde, für ihre Kritik und Kommentare. Außerdem möchten wir uns bei Nathalie Bauer, Isabella Buck und Juliane Schopf für die akribische Durchsicht einzelner Manuskriptteile bedanken. Bleibt schließlich noch die schöne Formulierung aus englischsprachigen Vorworten: All remaining errors are our own!

Zeichenerklärung

Audiodaten: Für alle Transkriptbeispiele, die mit dem Lautsprechersymbol 🔊 gekennzeichnet sind, liegen Audiodaten vor.

Diese stammen aus drei Quellen:

1. Gespräch »Rohrbruch«. Dieses Gespräch wird oft verwendet. Es wird mit dem Lautsprechersymbol, gefolgt von einem R, gekennzeichnet: 🔊R

    Download unter: http://www.verlag-gespraechsforschung.de/2006/raabits.htm

1. Gespräch »widerlicher Kerl«. Auch dieses Gespräch wird mehrfach verwendet. Es handelt sich um das Illustrationsbeispiel des GAT-Transkriptionssystems und wird mit 🔊G gekennzeichnet.

    Download unter: http://agd.ids-mannheim.de/gat.shtml

    Es empfiehlt sich, diese beiden Gespräche vorab herunterzuladen, da oft mit ihnen gearbeitet wird.

1. Die übrigen Gespräche stammen aus dem Forschungs- und Lehrkorpus FOLK des IDS Mannheim, für die man sich zunächst anmelden muss (s. Kap. 4.2.1). Diese Beispiele werden durch das Lautsprechersymbol, gefolgt von der Datenbanknummer des betreffenden Gesprächs, gekennzeichnet: z. B. 🔊FOLK_E_00190

    Anmeldung *FOLK*: http://dgd.ids-mannheim.de/dgd/pragdb.dgd_extern.welcome

Kurznachrichtendaten: Neben Audiobeispielen werden für die Illustration schriftlicher Interaktion Beispiele aus der Mobile Communication Database MoCoDa 1 (von der inzwischen mit der MoCoDa 2 eine Nachfolgeversion vorliegt) verwendet. Diese werden durch MoCoDa 1 oder 2 sowie die jeweilige Datenbanknummer (z. B. #2320) gekennzeichnet. Mit der Datenbanknummer lassen sich die Kurznachrichteninteraktionen schnell in der Datenbank auffinden.

	MoCoDa 1	MoCoDa 2
URL	http://mocoda.spracheinteraktion.de/	https://db.mocoda2.de/
Passwort	deutschunterricht2018	[wird elektronisch vergeben]

1 Interaktionale Linguistik: ein erster Einstieg

Linguistik ist die wissenschaftliche Disziplin, die es sich zur Aufgabe gemacht hat, Sprache zu beschreiben und zu erklären. So einfach sie klingt, so kompliziert ist diese Aufgabe: Auf der einen Seite kann man sich beispielsweise dafür entscheiden, alle Sprachen der Welt zu analysieren und zu kontrastieren, um die Funktionsweise von menschlicher Sprache zu ermitteln – eine gewaltige, praktisch nicht zu bewältigende Arbeit. Auf der anderen Seite kann man sich auf die Beschreibung und Erklärung einer Einzelsprache beschränken, wie zum Beispiel auf das Deutsche. Doch selbst bei der Beschränkung auf nur eine Sprache gibt es unzählige Herangehensweisen:

- Man kann versuchen, eine *formale* Beschreibung einer Sprache zu liefern – im Extremfall z. B. eine computerlesbare Version der deutschen Grammatik zu entwickeln,
- man kann versuchen, die *Funktionen* der Sprache zu erfassen,
- man kann die historischen Stufen und die Entwicklung nachzeichnen,
- man kann die verschiedenen medialen Formen von Sprache (Laute, Schriftzeichen, Gebärden) oder
- die unterschiedlichen Beschreibungsebenen (Phonologie, Morphologie, Syntax, Semantik, Pragmatik) in den Blick nehmen oder schließlich
- sprachliche Variation (Dialekte, Soziolekte, Jugendsprache, Fachsprachen etc.) untersuchen (ein Abriss über die unterschiedlichen Zugänge innerhalb der Linguistik findet sich im ersten Kapitel der Einführung *Sprachwissenschaft: Grammatik – Interaktion – Kognition* von Auer 2013).

Ziel dieses Buches: In dieser Einführung steht ein weiterer möglicher Zugang zu Sprache im Mittelpunkt, der in gewisser Weise quer zu den bisher genannten liegt: Man kann die Frage stellen, was Sprache auszeichnet, die in sozialer Interaktion verwendet wird, bei der also ein mehr oder weniger spontaner, sich zeitlich entwickelnder Austausch zwischen den Interaktionspartner/innen stattfindet, bei dem in einer gemeinsamen ›Arbeit‹ situations- und kontextabhängig Bedeutung und Struktur hergestellt wird (z. B. ein Gespräch mit Freunden beim Abendessen, ein Telefongespräch oder ein WhatsApp-Chat zwischen Geschwistern etc.). Entsprechende Untersuchungen beziehen dabei selbstverständlich immer auch unterschiedliche mediale Formen, Beschreibungsebenen, Varietäten etc. ein, wobei der Gegenstandsbereich aber eben auf Sprachgebrauch eingegrenzt wird, dem eine kollaborative und sequenzielle Struktur zugrunde liegt. Im Kontrast dazu steht entsprechend Sprachgebrauch, der vorgeplant und möglicherweise sogar mehrfach redigiert ist, bei dem also Bedeutung und Struktur vorab von der Sprecherin oder dem Schreiber gesetzt wurden und bei dem die Kommunikationspartner keine (oder nur

Sprache in sozialer Interaktion

J. B. Metzler © Springer-Verlag GmbH Deutschland, ein Teil von Springer Nature, 2019
W. Imo / J. P. Lanwer, *Interaktionale Linguistik*,
https://doi.org/10.1007/978-3-476-05549-1_1

sehr eingeschränkte) Möglichkeit der Reaktion haben (z. B. ein Roman, ein Zeitungstext, eine Predigt, Nachrichten im Radio etc.).

Interesse der Interaktionalen Linguistik: Die Interaktionale Linguistik interessiert sich für jede Art interaktionaler Sprachverwendung, also für Sprachverwendung, bei der ein sequenziell strukturierter, kollaborativer und situationsgebundener Bedeutungs- und Strukturaufbau die Grundlage bildet. Der mediale Aspekt ist dabei nicht entscheidend: Interaktionale Sprache kann über das Medium Schall vermittelt werden (Unterhaltung mit einer Bekannten im Café), es können technische Apparate zur Übertragung dazwischengeschaltet sein (Telefonat) oder sie kann über Schrift, Bilder (Emojis wie im Messenger-Chat) oder Gesten wie Kopfschütteln realisiert werden. Auch Gebärdensprachen können Forschungsgegenstand der Interaktionalen Linguistik sein.

Zur Vertiefung

> **Gebärdensprachen**
>
> Häufig werden Gebärdensprachen fälschlicherweise als rein ikonische, d. h. abbildende Sprachen bezeichnet. Dies trifft jedoch nicht zu. Gebärdensprachen haben zwar tendenziell einen höheren Grad an Ikonizität als Lautsprachen, sie haben aber »nichts mit Pantomime oder Lautsprache begleitenden Gesten zu tun. Sie sind ebenso voll ausgebaute Sprachsysteme wie Lautsprachen und haben ihre eigenen Muttersprachler« (Wälchli/Ender 2013: 115). Gebärdensprachen lassen sich somit ebenfalls mit den Mitteln der Interaktionalen Linguistik analysieren wie gesprochene Einzelsprachen.

Interaktionale Sprache bestimmt unser Leben. Selbst nach dem normorientierten und am Verfassen monologischer Textsorten (Bewerbungsschreiben; Aufsatz; Bildbeschreibung etc.) orientierten Schrifterwerb in der Schule verliert sie nicht an Bedeutung. Auch die Verfasser dieser Einführung, für die eine der Hauptaufgaben in ihrem Beruf im Schreiben monologischer, schriftsprachlicher Texte besteht, kommunizieren einen Großteil ihrer Zeit mündlich oder schriftlich interaktional und nicht monologisch: In Seminardiskussionen, im Gespräch mit Kolleg/innen und selbstverständlich auch in der Freizeit beim Gespräch mit Freund/innen oder beim Schreiben von E-Mails oder Chatbeiträgen

Kontrast zwischen interaktionaler und monologischer Sprachverwendung: Die Erforschung von interaktionaler Sprachverwendung benötigt nun aber andere methodische und theoretische Konzepte als die von monologischer Sprachverwendung, denn diese beiden Varianten der Sprachverwendung unterscheiden sich sowohl formal als auch hinsichtlich der Aufgaben (und der Gewichtung der Aufgaben), die dort typischerweise erledigt werden. Um dies zu illustrieren, soll als Einstieg eine interaktional-mündliche mit einer monologisch-schriftlichen Beschwerde kontrastiert werden. Es handelt sich dabei um ein authentisches Beschwerdetelefonat sowie einen Musterbrief für eine schriftliche Beschwerde aus einem Ratgeber für das Verfassen von Geschäftsbriefen.

Zuerst wird das Transkript eines authentischen Beschwerdetelefonats präsentiert. Die Aufnahme stammt aus einer von Becker-Mrotzek/Brünner (2006) online veröffentlichten Unterrichtsreihe mit dem Titel *Gesprächsanalyse und Gesprächsführung: Eine Unterrichtsreihe für die Sekundarstufe II*. Das Transkript wurde von uns entsprechend der Vorgaben des in der vorliegenden Einführung verwendeten »Gesprächsanalytischen Transkriptionssystems 2« (GAT 2) umgeschrieben. Das Originaltranskript orientierte sich an den Konventionen der »Halbinterpretativen Arbeitstranskriptionen« (HIAT). Da es für alle, die nicht mit GAT 2 vertraut sind, etwas gewöhnungsbedürftig ist, ein wissenschaftliches Transkript eines Gesprächs zu lesen (die Konventionen werden in Kapitel 4.3 erklärt), ist es zu empfehlen, sich die Audiodatei herunterzuladen und anzuhören (http://www.verlag-gespraechsforschung.de/2006/raabits.htm).

Die Gesprächssituation besteht darin, dass nach einer sehr kalten Nacht in der Stadt viele Wasserleitungen eingefroren und dann geplatzt sind. Die Stadtwerke versuchen, die Schäden zu beheben. Dennoch kommt es in vielen Stadtteilen für die Anwohner zu langen Wartezeiten ohne Wasser. Ein erboster Kunde (K) aus dem (anonymisierten) noblen Stadtteil »Villenberg« ruft bei einem Mitarbeiter (M) des Kundendiensts der Stadtwerke an, um sich über die seiner Ansicht nach zu langsame Arbeit der Stadtwerkemitarbeiter zu beschweren (mit »Arbeiterstadt« wird ein anonymisiertes Stadtviertel bezeichnet, das vor allem von Menschen aus sozial schwächeren Schichten bewohnt wird):

Beispiel 1: Rohrbruch ◆ R

```
01  K:  JA.
02      MEIer.
03      guten MORgen [(            ).]
04  M:               [ guten MORgen.]
05  K:  wer is da ZUständig für den villenberg;
06      für diesen ROHRbruch da.
07  M:  WIR;
08  K:  SIE.
09  M:  ja.
10  K:  die lEute die (.) tUn dort GAR nichts.
11      die sitzen im Auto und wärmen sich AUF einfach.
12  M:  [ä::h (WISsen_se-)]
13  K:  [(Es is mittlerwei]le) halb EINS,
14      und wir (.) S:IND hIer;
15      eh eh in kAtastroPHAlen verhÄltnissen;=ne,
16      dat is VILlenberg,
17      dat is nicht ARbeiterstadt;
18      äh h°
19  M:  <was SOLL der quAtsch denn; <Klappern, evtl. von
        einer Computertastatur>>
20  K:  ja das Is kein QUATSCH;
21      DENN äh;
22      (--)
22  M:  OB sie in vIllenberg wohnen oder in Arbeiterstadt;
23      sie werden GLEICH behandelt von uns;
24      und es is QUATSCH;
```

```
25      die leute ARbeiten da in Arbeiterstadt,
26      da haben wir geNAUso arbeit.
27  K:  ich war JETZT grade dA gewesen.
28      die sitzen im Auto und tun GAR nichts.
29  M:  ja PASsen se mal Auf.
30      wIssen se wie lange die schon DRAUßen sind;
31      VIERundzwanzig stUnden.
32      (--)
33  K:  VIERundzwanzig stUnden-=
34      =und dann hAm die nu:r erstmal da;
35      ZWANzig zentimEter Ausgegraben;
36  M:  ja mein_se dat wär der Erste ROHRbruch da,
37      (1,0)
38  K:  aufm VILlenberg is nur Eine baustelle.
39  M:  ja is KLAR;
40      aber in ZENtrum sind zwAnzig.
41      (--)
42  K:  ja GUT aber (.) eh-
43  M:  JA:,
44      WIEderhörn;
45  K:  (TSCHÜSS.)
```

Ungeübte stellt ein solches Transkript sicherlich zunächst vor einige Probleme. Sobald man sich aber etwas eingelesen hat, erkennt man zahlreiche aus der mündlichen Alltagsinteraktion bekannte Phänomene wie Zögerungspartikeln, Pausen, Abbrüche, Gesprächsfloskeln etc. Ohne zunächst auf Details der sprachlichen Strukturen einzugehen, soll als direkter Vergleich ein Muster eines Reklamationsschreibens, entnommen aus dem Duden-Ratgeber *Geschäftskompetenz* (Duden 2014: 245), angeführt werden:

Beispiel 2: »Montageschaden«
Montageschaden vom 9. März 2020

Sehr geehrter Herr Schneider,
an den von Ihnen gelieferten Gardinen in meinem Büro habe ich große Freude.

Leider hat einer Ihrer Arbeiter bei der Montage die Wand beschädigt. Nun ist an der rechten Wand neben der Gardine ein fast 30 cm langer, mehrere Millimeter tiefer Kratzer in der Tapete.

Bitte kommen Sie doch so rasch wie möglich einmal in meinem Büro vorbei, um sich ein Bild von dem Schaden zu machen. Gemeinsam finden wir dann sicher einen Weg, wie Sie den Schaden beheben können.

Mit freundlichen Grüßen

Birgit Schröder

Interaktionale Linguistik: ein erster Einstieg

Gemeinsamkeiten und Unterschiede der Kommunikate: Beide Beschwerden, die mündliche und die schriftliche, unterscheiden sich schon auf den ersten Blick. Worin bestehen die Unterschiede? Bei der Betrachtung dieser beiden Beispiele könnte man meinen, mündliche, interaktionale und schriftliche, monologische Kommunikation unterscheiden sich vor allem im Grad der Formalität. Doch der Unterschied zwischen diesen beiden Beschwerden liegt hier weniger im Grad der Formalität oder Informalität. In beiden Fällen stehen die Kommunikationspartner in einem Verhältnis von Kunde und Anbieter zueinander. Sie siezen sich, und der Kunde bzw. die Kundin beschweren sich über eine nicht zufriedenstellende Leistung. Zudem wurde hier mit Absicht aus den Musterbeschwerden des Duden-Ratgebers eine Beschwerde-E-Mail ausgewählt, die gewisse informelle Züge enthält, was im vorliegenden Fall durch die Emotionsbekundung (die Kundin schreibt, dass sie »große Freude« an den Gardinen hat), den Einsatz einer Modalpartikel (»doch«) und das Angebot, »gemeinsam« einen Weg zur Schadensbehebung finden zu können, ersichtlich wird. In einer formellen Beschwerde wäre das nicht unbedingt in dieser Form zu erwarten.

Unterschiede auf der strukturellen Ebene: Der zentrale Unterschied liegt also weniger im Formalitätsgrad, er offenbart sich vor allem auf der strukturellen Ebene: In Beispiel 2, dem Beschwerdebrief, finden sich durchweg an standardschriftsprachlichen Normen orientierte Sätze. Das Anliegen wird unmissverständlich formuliert und ist sofort erkennbar. Alle notwendigen Informationen werden geliefert (auch der Ort des Büros ist durch den hier nicht mit abgedruckten Briefkopf mit der Adresse eindeutig erkennbar). Die Informationsübermittlung steht im Vordergrund, es wird sozusagen ›in einem Block‹ – als ein kleiner Monolog – die Beschwerde aufgesetzt, die aus den inhaltlichen Teilschritten der *Ursache* (Montage der Gardinen, dabei Zerstörung der Tapete durch den Monteur) und der *Aufforderung zur Behebung* (Einladen zur Schadensbegutachtung und Aufforderung zur Schadensbehebung) besteht.

In dem Beschwerdetelefonat aus Beispiel 1 liegt dagegen eine ganz andere Struktur vor, die den interaktionalen Anforderungen des Kommunizierens geschuldet ist: Zunächst muss der Kontakt hergestellt werden (Z. 1–4), danach wird die Zuständigkeit für die Reklamation geklärt (Z. 5–9). Dies erfolgt weder in einer normgrammatisch ›korrekten‹ noch in einer Redundanz vermeidenden Form. Statt der inkrementellen, d. h. ›nachschiebenden‹ Äußerungsproduktion und der Verwendung der beiden Deiktika »da« in der Äußerung »wer is da ZUständig für den villenberg; für diesen ROHRbruch da.« würde man in einem normorientierten schriftlichen Text eher etwas wie *Wer ist bei Ihnen für den Rohrbruch am Villenberg zuständig?* erwarten. Auch die Nachfrage »SIE« aus Zeile 8, die auf die Antwort »WIR« (Z. 8) folgt, ist nicht durch die Übermittlung von Informationen zu erklären, sondern erfüllt Funktionen des Interaktionsmanagements. Durch die Betonung und die stark fallende Tonhöhe auf »SIE.« zeigt der Kunde so etwas an wie *Ha! Jetzt hab ich sie erwischt. Machen Sie sich auf etwas gefasst.* Die folgende Äußerung, die eigentliche Beschwerde »die lEute die (.) tUn dort GAR nichts.« (Z. 11), wird dadurch bereits ›anmoderiert‹, d. h. der Kundenberater wird ›vorgewarnt‹, dass

Interaktionale Anforderungen des Kommunizierens

nun eine kritische Äußerung zu erwarten ist. Eine solche ›Anmoderation‹ nennt man Projektion (s. Kap. 5.3).

Es soll hier nun nicht im Detail das komplette Gespräch rekonstruiert werden, doch es ist leicht ersichtlich, dass der Kunde und der Mitarbeiter der Stadtwerke nicht nur Informationen austauschen, sondern vielmehr Vorwürfe bearbeiten, Kritik äußern, sich rechtfertigen, sich zurechtweisen etc. Sprache ist somit nicht einfach nur Informationsträger und -übermittler, sondern vor allem ›Interaktionsmanager‹. Mit Hilfe von bestimmten syntaktischen Strukturen können Äußerungen angekündigt oder nachträglich bearbeitet und ausgebaut werden.

Mit der Prosodie (Tonhöhenverlauf, Lautstärke, Sprechgeschwindigkeit, Rhythmus etc.) kann Ärger, Unverständnis, Empörung etc. markiert werden, und mit Wiederaufgriffsverfahren kann einerseits Kohärenz erzeugt und auf der anderen Seite aber auch Widerspruch eingeleitet werden, was in den Zeilen 31 und 33 sehr schön zu sehen ist: Der Mitarbeiter der Stadtwerke beantwortet seine Frage, wie lange die Arbeiter schon dabei sind, die Leitungen zu reparieren, mit »VIERundzwanzig stUnden« selbst. Nach einer Pause von einer halben Sekunde greift der Kunde mit der gleichen Akzentuierung, die die Länge der Zeit unterstreicht, diese Äußerung mit »VIERundzwanzig stUnden« auf und formt sie für seine Zwecke um. Während der Kundendienstmitarbeiter auf die lange Arbeitszeit und die damit einhergehende Erschöpfung der Arbeiter verweist, reinterpretiert der Kunde durch die direkt folgende Äußerung »und dann hAm die nu:r erstmal da; ZWANzig zentimEter Ausgegraben;« diese Zeitangabe als ein Zeichen für Faulheit oder Ineffektivität. Die Wiederholung von »VIERundzwanzig stUnden« drückt in diesem sequenziellen Kontext, d. h. an dieser Stelle im Gespräch in dem gegebenen Kontext, Empörung aus.

Sprachliches Handeln

Kollaboratives sprachliches Handeln: Beide Anrufer handeln also gemeinsam, sie führen gemeinsam eine Streithandlung durch. Hier ist der für die Interaktionale Linguistik zentrale Aspekt genannt: Sprache wird als Mittel zur Durchführung sprachlicher Handlungen in der Interaktion betrachtet. Ein wichtiger Unterschied zwischen monologischer und interaktionaler Sprache besteht darin, dass monologische und interaktionale Sprachverwendung unterschiedliche Schwerpunkte setzen. Nach der ethnomethodologischen Konversationsanalyse (s. Kap. 3.3), einem Ansatz, auf dem die Interaktionale Linguistik aufbaut, ist monologische Sprache auf die Übermittlung von Informationen angelegt, während dialogische (oder interaktionale) Sprache auf die gemeinsame Durchführung von (sprachlichen) Handlungen ausgelegt ist:

»Rather than starting with propositional forms and overlaying action operators, our primary characterizations need to capture the action(s) embodied in a burst of language. [...] There is every reason to suspect that grammar for talk implementing action is quite different from grammar for talk expressing propositions.« (Schegloff 1996: 113)

Die Interaktionale Linguistik geht also nicht von Propositionen aus, die mit Hilfe wohlgeformter sprachlicher Strukturen wie Phrasen, Sätze, Text etc. übermittelt werden, sondern ihr geht es darum, auch scheinbar

1 Interaktionale Linguistik: ein erster Einstieg

›chaotische‹ Äußerungen und Äußerungsfragmente (Schegloff verwendet in dem obigen Zitat den schönen Ausdruck »burst of language«, also sozusagen ›Ausbrüche‹ von Sprache), genau in den Blick zu nehmen und zu fragen, welche Funktion diese für die Durchführung von Handlungen haben.

> **Definition**
>
> Der hier verwendete Begriff der Proposition (lat. *propositio*: Vorstellung oder Thema) stammt aus den linguistischen Teilgebieten der Semantik (Bedeutungslehre) und Pragmatik (Sprachgebrauchslehre). Dort wird er dazu verwendet, um auf den Satzinhalt zu verweisen, also auf die wörtliche Bedeutung eines Satzes, unabhängig vom jeweiligen Gebrauchskontext. Ein gutes Beispiel ist die Äußerung *Es ist noch genug Kuchen da.*, die jemand am Kaffeetisch zu einem Nachbarn sagt. Die Proposition besteht dabei nur aus der wörtlichen Bedeutung, nämlich dass zu dem gegebenen Zeitpunkt von einer Einheit namens Kuchen noch eine ausreichende Menge übrig ist. Die Tatsache, dass damit ein Angebot gemacht wird, d. h. dass die Äußerung zu lesen ist als *Greif zu!*, gehört dagegen nicht zur Proposition, sondern ist Teil des pragmatischen, handlungsbezogenen Wissens der Gesprächspartner.

Handlungsbezogene Sprachbetrachtung: Es stellt sich heraus, dass gerade scheinbar – d. h. aus einer propositionalen Perspektive, die nur die Informationsübermittlung in den Blick nimmt – unnötige, redundante oder normgrammatisch ›falsche‹ Strukturen für das gemeinsame Handeln wichtige Funktionen haben: Die Äußerungsstruktur »wer is da ZUständig für den villenberg; für diesen ROHRbruch da.« (Z. 5–6) dient der Portionierung der Sprachhandlungen in eine Frage und die notwendige Hintergrundinformation. Die projizierende Floskel »PASsen se mal Auf« (Z. 29) leitet eine Zurechtweisung ein und kündigt damit sozusagen wie ein ›Warnschild‹ an, dass nun eine Handlung folgt, die von K nicht positiv bewertet werden wird. Mit »ja GUT aber« (Z. 41) kündigt der Kunde an, dass er einerseits (mit dem Vorlaufelement »ja GUT«) ein Argument seines Gesprächspartners entgegennimmt (und vielleicht sogar akzeptiert), dass für ihn damit aber der Kern seines Anliegens nicht gelöst ist und somit weitere Klärung notwendig ist (mit dem Widerspruch projizierenden Äußerungsteil »aber«). Um solche Strukturen (und viele andere) und deren interaktionale, handlungsbezogene Funktionen geht es in dieser Einführung: Eine Analyse sprachlicher Interaktion bedeutet, dass über Sprache vermittelte, kooperative, reflexiv mit dem Kontext verschränkte, intersubjektive, sequenziell strukturierte und sich im zeitlichen Prozess entwickelnde sprachliche Handlungen beschrieben und erklärt werden müssen (mehr zu diesen Begriffen in Kap. 3.4). Zugleich muss Sprache in ihrer Strukturiertheit in Bezug auf die genannten Aspekte analysiert und beschrieben werden.

2 Terminologische Klärung

2.1 Kommunikation
2.2 Monolog und Dialog
2.3 Text und Diskurs
2.4 Gesprochene und geschriebene Sprache
2.5 Interaktion

Es gibt eine ganze Reihe von überlappenden Begriffen und Konzepten, mit denen je nach Ansatz mal das gleiche Phänomen, mal verschiedene Phänomene bezeichnet werden. Dazu gehören unter anderem die Konzepte *Kommunikation*, *Diskurs* und *Text*, *Monolog* und *Dialog*, *geschriebene Sprache* und *gesprochene Sprache*, *Gespräch*, *Sprechen*, *Konversation* und *Interaktion*. Es ist also dringend notwendig, klarzustellen, worin deren Gemeinsamkeiten und Unterschiede bestehen und weshalb der Interaktionalen Linguistik das Leitkonzept Interaktion zugrunde liegt.

2.1 | Kommunikation

Mit dem Begriff und Konzept *Kommunikation* zu arbeiten, erweist sich insofern als schwierig, als der »Kommunikationsbegriff in den verschiedenen Disziplinen der Human- und Naturwissenschaft sehr uneinheitlich verwendet« (Rickheit/Strohner 1993: 17) wird. In der alltagssprachlichen Verwendung ist zwar meist klar, was man meint, wenn man *Kommunikation* oder *kommunizieren* sagt: ›Irgendwie‹ bezieht man sich auf die Übermittlung von Informationen in einem sehr weiten Sinn: Ein Hund kann durch aufgestelltes Rückenfell Kampfbereitschaft kommunizieren, Bienen kommunizieren durch den Bienentanz, in Bewerbungsgesprächen wird man davor gewarnt, die Arme zu kreuzen, da dies Ablehnung oder Distanz kommuniziere, wir können per Telefon, von Angesicht zu Angesicht, per E-Mail, per Post etc. kommunizieren, Massenmedien dienen der Massenkommunikation, die Mensch-Roboter-Kommunikation ist ein wichtiger Forschungsbereich in den Kommunikationswissenschaften und schließlich können sogar technische Geräte untereinander – zum Beispiel der Computer mit dem Drucker – kommunizieren.

Definition von Kommunikation: Diese Bedeutungsoffenheit erklärt sich aus der Etymologie des Wortes: *Kommunikation* wird von dem lateinischen Verb *communicare* abgeleitet, das Bedeutungen wie *etwas gemeinsam tun, teilen oder mitteilen* hat. Eine Kommunikation ist somit im ganz allgemeinen Sinn eine Mitteilung. Fuchs (1993: 9) stellt ironisch fest, dass Kommunikation »unbestreitbar eines der Zauberwörter dieses Jahrhunderts« sei, was genau daran liegt, dass niemand so genau weiß, was es bezeichnen soll – und es deshalb sehr flexibel gebraucht werden kann: »Wie es dem heiligen Augustin mit der Zeit erging, so ergeht es

Kommunikation als Mitteilung

J. B. Metzler © Springer-Verlag GmbH Deutschland, ein Teil von Springer Nature, 2019
W. Imo / J. P. Lanwer, *Interaktionale Linguistik*,
https://doi.org/10.1007/978-3-476-05549-1_2

dem, der das Wort Kommunikation benutzt: Ungefragt, weiß er, befragt, weiß er nicht, was es bedeutet.« Welchen Zauber dieses Wort hat, kann man auch daran ablesen, dass mit den Kommunikationswissenschaften eine eigene Disziplin entstanden ist, die sich mit den Aspekten menschlicher und nicht-menschlicher Kommunikation befasst. Auch in der Philosophie (z. B. Habermas 1981) oder der Soziologie, beispielsweise der Systemtheorie (Luhmann 1984; Schneider 1994; Baecker 2005), hat Kommunikation einen hohen konzeptionellen Stellenwert. In den soziologischen und naturwissenschaftlichen Disziplinen liegen dementsprechend zahlreiche, auf das jeweilige Forschungsinteresse zugeschnittene ›Spezialdefinitionen‹ von Kommunikation vor.

Kommunikation als Interaktion

Weiter und enger Kommunikationsbegriff: In der Linguistik wird *Kommunikation* beispielsweise von Ehlich (1996: 184) »weiter als Sprache« gefasst, wobei sie Letztere einschließt: »Kommunikation umfaßt biologisch-anthropologische Aspekte in der Gattungs- und in der individuellen Reproduktion. Sprache tritt in diesen Zusammenhang ein und wird sicher zum wichtigsten Kommunikationsmittel.« Das Mitteilen von irgendeiner Information, sei es über Sprache, Kleidung, Körperhaltung, Präsentation von Reichtum, Bevorzugen von bestimmten (Marken)Produkten etc., steht bei solchen weiten Kommunikationsdefinitionen im Mittelpunkt. Daneben gibt es aber auch einen dezidiert interaktionistischen Kommunikationsbegriff, bei dem Kommunikation durch Interaktion geradezu determiniert wird. Einen solchen Kommunikationsbegriff vertritt Gumperz (1982a; s. Kap. 2.5) in der von ihm entwickelten Interaktionalen Soziolinguistik. Von Kommunikation spricht Gumperz (1982a: 1) erst, wenn eine (sprachliche) Handlung eine Reaktion auslöst: »Only when a move has elicited a response can we say communication is taking place.« Doch selbst eine einfache Reaktion reicht noch nicht aus: Damit von Kommunikation die Rede sein kann, müssen Interaktionspartner gemeinsam Situationen schaffen:

»Der ›interaktive‹ Kommunikationsbegriff nimmt nicht eine einzelne Sprecheräußerung, sondern einen Austausch oder gar eine Sequenz von Interaktionen zum Ausgangspunkt. Denn Kommunizieren erfolgt und wird verstanden als Teil einer ›kommunikativen Ökologie‹, die aus den gemeinsamen Anstrengungen von Sprechern und Hörern besteht. Handlungstheoretisch überschreitet die so interaktiv erstandene Kommunikation den subjektiven Sinn und führt gewissermaßen ein soziales Eigenleben.« (Knoblauch 1991: 457)

Wenn in der Folge in dieser Einführung von Kommunikation die Rede ist, dann mit Bezug auf dieses enge Kommunikationskonzept, das die Interaktion als definitorischen Bestandteil hat.

2.2 | Monolog und Dialog

Mit dem *Monolog* und dem *Dialog* liegen zwei Konzepte mit einer langen Ideen- und Begriffsgeschichte vor, die bis in die Antike zurückreicht. Beide Begriffe sind verwandt, ihnen liegt das griechische *lógos* (das Wort, die Rede) zugrunde.

2.2 Monolog und Dialog

> Mit einem Monolog (griechisch *mónos*: *einzig* oder *allein*) verweist man darauf, dass eine Person alleine Sprache (mündlich oder schriftlich) produziert, d. h. entweder einen Text schreibt oder beispielsweise eine Rede hält. Ein Monolog ist also wörtlich betrachtet eine Alleinrede.
> Das Wort Dialog geht auf das griechische Verb *dialégesthain* zurück, das mit *sich unterreden*, allgemeiner auch mit *miteinander reden* übersetzt werden kann (Auer 2016). Die Vorsilbe *dia* hat dabei Bedeutungen wie *durch*, *hindurch* oder *zwischen*, im Kern ist ein Dialog also eine Zwischen-Rede, also eine Wechselrede zwischen mehreren Personen. Oft wird fälschlicherweise die Vorsilbe *di* (griechisch für *zwei* oder *zweifach*) statt *dia* angenommen und es entsteht der Eindruck, ein Dialog sei ein Austausch zwischen zwei Personen. Diese Annahme ist nicht korrekt: Ein Dialog ist als Zwischen-Rede nicht auf zwei Personen beschränkt! Dialoge können mündlich (z. B. ein Gespräch mit Freunden) oder schriftlich (Briefwechsel) realisiert werden.

Definition

Dialoganalyse: Auf dem Konzept des Dialogs baute u. a. die Dialoganalyse auf, die von Hundsnurscher (1986, 1994a, 1994b, 2001) und Weigand (1994, 2000) entwickelt wurde. Die Dialoganalyse stellt – eigentlich genau wie die Interaktionale Linguistik – den Handlungscharakter von Sprache in den Mittelpunkt. Der Handlungscharakter ist dabei eng damit verbunden, ob man monologisch kommuniziert, d. h. ein sprachliches Produkt erzeugt, auf das nicht reagiert werden kann oder soll (oder auf das zumindest keine unmittelbare Reaktion erfolgt), oder ob man dialogisch kommuniziert, d. h. seine sprachlichen Handlungen an denen von Kommunikationspartner/innen ausrichtet. Da die Analyse der sprachlichen Struktur von Monologen eine lange Forschungstradition aufweist, die Struktur von Dialogen dagegen weitgehend unerforscht blieb, war es das Ziel der Dialoganalyse, diesem Forschungsdesiderat Abhilfe zu schaffen.

Monolog vs. Dialog: Die Kommunikationskonstellationen Monolog und Dialog lassen sich allerdings nicht klar voneinander unterscheiden (s. Kap. 2.6 zur konzeptionellen Mündlichkeit und Schriftlichkeit). Es ist daher nötig, den Monolog und den Dialog prototypisch zu definieren, d. h. jeweils die Definition für den ›besten Vertreter‹ anzugeben, und von dort aus entsprechend Mischformen zu erfassen, d. h. Dialoge, die gewisse Ähnlichkeiten mit Monologen haben, und umgekehrt.

Monolog und Dialog

Prototypischer Monolog: Ein Monolog ist als Prototyp immer dann gegeben, wenn ein sprachliches Produkt hervorgebracht wird, auf das keine Reaktion eines Kommunikationspartners erwartet wird. Der prototypische Monolog soll dabei für sich alleine stehen, man muss ihn ohne Rückfragen verstehen können und er ist zudem medial schriftlich realisiert. Prototypische Monologe sind z. B. wissenschaftliche Abhandlungen, Romane oder Zeitungsartikel. Doch auch vorgeplante, medial mündliche ›Texte‹, wie die Neujahrsansprache der Bundeskanzlerin oder eine Predigt sind sehr eng am Prototyp des Monologs ausgerichtet.

Übergänge von Monolog zu Dialog: Je stärker dagegen eine Rückmeldung durch Kommunikationspartner erwartbar ist und je weniger vorgeplant ein ›Text‹ ist, desto mehr wird der Monolog dialogische Züge aufweisen: Eine politische Rede auf einem Parteitag, wo mit Protestrufen oder Beifallsbekundungen zu rechnen ist, auf die reagiert werden kann oder muss, oder wo politische Freunde und Gegner direkt adressiert werden können, ist kein reiner Monolog mehr. Auch ein Zeitungsartikel, der in einer online verfügbaren Zeitung erscheint, bei der die Artikel mit Leserkommentarfunktionen versehen sind, kann Adressierungen an die Leser/innen oder sogar Reaktionen auf vorige Leserkommentare beinhalten.

Prototypischer Dialog: Das Gegenstück zum Monolog ist der Dialog, und auch dieser ist nach Hundsnurscher (1994a: XIII) nur als Prototyp zu verstehen: Der »Prototyp des Dialogs ist die spontane mündliche Wechselrede zwischen zwei Personen face-to-face«. Die zentralen Kriterien für einen Dialog sind somit:

Kriterien für einen Dialog

- Spontaneität, d. h. es handelt sich um nicht vorgeplante Äußerungen,
- die Anwesenheit von zwei Gesprächspartnern, die beide sowohl Hörer- als auch Sprecherrollen einnehmen (ein Mehrpersonendialog gilt schon nicht mehr als Prototyp),
- zeitliche und räumliche Simultaneität (beide sind zur selben Zeit am selben Ort) und
- mediale Mündlichkeit (= gesprochene Sprache).

Beispiele eines solchen prototypischen Dialogs sind ein Gespräch beim Kaffee mit einer Bekannten oder eine Unterhaltung mit dem Partner. Es wird deutlich, dass der Dialog nicht im Sinne einer ›gehobenen‹ Gesprächsform zu verstehen ist. Ganz ähnlich wie beim Monolog kann man nun von dem Prototyp des Dialogs ausgehend Randfälle und Übergangsformen beschreiben. Die Dialoganalyse betrachtet bereits Dialoge mit mehr als zwei Personen als einen Randfall (die Interaktionale Linguistik würde das nicht tun). Ebenso sind mündliche Kommunikation mit einem geringen Potenzial der Hörerbeteiligung (Vorlesungen, Predigten), technisch vermittelte Dialoge ohne Anwesenheit von Angesicht zu Angesicht, wie im Fall von Telefonaten, schriftliche Dialoge in Briefen oder E-Mails oder auch der »»Dialog‹ zwischen Mensch und Maschine« (Hundsnurscher 1994a: XIII) als Randfälle zu nennen.

Trotz der expliziten Feststellung, dass Dialoge keinesfalls darauf beschränkt werden können, dass mehr oder weniger ›wichtige‹ Inhalte diskutiert werden und klar erkennbare Handlungszwecke vorliegen, befassen sich die Untersuchungen der Dialoganalyse dennoch häufig mit dem, was Hundsnurscher (1986: 36) als »zweckorientierte Dialogtypen« bezeichnet. Damit sind Gespräche gemeint, denen ein klarer Handlungszweck zugrunde liegt. Umgekehrt wurden »Gesprächsformen ohne klare Zweckdetermination [...] von der unmittelbaren Betrachtung zurückgestellt« (Hundsnurscher 1986: 36). Mit anderen Worten: Informelle Alltagsinteraktionen, Plaudereien zwischen Freunden, Familiengespräche o. Ä. wurden ausgeklammert.

Dialoganalyse und Zweckorientierung: Die Interaktionale Linguistik dagegen fokussiert gerade diese informellen Gespräche. Die Konzentration auf zweckorientierte Dialoge hat einen guten Grund: Die Dialoganalyse strebt eine »Klassifikation sprachlicher Handlungsformen« (Hunds-

2.2

Monolog und Dialog

nurscher 1994b: 216) an, und um das zu leisten, braucht man klar erkennbare Handlungszwecke, die bei informellen Alltagsgesprächen meist nicht vorliegen. Ebenfalls kritisch ist zu bemerken, dass angenommen wird, dass man sprachliche Handlungsformen nach ihren Handlungszwecken sinnvoll ordnen kann. Je stärker ein Gespräch institutionell verankert ist, desto fester ist sicherlich das Handlungsmuster, das von dem jeweiligen institutionellen Vertreter gesteuert wird. Bei vielen, auch im formellen Rahmen stattfindenden Gesprächen sind aber Abfolgestrukturen sprachlicher Äußerungen sehr flexibel, so dass es schwer wird, ein festes sequenzielles Muster von zweckorientierten Sprechhandlungen anzugeben. Die Fokussierung auf die Erstellung von an Zwecken orientierten Handlungsmustern ist also methodisch problematisch.

Dialoganalyse und Sprechakttheorie: Das größte Problem der Dialoganalyse hängt jedoch damit zusammen, dass sie die Sprechakttheorie (Searle 1969; Staffeldt 2014) als theoretische Grundlage heranzieht, wobei sie versucht, die Sprechakttheorie dialogisch auszugestalten. Die Definition von Dialogen in der Dialoganalyse ist, dass diese sich »aus Sprechakten zweier sprachlich Handelnder« zusammensetzen. Gerade informelle Alltagssprache mit all ihren Partikeln, Anakoluthen (Satzabbrüchen) und gestischen und mimischen Äußerungsbestandteilen lässt sich aber kaum in Sprechakten erfassen, zudem ist es ein Problem, dass bei Sprechakten die nicht beobachtbare Sprecherintention zentral gesetzt wird. Schließlich verkennt die Vorstellung eines ›Ping-Pong-Spiels‹ von aufeinanderfolgenden Sprechakten zudem, dass Dialoge eigentlich von den Interagierenden gemeinsam produziert werden (zu einer Kritik an sprechakttheoretischen Annahmen vgl. Deppermann 2015a: 337–338).

Sprechakttheorie

Kompetenz und Performanz: Die Lösung der Dialoganalyse für diese Probleme besteht darin, nicht authentische Gespräche als Grundlage zur Kategorienbildung zu nehmen, sondern von Idealtypen auszugehen, die – im Sinne der *Kompetenz* von Chomsky – quasi ›hinter‹ den tatsächlichen Gesprächen liegen. Mit anderen Worten: Authentische Gespräche wurden als »performanzbedingte Realisierungen von Typen« (Hundsnurscher 1994b: 225) wahrgenommen. Diese Typen sollten ›wohlgeformte‹ ideale Muster sein, ganz ähnlich wie die idealen Sätze bei Chomsky.

Kompetenz und Performanz

Das Begriffspaar *Kompetenz* und *Performanz* wurde von dem amerikanischen Linguisten Noam Chomsky entwickelt. Dieser sah sprachliche Äußerungen, wie sie mündlich (oder schriftlich) produziert werden (= Performanz), als unvollkommene und fehlerhafte Produkte der in den Köpfen der Sprecher/innen verankerten idealen und fehlerfreien Regeln (= Kompetenz). Die Annahme einer idealen Sprache in der Kompetenz und die Abwertung des Sprachgebrauchs als ›defekte‹ Performanz wird heute stark kritisiert. Als empfehlenswerter Sammelband, in dem aus verschiedenen Perspektiven die Frage, ob es hinter der Performanz eine Kompetenz gibt und wie diese beschaffen sein könnte, ist *Gibt es eine Sprache hinter dem Sprechen*, herausgegeben von Krämer/König (2002), zu nennen.

Zur Vertiefung

Eine Kritik an dieser Auffassung ist, dass völlig unklar ist, ob solche idealen Muster überhaupt irgendwo existieren, und ob es nicht realistischer ist, von den tatsächlich vorliegenden Daten auszugehen und die Varianz in den Daten als eine Tatsache hinzunehmen, die entsprechend auch erklärt und ernst genommen werden muss.

All die genannten Kritikpunkte – enges Musterkonzept; Unklarheit, wie Zwecke bestimmt werden sollen; Probleme der Sprechakttheorie u. a. in Bezug auf deren oft recht unkritische Annahme von Intentionen; Annahme von idealisierten Mustern statt Fokussierung auf die Daten – werden von der Interaktionalen Linguistik ernstgenommen und zu beheben versucht.

2.3 | Text und Diskurs

Mit dem *Diskurs* liegt ein besonders problematisches Konzept vor, weil es inzwischen mindestens drei sehr unterschiedliche Arten von Diskursanalysen gibt, die alle ein jeweils anderes Diskursverständnis haben (ausführlich Wooffitt 2005).

Foucault'sche Diskursanalyse: Diese Variante der Diskursanalyse ist von den Arbeiten des französischen Philosophen Michel Foucault inspiriert. Diskurs wird dabei als die Sammlung aller sprachlichen – geschriebenen und gesprochenen, monologischen und dialogischen – Äußerungen betrachtet, die zu einem bestimmten Thema in einer Gesellschaft kursieren (Foucault 1971/2001). Dieser Diskursanalyse geht es darum, zu analysieren, wie und zu welchem Zweck sprachliche Äußerungen ideologische, politische, soziale, wirtschaftliche etc. Positionen transportieren oder wie sie das Denken und Handeln der Menschen beeinflussen. Ein Fall für eine diskursanalytische Untersuchung ist z. B. die sprachliche Repräsentation der Flüchtlingspolitik Deutschlands. In diesem Fall würde man u. a. Zeitungs- und Zeitschriftenartikel, wissenschaftliche Publikationen, Fernseh- und Radionachrichten, Talksendungen, Wahlprogramme von Parteien, politische Reden, idealerweise (wenn auch in der Realität diskursanalytischer Untersuchungen meist vernachlässigt) auch informelle Gespräche über das Thema sammeln und fragen, wer welche Positionen vertritt und Interessen verfolgt, mit welchen sprachlichen Mitteln das geschieht, welche Metaphern verwendet werden (z. B. *Flüchtlingswelle* oder *Das Boot ist voll.*), wie diese Metaphern das Denken lenken usw. Es stehen also nicht im engeren Sinn sprachliche Phänomene im Mittelpunkt, sondern die Analyse von gesellschaftlich relevanten Themenbereichen, die mit Hilfe der Analyse sprachlicher Produkte erfasst werden sollen.

Die Kritische Diskursanalyse ist eng verwandt mit der Foucault'schen Diskursanalyse. Sie ist ebenfalls nicht primär an sprachlichen Mitteln und Strukturen per se interessiert, sondern daran, wie mit Hilfe von Sprache gesellschaftliche Strukturen, und dabei vor allem Machtstrukturen, geschaffen, aufrechterhalten und begründet werden. Explizit wird dabei das Anliegen verfolgt, an diesen Machtstrukturen Kritik zu üben. In seiner

2.3 Text und Diskurs

Einführung in die kritische Diskursanalyse stellt Blommaert (2005: 1) dieses Interesse schon im ersten Satz klar heraus: »Power is not a bad thing – those who are in power will confirm it.« Der Impetus einer machtkritischen Analysehaltung ist unverkennbar. Auch die kritische Diskursanalyse bezieht potenziell alle möglichen gesellschaftlichen Diskurse (d. h. beobachtbare Manifestationen von Haltungen und Einstellungen) in die Analyse mit ein. In der Praxis werden meist ebenfalls schriftliche Texte für die Analyse verwendet.

Linguistische Diskursanalyse: Während die ersten beiden Diskursanalysen eher soziologischer Natur sind, aber Sprache als ihren Untersuchungsgegenstand wählen, nimmt die dritte Variante der Diskursanalyse, die linguistische Diskursanalyse, Sprache nicht nur als Datenlieferant, sondern sie interessiert sich für die sprachlichen Strukturen selbst, genauer für die Regularitäten, die sich in sprachlichen Interaktionen – und hier primär in der gesprochenen Sprache – finden lassen. Wooffitt (2005: 39) fasst das Erkenntnisinteresse der linguistischen Diskursanalyse wie folgt zusammen:

> »So, mirroring the analysis of grammatical rules which ordered the combination of clauses, verbs, nouns and so on, attempts were made to discover if episodes of verbal interaction displayed quasi-syntactical rules. In this way, analysts tried to identify the formal architecture of real-life speech situations and the formal rules which governed the production of speech acts.«

Wie auch der im vorigen Kapitel dargestellten Dialoganalyse geht es der linguistischen Diskursanalyse um die Rekonstruktion von (typischerweise gesprochener) Sprache, die in der Interaktion, also nicht monologisch, eingesetzt wird. Einschlägige Arbeiten aus dem angelsächsischen Raum sind dabei u. a. Brown/Yule 1983, Coulthard (1977), Coulthart/Montgomery (1981) und Schiffrin (1994). Da im Deutschen eine etablierte und bekannte Variante einer solchen Form der linguistischen Diskursanalyse vorliegt, wird beziehen wir uns im Folgenden nur auf diese.

Diskursanalyse und Funktionale Pragmatik: Die im deutschen etablierte linguistische Diskursanalyse wurde vor allem von Ehlich (1996), Rehbein (2001) und Redder (2008) entwickelt. Dabei finden sich bei den Autor/innen selbst zwei alternative Bezeichnungen für diese Forschungsrichtung, die austauschbar verwendet werden können: Diskursanalyse (Rehbein 2001) und Funktionale Pragmatik (Ehlich 1996; Redder 2008). Wenn von nun an in der Folge von Diskursanalyse die Rede ist, ist stets die Funktionale Pragmatik gemeint.

Funktionale Pragmatik

Definition von Text und Diskurs: In der Diskursanalyse wird versucht, eine möglichst genaue Definition von Texten und Diskursen zu liefern, und die Unterschiede zwischen beiden konsequent an sprachlichen Merkmalen festzumachen:

> »Da Diskurse durch die Sprechsituation (allgemeiner: die Handlungskonstellation) ›getragen‹ werden, Texte die Konstellationselemente in verbalisierter Form enthalten, ergeben sich einige phänographische Unterschiede: Während im Diskurs Sequenzen und Verkettungen sprachlicher Handlungen emergieren, werden in Texten sprachliche Handlungen ausschließlich verkettet; während im Diskurs

die Aktanten auf außersprachliche Objekte im Wahrnehmungsraum und in anderen Räumen deiktisch orientieren, wird im Text Wissen eher lexikalisiert (symbolisiert) und in propositionaler Struktur präsentiert; in Texten haben Äußerungen gewöhnlich – im Unterschied zum Diskurs – Satzform. In Texten ist die Konnektivität mannigfaltig und explizit ausgeprägt (einschließlich komplizierter Phorik), in Diskursen häufig der Mitkonstruktion des Hörers überlassen. Texte sind Planungsresultate, Diskurse bilden Pläne in statu nascendi und funktionalisieren z. B. Herausstellungen [...] und Nachträge, Einschübe usw. Nicht zuletzt sind Diskurse in nonverbal-korporelle Kommunikation eingebettet, Texte hingegen auf mediale Repräsentationen angewiesen.« (Rehbein 2001: 929)

Diese Definition ist äußerst komplex. Gemeint ist damit, dass Diskurse stets in konkrete Situationen eingebettet sind. Man kann z. B. in einem Diskurs unmittelbar Bezug auf die Umgebung nehmen, man kann seinen Gesprächspartner mit einer Kopfbewegung auf einen Gegenstand hinweisen, man kann auf ein Stirnrunzeln direkt reagieren, indem man seine eigenen Äußerungen sozusagen ›live‹ modifiziert, man kann mit Deiktika (sprachlichen Zeigeausdrücken) wie *hier*, *dort*, *gleich* oder *vorher* von der Sprecherorigo aus sprachlich zeigen, und es ist möglich, darauf zu verzichten, genau anzugeben, worauf sich eine Äußerung bezieht, sofern der Kontext das klar macht. Bei Texten ist dies nicht möglich, d. h. alles, was sich auf die Situation bezieht, muss explizit verbalisiert werden: Aus *vorher* muss beispielsweise *am 15.4.2016 um 13 Uhr* werden, aus *Klappt so nicht!* muss *Dein Versuch, die Bierflasche mit einem Feuerzeug zu öffnen, klappt so nicht!* werden etc. Neben diesen eher konzeptionellen Merkmalen, die offen lassen, ob Diskurse und Texte mündlich oder schriftlich sind, wird in der Diskursanalyse darüber hinaus auch noch das mediale Merkmal hinzugefügt, dass Diskurse sich auf eine gemeinsame Anwesenheit der Interagierenden beziehen und mündlich stattfinden, während Texte keine gemeinsame Anwesenheit voraussetzen und ein Übertragungsmittel (Papier, Computer etc.) benötigen: »Diskurse [sind] als sprachliche Tätigkeiten von zwei oder mehr Aktanten bestimmt, die in einer Sprechsituation kopräsent sind. Die sprachlichen Tätigkeiten im Diskurs sind flüchtige kommunikative Prozesse« (Rehbein 2001: 929). Dabei geht die Diskursanalyse sehr viel restriktiver vor als die Dialoganalyse, die von vornherein mit Prototypen arbeitet. In der Forschungspraxis muss die Diskursanalyse allerdings de facto auch mit einem Prototypenansatz arbeiten, spätestens dann, wenn sie Kommunikationsformen wie den Chat (zeitliche Kopräsenz und flüchtige Kommunikation, aber mediale Schriftlichkeit) analysieren will, die weder als Diskurs noch als Text zufriedenstellend einzuordnen sind.

Diskursanalyse und Dialoganalyse: Wie auch die Dialoganalyse (s. Kap. 2.3) stützt sich die Diskursanalyse auf die Sprechakttheorie als theoretisches Fundament, beide Ansätze können also als sehr eng verwandt betrachtet werden (wobei sich die Diskursanalyse neben der Sprechakttheorie allerdings auch stark auf die Arbeiten von Bühler 1934/1999 stützt). Es ist nicht verwunderlich, dass sich die Definition von *Diskurs* mit der von *Dialog* vollständig deckt: Diskurse sind nach Ehlich (1996: 192) »über den Zusammenhang von Zwecken konstituierte Musterfolgen, die sich an der sprachlichen Oberfläche als Abfolge sprachlicher Handlungen darstellen«. Auch die Diskursanalyse konzentriert sich entsprechend eher auf formelle Dialoge und institutionelle Kommunikation und weniger auf informelle Alltagsdialoge, da sich in letzteren klare Handlungszwecke – und entsprechende Musterfolgen – nur schwer erfassen lassen. Eine weitere Gemeinsamkeit ist die Trennung in Tiefen- und Oberflächenstrukturen: Diskursmuster werden als idealisierte Typen im Sinne der Kompetenz beschrieben, die den Performanzphänomenen der tatsächlich realisierten Dialoge zugrunde liegen, sie befinden sich also unter (d. h. in der Tiefe) den auf der Oberfläche sichtbaren Dialogen. Es gelten letztendlich die gleichen Kritikpunkte wie bei der Dialoganalyse, die die Diskursanalyse aus Sicht der Interaktionalen Linguistik problematisch machen.

2.4 | Gesprochene und geschriebene Sprache

Eine weitere Unterscheidung geht von der scheinbar banalen Beobachtung aus, dass es gesprochene und geschriebene Sprache gibt. Wenn man verschiedene Arten von Sprachverwendung betrachtet, besteht ein auffälliger Unterschied darin, dass man entweder Schall als Übertragungsmedium einsetzen oder mit einem Schreibwerkzeug auf einen Schriftträger wie Papier schreiben kann, und mit diesem dann Informationen überträgt. Mit anderen Worten: Es liegen mit der gesprochenen und der geschriebenen Sprache zwei mediale Realisierungsformen vor.

> **Definition**
>
> Konzepte wie das Gespräch und die Konversation sind zunächst, ausgehend vom Medialen, einfach zu definieren.
>
> Mit Gespräch bezeichnet man jegliche »Formen gesprochener Sprache« ohne genauere definitorische Unterscheidungen zu treffen (Glück 2000: 248). Mit anderen Worten: Gespräch ist die ›Produktbezeichnung‹ von medial mündlicher Sprachverwendung, wobei allerdings damit typischerweise Konstellationen bezeichnet werden, bei denen zwei oder mehr Personen beteiligt sind.
>
> Bei monologischer gesprochener Sprache würde man den weiteren, prozessorientierten Begriff Sprechen und nicht Gespräch verwenden (nicht umsonst nennt sich die linguistische Disziplin, die sich mit allen mit dem Gebrauch aller mit medial mündlicher Sprache zusammenhängender Aspekte befasst, *Sprech*wissenschaft).
>
> Bei der Konversation handelt es sich in der deutschsprachigen Tradition eigentlich um einen besonderen Typ eines Gesprächs, nämlich um oberflächliches und unverbindliches und ›konventionelles‹ Geplauder oder um eine Unterhaltung, die in (gebildeter) Gesellschaft nur um der Unterhaltung selbst willen geführt wird und oft auch mit einem gesellschaftlichen Spiel des Brillierens assoziiert ist (›eine geistreiche Konversation führen‹; ausführlich zur historischen Genese des Konversationsbegriffs vgl. Schmölders 1979). Obwohl im englischsprachigen Raum ebenfalls historisch die Bedeutung von *conversation* als »civlized art of

talk« oder »cultured interchange« existiert, hat sie dort auch die neutrale Bedeutung des deutschen *Gesprächs*, und diese wird von Schegloff (1968: 1075), einem der Begründer der Konversationsanalyse, verwendet. Bei ten Have (2007: 3) wird *conversation* entsprechend schlicht als »people talking together« definiert, allerdings auch hier eingeschränkt auf bestimmte Arten des Redens: »›Conversation‹ can mean that people are talking with each other, just for the purpose of talking, as a form of ›sociability‹, or it can be used to indicate any activity of interactive talk, independent of its purpose« (ten Have 2007: 4). Als zentral wird von Sacks/Schegloff/Jefferson (1974: 729) dabei betrachtet, dass es bei einer *conversation* (im Gegensatz z. B. zu Predigten, Pressekonferenzen, Vorträgen, Interviews etc.) kein festes System der Verteilung des Rederechts gibt.

Ähnlich wie im Deutschen, wo mit *Sprechen* auf die nur noch medial, nicht mehr konzeptionell strukturierte Verwendung von gesprochener Sprache verwiesen wird, schlägt Schegloff (1968: 1076) den ursprünglich von Goffman (1964: 135–136) eingeführten Begriff »*state of talk*« (›Sprechzustand‹) vor, um auf jeglichen Gebrauch gesprochener Sprache zu verweisen.

Konversationsanalyse und Gesprächsanalyse: Nach der Rezeption der amerikanischen Conversation Analysis in Deutschland entwickelten sich zwei Begriffe zur Bezeichnung dieses Ansatzes: Einmal der der *Konversationsanalyse* als direkter Übersetzung mit entsprechender Übernahme des weit gefassten englischen Konzepts der *conversation* als Gespräch und einmal der der *Gesprächsanalyse* als sinngemäßer Übersetzung von *Conversation Analysis*. Die Gesprächsanalyse wurde dabei schon früh weiter gefasst, insofern sie sich auch der Konzepte anderer linguistischer Ansätze und nicht nur der Konversationsanalyse bediente.

Definition	
	Gesprächsanalyse
	Der Terminus Gesprächsanalyse wird sehr uneinheitlich verwendet. Erstens wird er dazu benutzt, um unspezifisch und in einem sehr weiten Sinn auf jegliche Ansätze zu verweisen, die gesprochensprachliche Daten analysieren. Zweitens kann er, wie oben erwähnt, in einem sehr engen Sinn als Übersetzung von Konversationsanalyse dienen und damit auf eine bestimmte Theorie verweisen (z. B. bei Deppermann 2001). Drittens bezeichnet man damit einen Forschungsansatz, der in den 1970er Jahren in Deutschland entstanden ist, und zwar die Konversationsanalyse als Ausgangspunkt nimmt, diese aber mit Ansätzen aus der Sprechakttheorie und der Textlinguistik verbindet (z. B. Brinker/Sager 2001).

Gesprochene und geschriebene Sprache: Als Einführungen, mit denen ein Überblick über die primär medial orientierten Varianten von gesprochener und geschriebener Sprache erlangt werden kann, sind *Gesproche-*

2.4 Gesprochene und geschriebene Sprache

nes Deutsch: Eine Einführung von Schwitalla (2015) sowie *Einführung in die Schriftlinguistik* von Dürscheid (2006) zu empfehlen. Erstere konzentriert sich auf die mediale Mündlichkeit, letztere auf die mediale Schriftlichkeit. Doch wird in beiden Einführungen schon zu Beginn darauf hingewiesen, dass eine rein mediale Trennung nicht funktionieren kann. So schreibt Schwitalla (2015: 21–22), dass man neben dem Kriterium der Medialität (Schall vs. Schriftträger) auch das Kriterium der Nähe bzw. Distanz (d. h. das Kriterium der mündlichen bzw. schriftlichen Konzeptionalität) heranziehen muss, da eine vorgelesene Rede zwar den Schall verwendet, also medial mündlich ist, aber dennoch in ihrer Struktur eigentlich wie ein typischer geschriebener Text wirkt, während umgekehrt ein Chat zwar medial schriftlich ist, aber in seiner Struktur eher mündlich wirkt. Er plädiert daher dafür, das mediale Unterscheidungskriterium um das Kriterium der Konzeptionalität, wie es von Söll (1974) und Koch/Oesterreicher (1985) entwickelt wurde, zu erweitern. Letzteres verweist darauf, dass sich geschriebene und gesprochene Sprache danach unterscheiden, ob sie für Nähe- oder Distanzkommunikation eingesetzt werden:

Medium und Konzeptionalität

»Zwischen beiden Polen der Nähe und Distanz stehen sich geschriebene und gesprochene Texte aber nicht durch eine klare Linie getrennt gegenüber, sondern es gibt Übergänge. Ein Gesetzestext ist ›geschriebensprachlicher‹ als ein Privatbrief und ein familiäres Gespräch ›gesprochensprachlicher‹ als ein Vorstellungsgespräch oder ein Radiointerview.« (Schwitalla 2015: 21–22)

Genau zum gleichen Schluss kommt Dürscheid (2006), die mit ihrer *Einführung in die Schriftlinguistik* sozusagen das Gegenstück zu Schwitallas Einführung in die gesprochene Sprache verfasst hat. Auch sie stellt fest, dass Medialität als Kriterium unzureichend ist und zu Gunsten der Unterscheidung von konzeptioneller Mündlichkeit und Schriftlichkeit zurückzutreten hat, da nur so beispielsweise die engen Bezüge zwischen einem informellen Gespräch und einem Chat oder zwischen einem wissenschaftlichen Artikel und einem Konferenzvortrag deutlich werden.

Gesprochene-Sprache-Forschung

Zur Vertiefung

Als Gesprochene-Sprache-Forschung bezeichnet man eine in den 1960er-Jahren entstandene Forschungsrichtung, die sich innerhalb der Linguistik entwickelt hat und die Besonderheiten der Strukturen gesprochener Sprache untersucht. Die Forscher/innen in diesem Feld berufen sich dabei meist auf eine Arbeit von Behaghel (1899/1927) mit dem Titel *Geschriebenes Deutsch und gesprochenes Deutsch*, in der erstmals systematisch die Unterschiede zwischen gesprochener und geschriebener Sprache reflektiert wurden. Zunächst blieb Behaghels Arbeit folgenlos, doch in den 1960er-Jahren entstanden zahlreiche Arbeiten z. B. von Eggers (1962), Engel (1962), Leska (1965), Moser (1960), Rupp (1965), Weithase (1961) oder Zimmermann (1965) zur Struktur gesprochener Sprache.

Die Gesprochene-Sprache-Forschung ging dabei primär von einer medialen Definition aus: Der Forschungsgegenstand war die mit dem Medium Schall übertragene Sprache. Dass dieses Kriterium alleine nicht ausreicht, wurde allerdings schnell klar. Steger (1967: 262) grenzt den Gegenstand daher (zumindest vorläufig) auf gesprochene Sprache ein, die nicht vorher schriftlich fixiert und dann abgelesen wurde und die auch nicht für Vortragszwecke (z. B. einer Predigt oder Rede) eingesetzt wird, über die lange nachgedacht wurde. Auch gereimte Sprache wird ausgeschlossen. So, wie schnell klar war, dass ein rein mediales Kriterium nicht ausreicht, wurde ebenfalls deutlich, dass die Forschung sich nicht nur auf rein linguistische Kategorien (z. B. den Vergleich schriftlicher und mündlicher Syntax) beschränken kann, sondern dass eine Vielzahl soziologischer und situationaler Kategorien (Geschlecht, Alter, soziale Stellung, Bildungsgrad, Raum, Zeitstruktur, Situationskontext etc.) für die Analyse notwendig wird (Steger 1967: 266–267).

Die Arbeiten, die sich im Lauf der folgenden Jahrzehnte dem Paradigma der Gesprochene-Sprache-Forschung zurechnen lassen, sind heterogen: Sie reichen u. a. von deskriptiven und vergleichenden Analysen schriftlicher und mündlicher Sprache (Stein 2003) über Ansätze, die sich stark auf das Modell von Koch/Oesterreicher (s. u.) stützen (Hennig 2006a) bis hin zu Schwitalla (2015) oder Fiehler (2005) bzw. Fiehler/Barden/Elstermann/Kraft (2004) oder Fiehler/Schröder/Wagner (2007), bei denen gewisse Konvergenztendenzen von Gesprochene-Sprache-Forschung und Interaktionaler Linguistik deutlich werden.

Diejenigen Arbeiten aus der Gesprochene-Sprache-Forschung, die sich auf Konzepte aus der Konversationsanalyse und Interaktionalen Soziolinguistik (s. Kap. 3.3 und 2.5) stützen, können durchaus im weiten Sinn der Interaktionalen Linguistik zugeordnet werden.

Freiburger Redekonstellationsmodell

Medialität und Konzeptionalität: Nicht nur die Gesprochene-Sprache-Forschung, auch die Konversationsanalyse und die Gesprächsanalyse, die ihren Namen ja von der Bezeichnung einer rein medial mündlichen Sprachverwendung (Gespräch, Konversation) ableiten, verweisen darauf, dass es bei gesprochener Sprache nicht bloß um die Medialität gehen kann, sondern dass neben den medialen Aspekten auch konzeptuelle Aspekte eines mündlichen Duktus eine Rolle spielen. Intensiv haben sich dabei Vertreter/innen der Gesprochene-Sprache-Forschung aus den 1970er Jahren wie Jäger (1976), Rath (1973, 1975, 1979), Schank/Schoenthal (1976) und – am wirkmächtigsten – Söll (1974) und, etwas später, Koch/Oesterreicher (1985) mit der Ausarbeitung dieser Aspekte beschäftigt. Koch/Oesterreicher (1985) haben ein einflussreiches Modell entwickelt, das dieses Spannungsfeld aus Konzeption und Medialität systematisiert, wobei als Vorläufer dieses Modells das sogenannte Freiburger Redekonstellationsmodell (u. a. Jäger 1976) zu nennen ist.

Koch/Oesterreicher gehen davon aus, dass die Medialität sich einfach feststellen lässt und auch eine klare Trennung ermöglicht: Ein sprachliches Produkt ist *entweder* phonisch (mündlich) *oder* graphisch (schriftlich) realisiert, es gibt keine Zwischenstufen. Dies gilt auch in der heutigen Situation der computervermittelten Kommunikation noch im Großen und Ganzen, auch wenn sich immer mehr ›Mischformen‹ etablieren. So ist es beim Skypen beispielsweise möglich, parallel zu sprechen und die Chatfunktion zu nutzen, also zu schreiben, und über Messengerdienste wie WhatsApp lassen sich zugleich Texte und Voice-Mails verschicken. Dennoch gilt auch für diese Mischkommunikationen, dass dann jeweils *zwei* getrennte sprachliche Produkte vorliegen, Schrift und gesprochene Sprache, und nicht *ein* Mischprodukt.

Konzeptionelle Mündlichkeit und Schriftlichkeit: Anders als bei der medialen Unterscheidung zwischen gesprochener und geschriebener Sprache lässt sich bei der konzeptionellen Unterscheidung kein klarer Trennstrich ziehen, es ist vielmehr so, dass eine prototypische Anordnung mit Übergangsfällen anzusetzen ist: Auf der einen Seite gibt es prototypisch konzeptionell schriftliche, auf der anderen Seite prototypisch konzeptionell mündliche sprachliche Produkte und dazwischen Mischformen, die konzeptionell Merkmale sowohl der Schriftlichkeit als auch der Mündlichkeit aufweisen. Fasst man die beiden Ebenen der Medialität und Konzeptionalität zusammen, erhält man eine Matrix, in die man beliebige sprachliche Äußerungsformate einordnen kann (s. Tab. 2.1).

	konzeptionell schriftlich	⟵⟶			konzeptionell mündlich
medial schriftlich	1	2	3	4	5
medial mündlich	6	7	8	9	10

1 Gesetzestext
2 Theaterkritik in einer Zeitung
3 Brief an eine Bekannte
4 E-Mail an einen guten Freund
5 Plauderchat
6 vorgelesener wissenschaftlicher Vortrag
7 frei gehaltener wissenschaftlicher Vortrag
8 Bewerbungsgespräch
9 Unterhaltung mit Arbeitskolleginnen
10 Gespräch mit den ›Kumpels‹

Tab. 2.1: Mediale und konzeptionelle Mündlichkeit/Schriftlichkeit (in Anlehnung an Koch/Oesterreicher 1985: 18)

Wie man sehen kann, ist die Trennung zwischen medial mündlichen und schriftlichen Kommunikaten eindeutig, was durch die durchgezogene Linie dargestellt wird, während der Übergang zwischen konzeptionell mündlichen und schriftlichen Kommunikaten fließend ist. Die Anordnung der Kommunikate 1 bis 10 dient hier nur als Illustration und ist nicht als exakte Verortung zu verstehen (unter Kommunikat verstehen wir sprachliche Hervorbringungen, egal ob schriftlich oder mündlich und in unterschiedlichem Umfang).

Nähe und Distanz: Koch/Oesterreicher (1985) definieren Konzeptualität mit Hilfe der Parameter der Nähe und der Distanz. Dabei unterscheiden sie zwischen Kommunikationsbedingungen und Versprachlichungsstrategien:

- Die **Kommunikationsbedingungen** geben an, ob und in welchem Ausmaß ein wechselseitiger Austausch überhaupt möglich ist, wie die Kommunikationspartner zueinander stehen, ob es sich um vertrauliche oder öffentliche Kommunikation handelt etc.

Terminologische Klärung

- Die **Versprachlichungsstrategien** beziehen sich dagegen speziell auf die sprachlichen Strukturen, wie zum Beispiel die Geplantheit oder Ungeplantheit von Äußerungen, syntaktische Komplexität, Grad der Informationsdichte etc. Die folgende Tabelle gibt eine Übersicht über die wichtigsten Parameter:

Kommunikationsbedingungen	
Dialog	Monolog
Vertrautheit der Partner	Fremdheit der Partner
Face-to-face-Interaktion	raumzeitliche Trennung
freie Themenentwicklung	Themenfixierung
keine Öffentlichkeit	Öffentlichkeit
Spontaneität	Reflektiertheit
›involvement‹	›detachment‹
Situationsverschränkung	Situationsentbindung
Expressivität	Objektivität
Affektivität	etc.
etc.	

Sprache der Nähe ←——————————————→ **Sprache der Distanz**

Versprachlichungsstrategien	
Prozesshaftigkeit	›Verdinglichung‹
Vorläufigkeit	Endgültigkeit
geringere:	größere:
– Informationsdichte	– Informationsdichte
– Kompaktheit	– Kompaktheit
– Integration	– Integration
– Komplexität	– Komplexität
– Elaboriertheit	– Elaboriertheit
– Planung	– Planung
etc.	etc.

Tab. 2.2:
Parameter der
Nähe und Distanz
(nach Koch/
Oesterreicher
1985: 23)

Was bedeuten die Einträge, die bei den Kommunikationsbedingungen und Versprachlichungsstrategien genannt sind, nun im Einzelnen? Auf der linken und rechten Seite stehen sich jeweils die maximalen Gegensätze gegenüber. Wenn alle Merkmale links oder rechts vollständig erfüllt sind, handelt es sich um prototypische Mündlichkeit oder Schriftlichkeit. Es ist aber auch möglich, dass manche Merkmale aus der linken und manche aus der rechten Seite zutreffen, oder dass manche Merkmale, wie z. B. freie Themenentwicklung bzw. Themenfixierung jeweils nur zum Teil zutreffen.

2.4
Gesprochene und geschriebene Sprache

In Bezug auf die Themenfixierung gibt es beispielsweise bei einem offiziellen Dinner die ›Regel‹, dass man bestimmte Themenbereiche mit der Gefahr von Kontroversen (z. B. Politik oder Religion) meiden sollte. Jenseits dieser Bereiche besteht weitgehend freie Themenwahl. Hier trifft also weder die eine noch die andere Einordnung vollständig zu. Das ist genau der entscheidende Punkt bei der Sprache der Nähe bzw. Distanz (oder der konzeptionellen Mündlichkeit bzw. Schriftlichkeit): Es handelt sich um Prototypen, und der Normalfall besteht eher in der Mischung der Parameter.

Kommen wir nun zu den Parametern im Einzelnen (ausführlich hierzu auch Dürscheid 2006):

Kommunikationsbedingungen geben die nicht-sprachlichen Rahmenbedingungen der Interaktion an:

Kommunikationsbedingungen

- **Dialog vs. Monolog:** Dieser Parameter ist einfach zu erläutern. Wenn zwei oder mehr Kommunikationspartner beteiligt sind und alle das Recht und die Möglichkeit haben, sich zu äußern, handelt es sich um einen Dialog. Je stärker diese Möglichkeiten beschränkt sind (z. B. in einer Interviewrunde, in der ein Moderator das Rederecht zuweist und entzieht), desto weniger dialogisch wird die Kommunikation. Bei einem Monolog gibt es im Extremfall überhaupt keine Möglichkeiten der Reaktion mehr, wie bei einem vor 200 Jahre geschriebenen Roman, bei dem man mit dem Autor nicht mehr in Kontakt treten kann.
- **Vertrautheit vs. Fremdheit der Partner:** Je vertrauter die Kommunikationspartner (Familienmitglieder, Partner, Freunde etc.) sind, desto stärker nähesprachlich ist vermutlich das Kommunikat. Kommunikation unter Fremden oder, im distanzsprachlichen Extremfall, an Unbekannte gerichtete Kommunikate wie ein Gesetzestext, bilden entsprechend die Gegenstücke.
- **Face-to-face-Interaktion vs. raumzeitliche Trennung:** Wenn sich die Interaktionspartner unmittelbar sehen und hören, d. h. im gleichen Raum befinden (= Interaktion von Angesicht zu Angesicht bzw. Face-to-face-Interaktion), dann ist das ein Merkmal der Nähekommunikation. Räumliche Trennung (bei Telefonaten, Briefwechseln etc.) und zeitliche Trennung (Briefwechsel, Rezeption von Büchern und Zeitungen etc.) sind Merkmale für Distanzkommunikation. Das führt dazu, dass ein wissenschaftlicher Vortrag in einem Unihörsaal trotz der Tatsache, dass er zahlreiche Distanzparameter erfüllt, in Bezug auf den Parameter der raumzeitlichen An- bzw. Anwesenheit durchaus nähesprachlich ist. Durch die unterschiedlichen Konstellationen der beiden Parameter Raum und Zeit lassen sich entsprechend verschiedene Kommunikationstypen klassifizieren.
- **Freie Themenentwicklung vs. Themenfixierung:** Je stärker ein Thema festgelegt ist, von dem nicht oder nur schwer abgewichen werden kann, desto stärker ist ein Kommunikat Distanzkommunikation. Entsprechend weist ein wissenschaftlicher Vortrag deutliche Distanzmerkmale auf, da das angekündigte Thema bestenfalls für einige kurze Anekdoten verlassen werden kann. Umgekehrt ist z. B. ein Familiengespräch thematisch sehr frei.

23

- **Keine Öffentlichkeit vs. Öffentlichkeit:** Prototypische Nähekommunikation ist nicht-öffentlich (Kommunikation unter Freunden, mit dem Partner, in der Familie etc.), prototypische Distanzkommunikation öffentlich (z. B. massenmedial öffentlich wie ein Interview oder auch potenziell öffentlich wie ein Beschwerdebrief an die Stadtwerke, der von unterschiedlichen Sachbearbeiter/innen gelesen werden kann).
- **Spontaneität vs. Reflektiertheit:** Nähekommunikation ist spontan, d. h. die Kommunikate sind in der Regel nicht im Voraus geplant und überarbeitet. Je mehr Arbeit in die Planung und Überarbeitung eines Kommunikats investiert wird, desto distanzsprachlicher ist die Kommunikation.
- *Involvement* **vs.** *detachment*: Mit *involvement* (Involviertheit) ist gemeint, dass die Interaktanten in der Nähekommunikation ein persönliches Interesse an der Interaktion selbst haben. Wenn ich mit Freunden über jemanden lästere, dann bin ich ›mit Leib und Seele dabei‹. Wenn ich dagegen in einer Sprechstunde Studierenden die erwarteten einzuhaltenden Konventionen beim Schreiben einer Hausarbeit erläutere, dann geschieht das mit einer ›professionellen Distanz‹, mit *detachment* vom Kommunikationsgegenstand.
- **Situationsverschränkung vs. Situationsentbindung:** In der Nähekommunikation kann und wird in vielerlei Hinsicht auf die konkrete Kommunikationssituation Bezug genommen. Man kann beispielsweise ein Gespräch unterbrechen, um auf eine witzige Begebenheit in der Umgebung hinzuweisen, man kann mit Gesten auf Objekte in der Nähe zeigen, man kann elliptische Äußerungen wie *Schön, ne?* produzieren, die auf situative Gegebenheiten deuten, und, da alle an der Interaktion Beteiligten diese Situation teilen, wird man verstanden. In der Distanzkommunikation kann man nicht davon ausgehen, dass situative Gegebenheiten verstanden werden. Sie werden daher entweder ausgeblendet, oder die Situation muss explizit verbalisiert werden.
- **Expressivität und Affektivität vs. Objektivität:** Die Nähekommunikation zeichnet aus, dass die Kommunizierenden einerseits ihren Gefühlen Ausdruck geben können (Expressivität) und andererseits Vertrautheit, Einfühlung etc. mit ihren Kommunikationspartnern signalisieren. In der Distanzkommunikation finden sich dagegen eher wenige expressive und affektive Äußerungen, stattdessen herrschen Neutralität oder Objektivität vor.

Versprachlichungsstrategien

Versprachlichungsstrategien beschreiben die sprachlichen Merkmale von Nähe- oder Distanzkommunikation:

- **Prozesshaftigkeit vs. ›Verdinglichung‹:** Ein typisch sprachliches Merkmalsbündel von Nähekommunikation lässt sich mit ›Prozesshaftigkeit‹ beschreiben: Satzabbrüche, Umstiege in andere syntaktische Konstruktionen, Themensprünge, Reparaturen u. v. m. zeigen an, dass die Interaktionspartner ihre Äußerungen ›live‹ planen. Ein distanzsprachliches Kommunikat ist dagegen insofern ›verdinglicht‹, als es als geplantes (und im Regelfall überarbeitetes) Produkt erscheint, wie z. B. ein Zeitungstext, ein Roman, eine Hausarbeit, eine Predigt oder ein Vortrag.

2.4 Gesprochene und geschriebene Sprache

- **Vorläufigkeit vs. Endgültigkeit:** Nähesprache ist insofern von Vorläufigkeit geprägt, als beispielsweise eine laufende Äußerung in einer Interaktion verändert werden kann, wenn man merkt, dass sie beim Gesprächspartner ›nicht gut ankommt‹ oder man nicht verstanden wird. Umgekehrt ist ein distanzsprachliches Produkt im Extremfall überhaupt nicht mehr veränderbar (am deutlichsten erkennbar an einem vor 200 Jahren geschriebenen Text, der in diesem Punkt maximal distanzsprachlich ist, da der Verfasser oder die Verfasserin selbst ihn nicht mehr ändern kann).
- **Geringere vs. größere Informationsdichte:** Dies ist ein sehr umstrittener Parameter, da zunächst geklärt werden muss, was man unter Informationsdichte verstehen soll. Wenn man auch soziale Aspekte (Höflichkeit, Interesse, Imagepflege etc.) als Information versteht, so sind typisch nähesprachliche Kommunikate hoch informativ, da alleine über Körperhaltung und Gestik Unmengen an Informationen übermittelt werden oder ein einzelner Smiley-Emoticon einen gewaltigen Unterschied ausmachen kann in der Rezeption eines Kommunikats. Wenn man Information in diesem weiten Sinne fasst, ist die von Koch/Oesterreicher vorgeschlagene Gegenüberstellung falsch. Reduziert man Information dagegen auf die rein inhaltliche, propositionale Information, dann kann man sie eher akzeptieren. Gerade weil in Nähekommunikation ein großer Anteil auf das soziale Interaktionsmanagement fällt, finden sich dort, so die These, weniger inhaltstragende Einheiten als in der typischen Distanzkommunikation. Ein wissenschaftlicher Aufsatz enthält somit in der Regel mehr inhaltliche Informationen als ein Smalltalk.
- **Geringere vs. größere Kompaktheit:** Schon aus Verarbeitungsgründen ist Nähekommunikation weniger kompakt, d. h. es besteht die Tendenz dazu, ›mehr Worte zu machen‹. Typisch für distanzsprachliche Kommunikate dagegen ist beispielsweise die Technik des Nominalstils (*Bezüglich der gestrigen Anfrage die Bestellung der von uns seit März dieses Jahres wieder lieferbaren Ersatzteile betreffend hat sich ergeben ...*), bei der Nominal- und Präpositionalphrasen stark ausgebaut werden, um die Informationsdichte der Sätze zu erhöhen. In der Nähekommunikation besteht die Präferenz zur Realisierung in weniger kompakten Äußerungen (*Gestern hatten Sie uns zu einer Bestellung gefragt. Es ging dabei um Ersatzteile, die wir seit März dieses Jahres wieder liefern können. Dabei hat sich ergeben ...*).
- **Geringere vs. größere Integration:** Diese Gegenüberstellung ist ebenfalls kritisch zu betrachten. Lange Zeit hielt sich die empirisch nicht überprüfte Ansicht, dass in der Nähesprache (typischerweise gesprochene Sprache) weniger komplexe Satzstrukturen (z. B. Hauptsätze mit eingebetteten Neben- und Relativsätzen) vorkämen als in der Distanzsprache. Inzwischen ist man etwas vorsichtiger: Es hat sich herausgestellt, dass die Strukturen der Integration zwar anders aussehen (beispielsweise werden Matrixsätze mit abhängigen Hauptsätzen statt eingeleiteten Nebensätzen verknüpft), aber dennoch auch in der Nähesprache ein hoher Grad an Integration festzustellen ist.

- **Geringere vs. größere Komplexität:** Gleiches gilt auch für den Parameter der Komplexität. Das Konzept der Komplexität ist notorisch schwierig zu fassen, und es hängt von den jeweiligen Definitionen ab, ob und inwieweit diese Gegenüberstellung Sinn ergibt. Wir klammern diesen Aspekt hier daher als wenig hilfreich aus.
- **Geringere vs. größere Elaboriertheit:** Elaboriertheit betrifft einerseits die Wahl der Lexik. Je nähesprachlicher ein Kommunikat, desto mehr Lexik aus der Alltagssprache und desto weniger aus Fach- und Fremdsprachen (v. a. Graezismen und Latinismen) kommen vor und umgekehrt. Andererseits betrifft Elaboriertheit auch die Frage, wie viele Hintergrundinformationen explizit verbalisiert werden (müssen). In der Nähesprache finden sich viele Deiktika (*hier, dann, bald, ich* etc.), elliptische Äußerungen (*Gib mal!*), implizite Bezugnahmen auf geteiltes Wissen und vorige Interaktionen, der Einsatz von Partikeln (*hm*) oder von Gestik und Mimik etc., was dazu führt, dass auch mit knappen Äußerungen sehr viel gesagt werden kann. In der Distanzsprache ist es dagegen notwendig, explizit darzulegen, worauf man sich bezieht (aus *bald* wird am *15.6.2016*, aus *hm* wird *Darüber muss ich noch nachdenken.*, aus *Mach mal!* wird *Probiere mal aus, ob du dich ins Internet einloggen kannst!* etc.)
- **Geringere vs. größere Planungszeit:** Die Planungszeit, die bei den Kommunikationsbedingungen auch schon unter *Spontaneität* vs. *Reflektiertheit* auftauchte, macht sich in der Form sprachlicher Äußerungen bemerkbar. In der Nähesprache finden sich z. B. Äußerungsabbrüche, Reparaturen, Umstiege, Partikeln, die dem Halten des Rederechts dienen oder Strategien zur Äußerungserweiterung, die in der Distanzkommunikation auf Grund der längeren Planungszeit nicht nötig sind.

Bei den Kommunikationsbedingungen und den Versprachlichungsstrategien handelt es sich jeweils um offene Listen, nicht um vollständige Angaben aller möglicher Parameter. Einen Versuch, eine umfassende Liste von Parametern zu erstellen und diese auch noch hinsichtlich ihrer Relevanz zu gewichten, um so ein System zur Klassifikation von unterschiedlichen medial mündlichen und schriftlichen Kommunikaten bezüglich ihres Grads der Nähe bzw. Distanz zu erhalten, wurde von Ágel und Hennig (u. a. Ágel/Hennig 2006, 2010; Hennig 2009) entwickelt. Kritik an einem solchen System besteht allerdings darin, dass nicht klar ist, ob es sinnvoll und möglich ist, solche Kriterien überhaupt zu gewichten. Für manche Zwecke, wie die Bestimmung der Nähesprachlichkeit von historischen Texten, bei denen man keine mündlichen Sprachdaten als Kontrastdaten hat, ist ein solches System aber durchaus von Nutzen (zur Anwendung des Modells auf frühneuhochdeutsche Texte vgl. Ágel 2012; Ágel/Hennig 2010 und Hennig 2009).

Kritik an dem Modell: Kritik wird aber an dem Modell von Koch/Oesterreicher (und damit auch an den Erweiterungsvorschlägen von Ágel und Hennig) aus einer allgemeineren Perspektive vorgebracht. In der einen oder anderen Form spielen alle der von Koch/Oesterreicher genannten, oben ausführlich diskutierten Parameter der Nähe und Distanz zwar in der Interaktionalen Linguistik eine wichtige Rolle. Dies ist der Grund,

2.4 Gesprochene und geschriebene Sprache

weshalb sie hier so ausführlich dargestellt wurden. In der Interaktionalen Linguistik nutzt man diese Punkte aber lediglich als Heuristik, d. h. als eine Hilfestellung bei der Analyse von Daten, sozusagen als ›Hinweisgeber‹ für potentiell für die Forschung interessante Aspekte. Es wird dagegen abgelehnt, mit dem Modell von Koch/Oesterreicher als solchem zu arbeiten (eine ausführliche Auseinandersetzung mit der Ablehnung des Koch/Oesterreicher-Modells in der Interaktionalen Linguistik findet sich in Imo 2016a).

Vier Kritikpunkte werden im Folgenden werden vorgestellt, die Dürscheid/Brommer (2009) aus dem Blickwinkel der Analyse schriftlicher interaktionaler computervermittelter Kommunikation (Chat, Messaging-Kommunikation, E-Mails etc.) in einer intensiven Auseinandersetzung mit dem Modell entwickelt haben, zum Schluss wird auf einen Kritikpunkt eingegangen, der aus dem Blickwinkel der Gesprochene-Sprache-Forschung (Fiehler/Barden/Elstermann/Kraft 2004) vorgebracht wurde.

Kritik an dem Modell

Kritikpunkt 1 – zu enger Medienbegriff: Ein Kritikpunkt setzt an dem sehr stark reduzierenden Medienbegriff von Koch/Oesterreicher an. Mit *medial* wird dort lediglich auf eine binäre Unterscheidung zwischen Schall (= gesprochene Sprache) und Schrift (= geschriebene Sprache) verwiesen, weitere Faktoren, die das Medium betreffen, wie z. B. technische Aspekte des komplexen Zusammenspiels von Produktions- und Übertragungsmedien, die beispielsweise beim Verfassen einer E-Mail notwendig sind, werden nicht beachtet. Zudem wird dadurch, dass die *mediale* Mündlichkeit und Schriftlichkeit aus dem Bereich der *konzeptionellen* Mündlichkeit und Schriftlichkeit ausgeklammert wird, der Blick dafür verstellt, dass möglicherweise die Medialität doch auch bei der Konzeptionalität eine Rolle spielen könnte (Dürscheid/Brommer 2009: 14).

Diese Kritik ist nicht von der Hand zu weisen, denn es ist zu erwarten, dass vor allem die technisch-medialen Konstellationen (z. B. ob man gesprochene Sprache von Angesicht zu Angesicht, über ein Festnetztelefon, über ein Mobiltelefon oder über ein Skype-Telefonat einsetzt) eine durchaus tiefgreifende Auswirkung auch auf die Aspekte der Sprache haben, die bei Koch/Oesterreicher dem konzeptionellen Bereich zugeordnet sind (Schneider 2016 stellt die These auf, dass wir jegliche Art sprachlicher Kommunikation ohnehin immer nur dann sinnvoll erfassen können, wenn wir ihre mediale Gebundenheit mit berücksichtigen).

Ein anderes Beispiel sind mediale Aspekte der Schriftlichkeit: Im Bürgerlichen Gesetzbuch wie in Graffitis, in wissenschaftlichen Aufsätzen wie beim kollaborativen Schreiben eines Wiki-Eintrags, in einem Bewerbungsbrief wie in einer Twitternachricht wird immer Schrift verwendet. Die unterschiedlichen medialen Konstellationen eines solchen Schreibens haben aber – auch wenn dazu bislang noch nicht ausreichende Forschungsergebnisse zur Verfügung stehen – mit Sicherheit deutliche Auswirkungen auf die konzeptionelle Struktur der Kommunikate (zur Relevanz der Beachtung der medialen Gebundenheit von Sprache vgl. Schneider 2008 und 2016).

Kritikpunkt 2 – fehlende Sequenzanalyse: Ein zweiter Kritikpunkt ist aus der Perspektive der Interaktionalen Linguistik besonders relevant. Das Modell von Koch/Oesterreicher, so Dürscheid/Brommer (2009: 15), stellt »kein Instrumentarium bereit[...], mit dem kommunikative Aktivitäten sequenziell untersucht werden könnten«. Die Sequenzanalyse ist für die Interaktionale Linguistik zentral (s. Kap. 6), und der Mangel an einem Instrumentarium, mit dem sprachliche Äußerungen bezüglich ihrer sequenziellen Abfolge untersucht werden können, ist ein großes Manko des Nähe/Distanz-Modells. Dürscheid/Brommer (2009: 17) halten aus diesem Grund die Interaktionale Linguistik für einen für die Analyse von interaktionaler Sprache geeigneteren Ansatz.

Kritikpunkt 3 – Produkt vs. Prozess: Auch der dritte hier angeführte Kritikpunkt ist aus Sicht der Interaktionalen Linguistik von großer Bedeutung. Dürscheid/Brommer (2009: 15) stellen fest, dass das Koch/Oesterreicher-Modell zu statisch ausgelegt sei, d. h. es stellt die Analyse sprachlicher Kommunikate in den Mittelpunkt, die sozusagen als fertige Produkte analysiert werden. Ausgeblendet wird dagegen der Aspekt der Hervorbringungsprozesse sprachlicher Äußerungen. Diese sind nach Sicht der Interaktionalen Linguistik von großer Bedeutung, da sie erklären, wie ›on line‹ (s. Kap. 5) syntaktische Strukturen sowie Bedeutung von den Interagierenden in einer gemeinsamen ›Arbeit‹ hervorgebracht werden. Der Prozesshaftigkeit kommt bei der Analyse interaktionaler Sprache somit ein zentraler Stellenwert zu.

Kritikpunkt 4 – problematischer Prototypenansatz: Der letzte Kritikpunkt wurde von Fiehler/Barden/Elstermann/Kraft (2004) geäußert. Die Autor/innen kritisieren an dem Modell von Koch/Oesterreicher und an dessen Vorläufer, dem Freiburger Redekonstellationsmodell, den Prototypikalitätsgedanken. Die Idee, von konzeptionell mündlichen und schriftlichen Prototypen auszugehen, sei problematisch, weil so »bestimmte medial mündliche Formen der Verständigung ausgegrenzt« würden. Stattdessen solle der mediale Aspekt wieder stärker betont und als Definitionskriterium für gesprochene Sprache verwendet werden:

»Um solche Begrenzungen und Gewichtungen durch eine prototypische Struktur zu vermeiden, gehen wir von einer rein medial bestimmten Auffassung von Mündlichkeit aus. Alle Formen der Verständigung, bei denen gesprochene Sprache eine Rolle spielt, müssen ausnahmslos und gleichwertig berücksichtigt werden, wenn die Grenzen des Gegenstands ›Mündlichkeit‹ bestimmt werden.« (Fiehler/Barden/Elstermann/Kraft 2004: 51–52)

Die von Koch/Oesterreicher mühevoll erstellte Trennung in konzeptionelle Mündlichkeit und Schriftlichkeit wird damit wieder aufgegeben. Fiehler vertritt eine Position, bei der die mediale Gebundenheit von Sprache eine große Rolle spielt und wird dabei medientheoretisch von Schneider (2008, 2016) unterstützt. Ohne die Tatsache leugnen oder herunterspielen zu wollen, dass die medialen und konzeptionellen Aspekte des Sprachgebrauchs miteinander verbunden sind, trennen wir hier aber weiterhin künstlich zwischen Medium und Konzeption. Dies ist lediglich als Strategie zu verstehen, wissenschaftlich schärfer blicken zu können und dabei den Aspekt der Interaktionalität medienübergreifend erfassen zu können.

Die Kritik an der Prototypikalitätsannahme ist in mancher Hinsicht durchaus nachvollziehbar. Es ist in der Tat nicht ganz einfach zu be-

2.4
Gesprochene und geschriebene Sprache

gründen, weshalb viele Kommunikate, die besonders häufig verwendet werden und mit denen wir oft in Kontakt kommen (z. B. E-Mails, Messaging-Kommunikation, Fernsehinterviews, Wetternachrichten im Fernsehen etc.) als Randtypen bezeichnet werden sollen anstatt als kommunikative Konstellationen mit gleicher Zentralität wie andere. Umgekehrt ist aber mit einer Aufgabe der Prototypen der Grund für deren ursprüngliche Einführung ja nicht vom Tisch. Irgendwie muss immer noch geklärt werden, weshalb es innerhalb der medial gesprochenen sowie innerhalb der medial geschriebenen Sprache so viele deutliche Unterschiede zwischen den verschiedenen Kommunikationskonstellationen gibt, und warum manche gesprochenen Kommunikate intuitiv ›schriftlich(er)‹ und andere ›mündlich(er)‹ wirken. Vorsichtig eingesetzt und die Tatsache bedenkend, dass letztendlich die Medialität ein wichtiger Faktor von Sprache ist, ist es daher durchaus aus methodischen Gründen trotzdem sinnvoll, mit Prototypen zu arbeiten.

Fazit: Das Modell von Koch/Oesterreicher (sowie die entsprechenden Arbeiten zur Gesprochene-Sprache-Forschung, in denen ähnliche Modelle entwickelt wurden) greift zwar wichtige Merkmale auf, mit denen typisch monologisches von typisch interaktionalem Kommunizieren unterschieden werden kann. Als eine Heuristik, d. h. ein Modell, mit dem man ›auf die Suche gehen‹ kann nach typischen Merkmalen der Arten von Sprachverwendung, die in dieser Einführung mit *interaktional* bzw. *monologisch* bezeichnet werden, kann man das Modell gut verwenden. Als alleinige theoretische und methodische Grundlage ist es allerdings aufgrund etlicher Mängel eher ungeeignet. Diese im Folgenden aufgeführten Mängel führen dazu, dass in der Interaktionalen Linguistik meist kein direkter Bezug auf das Modell genommen wird:

Das Modell hat keine ausgebaute Methode: Dies ist der stärkste Unterschied zur Interaktionalen Linguistik, die sich auf die sehr gut ausgebaute Methode der Gesprächsanalyse stützt (strikt empirisches Vorgehen; Ernstnehmen abweichender Fälle; Transkription der Daten; Anstreben umfassender Rekonstruktionen und entsprechender Erklärungen der Phänomene; von ganz besonderer Bedeutung ist dabei der Rekurs auf die sequenzielle Struktur von interaktionaler Sprache und auf die Aufzeigepraktiken als Arbeitsmethoden; s. Kap. 4.6).

Sequenzanalyse als Methode der Interaktionalen Linguistik

Die Statik des Modells ist ein Manko: Das Modell verleitet dazu, konzeptionell mündliche und konzeptionell schriftliche Sprache gleichermaßen statisch, d. h. aus einer Produktperspektive zu betrachten. Während dies für konzeptionell schriftliche Sprache durchaus angemessen ist – schließlich werden die meisten konzeptionell und medial schriftlichen Kommunikate wie Zeitungen, Bücher, Inschriften etc. ja genau zu dem Zweck geschaffen, ein Produkt zu sein, das einige Zeit (wenn nicht gar Jahrhunderte oder Jahrtausende) überstehen kann oder soll, ist konzeptionell mündliche, interaktionale Sprache dagegen unter einer Produktperspektive nicht angemessen zu beschreiben. Sie muss vielmehr als Prozess erfasst werden (s. Kap. 5).

In dieser Einführung wird auf Grund dieser Kritikpunkte zwar immer mal wieder auf Begrifflichkeiten aus dem Koch/Oesterreicher-Modell zurückgegriffen, als zentrales Analysemodell wird es aber nicht eingesetzt.

2.5 | Interaktion

Auch der Terminus *Interaktion* wird in unterschiedlichen Disziplinen und auch innerhalb der Sprachwissenschaft sehr unterschiedlich – und oft auch in einem nicht klar definierten, sondern eher alltagssprachlichen Sinn – verwendet.

Definition

> **Interaktion** setzt sich aus den lateinischen Begriffen *inter* (zwischen) und *agere* (handeln) zusammen, bedeutet also wörtlich das *Zwischen-Handeln*. Damit sind zwei zentrale Aspekte genannt, die erfüllt sein müssen, wenn man von sprachlicher Interaktion sprechen will: Zwei oder mehr Kommunizierende handeln gemeinsam, d. h. sie ›arbeiten‹ an einer sprachlichen Aufgabe. Das kann die Planung einer Verabredung ebenso sein wie die Frage nach dem Weg, es kann sich um Klatsch handeln oder um ein Sprechstundengespräch, es kann ein Austausch von Liebesbotschaften über WhatsApp sein oder ein E-Mail-Austausch mit dem Systemadministrator, der einem hilft, ein Computerprogramm zu installieren.

Das gemeinsame sprachliche Handeln ist somit der Kern der Interaktion. Sowohl das Begriffsfeld um die deutschen Wörter *handeln* und *Handlung* als auch um die vom Griechischen abgeleiteten Wörter *Praxis* und *Praktik* bedarf daher einer Klärung.

Zur Vertiefung

Handeln, Handlung, Praxis, Praktik

Alleine mit einer Klärung der Begriffe *Handeln/Handlung* (*act*, *action*, *activity*) und *Praxis/Praktik* (*practice*) könnte man ein ganzes Buch füllen, denn zu jedem der Begriffe gibt es zahlreiche Definitionen, an denen jeweils unterschiedliche theoretische Ansätze hängen. Wir können uns aus Platzgründen an diesen Debatten hier nicht beteiligen und verweisen alle, die sich intensiver mit diesem Bereich befassen wollen, auf den Sammelband *Sprachliche und kommunikative Praktiken* (Deppermann/Feilke/Linke 2016). Speziell zu der Klärung der Begriffe *act* und *activity* ist Levinson (1979; 2013) zu empfehlen, zu Praktiken Hanks (1996) und Pennycook (2010) und zur Abgrenzung von Praktiken und Handlungen Schegloff (1997).

Leider taucht bei den Termini *Praktik* und *Handlung* darüber hinaus auch noch das Problem auf, dass diese in verschiedenen soziologischen und linguistischen Ansätzen in exakt der entgegengesetzten Art und Weise verwendet werden: Handlungen als Bausteine von Praktiken oder Praktiken als Bausteine von Handlungen. Ohne weiter auf diese Diskussion einzugehen (vgl. Imo 2016b; Lanwer/Coussios 2017: 133–137), wird hier nur die zweite Sichtweise vorgestellt. Ganz allgemein kann man eine Handlung als eine »Produktion sozialer Tatsachen« (Deppermann 2015a: 325) betrachten.

Eine Sonderform ist dabei sprachliches Handeln, mit dem soziale Tatsachen entsprechend über die Sprache produziert werden. Eine sprachliche

2.5

Interaktion

> Handlung ist beispielsweise eine Bitte: Wenn ich zu einer Bekannten sage: *Kannst du mir fünf Euro leihen?*, dann habe ich damit die Möglichkeit der sozialen Tatsache einer Bitte produziert (die allerdings erst durch einer Folgehandlung des Interaktionspartners, die mit einer Bitte kompatibel ist, interaktional zu einer tatsächlichen Bitte wird). Praktiken sind aus Sicht der Konversationsanalyse die ›Bausteine‹ von Handlungen, d. h. es sind (sprachliche) Routinen, die oft zu unterschiedlichen Handlungszwecken eingesetzt werden und erst im Gebrauch über den Kontext oder durch die Kombination von verschiedenen weiteren Praktiken zum Aufbau einer erkennbaren Handlung beitragen. Im Falle von Bitten wäre die oben eingesetzte Praktik die einer Frage, die den Charakter einer Bitte über den Frageinhalt und die Situation erhält (wenn man jemanden fragt, ob sie einem Geld leihen kann, ist erwartbar, dass man das Geld auch haben möchte). Fragen können ganz unterschiedliche Handlungen durchführen, je nach Inhalt, Situation und Kombination mit weiteren Praktiken: *Weißt du wie viel Uhr es ist?* (Handlung = Informationsfrage). *Warum zum Teufel hast du die Tür offen stehen lassen?* (Handlung = Vorwurf). *Hast du schon das Neuste von Thomas gehört?* (Handlung = Initiierung einer Erzählung) etc.

Im Folgenden werden nun mit der Interaktionalen Soziolinguistik, der Interaktionslinguistik und der Interaktionalen Linguistik drei Ansätze vorgestellt, die die Interaktion im Namen tragen.

Die **Interaktionale Soziolinguistik** (auch Ethnographie der Kommunikation) wurde von John J. Gumperz (1982a, 1982b, 1984, 1987, 1992, 1994, 1999) entwickelt. Es handelt sich dabei um einen qualitativen Forschungsansatz, der linguistische, konversationsanalytische (s. Kap. 3.3), ethnographische (mittels Feldforschung gewonnene Informationen über soziale, politische, wirtschaftliche, kulturelle etc. Organisationsstrukturen einer Bevölkerungsgruppe) und kulturanthropologische (Untersuchungen zum Zusammenhang des Menschen als biologisches Lebewesen mit der von ihm hervorgebrachten und ihn umgekehrt hervorbringenden Kultur) Aspekte miteinander verbindet (ausführlich Keim 2007: 70). Die Interaktionale Soziolinguistik strebt an zu zeigen, wie mit Hilfe von sprachlichen Praktiken Handlungen durchgeführt werden – und dies nicht in einem einseitigen Verhältnis, sondern in der Verschränkung der miteinander Handelnden ebenso wie in der Verschränkung der Handelnden mit den sie umgebenden gesellschaftlichen Situationen, die sie zugleich herstellen:

Gumperz

> »Zentrales Merkmal der interaktionalen Soziolinguistik ist die auf die Analyse konkreter Interaktionen angelegte qualitative Arbeitsweise, bei der Sprache und Gesellschaft nicht als sich getrennt gegenüberstehende Bereiche verstanden werden, sondern Gesellschaft als von den Beteiligten in sprachlichen Interaktionen hergestellte Wirklichkeit gefasst wird.« (Keim 2007: 71)

Für die Definition des Konzepts der Interaktion, wie es dann auch von der Interaktionalen Linguistik aufgegriffen wurde, ist Gumperz maßgeblich. Wie Knoblauch (1991: 447) herausstellt, vertritt Gumperz einen »streng interaktionistischen Begriff der Kommunikation als eines wechselseitigen Wirkhandelns«. Das bedeutet, dass nur dann, wenn eine Handlung eine Reaktion auslöst (und diese Reaktion wiederum wahrgenommen wird etc.), von Kommunikation gesprochen wird. Kommunikation wird bei Gumperz also über die Interaktion definiert: »Kommunikation, d. h. wechselseitiges, zeichenhaftes Wirkhandeln, ist keine Funktion außersprachlicher Kontexte; vielmehr werden soziale Kontexte mittels kommunikativer Interaktionen hervorgebracht; erst dies ermöglicht Verstehen von Sinn und Bedeutung.« (Knoblauch 1991: 449)

Ein besonderes Forschungsinteresse von Gumperz galt der Analyse von interkultureller Kommunikation. Dabei stand für Gumperz nicht nur Sprache im Sinne des rein verbalen Anteils der Interaktion im Mittelpunkt, sondern vor allem auch prosodische Interaktionsmittel sowie Mimik, Gestik und Proxemik: Gumperz gilt als »ein Pionier der multimodalen Interaktionsanalyse und nahm viele Interessen der heutigen ›Interaktionalen Linguistik‹ in Bezug auf Prosodie und Gestik vorweg« (Auer et al. 2013: 4). Entsprechend relevant sind seine Arbeiten für die Interaktionale Linguistik. Aus Platzgründen können die Interaktionale Soziolinguistik und die in ihrem Gefolge entstanden Arbeiten nicht näher dargestellt werden. Wir verweisen daher auf folgende Auswahl einschlägiger Arbeiten: Auer/di Luzio (1984, 1992); Günthner (2008a); Gumperz (1982a, 1982b, 1987, 1992, 1994, 1999); Gumperz/Hymes (1972); Hinnenkamp (1989); Hymes (1979); Keim (2007) und Knoblauch (1991).

Interaktionslinguistik: Seit Kurzem gibt es mit der Interaktionslinguistik, die von Hausendorf (2015) entwickelt wurde, einen Forschungsansatz, der einen sehr engen Interaktionsbegriff zugrunde legt, wie er auch in manchen soziologischen Arbeiten (z. B. Kieserling 1999), verwendet wird. Nach Kieserling (1999: 15) ist Interaktion als ein »spezifischer und umschriebener Sachverhalt, der die Personen in Hörweite und ihre Körper in Griffnähe bringt« zu beschreiben: »Eine Interaktion kommt nur zustande, wenn mehrere Personen füreinander wahrnehmbar werden und daraufhin zu kommunizieren beginnen«. Wenn man als zentrales Kriterium für Interaktion Körper, die in »Griffnähe« sein müssen, aufstellt, dann kann nur Face-to-face-Interaktion als Interaktion bezeichnet werden, was von Hausendorf (2015: 46) explizit so gefordert wird (auch wenn dieser Telefongespräche als Interaktion miteinschließt; vgl. die kritische Diskussion unten).

Multimodalität   Eine Fokussierung auf die unmittelbare wechselseitige Wahrnehmbarkeit ist dabei zwar insofern durchaus sinnvoll, als die in den letzten Jahren zunehmende Multimodalitätsforschung (d. h. Forschung zur Gestik, Mimik und Proxemik) zeigt, dass Sprache – d. h. also die rein verbalen Kommunikationsmittel – in der Face-to-face-Interaktion nur ein Aspekt unter vielen anderen ist und Face-to-face-Interaktion daher »eine soziale Wirklichkeit sui generis darstellt« (Hausendorf 2015: 43). Aus einer linguistischen Perspektive, die die Sprache in den Mittelpunkt ihres Erkenntnisinteresses stellt, ist allerdings zu sagen, dass mit der Beschränkung von Interaktion auf Face-to-face-Interaktion zu viele Kommunikationssituationen ausgeschlossen werden, die man intuitiv als interaktional klassifizieren würde, wie zum Beispiel die Chatkommunikation oder Fo-

Interaktion

2.5

rendiskussionen. Bei einer solchen Kommunikation herrscht räumliche und zeitliche Distanz und keine Wahrnehmungs-wahrnehmung (s. Kap. 9.2.2) dennoch wird jeder, der einmal einen WhatsApp-Chat gelesen hat, diesen intuitiv als Interaktion wahrnehmen (zu einer ausführlichen kritischen Diskussion vgl. Dürscheid 2016).

Interaktionale Linguistik: Im Kontrast zu der von Hausendorf (2015) vorgeschlagenen sehr engen *Interaktionslinguistik* legt die von Couper-Kuhlen/Selting (2000, 2001a, b) begründete Interaktionale Linguistik, die u. a. auf der Interaktionalen Soziolinguistik aufbaut, einen weiteren Interaktionsbegriff zugrunde. Mit diesem kann man sowohl die von Hausendorf anvisierte multimodal konstituierte Face-to-face-Interaktion analysieren als auch schriftliche Interaktionen ohne wechselseitige Wahrnehmung. Als Interaktion gilt dabei sprachliche Kommunikation, die folgende Merkmale aufweist:

1. Prozessorientierung: Sprache wird in ihrer Prozesshaftigkeit untersucht, d. h. es wird gefragt, wie im zeitlichen Ablauf des Sprechens (oder interaktionalen Schreibens) Strukturen entstehen, überarbeitet werden, von Rezipient/innen entgegengenommen werden etc. Dieser Fokus auf den Prozess, auf die schrittweise Entstehung von sprachlichen Äußerungen, ist – wie oben erwähnt – ein wichtiger Unterschied im Vergleich zu dem Nähe/Distanz-Modell von Koch/Oesterreicher (1985), das Sprache aus einer produktorientierten, statischen Perspektive wahrnimmt. Besonders deutlich wird dies an einem der wichtigsten Konzepte der Konversationsanalyse und der Interaktionalen Linguistik, der Sequenzialität. Damit ist gemeint, dass sprachliche Äußerungen sich aufeinander beziehen, d. h. Äußerungen nehmen Bezug sowohl auf eigene als auch fremde Vorgängeräußerungen und bearbeiten diese, und umgekehrt kündigt jede Äußerung auch eigene und fremde Folgeäußerungen an: Wenn ich eine Frage stelle, projiziere ich eine Antwort, und wenn mein Kommunikationspartner eine Antwort liefert, reagiert er auf meine Frage und öffnet umgekehrt wieder Anschlussoptionen, indem ich mich beispielsweise für die Antwort bedanke, eine klärende Nachfrage stellen, meiner Überraschung über eine unerwartete Antwort Ausdruck geben kann etc.

Sequenzialität

2. Situationsorientierung: Dreh- und Angelpunkt jeder Interaktion ist die geteilte Situation; in der Face-to-face-Interaktion ist dies die persönliche Begegnung von Angesicht zu Angesicht. Es ist eine entscheidende Frage, wie Interagierende die gemeinsame Orientierung an einer Situation herstellen (Hausendorf 2003). Charakteristisch für die Begegnung von Angesicht zu Angesicht ist, dass die Interagierenden sich gegenseitig wahrnehmen können – einschließlich ihrer Wahrnehmungsaktivitäten. Man spricht in diesem Zusammenhang auch von Wahrnehmungswahrnehmung (s. hierzu ausführlich Kap. 9.2.2). Auf der Basis dieser Wahrnehmungswahrnehmung können zwei oder mehr Personen sich aufeinander einstellen bzw. aufeinander einlassen und in eine Art der Kommunikation einsteigen, die maximal auf die Reaktionen des Gegenübers abgestimmt ist. So können z. B. sämtliche Rückmeldesignale noch in der laufenden Äußerungsproduktion in die Äußerungsplanung mit einbezogen werden. Zugleich können Informationen auf unterschiedlichen Sinneskanälen berücksichtigt werden.

Wahrnehmungs-Wahrnehmung

Die Möglichkeiten der wechselseitigen Wahrnehmung können aber auch – wie beim Telefonieren – auf ein Mindestmaß (im Falle des Telefonierens auf die wechselseitige Hörbarkeit) reduziert oder – wie etwa bei der Chat-Kommunikation – überhaupt nicht gegeben sein, ohne dass eine Orientierung an einer geteilten Situation prinzipiell unmöglich wird. Im Zentrum einer geteilten Situation steht die Orientierung an einer »gemeinsamen[n] Handlung« (Esser 2002: 111) die durch die Interagierenden hervorgebracht wird (zum Konzept der »geteilten Intentionalität« vgl. auch Tomasello 2009). Diese Orientierung kann auch allein durch das sequenziell und inhaltlich aufeinander abgestimmte sprachliche Verhalten der Interagierenden zum Ausdruck gebracht bzw. hergestellt werden (Lanwer 2019a: 7–8; Lanwer 2019b: 102). Dies kann mittels neuer Kommunikationstechniken auch im Fall schriftlicher Kommunikation gelingen.

Zur Vertiefung

Situationsgebunden vs. situationsentbunden

Während früher eine typische ›Arbeitsteilung‹ gesprochener und geschriebener Sprache darin gesehen wurde, dass erstere im Normalfall situationsgebunden war und letztere situationsentbunden (nach Weingarten 2001: 1147 wurde geschriebene Sprache genau deshalb entwickelt, um »eine weitgehende Unabhängigkeit der Situationen des Produzierens und Rezipierens zu gewährleisten«), hat sich diese Arbeitsteilung heute vor allem durch die technischen Medien grundlegend gewandelt. Gesprochene Sprache kann auf Tonträgern archiviert und somit ›ent-situationiert‹ werden. Umgekehrt wird in der computervermittelten Kommunikation heutzutage schriftliche Kommunikation situationsgebunden eingesetzt:

»[V]iele Besonderheiten der situationsgebundenen mündlichen Kommunikation sind nun auch technisch realisierbar geworden. Damit ist ein breiteres Spektrum an Kommunikationsformen entstanden, das nicht auf die Notwendigkeit der physischen Kopräsenz der Teilnehmer angewiesen ist, aber dennoch auf die Mittel der situationsgebundenen Sprache zurückgreifen kann.« (Weingarten 2001: 1147)

Das Merkmal der Mündlichkeit ist daher heute mit der Situationsgebundenheit nicht mehr zwangsläufig verbunden, ebenso wie das Merkmal der Schriftlichkeit nicht mehr obligatorisch mit Situationsentbundenheit einhergeht.

3. Kooperationsorientierung: Da sich die Interaktionspartner aneinander orientieren, bedeutet das, dass sprachliche (und nicht-sprachliche) Interaktionen stets kooperativ und oft sogar kollaborativ erzeugt werden. Das gilt sowohl für die strukturelle Ebene (z. B. für Nachbarschaftspaare wie Frage-Antwort, Bitte-Nachkommen/Ablehnen der Bitte, Gruß-Gegengruß etc.) als auch die inhaltlich-funktionale Ebene: Beides beruht auf der gemeinsamen Herstellung durch die Interagierenden.

Grundlegend für diese Kooperativität ist unter anderem die Orientierung an geteiltem Wissen (*common ground*; Clark 1996) einerseits über die Art der gemeinsamen Handlung, den ›Ort‹ des Geschehens sowie über

2.5
Interaktion

die Rollen und die jeweiligen Vorgeschichten der Teilnehmer, andererseits aber auch über die bereits abgelaufene Interaktion. Die Interagierenden tragen vorgefertigte Modelle über typische Routinen und Ablaufmuster an eine Situation heran, ebenso Emotionen und persönliche Einstellungen (Freude, Abneigung, Ärger etc.), und passen diese im zeitlich sich entwickelnden Fortgang der sich ständig verändernden Situation an. Dabei versuchen sie, ihr Wissen, ihre Einstellungen, ihre Emotionen etc. anderen anzuzeigen (oder zu verbergen), und umgekehrt, herauszufinden, was die Einstellungen etc. der anderen sind.

4. Handlungsorientierung: Wie bereits erwähnt steht im Zentrum der geteilten Situation und damit jeder Interaktion die Orientierung an einer gemeinsamen Handlung. Handlungen sind entsprechend nicht ›unilateral‹ zu verstehen, d. h. es geht nicht darum zu rekonstruieren, was ein Interaktionsteilnehmer beabsichtigt oder gedacht hat, sondern was von den Interaktionsteilnehmern gemeinsam als Handlung hergestellt und ratifiziert wird (vgl. Kallmeyer 1985). Dafür wird versucht, soweit es möglich ist, die Analysen auf das beobachtbare Datenmaterial zu beschränken, d. h. zu zeigen, wie die Interaktionsteilnehmer selbst explizit oder implizit aufzeigen, welche Handlungen sie gemeinsam durchführen. Im Kern steht dabei das Konzept der Intersubjektivität, d. h. die ständig in Interaktionen mitlaufende Aufgabe, dass ich meinen Kommunikationspartnern anzeigen muss, wie ich ihre Beiträge verstanden habe und wie ich meine Beiträge zur Interaktion verstanden haben möchte (umgekehrt zeigen die Kommunikationspartner mir ihre Interpretationen meiner Beiträge und ihre Interpretationswünsche ihrer Beiträge an). Durch dieses ständige Überprüfen der Wirkung der Beiträge auf die anderen entsteht in der Interaktion Intersubjektivität, d. h. geteilter Sinn (= von allen geteilte Bedeutung und von allen gemeinsam durchgeführte Handlungen).

Mit anderen Worten: Eine Analyse sprachlicher Interaktion bedeutet, dass über Sprache vermittelte, kooperative, intersubjektive, sequenziell strukturierte und sich im zeitlichen Prozess entwickelnde sprachliche Handlungen unter Berücksichtigung von Situationen und Kontexten, von denen sie abhängen und die sie zugleich herstellen, beschrieben und erklärt werden müssen.

Definition: Analyse sprachlicher Interaktion

Während die soziologisch orientierte Konversationsanalyse den Fokus auf den Aspekt der Handlungen selbst richtet – also danach fragt, wie intersubjektiv geteilte Handlungen überhaupt zustande kommen – richtet die linguistisch orientierte Interaktionale Linguistik dagegen den Fokus stärker auf die sprachlichen Mittel der Handlungsdurchführung, und dabei sehr stark auf die Rolle der Prosodie, die vor allem bei den Arbeiten von Couper-Kuhlen und Selting (hier zeigen sich die Bezüge zur Interaktionalen Soziolinguistik) eine große Bedeutung hat (vgl. Selting 1995), bzw. auf die Rolle der Grammatik (= der strukturierenden Prinzipien) von Sprache-in-Interaktion generell (vgl. Selting 2007).

Die Interaktionale Linguistik fragt, »ob und wie sich im Handeln überhaupt erst Sprache (qua Grammatik) konstituiert, und ob und wie andererseits Handeln durch Sprache (qua Grammatik) möglich wird« (Auer 1999: 6). Dieser Grammatikbegriff ist weit gefasst, er bezeichnet die sprachlichen Regularitäten, mit denen Menschen ihre Interaktion strukturieren. In der Forschungstradition der Interaktionalen Linguistik bedeutet das, dass vor allem auch prosodische, multimodale, sequenzielle und interaktionsfunktionale Aspekte berücksichtigt werden. Grammatik wird so nicht als abstraktes, interaktionslosgelöstes System aufgefasst, sondern als »mode of social interaction« (Schegloff/Ochs/Thompson 1996: 38). Wie Schegloff/Ochs/Thompson (1996: 38) feststellen, muss Grammatik interaktional fundiert werden, denn

> »grammar is not only a resource for interaction and not only an outcome of interaction, it is part of the essence of interaction itself. Or, to put it another way, grammar is inherently interactional. In this perspective, grammar is imbued with subjectivity and sociability: grammar is viewed as lived behavior, whose form and meaning unfold in experienced interactional and historical time.«

Um diese Aufgabe, die Beschreibung von Grammatik als Ressource und Ergebnis von Interaktion, geht es der Interaktionalen Linguistik.

Dialogizität und Monologizität: Nachdem nun der Leitbegriff der Interaktion (der, um dies nochmals herauszustellen, mit dem interaktiven Kommunikationsbegriff der Interaktionalen Soziolinguistik identisch ist) geklärt ist, muss zuletzt noch auf ein weiteres Begriffspaar, Dialogizität und Monologizität, eingegangen werden.

In dieser Einführung wurde versucht, die konkurrierenden Begriffe möglichst klar und konzeptionell getrennt darzustellen, was in der Forschungsrealität meist nicht der Fall ist, da diese Begriffe oft sehr willkürlich und ohne klare Definition verwendet wurden (und werden). Gerade der Terminus *Dialog* taucht auch in der Interaktionalen Linguistik immer wieder auf, wenn man das ›Produkt‹ interaktionaler Sprachverwendung benennen möchte (z. B. ein Telefongespräch, einen SMS- oder WhatsApp-Austausch, ein Sprechstundengespräch, einen E-Mail-Austausch etc.).

Dialogism

Um die Sache noch komplizierter zu machen, existiert mit der *Dialogizität* (und dem Gegenstück der *Monologizität*) auch noch ein Ansatz, der konzeptionell eigentlich der Konversationsanalyse und Interaktionalen Linguistik nahesteht, und nicht der Dialoganalyse. Besonders der schwedische Linguist Per Linell hat in mehreren Arbeiten (1998, 2005, 2009) das Konzept des *Dialogism* (im Deutschen mit *Dialogizität* übersetzt) entwickelt, während für das Deutsche mit dem Sonderheft *Dialogizität* der *Zeitschrift für Germanistische Linguistik* (Imo 2016c) eine Übersicht über methodische und theoretische Aspekte dieses Konzepts vorliegt (vgl. auch den Sammelband *Grammar and Dialogism* von Günthner/Imo/Bücker 2014).

Linell verfolgt dabei das Ziel, eine erkenntnistheoretische Fundierung für sprachwissenschaftliche Analysen zu schaffen, die den dialogischen Charakter von Sprache ernstnimmt. Kritisch ist dabei allerdings anzumerken, dass das Dialogizitätskonzept oft sehr vage bleibt, da Linell verschiedene Varianten von Dialogizität annimmt, von denen die am weitesten gefasste auch das Lesen von Büchern als Dialog auffasst. Eine der enger gefassten Varianten des Dialogs bei Linell, die in seinen Forschungen meist diejenige ist, mit der er arbeitet, stimmt dabei weitgehend mit dem Konzept der interaktionalen Sprache in der Konversationsanalyse und Interaktionalen Linguistik überein: Es geht um die Analyse von »con-

Interaktion

2.5

nected discourse«, der vor allem in der medial gesprochenen und interaktionalen Sprache entsteht, da in diesem Fall die Gesprächsteilnehmer gezwungen sind, »links between utterances« aufzubauen:

»Utterances, turns and larger sequences (communicative projects) are linked backwards to situations and prior contributions to the discourse, and they also have links to possible next actions or contributions, and thereby to projected changes in situations. They are not autonomous ›speech acts‹ uttered by speakers as autonomous acts, as if they had no context. Utterances are ›inter-acts‹ with retrospective and prospective aspects, or, with slightly different terms, ›responsive‹ and ›projective‹ properties.« (Linell 2009: 296)

Die Nähe zu der oben dargestellten Definition von *Interaktion* ist klar erkennbar, und auch der Fokus auf die Sprache als Explanandum (und nicht auf soziologische Aspekte) teilt Linells *Dialogism* mit der Interaktionalen Linguistik: »Grammatical constructions have their origin in conversational practices which have become increasingly routinized, conventionalized and perhaps partly ritualized in the repertoire of linguistic resources« (Linell 2009: 302).

Trotz der Bedenken, die man gegenüber den Begriffen *Dialog* und *Dialogizität* haben muss, werden diese beiden Begriffe in Linells Sinn daher gelegentlich in dieser Einführung verwendet. Das hat den Vorteil, dass man mit dem *Dialog* sehr griffig das sprachliche ›Produkt‹ einer Interaktion im Kontrast zum *Monolog* benennen kann und mit *Dialogizität* vs. *Monologizität* ein anschauliches Gegensatzpaar zur Verfügung hat, das weniger ›holprig‹ als *Interaktionalität* vs. *Monologizität* klingt. Wann immer *Dialog* und *Dialogizität* von nun an verwendet werden, geschieht dies mit dem definitorischen Gehalt von *Interaktion* und *Interaktionalität*.

3 Interaktionale Linguistik: Entstehung und theoretische Annahmen

3.1 Die Ursprünge: Die Soziologie des Alltags nach Schütz
3.2 Der Weg von der Theorie zur Methode: Die Ethnomethodologie nach Garfinkel
3.3 Die ethnomethodologische Konversationsanalyse
3.4 Von der Soziologie zur Linguistik: die Interaktionale Linguistik
3.5 Die Grenzen der Interaktionalen Linguistik: Multimodale Analysen

Es ist bereits angedeutet worden, dass die Interaktionale Linguistik ihre Wurzeln in der Konversationsanalyse, genauer in der amerikanischen ethnomethodologischen Konversationsanalyse, hat. Diese wiederum geht als soziologische Theorie unmittelbar auf die ebenfalls soziologische Theorie der Ethnomethodologie (Garfinkel 1967, 1973) und diese zu großen Teilen auf die Soziologie des Alltags nach Schütz (1933/1993) zurück (wobei Garfinkels Rückgriff auf Schütz nicht zuletzt auch in bewusster Abgrenzung zu dem damals in den USA dominierenden strukturfunktionalistischen Ansatz von Talcott Parsons (1937) geschah; vgl. die Darstellung bei Bergmann 1988: 16–17). Im Folgenden soll dieses wissenschaftshistorische Erbe kurz dargestellt werden.

3.1 | Die Ursprünge: Die Soziologie des Alltags nach Schütz

Die Motivation für die Arbeiten von Alfred Schütz, die er in seinem Hauptwerk *Der sinnhafte Aufbau der sozialen Welt* (1933/1993) darlegte, bestand in einer Kritik der zu jener Zeit gängigen Auffassung von Handeln. Handeln wurde typischerweise als etwas angesehen, das einem Individuum zugerechnet werden kann: A handelt, B nimmt dann die intendierte Handlung wahr und handelt selbst, woraufhin wieder A handelt etc. Auf diese Weise entstand die Konzeption eines ›Ping-Pong-Spiels‹ von einander abwechselnden Handlungen, die aber jeweils immer klar auf den ›Sender‹, den ›Auslöser‹, den ›Verursacher‹ der Handlung zurückzuführen waren (kulminiert ist diese Sicht in dem Einflussreichen Kommunikationsmodell von Shannon/Weaver 1949). Unklar muss bei einer solchen Auffassung aber bleiben, wie soziales Handeln entsteht in dem Sinne, dass aus dem jeweils subjektiven Sinn, d. h. der Bedeutung, die ein einzelner seinen Handlungen (und den Handlungen anderer) gibt, ein objektiver Sinn entsteht, d. h. eine von den nun nicht mehr wechselseitig Handelnden, sondern gemeinsam Interagierenden geteilte soziale Welt. **Die Kernfrage** ist also, wie die Objektivierung von Sinn entsteht. Wenn ich jemandem ein Lob aussprechen möchte, dann ist für mich selbst (sub-

Subjektiver und objektiver Sinn

J. B. Metzler © Springer-Verlag GmbH Deutschland, ein Teil von Springer Nature, 2019
W. Imo / J. P. Lanwer, *Interaktionale Linguistik*,
https://doi.org/10.1007/978-3-476-05549-1_3

jektiver Sinn) klar, dass ich ein Lob beabsichtige. Wie kann ich nun aber davon ausgehen, dass der Gelobte meine Äußerungen als Lob auffasst? Im Alltag beobachten wir ständig, dass wir uns irgendwie darauf einigen, dass wir gerade gemeinsam etwas getan haben: Wir haben ein Lob geäußert und empfangen, einen Small-Talk geführt, eine Rüge erteilt und erhalten, eine Arbeitsbesprechung durchgeführt etc. Doch wie kommt es zu diesem Produkt (objektiver Sinn) einer gemeinsamen Handlung?

Um diese Frage zu beantworten, ist es nach Schütz notwendig, sozusagen einen Schritt hinter den natürlichen Ablauf der Interaktion zurückzutreten und die Rolle eines Beobachters einzunehmen. Man kann sich diese Haltung in etwa so vorstellen, dass man als Soziologe alles implizite Wissen über die Gesellschaft, deren Teil man ist, aufgibt, und als externer Beobachter herauszufinden versucht, was die Menschen machen, wenn sie miteinander interagieren. Man gibt also seine ›natürliche Haltung‹ als direkt an Gesprächen Beteiligter auf und wirft einen ›zweiten Blick‹ auf das Alltagshandeln. Die in einer Interaktion direkt Beteiligten nehmen dagegen einen solchen ›Blick von außen‹ nicht ein.

Grundannahmen im Alltag: Schütz stellte die These auf, dass wir in unserem Alltagshandeln unhinterfragt von zwei Grundannahmen ausgehen:

- Die anderen nehmen Dinge in etwa auf die gleiche Weise wahr wie man selbst, bewerten die Dinge ähnlich, haben ähnliche Präferenzen etc.
- Die anderen verfügen über ungefähr das gleiche Wissen wie man selbst.

Diese Grundannahmen führen zu zwei Idealisierungen, die Schütz als »Reziprozitätsthese« bzw. als »Generalthese der wechselseitigen Perspektiven« bezeichnet:

- Vertauschbarkeit der Standpunkte: Man geht davon aus, dass andere an der eigenen Stelle die Situation genauso wahrnehmen und genauso handeln würden.
- Kongruenz der Relevanzsysteme: Biographische Unterschiede werden als nicht so wichtig angesehen, als dass sie zu unterschiedlichen Kategorisierungen der Welt führen würden.

Plausibilität der Annahmen: Man kann die These, dass wir eine solche Idealisierung vornehmen, anhand eigener Alltagskommunikation leicht selbst überprüfen, es gibt zahlreiche Belege für deren Plausibilität: Wenn ich an der Bushaltestelle mit einer mir unbekannten Person, die auch auf den Bus wartet, ein Gespräch anfangen will, kann ich *Schönes Wetter heute!* oder *Schlechtes Wetter heute!* sagen, je nachdem ob die Sonne scheint oder es regnet, denn ich nehme an, dass andere – wie ich selbst auch – Sonne gut und Regen schlecht finden. Oder ich frage eine neue Bekannte, wo sie zur Schule gegangen ist und erwarte eine Antwort und nicht etwa Unverständnis, da ich davon ausgehe, dass alle in die Schule gehen und annehme, dass alle dieses Wissen teilen etc. Im Alltag funktioniert diese Idealisierung also tagtäglich aufs Neue, und je öfter ich durch die Reaktionen meiner Gesprächspartner darin bestätigt werde, dass meine Annahmen zutreffen, desto mehr kommen sie mir als ›objektive‹ Tatsachen vor – ich bin verwundert, wenn mir jemand sagt, dass sie Sonne hasst und Regen liebt. Mit anderen Worten: Interaktion kann nur dann reibungslos funktionieren, wenn man sich darauf verlassen kann, dass andere ungefähr über das gleiche Wissen und die gleichen Konzepte verfügen wie man selbst.

Interessant sind natürlich die Stellen, an denen für die Interagierenden deutlich wird, dass die Reziprozität der Standpunkte doch nicht gegeben ist, dass man sich also neu auf eine Situation einstellen muss.

Interkulturelle Kommunikation

Fremde Kulturen: Besonders ›schockierend‹ wird die Erfahrung, dass die Reziprozität der Standpunkte nicht mehr vorausgesetzt werden kann, immer dann, wenn man seine eigene, vertraute Kultur verlässt und in eine fremde Kultur eintaucht. Dies geschieht beispielsweise bei einem Auslandsaufenthalt. Diese Erfahrung, dass das »Denken-wie-üblich« (Schütz 1972: 58) auf einmal nicht mehr funktioniert, hat Schütz (1972) in seinem äußerst lesenswerten Aufsatz »Der Fremde« beschrieben. Wenn man in eine fremde Kultur eintaucht, werden auf einmal all die alltäglichen Handlungen, über die man sich keine Gedanken machen muss, weil sich immer wieder in Interaktionen bestätigt hat, dass die anderen es genauso machen und sehen, wie man selbst, zu Problemen. Man stellt fest, dass man Dinge auch anders betrachten und regeln kann:

»Mit anderen Worten, die Kultur- und Zivilisationsmuster der Gruppe, welcher sich der Fremde nähert, sind für ihn kein Schutz, sondern ein Feld des Abenteuers, keine Selbstverständlichkeit, sondern ein fragwürdiges Untersuchungsthema, kein Mittel, um problematische Situationen zu analysieren, sondern eine problematische Situation selbst und eine, die hart zu meistern ist.« (Schütz 1972: 67)

Das betrifft so banale Alltagshandlungen wie

- das Kaufen von Lebensmitteln im Geschäft (Wie grüßt man angemessen? Was sagt man bei der Geldübergabe? Wie verabschiedet man sich?)
- das Bitten um etwas (Fühlt sich die Person, die ich um etwas bitte, gemäß den in der Kultur geltenden Konventionen etwa verpflichtet, die Bitte in jedem Fall zu gewähren und bringe ich sie dadurch in Verlegenheit? Wenn ja, wie kann ich das vermeiden?)
- das Schreiben und Beantworten von Briefen oder E-Mails (Wie direkt oder indirekt darf und muss man bei der Formulierung seines Anliegens sein?) etc.

Erwartungsbrüche: Die Forschung im Bereich der interkulturellen Kommunikation kann mit unzähligen Beispielen von Erwartungsbrüchen dienen. Ein besonders eindrücklicher Fall wurde von einer russischen Kollegin geschildert. Als sie das erste Mal in Deutschland war, wurde sie von der Familie eines Professors zum Abendessen eingeladen. In Erwartung eines großen und umfangreichen Essens (wie in Russland üblich) hatte sie den Tag über nicht viel gegessen. Sie wurde bewirtet, aß den Teller leer und wurde dann gefragt, ob sie noch etwas wolle. Gemäß den russischen Konventionen lehnte sie ab – in der Erwartung, dass noch zweimal gefragt würde und man beim dritten Mal dann *ja* sagt. Stattdessen sagte der Gastgeber: *Na prima, dann können wir ins Wohnzimmer gehen und dort noch einen Kaffee trinken.* Die Ärmste musste an diesem Tag hungrig ins Bett gehen.

Aus der interkulturellen Kommunikation sind solche und ähnliche Beispiele jedem bekannt (zu Aushandlungen von Wissensasymmetrien in der interkulturellen Kommunikation vgl. Günthner/Luckmann 2001, 2002), doch auch im ›normalen‹ Alltag, d. h. in der Interaktion innerhalb der eigenen, bekannten Gesellschaft, tauchen Brüche auf: Wer jemals in einer WG gewohnt hat, weiß, dass Auffassungen über Sauberkeit deutlich divergieren können, wer jemals an einer Arbeitsbesprechung teilgenommen hat, weiß, dass ›sich kurz fassen‹ je nach Person etwas ganz Anderes bedeuten kann etc. In solchen Fällen werden explizite Aushandlungen – wenn nicht gar Streitgespräche – notwendig, um eine gemeinsame, geteilte Auffassung zu erzielen (was natürlich auch scheitern kann). Eine entscheidende Blockade in solchen Streitgesprächen kann das Beharren auf dem eigenen als dem (vermeintlich) normalen) Standpunkt sein. Dieses Beharren ist auf die beiden oben angeführten Idealisierungen zurückzuführen. Wir gehen in der Regel von dem Grundsatz aus, dass die anderen wahrnehmen, denken usw. wie man selbst. Die eigene Sicht auf die Dinge hat damit den Status des ›Normalen‹, wie es bei Schütz auch heißt. Stellen wir fest, dass dies nicht der Fall ist, gerät die Basis der ›normalen‹ Alltagswelt ins Wanken. Das Nachgeben in einem Streit kann daher – je nach Streitgegenstand – deutlich mehr bedeuten als das Aufgeben eines Standpunktes.

Geteilter Sinn

Herstellung von geteiltem Sinn: Doch wie läuft die im Normalfall unproblematische Herstellung eines geteilten Sinns nun konkret ab? Veranschaulichen wir das mit einer Vorwurfsinteraktion (ausführlich zu Vorwürfen in der Alltagsinteraktion Günthner 2000a). Wie läuft es ab, dass ich jemandem den Vorwurf mache, die Kühlschranktür offen stehen gelassen zu haben und wie weiß ich, dass die andere Person weiß, dass ihr ein Vorwurf gemacht wurde?

Sobald man mit jemandem zu interagieren beginnt, nimmt man eine *du*-Einstellung (Schütz/Luckmann 1979: 90–93) ein, d. h. man beginnt, sich an den Reaktionen des Gesprächspartners zu orientieren. Da die Gesprächspartner ebenfalls eine solche *du*-Einstellung einnehmen, d. h. sich umgekehrt an den Reaktionen von mir orientieren, entsteht eine *wir*-Beziehung. Damit ist der erste Schritt vom subjektiven zum objektiven Sinn getan. Bezogen auf unser Beispiel heißt das: Ich frage: *Wieso zum Teufel hast du denn die Kühlschranktür offengelassen?* und sehe an der Reaktion (z. B. betroffene oder verlegene Mimik), dass ich den richtigen Adressaten vor mir habe und dass dieser ebenfalls ein ›vorwurfswürdiges‹ Problem wahrnimmt. Wenn er sich dann entschuldigt (*Oh, tut mir leid, ich hatte beide Hände voll und wollte zurück in die Küche, um die Tür zuzumachen, habe es aber dann vergessen!*), wurde nun eine gemeinsame Handlung, eine *Inter*-Aktion, hergestellt: Vorwurf und dazu passende Reaktion. Zugleich wird durch die ›passende‹ Reaktion intersubjektiv dokumentiert, dass die erste Handlung als Vorwurf wahrgenommen bzw. ausgelegt worden ist. Dies kann ebenso ausbleiben wie auch dann passieren, wenn eine Handlung nicht als Vorwurf ›intendiert‹ gewesen ist. Entscheidend ist daher aus interaktionaler Sicht nicht das, was ein Einzelner ›intendiert‹, sondern das was von anderen zugeschrieben und dann im Handlungsverlauf als ›gültige‹ Handlungszuschreibung (*action ascription*; Levinson 2013) behandelt wird. Wenn eine ›erfolgreiche‹ Handlungszuschreibung nur einmal passiert, dann kann man noch nicht von einer allgemein objektivierten Tatsache sprechen, aber doch immerhin von einer lokal, in dieser konkreten Interaktion, objektivierten.

Wenn sich dagegen die Vorkommnisse wiederholen und die Reaktionen ebenfalls, dann wird meine Annahme, dass das Offenlassen der Kühlschranktür eine als negativ zu bewertende Handlung darstellt, dass ich das Recht habe, jemandem einen Vorwurf zu machen, dass der andere in der Pflicht steht, sich zu entschuldigen und gegebenenfalls zu rechtfertigen etc. immer wieder bestätigt, so dass ich letztendlich davon ausgehe, dass es sich um objektive, von allen (hiermit generalisiere ich also!) geteilte, Tatsachen handelt.

Auf genau eine solche Weise entstehen im Laufe der Zeit Routinen. Für Schütz als Soziologen waren dabei Routinen aller Art von Interesse, während im Kontext der Linguistik dagegen natürlich die spezifisch sprachlichen Routinen von besonderer Bedeutung sind. Auf die Entwicklung sprachlicher Routinen wird in der Folge bei der Diskussion der auf den Arbeiten von Schütz aufbauenden Ansätze der Ethnomethodologie, der Konversationsanalyse und der Interaktionalen Linguistik weiter eingegangen.

Routinen

3.2 | Der Weg von der Theorie zur Methode: Die Ethnomethodologie nach Garfinkel

Der von Harold Garfinkel begründete Ansatz der Ethnomethodologie greift die Grundfrage auf, die von Schütz gestellt wurde: Wie kommt es dazu, dass wir uns im Alltag verständigen können und welche Prozesse liegen dem Alltagshandeln zugrunde? Garfinkel (1973: 189) definiert das Erkenntnisziel der Ethnomethodologie wie folgt: Die Ethnomethodologie »beschäftigt sich mit dem Alltagswissen von und innerhalb gesellschaftlicher Strukturen als einem Gegenstand von theoretisch-soziologischem Interesse«. Etymologisch setzt sich der Begriff der Ethnomethodologie aus *ethnos* (griechisch für *Volk*) und *Methode* zusammen. Es geht ihr also darum, die Ethnomethoden, d. h. die Volksmethoden, bzw. die Ethnoregeln, die Volksregeln, herauszufinden. Damit werden die Methoden und Regeln bezeichnet, die Menschen im Alltag anwenden, um ihr soziales Miteinander zu strukturieren. Diese Methoden und Regeln werden dabei nicht bewusst gelernt, sondern als Mitglied einer Gesellschaft erwirbt man meist in der Kindheit schon durch Beobachtung und Nachahmung, nicht aber durch explizite Instruktion, das Wissen über Handlungsroutinen.

Ethnomethoden

43

Zur Vertiefung

Regularität und Regel

Wenn in der Ethnomethodologie, der ethnomethodologischen Konversationsanalyse und der Interaktionalen Linguistik von *Regeln* die Rede ist, muss stets bedacht werden, dass diese *Regeln* eigentlich eher mit dem Begriff *Regularitäten* wiedergegeben werden müssen. Es handelt sich nicht um Regeln in einem vorschreibenden Sinn, wie z. B. die Regeln eines erfundenen Spiels, die von irgendjemandem festgelegt wurden, sondern um routinierte, immer wiederkehrende Muster, die aber insofern auch frei sind, als sie von den Interagierenden flexibel verändert werden können (das kann sowohl diachron passieren, wie z. B. bei der Veränderung der Anredekonventionen im Laufe der Zeit, als auch synchron, z. B. die Varianz von Anredekonventionen unter Jugendlichen, Erwachsenen, im Universitätskontext, im Arbeitskontext etc. zeigt). Eine Ethnoregel ist also genauer eine *Ethno-Regularität*.

Forschungsmethoden

Forschungsziele der Ethnomethodologie: Der Ethnomethodologie geht es also um eine Reihe von Erkenntniszielen. Eines davon besteht darin, herauszufinden, welches – meist automatisierte, unbewusste oder nur zum Teil reflektierte – Wissen man von gesellschaftlichen Strukturen hat. Man kann z. B. die Frage stellen, wie Interagierende gemeinsam gesellschaftliche Institutionen wie ein Bewerbungsgespräch (Birkner/Kern 2000), ein universitäres Sprechstundengespräch (Meer 2000) oder ein Elternsprechtagsgespräch (Wegner 2016) durchführen und welche Routinen dabei zum Einsatz kommen. Diese Routinen können so wichtig und prominent in der Wahrnehmung der Interagierenden werden, dass sie von bloßen ›Volksmethoden‹, also mehr oder weniger unreflektiert ablaufenden Routinen, zu bewussten, reflektierten Methoden werden. Bei Bewerbungsgesprächen gibt es z. B. heutzutage nicht nur Handbücher, sondern auch von Volkshochschulen oder privaten Einrichtungen angebotene Bewerbungskurse, so dass hier ein Übergang von einer Volksmethode zu einer explizit formulierten (und damit potenziell präskriptiven) Methode zu beobachten ist. Bei anderen gesellschaftlichen Routinen (Einkauf beim Bäcker, Anmeldung zu einem Gitarrenkurs in der Volkshochschule, Fahrkartenkauf bei der Bahn, Einchecken in einem Hotel etc.) gibt es dagegen keine Kurse, die man besucht, um die für die zugrundeliegenden Handlungen erforderlichen Routinen zu erlernen. Man erwirbt diese Routinen durch Beobachtung und wiederholtes Anwenden. Hier liegen also echte Ethnomethoden vor. Dass es sich dennoch um erlernte Methoden handelt, stellt man erst fest, wenn man in ein anderes Land geht und dann merkt, dass die scheinbar gleichen Dinge dort anders gemacht werden.

Ein zweites Teilziel der Ethnomethodologie besteht darin, zu zeigen, wie innerhalb alltäglicher, nicht-institutioneller gesellschaftlicher Strukturen gehandelt wird. Die Ethnomethodologie ist dabei an jeglicher Art von Handeln, nicht nur sprachlichem Handeln, interessiert: Man kann untersuchen, wie sich Reisende in einer Straßenbahn oder einem Zug auf die freien Sitzplätze verteilen, wie man einen öffentlichen Platz überquert, wie man einen Fahrstuhl betritt und sich dann während der Fahrt verhält, wohin man blickt, wie man sich als Kind, als Verwandte, die zu Besuch ist oder als eingeladener Gast in einem Haus verhält etc.

Die Forschungsmethoden der Ethnomethodologie: Wie kann man nun die Annahme überprüfen, dass es solche Ethnoregeln gibt und wie belegt man die Annahmen wissenschaftlich?

1. Teilnehmende Beobachtung: Eine Forschungsmethode ist die sogenannte teilnehmende Beobachtung, bei der die Wissenschaftlerin am Alltag von untersuchten Personen oder Personengruppen teilnimmt und festhält, was dabei auffällt. Diese Methode hat den Vorteil, einen tiefen Einblick in Lebenswelten zu ermöglichen und kann daher auch für die Interaktionale Linguistik ein wichtiges ergänzendes Forschungsinstrument sein. Der Nachteil ist allerdings, dass durch eine solche teilnehmende Beobachtung erstens nicht gewährleistet ist, dass die Beobachtende tatsächlich auch die relevanten Aspekte einer Situation wahrnimmt, zweitens durch die Teilnahme einer externen Person Verzerrungen stattfinden können und drittens, dass die Ergebnisse durch Beobachtung und Notierung verkürzt werden und somit nicht intersubjektiv in der Forschungsgemeinschaft überprüf- und bewertbare Originaldaten sind.

2. Brechungsexperimente: Eine zweite Methode, die den Vorteil wiederholbarer – und somit überprüfbarer – Daten hat, ist die der sogenannten Brechungsexperimente (auch: Krisenexperimente). Die Methode ist dabei folgende: Die Forscherin bemerkt zunächst durch Beobachtung (oder Nachdenken) einen potenziell interessanten Untersuchungsgegenstand. Sie stellt dann Hypothesen über mögliche hinter dem Phänomen liegende Ethnoregeln auf und konzipiert ein Brechungsexperiment, um durch die Reaktion der Versuchspersonen ihre Annahme zu bestätigen oder zu widerlegen. Dieses Experiment kann durch andere Forscher nun wiederholt und entsprechend überprüft werden, hängt also nicht an einer Einzelbeobachtung.

Das ›overtaker‹-Experiment: Als illustratives Beispiel für ein Brechungsexperiment ist das berühmte ›overtaker‹-Experiment von Garfinkel zu nennen. Garfinkel stellte durch Beobachtung fest, dass die Menschen, die auf dem Universitätscampus unterwegs waren, wenn sie einander überholten, einem bestimmten Muster folgten. Wann immer die Person, die schneller als die andere war und diese zu Fuß überholen wollte, ungefähr auf gleicher Höhe war, beschleunigte sie den Schritt, um die Zeit, in der beide Personen auf gleicher Höhe waren, so kurz wie möglich zu halten. Dieses Verhalten schien Garfinkel ein Kandidat für eine Ethnomethode zu sein. Aber wie lässt sich eine solche mutmaßliche Ethnomethode wissenschaftlich nachweisen? Die Ethnomethodologie möchte nun ihre Erkenntnisse nicht auf bloßes Beobachten oder Nachdenken reduzieren, sondern einen wissenschaftlichen Beleg für ihre Aussagen erlangen.

Als wissenschaftliche Methode wurde das Experiment gewählt. Wenn ein Forscher eine mögliche Ethnomethode festgestellt hat, sollte ein Experiment durchgeführt werden, in dem die Experimentatoren die Ethnoregel bewusst brechen, was zu einer Reaktion der Versuchspersonen führen sollte. Diese Reaktion diente dann als Beleg für die Existenz der postulierten Ethnoregel. Im Fall des ›overtaker‹-Beispiels führten Student/innen von Garfinkel das folgende Brechungsexperiment durch: Sie überholten

Interaktionale Linguistik: Entstehung und theoretische Annahmen

andere, blieben dann aber auf gleicher Höhe, anstatt den Schritt zu beschleunigen. Die Reaktionen der Versuchspersonen bestätigten die Beobachtung von Garfinkel. Sie waren verunsichert oder fühlten sich sogar von den Experimentator/innen bedroht – mit anderen Worten: Sie zeigten explizit an, dass ihrer Ansicht nach eine gesellschaftliche Konvention – eine Ethnoregel – verletzt wurde (die Darstellung dieses und weiterer Experimente findet sich in Garfinkel 1973; eine empfehlenswerte kurze Zusammenfassung der Ethnomethodologie hat Auer 1999: 127–135 verfasst).

Die Rolle der Sprache für die Ethnomethodologie

Ethnoregeln für den Sprachgebrauch: So spannend die Aufdeckung von nicht über die Sprache vermittelten Ethnomethoden ist, für die Linguistik sind natürlich vor allem die sprachlich basierten Ethnomethoden von Interesse. Umgekehrt ist allerdings auch für die Ethnomethodologie die Sprache besonders wichtig, denn sie ist der wichtigste Träger von Handlungen in unserem Alltag. Der Großteil der Ethnomethoden in einer Gesellschaft sind daher sprachliche Ethnomethoden, d. h. sprachliche Handlungsmuster, die wir nicht explizit und reflektiert erlernt haben, sondern unbewusst. Darunter fallen – um nur einige wenige zu nennen – beispielsweise die Regeln, dass man andere aussprechen lassen soll, wann man die Wahrheit sagen soll und wann eine Lüge vorzuziehen ist, wie man einen Sprecherwechsel vollzieht, wie man sich selbst oder andere bei einem Versprecher korrigiert, wie man eine Frage stellt und eine Antwort gibt etc. Im Grunde ist aber nicht nur unser ›Sprachhandlungswissen‹ als ein Inventar von Ethnomethoden zu beschreiben, sondern die gesamte sprachliche Kompetenz (wie wir auf Personen referieren, eine Aussage über etwas machen usw.).

Garfinkel fasst die Bedeutung der Sprache für die Ethnomethodologie wie folgt zusammen:

»Vom Standpunkt des Benutzers von alltagsweltlichen Feststellungen sind die Sinngehalte der Beschreibungen die Ergebnisse eines standardisierten Prozesses der Benennung, der methodischen Verdinglichung und der Idealisierung des vom Benutzer der alltagsweltlichen Feststellungen erlebten Stromes von Erfahrungsgehalten; d. h. die Ergebnisse einer identisch durchgehaltenen und mit anderen geteilten Sprache.« (Garfinkel 1973: 191)

Vom soziologischen Jargon befreit bedeutet dies, dass die in einer Gesellschaft geteilte Sprache Träger von Handlungen, Mittel zur gemeinsamen Sinnproduktion sowie Mittel zur Erzeugung, Mitteilung und Aushandlung von Erfahrungen ist. Diese sprachlichen Ethnomethoden wollte die Ethnomethodologie ebenfalls über Experimente herausfinden.

Indexikalität: Ein berühmtes Experiment, das Sprachgebrauchsregeln zum Gegenstand hat, ist das »Indexikalitäts-Experiment«. Wieder hatte Garfinkel durch Nachdenken über in diesem Fall sprachliches Handeln eine potentielle Ethnomethode herausgefunden: Die Indexikalität. Damit ist gemeint, dass wir im Laufe unseres Spracherwerbs lernen, dass wir nicht maximale Klarheit und Eindeutigkeit anstreben können (und sollen!), sondern dass wir, wenn wir uns unterhalten, solche sprachlichen Mittel einsetzen, die einfach ganz praktisch gedacht in einer bestimmten Situation ihren Zweck erfüllen. Garfinkel (1967: 203) fasste diese Beobachtung in eine ›Regel‹, die man mit »Akzeptiere die Vagheit!« angeben kann. Diese Ethnoregel erlernen wir, wie alle Ethnoregeln, ›nebenbei‹, ohne dass sie uns jemand explizit beibringen muss.

Wir fragen beispielsweise *Kannst du mir das Buch mit dem roten Umschlag auf meinem Schreibtisch mitbringen?* und nicht *Kannst du mir den ungefähr zwei Zentimeter dicken ersten Band des Autors Scholochow mit dem Titel Der Stille Don, das einen roten Umschlag hat und auf der rechten vorderen Kante der Tischplatte meines Schreibtisches, der vor dem Fenster in meinem Zimmer in der Wohngemeinschaft, in der auch du wohnst, liegt, mitbringen?* Solche Präzisierungen (Natürlich könnte man diese Frage noch mit unzähligen weiteren Einzelheiten immer weiter detaillieren!) sind im Alltag unerwünscht, sie behindern die Kommunikation, anstatt sie zu erleichtern.

Das Prinzip dahinter ist nach Garfinkel (1967) das der Indexikalität. Nicht nur die ›klassischen‹ Zeigwörter wie *hier, dort, jetzt, dann, ich, du* etc. sind indexikalische Ausdrücke, sondern jedes Wort einer Sprache, weil kein Wort für sich alleine genommen eindeutig sein kann. Wörter erhalten ihre Bedeutung erst im Kontext, sie zeigen auf Dinge oder Konzepte, die der Gesprächspartner in der konkreten Situation dann entziffern muss. Dieses sprachliche Zeigen ist mit der Indexikalität gemeint.

Indexikalität

An dem Beispielsatz lässt sich das gut illustrieren: Das Wort *Buch* kann auf unzählige Bücher zeigen. In der Verbindung mit *mit dem roten Umschlag,* und *auf meinem Schreibtisch* sind aber keine weiteren Präzisierungen mehr nötig – wenn dort nur ein Buch mit rotem Umschlag liegt, zeigt das Wort *Buch* eindeutig genug auf das gewünschte Buch. Ebenso muss *Schreibtisch* nicht präzisiert werden, wenn in meinem Zimmer nur ein Schreibtisch steht etc.

Das Indexikalitäts-Brechungsexperiment: Wie hat Garfinkel nun dieses Prinzip der Indexikalität von Sprache und die Ethnoregel »Akzeptiere die Vagheit!« belegt? Natürlich wieder durch ein Brechungsexperiment. Versuchspersonen – meist Garfinkels Studierende – sollten die Ethnoregel bewusst brechen und auf möglichst große Klarheit drängen. Daraus entstand dann u. a. folgendes Gespräch:

Versuchsperson (V) trifft Experimentator (E):

V   How are you?

E   How am I in regard to what? My health, my finances, my school work, my peace of mind, my...?

V   (mit rotem Kopf, wütend) Look I was just trying to be polite. Frankly, I don't give a damn how you are. (Garfinkel 1967: 42)

So und ähnlich waren alle Reaktionen der Versuchspersonen, mit denen ein solches Experiment durchgeführt wurde: Sie interpretierten das Drängen auf maximale Klarheit als aggressives, nicht-kooperatives Verhalten oder als Versuch, sie ›auf den Arm zu nehmen‹. Dies wurde von Garfinkel als Beleg für die Existenz der Ethnoregel »Akzeptiere die Vagheit!« betrachtet.

Kritik an der Ethnomethodologie: Die Ethnomethodologie hat das Verdienst, das Konzept der Ethnomethoden bzw. Ethnoregeln entwickelt und diese systematisch erforscht zu haben. Sie hat damit gezeigt, dass auch unser scheinbar chaotisch, unstrukturiert verlaufender Alltag – bis hin zum Gehen auf der Straße oder zu informellen Plaudereien – sehr strukturiert verläuft und dass wir uns an (meist) unbewussten Regeln orientieren, die man wissenschaftlich rekonstruieren und beschreiben kann. Auf diesen Arbeiten konnte die ethnomethodologische Konversationsanalyse aufbauen. Die Ethnomethodologie wurde von dieser aber aus zwei Gründen für ihr methodisches Vorgehen, mit Brechungsexperimenten zu arbeiten, kritisiert:

Kritik an den Methoden

1. Das Erkennen von Ethnomethoden hängt von den Beobachtungen und den Ergebnissen des Nachdenkens des Experimentators ab. Es ist somit eher zufällig, was letztlich an Ethnomethoden herausgefunden wird und es bleibt unklar, ob alle Ethnoregeln in einem Bereich beschrieben wurden oder ob nicht viele übersehen wurden.
2. Die Experimente sollen lediglich die durch Beobachtung als Hypothese aufgestellte Ethnoregel belegen. Dabei ist zu kritisieren, dass diese Experimente eine künstliche Situation schaffen, bei der nicht klar ist, ob und in welchem Ausmaß nicht die künstliche Situation selbst die Ergebnisse verfälscht. Zudem kann mit dem Experiment jeweils nur die als Hypothese aufgestellte Ethnoregel überprüft werden. Offen bleibt, ob es nicht beispielsweise mehrere Ethnoregeln in einem Gebiet gibt, die je nach Situation, Gesprächsteilnehmern, sequenzieller Position im Gespräch etc. zum Einsatz kommen.

An diesen Kritikpunkten setzte die ethnomethodologische Konversationsanalyse an. Sie behielt zwar das Erkenntnisinteresse der Ethnomethodologie bei – das Herausfinden von Ethnomethoden – schränkte aber den Untersuchungsgegenstand auf Gespräche ein und entwickelte eine wissenschaftlich solide Arbeitsmethode: die empirische Analyse von authentischen Gesprächsdaten.

3.3 | Die ethnomethodologische Konversationsanalyse

Mit *Konversationsanalyse* wird in verkürzender Form auf die von Harvey Sacks, Emanuel A. Schegloff und Gail Jefferson entwickelte *ethnomethodologische Konversationsanalyse* verwiesen. Während die Gesprächsanalyse als »Sammelbegriff für die im deutschsprachigen Raum vertretenen Richtungen der Konversations-, Diskurs-, und Dialoganalyse« (Hausendorf 2001: 971) verwendet wird, ist die Bezeichnung Konversationsanalyse zumindest in Deutschland eindeutig. Als Einführungen in die Konversationsanalyse sind das Kapitel »Konversationsstruktur« in Levinson (2000), das Kapitel »Sprachliche Interaktion« von Stukenbrock (2015), die Einführung *Konversationsanalyse: Eine Einführung an Beispielen aus französischer Kommunikation* von Gülich/Mondada 2008 (auf Deutsch geschrieben, allerdings auf der Basis französischer Beispiele), das Arbeitsbuch *Gespräche Analysieren* von Deppermann (2001), die zahlreichen einführenden (inhaltlich sehr ähnlichen) Darstellungen von Bergmann (1981, 1988, 1991, 2001, 2010) sowie in englischer Sprache die Einführungen *Doing Conversation Analysis* von ten Have (2007) sowie *Conversation Analysis: The Study of Talk-in-Interaktion* von Psathas (1995) zu empfehlen. Gerade im Erscheinen ist eine *Einführung in die Konversationsanalyse* von Auer/Bauer/Birkner/Kotthoff (2019).

Forschungsgegenstand der Konversationsanalyse: Die Konversationsanalyse konzentrierte sich zu Beginn auf die Untersuchung von Konversationen bzw. Gesprächen, ohne diese aber genau zu definieren oder abzugrenzen. Die Begriffe wurden eher alltagssprachlich verwendet und bezeichneten medial mündliche (meist informelle) Interaktionen zwischen zwei oder mehr Gesprächspartnern, die entweder von Angesicht zu Angesicht kommunizieren oder per Telefon. Eine genauere Definition einer Konversation war zum Zeitpunkt der Gründung der Konversationsanalyse allerdings auch nicht besonders dringlich, da Ende der 1960er und Anfang der 1970er Jahre schriftliche Kommunikation noch weitgehend auf Briefkommunikation beschränkt war und so bestenfalls dialogisch, nicht aber interaktional war. Der Vorläufer des Internets, das Arpanet, wurde erst 1968 eingerichtet, und die dort stattfindende computervermittelte – und erstmals interaktionale – Kommunikation war auf einige wenige Spezialisten aus Wissenschaft und Militär beschränkt.

Definition von Konversation

Man sucht daher in frühen Arbeiten der Konversationsanalyse vergeblich nach klaren Definitionen und findet oft Definitionsvorschläge, die in den Untersuchungen selbst wieder ›ausgehebelt‹ werden. So wird beispielsweise *Konversation* von Sacks/Schegloff/Jefferson (1974) in ihrer berühmten Untersuchung zum Sprecherwechselsystem wie folgt definiert:

»The use of a turn-taking system to preserve one party talking at a time while speaker change recurs, for interactions in which talk is organizationally involved, is not at all unique to conversation. It is massively present for ceremonies, debates, meetings, press conferences, seminars, therapy sessions, interviews, trials etc. All these differ from conversation (and from each other) on a range of other turn-taking parameters, and in the organization by which they achieve the set of parameter values whose presence they organize.«

Konversation: Konversation wird dabei implizit als informelle Alltagsinteraktion zwischen Freunden und Bekannten definiert, da institutionelle Interaktion wie in Pressekonferenzen, Seminaren an der Universität, Interviews, Gerichtsprozessen, Besprechungen in Unternehmen etc. als Kontrast aufgebaut und nicht als Konversation aufgefasst wird. Diese Trennung wird allerdings in der Forschungspraxis von Anfang an nicht umgesetzt: Wenn man sich das in den frühen Untersuchungen der Konversationsanalytiker verwendete Datenmaterial ansieht, so bemerkt man, dass institutionelle Kommunikation, nämlich Anrufe bei einer telefonischen Beratungsstelle für Suizidgefährdete (Harvey Sacks) oder Feuerwehrnotrufe (Emanuel A. Schegloff), sogar die zentralen Datenquellen stellte, anhand derer Konversationsmechanismen erläutert wurden. Trotz der *Konversation* im Namen der Konversationsanalyse geht es dieser also um sprachliche Interaktion im weiteren Sinn, um Interaktion mit zwei oder mehr Kommunikationspartnern, die wechselseitig die Sprecherrollen innehaben und aufeinander mehr oder weniger unmittelbar reagieren können, und nicht nur um informelle Alltagsinteraktion.

›Reine‹ und ›angewandte‹ Konversationsanalyse: Die Trennung in institutionelle und ›normale‹ Konversation zieht sich bis heute durch die Forschungslandschaft in der Konversationsanalyse: Heritage (2001: 915–916) unterscheidet beispielsweise zwischen »ordinary conversation« und »interaction in the law courts or news interviews« und stellt fest, dass die Konversationsanalyse im Laufe der Zeit ihre Untersuchungen auf institutionelle Bereiche »beyond ordinary conversational interaction« erweitert hat (z. B. *Workplace Studies*; s. Kap. 12.1). In eine ähnliche Richtung geht auch die Unterscheidung zwischen ›pure‹, also ›reiner‹ und ›applied‹, also ›angewandter‹ Konversationsanalyse bei ten Have (2007: 174):

> »CA was originally developed as a ›pure‹ science, motivated by the wish to discover basic and general aspects of sociality. Later, it has also been ›applied‹, in the sense that interactions with an institutional purpose have been studied in order to discover how those interactions are organized as institutional interactions. The expression ›applied‹ CA (Conversation Analysis; W.I/J. L.) can also be used to denote the implicit or even explicit use of CA-inspired studies to support efforts to make social life ›better‹ in some way, to provide data-based analytic suggestions for, or critiques of, the ways in which social life can be organized.«

Interaktion vs. Gespräch: Bergmann (1981, 1988, 1991, 2001, 2010), der maßgeblich die ethnomethodologische Konversationsanalyse in Deutschland mitetabliert hat, geht sogar noch einen Schritt weiter. Er stellt fest, dass das Datenmaterial für die Konversationsanalyse durch »sprachliche und nichtsprachliche Interaktionen« bereitgestellt wird, die »insofern in ›natürlichen‹ Situationen abgelaufen sind, als sie unter Bedingungen stattfanden, die nicht vom Untersucher festgelegt, kontrolliert oder manipuliert werden«. Der Begriff *Interaktion* an Stelle von *Gespräch* ist dabei bewusst gewählt: Die Konversationsanalyse hat sich im Laufe ihrer Forschungsgeschichte von der Analyse von medial mündlichen Gesprächen hin zur Analyse von multimodaler Kommunikation (d. h. der Kommunikation durch Proxemik, Gestik, Mimik oder auch Manipulation von Objekten) bewegt (z. B. Deppermann 2013a, 2014a; Hausendorf/Mondada/Schmitt 2012; Lanwer 2019a, 2019b; Mondada 2014a; Mondada/Schmitt 2010; Schmitt 2007; Stukenbrock 2008, 2009, 2010, 2015; Weidner 2017) sowie zur Analyse von medial schriftlicher Interaktion (z. B. Beißwenger 2002, 2007; Schönfeldt 2002).

Bergmann (2001: 925) warnt daher davor, die Konversationsanalyse auf die Analyse gesprochener Sprache einzuengen, denn bei einer solchen künstlichen Beschränkung gerate aus dem Blick, was eigentlich im Interesse der Konversationsanalyse liegt: Die Beschreibung der Ethnoregeln, mit denen Kommunikationspartner im prozessualen Verlauf einer Interaktion diese Interaktion ›managen‹ und dafür sorgen, dass Sinn entsteht. Mit anderen Worten: Es müssen die »Prinzipien und Mechanismen« analysiert werden, »die im situativen Vollzug und Nacheinander des Handelns die sinnhafte Struktur und Ordnung eines ablaufenden Geschehens der Aktivitäten, die dieses Geschehen ausmachen, erzeugen« (Bergmann 2001: 919). Ob dieses ablaufende Geschehen medial mündlich oder

Die ethnomethodologische Konversationsanalyse

schriftlich, verbal oder nonverbal stattfindet, ist im Endeffekt nicht wichtig. Was zählt, ist, dass es sich um die Analyse von Interaktionen handelt, d. h. um die Herstellung von durch die Kommunikationspartner in wechselseitiger Abstimmung gemeinsam erzeugtem Sinn.

Definition von Konversationsanalyse: Eine gute Definition der Konversationsanalyse stammt von Bergmann (1991: 213):

»Konversationsanalyse bezeichnet einen Untersuchungsansatz, dessen Forschungsziel es ist, auf dem Weg einer strikt empirischen Analyse ›natürlicher‹ Texte (vorrangig Transkriptionen von Tonband- und Videoaufzeichnungen ›natürlicher‹ Interaktion) die formalen Prinzipien und Mechanismen zu bestimmen, mittels deren die Handelnden in ihrem Handeln die sinnhafte Strukturierung und Ordnung dessen, was um sie vorgeht und was sie in der sozialen Interaktion mit anderen äußern und tun, bewerkstelligen.«

Es stellt sich nun die Frage, warum die medial mündlichen Gespräche so sehr im Mittelpunkt der Aufmerksamkeit standen, dass dies zu dem Namen *Konversations*analyse führte. Der Grund liegt in dem Wunsch, eine Forschungsmethode zu entwickeln, die zu für alle nachvollziehbaren, belastbaren wissenschaftlichen Ergebnissen führt. Diese Methode wird durch das in dem genannten Zitat aufgeführte Ziel einer »strikt empirischen Analyse« angedeutet. Wie im Kapitel zur Ethnomethodologie bereits erwähnt, besteht das Problem der Brechungsexperimente in der Schaffung einer künstlichen Situation. Darüber hinaus muss man sich auch noch auf die Erinnerungen der Experimentatoren verlassen, die im Nachhinein ihre Erfahrungen aufzeichnen. All dies sind Quellen für Verfälschungen der Daten.

Die Konversationsanalyse suchte dagegen nach einem Weg, ausschließlich authentische Daten zu verwenden (s. Kap. 4.1) und diese Daten in der Folge auch in wissenschaftlichen Publikationen präsentieren und zur Debatte stellen zu können.

In den Anfängen der Konversationsanalyse (und aufgrund der Komplexität der Daten auch noch heute, s. Kap. 4.5 zu multimodalen Transkripten) war es aus technischen Gründen fast unmöglich, Videoaufnahmen von Alltagsinteraktionen zu erstellen. Viel einfacher war es dagegen, Tonaufnahmen von Gesprächen zu verwenden.

Ethnomethodologische Indifferenz: Aufgrund der sogenannten »ethnomethodologischen Indifferenz« (Auer 1999: 129 und 137), nach der in allen gesellschaftlichen Bereichen Ordnung im Sinne von Ethnoregeln herrscht und somit überall mit der Forschung begonnen werden kann, war eine solche Einschränkung auf nur verbale Gesprächsdaten problemlos möglich. Darüber hinaus ist Sprache der gesellschaftliche Teilbereich, der für die menschliche Interaktion am Wichtigsten ist und somit reichhaltiges Forschungsmaterial bietet.

Wenn man sich darüber hinaus auch noch auf Telefongespräche konzentriert, dann erhält man Daten, die erstens vergleichsweise einfach aufzuzeichnen sind (man konnte damals die Daten leicht mit Tonbandgeräten mitschneiden), zweitens in guter Qualität vorliegen und bei denen drittens der Forscherin tatsächlich alle Informationen vorliegen, die auch den Gesprächsteilnehmerinnen verfügbar waren. Bei Telefondaten haben

Ethnomethodologische Indifferenz

die Interagierenden nur ihre Stimme für die Kommunikation, der visuelle Kanal ist nicht vorhanden. Dies erleichtert sowohl die Analyse als auch die Präsentation der Daten in wissenschaftlichen Untersuchungen. Selbstverständlich mussten zunächst besondere Konventionen entwickelt werden, um die Gesprächsdaten in eine schriftliche Form zu bringen, bei der Informationen über für die Interaktion wichtige Aspekte wie Akzente, Pausen, Tonhöhenveränderungen etc. mitkodiert werden können (sog. Transkripte; s. Kap. 4.3).

Unmotivated looking

Deduktion, Induktion und Retroduktion: Eine zentrale methodische Neuerung der Konversationsanalyse war zudem, dass sie versuchte, möglichst unvoreingenommen die Daten zu betrachten und sich nicht von in etablierten Forschungstraditionen verbreiteten Konzepten (z. B. von linguistischen Konzepten wie dem *Satz*, sprachphilosophischen wie dem *Sprechakt* oder soziologischen wie der *Handlung*) leiten zu lassen, sondern in einem »unmotivated looking« (Psathas 1995: 45) die Daten ›sprechen zu lassen‹ (*Induktion*). Mit ›unmotivated looking‹ ist gemeint, dass man Daten nicht mit dem Ziel analysiert, etwas zu finden, was man zuvor schon in Gedanken fixiert hat und dann lediglich in den Daten belegen will, sondern dass man sich für Strukturen in den Daten sensibilisiert, die mögliche Ethnoregeln sind und auf die man nicht ›einfach so durch Nachdenken‹ gekommen wäre. Es geht also nicht darum, bereits im Voraus aufgestellte Hypothesen am Datenmaterial lediglich zu überprüfen: »CA tends to be very skeptical of the existing repertoire of abstract and general ideas about human conduct, and especially of those about action, language use, and verbal interaction« (ten Have 2007: 31).

Noticing

Dieses ›unmotivated looking‹, das zu dem ›noticing‹ von Phänomenen führt, d. h. dazu, dass man bei einem Studium der Daten interessante Strukturen entdeckt, über die man zuvor noch nicht nachgedacht hat, ist natürlich eine Idealisierung, die zuweilen etwas pathetisch als Leitidee der Konversationsanalyse hypostasiert wird. In der Forschungsrealität ist es natürlich nie so, dass man *völlig* unvoreingenommen Daten analysieren kann. Zum einen verfolgt man bestimmte Forschungsinteressen (wenn man z. B. herausfinden will, wie Begrüßungssequenzen ablaufen, dann schränkt man seinen Blick auf genau diese Sequenzen ein), zum anderen kann man sich nicht ganz von dem Wissen, das man in der Schule, im Studium und in der wissenschaftlichen Praxis über linguistische und soziologische Konzepte erworben hat, freimachen. Dies wäre umgekehrt auch unsinnig, da dann die Analysen lediglich wissenschaftlich nicht fundierte, alltagssprachliche Nacherzählungen der Gespräche wären.

Es ist also in der Forschungsarbeit ein Spagat zu halten zwischen dem unvoreingenommenen Blick und der Verwendung in der Forschung etablierter Kategorien. Nach mehreren Jahrzehnten Forschungsarbeit der Konversationsanalyse sind natürlich zahlreiche konversationsanalytische Konzepte und Kategorien entwickelt worden, die zu ignorieren unsinnig wäre. Dennoch müssen auch konversationsanalytische Konzepte stets mit Vorsicht betrachtet werden. Ten Have (2007: 30 f.) schlägt als Methode daher die »Retroduktion« vor. Gemeint ist damit Folgendes:

»Retroduktion« nach Ten Have

1. Zentrale Grundlage bilden die Daten. Idealerweise sollen wissenschaftliche Konzepte aus den Daten heraus entwickelt werden, da

3.3 Die ethnomethodologische Konversationsanalyse

diese Konzepte auf diese Weise der beobachteten Realität am Nächsten kommen. Dieses Verfahren nennt man *Induktion* (= Ableitung von Konzepten aus den Daten).

2. Gleichzeitig werden aber auch in der Forschung etablierte Konzepte verwendet, im Falle der Konversationsanalyse einerseits soziologische Konzepte und andererseits linguistische, sowie im zunehmenden Maße auch die Konzepte, die bisherige konversationsanalytische Arbeiten entwickelt haben. Diese Konzepte werden sozusagen ›von außen‹ an die Daten herangetragen und haben die Funktion, bei der Suche, Klassifizierung und Interpretation der Strukturen in den Daten zu helfen. Dieses Verfahren nennt man *Deduktion* (= Anwendung von vorher etablierten Konzepten auf Daten).

3. Da die Gefahr hoch ist, dass man nur sieht, was man sehen kann und will, d. h. dass man die Konzepte, mit denen man vertraut ist, in den Daten wiederfinden will und damit meist auch findet, läuft bei der Konversationsanalyse eine Art ›Dauerkritik‹ von Konzepten mit. Man darf zwar etablierte Konzepte verwenden, diese sind aber den Daten untergeordnet. Das heißt, dass man, wenn ein Konzept nicht ganz auf die Daten passt, nicht die Daten als abweichend oder fehlerhaft klassifizieren darf, sondern das Konzept, mit der Folge, dass man das Konzept entsprechend überarbeiten muss. Dies gilt auch für konversationsanalytische Konzepte, die somit grundsätzlich immer nur vorläufig sind und durch weitere Forschung stets kritisch überprüft werden müssen. Dieses Verfahren kann man als *Retroduktion* bezeichnen (= Verwendung von vorher etablierten Konzepten, die, wenn die Daten andere Strukturen suggerieren, überarbeitet werden müssen).

Das Verfahren der Retroduktion lässt sich besonders eindrucksvoll an einer berühmten *deviant case analysis* (abweichender-Fall-Analyse) analysieren. Diese Analyse stammt von einem der Begründer der Konversationsanalyse und ist im Kontext der Erforschung der Struktur von Telefongesprächseröffnungen (Schegloff 1968) entstanden. Dieser Aufsatz ist sehr zu empfehlen, um einen Einblick in die Arbeitsweise der Konversationsanalyse zu erhalten.

Die Analyse abweichender Fälle (*deviant case analysis*): Schegloff analysierte zunächst eine Reihe von Telefongesprächseröffnungen. Er stellte fest, dass in allen diesen Daten der Angerufene zuerst sprach. Schegloff formulierte also die folgende Ethnoregel für die Eröffnung von Telefongesprächen: »Der Angerufene spricht zuerst.« Diese Regel erscheint zunächst intuitiv nachvollziehbar:

Telefongesprächseröffnungen

Beispiel 1
Eine Anruferin ruft an.
Das Telefon klingelt.
Der Angerufene hebt ab.
Angerufener: Hallo?
Anruferin: Hallo.
etc. (Schegloff 1968; unsere Übersetzung)

53

Leider traf diese Regel zwar auf den Großteil der von Schegloff untersuchten Daten, nicht aber auf alle zu – es gab einen einzigen (!) Fall einer Telefongesprächseröffnung, in der der Anrufer, nicht der Angerufene zuerst sprach. Eine verbreitete Haltung wäre, diesen Fall nun schlichtweg als ›Ausreißer‹ (nach dem Motto ›Die Ausnahme bestätigt die Regel!‹) zu ignorieren. Eine andere Möglichkeit wäre, nach Gründen für das Abweichen von der zuvor postulierten Regel zu suchen, also den abweichenden Fall nachträglich ›wegzuerklären‹. Diese Methode wird als *abweichende-Fall-Analyse* in der Soziologie oft verwendet. Ein solches Vorgehen entspricht aber nicht dem Anspruch der Konversationsanalyse, alle Fälle erklären zu wollen, denn die Annahme ist, dass hinter unserem (sprachlichen) Handeln im Alltag durchweg System steckt. Mit anderen Worten: Wenn eine Beschreibung nicht auf alle Fälle passt, sind nicht die abweichenden Fälle ›falsch‹, sondern die Beschreibung ist es.

Systematik alltäglichen Handelns

Es muss also daher der ›abweichende‹ Fall intensiv analysiert werden, so dass die Beschreibung selbst überdacht und verändert werden kann, um schließlich entweder mit einer Regel alle Fälle abzudecken oder systematisch den Zusammenhang unterschiedlicher Falltypen mit unterschiedlichen Kontexten zu zeigen. Schegloff zeigte, dass in seinem Fall tatsächlich eine anders formulierte Regel alle seine Fälle, einschließlich des abweichenden Falls, erklären konnte. Dieser ›abweichende Fall‹, der der zunächst von Schegloff postulierten Ethnoregel »Der Angerufene spricht zuerst.« widersprach, war folgender:

Beispiel 2
Ein Polizeibeamter ruft beim Rettungsdienst (Amerikanisches Rotes Kreuz) an. Der Hörer wird abgehoben und es entsteht eine Pause von einer Sekunde.

Polizist: Hallo?
Mitarbeiter
Rotes Kreuz: Amerikanisches Rotes Kreuz.
Polizist: Guten Tag, Einsatzzentrale der Polizei. Polizeihauptmeister Miller am Apparat. etc.
(Schegloff 1968: 1079; unsere Übersetzung)

Ein Zitat von Schegloff (1968: 1079–1080) zu diesem Fall bringt die Haltung der Konversationsanalyse sehr gut auf den Punkt:

»While indeed there is only one such violation in my data, its loneliness in the corpus is not sufficient warrant for not treating it seriously. Two alternatives are open. We might focus exclusively on this case and seek to develop an analysis particular to it that would account for its deviant sequencing. This would constitute an ad hoc attempt to save the distribution rule, using a technique commonly used in sociology – deviant case analysis. Alternately, we might reexamine the entire corpus of materials seeking to deepen our understanding of the opening sequencing. We might ask: Is this best treated as a deviant case or would a deeper and more general formulation of the opening sequencing reveal properties of the initiation of talk that the distribution rule glosses over. Analysis of the case reveals that the distribution rule, while it holds in most cases, is in fact best understood as a derivative of more general rules.«

3.3

Die ethnomethodologische Konversationsanalyse

Schematisch zusammengefasst lässt sich Schegloffs Vorgehen also wie folgt darstellen:

- Erstellen eines Gesprächskorpus mit Telefongesprächseröffnungen. Analyse der Fälle.
- Ergebnis: Der Angerufene spricht zuerst, nicht der Anrufer. Formulierung als Hypothese für eine Ethnoregel.
- Sichtung nach abweichenden Fällen. Aufgabe: Diese Fälle nicht nachträglich ›wegerklären‹, sondern überlegen, ob die erste Hypothese eventuell falsch war. Konkret: Es besteht hier die Vermutung, dass evtl. die Regel »Der Angerufene spricht zuerst.« nur eine Ableitung einer übergeordneten Regel ist. Ziel: Diese Regel finden und überprüfen, ob man mit ihr alle Fälle erklären kann.

Paarsequenzen/Nachbarschaftspaare: Schegloff machte sich also erneut an die Arbeit und stellte eine neue Ethnoregel auf: Hinter den Telefongesprächseröffnungen liegt eine übergeordnete Sequenzstruktur, d. h. eine Ordnung der Gesprächsabfolge aus in diesem Fall zwei Teilen (diese zweiteiligen Sequenzen nennt man Paarsequenz oder Nachbarschaftspaar; s. Kap. 6.2), nämlich einem Aufruf und einer Reaktion (Summons – Answer).

Aufruf-Reaktion-Sequenzen kennen wir aus vielen Situationen: Wenn ich eine Bekannte in der Stadt treffe, kann ich winken und *Huhu!* rufen (= Aufruf), woraufhin sie dann zu mir schaut und möglicherweise ebenfalls winkt oder auf mich zukommt (= Reaktion). Oder ein Lehrer kann einen unaufmerksamen Schüler mit *He, Lars!* zur Aufmerksamkeit rufen (= Aufruf), woraufhin der Schüler dann den Lehrer anblickt (= Reaktion). Oder man steht an der Bushaltestelle und möchte eine Wartende nach der Uhrzeit fragen. Man beginnt mit *Entschuldigung!* (= Aufruf), woraufhin sich die Angesprochene einem zuwendet (= Reaktion), so dass man dann die Frage stellen kann etc. Telefongesprächseröffnungen gehören zu diesen Aufruf-Reaktion-Paarsequenzen, nur mit der Besonderheit, dass das Telefonklingeln als erster Teil, als Aufruf, gewertet wird und das ›Sich-Melden‹ als zweiter Teil, die Reaktion.

Angewandt auf das Beispiel (1) würde das die folgende Analyse ergeben:

Summons-Answer-Sequenzen

Beispiel 3

Eine Anruferin ruft an.

Das Telefon klingelt. → **Aufruf: erster Teil der Paarsequenz**

Der Angerufene hebt ab.

Angerufener: **Hallo?** → **Reaktion: zweiter Teil der Paarsequenz**

Anruferin: Hallo. etc.

Die Regel lautet also nicht »Der Angerufene spricht zuerst!«, sondern »Telefongesprächseröffnungen bestehen aus einem Aufruf, der durch das Telefonklingeln gestellt wird, sowie einer Reaktion, die einerseits durch das Abheben des Hörers und andererseits, als Hauptreaktion, durch das ›Sich-Melden‹ des Angerufenen geliefert wird«.

Wie die Angerufene sich genau meldet, ist dabei kulturell bedingt (in manchen Kulturen sagt man *Hallo.*, in anderen *Ich höre.*, in wieder anderen nennt man den Namen oder die eigene Telefonnummer etc.), aber zentral ist, dass diese Meldung den zweiten Teil des Nachbarschaftspaars liefert. Kann nun diese neue Erklärung auch den ›abweichenden Fall‹ erfassen, so dass dieser nicht mehr als ›abweichend‹ betrachtet werden muss?

Beispiel 4

Ein Polizeibeamter ruft beim Rettungsdienst (Amerikanisches Rotes Kreuz) an.

Das Telefon klingelt.		**➔ Aufruf**
Der Hörer wird abgehoben und es entsteht eine Pause von einer Sekunde.		**➔ keine Reaktion**
Polizist:	**Hallo?**	**➔ erneuter Aufruf**
Mitarbeiter Rotes Kreuz:	**Amerikanisches Rotes Kreuz.**	**➔ Reaktion**
Polizist:	Guten Tag, Einsatzzentrale der Polizei. Polizeihauptmeister Müller am Apparat. etc.	

Durch das Telefonklingeln wird ein Aufruf gestartet. Der Mitarbeiter des Roten Kreuzes hebt den Hörer ab, liefert aber nicht den notwendigen zentralen Bestandteil des zweiten Teils des Nachbarschaftspaars, die verbale Reaktion. Es entsteht daher eine Pause, während der Polizist auf die Reaktion wartet. Da diese nicht erfolgt, wiederholt der Polizist den offensichtlich gescheiterten Aufruf und setzt einen zweiten Aufruf, dieses Mal verbal (da die Verbindung ja schon steht), ab: Mit »Hallo?« ruft er seinen Gesprächspartner dazu auf, zu reagieren. Dieser liefert nun den erwarteten zweiten Teil, indem er sich – wie in institutionellen Kontexten in den USA oder in Deutschland die Regel – mit der Institution (»Amerikanisches Rotes Kreuz«) meldet. Nun ist die Gesprächseröffnung hergestellt und das Gespräch kann fortgesetzt werden.

Ernstnehmen der Daten

Dieses Beispiel wurde hier deswegen so ausführlich behandelt, weil die analytische Haltung, die Daten sehr ernst zu nehmen und den eigenen Analysekonzepten stets zu misstrauen, auch für die Interaktionale Linguistik zentral ist. Bevor man Ausnahmen postuliert und wegerklärt, sollten zunächst die Daten reanalysiert und die postulierten Kategorien und Konzepte kritisch überprüft werden.

Die Methode der Konversationsanalyse, die weitgehend mit der der Interaktionalen Linguistik übereinstimmt, kann nun nach ten Have (2007: 48) wie folgt systematisch dargestellt werden:

»For CA, the general outline for research projects would at least involve the four phases of
1 getting or marking recordings of natural interaction,
2 transcribing the tapes, in whole or in part;
3 analysing selected episodes;
4 reporting the research.

As is usual for qualitative inquiries, these phases are not strictly separated. In fact, it is often advisable to proceed in a ›spiralling fashion‹, where earlier phases are ›inspired‹ by tentative efforts at later-phase work.«

Wichtig ist dabei der letzte Satz: Die Phasen der Aufnahme (1), Transkription (2), Analyse (3) und Präsentation der Ergebnisse (4) verlaufen nicht in strikter Reihenfolge, sondern werden so lange wiederholt, bis man mit der Analyse zufrieden ist. Das kann bedeuten, dass man Daten nacherheben muss, weil man beispielsweise bei der Analyse den Verdacht bekommt, dass eine bestimmte Struktur möglicherweise mit einer besonderen Gesprächskonstellation (z. B. speziell mit Vorwurfsinteraktionen) zusammenhängt. In dem Fall würde man versuchen, genau solche Gespräche nachzuerheben. Oder man merkt, dass die Konzepte, die man auf der Basis eines kleineren Datensets entwickelt hat, nicht auf weitere Daten passen. In diesem Fall geht man in der Analyse zurück und versucht, die Konzepte so anzupassen, dass sie alle Daten beschreiben können etc.

Qualitativ vs. quantitativ: Mit dem Stichwort eines *kleineren Datensets* ist ein weiterer Aspekt der Konversationsanalyse genannt. Es handelt sich bei dieser um einen qualitativen, nicht um einen quantitativen Forschungsansatz. Es geht also nicht darum, große Datenmengen zu erheben und statistisch auszuwerten oder mit von anderen Forscher/innen erhobenen und annotierten großen Korpora zu arbeiten, weil in diesem Fall zu viele Informationen verlorengehen, die nur durch eine intensive Beschäftigung mit den Daten wahrgenommen werden können (z. B. Informationen über die sequenzielle Einbettung: Auf was wird hier gerade reagiert? Welche Handlung führen die Sprecher/innen gerade aus? Wie ist die Beziehung der Sprecher/innen zueinander? etc.).

Stattdessen werden wenige Daten sehr intensiv und detailliert analysiert, um eine möglichst umfassende Rekonstruktion dessen zu erlangen, was dort passiert. Bei Gegnern der Konversationsanalyse löst dieser Fokus auf qualitative, intensive Analysen oft den Einwand aus, dass man so keine Generalisierungen machen könne, da ja bloß Einzelfälle analysiert würden. Von den Vertretern der Konversationsanalyse wird auf diesen Einwand Folgendes entgegnet:

> »The logic of CA, however, in terms of data selection suggests that any specimen is a ›good‹ one, that is, worthy of an intense and detailed examination. It is focused on the specific ways in which that particular specimen has been produced as an ›orderly product‹. [...] When you are interested in ›greeting‹, for instance, you may not need to examine ›100.000 random greeting sequences‹ to do that.« (ten Have 2007: 51)

Dies hat mit der Annahme von Ethnoregeln zu tun. Wenn unser Alltag tatsächlich durch Ethnoregeln strukturiert ist, dann ist es in der Tat so, dass es ausreicht, einige wenige Begrüßungssequenzen sehr detailliert zu analysieren und so die Ethnoregel des Begrüßens zu beschreiben, die dann auf dieser Basis generalisiert werden kann. Oder, wie es der Begründer der Konversationsanalyse Harvey Sacks (1995: 298; vgl. auch Schegloff 1993) formuliert: »It may be that we can come up with findings of considerable generality by looking at very singular, particular things.«

Die bisherigen Forschungsergebnisse der Konversationsanalyse deuten darauf hin, dass dies in der Tat der Fall ist. Allerdings ist Kritik insofern berechtigt, als es natürlich jeweils unterschiedliche Ethnoregeln des Begrüßens zwischen Familienmitgliedern, Freunden, Jugendlichen (und da noch verschiedenen Jugendkulturen und Gruppen), Geschäftspartnern etc. gibt. Durch eine rein quantitative Analyse sind jedoch, so die Entgegnung auf diese Kritik, die Ethnoregeln des Grüßens auch nicht herauszufinden, da quantitative Analysen naturgemäß mit groben – oftmals allzu groben – Kategorien arbeiten müssen. In der letzten Zeit wird daher verstärkt versucht, quantitative und qualitative Analysen zu verbinden, um eine bessere Verallgemeinerbarkeit der Ergebnisse zu erhalten (vgl. beispielsweise Lanwer i. E.).

Zentrale Arbeiten der Konversationsanalyse: Da die Konversationsanalyse zwar eine von Soziolog/innen entwickelte und entsprechend an soziologischen Fragestellungen interessierte Disziplin ist, aber Gesprächsdaten als primäres Datenmaterial verwendet, sind die meisten Arbeiten der Konversationsanalyse auch für Linguisten von Interesse, da eben *sprachliche* Strukturen des Alltagshandelns beschrieben werden. Als einige der bekanntesten Arbeiten aus dem Feld der Konversationsanalyse, die auch in der Linguistik stark rezipiert wurden, sind u. a. zu nennen:

Arbeiten aus dem Feld der Konversationsanalyse

- die Beschreibung des Sprecherwechselsystems (Sacks/Schegloff/Jefferson 1974), wo die Ethnoregeln beschrieben werden, nach denen wir im Alltag jeweils das Rederecht ergreifen bzw. anderen überlassen,
- die Analyse der Varianten, wie in Gesprächen Reparaturen durchgeführt werden (Sacks/Schegloff/Jefferson 1977; Schegloff 1979a, 1992), d. h. wie man eigene oder fremde Versprecher, Disfluenzen, Fehler etc. behebt,
- die Systematisierung von Nachbarschaftspaaren, d. h. von interaktionalen, paarweise geordneten Handlungen wie *Gruß – Gegengruß* durch Schegloff (1968, 1990),
- die Analyse von Gesprächseröffnungen oder Gesprächsbeendigungen (Schegloff 1979b; Sacks/Schegloff 1973) oder
- die Beschreibung der Strukturen von größeren Aktivitäten wie Erzählungen (Sacks 1971; Sacks/Schegloff 1979 s. Kap. 6).

Order at all points

Erkenntnisse der Konversationsanalyse: Was alle diese Forschungen gemeinsam haben, ist die Tatsache, dass erstens gezeigt werden konnte, dass unser Alltagshandeln selbst bei so etwas scheinbar Chaotischem wie einem Versprecher oder der Unterbrechung eines Sprechers durch einen anderen hochgradig strukturiert ist. In allen Bereichen sprachlicher Interaktion lassen sich routinierte Mittel finden, mit denen die Interagierenden ihre Handlungen ›managen‹. Von Sacks (1984: 22) wurde diese Erkenntnis programmatisch mit dem Leitkonzept der Konversationsanalyse auf den Punkt gebracht, dass »order at all points« herrscht, d. h. sich an jeder Stelle in einer Interaktion Strukturen im Sinne der Ethnoregeln finden lassen.

3.4

Von der Soziologie zur Linguistik: die Interaktionale Linguistik

Eine zweite Gemeinsamkeit aller konversationsanalytischen Untersuchungen ist der Rekurs auf die Sequenzialität als Strukturmerkmal von interaktionaler Sprache. Es zeigte sich, dass für die Beschreibung der Ethnoregeln der Interaktion die sequenzielle Position von großer Bedeutung ist. Dies führt zu dem programmatischen Leitsatz der Konversationsanalyse, der Frage *Why that now?*: »[A] pervasively relevant issue (for participants) about utterances in conversation is ›why that now‹.« (Sacks/Schegloff 1973: 299)

Why that now?

Mit anderen Worten: Warum wird etwas an genau der Stelle geäußert, an der es geäußert wird? Die Antwort ist, dass sprachliche Äußerungen stets auf vorherige Bezug nehmen (müssen) und umgekehrt Projektionen für Folgeäußerungen eröffnen. Sprecher/innen müssen daher diese sequenziellen Aspekte berücksichtigen, wenn sie ihre eigenen Äußerungen produzieren. Dies erbrachte die Erkenntnis, dass ein großer Teil sprachlicher Interaktion in Form von kollaborativen Sequenzen beschrieben werden kann, die von kleinen Formen wie einer aus nur zwei Beiträgen bestehenden ›Minisequenz‹ (z. B. dem Nachbarschaftspaar *Gruß – Gegengruß*) bis hin zu ›Großsequenzen‹ wie dem Erzählen einer Geschichte, die aus Schritten wie dem Einholen der ›Erlaubnis‹ zum Erzählen (z. B. mit Floskeln wie *Weißt du, was mir gestern Unglaubliches passiert ist?*), dem Geben der ›Erlaubnis‹ (z. B. *Nee, erzähl!*), der Geschichte selbst (mit möglichen eingebetteten Sequenzen, in denen Verständnisprobleme geklärt werden, Hintergrundfragen gestellt werden etc.) und schließlich der Beendigung, Bewertung und eventuell der »Nachverbrennung« (Schwitalla 2006), d. h. dem nachgelagerten Sprechen über das Gespräch und die Gesprächsbeteiligten, besteht.

Obwohl die Konversationsanalyse also durchaus auch linguistische Fragestellungen mitbehandelt, ist ihr Ziel primär soziologisch orientiert. Aus der Konversationsanalyse hat sich daher in der Linguistik die Interaktionale Linguistik entwickelt, die den sprachlichen Phänomenen mehr Aufmerksamkeit widmet, als es die Konversationsanalyse tut.

3.4 | Von der Soziologie zur Linguistik: die Interaktionale Linguistik

Die Interaktionale Linguistik baut in vielen ihrer methodischen und theoretischen Annahmen auf der ethnomethodologischen Konversationsanalyse auf. Alle konversationsanalytischen Arbeiten, die mehr auf linguistische als auf soziologische Fragen fokussierten, können im Prinzip als Vorläufer der Interaktionalen Linguistik genannt werden. Neben der Konversationsanalyse haben zudem auch die Arbeiten von Gumperz (1982a) zur Interaktionalen Soziolinguistik und zur Kontextualisierung (s. hierzu auch Vertiefungskasten ›Kontextualisierungstheorie‹) sowie die Anthropologische Linguistik (z. B. Duranti 1997; Foley 1997) eine wichtige Rolle für die Herausbildung der Interaktionalen Linguistik gespielt.

Zur Vertiefung

Kontextualisierungstheorie

Ein Auslöser für die Entstehung der von Gumperz (1982a) und Cook-Gumperz/Gumperz (1976) entwickelten Kontextualisierungstheorie (für das Deutsche Auer 1986) war eine Begebenheit aus der interkulturellen Kommunikation, die Auer (1999: 174) wie folgt beschreibt:

»In einem englischen Flughafen gab es in der Kantine Schwierigkeiten zwischen den neu eingestellten Bedienungen aus Indien und Pakistan und den englischen Frachtangestellten, die die Cafeteria besuchten. Die Bedienungen waren den britischen Kunden und auch ihren Vorgesetzten zu harsch und unkooperativ. Genauere Untersuchungen ergaben, dass diese (vom Personal keineswegs intendierte) Einschätzung wesentlich auf die prosodischen Merkmale der wenigen Äußerungen zurückzuführen war, die die indischen/pakistanischen Frauen mit den Kunden wechseln mussten. Zum Beispiel intonierten sie die Frage *gravy?* (›[wollen Sie] Soße?‹) nicht, wie nach britischen Kontextualisierungskonventionen zu erwarten, mit steigender Intonation, sondern mit fallender. Für britische Ohren klang das wie eine Aussage – im Kontext der Essensausgabe ein unsinniger Handlungstyp, der von Briten als überflüssig und daher unhöflich interpretiert wurde.«

Was Kontextualisierung bedeutet, lässt sich an diesem Beispiel gut erläutern: Das Wort *Soße* bleibt in beiden Fällen gleich, das einzige, was sich ändert, ist der Tonhöhenverlauf. Dieser wird nun kulturspezifisch interpretiert. Im britischen Englisch (wie auch im Deutschen) kontextualisiert ein fallender Tonhöhenverlauf in vielen Situationen eine Aussage (*Soße.* = *Hier ist Soße.*), ein steigender dagegen eine Frage oder ein Angebot (*Soße?* = *Wollen Sie Soße?*), im indischen und pakistanischen Englisch kontextualisiert dagegen ein fallender Tonhöhenverlauf ein Angebot (zum Zusammenhang von Prosodie und Kontextualisierung s. ausführlicher auch Kap. 7). Der Tonhöhenverlauf fungiert somit als ein Hinweis auf die mit der Äußerung des Wortes intendierte Handlung. Derartige Hinweise bezeichnet Gumperz auch als Kontextualisierungshinweise, da sie auf verstehensrelevante Aspekte des Handlungskontextes verweisen bzw. diesen erst erzeugen.

Zugleich sind Kontextualisierungshinweise aber auch kontextabhängig: Es ist keine feste Zuordnung eines Kontextualisierungshinweises zu einer bestimmten Funktion möglich. Steigende Tonhöhe kann eine Frage kontextualisieren, aber genauso gut in anderen Situationen für Erstaunen oder Überraschung stehen, einen Eintrag in einer Liste markieren (zur Analyse von Listen vgl. Selting 2004), anzeigen, dass man das Rederecht behalten und weitersprechen will, einen Vorwurf ausdrücken etc. Kontextualisierungshinweise sind daher zugleich abhängig und bestimmend für den Gesprächskontext. Kontextualisierungshinweise sind daher in Bezug auf ihre Funktion nur schwer einklagbar: Man kann einen Gesprächspartner nur schwer auf ein solches Kontextualisierungsmittel festlegen: Wenn jemand mit steigender Tonhöhe fragt *Wieso hast du die Kühlschranktür offen stehen lassen?* und der Gesprächspartner antwortet: *Was sollen diese ständigen Vorwürfe?* kann die Produzentin der ursprünglichen Äußerung immer sagen: *Das war nur eine Frage.* (zu einer ausführlichen Analyse der Kontextualisierungsfunktion einer ›vorwurfsvollen Stimme‹ vgl. Günthner 2000a).

3.4

Von der Soziologie zur Linguistik: die Interaktionale Linguistik

Forschungsinteresse und Vorgehen der Interaktionalen Linguistik: Elizabeth Couper-Kuhlen und Margret Selting (2000, 2001a, 2000b, 2018), die das Forschungsprogramm der Interaktionalen Linguistik programmatisch beschrieben haben, betrachten die Interaktionale Linguistik als ein »Interface« zwischen Linguistik und Konversationsanalyse:

»›Interaktionale Linguistik‹ ist ein neuer Ansatz, als Interface von Linguistik im engeren Sinne und Konversations- bzw. Interaktionsanalyse konzipiert. [...] Die ›interaktionale Linguistik‹ versteht sich klar als ein linguistischer Forschungsansatz. Als primären Verwendungskontext von Sprache sieht sie in erster Linie Alltagsgespräche, in zweiter Linie institutionelle Gespräche an. Sprachliche Strukturen sind auf die Erfüllung fundamentaler Aufgaben der Aktivitätskonstitution und der Interaktionsorganisation zugeschnitten, und hier primär der Interaktion im Rahmen natürlicher Alltagsgespräche.« (Couper-Kuhlen/Selting 2001a: 260–261)

Eine gute Illustration für das Vorgehen im Rahmen eines solchen Forschungsprogramms ist der Aufsatz von Ono/Thompson (1995) mit dem programmatischen Titel »What can conversation tell us about syntax?«. Die grundlegende, forschungsleitende Fragestellung wird hier im Vergleich zur konversationsanalytischen Grundfrage *Wie wird mit sprachlichen Mitteln gesellschaftliche Struktur erzeugt?* umgekehrt zur Grundfrage der Interaktionalen Linguistik: *Inwiefern kann man Syntax (bzw. sprachliche Muster generell) als Resultat der Tatsache betrachten, dass Sprache dazu eingesetzt wird, gesellschaftliche Strukturen zu erzeugen?* Mit den Worten von Stukenbrock (2013: 246) bildet somit die »Frage nach den linguistischen Einheiten, die den interaktiven Praktiken zugrunde liegen und diese strukturieren, [...] das zentrale Forschungsinteresse der Interaktionalen Linguistik [...].« Am Beispiel der Syntax legen Ono/Thompson (1995: 215) die methodische Grundlage für dieses Forschungsprogramm vor, das die konversationsanalytische Methode – strikte Empirie, Entwicklung von Kategorien aus den Daten heraus – auf die Linguistik anwendet:

Empirie

»Instead of approaching the data with an idea of what a theory of syntax should look like, we have followed Schegloff, [who] tried to outline a theory of syntax that arises from the data, postulating just those abstract elements and units that are needed to account for the data.«

Die Bezugnahme auf die Konversationsanalyse ist mit der Nennung von einem ihrer Begründer, Emanuel A. Schegloff, klar gegeben, doch geht es nun darum, anhand von detaillierten qualitativen (und zunehmend sowohl qualitativen als auch quantitativen) Analysen sprachliche Muster in ihrer vollen formalen und funktionalen Bandbreite zu beschreiben. Bei Analysen ist es besonders wichtig, immer auch die interaktionalen Funktionen zu erfassen, d. h. zu fragen, welche Leistungen ein sprachliches Muster für das ›Interaktionsmanagement‹ erbringt. Um plausibel ein sprachliches Muster als ›routiniert‹ bezeichnen zu können, wird allerdings eine gewisse Menge an Fällen benötigt, die Generalisierungen zulassen. Deutlich stärker als bei der Konversationsanalyse ist bei der Interaktionalen Linguistik daher der quantitative Aspekt ein Thema. Im Idealfall sieht eine interaktionslinguistische Untersuchung daher folgendermaßen aus:

»A strictly empirical approach to identifying the schemas of a language would involve something like examining transcripts from thousands of hours of conversation, noting the recurrent syntactic patterns, and attempting to describe them.« (Ono/Thompson 1995: 221)

Jeder, der einmal mit Transkripten gearbeitet hat, weiß allerdings, dass es schlichtweg unmöglich ist, tausende von Stunden Transkriptmaterial qualitativ zu analysieren. Es ist daher notwendig, zunächst qualitative, auf einem kleinen Datenset basierende Detailuntersuchungen durchzuführen, um überhaupt die sprachlichen Strukturen herausarbeiten zu können, die in Interaktionen verwendet werden und um beschreiben zu können, welche Funktionen diese Strukturen haben. Erst dann ist in einem zweiten Schritt eine (im Idealfall teilautomatisierte) Suche in größeren Korpora möglich, wobei versucht werden sollte, diese zusätzlichen Fälle zumindest stichprobenartig ebenfalls qualitativ zu untersuchen, um zu überprüfen, ob sie den postulierten Kategorien entsprechen oder ob die Kategorien nicht überarbeitet oder zusätzliche, neue Kategorien gebildet werden müssen.

Skepsis gegenüber etablierten Konzepten

Methodischer Analysevorteil der Interaktionalen Linguistik: Der Vorteil der Anwendung der Methode der Konversationsanalyse, *möglichst unvoreingenommen die Daten zu analysieren*, besteht darin, dass man so die in der Linguistik seit der Antike bestehenden Konzepte (z. B. die Wortarten oder die Kategorie des (korrekten) Satzes) hinterfragt und den Blick schärft einerseits für in der Sprachwissenschaft ›übersehene‹ Strukturen und andererseits für die Tatsache, dass die unter einer normorientierten ›Schriftperspektive‹ betrachteten gesprochensprachlichen Äußerungen keineswegs ›Abweichungen‹ oder ›Performanzfehler‹ sind, sondern routinierte, feste Strukturen mit eigenständigen Funktionen.

Ein inzwischen sehr bekanntes Beispiel soll dies illustrieren: Unter einer ›normgrammatischen‹ Perspektive war man versucht, Sätze, die mit der subordinierenden Konjunktion *weil* oder *obwohl* eingeleitet sind, aber Verbzweitstellung aufweisen, als bloße Fehler des Sprechens, des schnellen Formulierens abzutun. Die These ist dabei, dass die Sprecher/innen ›eigentlich‹ wissen, wie es ›richtig‹ geht, aber durch den Zeitdruck eine ›falsche‹ Struktur produzieren. Diese These hat sich aber als falsch herausgestellt. Wie inzwischen zahlreiche interaktionslinguistische Untersuchungen zu dem meist als *Diskursmarker* (s. Kap. 5.5) bezeichneten Phänomen belegen, handelt es sich um eine Struktur, die eigenständige interaktionale Funktionen hat. Der Grund, weshalb wir so große Probleme damit haben, über reines Nachdenken und über das Befragen unserer Intuitionen die Strukturen der interaktionalen Grammatik zu erfassen, ist ein zweifacher:

1. Wir gehen im Lauf unserer schulischen und später universitären Ausbildung durch einen bewussten und gesteuerten normorientierten Schriftspracherwerb, der für uns schließlich als ›die‹ Sprache erscheint, d. h. wir vergessen, dass wir die gesprochene Sprache schließlich durch die ›Brille‹ unseres Schriftwissens betrachten (Skriptizismus = Schriftorientierung):

> »So sind das schriftsprachlich dominierte Sprachbewusstsein und die für die Schriftsprache entwickelten Analysekategorien in diesem Bereich zwangsläufig die Grundlage für das Verständnis und die Erkenntnis von gesprochener Sprache: Gesprochene Sprache wird durch die Brille der geschriebenen wahrgenommen, sie ist das Modell für das Verständnis von Mündlichkeit.« (Fiehler 2015: 27)

Nur durch Analysen von authentischen Gesprächsdaten und einem Ernstnehmen der dort vorgefundenen Strukturen kann man sich dazu trainieren, die ›Brille der geschriebenen Sprache‹ mit einer neuen ›Brille der gesprochenen Sprache‹ zu vertauschen.

2. Die Strukturen interaktionaler Sprache sind uns so fremd, weil es sich um Ethnoregeln handelt, d. h. um Regeln, die wir im Normalfall nie bewusst erworben haben, sondern adaptiv im Verlauf unseres Aufwachsens und während des Lebens in einer Gesellschaft. Genau wie wir nicht darüber reflektieren, wie wir in einen Aufzug gehen, Leute zu Fuß auf einem Platz überholen, uns zu Hause verhalten, wenn wir unsere Eltern besuchen etc., reflektieren wir im Normalfall nicht, wie wir in Interaktionen sprechen – wir ›tun es einfach‹. Man benötigt deshalb einen erzwungenen ›Blick von außen‹, eine Forscherperspektive, bei der man ständig die konversationsanalytische Frage *Why that now?* stellt: Warum wird hier dieses syntaktische Muster eingesetzt? Welche Bedeutung hat die fallende Tonhöhe in dieser Äußerung? Warum bricht die Äußerung ab? Und warum genau an dieser Stelle? Weshalb repariert die Sprecherin ihre Äußerung? etc.

Einige Funktionen von Sprache: Es ist dabei notwendig, den Funktionsbegriff sehr offen zu halten und an interaktionale Anforderungen rückzubinden. Funktionen sprachlicher Mittel können sein (in einer völlig willkürlichen, exemplarischen und ungeordneten Auflistung, um die enorme Bandbreite zu zeigen):

- das Rederecht zu behalten oder aber abzugeben,
- einen Einwand, einen Vorwurf, eine Bitte, eine Frage (etc.!) anzukündigen,
- einen Einwand, einen Vorwurf, eine Bitte, eine Frage (etc.!) durchzuführen,
- auf unerwünschtes Verhalten hinzuweisen,
- den Gesprächspartnern anzeigen, dass man der gleichen (oder anderer) Meinung ist,
- eine Geschichte anzukündigen, zu präsentieren, zu bewerten
- etc.

Die Liste kann beinahe endlos fortgesetzt werden, sobald man sie um institutionelle Aspekte sprachlicher Interaktion erweitert (z. B. wenn in einem Bewerbungsgespräch als Funktion hinzukommt, dass man sich als kooperationsfähiger Mitarbeiter darstellen muss etc.).

Viele linguistische Theorien, wie beispielsweise die Sprechakttheorie,

Interaktionale Linguistik: Entstehung und theoretische Annahmen

haben zu stark simplifizierende Ansichten über sprachliche Funktionen, die der sozialen Realität des alltäglichen Handelns kaum gerecht werden. Es ist daher die – noch lange nicht abgeschlossene – Aufgabe der Interaktionalen Linguistik, eine fundierte Beschreibung der (interaktionalen) Funktionen sprachlicher Mittel zu liefern, wie die Begründerinnen der Interaktionalen Linguistik, Elizabeth Couper-Kuhlen und Margret Selting (2000: 92) betonen: »Eine allgemeine und interaktional linguistische Theorie von Sprache ist auch notwendig, um die zu stark vereinfachenden Theorien über die Funktion von Sprache in der herkömmlichen Linguistik zu überwinden.«

Sprachauffassung der Interaktionalen Linguistik: In der Interaktionalen Linguistik wird Grammatik entsprechend als eine Folge der Notwendigkeit betrachtet, gemeinsam in der Interaktion Handlungen durchzuführen: »[T]he routinized patterns that we call grammar exist because speakers need routinized ways to implement actions.« (Thompson/Couper-Kuhlen 2005: 808). Grammatik wird also nicht als etwas abstrakt Gegebenes verstanden, an dem sich die Sprecher/innen orientieren, sondern als etwas, das als eine Abstraktion aus immer wiederkehrenden Handlungen (Routinen) entstanden ist:

Grammatik als Resultat von Handlungsroutinen

»[G]rammar is the knowledge of how to *do* things [...] and how to do things *together* [...] – that is, it is shared knowledge in a very literal sense of the word. And since clauses are shaped in contingent situations of interaction, grammar is constantly being shaped and re-shaped, constantly undergoing revision and re-design as it is deployed in everyday talk. [...] Grammar thus cannot be a wholly fixed property of individual human brains. Instead, it must be thought of as a *socially distributed*.« (Thompson/Couper-Kuhlen 2005: 808)

Das bedeutet, dass Sprache als ein flexibles und veränderbares Mittel betrachtet wird, das zur Lösung konkreter kommunikativer Probleme in der Interaktion verwendet wird – und somit von den Interagierenden auch stets neu geschaffen oder angepasst werden kann.

Betrachtet man Sprache unter diesem Gesichtspunkt, so ergeben sich die folgenden theoretischen Grundannahmen der Interaktionalen Linguistik:

1. Konstitutivität und Interaktivität: Mit Konstitutivität (vgl. Deppermann 2001: 8) ist die Tatsache gemeint, dass sprachlich-interaktionale Ereignisse, wie z. B. ein Vorwurf, eine Bitte, eine Geschichte, die erzählt wird, eine Prüfung, ein Bewerbungsgespräch nicht ›einfach da‹ sind und auch nicht lediglich einem der Interaktionsteilnehmer als Produkt zugerechnet werden können, sondern dass diese Ereignisse von den Interaktionsteilnehmern gemeinsam hergestellt werden müssen. Konstitutivität ist dabei untrennbar mit Interaktivität verbunden, d. h. mit der Tatsache, dass sich die Beiträge der Interagierenden wechselseitig aufeinander beziehen und im Verlauf dieser Bezugnahmen geteilte Handlung und geteilte Bedeutung entsteht (= konstituiert wird).

2. Temporalität, Prozessualität und Sequenzialität: Temporalität als grundlegendes Prinzip von sprachlicher Interaktion meint zunächst nichts weiter als die Tatsache, dass sich die sprachlichen Strukturen über die Zeit hinweg entfalten (Deppermann/Günthner 2015). Das gilt in be-

Von der Soziologie zur Linguistik: die Interaktionale Linguistik

sonderem Maße für die gesprochene Sprache, wo man als Hörer die Äußerungen eines Sprechers ›live‹ in allen Planungsprozessen mitbekommt (Prozessualität) und wo man entsprechend laufend Hypothesen über mögliche Äußerungspläne sowie Abschlussstellen treffen muss. Aber auch in der schriftlichen interaktionalen Kommunikation sind Temporalität und Prozessualität wichtige Grundmerkmale: So zeigen Arbeiten von Beißwenger (2007) und Imo (2015a, 2019) dass Chatter/innen oder Nutzer/innen von WhatsApp ihre Beiträge ›splitten‹ und über mehrere kleinere Einzelbeiträge verteilen, um anzuzeigen, dass sie noch im laufenden Produktionsprozess sind. Die Temporalität und Prozessualität ernst zu nehmen bedeutet, dass man einen Grammatikansatz entwickeln muss, der die zeitliche Entwicklung grammatischer Strukturen fokussiert. Das Prinzip der Sequenzialität baut darauf auf: Interaktionspartner passen ihre Äußerungen den eigenen und fremden vorigen Äußerungen an, stellen umgekehrt mit jeder eigenen Äußerung Anschlussoptionen bereit – und machen andere Anschlussoptionen unwahrscheinlich (s. Kap. 5).

3. **Reflexivität und Kontextgebundenheit** bedeutet, dass sprachliche Mittel gleichermaßen Kontexte erzeugen und von Kontexten bedingt sind: Auf der Ebene der Prosodie wird beispielsweise eine vorwurfsvolle Stimme im Kontext eines Vorwurfs erwartet, umgekehrt konstituiert eine entsprechende prosodische Realisierung überhaupt erst einen solchen Verwendungskontext mit (Günthner 2000a). Einzelne Handlungen werden stets als Teil einer übergeordneten Handlungssequenz wahrgenommen und werden erst dadurch verständlich, dass man sie in Bezug zu einer solchen Sequenz setzt. Als ein solches Beispiel wären Fragen zu nennen, die erst über den Kontext als erster Teil einer ›echten‹ Frage-Antwort-Sequenz, als Ausdruck von Verwunderung, als Vorwurf etc. interpretiert werden können.

4. **Emergenz, Methodizität und Schemahaftigkeit:** Ein vierter Aspekt betrifft das Spannungsfeld aus Offenheit und Flexibilität sprachlicher Strukturen auf der einen Seite und der Verfestigung in sprachliche Muster bis hin zu sehr stabil erscheinenden grammatischen Schemata auf der anderen Seite (Hopper 1998; Auer/Pfänder 2011). Auf der einen Seite ist Sprache und Grammatik insofern emergent, als sie in jeder Interaktion wieder neu erzeugt werden muss. Nach Haspelmath (2002: 274) entsteht Grammatik »als Nebenprodukt des Sprechens in der sozialen Interaktion«. Dies erklärt auch Sprachwandel: Wird eine sprachliche Struktur nicht mehr benutzt, verschwindet sie. Wird eine neue Struktur verwendet, wird sie irgendwann Teil der Grammatik. Dass letzteres passieren kann, d. h. dass überhaupt genügend wiedererkennbare Struktur in der Sprache entsteht, dafür ist die Methodizität verantwortlich, die nach Deppermann (2001: 8) wie folgt definiert werden kann: »Gesprächsteilnehmer benutzen typische, kulturell (mehr oder weniger) verbreitete, d. h. für andere erkennbare und verständliche Methoden, mit denen sie Beiträge konstruieren und interpretieren sowie ihren Austausch miteinander organisieren.« Das Resultat ist das Entstehen von scheinbar festen grammatischen Strukturen, die aber auf ihren wiederholten Gebrauch in der Interaktion und ihrer dortigen Funktionen zurückzuführen sind (vgl. Schegloff 1986, der von »routine as achievement« spricht).

Grammatik als Nebenprodukt des Sprechens in der sozialen Interaktion

Im zweiten Teil dieser Einführung werden ausgewählte sprachliche Phänomene unter dieser Mehrfachperspektive von Konstitutivität/Interaktivität, Temporalität/Prozessualität/Sequenzialität, Reflexivität/Kontextgebundenheit und Emergenz/Methodizität/Schemahaftigkeit behandelt.

3.5 | Die Grenzen der Interaktionalen Linguistik: Multimodale Analysen

Wenn man die Medialität von Sprache berücksichtigt und gesprochene und geschriebene Sprache unter dem Gesichtspunkt ihrer jeweiligen medialen Beschaffenheiten in den Blick nimmt, dann ist klar, dass man neben Aspekten der Morphologie, Syntax, Semantik und Pragmatik auch prosodische (Tonhöhenverlauf, Sprechrhythmus etc.), nonverbale (Gestik, Mimik usw.) sowie in der Schrift graphische Merkmale (inklusive graphostilistischer Aspekte wie Schrifttypen, Emoticons, Schriftfarbe, Textformatierung etc.) berücksichtigen muss.

Kontextualisierung

Prosodie: Die Prosodie kann wichtige Hinweise für das Verstehen von Äußerungen liefern: So kann man z. B. durch die Gestaltung des Tonhöhenverlaufs einer Äußerung Zweifel ausdrücken, eine Frage realisieren oder anzeigen, dass man eine Liste produziert, mit einem Akzent die zentrale Information betonen etc. Für die Interaktionale Linguistik sind daher prosodische Analysen von großer Bedeutung. Die Äußerung *Du hast morgen keine Zeit* kann je nach prosodischer Gestaltung und sequenziellem Kontext als Feststellung, Frage, entrüsteter Ausruf etc. gedeutet werden, d. h. die prosodische Realisierung ist notwendig für das Verständnis von Äußerungen, sie dient als sogenannter Kontextualisierungshinweis (s. Kap. 7). In der Schrift werden zur Markierung von zusätzlichen Informationen erstens die orthographischen Zeichen wie Punkt, Fragezeichen, Ausrufezeichen etc., zweitens die Typographie und Formatierung (Fettdruck, Farbdruck, Überschrift, Absätze etc.) und drittens, in der computervermittelten Kommunikation, Emoticons und Emojis eingesetzt; auch diese können als Kontextualisierungshinweise gewertet werden (s. Kap. 11.3).

Multimodalität: Wenn man die Beschreibung entsprechender Mittel des Kommunizierens als Teil der Aufgabe der Interaktionalen Linguistik betrachtet, dann liegt es nahe, darüber hinaus auch die nonverbalen Aspekte in den Blick zu nehmen. Diese umfassen Aspekte wie Gestik, Mimik, Bewegung im Raum, Körperhaltung etc. Das Zusammenspiel von verbalen und nonverbalen Ausdrucksmitteln wird auch als multimodal bezeichnet. Multimodal bedeutet, dass zum Verstehen nicht nur der auditive Kanal, d. h. das Ohr, notwendig ist, um beispielsweise ein *Nein.* zu hören, sondern auch das Auge, um beispielsweise ein Kopfschütteln zu sehen. Auch taktile Elemente (eine Ohrfeige ist eine taktile Interaktion!) können Bestandteil multimodaler Interaktion sein. Mit anderen Worten: Bei multimodaler Kommunikation sind immer mehrere Kommunikationsmodi aktiviert (s. Kap. 9).

Dass nonverbale Kommunikation einen wichtigen Bestandteil der Interaktion ausmacht, ist unumstritten. Eine mündliche Äußerung als ernst oder ironisch gemeint zu verstehen, ist beispielsweise oft nur möglich, wenn man parallel dabei sieht, ob die Gesprächspartnerin ernst blickt oder lächelt. Die Aufforderung *Leg das Buch da hin!* kann nur verstanden werden, wenn man dabei die Zeigegeste oder den Blick auf den Ort, an den das Buch zu legen ist, wahrnimmt etc. Das verbale *da* muss in diesem Fall durch eine nonverbale Zeigegeste ›angefüllt‹ werden, um verständlich zu sein.

Die Grenzen eines linguistischen Ansatzes: Das Problem ist dabei allerdings nun, dass mit der Berücksichtigung von multimodaler Kommunikation die Grenzen einer linguistischen Disziplin im engeren Sinne erreicht werden. Sowohl die ethnomethodologische Konversationsanalyse als auch die Interaktionale Linguistik beschränken tendenziell ihr Interesse auf die sprachlichen Strukturen. Nicht ohne Grund stellt Schmitt (2007) daher fest, dass man bei der Analyse multimodaler Kommunikation neue Ansätze benötigt und nicht mehr nur mit konversationsanalytischen Methoden arbeiten kann.

Die Interaktionale Linguistik wendet gegen eine allzu starke Fokussierung auf multimodale Aspekte des Kommunizierens allerdings ein, dass die Sprache wichtiger sei und auch ohne den nonverbalen Anteil funktioniert: Beim Telefonieren, sind beispielsweise Gestik, Mimik und Proxemik nicht direkt wahrnehmbar, und dennoch funktioniert Sprache.

Dieses Oszillieren zwischen Kopräsenz als wichtigem Faktor für Sprachverwendung einerseits und Ausblenden multimodaler Aspekte andererseits findet sich auch in der Überblicksdarstellung zur Interaktionalen Linguistik von Couper-Kuhlen/Selting (2018: 3), wo zwar einerseits gefordert wird, dass Sprache »in the home environment of co-present interaction« analysiert werden müsse, die meisten präsentierten Analysen aber nicht unter Berücksichtigung der für die Interaktion unter Bedingungen der Kopräsenz bestimmenden Multimodalität erfolgen. Die genauen Unterschiede zwischen interaktionaler Sprache von Angesicht zu Angesicht (*face-to-face*) und von interaktionaler Sprache mit reduzierter oder nicht gegebener wechselseitiger Wahrnehmbarkeit, ist eine noch zu leistende Forschungsaufgabe (vgl. aber bereits Hausendorf 2010; Hausendorf 2015; Lanwer 2019a, 2019b).

Offene Forschungsfragen

Fazit: Die Interaktionale Linguistik erkennt die Relevanz von multimodalen Analysen an und berücksichtigt in ihren Analysen multimodale Aspekte, kann sich aber auch ›nur‹ auf Audioaufnahmen von Gesprächen und nicht Videoaufnahmen beschränken, da ihr Fokus primär auf der Sprache liegt – und nicht zuletzt deswegen, weil häufig keine Videodaten zur Verfügung stehen, wie es oft bei institutionellen Gesprächssituationen der Fall ist, wo schon eine Audioaufnahme schwer zu bekommen ist (s. Kap. 4.2 zur Datenerhebung). Beschränkt man sich (freiwillig oder gezwungenermaßen) auf verbale Mittel, muss jedoch stets mitreflektiert werden, dass, sofern es sich ursprünglich um eine Face-to-face-Interaktion handelt, entsprechend Informationskanäle fehlen. Untersucht man beispielsweise Hörersignale wie *mhm* oder *ja*, so kann ein plötzliches Ausbleiben dieser Signale in einem Gesprächsabschnitt nicht automatisch heißen, dass nun der Sprecher oder die Sprecherin keine Hörersignale mehr liefert – es kann genauso gut sein, dass die Hörersignale in dieser Passage nonverbal (Kopfnicken, aufmerksamer Blick, Mitschreiben etc.) erfolgen.

4 Interaktionale Linguistik: Methode und Umgang mit Daten

4.1 Die empirische Grundhaltung der Interaktionalen Linguistik
4.2 Interaktionale Sprachdaten
4.3 Der Umgang mit Gesprächsdaten: Transkription
4.4 Technische Hilfsmittel
4.5 Multimodale Transkripte
4.6 Leitfragen für die Analyse

Nachdem im vorigen Kapitel die Interaktionale Linguistik eingeführt wurde, werden nun im Detail deren methodische Annahmen vorgestellt. Auf Grund der Tatsache, dass die Interaktionale Linguistik an der Schnittstelle von Linguistik und Konversationsanalyse angesiedelt ist, gilt nach Couper-Kuhlen/Selting (2000: 92): »Interaktionale Linguisten müssen sowohl gut ausgebildete Linguisten als auch gut ausgebildete Konversationsanalytiker sein.«

Das Forschungsziel einer jeden interaktionslinguistischen Analyse besteht darin, sprachliche Phänomene hinsichtlich ihrer mit der Ausübung interaktionaler Funktionen verbundenen Struktur zu beschreiben. Man berücksichtigt, dass Interaktion sequenziell strukturiert ist, d. h. dass man mit Äußerungen auf Vorgängeräußerungen Bezug nimmt und umgekehrt Folgeäußerungen projiziert. Zudem nimmt man die Tatsache ernst, dass gesprochene Sprache zeitlich strukturiert ist, dass man also nicht von einem ›Links‹ oder ›Rechts‹ ausgehen kann, wenn man gesprochene Sprache untersucht, sondern von einem zeitlichen ›Vorher‹ und ›Nacher‹. In der Schrift ist diese zeitliche Struktur dagegen ›verräumlicht‹ (s. die Diskussion von ›Linksversetzungen‹ in Kap. 5.2).

Sequenz

Sprache wird als Mittel zur Ausübung interaktionaler Funktionen bzw. zur Behebung kommunikativer Probleme betrachtet. Es werden also keine Beschreibungen abstrakter Formen geliefert, sondern es wird stets die Frage gestellt, zu welchem Zweck in einer Interaktion ein bestimmtes sprachliches Mittel eingesetzt wird. Man trägt der Tatsache Rechnung, dass Sprache Kontext benötigt, zugleich diesen Kontext aber mit aufbaut, auf Kontext verweist und umgekehrt vom Kontext mitgeprägt ist: Es ist also zu fragen, wie die Gesprächspartner zueinander stehen (formell oder informell, welche sozialen Rollen die Teilnehmer haben etc.), denn es kann sein, dass bestimmte sprachliche Mittel beispielsweise Höflichkeit oder soziale Asymmetrien kodieren. Relevant kann auch sein, welches Alter die Gesprächspartner haben oder ob sie einer bestimmten Gruppe angehören. Gleichzeitig stehen diese Fragen aber unter der übergeordneten Frage, ob diese sozialen Kategorien in der Interaktion überhaupt relevant gesetzt werden, ob sprachlich darauf Bezug genommen wird, denn Alter oder Geschlecht können Relevanz in der Interaktion haben, müssen dies aber nicht – es kommt darauf an, ob diese Relevanz in der Interaktion hergestellt wird. Es ist weiter zu fragen, was der Interaktions-

J. B. Metzler © Springer-Verlag GmbH Deutschland, ein Teil von Springer Nature, 2019
W. Imo / J. P. Lanwer, *Interaktionale Linguistik*,
https://doi.org/10.1007/978-3-476-05549-1_4

anlass ist, d. h. was die Beteiligten gerade gemeinsam ›tun‹, ob die Interaktion im Rahmen einer bestimmten kommunikativen Gattung (beispielsweise ein Bewerbungsgespräch) abläuft oder nicht, ob es institutionelle Vorgaben oder Rahmenbedingungen gibt (wie z. B. in einem Interview), zu deren Bewältigung sich bestimmte sprachliche Muster herausgebildet haben etc. Auch hier ist wieder zentral, dass diese Interaktionsanlässe und kommunikativen Gattungen nicht ›einfach so da‹ sind, sondern dass sie durch die Interagierenden sprachlich hervorgebracht werden müssen.

Mündliche Interaktion

Umgang mit Daten: Um diese Forschungsziele umzusetzen, ist ein methodisch reflektierter Umgang mit den Daten notwendig. Dabei ist auch die besondere Herausforderung zu berücksichtigen, dass man, wenn man gesprochensprachliche Interaktion analysieren möchte, dies nicht ohne eine Transformation in die Schrift bewerkstelligen kann. Ein zentrales Hilfsmittel der Interaktionalen Linguistik sind entsprechend Transkripte. Ein Großteil der folgenden Kapitel befasst sich daher damit, wie Gesprächsaufnahmen erhoben und transkribiert werden können.

Schriftliche Interaktion

Weitaus einfacher hat man es, wenn man schriftliche Interaktion wie beispielsweise Chatkommunikation untersuchen möchte. Doch auch hier muss methodisch mitberücksichtigt werden, dass eine wirklich vollständige Analyse nur möglich ist, wenn man bei der Messengerkommunikation beispielsweise die Screenshots und alle eingebetteten und versandten Dateien (Audio, Video, Bilder) zur Verfügung hat. Weitere Informationen liefern darüber hinaus Videoaufnahmen und Keylogs der konkreten Nutzung (Eintippen der Nachricht, Lesen der Nachricht), wobei diese Informationen aus der Perspektive der Interaktionalen Linguistik weniger relevant sind, da sie nicht Teil der wechselseitig wahrnehmbaren Interaktion sind – sie geschehen ja für die Interagierenden im Verborgenen.

Multimodale Interaktion

Video- oder Audiomaterial? Je stärker das Datenmaterial begrenzt ist (was aus Gründen der Umsetzbarkeit der Normalfall ist), desto größer ist die Chance, dass man in der Analyse nicht alle relevanten Aspekte erfassen kann. Im Bereich der gesprochenen Sprache gilt dies insbesondere für die Frage *Video oder Audio?*. Diese Frage ist sehr schwer zu beantworten. Auf der einen Seite liefern Videodaten wertvolles Material, das fraglos interaktional relevant ist (ein Schulterzucken oder Lächeln oder Kopfschütteln kann die gleiche Funktion wie eine verbale Reaktion erfüllen). Auf der anderen Seite kommen Telefongespräche auch ohne diese Mittel aus, und zudem sind Videodaten deutlich schwerer zu erheben (sowohl technisch als auch in Bezug auf die Einholung der Aufnahmeerlaubnis, da für die meisten Menschen eine Audioaufnahme weniger störend wirkt als eine Videoaufnahme und man zudem Videoaufnahmen deutlich schwerer anonymisieren kann als Audioaufnahmen) und zu transkribieren. Hier muss man daher der jeweiligen Fragestellung entsprechend die Entscheidung über größere oder geringere Vollständigkeit der Daten treffen (eine Darstellung des Problems, dass man nicht bestimmen kann, wann man ›genügend Kontext‹ zu den Daten erfasst hat, findet sich bei Silverstein 1992).

4.1 | Die empirische Grundhaltung der Interaktionalen Linguistik

Die Interaktionale Linguistik legt einen großen Wert auf eine solide empirische Fundierung und auf authentische Sprachdaten. Dies hat zwei Folgen für die Datenerhebung:

Authentisch = nah am Original: Man benötigt Daten, die möglichst nah am Original sind:

- **Schriftliche Daten:** Bei Untersuchungen schriftlicher Interaktionen ist dies vergleichsweise einfach umzusetzen, da die Interaktion bereits in Schriftform vorliegt (hier ist allerdings je nach Fragestellung der Untersuchung zu überlegen, ob beispielsweise bei der Analyse computervermittelter Kommunikation lediglich die schriftlichen Daten ausreichen, oder ob nicht auch Screenshots hilfreich sein können, um sich so weit wie möglich an das kommunikative Original anzunähern).

Authentische Daten

- **Mündliche Daten:** Bei der Untersuchung mündlicher Interaktionen dagegen ist es unabdingbar, dass eine Audio- wenn nicht gar eine Videoaufnahme gemacht wird. Erst auf dieser Basis kann dann ein Transkript (s. Kap. 4.3) erstellt werden, wobei man sich bei der Analyse nie auf das Transkript alleine verlassen darf, sondern die dazugehörigen Audio- oder Videodaten wieder und wieder anhören und ansehen muss.

Problematische Datenbasis: Was dagegen methodisch problematisch ist, sind Analysen auf der Basis von Gedächtnisprotokollen, Selbstauskünften von Proband/innen oder intuitiven Aussagen. Das liegt daran, dass bei all diesen Methoden die Daten sehr stark selektiert werden, viele hochrelevante Merkmale fallen dabei unter den Tisch. Intuitionen und Selbstaussagen geben darüber hinaus lediglich Einschätzungen wieder, die oft wenig mit der Realität zu tun haben: Wir sind nicht zuletzt durch unsere Schulbildung so sehr darauf trainiert, Sprache durch eine (schrift)normierte »Brille« (Fiehler 2015: 27) zu betrachten, dass wir den tatsächlichen gesprochensprachlichen Sprachgebrauch aus dem Blick verlieren. Wir brauchen daher eine »passiv registrierende Methode der Datenerfassung« (Deppermann 2001: 21), die unvoreingenommen alles aufzeichnet, was in der Interaktion geschieht, und uns so dazu zwingt, dass wir durch wiederholtes Anhören bzw. Ansehen und durch gewissenhaftes Transkribieren allen Besonderheiten mündlicher Sprache zu ihrem Recht zu verhelfen:

»Die Gesprächsanalyse ist ein *materialgestütztes Untersuchungsverfahren*. Sie schreibt Untersuchungsfragen und Analysekonzepte nicht a priori fest, sondern modifiziert sie in der Auseinandersetzung mit empirischen Gesprächsdaten. Diese Offenheit beruht auf dem *rekonstruktiven Erkenntnisinteresse* der Gesprächsanalyse, das darin besteht, solche Prinzipien der Organisation und der Sinnbildung in Gesprächen zu entdecken, denen die Interaktionsteilnehmer im Vollzug von Gesprächen folgen.« (Deppermann 2001: 19)

Authentisch = nicht inszeniert: Die zweite Folge der empirischen Orientierung ist die Forderung nach nicht inszenierten Daten: »Authentisch heißt, dass die Gespräche nicht extra zum Zweck der Untersuchung geführt oder inszeniert wurden; es werden also natürliche Gespräche aus dem Alltags-

und Berufsleben untersucht« (Becker-Mrotzek/Brünner 2006: 3). Das bedeutet, dass möglichst keine Gespräche verwendet werden sollen, bei denen man zwei Personen an einen Tisch setzt und die Aufgabe gibt *Unterhaltet euch mal, ich nehme das jetzt auf!* oder, noch extremer, *Unterhaltet euch mal über den letzten Urlaub und verwendet dabei viele Konjunktivformen!*. Solche gestellten Gespräche haben wenig mit der Wirklichkeit zu tun und sind daher für viele Fragestellungen wertlos. Eine Ausnahme bilden allerdings manche multimodalen Analysen, bei denen komplexe Technik im Spiel ist: Wenn man beispielsweise Körperhaltungen automatisiert erfassen möchte, muss man die Proband/innen entsprechend ›verkabeln‹ und damit Experimentsituationen schaffen. Solche Untersuchungen sind aber mit sehr viel Vorsicht zu genießen hinsichtlich ihrer Verallgemeinerbarkeit über die Experimentsituation hinaus.

Gleiches gilt auch für gescriptete Interaktionen beispielsweise im Fernsehen. Wenn solche Daten interaktionslinguistisch untersucht werden sollen, müssen ihre besonderen Eigenschaften als gescriptete Interaktionen mitreflektiert (und eventuell beispielsweise mit nicht gescripteten Interaktionen kontrastiert) werden.

Alltag   *Alltag als problematisches Konzept:* Das zweite oben genannte Merkmal von authentischen Gesprächen, nämlich dass es sich um Gespräche aus dem Alltags- und Berufsleben handeln muss, ist deutlich problematischer, da, wie Birkner/Meer (2011) zeigen, das Sprechen in Institutionen wie z. B. ein Unterrichtsgespräch, ein Gespräch im Bürgerbüro, eine Teambesprechung in Firma, Gespräche mit Kolleg/innen, ein Arzt-Patienten-Gespräch, ein Radiointerview, eine Fernsehkochsendung etc. ja für zumindest manche Sprecher/innen ebenfalls zum Alltag gehört. Die Unterscheidung zwischen Alltagsleben und Berufsleben ist entsprechend heikel. Darüber hinaus interessiert sich die Interaktionale Linguistik zudem selbstverständlich auch für Interaktionen, die für die Interaktionsteilnehmer/innen nicht alltäglich sind: Aus Patientensicht ist eine Erstvorstellung in der onkologischen Abteilung einer Klinik ebenso keine Alltagssituation wie für einen Studienanfänger die Präsentation eines Referats. Dennoch ist beides authentisch. Verwendet werden können entsprechend alle Interaktionen in allen Kontexten, sofern sie natürlich sind – und sofern bei der Analyse explizit berücksichtigt wird, in welchen Situationen das Gespräch stattfand.

Fazit: Für die Untersuchung kommen alle interaktionalen Sprachdaten in Frage, die in möglichst originalgetreuer Form vorliegen und weder speziell für Untersuchungszwecke erstellt wurden, noch ›gescriptet‹ sind.

4.2 | Interaktionale Sprachdaten

4.2.1 | Gesprächsdaten

Bei der eigenen Erhebung von Gesprächsdaten ist eine Reihe von Dingen zu beachten, die der eigentlichen Gesprächsaufnahme vorausgehen:

1. Schritt: Der erste Schritt besteht darin, Personen zu finden, die be-

4.2 Interaktionale Sprachdaten

reit sind, sich in Ton und/oder Bild aufnehmen zu lassen. Während dies bereits im privaten Kontext nicht einfach ist, ist es in institutionellen Kontexten oft ein extrem langwieriger Prozess, da man beispielsweise bei Gesprächsaufnahmen in der Schule die Erlaubnis des Rektors oder der Rektorin, der am Unterricht beteiligten Lehrer/innen, der Schüler/innen und der Eltern einholen muss, bei Aufnahmen im Krankenhaus ist normalerweise sogar das Einholen eines Ethikvotums notwendig etc. Es ist daher sinnvoll, eine kurze Darstellung der geplanten Fragestellung zu formulieren, die man anhand der zu erhebenden Daten untersuchen möchte, um bei den Personen, die man aufnehmen möchte, Verständnis dafür zu wecken.

Dabei muss man folgende Punkte klären:

- Was ist das Forschungsziel?
- Was geschieht mit den Audio- und Videodaten: Weitergabe an Dritte? Bereitstellen in einer Datenbank? Vorspielen im Seminar? Vorspielen auf Tagungen? Veröffentlichung von Ausschnitten?
- Wie wird mit dem Persönlichkeitsrecht umgegangen (Anonymisieren/ Pseudonymisieren; Möglichkeit zur Rücknahme der Einverständniserklärung)?

> **Vor der Datenerhebung**

In institutionellen Kontexten können zusätzliche Forderungen hinzukommen, wie z. B. dass die Audio- oder Videodaten direkt nach Transkripterstellung gelöscht werden müssen. Bei den Transkriptdaten gibt es normalerweise weniger Probleme: Sofern die Transkripte unzweifelhaft anonymisiert oder pseudonymisiert sind und man auch über inhaltliche oder sonstige Faktoren die Personen nicht erkennen kann, gilt, dass die jeweiligen Transkribenden die Urheber der Transkripte sind und somit diese frei verwenden können. Aber auch hier kann es sein, dass z. B. ein Unternehmen, in dem man Mitarbeiterbesprechungen aufzeichnen will, zur Vorgabe macht, dass auch die Transkripte nicht weitergegeben werden dürfen, da sie Betriebsgeheimnisse enthalten können.

Wie soll die Aufnahme ablaufen? Folgende Fragen müssen vorab geklärt und für die Beschreibung der Korpuserstellung festgehalten werden: Sollen Audio- oder Videoaufnahmen gemacht werden? Wird derjenige, der die Untersuchung durchführt, selbst mit bei der Aufnahme dabei sein oder bedient einer der Anwesenden das Aufnahmegerät? Wie viele und welche Aufnahmegeräte werden eingesetzt (z. B. Kameras aus mehreren Blickwinkeln; ein digitales Aufnahmegerät, das auf dem Tisch steht; ein Aufnahmegerät mit Ansteckmikrofon etc.)?

Einverständniserklärung: Nach der Aufklärung über das Forschungsziel und die Hintergründe der geplanten Aufnahme sollten alle Teilnehmenden eine Einverständniserklärung unterschreiben. Die folgende Einverständniserklärung wurde für den Zweck entworfen, Daten zu erheben, die danach in einer Datenbank vorgehalten und für Forschung und Lehre genutzt werden. Es handelt sich damit um die umfassendste Art der Datenerhebung. Auf der Basis dieser Erklärung kann man für eigene Zwecke (wenn die Daten z. B. nicht in eine Datenbank eingestellt werden sollen oder wenn nur Audio- und keine Videoaufnahmen gemacht werden etc.) entsprechende Passagen streichen und die Erklärung entsprechend an-

> **Einverständniserklärung**

73

passen (die Verwendung erfolgt auf eigenes Risiko; eine rechtliche Klärung ist vor Gesprächsaufnahmen unabdingbar):

Beispiel

Einverständniserklärung

Die Daten werden ausschließlich für Forschungsprojekte sowie die Ausbildung von Studierenden (z. B. als Anschauungsmaterial in Lehrveranstaltungen und als Grundlage für die Anfertigung von Seminar- und Qualifikationsarbeiten) verwendet.

Die Aufnahmen werden transkribiert, also in einen schriftlichen Text übertragen. Sowohl in den Tonaufnahmen als auch den Niederschriften (Transkripten) werden alle personenbezogenen Informationen pseudonymisiert oder anonymisiert, so dass kein Rückschluss auf konkrete Personen, Orte und Institutionen bzw. Organisationen möglich ist. Da die Aufnahme jedoch hinsichtlich der Bilddatei, der Stimme und des Wortlauts nicht verändert wird, kann ein zufälliges Erkennen (durch die Stimme, typische Formulierungen oder Aussageninhalte) nicht ausgeschlossen werden.

Für die Aufzeichnung des Gesprächs und der persönlichen Daten sowie für die wissenschaftliche Auswertung zum Zweck der Erforschung der deutschen Alltagssprache benötigen wir Ihr Einverständnis.

Ich erlaube hiermit,

1. dass das am _____ geführte Gespräch, soweit meine Gesprächsbeiträge betroffen sind, aufgezeichnet und in anonymisierter Form wie folgt verwendet wird:

a) Einstellung der Ton- und Bildaufnahme in eine passwortgeschützte linguistische Audiodatenbank an der Universität XXXXX.

b) Verwendung der Ton- und Bildaufnahme als Anschauungsmaterial in der Ausbildung von Studierenden – einschließlich der Überlassung an Studierende als Material für Seminar- und Qualifikationsarbeiten.

c) Verwendung der Ton- und Bildaufnahme im Rahmen von wissenschaftlichen Veranstaltungen und Forschungsprojekten.

d) Anfertigung eines anonymisierten/pseudonymisierten Transkripts, dessen Einstellung in die Datenbank und Verwendung als Anschauungsmaterial in der Ausbildung von Studierenden, einschließlich der Überlassung an Studierende als Material für Seminar- und Qualifikationsarbeiten – sowie im Rahmen von wissenschaftlichen Veranstaltungen und von Forschungsprojekten

2. die Speicherung der von mir erhobenen persönlichen Daten gemäß Nr. 1.

Ich habe die Informationen über das Forschungsvorhaben gelesen und bin mit der vorgesehenen Verarbeitung meiner Daten einverstanden. Nicht erwünschte Punkte streiche ich.

Die Einverständniserklärung kann jederzeit von mir **widerrufen** werden. In diesem Fall werden die von mir erhobenen persönlichen Daten und Gesprächsaufzeichnungen umgehend gelöscht.

....
Ort, Datum Unterschrift

....
Name (in Blockschrift)

....
Anonymisierter Name im Transkript (in Blockschrift)

Ein Beispiel für eine entsprechend angepasste Einverständniserklärung stammt aus einem Forschungsprojekt zur medizinischen Kommunikation:

Einverständniserklärung

Beispiel

Für ein Forschungsprojekt mit dem Titel
Professionalisierung der Kommunikation: Konvergenzen und Divergenzen im pflegerischen und ärztlichen Sprechen mit Palliativpatient/innen
sollen (i) Gespräche zwischen Ärzt/innen und Patient/innen, (ii) Gespräche zwischen Pflegepersonal und Patient/innen sowie (iii) die interdisziplinären Teamkonferenzen (wöchentliche Teambesprechungen von Ärzt/innen, Pflegepersonal Psycholog/innen, Seelsorger, Therapeut/innen, Sozialarbeiter/innen etc.) aufgezeichnet werden. Die Aufnahmen werden direkt im Anschluss an die Aufzeichnung in einem ersten Schritt anonymisiert, d. h. alle Eigennamen (Personennamen, Städtenamen, Firmennamen, Titel etc.) werden ›ausgepiepst‹, so dass kein Rückschluss auf konkrete Personen, Orte und Institutionen bzw. Organisationen möglich ist.
In einem zweiten Schritt werden die Aufnahmen transkribiert, d. h. in einen schriftlichen Text übertragen. Im weiteren Verlauf des Forschungsprojekts wird dann ausschließlich mit diesen verschriftlichten, vollständig anonymisierten Daten gearbeitet. Die Audiodaten dagegen werden nicht an Dritte weitergegeben oder veröffentlicht.
Für die Aufzeichnung des Gesprächs und der persönlichen Daten sowie für die wissenschaftliche Auswertung im Rahmen des oben genannten Forschungsprojekts benötigen wir Ihr Einverständnis.
Ich erlaube hiermit, dass geführte Gespräche, soweit meine Gesprächsbeiträge betroffen sind, aufgezeichnet und als Transkripte in anonymisierter Form im Rahmen des oben genannten Forschungsprojekts verwendet werden können.
Die Einverständniserklärung kann jederzeit von mir **widerrufen** werden. In diesem Fall werden die von mir erhobenen persönlichen Daten und Gesprächsaufzeichnungen umgehend gelöscht.
....
Ort, Datum Unterschrift
....
Name (in Blockschrift)   Datenbank-Nummer

2. Schritt: Nach dem Einholen der Aufnahmeerlaubnis ist die Aufnahme vorzubereiten. Dank digitaler Audio- und Videoaufnahmegeräte ist der technische Aspekt heutzutage weitaus weniger problematisch als noch vor einigen Jahrzehnten.

Aufnahmetechnik: Für Audioaufnahmen sind oft schon gute digitale Diktiergeräte oder Handys geeignet. Sehr gute Aufnahmen liefern Aufnahmegeräte mit hochwertigen eingebauten Mikrophonen, die auch für Fieldrecording und Musikaufnahmen eingesetzt werden. Solche Geräte sind dann gut verwendbar, wenn die Interaktanten sich nicht oder kaum bewegen (Tischgespräche o. Ä.). Wenn die Interaktanten sich bewegen, ist die Verwendung eines Ansteckmikrophons zu empfehlen.

Vor der eigentlichen Aufnahme muss in jedem Fall ein Testdurchlauf durchgeführt werden, in dem man überprüft, ob der geplante Standort für das Gerät tatsächlich günstig ist, d. h. klare Aufnahmen möglich sind, ob der eingestellte Aufnahmepegel optimal ist oder angepasst werden muss, ob man zuvor nicht bedachte Störgeräusche erhält (ein Aufnahmegerät ohne Polsterung auf einen Tisch zu stellen, um Personen beim Abendessen aufzunehmen, führt beispielsweise dazu, dass über die Tischplatte Geräusche wie das Abstellen eines Glases o. Ä. sehr laut auf die Mikrofone übertragen werden!) etc.

Dateiformat: Wenn möglich, sollten die Aufnahmen in einem unkomprimierten Format wie WAV erfolgen. Eine Komprimierung zum Beispiel in ein MP3-Format kann immer noch im Nachgang vorgenommen werden. Zwar kann auch eine MP3-Datei nachträglich in eine WAV-Datei umgewandelt werden. Dadurch ändert sich aber nur das Dateiformat. Der Informationsverlust der komprimierten Quelldatei kann dadurch aber nicht behoben werden. Gerade für akustische Analyse, beispielsweise im Bereich der Prosodie, kann es aber notwendig sein, über eine Datei mit möglichst guter Aufnahmequalität bzw. mit einer möglichst großen ›Informationsdichte‹ zu verfügen.

Nach der Aufnahme sollten die Daten umgehend gespeichert werden und es muss ein Datenblatt angelegt werden, auf dem alle notwendigen Hintergrundinformationen (Aufnahmedatum; Informationen über die beteiligten Personen; besondere Vorkommnisse etc.) notiert werden. Diese Daten fließen in der darauffolgenden Transkription (s. Kap. 4.3) in den sogenannten Transkriptkopf ein. Im Falle einer computergestützten Transkription mit einem sogenannten Transkriptionseditor (s. Kap. 4.4.1) können entsprechende Informationen auch in der Transkriptionsdatei erfasst werden.

Korpora
Die Nutzung bereits bestehender Korpora: Man muss jedoch nicht für jede Untersuchung zwangsläufig selbst neue Daten erheben. Es besteht potenziell auch die Möglichkeit, mit bestehenden Korpora zu arbeiten. Zahl und Umfang von allgemein zugänglichen Korpora mit gesprochenem Deutsch, die für interaktionslinguistische Untersuchungen geeignet sind, sind immer noch relativ gering (ein Überblick über deutschsprachige Korpora generell findet sich in Lemnitzer/Zinsmeister 2015; eine Darstellung von Korpora gesprochener Sprache im DaF/DaZ-Kontext wird in Imo/Weidner 2018 gegeben).

GeWiss-Korpus: Ein Korpus, das in Ansätzen verwendbar ist, ist das GeWiss-Korpus (https://gewiss.uni-leipzig.de). Dieses Korpus enthält authentische gesprochene Wissenschaftssprache in verschiedenen Sprachen sowie von Lernenden des Deutschen. Der Hauptzweck von GeWiss ist entsprechend, Daten für die Analyse von Wissenschaftssprache, vor allem auch unter einer Erwerbsperspektive (wie Nicht-Muttersprachler deutsche Wissenschaftssprache erlernen) bereitzustellen. Das Teilkorpus mit Gesprächen deutscher Muttersprachler ist im Prinzip verwendbar. Allerdings sind die meisten Daten (Seminarreferate) eher monologisch strukturiert, was interaktionslinguistische Fragestellungen stark einschränkt.

Datenbank Gesprochenes Deutsch (DGD) und Forschungs- und Lehr-korpus (FOLK): Die Datenbank Gesprochenes Deutsch (DGD) (http://dgd.ids-mannheim.de/dgd/pragdb.dgd_extern.welcome) des Instituts für Deutsche Sprache (IDS) ist eine sehr gute Ressource: Diese Datenbank ist sehr umfangreich, allerdings bestehen große Teile davon aus monologischen und auch sehr alten Sprachdaten (Pfeffer-Korpus; Zwirner-Korpus). Für Untersuchungen aus der Perspektive der Interaktionalen Linguistik wird aber seit einigen Jahren als Teilkorpus der DGD das Forschungs- und Lehrkorpus Gesprochenes Deutsch (FOLK) aufgebaut, das ständig weiter ausgebaut wird und dadurch aktuell bleibt. Ein weiterer Vorteil ist, dass dort eine Ausgewogenheit von Kommunikationssituationen angestrebt wird (Gespräche beispielsweise aus dem Arbeits-, Freizeit- und Bildungskontext) und außer Audiodaten teilweise sogar Videoaufzeichnungen authentischer Gespräche bereitgestellt werden. Zudem stellt das FOLK umfangreiche Recherchemöglichkeiten zur Verfügung. Um die Daten zu nutzen, kann man sich kostenfrei unter http://agd.ids-mannheim.de/folk.shtml anmelden.

FOLK

Der Vorteil der Nutzung von Korpora ist, dass man dort nicht nur Audiodaten (und z. T. Videodaten) erhält, sondern auch die zugehörigen Transkripte und, bei FOLK, Suchfunktionen. Allerdings ersparen solche Korpora in keinem Fall das eigene Transkribieren! Alle Transkripte, die man ›fertig‹ erhält, müssen ›retranskribiert‹ werden, d. h. man muss sich die Audiodaten anhören und die Transkripte überprüfen, wenn nicht sogar zum Teil sehr stark überarbeiten. Die Notwendigkeit wird bei einem Blick in die Transkripte, die in FOLK bereitgestellt werden, schnell deutlich: Diese Transkripte sind lediglich Minimaltranskripte, die für linguistische Analysen praktisch unbrauchbar sind. Sie müssen daher zuerst in Basistranskripte umgewandelt werden.

Retranskription

Der Grund, dass Transkripte nie ›einfach so‹ verwendet werden dürfen, liegt nicht nur darin, dass Transkripte oft Fehler oder Ungenauigkeiten enthalten, sondern vor allem darin, dass die Interaktionale Linguistik sich an den ›originalen‹ Daten orientiert. Transkripte sind ein Hilfsmittel, das aber große Teile der originalen Gesprächsdaten ignorieren muss. Ein wirkliches Verständnis für das Datenmaterial und ein sinnvolles Arbeiten mit einem Transkript ist daher nur mit Kenntnis der Audiodatei möglich.

Transkriptbände: An dieser Stelle sind zuletzt noch die Transkriptbände zu erwähnen, in denen Forscher/innen ihre in einem Projekt erhobenen Transkripte anderen zugänglich machen wollen, während die Audiodaten in der Regel nicht veröffentlicht werden dürfen. Das ist zwar nicht optimal, aber ein Transkript ist immerhin ›besser als nichts‹. Transkriptbände haben eine lange Tradition, beginnend mit der vom IDS herausgegebenen Reihe »Texte gesprochener deutscher Standardsprache« oder der »Phonai«-Reihe, die Sammlungen von Transkripten aus unterschiedlichen kommunikativen Situationen, einschließlich Kindersprache, enthalten. Heute stellt vor allem der Verlag für Gesprächsforschung viele kostenlose Downloads von Transkriptbänden (darunter auch ältere, wiederveröffentlichte) auf seiner Homepage zur Verfügung (http://www.verlag-gespraechsforschung.de). Darunter finden sich u. a. Transkriptsammlungen zu alltäglichem Klatsch und Tratsch, zu medizinischer Kom-

Transkriptbände

munikation, zu Verkaufsgesprächen, zu Hochschulkommunikation oder zu Schlichtungsgesprächen. Nur auf der Basis solcher Transkriptbände ist eine sinnvolle interaktionslinguistische Analyse nicht möglich – die Interaktionale Linguistik ist keine Transkriptanalyse! Transkriptbände sollten daher bestenfalls als Ergänzung und Erweiterung oder (wenn auch vorsichtig) als Kontrastdaten zu eigenen Daten eingesetzt werden.

4.2.2 | Schriftliche Daten

Grundsätzlich ist das Erstellen einer Kollektion (s. Kap. 4.6) von Fällen für eine Untersuchung von schriftlichen interaktionalen Daten etwas einfacher als bei Gesprächsdaten, da man sich das Transkribieren erspart (gleiches gilt auch für den Aufbau von Korpora; da sich die vorliegende Einführung primär an Studierende richtet, fokussieren wir im Folgenden stärker auf die Erstellung von Kollektionen, d. h. eher kleineren, fokussierten Datensets und nicht von Korpora, die eine gewisse Größe und Ausgewogenheit der Daten erfordern). Rechtliche Fragen sind aber auch bei diesen Daten zu beachten, vor allem in Bezug auf das Persönlichkeitsrecht. Zunächst muss man bei Messenger-, SMS-, E-Mail- und sonstigen Daten aus computervermittelter Kommunikation das Einverständnis der Interaktionspartner einholen (dazu kann man die oben abgebildete Einverständniserklärung entsprechend anpassen). Gerade dann, wenn man beispielsweise eine Kollektion von Daten aus der eigenen Messengerkommunikation oder Gruppenkommunikation der eigenen Facebook-Seite erstellt, vergisst man leicht, dass – spätestens dann, wenn die Daten veröffentlicht werden – das Einverständnis der anderen notwendig ist.

Grundsätzlich müssen auch Daten aus der schriftlichen Interaktion anonymisiert oder besser pseudonymisiert werden. Ein heikler Punkt sind dabei Nicknames. Diese sind zwar oft direkt interaktionsrelevant, wenn z. B. jemand auf einen witzigen Nickname angesprochen wird, aber sie sind aus persönlichkeitsschutzrechtlichen Gründen problematisch, weil es – vor allem, wenn jemand den gleichen Nickname auf vielen unterschiedlichen Plattformen im Internet verwendet – dadurch möglich sein kann, dass jemand auf den Klarnamen der Person rückschließen kann. Nicknames sollten daher ebenfalls pseudonymisiert werden.

Multimodale computervermittelte Kommunikation

Umgang mit multimodalen Daten: Im Bereich der computervermittelten Kommunikation sind rein schriftliche Daten heute selten: Die meisten Plattformen sind multimodal ausgelegt und integrieren Bilder, Videos und Audiodaten mit schriftlicher Kommunikation. Für solche eingebetteten Audio- und Videodateien (beispielsweise in WhatsApp) gibt es unterschiedliche Verfahren: Sprachnachrichten können einfach nach GAT verschriftlicht werden, Videodaten von Gesprächen ebenfalls (entweder als reine Audiotranskripte oder als multimodale Transkripte; auf Pseudonymisierung der Sprecher/innen ist zu achten). Bei anderen Daten ist eine Beschreibung zu geben (z. B. der Liedtitel, wenn eine Audiodatei geschickt wird). Bilddateien sind ebenfalls problematisch, weil oft unklar ist, ob und inwiefern sie Persönlichkeitsrecht oder gar Urheberrecht verletzen. Auch hier kann man sich in vielen Fällen (sofern nicht gerade die

Analyse von Text-Bild-Verwendung im Mittelpunkt steht) mit einer kurzen Beschreibung behelfen (z. B. »Bild eines spielenden Kätzchens«).

Die Erstellung eigener Kollektionen: Nicht zuletzt aus Bequemlichkeitsgründen wird zuweilen das Internet bzw. das World-Wide-Web als Korpus verwendet. Das ist für manche Fragestellungen sicherlich unter Vorbehalten möglich, aber insgesamt nicht empfehlenswert. Die Gründe sind, dass man erstens bei Suchanfragen von den Suchmaschinen und deren (trainierten und nicht öffentlich einsehbaren) Suchalgorithmen abhängig ist und zweitens manchmal schwer zu entscheiden ist, ob es sich bei bestimmten Daten um authentische oder inszenierte Interaktionen handelt. Bei der Verwendung von im WWW öffentlich zugänglichen Daten sollte man daher zunächst entsprechende Einschränkungen vornehmen, z. B. sich auf ein bestimmtes Forum beschränken und sich dort aus Forenthreads eine Kollektion zusammenstellen (um unangenehme Überraschungen zu vermeiden, sollte diese Kollektion lokal gespeichert werden – man ist sonst davon abhängig, dass der Forenanbieter die Daten öffentlich zugänglich hält, wofür es keine Garantie gibt!).

Kollektionen

Vorteile der Erstellung eigener Kollektionen: Die Erstellung eigener Kollektionen ist vor allem dann empfehlenswert, wenn man eine mit ethnographischen Informationen angereicherte Studie durchführen möchte. Bei einer ethnographischen interaktionslinguistischen Untersuchung versucht man als Forscher/in über die teilnehmende Beobachtung Kontakte zu den Interaktionspartnern aufzubauen, und so einen Überblick darüber zu erhalten, wie die Kommunikationsgruppen aufgebaut sind, was typische Kommunikationsmuster sind, welche Rollen einzelne Akteure einnehmen und welche (Kommunikations-)Kultur in der untersuchten Gruppe herrscht.

Wenn man eine solche mit ethnographischen Informationen angereicherte Untersuchung durchführen möchte, ist es sinnvoll, Daten zu erheben, bei denen man entweder selbst an der Kommunikation beteiligt war (z. B. eigene Messengerkommunikation, Facebook, computerspielbegleitende Kommunikation etc.), oder bei denen man Zugang zu allen oder zumindest einigen der Schreibenden hat und entsprechend Hintergrundinformationen über ihre sozialen Rollen, ihre Stellung zueinander, ihre Gruppenzusammensetzung etc. einholen kann.

Ein gutes Beispiel für eine solche ethnographische Studie ist die Arbeit von Androutsopoulos/Schmidt (2001) mit dem Titel *SMS-Kommunikation: Ethnografische Gattungsanalyse am Beispiel einer Kleingruppe*. In dieser Untersuchung wurde eine Kollektion von SMS-Nachrichten erstellt, die sich eine Gruppe junger Erwachsener während eines Zeitraums einiger Wochen geschickt hatte. Dadurch, dass die Autorin Schmidt selbst Teil der Gruppe war, verfügte sie über entsprechend viele ethnographische Hintergrundinformationen, sie kannte die Interaktionszusammenhänge und konnte daher auch für Außenstehende schwer verständliche Interaktionen (z. B. Insiderkommunikation; Äußerungen, die Bezug nehmen auf Kommunikation, die außerhalb des SMS-Austauschs stattgefunden hat; Äußerungen, die auf vor Zusammenstellung der Kollektion stattgefundene Ereignisse verweisen etc.) interpretieren.

Die Verwendung frei verfügbarer Korpora: Die Verwendung von öffentlich zugänglichen Korpora hat den Vorteil, dass die Daten aufbereitet und langfristig verfügbar sind und zudem auch für die Forschungsgemeinschaft bereitgestellt werden, so dass die Analysen und Aussagen auch von anderen anhand der Daten überprüft werden können. Zudem entfällt die oft mühselige Arbeit, aus der Masse an verfügbaren Daten im Internet eine eigene Kollektion aufzubauen oder Leute zu finden, die ihre Daten für die Forschung bereitstellen.

Der Nachteil bislang ist allerdings, dass es noch nicht viele Korpora mit interaktionaler schriftlicher Sprache gibt, die für die Forschung zugänglich sind.

Korpora computervermittelter Kommunikation

Das Dortmunder Chat-Korpus: Ein ›Klassiker‹ ist das in den Jahren 2002 bis 2008 von Angelika Storrer und Michael Beißwenger aufgebaute Dortmunder Chat-Korpus (Beißwenger 2013). Das Dortmunder Chat-Korpus enthält Mitschnitte von Chat-Ereignissen (Logfiles) aus unterschiedlichen Chat-Gattungen (Plauderchats, Experten- und Beratungschats, Medienchats, Seminarchats etc.). Insgesamt sind dort 140.000 Chat-Beiträge gesammelt worden. Davon wurden in dem öffentlich zugänglichen »Releasekorpus« 383 Dokumente mit insgesamt knapp 60.000 Chat-Beiträgen aus den Gattungen Plauderchat, Hochschulchat, Beratungschat und Medienchat bereitgestellt. Der Nachteil ist, dass die Daten inzwischen etwas veraltet sind (die Entwicklung in den Neuen Medien schreitet sehr schnell voran, so dass beispielsweise der Internet Relay Chat (IRC), der in den neunziger Jahren und Anfang der Nullerjahre sehr populär war, heute nur noch ein Nischendasein fristet). Der Vorteil ist aber, dass diese Chatdaten hochgradig interaktional sind, dass das Korpus sehr intuitiv zu bedienen ist und zudem auch professionelle Recherchetools wie das Suchwerkzeug STACCADo bereitstellt.

Die Mobile Communication Databases (MoCoDa 1 und 2): Eine Datenbank, die insofern aktueller ist, als die Datensammlung stetig weitergeht, ist die Mobile Communication Database 1 (MoCoDa 1). Diese wurde von Wolfgang Imo im Jahr 2011 als Datenbank für elektronische Kurznachrichtenkommunikation eingerichtet und enthielt zunächst vor allem SMS-Kommunikation. Die Datenbank wurde seit 2011 kontinuierlich mit Kurznachrichtendaten ausgebaut, seit 2012 kamen zunehmend Interaktionen über WhatsApp und andere Messengerdienste dazu, die schnell den Hauptteil der Kommunikation ausmachten. Die Datenbank ist ebenfalls für die Forschung und Lehre frei zugänglich (http://mocoda. spracheinteraktion.de; Zugangspasswort: deutschunterricht2018). 2018 wurde in Kooperation mit Michael Beißwenger, Marcel Fladrich und Evelyn Ziegler die MoCoDa 2 als Nachfolgeprojekt gestartet. Diese Datenbank kann nun auch Gruppenchats und Emojis abbilden und erfasst alle versandten Medienobjekte, die dann durch Platzhalter, Beschreibungen und ggf. Abschriften repräsentiert werden, so dass diese Inhalte in die Analyse mit einbezogen werden können und nicht verloren gehen. Die MoCoDa 2 ist nach einer Online-Registrierung unter https://db.mocoda2. de/#/c/home für die Forschung und Lehre zugänglich.

Sms4science, Whats up, Switzerland? und Whats up, Deutschland?: Speziell Schweizerdeutsche Daten enthalten die Korpora sms4science mit SMS-Interaktionen aus dem Jahr 2004 (eine Darstellung findet sich unter http://www.linguistik-online.de/48_11/staehliDuerscheidBeguelin.html) und Whats up, Switzerland? mit WhatsApp-Interaktionen, erhoben im Rahmen eines dreijährigen Projekts (2016 bis 2018), das unter http://www.whatsup-switzerland.ch/index.php/de eingesehen werden kann. Eine kleinere deutsche Variante des letzteren Projekts mit dem Titel Whats up, Deutschland? hat bereits davor in den Jahren 2014 bis 2015 WhatsApp-Daten erhoben, die aber (noch) nicht öffentlich zugänglich sind.

Sowohl auf der Basis eigener Kollektionen als auch durch Nutzung der vorhandenen Korpora lassen sich interaktionslinguistische Fragestellungen beispielsweise zum Umgang mit Reparaturen, zur gemeinsamen Herstellung von Bedeutung und Struktur, zur temporalen Entfaltung von syntaktischen Strukturen, zum Einsatz von Partikeln, zur Rolle von Emoticons und Emojis als Kontextualisierungshinweise u.v.m. bearbeiten (s. Kap. 11.3).

4.3 | Der Umgang mit Gesprächsdaten: Transkription

Die Analyse gesprochener Sprache steht für die Interaktionale Linguistik weiterhin im Mittelpunkt des Interesses – auch wenn in letzter Zeit Analysen geschriebener Sprache hinzugekommen sind. Der Grund ist, dass gesprochene Sprache trotz der Ausweitung schriftlicher Interaktion immer noch das zentrale menschliche Kommunikationsmittel ist. Wenn man nun aber gesprochene Sprache wissenschaftlich untersuchen möchte, steht man vor einem Dilemma: Wissenschaft ist hochgradig schriftfixiert, da einerseits nur schriftliche Daten durch ihre Permanenz – anders als flüchtige gesprochene Daten – wirklich intensiv erforscht werden können, und andererseits die Forschungsergebnisse weitergegeben werden müssen, was nach wie vor vorrangig schriftlich geschieht. Absurderweise muss man daher, auch wenn man sich gerade für flüchtige Merkmale gesprochener Sprache wie die zeitliche Struktur der Syntax oder der Prosodie interessiert, Transkripte sowohl als Analysegrundlage als auch zum Teilen der Forschungsergebnisse anfertigen. Es ist allerdings sehr wichtig, dass man Transkripte als genau das betrachtet, was sie sind, nämlich *Hilfsmittel* zur Präsentation der Daten. Die Transkripte selbst sind nicht die Daten, sondern die Gesprächsaufnahmen. Natürlich kann es vorkommen, dass man sich ausschließlich mit Transkripten behelfen muss, z.B. wenn Daten in sensiblen Bereichen aufgenommen wurden, wie in einer Firma, in einem Krankenhaus etc., und daher nur die Transkripte, aber nicht die Audiodaten zugänglich gemacht werden dürfen.

Transkripte als Hilfsmittel

4.3.1 | Die Transkriptionssysteme HIAT und GAT

Zu Beginn der Erforschung gesprochener Sprache in den 1960er Jahren gab es keine allgemein verbreiteten Darstellungskonventionen für Transkripte. Da man versuchen musste, so viele typisch gesprochensprachliche Phänomene wie möglich in der Schrift darzustellen (z. B. Äußerungsabbrüche, Parallelsprechen, Tonhöhenveränderungen, Akzente, phonetische Varianz in der Aussprache etc.), konnte man nicht einfach wie z. B. bei einem Zeitungsinterview die Gespräche ›korrigieren‹ und nach schriftsprachlichen Normen umschreiben. Forschergruppen oder einzelne Forscher/innen versuchten daher, mit Hilfe von besonderen Schreibkonventionen (Sonderzeichen, andere Verwendung von Satzzeichen oder Groß- und Kleinschreibung) die Besonderheiten der gesprochenen Sprache festzuhalten. Im Laufe der Zeit entwickelten sich in Deutschland zwei Standards für das Transkribieren, einmal die »Halbinterpretativen Arbeitstranskriptionen HIAT« (Ehlich/Rehbein 1976, 1979) und einmal das »Gesprächsanalytische Transkriptionssystem GAT« (Selting et al. 1998, 2009). Auch wenn lediglich das Akronym HIAT das Wort *Interpretation* enthält, gilt für beide Systeme, dass Transkripte stets Interpretationen des Transkribenden sind und nicht neutrale Darstellungen eines Gesprächsauszugs (ausführlich zur Rolle von Transkripten Ochs 1979).

Vor- und Nachteile der Systeme: Beide Systeme haben Vor- und Nachteile: Das HIAT-System hat den Vorteil, dass es auf Grund seiner sogenannten Partiturschreibweise besser dazu geeignet ist, mit Kommentaren zu dem Gesprächstranskript umzugehen. Wenn man also beispielsweise Videodaten transkribiert und dabei parallel zu dem Text festhalten möchte, dass eine Sprecherin eine andere anblickt oder ein Sprecher mit dem Kopf schüttelt, oder wenn man verständnisstützende, interpretierende Kommentare wie »zuckt skeptisch mit den Schultern« hinzufügen möchte, lässt sich das leicht integrieren. Der Nachteil des HIAT-Systems ist, dass es gerade für Anfänger sehr komplex wirken kann und etwas mehr Eingewöhnungszeit benötigt als GAT.

GAT und HIAT Die Vorteile von GAT dagegen sind eine leichtere Erlernbarkeit, die vor allem mit der Tatsache zusammenhängt, dass man in einer Art ›Baukastensystem‹ je nach Forschungsziel zwischen einfachen (und damit schneller zu erstellenden), mittelkomplexen und hochkomplexen Transkriptstufen wählen kann (Minimaltranskript – Basistranskript – Feintranskript) wählen kann. Dies geht allerdings zu Lasten der Möglichkeit, umfangreiche Kommentare zu integrieren. Da einerseits aber das GAT-System in Deutschland von Vertreter/innen der Konversationsanalyse und der Interaktionalen Linguistik entwickelt und genutzt wird, während das HIAT-System von Vertreter/innen der Funktionalen Pragmatik stammt, und zudem das oben erwähnte, vom Institut für Deutsche Sprache aufgebaute Forschungs- und Lehrkorpus FOLK die Konventionen von GAT verwendet, wird im Folgenden HIAT nur kurz, GAT aber ausführlich vorgestellt.

Die Halbinterpretativen Arbeitstranskriptionen mit HIAT sind wie jedes Transkript immer ›nur‹ Arbeitstranskripte. Damit ist gemeint, dass kein Transkript jemals Endgültigkeit in Anspruch nehmen kann. Dies beginnt beispielsweise damit, dass man bestimmte Äußerungen nicht versteht und daher zunächst lediglich eine leere Klammer an die Stelle der Äußerung setzt, wie z. B. ( ). Wenn beim späteren Anhören oder beim Anhören durch andere Personen Teile der Äußerungen erkannt werden, können diese nachgetragen werden, wie z. B. (*hat er gesagt*). Damit zeigt man an, dass es Teile der Äußerung gibt, die man gar nicht

4.3 Der Umgang mit Gesprächsdaten: Transkription

versteht (vor *hat er* und zwischen *hat er* und *gesagt*) und Teile, bei denen man vermutet, dass man verstanden hat, was gesagt wurde (*hat er* und *gesagt*). Aber nicht nur bei solchen offensichtlichen vorläufigen Aspekten wie dem Nichtverstehen von Äußerungen ist ein Transkript (nicht nur HIAT, jedes Transkript!) immer ein Arbeitstranskript. Je nach Forschungsinteresse könnte man die Äußerungen in dem folgenden Transkript (s. Abb. 4.1) um Informationen über Akzente, Tonhöhenverläufe, parallele Gestik, Stimmqualität, Mikropausen etc. erweitern:

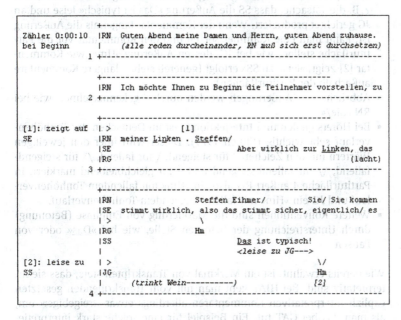

Abb. 4.1:
Beispiel für ein
HIAT-Transkript
(aus Knöbl/Steiger 2006: 2)

Partiturschreibweise: Was sofort ins Auge fällt, sind die ›Kästen‹. Diese Kästen nennt man Partiturzeilen, die Art der Notation nennt man Partitur-Schreibweise, ein Verfahren, das aus der Musik entlehnt wurde. Dort wurden Partituren entwickelt, um das Zusammenspiel von vielen Musikinstrumenten zur gleichen Zeit notieren zu können. Ähnlich muss man in der gesprochenen Sprache viele Gesprächsteilnehmer/innen sowie vielleicht zum Verbalen parallellaufende non-verbale Aktivitäten und erläuternde Kommentare zum Geschehen notieren. Wie oben erwähnt, wird der Vorteil, viele parallele Informationen kodieren zu können, allerdings durch ein komplexes Lesen erkauft: Man muss HIAT-Transkripte immer erst von links nach rechts (zeitlicher Äußerungsablauf) und danach von oben nach unten (und das Ganze mehrmals) lesen, um die parallel stattfindenden Äußerungen (bzw. die Kommentare zu Äußerungen) zu erfassen. Exemplarisch sollen an Partiturfläche 4 (die unterste der insgesamt vier ›geklammerten‹ Flächen) einige der Merkmale erläutert werden, die zum Lesen und Verstehen von HIAT notwendig sind:

- Sprecher/innen erhalten Siglen (Abkürzungen). Normalerweise steht der Sprecher, der dominant ist oder am meisten redet, an erster Stelle (hier RN).

Merkmale von HIAT

- Simultansprechen wird durch die übereinanderstehenden Zeilen deutlich. In Partiturfläche 4 überlappen z. B. RN und SE mit den Äußerungen »Steffen Eihmer« und »also das stimmt«, darüber hinaus produziert auch noch RG das Hörersignal »Hm« am Anfang der beiden erstgenannten Äußerungen, und ab der Mitte beginnt SS mit »Das ist typisch!«.
- Wenn nötig, können in kursiver Schrift jeweils in der Zeile direkt unter den Sprecher/innen dazugehörige Kommentare gesetzt werden, wie z. B. die Tatsache, dass SS die Äußerung »Das ist typisch« leise und an JG gerichtet produziert. Wenn der Kommentar länger als die Äußerung ist, kann man eine Klammer setzen und den Kommentar vor die Partiturfläche stellen, wie bei JG, dessen Äußerung »Hm«, wie Kommentar [2] zeigt, »leise zu SS« erfolgt (generell stehen längere Kommentare außerhalb der Partiturflächen).
- Abbrüche von Äußerungen werden durch / gekennzeichnet, wie bei RN »Sie/«.
- Bei Hörersignalen und Interjektionen ist im Deutschen der Tonhöhenverlauf sehr wichtig (Ehlich 1979). Dieser wird über den jeweiligen Wörtern mit den Zeichen / für steigend, \ für fallend, /\ für steigend-fallend, \/ für fallend-steigend und – für gleichbleibend markiert. In Partiturfläche 4 äußert RG also ein »Hm« mit fallendem Tonhöhenverlauf und JG ein »Hm« mit fallend-steigendem Tonhöhenverlauf.
- Weitere Konventionen sind die Markierung von Emphase (Betonung) durch Unterstreichung der betonten Stelle, wie bei »Das« oder von Pausen.

Wie bereits erwähnt, ist ein Merkmal von Transkripten stets, dass sie interpretativ sind. Bei HIAT geht man mit vom Transkribenden gesetzten explizit interpretativen Kommentaren allerdings etwas ›freigebiger‹ um, als man das bei GAT tut. Ein Beispiel für eine solche stark interpretierende Äußerung in Abbildung 4.1 ist »RN muss sich erst durchsetzen« in Feld 1. Das Wort »durchsetzen« ist insofern stark interpretativ aufgeladen, als es einen Kampf um das Rederecht und die Versuche durch RN, das Rederecht zu behaupten, suggeriert. Auch die Tatsache, dass deutlich wahrnehmbare umgangssprachliche oder dialektale Strukturen (wie z. B. *nen* statt *einen, kannste* statt *kannst du* etc.) meistens transkribiert werden, ist insofern interpretativ, weil man dabei Grenzen ziehen muss. Hier entscheidet der Transkribend jeweils, was er oder sie für auffällig genug hält, es zu transkribieren. Das kann dazu führen, dass Transkribenden auch mal Dinge überhören können, die für sie nicht auffällig wirken, für einen Transkribenden aus einer anderen Region aber sehr deutlich wahrnehmbar sind: Sprecher/innen aus manchen norddeutschen Regionen nehmen z. B. selbst gar nicht wahr, dass sie *Ferd, Firsich* oder *Flaume* statt *Pferd, Pfirsich* oder *Pflaume* sagen. Süddeutschen fällt das dagegen sofort auf (s. Kap. 10.3).

Das **Gesprächsanalytische Transkriptionssystem GAT** wird seit den 1990er Jahren von einer Forschergruppe (weiter)entwickelt. Die erste Version wurde von Selting et al. im Jahr 1999 veröffentlicht. Nachdem sich GAT nicht nur in der Linguistik, sondern auch in mit Gesprächsdaten ar-

4.3

Der Umgang mit Gesprächsdaten: Transkription

beitenden Nachbarwissenschaften wie der Soziologie, der Psychologie oder der Kommunikationswissenschaft schnell verbreitete, wurde im Jahr 2009 eine überarbeitete und optimierte Version (GAT 2) veröffentlicht (Selting et al. 2009), auf die sich die folgende Darstellung bezieht (http://www.gespraechsforschung-online.de/fileadmin/dateien/heft2009/px-gat2.pdf).

Das GAT-System ist darauf ausgelegt, dass man Transkripte für alle denkbaren Forschungszwecke erstellen kann. Aus diesem Grund orientiert sich das System an folgenden Prinzipien (Selting et al. 2009: 356–257):

- **Ausbaubarkeit und Verfeinerbarkeit der Notation (»Zwiebelprinzip«):** Das bedeutet, dass man von einfachen (und entsprechend schnell zu erstellenden) zu komplexeren, detailreicheren Transkriptversionen ›aufstocken‹ kann. Je nach Forschungsinteresse wählt man detailreichere oder detailärmere Darstellungen.

- **Lesbarkeit:** GAT-Transkripte sollen auch für Neueinsteiger oder Nicht-Linguisten gut lesbar bleiben. Daher wird sowohl auf komplexe Formatierungen (wie bei der Partiturdarstellung von HIAT), die den Lesefluss hemmen können, als auch beispielsweise auf den Einsatz phonetischer Umschrift verzichtet (bei phonetischen Fragestellungen kann die phonetische Umschrift allerdings im Feintranskript hinzugefügt werden).

- **Eindeutigkeit:** Es gibt ein Inventar von Zeichen, mit denen Merkmale wie Tonhöhenverlauf, Akzent, Pausen etc. eindeutig festgelegt werden.

- **Formbezogene Parametrisierung:** Dieser Aspekt ist besonders wichtig. Es wird so weit wie möglich versucht, mit individuellen Wertungen verbundene Begriffe zu vermeiden. Anstatt beispielsweise eine Äußerung als »skeptisch« oder »aggressiv« oder »schüchtern« zu bezeichnen, sollen die sprachlichen Aspekte, die diese Interpretation auslösen, notiert werden (z. B. »leise«, »rhythmisches Sprechen«, »gepresste Stimme« etc.).

Konkret bedeutet die Umsetzung des ersten Prinzips in die Konventionen von GAT, dass es drei Hauptstufen von Transkripten gibt. Die erste Stufe ist das Minimaltranskript.

Minimaltranskripte sind bestenfalls für Inhaltsanalysen geeignet, nicht aber für Analysen, die die sprachliche Struktur in den Vordergrund stellen. Minimaltranskripte sind daher meist Vorversionen von später genauer zu transkribierenden Gesprächen. Bei einem Minimaltranskript werden die Äußerungen im Wortlaut transkribiert. Es wird durchgängig Kleinschreibung verwendet, da Großschreibung in GAT Akzente markiert. Neben dem Wortlaut werden auch Pausen, Überlappungen, Atmen und Lachen notiert. Es können außerdem relevante nonverbale Aspekte (wie z. B. Kopfschütteln oder der Hinweis, dass jemand gerade die Tür zugeschlagen hat etc.) erfasst werden. Grundlegende Einheit der Transkription sind sogenannten Intonationsphrasen – prosodische bestimmte Segmente im Redefluss. Nach jedem Segment wird eine neue Zeile begonnen. Vor dem Transkripttext steht das jeweilige Sprecherkürzel (wenn ein

Prinzipien von GAT

Minimaltranskript

Sprecher mehrere Segmente produziert, wird das Sprecherkürzel nicht wiederholt). Ein typisches Minimaltranskript sieht wie folgt aus (Text entnommen aus Selting 2009 et al.: 259):

Beispiel 1: Minimaltranskript I

```
01  INT:   und wann haben sie dann das letzte mal dieses
02  problem gehabt
03  ERZ:   na ja
04         äh tja
05         (0.35)
06         das war vielleicht so
07         ich mein
08         wollen sie jetzt wirklich
09         wenn sie es
10         genau wissen wollen
11         (0.50)
```

Um Platz zu sparen, kann man bei großen Textmengen auch die Segmente durch vertikale Striche abgrenzen und dann die Zeilen einfach durchnummerieren, wie in dem folgenden Beispiel aus Selting et al. (2009: 259):

Beispiel 2: Minimaltranskript II

```
01  INT:  und wann haben sie dann das letzte mal dieses
02  problem gehabt |
03  ERZ:  na ja | äh tja | (0.35) | das war vielleicht so |
04  ich mein | wollen sie jetzt wirklich | wenn sie es |
05  genau wissen wollen | (0.50) | ich würd so sagen
06  vielleicht | lassen sie mich mal nachdenken | (1.23) |
07  vielleicht so vor dreizehn monaten | oder so |
```

Minimaltranskripte verwendet man vor allem dann, wenn man große Datenmengen verschriftlichen möchte, ohne bereits eine konkrete Fragestellung zu haben. Für linguistische Untersuchungen relevant sind im Normalfall nur die beiden detailreicheren Stufen, das Basistranskript und das Feintranskript. Meist verwendet man in der Linguistik das Basistranskript, das nach Bedarf stellenweise zu einem Feintranskript ausgebaut werden kann. Feintranskripte sind vor allem für phonetische und prosodische Untersuchungen wichtig.

Basistranskript   **Bei einem Basistranskript** werden die Informationen des Minimaltranskripts um die für das Verständnis gesprochener Sprache extrem wichtigen prosodischen Informationen erweitert. Die Prosodie (Akzente, Tonhöhenverläufe etc.) liefert zum Teil grundlegende Informationen, die überhaupt erst die semantische Struktur von Äußerungen erkennen lassen (ein unmittelbar einleuchtendes Beispiel für die Rolle von Akzenten ist das Verb *umfahren*, das bei Betonung auf der ersten bzw. der zweiten Silbe jeweils eine andere Bedeutungen erhält) oder die als pragmatische Verstehensanweisungen dienen (eine Äußerung mit einer stark steigenden Tonhöhe kann beispielsweise als Frage verstanden werden, auch wenn ein Aussagesatz verwendet wird). Im Basistranskript wird also das im Minimaltranskript noch relativ vage definierte Konzept *Segment* zu dem der Intonationsphrase ausgebaut, die die Notation der Tonhöhenbewegung am Einheitenende und mindestens eines Hauptakzents erfordert. Des Weiteren werden im Basistranskript auch schnelle Anschlüsse beim Sprechen, Äußerungsabbrüche und interpretierende Kommentare notiert.

Das Feintranskript bietet schließlich eine noch feinere Transkription der prosodischen Merkmale an, es wird nicht nur der Hauptakzent, sondern auch Nebenakzente sowie Tonhöhenbewegungen auf Akzentsilben oder Veränderungen in der Sprechgeschwindigkeit notiert. Zudem können im Feintranskript auch Gesten notiert werden.

Feintranskript

Zwiebelprinzip: Auch wenn die drei Transkriptstufen – Minimaltranskript, Basistranskript und Feintranskript – eine klare Trennung suggerieren, ist dies nicht so gemeint. Das oben angesprochene Zwiebelprinzip bedeutet, dass man beispielsweise ein Basistranskript anfertigen kann, das lediglich um Informationen zum Rhythmus aus dem Bereich des Feintranskripts ergänzt wird, d. h. man kann sich je nach Bedarf aus den Konventionen des Feintranskripts bedienen. Vollständige Transkripte in Feintranskription sind sehr zeitaufwändig und werden daher selten angefertigt. Normalerweise erstellt man beispielsweise ein Gesprächstranskript zunächst in Form eines Basistranskripts und wählt dann, wenn man nun eine Untersuchung rhythmischen Sprechens vornehmen möchte, Auszüge aus dem Gespräch aus, die nach den Vorgaben des Feintranskripts detailliert werden. Im Folgenden soll nun Schritt für Schritt erläutert werden, wie man ein Basistranskript erstellt (mit einigen Ausblicken auf die Konventionen für Feintranskripte).

4.3.2 | Transkribieren: eine Einführung

Als begleitende Einführung bieten sich für alle diejenigen, die selbst vor der Aufgabe stehen, ein Transkript zu erstellen, das Online-Tutorial zum Transkribieren von Gesprächsdaten »GAT-TO« (http://paul.igl.uni-freiburg.de/gat-to) sowie weiterführend die Einführung *Gespräche Analysieren* von Deppermann (2001) an.

4.3.2.1 | Der erste Schritt: Der Transkriptkopf

Der Transkriptkopf umfasst Hintergrunddaten zu der Aufnahme. Grundsätzlich gilt: Je mehr Daten man zur Verfügung hat, desto vielfältiger lassen sich die Gesprächsdaten für unterschiedliche Fragestellungen nutzen. In jedem Fall müssen die folgenden Informationen festgehalten werden:

- Wer hat die Aufnahme gemacht?
- War die Aufnahme Teil eines größeren Projekts oder stammt sie aus einer Datenbank?
- Ist die Aufnahme Teil einer größeren Serie (z. B. bei Radio- oder Fernsehsendungen)?

Informationen im Transkriptkopf

Interaktionale Linguistik: Methode und Umgang mit Daten

- Welcher Ausschnitt aus der Aufnahme wurde transkribiert (Anfangs- und Endzeitpunkt in Minuten und Sekunden)?
- Informationen über die Sprecherinnen und Sprecher (Rollen, Alter, Region, Geschlecht, Herkunft, Sprachbiographie etc.). Auch hier gilt wieder: Je mehr Informationen, desto besser.
- Kurzbeschreibung des Inhalts des Gesprächs.
- Kommentare zum Transkript (hier können z. B. zum Verständnis notwendige Hintergrundinformationen gegeben werden oder auch Erläuterungen, wenn beispielsweise aus Gründen des Persönlichkeitsschutzes ein Teil des Gesprächs nicht transkribiert werden konnte etc.).

Ein (zum Teil von uns fingierter!) Transkriptkopf zu dem in der Einleitung diskutierten Reklamationsgespräch »Rohrbruch« könnte beispielsweise so aussehen:

Beispiel

Transkriptkopf: »Rohrbruch«
Name des Gesprächs: Reklamation bei den Stadtwerken
Herkunft der Aufnahme: Privataufnahme: Becker-Mrotzek/Brünner
Art der Aufnahme: Mitschnitt eines Telefonats auf Kassette
Kontext der Aufnahme: Forschungsprojekt zu Wirtschaftskommunikation (Aufnahmen in unterschiedlichen Kontexten)
Aufnahmetag und Ort: 2. Februar 1997; Ort pseudonymisiert.
Dauer der gesamten Aufnahme: 3:35
Dauer des transkribierten Gesprächsausschnitts: von 0:00 bis 3:35
Namen (und Funktionen) der Gesprächsteilnehmer: M = Mitarbeiter der Stadtwerke (Störungsannahme), K = Kunde. Alle Namen wurden pseudonymisiert.
Kurzbeschreibung des Transkripts: Ein Anrufer aus einem ›vornehmen‹ Vorort der Stadt X ruft bei der Störungsstelle der Stadtwerke an, weil er nach einem Rohrbruch seit Stunden kein Wasser mehr hat. Er beklagt sich über die Arbeiter, die seiner Meinung nach nicht arbeiten, sondern sich nur ausruhen und über die Stadtwerke, die die ›vornehmen‹ Vororte bevorzugt behandeln müssten. Das Gespräch eskaliert, da der Mitarbeiter der Stadtwerke beide Anschuldigungen zurückweist.
Anmerkungen: Regionale Einflüsse bei den Sprechern sind feststellbar (im weitesten Sinne Region Ruhrgebiet). Verweise auf Ortsnamen wurden verändert (*Villenberg, Arbeiterstadt* statt der Originalnamen). Die Begriffe wurden gewählt, da die beiden Vororte jeweils als ›vornehmer‹ Vorort und als Arbeiterbezirk gelten.

```
01 K:  JA.

02     MEIer.

03     guten MORgen [(           ).]

04 M:                [ guten MORgen.]

(etc.)
```

4.3.2.2 | Der zweite Schritt: Einrichten des Dokuments

Hat man den Transkriptkopf erstellt, kann man mit dem eigentlichen Transkribieren beginnen. Wir verwenden dazu das von Selting et al. (2009) bereitgestellte Audiofile eines Alltagsgesprächs mit dem Titel »der widerliche Kerl«, das unter der Adresse http://agd.ids-mannheim.de/gat.shtml heruntergeladen werden kann. Wer möchte, kann an diesem Ausschnitt versuchen, selbst ein Transkript zu erstellen. Sofern man nicht mit einem speziellen Computerprogramm, einem Transkriptionseditor (s. Kap. 4.4.1), arbeitet, sondern das Transkript als Textdokument (z. B. mit Word) erstellen möchte, sind folgende Voreinstellungen notwendig:

Schriftart Courier New: GAT-Transkripte werden immer in der Schriftart Courier New (normalerweise in der Größe 10 Punkt) angefertigt, weil Courier New eine äquidistante Schrift ist, d. h. jeder Buchstabe gleich breit ist (s. Abb. 4.2). Das ist wichtig, weil Überlappungen dadurch gekennzeichnet werden, dass man eckige Klammern exakt übereinander platziert. Mit einer Schrift wie Times New Roman, bei der ein *i* viel schmaler ist als ein *m* (man Vergleiche dagegen *i* und *m* in Courier!) ›verrutschen‹ die Klammern.

Abb. 4.2: Unterschied zwischen einer nicht äquidistanten (oben) und einer äquidistanten Schrift (unten)

Leertaste statt Tabulator: Aus dem gleichen Grund darf man innerhalb des Transkripttextes nie mit dem Tabulator arbeiten, sondern ausschließlich mit der Leertaste. Um eine Darstellung wie im folgenden Beispiel zu erhalten, muss man also zunächst die Zeilennummer 75 tippen, danach zwei Leerzeichen, dann die Sprechersigle S2:, dann wieder zwei Leerzeichen und dann den Transkriptionstext eingeben. In der zweiten Zeile zunächst das Gleiche, dann aber so oft die Leertaste drücken, bis das mit [ch;] überlappende Rückmeldesignal [hm,] passend unter diesem platziert ist.

```
75   S2:   GANZ neues LEben wahrscheinli[ch;]  ne,
76   S1:                                 [hm,]
```

Die einzige Ausnahme von der *kein Tabulator*-Regel kann in dem Bereich vor dem Transkripttext gemacht werden. Anstatt nach der Zeilennummer 75 drei Leerzeichen zu setzen, kann man hier auch den Tabulator betätigen, dann S2: tippen und erneut den Tabulator drücken, gleiches gilt dann für alle folgenden Zeilen. Das ist deshalb möglich, weil alle Transkriptzeilen, die den eigentlichen Transkripttext enthalten, dann immer noch exakt an derselben Stelle, nämlich nach der zweiten Tabulatorposition, anfangen. Der Vorteil besteht darin, dass man mit Hilfe der Veränderung der Tabulatorposition das Transkript dann leichter unterschiedlichen Seitenformaten anpassen kann, wenn man es veröffentlichen will.

Der Zeilenabstand beträgt entweder »einfach« oder »1,5«.

Autokorrektur und Worttrennung: Wörter dürfen nicht getrennt werden. Wenn am Zeilenende nicht genug Platz ist, muss das gesamte Wort in die nächste Zeile geschrieben werden. Am besten ist es, die Autokorrektur von Word auszuschalten. Dies verhindert auch, dass Wörter ungewollt mit großem Anfangsbuchstaben geschrieben werden. Die Regel lautet: Kleinschreibung. Großschreibung ist nur für Akzente vorbehalten.

Die Zeilennummern bezeichnen die Segmente, d. h. meist sog. Intonationsphrasen (s. u.). Daher muss in jedem Fall die automatische Zeilennummerierung abgeschaltet werden. Wenn eine Intonationsphrase so lang ist, dass eine neue Zeile notwendig wird, darf daher auch keine neue Zeilennummer gesetzt werden, wie im folgenden Beispiel: Das Wort »NACHbarn« passte nicht mehr in die Zeile, daher wurde es in die nächste Zeile, ohne eigene Zeilennummer, gesetzt. Dadurch zeigt man an, dass die Äußerung »n besonders GUtes beispiel das warn mal unsere NACHbarn« eine einzige Intonationsphrase ist:

```
11  S2:   n besonders GUtes beispiel das warn mal unsere
          NACHbarn.
```

Verweise auf Beispiele: Wenn man ein Transkript in einer wissenschaftlichen Arbeit verwendet, ist es oft sinnvoll, dass man den Leser/innen beim Auffinden des Phänomens hilft, das man gerade analysiert. Hier können Pfeile verwendet werden. Der GAT-Vorschlag ist, einen Pfeil vor die Zeile zu stellen, die das Element enthält:

```
  29  S2:   un wenn da: einmal: jemand zum abschied geHUPT
            hat,
  30         da war der in NULL komma nix draußen;
→ 31         und hat da RUMgeschrien;=
  32         =ich hol die poliZEI: und [so-]
  33  S1:                             [das] GIBS doch wohl
            nich.
```

Auch wenn diese Art der Kennzeichnung den GAT-Konventionen entspricht, hat sie den Nachteil, dass dadurch sehr viel Platz verschenkt wird. Eine platzsparende Alternative besteht darin, den Pfeil nach den Sprechersiglen einzufügen:

```
29  S2:   un wenn da: einmal: jemand zum abschied geHUPT
          hat,
30         da war der in NULL komma nix draußen;
31    →    und hat da RUMgeschrien;=
32         =ich hol die poliZEI: und [so-]
33  S1:                             [das] GIBS doch wohl
          nich.
```

4.3.2.3 | Der dritte Schritt: Transkribieren

Nun kann es losgehen: Als Audiowiedergabegerät kann im Prinzip jedes beliebige Programm verwendet werden, wobei der Vorteil von etwas professionelleren Programmen in der Bereitstellung von Funktionen wie dem wiederholten Abspielen (*Loopen*), Schnittmöglichkeiten, dem exakten

4.3
Der Umgang mit Gesprächsdaten: Transkription

Darstellen der Pausen etc. besteht. Als einfach zu bedienende gute Freeware ist das Programm Audacity zu empfehlen. Für den Einstieg reicht aber ein beliebiger Audioplayer aus. Zunächst hört man sich das ganze Gespräch einmal an, um einen Eindruck von den Themen und der Sprechgeschwindigkeit der am Gespräch Beteiligten zu bekommen. Sodann beginnt man, die Äußerungen inklusive der Pausen, Zögerungssignale, Ein- und Ausatmen etc. zu transkribieren.

Intonationsphrasen als grundlegende Ordnungseinheit: Dabei müssen wir eine Aufteilung des Gesprochenen in Segmente vornehmen. Ein Segment besteht in den meisten Fällen aus einer Intonationsphrase, kann aber auch aus einer Intonationsphrase mit ihr zugehörigen prosodisch unselbstständigen Elementen (Vorlauf- und Nachlaufelementen), einem Fragment einer Intonationsphrase (z. B. im Falle eines Abbruchs), einer Pause oder einer nonverbalen Handlung (z. B. Kopfschütteln) bestehen.

Intonations-
phrasen

Wenn wir zunächst den Wortlaut notieren, erhalten wir für S1 folgende Äußerung:

```
S1:   ja die vierziger generation so das is wahnsinnig viele
      die sich da ham scheiden lassen oder scheiden lassen
      überhaupt
```

Darüber hinaus können wir hören, dass S2 während der Äußerung an zwei Stellen ein Rückmeldesignal liefert, einmal ein »ja« und einmal ein »hm«. In die Konventionen des Basistranskripts gebracht, würde man als ersten Schritt die Segmente feststellen und die Äußerungen entsprechend mit Zeilennummern und Siglen versehen:

```
01  S1:   ja die vierziger generation so
02        das is wahnsinnig viele die sich da ham [schei]den
03  S2:                                           [ja    ]
    S1:   lasse[n ]
04  S2:        [hm]
05  S1:   oder scheiden lassen überhaupt
```

In dieser Darstellung haben wir nun folgende Informationen kodiert: Wir haben dargestellt, dass die Äußerung »die vierziger generation so« prosodisch als eine Einheit, eine Intonationsphrase, erscheint. Daher erhält sie mit Zeile 01 ein eigenes Segment. Wir stellen ebenfalls dar, dass das »ja« zu Beginn nicht prosodisch, semantisch und syntaktisch selbstständig ist (also z. B. kein Antwort-*ja* ist), sondern als Vorlaufelement, als eine Art Startsignal, zu der Folgeäußerung hinzugehört.

Die zweite Intonationsphrase ist »das is wahnsinnig viele die sich da ham scheiden lassen« von Sprecherin S1. Auch hier handelt es sich wieder um ein einziges Segment. Weil der Platz in Zeile 02 jedoch nicht ausreicht (eine rein formatierungstechnische Angelegenheit), müssen wir eine weitere Zeile verwenden. Diese erhält natürlich keine eigene Zeilennummer, weil das ja bedeuten würde, dass eine neue Intonationsphrase beginnen würde, sondern lediglich die Sprechersigle S1, damit man »lasse[n]« korrekt zuordnen kann. Die dritte Intonationsphrase ist »oder

91

scheiden lassen überhaupt« in Zeile 05. Was man hier bereits gut sehen kann, ist die Tatsache, dass die für GAT relevante und typische Kerneinheit, die Intonationsphrase, nicht mit dem zusammenfällt, was man normgrammatisch als Satz bezeichnet. Gerade für Transkriptionsneulinge ist es sehr schwer, sich an das ›Heraushören‹ von Intonationsphrasen zu gewöhnen, doch auch geübte Transkribend/innen müssen einen Ausschnitt viele Male anhören (und ändern oft, wenn sie den Ausschnitt Tage später erneut hören, nochmals die Intonationsphrasen).

Transkriptionseditor

Abweichende Formatierung: Wird eine Transkription mit einem Transkriptionseditor erstellt, ergibt sich das beschriebene Problem bei der Darstellung von Überlappungen bei Zeilenumbruch zunächst nicht. Die Eingabe des Transkriptionstextes in die Programmoberfläche eines Editors ist losgelöst von der Formatierung einer Druckseite. Ein mit einem Editor erstelltes Transkript muss aber natürlich zwecks Verwendung in einer Hausarbeit oder einer Publikation auf einer Druckseite platziert werden. Die gewöhnliche Ausgabe aus dem unten eingeführten Partitur Editor ergibt folgende Darstellung, die durchaus auch beibehalten werden kann und in dieser Form auch in Publikationen zu finden ist.

```
01  S1:   ja die vierziger generation so
02        das is wahnsinnig viele die sich da ham [schei]den
          lasse[n ]
03  S2:                                      [ja  ]
04           [hm]
05  S1:   oder scheiden lassen überhaupt
```

Datensitzungen

Datensitzungen: Aufgrund der Tatsache, dass man sich das wissenschaftliche Hören erst antrainieren muss, empfiehlt es sich, in Gruppen zu transkribieren und die Entscheidungen zu diskutieren. Dies ist eine in der Konversationsanalyse und Interaktionalen Linguistik weit verbreitete Methode, die sich in sogenannten Datensitzungen manifestiert, in denen gemeinsam über die Interpretation der Daten und die Angemessenheit der Transkripte diskutiert wird. Besonders schwer fällt oft die Entscheidung, ob man Ausdrücke wie das »ja« am Anfang von Zeile 01 als eigenes Segment oder als Vorlaufelement notiert. Hier gibt es nicht den einen richtigen Weg, man muss sich für die plausibelste Notation entscheiden.

Notieren von Überlappungen: Schließlich werden die beiden Hörersignale von S2 notiert. Sie bilden jeweils eigene Intonationsphrasen, wenn auch naturgemäß sehr kurze. Beide wurden in Überlappung zu S1 geäußert. Überlappungen werden dadurch notiert, dass man die jeweils überlappenden Einheiten in exakt untereinander platzierten eckigen Klammern (die öffnende Klammer zeigt den Beginn, die schließende das Ende der Überlappung an) schreibt. Wenn die Buchstabenanzahl abweicht, behilft man sich mit Leerzeichen, wie in Zeile 03.

Notation prosodischer Merkmale: Der nächste Schritt in der Transkription besteht darin, die jeweilige Tonhöhenbewegung am Ende der Intonationsphrase sowie den Fokusakzent zu notieren. Wie schon erwähnt, verlaufen Intonationsphrasen zwar durchaus in vielen Fällen parallel zur Syntax, sind aber eigenständig und können daher entsprechend auch von

Der Umgang mit Gesprächsdaten: Transkription

4.3

den Sprecher/innen genutzt werden, um inhaltliche, pragmatische oder stilistische Funktionen zu erfüllen: Ich kann zum Beispiel die satzförmige Äußerung *Sie war gestern im Kino mit ihrem Exfreund und seiner neuen Freundin.* in einer Intonationsphrase produzieren und somit als eine inhaltliche Einheit markieren. Oder ich kann zwei prosodische Einheiten daraus machen (*Sie war gestern im Kino. Mit ihrem Exfreund und seiner neuen Freundin.*) und so den zweiten Teil als ›Pointe‹, ›überraschende Information‹ oder ›Skandal‹ markieren.

Tonhöhenbewegung: Wenn wir nun Intonationsphrasen bestimmen, dann orientieren wir uns an dem Tonhöhenverlauf, denn eine Intonationsphrase wird »durch einen als kohäsiv wahrgenommenen Tonhöhenverlauf als eine zusammenhängende Einheit gestaltet« (Selting et al. 2009: 370). Von besonderer Bedeutung ist dabei das Ende einer Intonationsphrase: Die Tonhöhenbewegung am Einheitenende wird auch als finale Tonhöhenbewegung bezeichnet. Die Art der finalen Tonhöhenbewegung ist von interaktiver Bedeutung. So signalisiert eine final gleichbleibende Intonation z. B. häufig so etwas wie Unabgeschlossenheit, eine fallende Tonbewegung Abgeschlossenheit.

Intonation und Gesprächsorganisation: Die Erfassung und Bestimmung finaler Tonhöhenbewegungen sowie eine entsprechende Notation im Transkript ist daher eine entscheidende Grundlage für die Analyse von Aspekten der Gesprächsorganisation. Im Zusammenspiel mit der auf der letzten Akzentsilbe (dem sogennanten Nukleusakzent) realisierten Tonhöhenbewegung, bildet, also die Tonbewegung auf der letzten Silbe (unabhängig vom Grad der Akzentuierung) die nukleare Kontur eine Intonationsphrase (s. Kap. 7.2.3). Diese ist vor allem für die Unterscheidung unterschiedlicher ›Lesarten‹ (z. B. Frage vs. Aussage) von Bedeutung.

Um die Art der Tonhöhenbewegung zu bestimmen, achtet man auf den Tonhöhenverlauf ausgehend von dem Nukleusakzent einer Intonationsphrase bis zum Phrasenende. Für die Bestimmung der finalen Tonhöhenbewegung ist aber nur die allerletzte Tonhöhenbewegung entscheidend (s. Kap. 7.2.2). In dem Beispiel fällt in Zeile 01 die Tonhöhe am Phrasenende leicht ab, in den Zeilen 03 und 05 fällt sie stark. Auch solche Unterschiede sollten erfasst werden. Für die Markierung finaler Tonhöhenbewegungen stehen daher insgesamt fünf Zeichen zur Verfügung:

Finale Tonhöhenbewegung

? markiert eine hoch steigende,
, eine leicht steigende,
– eine gleichbleibende,
; eine leicht fallende und
. eine tief fallende Tonhöhenbewegung.

Der Fokusakzent ist neben der finalen Tonhöhenbewegung das zweite zentrale Merkmal einer Intonationsphrase. Jede Intonationsphrase weist mindestens einen Fokusakzent auf. Der Fokusakzent liegt auf der Silbe, die wir im Vergleich zu allen anderen Silben innerhalb einer Intonationsphrase als am deutlichsten betont wahrnehmen. Die Wahrnehmung der Betonung basiert im Normalfall auf einer Tonhöhenbewegung (s. Kap. 7.2.3). Mit der Position des Fokus sind in der Regel semantisch-pragmatische Funktionen verbunden. Vor allem wird mit dem Fokusakzent die Einheit in einer Äußerung hervorgehoben, die semantisch-pragmatisch die relevanteste ist. Je nachdem, welches Wort ich in der Äußerung *Sie war gestern mit ihrem Exfreund im Kino.* betone, kann ich anzeigen, dass ich dachte, dass jemand anderer die Begleitung war (wenn ich das *Ex* in *Exfreund* betone), dass ich von dem Plan wusste, aber nicht dachte, dass sie ihn schon umsetzt hat (wenn ich *war* betone), dass ich dachte, dass es zu einem anderen Zeitpunkt stattgefunden hat (wenn ich die erste Silbe von *gestern* betone) etc. Um herauszufinden, welche Silbe den Fokus trägt, kann man – wie im angeführten Beispiele – verschiedene Akzentpositionen durchprobieren und überprüfen, welche Version eine Fassung liefert, deren Interpretation mit dem ›Original‹ übereinstimmt. Die Silbe, die den Fokus trägt, wird im Transkript durch Großschreibung der betreffenden Schreibsilbe ausgezeichnet (Achtung: Dies betrifft auch klitisierte Strukturen, wenn sie eine Silbe bilden. Wenn jemand sich empört mit *Geht's noch?* beschwert, würde man dies in GAT wie folgt transkribieren: »GEHT_S noch?«).

Wenn wir unser Beispieltranskript um die Markierung der finalen Tonhöhenbewegungen und Fokusakzente erweitern, erhalten wir folgendes Bild:

```
01  S1:  ja; die VIERziger generation so;
02       das is WAHNsinnig viele die sich da ham [SCHEI]den
03  S2:                                          [ja;  ]
    S1:  lasse[n. ]
04  S2:       [hm,]
05  S1:  oder scheiden lassen überhaupt.
```

Hilfestellung für Anfänger: Für Anfänger/innen kann man als Faustregel bei der Erstellung von Basistranskripten festhalten, dass man mindestens einen Fokusakzent pro Intonationsphrase markieren sollte. Es kann aber – wie auch im angeführten Beispiel direkt in Zeile 02 – dazu kommen, dass eine Einheit mehr als einen Fokus trägt. Im Falle eines Abbruchs kommt es hingegen häufig dazu, dass noch keine Hauptbetonung realisiert wurde. In entsprechenden Fällen ist selbstverständlich auch keine Akzentmarkierung vorzunehmen. Eine weitere Sonderregel gilt für einsilbige Intonationsphrasen, wie in Zeile 04: Hier muss im Grunde keine Akzentmarkierung vorgenommen werden. Wenn wir davon ausgehen, dass jede Intonationsphrase mindestens eine Hauptbetonung aufweist, kann diese nur auf der einen Silbe liegen, aus der die betreffende Intonationsphrase besteht. Die Transkriptionspraxis variiert jedoch. Manche Autorinnen nehmen dennoch eine Auszeichnung vor, um die Konsistenz der Symbolisierung (Großschreibung = betont) zu bewahren. Bei zwei- oder mehrsilbigen Intonationsphrasen ist eine Akzentmarkierung aber immer notwendig.

Andere Akzenttypen: Manchmal kommt es – wie bereits angesprochen – vor, dass man zwei besonders auffällige Akzente in einer Intonationsphrase hat, die beide markiert werden sollen. Dies ist in Zeile 02 der Fall: Die Silbe »WAHN« ist zudem durch einen abrupten Anstieg im Tonhöhenverlauf, eine Dehnung und erhöhte Lautstärke besonders stark hervorgehoben. Eine solche stark exponierte Akzentuierung kann durch das

Setzen eines Ausrufezeichens vor und nach der entsprechenden Silbe zusätzlich markiert werden. Wenn eine Äußerung zwei Fokusakzente hat, erfüllen diese oft unterschiedliche Funktionen. In der Äußerung »das is !WAHN!sinnig viele die sich da ham SCHEIden lassen« markiert der starke Akzent auf »!WAHN!« die persönliche Einstellung und unterstreicht die emphatische Wirkung von »!WAHN!sinnig«, während der schwächere Akzent auf »SCHEIden« inhaltlich orientiert ist und die zentrale Information der Äußerung markiert. Eine dritte Möglichkeit, mehr als einen Akzent zu notieren, ist bei der Erstellung eines Basistranskripts normalerweise nicht vorgesehen, sondern Teil der Feintranskription.

Manchmal möchte man aber auch im Basistranskript Akzente markieren, die schwächer als der Fokusakzent sind, die sogenannten Nebenakzente. Dies kann man machen, indem man nur den (ersten) Vokalbuchstaben der betonten Silbe großschreibt. Würde man z. B. angeben wollen, dass die erste Silbe von »viele« einen Nebenakzent trägt, würde man »vIele« schreiben. Würde man einen Nebenakzent auf die erste Silbe von »lassen« setzen, käme »lAssen« heraus.

Nebenakzent

Akzentuierung und Wortbetonung: Zum Abschluss der Diskussion der Akzente noch ein Hinweis: In den meisten Fällen liegen die Akzente auf der Silbe, die auch für die Wortbetonung zuständig ist (»WAHNsinnig«; »VIEle«; »SCHEIden«; »LASsen«). Dennoch kann es ab und zu vorkommen (oft im Kontext von Kontrastmarkierung), dass eine andere Silbe betont ist. Bei dem Wort »wahnsinnig« wäre eine zweite mögliche, wenn auch unwahrscheinlichere Betonung »wahnSINnig«. Sehr unwahrscheinlich wäre dagegen »wahnsinNIG«. Eine solche Betonung könnte man bestenfalls als Kontrastakzent in einem Lernerdiskurs erwarten, wenn z. B. ein Deutschlerner fälschlicherweise »wahnsinnlich« sagt und die Lehrerin mit »wahnsinNIG« korrigiert.

Abbrüche: Wie bereits erwähnt, ist die finale Tonhöhenbewegung ein zentrales Merkmal von Intonationsphrasen. Jede vollständige Intonationsphrase muss daher mit einem von insgesamt fünf Zeichen abgeschlossen werden, die diese finale Tonhöhenbewegung markieren. Die einzige Ausnahme bilden Fragmente von Intonationsphrasen, d. h. Abbrüche. Bei einem Abbruch wird entweder überhaupt kein finales Zeichen gesetzt oder es wird ein Abbruch durch einen Glottisverschlusslaut mit dem phonetischen Symbol ? markiert (z. B. »das is WAHNsi?«). Abbrüche müssen aber nicht zwangsläufig durch einen Glottalverschluss erfolgen. Will man anzeigen, dass dies nicht der Fall ist, kann ein Abbruch auch mit \ markiert werden (»das is WAHNsi\«).

Einsilbige Intonationsphrasen: Ein Tonhöhenverlauf samt Fokusakzent und finaler Tonbewegung und Grenzton kann auch lediglich auf einer einzigen Silbe realisiert werden. Dies ist häufig bei Partikeln der Fall: So weist das »ja« in Zeile 03 z. B. einen hohen Akzentton auf, von dem ausgehend dann eine zum Phrasenende fallende Bewegung realisiert wird. Die Tonhöhenbewegung auf dem Rückmeldesignal »hm« in Zeile 04 zeigt hingegen eine fallend-steigende Bewegung. Die Intonation fällt von einem hohen Tonniveau kommend ab und steigt dann wieder an, so dass eine Art Tal in der Intonationskurve entsteht. (Diese ›zweifache‹ Tonhöhenbewegung führt zuweilen auch dazu, dass die Partikel als zweisilbig wahrgenommen und dann als »HM_hm« transkribiert wird.) Die Markierung am Einheitenende – dies gilt es noch einmal zu betonen – markiert nur die finale Bewegung, also im Fall von »ja« das Fallen und im Fall von »hm« das Steigen der Intonation am Einheitenende. Gerade im Hinblick auf die Beschreibung von Partikeln kann eine solche Differenzierung unter Umständen unzureichend sein. Im angeführten Beispiel signalisiert das *hm* mit fallend-steigender Intonation Zustimmung. Ein *hm* mit steigender Intonation bringt hingegen häufig eine eher fragende Haltung zum Ausdruck. Um diese Unterscheidung im Transkript abbilden zu können, muss zusätzlich die Tonbewegung auf der Akzentsilbe notiert werden, was in einem Feintranskript durchaus möglich ist (vgl. hierzu Kap. 7.2.3).

Vergewisserungs-signale

Vor- und Nachlaufelemente: Partikeln werden aber nicht immer als prosodisch eigenständige Einheiten realisiert, sondern kommen etwa auch als sogenannte Vorlauf- oder Nachlaufelemente vor. Hier muss man zwar sowohl für das Vorlauf- oder Nachlaufelement als auch für die folgende oder vorausgehende Intonationsphrase eine finale Tonbewegung notieren. Man schreibt aber dann alles in einer Zeile, um die enge Verbindung zwischen den Einheiten anzuzeigen. Entsprechend angebundene Einheiten werden in der Prosodieforschung in Analogie zu Klitisierungen auf segmentaler Ebene auch als klitische Intonationsphrasen bezeichnet. Ein Beispiel für ein Vorlaufelement findet sich in Zeile 01: Das »ja;« wird mit leicht fallendem Tonhöhenverlauf geäußert, wirkt aber nicht als selbstständige Einheit. In Zeile 17 in dem unten abgebildeten Transkript kommt als Nachlaufelement das Vergewisserungssignal »ne,« mit einem leicht steigenden Tonhöhenverlauf vor, das aber eine enge Anbindung an die Intonationsphrase »WEGgegangen« aufweist. Beide Elemente erhalten im Transkript keine eigene Zeile:

```
15   S2:   das letzte kind (.) endlich aus_m HAUS,
16         zum stuDIERN, (-)
17         WEGgegangen,=ne, °h
18         nach berLIN, °h
```

Natürlich kann eine Intonationsphrase auch zugleich Vorlauf- und Nachlaufelemente haben (ein konstruiertes Beispiel wäre »naja; so hab ich das aber nicht gemeint, ne,«). Vor- und Nachlaufelemente sind in der Regel nicht akzentuiert. Wenn sie einen Akzent tragen, werden sie meist als eigenständige Intonationsphrasen und nicht mehr als Vorlauf- oder Nachlaufelement behandelt. Wäre das »ne« in Zeile 17 akzentuiert, könnte das Transkript wie folgt aussehen:

```
15   S2:   das letzte kind (.) endlich aus_m HAUS,
16         zum stuDIERN, (-)
17         WEGgegangen,=
18         =NE, °h
19         nach berLIN, °h
```

Pausen und Dehnungen: Der nächste Überarbeitungsschritt beim Erstel-

4.3

Der Umgang mit Gesprächsdaten: Transkription

len unseres Basistranskripts besteht darin, Pausen, Dehnungen und schnelle Anschlüsse zu markieren. Das Problem bei all diesen Konzepten ist, dass man dabei zwei Kriterien anwenden kann: Einerseits kann man Pausen leicht messen und die Dauer entsprechend angeben (gleiches gilt für Dehnungen oder eine Festlegung dessen, was ein schneller Anschluss sein soll). Andererseits kann man Pausen, Dehnungen und schnelle Anschlüsse auch ›gefühlt‹ notieren. Beide Verfahren haben ihre Vor- und Nachteile: Die Zeit zu messen liefert zwar objektive Werte, ist aber zum einen aufwändig (sofern nicht mit einem Transkriptionseditor gearbeitet wird) und zum anderen wird dabei übersehen, dass es nicht um objektive Zeit geht, sondern um relationale Zeit, d. h. um Zeit, die in Relation zur gesamten Gesprächsgeschwindigkeit steht. Eine Pause von einer Sekunde kann in einem Gespräch, das langsam ›dahinplätschert‹, kaum wahrgenommen werden, erscheint dagegen in einer engagierten, erhitzten Diskussion als sehr lange, bedeutsame Pause. Meistens orientiert man sich beim Transkribieren daher an der ›gefühlten Zeit‹. Messungen sind aber dann notwendig, wenn man speziell Phänomene wie Pausen, Dehnungen o. Ä. analysieren möchte.

Gemessene und gefühlte Zeit

Erweitert man das Transkript um Pausen, Dehnungen und schnelle Anschlüsse, so erhält man folgendes Bild:

```
01  S1:  ja:; (.) die VIERziger generation so;=
02       =das_s: !WA:HN!sinnig viele die sich da ham
         [SCHEI]den
03  S2:  [ja;  ]
    S1:  lasse[n.=]
04  S2:       [hm,]
05  S1:  =oder scheiden lassen überhaupt.
06  S2:  hm,
07  S1:  (--)
08  S1:  heute noch-
09       ((atmet 2.1 Sek. aus))
10       s_is der UMbruch.
11  S2:  n besonders GUtes beispiel das warn mal unsere
         NACHbarn.
12       (---)
13       ähm- (---)
```

Wenn man Pausen schätzt, dann verwendet man die folgenden Konventionen: (.) stellt eine Mikropause von ca. 0,2 Sekunden Dauer dar, (-) eine Pause von 0,2–0,5 Sekunden, (--) von 0,5 bis 0,8 Sekunden und (---) von 0,8 bis 1,0 Sekunden. Ab dann wechselt man zur Schreibung mit Zahlen: (2.5) für eine Pause von 2,5 Sekunden etc. Gemessene Pausen werden von Anfang an in Zahlen dargestellt (0.2 oder 0.7 oder 3.1 etc.).

Zuordnung von Pausen: Bei Pausen muss man stets die Entscheidung treffen, ob man die Pause jemandem zuordnet, also in einer Intonationsphrase notiert, oder nicht. Im Zweifel gilt hier, Pausen in eine eigene Segmentzeile zu setzen, da eine Zuordnung zu einem Sprecher bereits eine Interpretation darstellt. In dem Transkriptauszug sind daher in den

97

Zeilen 07, 09 und 12 die Pausen in einem eigenen Segment notiert. In Zeile 07 wird dadurch z. B. vermieden, dass man denken könnte, dass S2 für die Pause ›verantwortlich‹ ist. Anders dagegen in den Zeilen 01 und 13: Hier wurde die Pausen jeweils S1 und S2 zugerechnet. Pausen innerhalb von Intonationsphrasen werden normalerweise Sprecher/innen zugerechnet, ebenso Pausen wie in Zeile 13, die durch Abbrüche entstehen. Auch Mikropausen werden oft einer Intonationsphrase und damit einer Sprecherin zugeordnet, selbst wenn sie am Rand der Äußerung stehen (Platzersparnis).

Dehnungen sind ähnlich wie Pausen strukturiert: Den Pausen (-), (--) und (---) stehen entsprechend Längungen mit den Zeichen (:) (0,2–0,5 Sekunden), (::) (0,5 bis 0,8 Sekunden) und (:::) (0,8 bis 1,0 Sekunden) zur Seite (längere Dehnungen sind selten). Die Längungszeichen stehen hinter dem gelängten Laut. Die Notierung »WA:HNsinnig« zeigt also an, dass das »a« gedehnt ist, die Notierung »das_s:« dagegen, dass das »s« und nicht das »a« gedehnt wird.

Schnelle Anschlüsse: Mit der Markierung von schnellen Anschlüssen sollte man sparsam umgehen. Schnelle Anschlüsse werden nur über Intonationsphrasen hinweg markiert, da dort oft Mikropausen zu erwarten sind und ein schneller Anschluss entsprechend auffällig ist. Innerhalb von Intonationsphrasen ist ein schneller Anschluss der Normalfall. Der schnelle Anschluss wird durch Gleichheitszeichen am Ende und Anfang der angeschlossenen Intonationsphrasen (z. B. Z. 01 und 02 oder Z. 02 und 04) markiert.

Lesbarkeit vs. Akkuratheit

Standardorthographie: Eine besonders knifflige Sache ist die Frage, was in Anlehnung an die Standardorthographie und was entsprechend der tatsächlichen Artikulationsweise verschriftlicht werden soll. Grundsätzlich hat GAT das Ziel, möglichst orthographienah zu verschriftlichen. Das hat zwei Gründe: Zum einen soll das Transkript leicht lesbar bleiben und zum anderen sollte auch die Möglichkeit der automatischen Suche in Transkripten gegeben sein, wenn diese in Datenbanken archiviert werden. Das setzt voraus, dass die Transkripte in der Art der Schreibung – auch bei lautlicher Variation – möglichst einheitlich sind. Auf der anderen Seite soll ein Transkript aber eine möglichst detailgetreue Darstellung der gesprochenen Sprache ermöglichen – vor allem, um auch in Bezug auf lautliche Gestaltungsaspekte die Frage *Why that now?* (s. Kap 3.3) in den Blick nehmen zu können. Dabei kann nicht nur interessant sein, wann und warum Interagierende z. B. zwischen verschiedenen Varietäten hin und her wechseln (s. Kap. 10.2). Es können auch kleine phonetische Unterschiede wie der zwischen *ja_aber* ohne und *ja aber* mit Realisierung eines Glottalverschlusses zwischen *ja* und *aber* interaktiv bedeutsam sein (Szczepek Reed 2015). Die Darstellung entsprechender Feinheiten wird je nach Fragestellung stets selektiv erfolgen müssen, um sich in der Transkription nicht zu weit von den gewohnten orthographischen Schreibungen zu entfernen und damit die Lesbarkeit und ggf. auch die Durchsuchbarkeit zu gewährleisten.

Das Dilemma ist letztlich nicht lösbar – jedenfalls nicht in *einem* Transkript. Zumindest das Problem der automatischen Suche in Datenbanken kann aber behoben werden, indem man zwei Transkripte bereitstellt, eines, das in Anlehnung an die Standardorthographie geschrieben wurde und das der Suchalgorithmus verwendet, und ein ›parallel geschaltetes‹ mit detailgetreuer Wiedergabe des Wortlautes, das man dann für die Analyse verwendet.

Umgang mit Varietäten: Der Umgang mit Varietäten ist generell schwierig. Man muss sich klar machen, dass die deutsche Orthographie keine Phonographie, d. h. keine Lautschrift ist. In letzter Konsequenz bedeutet das, dass Rückschlüsse von der Schreibung auf die tatsächlich gesprochene Form immer schwierig sind, auch wenn die Sprecher noch so ›standardnah‹ sprechen und in der Transkriptionsweise etwaige Anpassungen wie z. B. *Ferd* (aber z. B. nicht *Feat*) statt *Pferd* vorgenommen wurden, um eine Annäherung an das tatsächlich Gesprochene zu erreichen. Eine ›Verlegenheitslösung‹ besteht darin, im Transkriptkopf eine Angabe zu der Sprachverwendung der Sprecher/innen zu machen (z. B. »Sprecherinnen 1 und 4 sprechen einen norddeutschen Regiolekt, Sprecher 2 spricht einen alemannischen und Sprecherin 3 einen bairischen Regiolekt«) und dann im Transkript selbst auf Markierungen regionaler Varianten zu verzichten. Eine solche Lösung ist für bestimmte Forschungszwecke sicher ein hilfreicher Ausweg aus dem beschriebenen Dilemma, aber in zweierlei Hinsicht problematisch:

- Zum einen wird vorausgesetzt, dass Leserinnen die relevanten Varianten kennen und diese in der Rezeption adäquat in das Transkript hineinlesen können.
- Zum anderen werden etwaige Schwankungen im Sprachgebrauch innerhalb des Gesprächs durch eine Pauschalzuweisung wie ›spricht einen norddeutschen Regiolekt‹ verdeckt, die aber für den Verlauf einer Interaktion relevant sein können (s. Kap. 10.2).

Vor allem, wenn man an einer Untersuchung von Sprachvariation interessiert ist, kann es sinnvoll sein, ergänzend zur GAT-Transkription eine phonetische Umschrift in einer eigenen Transkriptzeile anzulegen.

(Vermeintliche) Allegroformen: Neben regionalen Varianten begegnen einem bei der Transkriptionsarbeit immer auch Lautformen, die in der Literatur als Allegro- oder Schnellsprechvarianten beschrieben werden. Diese werden in der Regel als Reduktionsformen behandelt, die unter dem Einfluss des Sprechtempos im Prozess des Sprechens entstehen. Eine solche Darstellung erscheint aber in vielen Fällen synchron als verfehlt: Formen wie z. B. *ham* statt *haben* kommen (zumindest in norddeutschen Varietäten) auch bei langsamen oder gar verringertem Sprechtempo regulär vor (vgl. Lanwer 2015a) und stellen verfestigte Formen eines ›oralen Lexikons‹ dar (Lanwer 2015b). Dennoch sind derartige Formen für die Transkription ein Problem, da es trotz der klar erkennbaren Gebrauchsregularitäten keine Konventionen gibt, die die Verschriftung regeln.

Richtschnur für eigene Transkription: Generell ist es sinnvoll, bei der Erfassung von Regionalismen ebenso wie von (vermeintlichen) Allegroformen eher zurückhaltend zu sein: Zum einen gibt es Formen, die so regelhaft sind, dass sie von Muttersprachlern ohnehin automatisch mit der orthographischen Form assoziiert werden. Dies betrifft unter anderem

Varietäten

die in weiten Teilen des deutschsprachigen Raumes auch in standardori-
entierten Sprechweisen (z. B. auch beim Vorlesen) nahezu obligatorisch
schwalosen Verbformen wie *machn* statt *machen* oder die historischen
Vokalisierungsprodukte in unbetonten Nebensilben wie in *eina* statt *einer*. Auch hier ist selbstverständlich von regionalen Schwankungen auszugehen. In beiden Fällen empfiehlt es sich dennoch, bei der orthographischen Schreibung zu bleiben, sofern dies nicht im Widerstreit mit den
eigenen Forschungsinteressen steht. Zum anderen neigt man bei der
Transkription dazu, je nach Herkunft, Sensibilierung (für bestimmte Phänomene) und Aufmerksamkeitsleistung unterschiedliche sowie mal mehr
und mal weniger Merkmale zu erfassen. Es kommt dann zu Inkonsisten-
zen, wie im folgenden Auszug:

```
01  S1:  ja:; (.) die VIERziger generation so;=
02       =das_s: !WA:HN!sinnig viele die sich da ham
         [SCHEI]den
03  S2:  [ja;  ]
    S1:  lasse[n.=]
04  S2:       [hm,]
05  S1:  oder scheiden lassen Überhaupt.
06  S2:  hm,
07       (--)
08  S1:  heute noch-
09       ((atmet 2.1 Sek. aus))
10       s_is der UMbruch.
11  S2:  n besonders GUtes beispiel das warn mal unsere
         NACHbarn.
12       (---)
13       ähm- (---)
```

In dem Transkript kann man den inkonsequenten Umgang mit den Formen gut daran sehen, dass zwar die Verben »lassen« und »SCHEIden«
standardorthographisch verschriftlicht wurden, »warn« dagegen aber
eher lautorientiert. Je stärker lautorientiert man transkribiert, desto
schwerer wird es, widerspruchsfrei und konsistent zu arbeiten. Wenn
man sich dennoch dazu entscheidet, eine stärker lautorientierte Transkription zu erstellen, sollte man darauf achten, Wortformen möglichst so darzustellen, dass der Bezug zur orthographischen Form gut erkennbar
bleibt. Außerdem dürfen keine Apostrophe als ›Auslassungszeichen‹ verwendet werden. Aus *es ist* wird daher in Zeile 10 die Form »s_is« und
nicht »'s is« oder gar »'s is'«.

Klitisierungen: Auch sogenannte Klitisierungen sollten so dargestellt
werden, dass beim Lesen möglichst gut erkennbar bleibt, was jeweils die
orthographischen Bezugswörter sind. Klitisierte Ausdrücke kann man
entweder zusammenschreiben (das ist v. a. bei stark routinierten Formen
sinnvoll, wie »biste« oder »bisse« statt »bist du«, »haste« statt »hast du«
etc.) oder mit einem Unterstrich markieren (das ist u. a. dann sinnvoll,
wenn sonst Verstehensprobleme entstehen würden). In dem Transkript
wurden die Klitisierungen »das_s« (Z. 02) und »s_is« (Z. 10) mit Unter-

strich geschrieben. Vor allem bei »das_s« (= *das ist*) vs. »dass« wird der Sinn der Schreibung mit Unterstrich klar, da der Unterschied zwischen den Formen nur so ersichtlich wird.

Fremdwörter werden in der orthographisch üblichen Form geschrieben (»fashion«, »smartphone«, »okay«). Komposita mit Bindestrich müssen ohne Bindestrich geschrieben werden, da dieser die Funktion hat, als Intonationszeichen gleichbleibende Tonhöhe zu markieren (man schreibt also: »leitzordner« statt »leitz-ordner«).

Abkürzungen und Buchstabiertes werden in Silben geschrieben, da nur auf Silben Akzente markiert werden können (»ce: de: u:« für *CDU* oder »ich heiße imo. i: em o:«). Ziffern werden immer ausgeschrieben.

Hörersignale, Rezeptionssignale und Verzögerungssignale kommen sehr häufig in Gesprächen vor. Mit diesen Signalen zeigt man an, dass man zuhört, dass der Gesprächspartner fortfahren kann, dass man etwas verstanden hat (oder auch nicht), dass man zu einer Sache zustimmt oder sie negiert, dass man das Rederecht ergreifen will oder eine Äußerung plant. In manchen Fällen bereitet die Transkription von diesen Signalen keine Probleme, wie z. B. bei »ja« oder »nein« oder bei den typischen Verzögerungssignalen »äh«, »ähm«, »öhm« etc. Häufig wird neben dem Rezeptionssignal »nein« auch die Form »nee« gebraucht. Um Verwechslungen mit dem Vergewisserungssignal »ne« zu vermeiden, wird das negierende »nee« mit »ee« geschrieben. Für das positive, stützende Hörer- und Antwortsignal »hm« (im Sinne von »ja«) hat sich die Konvention »hm« für das einsilbige und »hm_hm« für das zweisilbige Signal etabliert. Für die negative, verneinende Version schreibt man »?hm?hm«. Das Symbol ? für den Glottisverschluss kann aber auch zwecks Unterscheidung zwischen verschiedenen Hörersignalen eingesetzt werden: Die Variante »?hm_hm« mit glottalem Einsatz der ersten Silbe drückt zumeist Skepsis, Zweifel oder Verwunderung aus, während die Varianten »hm_hm« ohne glottalen Einsatz das Erhalten einer Information plus ggf. Zustimmung signalisiert.

Ein- und Ausatmen und Lachen kommen ebenfalls häufig vor und müssen verschriftlicht werden. Beim Atmen gilt aber, dass lediglich deutlich hörbares Ein- und Ausatmen notiert wird. Die Hörbarkeit kann allerdings je nach verwendeter Aufnahmetechnik schwanken, was sich dann auf die Transkription auswirkt. Bei der Transkription von Atmen wird wieder die gleiche Regel wie bei Pausen und Dehnungen angewandt: ein einzelnes »h« steht für ein Atemgeräusch von 0,2 bis 0,5, »hh« für 0,5 bis 0,8 und »hhh« für 0,8–1,0 Sekunden. Einatmen wird dabei mit einem vorangestellten Gradzeichen markiert (°h, °hh, °hhh), Ausatmen mit einem nachgestellten (h°, hh°, hhh°). Bei längerem oder sprechbegleitendem Atmen muss mit Kommentaren gearbeitet werden.

Lachen wird, vor allem wenn es relativ kurz und silbisch ist, in der Länge und Art der Lachsilben dargestellt (z. B. »phhh hohoho«). Längeres Lachen, Weinen sowie lachendes und weinendes Sprechen wird mit Kommentaren abgebildet.

Kommentare: Es gibt zwei Arten von Kommentaren: Die eine Kommentarform nutzt zwei runde Klammern am Anfang und Ende des Kommentars. Solche Kommentare stehen oft in einem eigenen Segment (Zeile mit Zeilennummer). Ein Beispiel findet sich in Zeile 09. Wie oben erwähnt, wird längeres Atmen durch einen Kommentar dargestellt:

```
05  S1:   =oder scheiden lassen Überhaupt.
06  S2:   hm,
07        (--)
08  S1:   heute noch-
09        ((atmet 2.1 Sek. aus))
10        s_is der UMbruch.
```

In gleicher Weise können auch andere verbale und nonverbale Handlungen wie »((weint))«, »((schluchzt))«, »((lacht))«, »((zuckt mit den Schultern))«, »((schüttelt den Kopf))«, »((schlägt an ein Glas))«, aber auch Ereignisse »((Tür fällt zu))«, »((Hund bellt))« dargestellt werden. Das kann entweder in einem eigenen Segment geschehen, wenn diese Handlungen einen eigenständigen Charakter haben, oder auch eingebettet in einer Intonationsphrase, wenn sie Bestandteil von dieser sind. In dem konstruierten Beispiel »ich habe mich gestern ((niest)) stark erkältet« niest die Person zwischen »gestern« und »stark«. Nonverbale Handlungen werden nur notiert, wenn sie interaktionsrelevant sind.

Mit der zweiten Kommentarform gibt man äußerungsbegleitende Handlungen oder interpretierende Kommentare an. Dafür verwendet man spitze Doppelklammern, wovon das erste Klammerpaar den Kommentar umfasst, das zweite Klammerpaar die Kommentarreichweite. Das folgende konstruierte Beispiel soll einige Varianten dieser Kommentarform illustrieren:

```
05  S1:   <<lachend> =oder scheiden lassen> Überhaupt.
06  S2:   <<erstaunt> hm,>
07        (--)
08  S1:   <<einatmend> heute noch->
09        ((atmet 2.1 Sek. aus))
10        <<:-)> s_is der UMbruch.>
```

Interpretierende Kommentare Der Kommentar in Zeile 05 gibt an, dass S1 die Äußerung bis einschließlich des Wortes »lassen« lachend produziert. In Zeile 06 findet sich ein interpretierender Kommentar (mit diesen sollte man aber sehr sparsam umgehen) und in Zeile 08 ein sprachbegleitendes Einatmen. Eine Sonderkonvention ist mit dem Zeichen »:-)« in Zeile 10 zu finden, mit dem der sogenannte ›smile voice‹, d. h. ein ›lächelndes Sprechen‹ angezeigt wird. Da ›lächelndes Sprechen‹ tatsächlich hörbar ist, kann ein solcher Kommentar auch ohne Einbeziehung einer Videoaufnahme in das Transkript integriert werden.

Sonstige Konventionen: Die sonstigen Konventionen betreffen Auslassungen und unverständliche Passagen. Manchmal ist es nicht oder nur zum Teil möglich, zu verstehen, was die Sprecher/innen sagen. In diesem Fall hat man folgende Möglichkeiten:

4.3

Der Umgang mit Gesprächsdaten: Transkription

```
01  S1:  ja:; (.) die (              ) so;=
02         =das_s: (XXX XXX XXX) viele die sich da ham
           [SCHEI]den
03  S2:  [ja;  ]
    S1:  lasse[n.=]
04  S2:       [hm,]
05  S1:  =oder scheiden lassen (Überhaupt).
06  S2:  hm,
((unverständlich; ca. 3 Sekunden))
16  S2:  zum stuDIERN, (-)
17         (WEGgegangen/WEGgerannt), ne, °h
18         nach berLIN, °h
((...))
28  S1:                            [phhh hohoho]
29  S2:  un wenn da: einmal: jemand zum abschied geHUPT
           hat,
30         da war der in NULL komma nix draußen;
31         und hat da RUMgeschrien;=
```

Unverständliche Passagen: Wenn man eine unverständliche Passage ohne weitere Angaben notieren will, wird eine einfache leere Klammer gesetzt, wie in Zeile 01. Wenn man die Silbenzahl hören kann, aber nicht den Wortlaut, setzt man »xxx« für jede Silbe. In Zeile 02 wird mit »(xxx xxx xxx)« angezeigt, dass dort drei Silben geäußert wurden. Wenn man sich über den Wortlaut nicht ganz sicher ist, aber dennoch eine Vermutung hat, dann schreibt man den vermuteten Wortlaut in Klammern, wie bei »(Überhaupt)« in Zeile 05. Wenn man zwei (oder mehr) Vermutungen als Alternativen hat, gibt man diese wie in Zeile 17 mit einem Schrägstrich getrennt an. Wenn eine längere Passage unverständlich ist, wird dies in doppelten Klammern mit der Angabe der Sekundenzahl angegeben, wie zwischen den Zeilen 6 und 16, und wenn man Teile aus einem Transkript auslässt (z. B. weil diese Teile für die Argumentation nicht relevant sind), wird dies mit drei Punkten in doppelter Klammer markiert, wie zwischen den Zeilen 18 und 28 (wenn nötig, kann stattdessen auch statt der Punkte eine Zeitangabe geschrieben werden, z. B. »Auslassung, ca. 5 Sekunden«).

Klarnamen wie Ortsnamen und Personennamen o. Ä. werden durch Namen mit gleicher Silbenzahl und Rhythmik im Transkript pseudonymisiert (aus *betTIna* könnte z. B. *aMAlia* werden, aus *HERmann THOmas* etc.), wobei man auf dieselbe Betonungsstruktur achten sollte – also nicht z. B. *berLIN* (Wortakzent auf zweiter Silbe) durch *HAMburg* (Wortbetonung auf erster Silbe) ersetzen. In der Audiodatei wird dagegen anonymisiert, d.h die betreffende Passage wird durch einen Piepston oder durch Rauschen ersetzt.

Zum Abschluss soll hier nun das Basistranskript für die erste Hälfte des Gesprächsausschnittes gezeigt werden (eine Vollversion findet sich in Selting et al. 2009: 394–395):

Anonymisierung und Pseudonymisierung

Beispiel 3: widerlicher Kerl ◀ G

```
01  S1:  ja:; (.) die VIERziger generation so;=
02       =das_s: !WA:HN!sinnig viele die sich da ham
         [schEi]den
03  S2:  [ja; ]
    S1:  lasse[n.=]
04  S2:       [hm,]
05  S1:  =oder scheiden lassen Überhaupt.
06  S2:  hm,
07       (--)
08  S1:  hEute noch-
09       ((atmet 2.1 Sek. aus))
10       s_is der UMbruch.
11  S2:  n besonders gUtes beispiel das warn mal unsere
         NACHbarn.
12       (---)
13       ähm (---)
14       DREIssig jahre verheiratet, °hh
15       das letzte kind (.) endlich aus_m HAUS,
16       zum stuDIERN, (-)
17       WEGgegangen,=ne, °h
18       nach berLIN, °h
19       und (.) die ältere tochter is AUCH in berlin
         gewesen?
20       °hhh (0.6) un:d der KE:RL,
21       das war aber ein penetrAnter: WI:derling.=also-
         °hhh
22       der hat (.) äh sein GARten wie (.) !PIK! ass (-)
         gePFLE:GT,=ne,
23       kEin BLÄTTchen un_nichts,=
25       =Englischer RA:sen,
26       °hh un:d: bei !JE:!der gelegenheit hat er die
         polizEi gerufen,
27       un_sich mit_den !NACH!barn ange[legt,=ne, ]
28  S1:                                 [phhh hohoho]
         (0.8)
29  S2:  wenn da: einmal: jEmand zum Abschied geHUPT hat,
30       da war der in NULLkommanix drAußen;
31       un:d hat_da RUMgeschrien-
32       ich hol die poliZEI: un_[so-]
33  S1:                          [das] !GIB_S! doch wohl
         nich,
```

Feintranskripte: Nur kurz soll zum Abschluss noch auf einige Konventionen der Feintranskription eingegangen werden (s. weiterführend Kap. 7.2.3). Bereits zuvor wurde eine der wichtigsten dieser Konventionen diskutiert, die man auch bei der Erstellung eines Basistranskripts gelegentlich brauchen wird: Die Markierung von Nebenakzenten, indem man den ersten Vokalbuchstaben der akzentuierten Silbe großschreibt.

4.4

Technische Hilfsmittel

Die meisten zusätzlichen Konventionen betreffen die deutlich feinere Darstellung der prosodischen Struktur der Äußerungen. So können sowohl große als auch kleine Tonhöhensprünge nach oben oder unten zu Beginn oder innerhalb einer Intonationsphrase mit den Symbolen ↑ oder ↑↑ bzw. ↓ oder ↓↓ notiert werden, mit Hilfe von Kommentaren in einer spitzen Klammer können Tonhöhenregister, Stimmqualität, Lautstärken und Lautstärkenveränderungen sowie Sprechgeschwindigkeit und Sprechgeschwindigkeitsveränderungen angegeben werden, es kann Rhythmus markiert werden, und man kann das Transkript mit zusätzlichen Zeilen erweitern, um beispielsweise visualisierte Tonhöhenkurven einzufügen. Die meisten dieser Konventionen werden nur im Rahmen spezieller, meist prosodisch oder phonetisch orientierter Forschungsziele relevant. Eine ausführliche Darstellung findet sich in Selting et al. (2009: 377–388).

Mehrsprachigen Daten: Für alle diejenigen, die mit mehrsprachigen Daten arbeiten oder eine Übersetzung ihrer Daten anfertigen müssen, ist noch die Möglichkeit wichtig, das Transkript mit einer Interlinearübersetzung (d. h. einer mit morphologischen Informationen versehenen Wort-für-Wort-Übersetzung) und einer freien Übersetzung zu versehen (dies gilt natürlich nur für Sprachen, die über ein morphologisches System verfügen). Selting et al. (2009: 388) illustrieren das mit einem Beispiel aus dem Finnischen, das ins Englische übersetzt wird:

> Übersetzungen im Transkript

```
05 E:  meinaa-k se nyt jää-hä   kotti-i  sitte.
       intend-Q it now stay-INF home-ILL then
       Is she gonna stay at home then.
06 M:  joo::, Joo::,
       PTCL    PTCL
```

Bei der Interlinearübersetzung wird jedes Morphem der Ausgangssprache durch ein Morphem der Zielsprache in Kursivschrift wiedergegeben. Dabei wird zwischen lexikalischen Morphemen (z. B. »meinaa«, das »beabsichtigen« heißt) und grammatischen Morphemen unterschieden. Grammatische Morpheme werden in Kapitälchen und in Anlehnung an international etablierte Abkürzungsstandards angefügt (z. B. »Q« für Fragepartikel; »INF« für Infinitiv, »ILL« für Illativ, »PTCL« für Partikel). Die Morphemgrenzen werden mit einem Bindestrich dargestellt. Partikeln müssen nicht unbedingt übersetzt werden (wenn man wollte, könnte man als Übersetzung in Zeile 6 »yeah yeah« hinzufügen). Die sinngemäße Übersetzung erfolgt in Normalschrift.

4.4 | Technische Hilfsmittel

Die meisten Transkriptionssysteme haben »ihren Ursprung in einer Zeit, in der das Transkribieren eine mit Hilfe von Bleistift (oder Schreibmaschine) und Papier ausgeübte Tätigkeit war« (Schmidt 2007: 229). Dieses analoge Erbe haftet auch dem Transkriptionssystem GAT an, das zwar in seiner grundlegenden Konzeption auf eine maschinenschriftliche Umsetzung mit dem PC ausgelegt ist, dabei allerdings darauf abzielt, »etablierte Verfahren möglichst unverändert im neuen, digitalen Medium nutzbar zu machen«. Es gibt jedoch durchaus Möglichkeiten, die Vorzüge der computergestützten Transkription auch bei der Arbeit mit GAT zu nutzen. Eine Arbeitserleichterung können vor allem Transkriptionseditoren wie FOLKER (http://www.agd.ids-mannheim.de/folker.shtml), ELAN (http://www.tla.mpi.nl/tools/tlatools/elan/) oder der EXMARaLDA Partitur Editor (http://www.exmaralda.org/de/) sein. Im Folgenden wird in das Arbeiten mit dem EXMARaLDA Partitur Editor eingeführt. Es empfiehlt sich, das Programm herunterzuladen und auf dem eigenen PC zu installieren, um die beschriebenen Abreitschritte nachvollziehen zu können.

4.4.1 | Das Arbeiten mit dem EXMARaLDA Partitur Editor

4.4.1.1 | Grundlagen

Ein Transkriptionseditor ist eine Software, die die Möglichkeit bietet, die Transkription und die der Transkription zugrunde liegende Audio- oder Videoaufnahme in einer Programmoberfläche zusammenführen und dort eine sogenannte Text-Ton-Alignierung vorzunehmen. Mithilfe eines Transkriptionseditors lassen sich in Audio- oder Videoaufzeichnungen von Gesprächen Zeitabschnitte auswählen, wiederholt anhören und ansehen. An diese Abschnitte können dann verschiedene Informationen, wie etwa der Transkriptionstext, aber auch Notizen, Kommentare usw. angeheftet werden. Das Heften von Text an Ton (oder Bild) nennt man Alignieren. Die zeitliche Alignierung des Transkriptionstexts hilft dabei, sich im flüchtigen Datenmaterial zu orientieren. Bei zunehmender Routine im Umgang mit der jeweils verwendeten Software führt dies zu einer deutlichen Reduktion der Transkriptionszeit. Außerdem erleichtert die Text-Ton-Alignierung das korrekte Erfassen überlappender Passagen sowie das Messen von Pausen. Darüber hinaus ergeben sich weiterführende Analysemöglichkeiten z. B. durch das Annotieren von Daten.

Definition	Die Möglichkeit zur Kopplung von Transkriptionstext und Tonspur ist eine nützliche Grundlage für jede interaktionale Untersuchung. Eine solche Kopplung wird auch als Text-Ton-Alignierung bezeichnet. Mittels einer Text-Ton-Alignierung lassen sich Transkriptteile auf die dazugehörigen Zeitabschnitte in einer Audio- oder Videoaufzeichnung beziehen und über die Transkription gezielt ansteuern. Die alignierten Abschnitte in der Aufzeichnung können je nach Transkriptionssystem und Forschungsinteresse unterschiedlich groß sein. Für phonetische Analysen kann es sogar relevant sein, eine Alignierung auf der Ebene einzelner Laute oder sogar eine Alignierung einzelner Artikulationsphasen eines Lautes (z. B. Phase der Schließung, des Verschlusses und der Verschlusslösung bei Plosiven) vorzunehmen. Für interaktionale Analysen reicht in der Regel eine an der Intonationsphrase orientierte Alignierung aus. Für eine detaillierte Analyse im Bereich der Intonation kann sich aber auch eine silbenbasierte Alignierung als nützlich erweisen.

Technische Hilfsmittel

Die Transkriptionseditoren FOLKER und ELAN: Der Transkriptionseditor FOLKER ist zwar speziell für das Erstellen von GAT-Transkripten entwickelt worden, allerdings primär an die Anforderungen der Datenbank FOLK (s. Kap. 4.2.1) angepasst (Deppermann/Schmidt 2014; Kaiser 2016; Schmidt 2016). Ein Nachteil von FOLKER für die eigene Arbeit mit Daten ist, dass die Funktion für die Ausgabe einer in FOLKER erstellten Transkription in ein gewöhnliches Textdokument auf der Text-Ton-Alignierung beruht. Dies hat zur Folge, dass im Fall von Überlappungen die an der Überlappung beteiligten Intonationsphrasen bei der Textausgabe auf mehrere Zeilen (mit eigener Nummer) verteilt und somit nicht GAT-konform dargestellt werden. Das Programm ELAN sieht generell keine Option zur Text-Ausgabe von GAT-Transkripten vor und wird daher hier nicht weiter behandelt.

FOLKER und ELAN

Der Transkriptionseditor EXMARaLDA Partitur Editor bietet hingegen eine spezifisch auf die GAT-Konventionen zugeschnittene Ausgabefunktion, die eine saubere Darstellung auch von überlappenden Passagen ermöglicht. Der EXMARaLDA Partitur Editor ist zudem mit verschiedenen Transkriptionssystemen kompatibel und gestattet aufgrund der Partiturdarstellung nicht nur die Kombination verschiedener Systeme in einer Transkription, sondern beispielsweise auch die Einbindung interlinearer Übersetzungen etc. Darüber hinaus ergeben sich Möglichkeiten zum Einfügen von Annotationen. Annotationen lassen sich zum Beispiel nutzen, um Belegstellen in einem Korpus zwecks Zusammenstellung einer Kollektion zu markieren.

Das Erstellen eines Transkripts mit in einem Transkriptionseditor ist grundsätzlich zu unterscheiden von der Arbeit mit einem Textverarbeitungsprogramm wie Word. Der Hauptunterschied liegt darin, dass mit einem Programm wie dem EXMARaLDA Partitur Editor in einem ersten Schritt ganz unterschiedliche Informationen systematisch erfasst werden können, die sich dann in einem zweiten Schritt (womöglich auch nur in Teilen) beispielsweise in Form eines zeilenstrukturierten GAT-Transkripts, wie wir es bereits kennengelernt haben, als Textdokument ausgegeben lassen. Das bedeutet, dass die Art der Darstellung auf der Programmoberfläche nicht zwingend etwas mit der Darstellungsweise in der Textdatei, die am Ende des Transkriptionsprozesses (z. B. zu Zwecken der Weiterverwendung eines Transkripts in einer Hausarbeit) ausgegeben werden kann, zu tun haben muss. Es können im digitalen ›Gesprächsprotokoll‹ sämtliche als beschreibungsrelevant erachtete Facetten des fokussierten Gegenstandes erfasst werden, ohne dabei die Art und Weise der Darstellung auf der Druckseite in Rechnung stellen zu müssen:

»Das digitale Medium erlaubt es, Daten unabhängig von einer bestimmten Präsentationsform aufzubewahren und zu bearbeiten, und für ein einziges Datum im Prinzip beliebig viele Präsentationsformen automatisch zu erstellen.« (Schmidt 2007: 234)

Ein GAT-Transkript kann also problemlos in der horizontalen Struktur einer Partitur angelegt und bei der Ausgabe in die für GAT charakteristische Vertikalstruktur überführt werden. Voraussetzung hierfür ist allein, dass der verwendete Transkriptionseditor die Transkriptionskonventionen

4 Interaktionale Linguistik: Methode und Umgang mit Daten

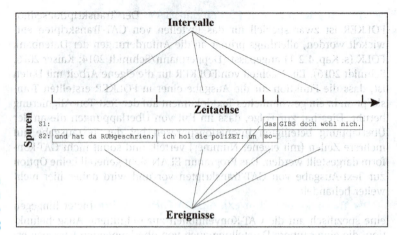

Abb. 4.3: Komponenten einer Partiturdarstellung

›kennt‹ und dass die Konventionen eine konsistente Übertragung des erstellten Transkripts in die gewünschte Darstellungsform zulassen (vgl. Schmidt 2007).

Alignieren von Text und Ton: Im Partitur Editor werden die Redebeiträge der einzelnen Interagierenden, wie es der Name des Programms bereits nahelegt, in Form einer Partitur erfasst. Jeder Sprecherin wird (mindestens) eine Spur zugewiesen, in der die Redebeiträge in sogenannten Ereignissen transkribiert werden können. Als Ereignisse (*events*) werden Textfelder in der Partitur bezeichnet, die auf zeitliche Intervalle in der zugrunde gelegten Audio- oder Videoaufzeichnung bezogen sind. Jedes Intervall wird auf der Zeitachse durch zwei Zeitpunkte (Start- und Endpunkt) begrenzt (s. Abb. 4.3).

Intonationsphrasen und Ereignisse: Wenn man ein GAT-Transkript anfertigt, sollte man darauf achten, dass jedem Ereignis nicht mehr als eine Intonationsphrase zugewiesen wird. Da die Intonationsphrase die grundlegende Phrasierungseinheit von GAT-Transkripten darstellt, scheint es ratsam, diese Einheit auch im Rahmen des Alignierungsprozesses als Obergrenze nicht zu überschreiten. Im Normalfall sollte also ein Ereignis in der Partitur einer Intonationsphrase im Datenmaterial entsprechen. Aufgehoben wird diese Entsprechung jedoch in der Regel im Fall von überlappenden Passagen. Bei der Alignierung von Überlappungen kommt es zumeist dazu, dass eine Intonationsphrase auf zwei oder mehr Ereignisse aufgeteilt werden muss, wie es auch in Abbildung 4.3 veranschaulicht ist. Dies ist jedoch unproblematisch, da im Partitur Editor die Alignierung nicht Basis für die Umsetzung der Zeilenstruktur in der Textausgabe ist. Die Umsetzung der Zeilenstruktur basiert auf den Intonationsendzeichen. Bei der Erstellung eines Minimaltranskripts muss daher obligatorisch ein Vertikalstrich zur Kennzeichnung von Phrasengrenzen verwendet werden, um eine korrekte Textausgabe erzielen zu können.

4.4.1.2 | Erstellen eines GAT-Transkripts

Einbinden von Audio- und Videodateien: Grundvoraussetzung dafür, dass man ein GAT-Transkript mit dem EXMARaLDA Partitur Editor erstellen kann, ist neben der erfolgreichen Installation des Programms, dass eine Audio- und/oder Videodatei über die Funktion TRANSKRIPTION → AUFNAHME in das Programm geladen wird. Audiodateien sollten die Eigenschaften aufweisen, wie sie in Tabelle 4.1 aufgeführt werden. In Bezug auf Videodateien ist die Lage etwas komplizierter, da sich hier je nach Betriebssystem (Windows, MacOS oder Linux) und verwendetem Mediaplayer unterschiedliche Anforderungen an das Dateiformat ergeben. (Eine Übersicht der mit dem Partitur Editor kompatiblen Dateitypen findet sich unter http://www.exmaralda.org/pdf/Quickstart_audio_and_video_support_EN.pdf.)

Format	WAV
Samplerate	48kHz
Bitrate	1536bps
Bittiefe	16bit
Kanäle	Stereo

Tab. 4.1: Bevorzugte Konfiguration einer im Partitur Editor verwendeten Audiodatei

Hat man die Mediendatei(en) in das Programm geladen, sollte man, bevor man mit der eigentlichen Transkriptionsarbeit startet, über den Menüpunkt BEARBEITEN → VOREINSTELLUNGEN den Segmentationsmodus auf die Konventionen des verwendeten Transkriptionssystems, in diesem Fall also auf GAT, einstellen. Der Segmentationsmodus wirkt sich nicht nur auf die korrekte Umsetzung der erstellten Transkription in der Textausgabe aus, sondern auch auf die Darstellung gemessener Pausen im Partitur Editor selbst (s. u.).

Vorbereitende Schritte

Sprechertabelle: Vor Beginn der Transkriptionsarbeit sollten alle Gesprächsteilnehmerinnen in der Sprechertabelle erfasst werden. Diese lässt sich über den Menüpunkt TRANSKRIPTION → SPRECHERTABELLE öffnen. In der Sprechertabelle können verschiedene personenbezogene Daten (wie Alter, Geschlecht usw.) hinterlegt werden. Das dort vergebene Namenskürzel wird als Sprechersigle in der Transkription verwendet und sollte daher möglichst kurz sein. Über die Funktion SPRECHER HINZUFÜGEN lassen sich beliebig viele Sprecherinnen anlegen. Das Programm generiert auf der Basis der Sprechertabelle automatisch für jeden angelegten Sprecher eine Transkriptionsspur.

Anlegen der Transkription: In der so vorbereiteten Partitur kann schließlich die Text-Ton-Alignierung vorgenommen werden. Die Alignierung verläuft dabei in drei Schritten:

1. Auswahl eines Zeitintervalls und Erzeugung eines neuen Ereignisses über die Funktion NEUES EREIGNIS,
2. Festlegung der Transkriptionsspur, der dieses Ereignis zugeordnet werden soll, und
3. Eingabe des Transkriptionstextes.

Auf diese Weise lässt sich ein gesamtes Gespräch alignieren und transkribieren. Dabei erweist es sich als nützlich, sich mithilfe der Funktion Shift Selection (grüne Pfeiltaste) am Datenmaterial schrittweise ›entlang zu hangeln‹. Abbildung 4.4 zeigt eine auf diese Weise erstellte Partitur für einen Gesprächsausschnitt von etwas mehr als 3 Sekunden.

	46 [00:47.0]	47 [00:4	48 [00:48.2]	49 [00:4
S1 [Minimal]		das	GIBS doch wohl nich,	
S2 [Minimal]	ich hol die poliZEI: un	so–		ja:–

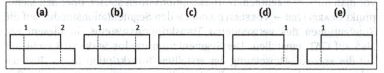

Abb. 4.4: Beispiel für eine Partitur

Überlappungen: Schwierigkeiten bei der Alignierung bereiten vor allem verschiedene Formen der Überlappung. Insgesamt lassen sich die folgenden fünf Arten unterscheiden:

a) periphäre Überlappung (Abb. 4.5a),
b) inkludierende Überlappung (Abb. 4.5b),
c) vollständige Überlappung (Abb. 4.5c) sowie
d) Parallelstart (Abb. 4.5d) und
e) Parallelstopp (Abb. 4.5e).

Vor allem in Mehrparteieninteraktionen kann es zu Kombinationen der fünf genannten Arten und damit zu komplexen Überlappungsmustern kommen, die in der Transkription jedoch immer auf die gleiche Art erfasst werden können.

Abb. 4.5: Überlappungsarten

Ereignisse teilen

Transkription überlappender Redebeiträge: Bei der Transkription überlappender Redebeiträge sollten immer zuerst alle Intonationsphrasen der an der Überlappung beteiligten Sprecher/innen separat aligniert werden. Aus der Art und Weise, wie die überlappenden Intonationsphrasen zueinander liegen, ergeben sich für jedes Überlappungspaar null bis maximal zwei Schnittpunkte, an denen die betreffenden Intonationsphrasen nicht gemeinsam beginnen und/oder enden (s. die vertikalen gestrichelten Linien in Abb. 4.5). Diese Schnittpunkte müssen im Transkript lokalisiert und die betreffenden Ereignisse über Ereignis → Teilen an den jeweiligen Stellen geteilt werden. Die Alignierung der neu erzeugten Ereignisse sollte noch durch Verschieben von Start- und/oder Endpunkt der Intervalle so angepasst werden, dass nur noch die im Transkript erfassten Fragmente der transkribierten Äußerungen in der Auswahl erfasst werden. Beginn und Ende der Überlappung müssen nicht, wie in GAT2 vorgesehen, zusätzlich mit eckigen Klammern markiert werden. Diese werden automatisch bei der Textausgabe ergänzt.

Das Messen von Pausen: Neben der Möglichkeit zur Alignierung von Text und Ton bietet der Partitur Editor weitere nützliche Funktionen, wie das Messen von Pausen. Das Messen von Pausen sowie das Einfügen der

Technische Hilfsmittel

Messergebnisse in die Transkription ist sehr einfach zu handhaben. Es erscheint daher sinnvoll, bei der Arbeit mit einem Transkriptionseditor – abgesehen vielleicht von Mikropausen – keine geschätzten Pausen zu notieren, sondern diese immer zu messen. Es sind dabei zwei Arten von Pausen zu unterscheiden: Pausen zwischen Intonationsphrasen und Pausen innerhalb von Intonationsphrasen. Das Erfassen und Messen der verschiedenen Pausen verläuft nicht völlig identisch. Der entscheidende Unterschied ist der, dass eine Pause im ersten Fall bereits beim Alignierungsprozess als eigenes Ereignis erfasst wird, während Pausen im zweiten Fall in der Regel in ein bestehendes Ereignis eingefügt werden, was schließlich auch Folgen für die Art der Dauermessung hat.

- **Pausen zwischen Intonationsphrasen** werden automatisch im Rahmen des Alignierungsprozesses miterfasst, wenn Intonationsphrasen nicht unmittelbar aufeinander folgen. Das Programm legt in diesem Fall immer ein Ereignis für das nicht erfasste Intervall zwischen den betreffenden Intonationsphrasen an. Alternativ kann für eine Pause aber natürlich auch ein Ereignis extra generiert werden. Nachdem für eine Pause ein eigenes, zeitaligniertes Ereignis festgelegt und dieses per Mausklick aktiviert wurde, lässt sich über EREIGNIS → PAUSE EINFÜGEN die alignierte Zeitstrecke messen und das Messergebnis konventionskonform einfügen.
- **Pausen innerhalb einer Intonationsphrase** sollten im Normalfall nicht als separates Ereignis erfasst werden, können aber dennoch gemessen werden. Hierzu ist es im ersten Schritt notwendig, an die Stelle im Transkript zu klicken, an der die Pause eingefügt werden soll. Im zweiten Schritt muss auf der Zeitachse das relevante Intervall festgelegt werden. Ist dies geschehen, lässt sich in einem dritten Schritt über EREIGNIS → PAUSE EINFÜGEN die alignierte Zeitstrecke messen und das Ergebnis der Messung an der ausgewählten Stelle ins Transkript einfügen.

Ausgabeoptionen: Nach Abschluss der Transkriptionsarbeit kann man eine im Partitur Editor erstellte Transkription problemlos in unterschiedlichen Formaten ausgeben. Wenn man zum Beispiel ein Transkript in einer Hausarbeit nutzen oder in eine Präsentation einbinden will, ist vor allem die Ausgabe im txt-Format nützlich. Soll ein Transkript als txt-Datei ausgegeben werden, kann dabei die gesamte Transkription oder lediglich ein Teil der Transkriptionsstrecke berücksichtigt werden. Soll lediglich ein Ausschnitt ausgegeben werden, muss dieser vor der Ausgabe mit gedrückter linker Maustaste in der Partitur markiert werden. Für das weitere Prozedere muss dann über DATEI → AUSGABE das Ausgabemenü geöffnet, die Ausgabeoption GAT TRANSCRIPT ausgewählt und, für den Fall, dass nur eine Auswahl ausgegeben werden soll, die Option SELECTION, ansonsten die Einstellung EVERYTHING aktiviert werden. Anschließend müssen lediglich noch ein Dateiname vergeben und der Speicherort ausgewählt werden, bevor die Transkription an dem gewählten Ort gespeichert werden kann. Erfolgreich exportieren lässt sich ein Transkript allerdings nur, wenn es keine Segmentierungsfehler enthält. Segmentierungsfehler lassen sich über den Menüpunkt TRANSKRIPT → SEGMENTIERUNGSFEHLER aufspüren und beheben. Ist mit der Transkription alles in Ordnung,

Segmentierungsfehler

kann eine saubere Ausgabe als zeilenstrukturiertes GAT-Transkript erfolgen, wie sie Beispiel 4 für die Partitur aus Abbildung 4.4 zeigt:

Beispiel 4: Transkriptexport

```
001   S2:   und hat da RUMgeschrien;
002         ich hol die poliZEI: un [so- ]
003   S1:                          [das ]GIBS doch wohl
            nich,
004   S2:   ja:-
```

Die GAT-Ausgabe erzeugt eine an der Gliederung in Intonationsphrasen ausgerichtete, zeilenstrukturierte Darstellung des Transkripts mit einer durchlaufenden Zeilenzählung im dreistelligen Format (also 001, 002 ... 010 usw.) und Sprechersiglen (entsprechend der Eingabe in der Sprechertabelle) am linken Rand. Überlappende Passagen (hier eine periphäre Überlappung) werden automatisch mit eckigen Klammern versehen. Die Einrückung der Passagen erfolgt ebenfalls automatisch. Pausen zwischen Intonationsphrasen werden, sofern ein Sprecherwechsel folgt, in einer eigenen Zeile dargestellt. Ist dies nicht der Fall, werden Pausen mit der folgenden Intonationsphrase in derselben Zeile ausgegeben. Dies kann vermieden werden, indem in der Transkription nach Pausen (zwischen Intonationsphrasen) ein einfacher Vertikalstrich als Grenzzeichen notiert wird. Dieser lässt sich in der ausgegebenen txt-Datei über Suchen und Ersetzen dann wieder entfernen.

4.4.1.3 | Weitere nützliche Funktionen

Aus dem Partitur Editor kann man nicht nur Transkripte exportieren. Es lassen sich auch Ausschnitte der transkribierten Audiodateien und Standbilder ausgeben.

Audiosnippets und Standbilder

Export von Audiosnippets: Um einen Audioausschnitt, ein sogenanntes Audiosnippet, exportieren zu können, muss zunächst das Audio-Video-Werkzeug (ANSICHT → AUDIO-/VIDEO-WERKZEUG) geöffnet und im Dropdownmenü am oberen Rand des sich öffnenden Fensters eine wav-Datei als Exportgrundlage ausgewählt werden. Im Anschluss kann auf der Basis einer Auswahl in der Partitur ein Abschnitt bestimmt werden, für den ein Audiosnippet erzeugt wird. Im Normalfall wählt man hierfür genau den Ausschnitt aus, für den man auch bereits das Transkript ausgegeben hat. Die Auswahl lässt sich dann mittels der Funktion SAVE/LINK AUDIO SNIPPET (Scheren-Icon) als wav-Datei exportieren. In dem Menüfenster, das sich öffnet, müssen nur noch der gewünschte Dateiname eingegeben und der Speicherort bestimmt werden, bevor durch Klicken auf OK der ausgewählte Ausschnitt gespeichert werden kann.

Erstellen von Standbildern: Ähnlich muss man vorgehen, will man ein Standbild, ein sogenanntes *still*, auf der Grundlage einer Videodatei exportieren: Man wählt zunächst im Audio-Video-Werkzeug eine Videodatei als Exportgrundlage aus und bestimmt in der Zeitleiste (nicht in der Partitur!) für welchen Zeitpunkt (nicht für welches Intervall!) ein Standbild generiert werden soll. (Tipp: Wenn man den linken oder rechten Rand einer Auswahl in der Zeitleiste langsam verschiebt, kann man Bild für Bild durch die Videodatei fahren und so eine gute Auswahl treffen.) Durch Klicken auf SAVE/LINK CURRENT VIDEO IMAGE (Kamera-Icon, s. Abb. 4.6) lässt sich dann das aktuell sichtbare Standbild speichern. Es öffnet sich ebenfalls ein Menüfenster, in dem ein Dateiname und der gewünschte Speicherort angegeben werden müssen, bevor mit Klicken auf OK die Speicherung erfolgen kann.

Abb. 4.6: Export von Standbildern

Maskieren von Gesprächsaufnahmen: Wenn man Gesprächsausschnitte beispielsweise im Rahmen einer Präsentation vorspielen möchte, müssen diese maskiert werden, indem durch ein Rauschen, einen Sinuston oder Stille zum Beispiel Namen in der Aufzeichnung ersetzt werden. Das Maskieren der Tonspur ist das Gegenstück zur Anonymisierung des Transkripts (s. Kap. 4.3.2.3). Alle Stellen, die im Transkript anonymisiert wurden, sollten in der dazugehörigen Tonaufzeichnung unkenntlich gemacht werden. Im Partitur Editor kann dies automatisiert erfolgen. Die Voraussetzung hierfür ist, dass in der Partitur in einer eigenen Spur alle Segmente, die maskiert werden sollen, von Hand markiert werden. Zu diesem Zweck muss zunächst eine neue Spur (SPUR → ANFÜGEN) mit folgenden Konfigurationen angelegt werden:

 Sprecher: *no speaker*
 Typ: *D(escription)*
 Kategorie: *mask* (o. Ä.)

Anschließend müssen alle sprachlichen Elemente im Transkript, deren Entsprechung man im Audiosignal maskieren möchte, in eigenen Ereignissen erfasst und in der neuen Spur mit einem sogenannten *tag* (Englisch für ›Stempel‹) markiert werden, zum Beispiel mit *Name*. Start- und Endpunkt der getaggten Intervalle sollten besonders akribisch ausgewählt werden, damit nur die gewünschten Teile des Sprachsignals unkenntlich gemacht werden. Bei Überlappungen lässt es sich jedoch nicht vermeiden, dass auch Redeanteile anderer Gesprächspartner überschrieben werden, die eigentlich nicht hätten maskiert werden müssen. Im Anschluss an die vorbereitenden Maßnahmen können über TRANSKRIPTION → MASK AUDIO FILE alle markierten Stellen automatisch durch ein Rauschen (*Brownian Noise*) ersetzt werden.

Dabei ist folgendermaßen vorzugehen: Als erstes muss man die Spur, in der man die zu maskierenden Stellen getaggt hat, als Alignierungsgrundlage für die Maskierung auswählen. Im folgenden Menüfenster sollte dann als Maskierungsmethode entweder die Einstellung BROWNIAN NOISE (GENERATED) oder BROWNIAN NOISE (COPIED) ausgewählt werden. So werden die markierten Stellen mit einem Brownschen Rauschen ersetzt. Außerdem gibt es auch die Möglichkeit, mit SILENCE Stille einzufügen. Stille sorgt allerdings in der Regel für Irritationen beim Vorspielen der Dateien, da unklar ist, ob das Signal gewollt oder ungewollt aussetzt. Alle übrigen Einstellungen können unverändert bleiben. Klickt man auf OK, wird eine neue Audiodatei mit der Erweiterung »_mask« in das Verzeichnis geschrieben, in dem man die Originaldatei hinterlegt hat. In der neu erzeugten Datei sollten alle getaggten Stellen durch ein Rauschen ersetzt worden sein. Um die maskierte Datei auch beim Export von Audiosnippets als Quelldatei nutzen zu können, muss diese über TRANSKRIPTION → AUFNAHME als zusätzliche Mediendatei in das Projekt eingebunden und im Audio/Video-Werkzeug als Quelle für den Export ausgewählt werden.

Annotieren *Part-of-Speech-Tagging:* Ein weiterer Vorteil der Arbeit mit einem Transkriptionseditor ist, dass sich verschiedene Möglichkeiten ergeben, ein Transkript mit weiterführenden Informationen anzureichern. So gibt es im Partitur Editor die Option, zusätzlich Annotationsspuren anzulegen, in denen man etwa eine Bestimmung der Wortarten aller Wörter eines Transkriptes (ein sog. *Part-of-Speech-Tagging*) vornehmen kann. Ein für die Annotation interaktionaler Sprache geeignetes Tagset ist in Westfahl/Schmidt (2013) dokumentiert. Annotationen jeglicher Art lassen sich für verschiedene Quantifizierungen nutzen, aber beispielsweise auch, um in einem Transkript oder in einem Korpus für die eigene Analyse relevante Belegstellen gezielt anzusteuern. Vor allem dieser Anwendungsbereich kann für Untersuchungen im Bereich der Interaktionalen Linguistik nützlich sein. Ein *Part-of-Speech-Tagging* erweist sich dabei allerdings nur dann als hilfreich, wenn man eine bestimmte grammatische Struktur untersuchen möchte – beispielsweise die Verwendung des Artikels am Personennamen, wie in »der Stefan«.

Suchfunktionen und Konkordanzen: Wenn in einem *Part-of-Speech-Tagging* z. B. alle Namen als Namen erfasst wurden, kann man im Partitur Editor mittels der EXAKT-Suche (BEARBEITEN → EXAKT-SUCHE) in der Annotationspur nach der Abfolge Artikel + Name suchen und auf diese Weise rasch alle Belege, auf die diese grammatische Beschreibung zutrifft, aus einer Menge von Daten auslesen und einschließlich des jeweiligen (syntaktischen) Verwendungszusammenhangs in einer Liste darstellen lassen. Eine solche Liste nennt man Konkordanz. Will man hingegen zum Beispiel die prosodische Gestaltung von Abbrüchen und deren interaktive Funktionen analysieren, ist ein *Part-of-Speech-Tagging* nur bedingt hilfreich. Abbrüche lassen sich nicht wirklich anhand bestimmter syntaktischer Merkmale identifizieren. Wenn Abbrüche also nicht bereits bei der Transkription als solche gekennzeichnet worden sind, bleibt nur die Möglichkeit, die Gesprächsdaten von Hand zu durchsuchen und auf diese Weise relevante Fälle zusammenzutragen. Dabei empfiehlt es sich, in einer eigens dafür angelegten Annotationsspur jeden relevanten Beleg mit einem *tag* zu markieren, um so alle Fälle in den Daten automatisch auffindbar zu machen.

Das Anlegen von Annotationsspuren erfolgt in ähnlicher Weise, wie wir sie bereits in Bezug auf die Vorbereitung der automatisierten Maskierung kennengelernt haben. Für eine Annotation sollte man aber für jede/n Sprecher/in eine separate Spur anlegen. Diese sollte zudem den Spurtyp A(NNOTATION) und nicht D(ESCRIPTION) zugewiesen bekommen. In einer entsprechend konfigurierten Spur kann man jede Belegstelle, die für das eigene Thema oder die eigene Fragestellung relevant erscheint, mit einem beliebigen Zeichen markieren. Aber wieso ist das sinnvoll?

4.4 Technische Hilfsmittel

Auffindbarkeit der Belegstellen: Ein Zyniker könnte sagen, dass man bei einer Suche im Grunde nur die Eier wiederfinden kann, die man mittels seiner Annotation zuvor selbst in den Daten versteckt hat. In gewisser Weise ist dieser Einwand sicher berechtigt. Der Vergleich hinkt allerdings in Bezug auf einen nicht ganz unwesentlichen Aspekt: Es ist bekannt, dass man Ostereier, obwohl man sie selbst versteckt hat, häufig nicht wiederfindet. Eine Annotation von Belegstellen, die für die eigene Untersuchung relevant erscheinen, gewährleistet hingegen, dass man keinen Beleg, den man einmal in den Daten entdeckt hat, bei der weiteren Analyse übersieht. Die getaggten Textstellen im Transkript können innerhalb einer Datei mittels der EXAKT-Suche (Bearbeiten → EXAKT-Suche) aufgerufen, als Konkordanz dargestellt und weiter analysiert werden. Dies hilft dabei, den Überblick über die eigene Fallkollektion nicht zu verlieren.

Automatische Erstellung von Fallkollektionen: Außerdem besteht die Möglichkeit, in der eigenständigen Programmkomponente EXMARaLDA EXAKT mittels der Funktion Concordance → Create collection from concordance aus einer Menge verschiedener Transkripte alle relevanten Fälle zu extrahieren und zu einer Kollektion zusammenzuführen. Die Funktion Create collection from concordance generiert auf Grundlage einer Suchabfrage für jeden in der Konkordanz aufgeführten Beleg eine neue Transkriptdatei und speichert diese in einen Ordner. Dies erfordert allerdings, dass die Transkripte, die durchsucht werden sollen, zuvor zu einem Korpus zusammengefasst wurden, was sich in EXAKT über den Menüpunkt File → Generate corpus from transcriptions einfach bewerkstelligen lässt.

Kollektion erstellen

4.4.2 | Akustische Sprachanalyse mit Praat

Vor allem im Rahmen prosodischer Analysen (s. Kap. 7) kann es sinnvoll sein, mit einer akustischen Analysesoftware wie Praat (http://www.fon.hum.uva.nl/praat/) zu arbeiten. Praat kann als eigenständiges Programm genutzt oder über den Partitur Editor angesteuert werden. Mit Praat lassen sich verschiedene akustische Analysen des Sprachsignals durchführen und deren Ergebnisse in Form von Grafiken darstellen. (Eine Einführung in die grundlegenden Funktionen von Praat findet sich in Pompino-Marschall 2009: 133–139, eine Gesamtdarstellung in Mayer 2017). Das Programm Praat ist in seinem Aufbau etwas unkonventionell. Eine Besonderheit ist, dass, wenn man Praat startet, zwei Programmfenster separat geöffnet werden, die – anders als man es gewohnt ist – nicht in eine Programmoberfläche integriert sind. Insgesamt setzt sich Praat aus den drei Programmfenstern Praat Objects, LongSound Editor und Praat Picture zusammen (s. Abb. 4.7), die jeweils als eigenständige Arbeitsbereiche funktionieren.

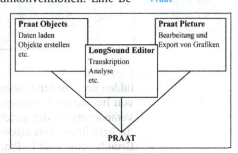

Abb. 4.7: Programmkomponenten der Analysesoftware Praat

115

4 Interaktionale Linguistik: Methode und Umgang mit Daten

f_0-Kurve

Praat aus dem Partitur Editor ansteuern: Prinzipiell kann man auch in Praat größere Gesprächsausschnitte oder gar ganze Gespräche transkribieren. Die Handhabung ist allerdings deutlich komplizierter als beispielsweise im Partitur Editor. Es ist daher für die eigene Forschungstätigkeit sinnvoller, eine Transkription im Partitur Editor zu erstellen und nur für spezielle Einzelanalysen Praat als Hilfsmittel hinzuzuziehen. Hat man eine Transkription mit dem Partitur Editor erstellt, gibt es die Möglichkeit, über die Partitur Intervalle in der Gesprächsaufzeichnung in Praat gezielt aufzurufen und dort weiter zu analysieren (derzeit allerdings nicht unter MacOS). Hierfür müssen die Anwendungen Praat und Sendpraat aus dem Netz geladen, in einem gemeinsamen Verzeichnis abgespeichert und der gewählte Speicherort im Partitur Editor unter BEARBEITUNG → VOREINSTELLUNGEN → PATHS in dem Feld CHANGE PRAAT DIRECTORY hinterlegt werden. Über das Praat-Werkzeug des Partitur Editors (ANSICHT → PRAAT-WERKZEUG) kann Praat durch Klicken auf das Praatsymbol gestartet werden. Zunächst werden das Objektfenster (Praat Objects) und das Grafikfenster (Praat Picture) geöffnet. Über die Funktion (RE)LOAD AUDIOFILE (Pfeilkreis) kann dann die der Transkription zugrundeliegende Audiodatei in das Objektfenster von Praat geladen und automatisch im Editierfenster (LongSound Editor) geöffnet werden. Über die Funktion SET START AND END TIME IN PRAAT (Pfeil nach rechts) lassen sich schließlich die Zeitwerte der Auswahl im Partitur Editor nach Praat übertragen. Bei einer Auswahl von ≤ 10 Sekunden werden im Editierfenster von Praat (von oben nach unten) ein Oszillogramm und ein Spektrogramm sowie im Spektrogramm der Verlauf der sogenannten f_0-Kurve (s. Kap. 7) angezeigt (s. Abb. 4.8).

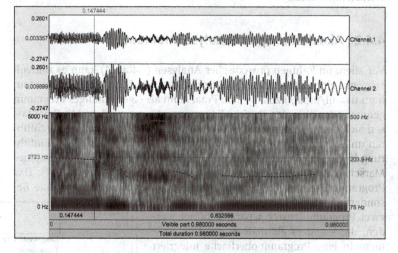

Abb. 4.8: Visualisierung der Intonationsphrase »das GIBS doch wohl nich,« im *LongSound Editor* in Praat

Darstellung der Grundfrequenz: Die unterschiedlichen Visualisierungen bilden verschiedene Facetten des akustischen Signals ab. Für die Analyse von Intonationsverläufen ist vor allem die f_0-Kurve von Bedeutung, die Veränderungen der sogenannten Grundfrequenz im zeitlichen Verlauf nachzeichnet. Voreingestellter Frequenzbereich für die Messung der Grundfrequenz ist in Praat eine Spanne von 75 bis 500 Hz. Im Rahmen

Technische Hilfsmittel

einer Analyse empfiehlt es sich, unter Umständen für weibliche und männliche Sprecher unterschiedliche Einstellungen zu verwenden (weiblich: 100 bis 500 Hz; männlich: 50 bis 300 Hz). Kinder haben eine deutlich höhere Sprechstimme als Erwachsene, weshalb hier generell ein anderer Frequenzbereich eingestellt werden sollte. Allgemein gilt: Je besser der Bereich der Grundfrequenz auf den Stimmumfang der untersuchten Sprecherinnen abgestimmt ist, desto zuverlässiger sind die Analyseergebnisse (vgl. hierzu auch Mayer 2017: 93–97). Entsprechende Änderungen lassen sich unter PITCH → PITCH SETTINGS vornehmen. Hier können auch andere Parameter eingestellt werden. Relevant für Einsteiger ist vor allem die Art der Auftragung der Messwerte. Gemäß den Voreinstellungen ist die Werteskala linear skaliert. Es empfiehlt sich jedoch, eine logarithmische Skalierung zu wählen, da diese der menschlichen Wahrnehmung von Frequenzänderungen besser entspricht.

Zur Vertiefung

> **Grundfrequenz**
>
> Das Sprachsignal ist ein sogenanntes gemischtes Signal, das sich aus vielen verschiedenen Frequenzen zusammensetzt. Für die Intonation sind besonders periodische, das heißt gleichmäßige Schwingungen bestimmend. Bei der Artikulation kommt es bei stimmhafter Artikulation je nach Formung unseres Rachen-, Mund- und Nasenraumes (des sog. Ansatzrohrs) zu Konzentrationen periodischer Schwingungen in unterschiedlichen Frequenzbereichen. In einem Spektrogramm wie in Abbildung 4.8 werden entsprechende Konzentrationen als »Balken stärkeren Schwärzungsgrades sichtbar« (Pompino-Marschall 2009: 108). Diese Konzentrationen bezeichnet man auch als Formanten. Für die Analyse der Intonation ist vor allem der untere Frequenzbereich unterhalb von 500 Hz relevant – quasi der ›nullte‹ Formant (daher die Bezeichnung ›f_0‹). Die Verteilung der Frequenzen in diesem Bereich ist mehr oder weniger unabhängig von der Geometrie des Ansatzrohrs. Die Grundfrequenz ist daher von der Artikulation von Lauten und Silben weitgehend losgelöst und als eigenständiges Signalisierungsmittel einsetzbar.

Anlegen eines TextGrids: Die Visualisierung eines Intonationsverlaufs kann für Analysen im Bereich der Intonation sehr hilfreich sein. Es empfiehlt sich dabei, die Darstellung zu Analyse- aber auch zu Präsentationszwecken um ein silbengegliedertes GAT-Transkript anzureichen. Um die Audiodatei mit einer solchen Transkription versehen zu können, muss ein sogenanntes TextGrid hinzugefügt werden. Sofern die Audiodatei, für die ein Transkript erstellt werden soll, im Objektfenster ausgewählt ist, lässt sich mittels der Funktion ANNOTATE → To TEXTGRID ein Menü öffnen, in dem festgelegt werden kann, welche Spuren angelegt und welche dieser Spuren auf Intervalle und welche auf Zeitpunkte (*point tier*) in der betreffenden Audiodatei bezogen werden sollen. Für das Einbinden einer silbengegliederten GAT-Transkription genügt es, eine (oder ggf. für jeden Sprecher eine separate) intervall-bezogene Spur (hier ›GAT/S1‹ bzw. ›GAT/S2‹) anzulegen (s. Abb. 4.9).

Abb. 4.9:
Erstellen eines
TextGrids in Praat

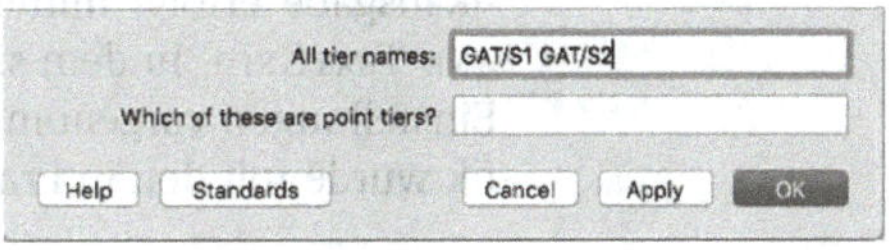

Interaktionale Linguistik: Methode und Umgang mit Daten

Über Klicken auf OK wird das TextGrid als Datei im Objektfenster hinterlegt.

Silbengliederung der Transkription

Nun müssen lediglich noch die wav-Datei und das TextGrid gemeinsam ausgewählt (Shift + Mausklick auf die betreffenden Dateien) und über VIEW & EDIT im Editierfenster geöffnet werden. Im Editierfenster können (ähnlich wie im Partitur Editor) Ereignisse angelegt werden, die das Transkript auf Intervalle im Sprachsignal beziehen. Der entscheidende Unterschied ist allerdings, dass in Praat Start- und Endpunkt eines Intervalls stets unabhängig voneinander festgelegt werden. Die Alignierung erfolgt also, indem im Oszillogramm (oder im Spektrogramm) ein Zeitpunkt (kein Intervall!) ausgewählt und dieser über Klicken auf ein kleines Kreissymbol im TextGrid mit diesem verknüpft wird. Aus der Alignierung verschiedener Zeitpunkte ergibt sich dann automatisch die Gliederung der Daten in Zeitintervalle. Für die Darstellung einer Intonationskontur (s. Kap. 7.2.3) sollte die Alignierung auf Silben bezogen sein, da die Silbe die Basisebene intonatorischer Beschreibungen darstellt. In der hier gewählten Beispieläußerung »das GIBS doch wohl nich,« fällt die Silbengliederung mit der lexikalischen Gliederung der Intonationsphrase zusammen, da diese allein einsilbige Wörter (bzw. im Fall von »GIBS« ein Wort plus angehängtes Klitikon) enthält (s. Abb 4.9).

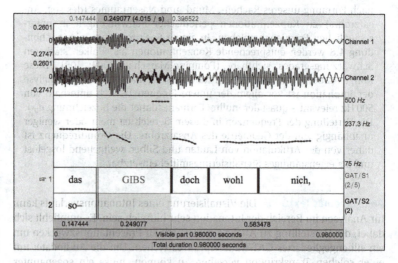

Abb. 4.10: Anlegen eines alignierten Transkripts im Praat Editierfenster (um die Sichtbarkeit der Kontur in der Schwarz-Weiß-Abbildung zu erhöhen, wurde das Spektrogramm über SPECTRUM → SHOW SPECTOGRAM ausgeblendet)

Grafikexport: Der Konturverlauf und das Transkript können gemeinsam als Grafik ausgegeben werden. Zuvor muss aber im Grafikfenster der Bereich ausgewählt werden, in den die Datei exportiert werden soll. Nur so kann man sichergehen, dass alle relevanten Informationen in der Grafik gut sichtbar sind und die Darstellung gut proportioniert erfolgt. Die Grafikausgabe erfolgt mittels der Funktion PITCH → DRAW VISIBLE CONTOUR AND TEXTGRID. In dem sich öffnenden Menüfenster können verschiedene Einstellungen vorgenommen werden. Die in Abbildung 4.11 gezeigte Grafik wurde mit den in Praat voreingestellten Parametern exportiert.

4.4 Technische Hilfsmittel

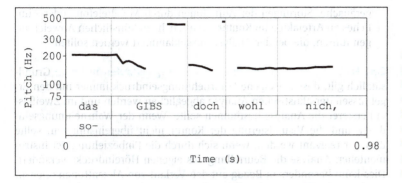

Abb. 4.11: Grafikexport aus Praat (die Strichdicke der Intonationskontur ist nachträglich in einem Grafikprogramm verstärkt worden)

Bei der Interpretation visueller Darstellungen von Intonationsverläufen gilt es verschiedene Aspekte zu beachten:

1. Sobald es zu Überlappungen kommt, ist die akustische Analyse des Signals nicht mehr zuverlässig, da das Signal nicht in Bezug auf die einzelnen Redebeiträge, sondern nur als Gesamtes analysiert werden kann. Dies trifft in unserem Beispiel zwar nur auf die Silbe »das« zu, die mit der von S2 realisierten Silbe »so« in Überlappung realisiert wird. Die Überlappung endet vor dem hier fokussierten »GIBS«. Eine Analyse des Verlaufs über »GIBS« ist in dieser Hinsicht also unbedenklich. Uns fehlt in der akustischen Analyse aber der Vergleichspunkt im intonatorischen Vorlauf. Wir können nicht sehen, ob die Grundfrequenz im Übergang von »das« zu »GIBS« ansteigt oder abfällt und müssen daher unseren Höreindruck unbedingt mit in die Analyse einbeziehen. Dieser deutet darauf hin, dass die Grundfrequenz hier zunächst ansteigt und über »doch« leicht fällt. Gegen Ende der Intonationsphrase ist dann wieder ein Anstieg im Verlauf zu erkennen. Diesem entspricht im Höreindruck ebenfalls eine steigende Tonhöhenbewegung, die hier entsprechend auch im Transkript notiert wurde.

2. Aufgrund des Wechsels stimmhafter und stimmloser Artikulationen zeigt die Visualisierung einer Intonationskurve im Regelfall Unterbrechungen der Kontur an, wie sie auch in Abbildung 4.8, 4.10 und 4.11 zu sehen sind. Wir nehmen die Kontur aber dennoch als eine ›geschlossene‹ intonatorische Gestalt wahr. Das heißt, wenn wir die Äußerung hören, bekommen wir nicht den Eindruck, dass der melodische Verlauf unterbrochen wird. Vielmehr entsteht der Höreindruck eines kontinuierlichen Verlaufs. Für die Analyse bedeutet das, dass Unterbrechungen in der visuellen Darstellung nur dann analytisch relevant werden, wenn diese mit einem Eindruck von Diskontinuität in der akustischen Wahrnehmung einhergehen.

3. Rauschen im Signal, das besonders bei der Artikulation von Frikativen entsteht, kann Ausschläge im f_0-Verlauf verursachen, die ebenfalls irrelevant für die Wahrnehmung der Intonationsbewegung sind. So ist in Abbildung 4.11 über dem auslautenden Frikativ von »GIBS« und »doch« jeweils eine horizontale Linie im oberen Frequenzbereich zu sehen, die auf eben solch ein Rauschen zurückzuführen und daher bei der Beschreibung der Kontur zu ignorieren ist. Ebenso können Hintergrund-

geräusche, Störungen der Aufnahmen durch Mobiltelefone oder Ähnliches zu Artefakten im Konturverlauf, d. h. zu künstlichen Abweichungen führen, die bei der Analyse ausgeklammert werden sollten.

Akustik und Wahrnehmung

Eine Faustregel für die Interpretation von f_0-Verläufen in Praat: Grundsätzlich gilt, dass der eigene Wahrnehmungseindruck immer mit den Ergebnissen der akustischen Analyse abgeglichen werden und im Zweifelsfall ersterer die Analyse bestimmen sollte. Wenn der Wahrnehmungseindruck und die Visualisierung der Kontur nicht übereinstimmen, sollte dies nur relevant werden, wenn sich durch die Einbeziehung der instrumentellen Analyse die Beurteilung des eigenen Höreindrucks verändert. Dies kann besonders in Bezug auf den Verlauf von Akzenttönen relevant werden. Die Silbe, die den Fokusakzent einer Äußerung trägt, weist im Deutschen im Normalfall eine Tonbewegung auf. Die Verlaufsrichtung ist nicht immer ohne Weiteres fehlerfrei herauszuhören. Gleiches gilt für finale Tonhöhenbewegungen. Auch wenn wir durchaus dazu in der Lage sind, über den reinen Höreindruck zu ermitteln, auf welcher Silbe eine Tonhöhenbewegung stattfindet, ist der Zugang zur Art der Tonbewegung über den reinen Höreindruck vor allem für prosodisch ungeschulte Personen häufig nur schwer möglich. Es empfiehlt sich daher, bei der Analyse von Intonationsverläufen stets mithilfe akustisch fundierter Visualisierungen zu arbeiten, wie sie Praat ermöglicht.

4.5 | Multimodale Transkripte

Soziale Interaktionen lassen sich nicht nur hinsichtlich des verbalen Verhaltens untersuchen. Es können beispielsweise nonverbale, körperlich-visuelle Ausdrucksmodalitäten, wie Gestik, Mimik oder die Regulierung der körperlichen Nähe/Distanz zwischen den Interagierenden (die sog. Proxemik), in die Analyse mit einbezogen oder gar zum primären Untersuchungsgenstand werden (s. Kap. 9). Entscheidende Voraussetzung hierfür ist, dass Videoaufzeichnungen als Analysegrundlage zur Verfügung stehen. Interaktionsereignisse lassen sich heutzutage jedoch problemlos sogar mit einem Smartphone in ausreichender Qualität und ohne großen Aufwand in Bild und Ton festhalten, so dass die technischen Hürden für die Materialbeschaffung mittlerweile äußerst gering sein dürften.

4.5.1 | Komplexität des Gegenstandes

»Phänomenexplosion«: Die Verfügbarkeit audio-visueller Daten führt zu einer enormen »Phänomenexplosion«, der man sich als Analytiker zunächst hilflos ausgesetzt sieht. Will man den beobachtbaren »Strom ineinander übergehender, sowohl sequenziell als auch simultan vielfach ineinander verschlungener audio-visueller Phänomene auf den unterschiedlichsten Ausdrucksebenen schriftlich« (Stukenbrock 2009a: 145)

Multimodale Transkripte

4.5

in einem Transkript erfassen, müssen Entscheidungen getroffen werden, um durch eine Komplexitätsreduktion den Gegenstand multimodale Interaktion handhabbar zu machen. Transkripte, die Facetten dieses Stroms auf unterschiedlichen Ausdrucksebenen berücksichtigen, können als ›multimodal‹ bezeichnet werden.

> Von multimodalen Transkripten im engeren Sinne kann aber nur dann die Rede sein, wenn die Erfassung nonverbalen Verhaltens in irgendeiner Form systematisch und nicht lediglich in Form ergänzender Kommentare erfolgt. Vor allem sollten die transkribierten Ausdrucksmodalitäten in Bezug auf ihre zeitliche Kopplung adäquat beschrieben werden. Ein zentrales Merkmal multimodaler Transkriptionen ist es, dass zeitgleich ablaufende kommunikative Aktivitäten in unterschiedlichen Ausdrucksmodalitäten in ihrem temporalen Bezug zueinander dargestellt werden. Alle Transkripte, die wir im Rahme dieser Einführung bisher gesehen haben, sind (mehr oder weniger) reine Verbal-Transkripte. Das heißt, dass in der Transkription nur das verbale Verhalten erfasst wird. Es wurde aber bereits darauf hingewiesen, dass in einem gewöhnlichen GAT-Transkript durch Kommentare auch Aspekte nonverbalen Verhaltens notiert werden können. Besonders wenn es sich dabei um die Beschreibung kommunikativer Handlungen handelt, können Transkripte, die entsprechende Kommentare enthalten, aber im weitesten Sinne als multimodal gelten, da die Transkription verschiedene Ausdrucksmodalitäten erfasst.

Definition

Fehlende Konventionen für das Erstellen multimodaler Transkripte: Eine multimodale Transkription zu erstellen, kann in jeglicher Hinsicht als große Herausforderung gelten. Dies liegt vor allem daran, dass sich bisher weder in der Interaktionalen Linguistik noch in anderen Disziplinen, die sich mit multimodalen Aspekten von Kommunikation befassen, einheitliche Verfahren des Transkribierens etablieren konnten. Im Bereich multimodaler Transkription kann man entsprechend nicht in der Weise, wie dies mit Blick auf das Erstellen von Verbaltranskripten der Fall ist, auf klare Transkriptionsrichtlinien zurückgreifen und diese für die eigene Arbeit einsetzen (Deppermann 2013: 3; Mondada 2018: 88).

Innerhalb der Interaktionalen Linguistik lässt sich diese Problematik an der Entwicklung des GAT-Systems ablesen: Während die Ausführungen zu GAT1 noch rudimentäre Vorschläge zur Dokumentation »nonverbaler/sichtbarer Anteile von Kommunikation« enthalten (Selting et al. 1998: 25–30), finden sich solche in den Anweisungen zur zweiten Version überhaupt nicht mehr. Begründet wird die Entscheidung, in der aktualisierten Version GAT2 auf eine Regelung zur Einbindung von Beschreibungen körperlich-visuellen Verhaltens zu verzichten, wie folgt: Die Multimodalitätsforschung befinde sich in »rasanter Entwicklung«, es gebe »noch keine gewachsenen Konventionen« und »die Komplexität des Phänomenbereichs« übersteige unter bestimmten Gesichtspunkten die Grenzen des Regelbaren (Selting et al. 2009: 355–356). Es kann aus den genannten Gründen wohl nicht davon ausgegangen werden, dass in naher

Zukunft eine für die Interaktionale Linguistik nutzbare, einheitliche Regelung zum Erstellen multimodaler Transkripte vorliegen wird.

Notwendigkeit zur Methodenreflexion: Es lässt sich im Bereich der Multimodalitätsforschung allgemein beobachten, dass für unterschiedliche Fragestellungen stets andere Darstellungsformen notwendig sind, die die »multimodale Komplexität« (Schmitt 2005: 52) von Interaktionsereignissen in einer jeweils zweckgebundenen Weise bändigen und so bestimmte Phänomene analysierbar machen. Im Rahmen einer empirischen Untersuchung zur Multimodalität sozialer Interaktion muss man daher die Verfahren, die in Bezug auf den jeweils anvisierten Gegenstandsbereich sinnvoll und nützlich erscheinen, auswählen, eventuell an die eigenen Bedürfnisse anpassen, oder gar neue Verfahren entwickeln. Dabei ist zu beachten, dass das Erstellen einer Transkription immer mit spezifischen Erkenntnisprozessen verbunden ist, die durch die Art der Transkription mitbestimmt werden (Bezemer/Mavers 2011; Ochs 1979; Stukenbrock 2009a).

Grundlegende Probleme bei multimodaler Transkription

Wie wir weiter unten noch sehen werden, hängt beispielsweise die Art der Transkription der zeitlichen Entfaltung einer Zeigegeste von den theoretischen Vorannahmen über die interne Struktur von Zeigegesten ab. Für die Durchführung einer eigenen Studie zu multimodalen Aspekten sozialer Interaktion ist es somit wichtig, sich mit den methodischen Anforderungen einer solchen Untersuchung kritisch auseinandersetzen zu können. Eine Grundlage hierfür soll dieses Kapitel schaffen. Wir werden uns im Weiteren entsprechend nicht darauf konzentrieren, ein spezifisches Transkriptionssystem vorzustellen (für eine Überblicksdarstellung verschiedener Transkriptionssysteme vgl. Bressem 2013a). Vielmehr wird es darum gehen, grundlegende Problembereiche der multimodalen Transkription zu behandeln. Diese betreffen vor allem die Selektion und Segmentierung analyserelevanter Phänomene sowie die Symbolisierung von Eigenschaften dynamischer Bewegungsereignisse in der starren Form eines Transkripts (vgl. auch Stukenbrock 2009a).

4.5.2 | Angereichertes Verbaltranskript

Multimodale Transkripte in der Interaktionalen Linguistik: In der Interaktionalen Linguistik ist der häufigste Fall eines multimodalen Transkripts ein Verbaltranskript, das um die Beschreibung ausgewählter körperlich-visueller Aspekte angereichert wurde. Körperlich-visuelle Ausdrucksmodalitäten lassen sich zwar auch isoliert betrachten und transkribieren. In Bezug auf Interaktionsereignisse, deren Kernaktivität nicht der mündliche Austausch, sondern eine kooperative körperliche Tätigkeit (beispielsweise das Rücken von Möbeln, der Transport schwerer Gegenstände, eine gemeinsame sportliche oder musikalische Aktivität o. Ä.) ist, kann sich ein solches Vorgehen auch durchaus als sinnvoll oder gar notwendig erweisen (Mondada 2018: 98–101). Das sprachliche Handeln ist in solchen Fällen nur handlungsbegleitend (empraktisch). Hier tauchen »Sprachinseln [...] im Meer des schweigsamen [...] Verkehrs« (Bühler 1934/1999: 156) nur dann und wann auf, um diesen punktuell zu regeln. Sie sind aber nicht fortwährend bestimmend für den Handlungsverlauf.

4.5 Multimodale Transkripte

Multimodale Transkripte von Gesprächen: Wenn man jedoch Gespräche als eine primär in Bezug auf den mündlichen Austausch organisierte Form der Interaktion analysiert, ist es in vielen oder gar den meisten Fällen sinnvoll, in einem Transkript das nonverbale, körperlich-visuelle Verhalten der Gesprächsteilnehmer/innen orientiert an deren verbalem Verhalten zu erfassen. Außerdem bietet ein solches Vorgehen den Vorteil, dass man sich seinem Gegenstand in einem ersten Schritt mithilfe von Arbeitsmethoden im Bereich der Transkription annähern kann, die einem bereits bekannt und stärker vereinheitlicht sind. Dies hilft dabei, den Gegenstand für die multimodale Analyse vorzustrukturieren. Wie ein um nonverbale Aspekte angereichertes Verbaltranskript aussehen kann, illustriert Beispiel 5:

Beispiel 5: Siedler

```
01   S1:   ÄHM-
02     →   #(0.2) hAs_dU_n SCHAF,#
           #zeigt mit ZF der RH auf S2#
03         (0.5)
04   S2:   hm EINS;
05         (0.7)
06         das_s vIEl WERT.
```

Das Beispiel zeigt ein nach den GAT2-Konventionen angefertigtes Basistranskript (Kap. 4.3.2), das in Zeile 02 um die Beschreibung einer manuellen Zeigegeste erweitert wurde. Die Zeigegeste wurde in einer interlinearen Darstellungsform auf einer eigenen Transkriptzeile (zwischen den Zeilen des Verbaltranskripts) mit »zeigt mit ZF der LH auf S2« (ZF = ›Zeigefinger‹; RH = ›rechte Hand‹) paraphrasiert. Die Bewegungsparaphrase wurde mithilfe von Doppelkreuzen in Bezug auf Anfangs- und Endpunkt der Zeigegeste im Verbaltranskript verankert. Das Transkript dokumentiert auf diese Weise die Synchronisation verschiedener Ausdrucksmodalitäten im Rahmen einer multimodalen Adressierungspraktik (Z. 1–2). Sprecher S1 markiert in einer Kombination von verbaler Anrede mit »dU« und manueller Zeigegeste den (primären) Adressaten seiner Fragehandlung »hAs_dU_n SCHAF,« (Z. 2). Die Frage bezieht sich auf die Rohstoffkarte ›Schaf‹ im Rahmen des Gesellschaftsspiels »Die Siedler von Catan«, das die Interagierenden hier spielen.

Bewegungsparaphrase

Die Art der Transkription orientiert sich an den von Mondada (2014b) vorgeschlagenen Konventionen zur Transkription körperlich-visueller Ausdrucksformen. Das von Mondada entwickelte System hat seine Vorläufer in verschiedenen konversationsanalytischen Arbeiten. Stilbildend sind vor allem die Arbeiten von Goodwin (1981). Das Grundprinzip der Transkriptionsweise besteht darin, ein durchgehendes Verbaltranskript punktuell um die Beschreibung verschiedener körperlich-visueller Aktivitäten anzureichern. Entsprechende Transkripte sind somit immer selektiv (vgl. auch Mondada 2018: 88) – und zwar in zweierlei Hinsicht:

- bezüglich der Auswahl in der phänomenalen Breite und
- bezüglich der Auswahl im zeitlichen Verlauf.

123

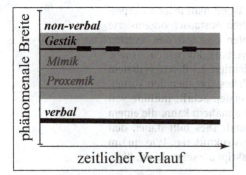

Abb. 4.12:
Selektivität
multimodaler
Transkripte

Doppelte Selektivität: Im Normalfall werden aus der Gesamtmasse nonverbaler Aktivitäten der Interagierenden nur einzelne Phänomene (beispielsweise der Bereich der Gestik) herausgegriffen und punktuell in die verbale Transkription mit einbezogen. Mit Blick auf den Bereich des Nonverbalen werden also einzelne Phänomene ein- und andere ausgeblendet – und dies zumeist auch nur für kurze Momente des Interaktionsgeschehens (s. Abb. 4.12), wie es auch Beispiel 5 illustriert: Das Transkript wurde in einer Zeile um die Beschreibung einer Handgeste erweitert. Informationen über vorherige oder nachfolgende Bewegungen der Hände erhalten wir ebenso wenig wie über die Blickausrichtung oder die Positionierung des Körpers von Sprecher S1. Sprecher S2 bleibt in der Transkription unsichtbar. Gleiches gilt für einen weiteren Interaktionsteilnehmer, der hier zudem nicht zu Wort kommt und daher völlig aus dem Transkript verschwindet, obwohl er der Interaktion nicht nur beiwohnt, sondern diese aktiv mitkonstituiert.

Auswahl nach dem Kriterium der Relevanz: Die notwendige Selektivität multimodaler Transkripte betrifft folglich zum einen die Auswahl bestimmter Phänomene aus der Menge der potenziell untersuchbaren Ausdrucksmodalitäten (verbal, gestisch, mimisch usw.). Zum anderen betrifft die Selektivität die Auswahl einzelner Phasen im zeitlichen Verlauf, für die ein anvisiertes Phänomen in die Transkription aufgenommen wird. In beiden Dimensionen kann die Auswahl nach dem Kriterium der ›Relevanz‹ erfolgen (Mondada 2018: 88; Stukenbrock 2009a: 150–151): Beschreibungen körperlich-visueller Ausdrucksformen werden in die Verbaltranskription nur dann aufgenommen, wenn ein spezifisches Phänomen punktuell als interaktiv relevant erachtet wird.

Ein solches Vorgehen steht allerdings in einem nicht unwesentlichen Widerspruch zur konversationsanalytischen Prämisse der allgegenwärtigen Ordnung sozialer Interaktionen (*order at all points*; s. Kap. 3.3). So ist beispielsweise das Blickverhalten der Interagierenden konstant interaktiv relevant, wird aber weder in allen multimodalen Analysen berücksichtigt, noch in Untersuchungen, die sich spezifisch mit Blickverhalten befassen, fortlaufend in der Transkription erfasst (für eine Ausnahme vgl. Lanwer 2019a). Rechtfertigen lässt sich diese Inkongruenz zwischen Theorie und Forschungspraxis jedoch durch die Komplexität multimodaler Daten: Eine umfassende Analyse aller Ausdrucksmodalitäten zu jedem Zeitpunkt des untersuchten Interaktionsverlaufs ist schier unmöglich. Es muss daher eine Selektion vorgenommen werden. Die Selektion nach dem Kriterium der Relevanz kann dabei genutzt werden, um in Bezug auf ein bestimmtes Erkenntnisinteresse Phänomene von besonderer Relevanz zu isolieren.

Multimodalität und Gleichzeitigkeit: Hat man eine theoretisch und methodisch begründete Auswahl in beiden Dimensionen getroffen, schließt sich die Frage an, wie sich die ausgewählten Phänomene in ihrer

4.5 Multimodale Transkripte

zeitlichen Entfaltung beschreiben lassen. Die Zeitstruktur körperlich-visueller Ausdrucksmittel sollte, wenn man ein multimodales Transkript erstellt, niemals außer Acht gelassen werden; vor allem dann nicht, wenn man, wie in der Interaktionalen Linguistik üblich, einen sequenzanalytischen Ansatz verfolgt (s. Kap. 6). Körperlich-visuelle Ausdrucksmodalitäten wie Gestik, Mimik oder Proxemik sind Ausdrucksformen, die ihr Bedeutungspotenzial aus der Veränderung der Raumlage bestimmter Körperregionen und/oder -teile schöpfen. Eine Zeigegeste, ein Gesichtsausdruck oder die körperliche Zu- oder Abgewandtheit werden bedeutungsvoll durch Veränderungen (oder das Ausbleiben von Veränderungen) der jeweiligen Körperregionen und/oder -teile im zeitlichen Verlauf der Interaktion. Diese Veränderungen sind in ihrem Verlauf häufig aufeinander und zumeist auch auf das verbale Verhalten bezogen.

Zeitliche Verankerung: Auch eine Bewegungsparaphrase wie »zeigt mit ZF der RH auf S2« (Beispiel 5) sollte daher immer mittels einer methodisch sauberen Bestimmung von Anfangs- und Endpunkt der fokussierten Körperbewegung im Verbaltranskript verankert werden. Nur so lassen sich die verschiedenen »Ausdrucksebenen in ihrer wechselseitigen Bezüglichkeit« (Stukenbrock 2015: 29) sinnvoll analysieren. In technischer Hinsicht erfordert dies die Möglichkeit, eine Videoaufnahme Bild für Bild durchzugehen (s. Kap. 4.4.1.3) und zum Beispiel anhand der Bewegungsunschärfe (vgl. Abb. 4.13 unten) Ruhe- von Bewegungsphasen zu unterscheiden oder Umkehrpunkte in einem Bewegungsablauf zu identifizieren (vgl. Bressem/Ladewig 2011: 59–63; Fricke 2012: 152–154; Seyfeddinipur 2006: 104–106).

4.5.3 | Das Problem der Segmentierung

In vielen Fällen, wie auch im Fall von Zeigegesten, erweist es sich als notwendig, in die Struktur der zeitlichen Entfaltung der anvisierten Körperbewegung weiter hinein zu zoomen, um das Zusammenspiel verbalen und nonverbalen Verhaltens adäquat ergründen zu können. Dies macht eine analytische Zerlegung kontinuierlicher Bewegungsabläufe notwendig, wie wir sie ähnlich aus dem Bereich der artikulatorischen Phonetik kennen.

Momentaufnahme vs. kontinuierliche Bewegung

Ähnlichkeiten zum phonetischen Transkribieren: Die Herausforderung beim phonetischen Transkribieren besteht darin, eine an sich kontinuierliche Bewegung in einer Reihe einzelner Momentaufnahmen zu beschreiben. Maas (2006: 47–49) vergleicht daher eine phonetische Transkription auch mit einer Wegbeschreibung: Bei einer Wegbeschreibung beschreiben wir niemals die gesamte Strecke in all ihren Facetten. Vielmehr greifen wir bei der Beschreibung aus der gesamten Wegstrecke einzelne signifikante Fixpunkte heraus, die es ermöglichen, den Gesamtverlauf nachvollziehbar zu machen. Die Beschreibung dieser einzelnen Fixpunkte orientiert sich in einem phonetischen Transkript an den Einstellungen des Sprechapparats. Eine lautliche Transkription hat somit durchaus den Charakter eines Bewegungstranskripts.

Schriftsozialisation und Bewegungsanalyse: Dieser Aspekt spielt auch bei der Schriftsozialisation eine nicht unwesentliche Rolle: Relevant für das Erlernen einer Alphabetschrift ist die Fähigkeit, die Bewegungen des eigenen Körpers bei der Artikulation beobachten, aufgliedern und einzelne Momente in ihrer Charakteristik benennen zu können. Durch die alphabetische Schriftsozialisation verfügen daher auch linguistische Laien über eine zumindest rudimentäre Grundausbildung im Segmentieren artikulatorischer Bewegungen.

Anders als im Fall einer phonetischen Transkription kann man bei der Transkription nonverbaler Körperbewegungen nicht auf eine etablierte Kulturtechnik wie die Alphabetschrift zurückgreifen (Sager 2001: 1069), die bereits im Grundschulalter erworben wird. Es gibt jedoch auch in Bezug auf Bewegungen, die nicht unmittelbar mit der Produktion des sprachlichen Signals verbunden sind, durchaus etablierte Darstellungsformen. So ist es zum Beispiel ein gängiges Verfahren, Bewegungsabläufe in einer Folge von Standbildern (*stills*) darzustellen. Diese Art der Darstellung wird auch als Zeitreihenverfahren bezeichnet.

»Das Prinzip des Zeitreihenverfahrens [...] besagt, dass das komplexe kontinuierliche Bewegungsgeschehen in seinen (durch Film- oder Videoaufnahme erfassbaren) zeitlich aufeinander folgenden (jeweils statischen) Positionen protokolliert wird.« (Sager 2001: 1076)

Serienbild Eine entsprechende Darstellungsweise ist – im Unterschied zum phonetischen Transkript – ikonisch und nicht symbolisch, da sie auf Ähnlichkeiten zwischen Abbild und Abgebildetem beruht.

Das Zeitreihenverfahren hat seinen Ursprung in den ersten Serienbildaufzeichnungen Ende des 19. Jahrhunderts, die ebenfalls zum Zweck der Bewegungsanalyse angefertigt worden sind (Mondada 2013: 983) und als Vorläufer des bewegten Bildes (*motion picture*), d. h. des Films, gelten. Auch heute noch sind uns Serienbilder vor allem aus Darstellungen körperlicher Bewegungsabläufe beispielsweise im Bereich des Sports bekannt:

Abb. 4.13: Tiefstart eines Sprinters (Serienbild)

Abbildung 4.13 zeigt in einer Serie von drei Standbildern den Bewegungsablauf eines Athleten beim Sprintstart, von der Startposition (s. Abb. 4.13.1) über das Heben des Beckens (s. Abb. 4.13.2) bis hin zum Abdruck aus dem Startblock (s. Abb. 4.13.3). Wir sind vermutlich alle dazu in der Lage, uns den Bewegungsablauf anhand der Einzelbilder im Ganzen vorzustellen und eventuell sogar nachzuahmen. Eine Darstellung wie in Abbildung 4.13 lässt sich nun problemlos mit einer GAT-Transkription, in diesem Fall mit einer Transkription des Startkommandos, in einer Weise verbinden, die die zeitliche Koordination zwischen dem Startkommando des Kampfrichters (KR) und dem Bewegungsablauf des Sprinters

4.5
Multimodale Transkripte

(sp) nachvollziehbar macht. In Beispiel 6 sind zu diesem Zweck die relevanten Bewegungen des Athleten als im Transkriptionstext verankerte Bewegungsparaphrase erfasst, wie wir sie in Beispiel 5 bereits kennengelernt haben. Zusätzlich wurde eine Indizierung der Bildstrecke vorgenommen: Die Bildnummern werden ebenso wie die sprachliche Beschreibung der Bewegungsabfolge auf einer eigenen Zeile ausgewiesen und über die Platzmarke # auf Positionen im GAT-Transkript bezogen.

Beispiel 6: Sprintstart

```
01   KR:   AU:::F::: die plÄtze,
02         #(10.5)              #
     sp:   #nimmt Startposition ein#
     Abb                       #1
03         (3.7)
04   KR:   FE:Rtig,
04         #(1.7)       #
     sp:   #hebt das Becken#
     Abb   #2
05         (0.5)
06   KR:   ((lässt das Startsignal ertönen))
07         #(0.1)                    #
     sp:   #drückt sich aus dem Startblock ab#
     Abb                             #3
```

Bei dem sozialen Ereignis, das in der Transkription dokumentiert wird, handelt es sich um eine Interaktion, die durch die Abstimmung des hörbaren Verhaltens des Kampfrichters (verbale Kommandos und akustisches Startsignal) und des sichtbaren Verhaltens des Sprinters (Veränderungen der Körperposition) hervorgebracht wird. Der Unterschied zwischen hörbarem Verhalten auf der einen Seite und sichtbarem auf der anderen wird im Transkript durch Groß- bzw. Kleinschreibung der Siglen angezeigt (vgl. auch Mondada 2014b).

Segmentierung von Bewegungsereignissen: Die Transkription lässt erkennen, dass der Sprinter die in Abbildung 4.13.1 bis 4.13.3 dargestellten Körperpositionen zeitlich in Reaktion auf einzelne Bestandteile des Startkommandos des Kampfrichters einnimmt bzw. wieder auflöst. Hierdurch dokumentiert er zugleich das Verstehen der Teilkommandos und strukturiert damit wiederum die Hervorbringung der Befehlskette. Was die Bilderfolge nicht zeigt, sind Momente im Bewegungsablauf des Athleten, die zwischen Bild 1 und 2 bzw. zwischen Bild 2 und 3 liegen, die weitere Nuancen der einzelnen Phasen hätten erkennen lassen, die für das beschriebene Wechselspiel aber nicht relevant sind. Auch beim Segmentieren kann also das Kriterium der Relevanz angewendet werden, um Auswahlentscheidungen zu treffen.

Potenziell lässt sich jedes Bewegungsereignis in unendlich viele Einzelmomente zerlegen. Es ist daher immer notwendig zu entscheiden, welche Standbilder es ermöglichen, die fokussierte Bewegung in ihrem Verlauf nachvollziehbar darzustellen bzw. welche Bewegungsmomente für die Erkennbarkeit und Verstehbarkeit relevant sind (vgl. auch Stukenbrock 2009a: 148–151). Unter Umständen erweisen sich auch für Darstellungszwecke in Präsentationen und Hausarbeiten andere Standbilder als geeignet, als dies mit Blick auf die eigene Analyse der Fall ist (Stukenbrock 2009a: 150).

Technische Vorsegmentierung: Bei der Analyse von Videoaufzeichnungen, wie sie multimodalen Untersuchungen stets zugrunde liegen, wird die Auswahl der Standbilder durch die technische Aufzeichnung geringfügig vorstrukturiert: Bereits bei der Videoaufzeichnung wird ein in sich kontinuierliches Ereignis in eine Serie von Einzelbildern aufgelöst. Wenn man diese mit ausreichender Geschwindigkeit in der Reihe wieder abspielt, entsteht in der Wahrnehmung nur die Illusion einer fließenden Bewegung, wie wir es auch von einem Daumenkino kennen. Durch die technische Verstetigung werden Bewegungsereignisse also bereits vorsegmentiert und so für eine Bild-für-Bild-Analyse zugänglich gemacht. Dennoch ist natürlich die Menge der verfügbaren Einzelbilder enorm.

Frame-Rate: Die Anzahl der Einzelbilder, die bei einer Videoaufzeichnung in einem Zeitfenster von einer Sekunde festgehalten werden, nennt man Frame-Rate (bemessen in *fps = frames per second*). Die standardmäßige Frame-Rate für Videoaufnahmen beträgt (im europäischen Raum) 25fps, also 25 Einzelbilder pro Sekunde. Erstreckt sich der zu beschreibende Bewegungsablauf beispielsweise über eine zeitliche Dauer von 2 Sekunden, bedeutet dies, dass man aus einer Menge von insgesamt 50 Bildern einzelne Standbilder auswählen muss, um eine Bildserie zu erstellen (s. Abb 4.14).

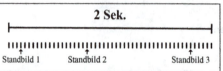

Abb. 4.14: Auflösung eines Ereignisses von 2 Sekunden in Einzelbilder bei einer Frame-Rate von 25fps

Zeitliche Struktur: Die Frage, ob für die Darstellung einer Bewegung ein, zwei, drei oder mehr Standbilder notwendig sind, lässt sich lediglich unter Einbeziehung theoretischer Vorannahmen über die interne zeitliche Struktur der zu analysierenden Körperbewegungen beantworten. Exemplarisch soll dies hier in Bezug auf den Bereich der Gestik erläutert und abschließend an einer weiterführenden Analyse der Zeigegeste aus Beispiel 5 veranschaulicht werden.

Home position

Gesteneinheiten und Gestenphasen: Als erster hat der US-amerikanische Gestenforscher Adam Kendon festgestellt, dass Gesten in ihrer zeitlichen Entfaltung einen regelhaften Aufbau zeigen. Kendon beobachtet in seinen Untersuchungen, dass Interagierende beim Gestikulieren häufig ausgehend von einer Ruheposition (*rest position*) eine oder mehrere Gesten, die er als Gestenphrasen (*gesticulation phrase*) bezeichnet, vollziehen und dann wieder zu dieser (oder einer anderen) Ruheposition zurückkehren. Sacks/Schegloff (2002) sprechen hier auch von einem Zurückkehren in die *home position*. Durch das Verlassen bzw. Einnehmen der Ruheposition wird der gestische Ausdruck gewissermaßen ein- und wieder ausgeschaltet. Die Strecke zwischen zwei solchen Ruhepositionen bezeichnet Kendon als Gesteneinheit (*gesticular unit*). Eine solche Gesteneinheit besteht mindestens aus einer, potenziell aber aus mehreren Gestenphrasen. Eine Gestenphrase zeichnet sich nach Kendon durch einen *effort peak* (Kendon 1975: 357) aus, also durch eine Art Spannungshöhepunkt, den er auch als *stroke* bezeichnet.

Signifikanzpunkte: Sager (2001) spricht in diesem Zusammenhang auch von Signifikanzpunkten und geht in Rückbezug auf Kendon ebenfalls davon aus, dass sich Gesten anhand des Start- und Endpunkts sowie dazwischenliegender Signifikanzpunkte beschreiben lassen. Eine Zeigegeste weist gewöhnlich nur einen solchen Signifikanzpunkt oder *stroke* auf, der im zeitlichen Verlauf auch die Form einer Haltephase (*hold*) annehmen kann (vgl. auch Stukenbrock 2015: 22–28). Die Phasen vor bzw. nach dem *stroke* innerhalb einer Gestenphrase werden auch als Vorbereitung (*preparation*) bzw. Rückzug (*retraction*) bezeichnet (s. Abb. 4.15).

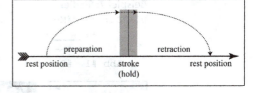

Abb. 4.15: Gliederung einer prototypischen Gestenphrase (*gesticulation phrase*)

4.5.4 | Ausgebautes multimodales Transkript

Das eingeführte Begriffsinventar, das in Tabelle 4.2 noch einmal systematisch zusammengefasst wird, lässt sich nun für eine weiterführende Transkription der Zeigegeste aus Beispiel 5 nutzen, indem wir Symbole einführen, mit denen wir Start-, Endpositionen und *stroke* einerseits sowie die Vorbereitungs-, Halte- und Rückzugsphase andererseits im Transkript erfassen. In Anlehnung an Mondada (2014b) und Stukenbrock (2009) sollen hierzu die in Tabelle 4.2 aufgeführten Symbole genutzt werden. Das ausgebaute multimodale Transkript in Beispiel 7 basiert auf einer

+	Anfangs- bzw. Endpunkt einer Gestenphrase (nicht Gesteneinheit!)
^	Signifikanzpunkt bzw. *stroke* einer Gestenphrase
...	Vorbereitungsphase (*preparation*)
---	Haltephase (*hold*)
,,,	Rückzugsphase (*retraction*)
>	Gestenverlauf geht über die Zeile des Verbaltranskript hinaus

Tab. 4.2: Symbole zur Transkription der zeitlichen Struktur

Kombination von Bewegungsparaphrase und Bildstrecke, wie wir sie ähnlich in Beispiel 6 bereits kennengelernt haben, und einer zusätzlichen symbolischen Repräsentation des zeitlichen Verlaufs mithilfe der in Tabelle 4.2 aufgeführten Transkriptionszeichen. Die Bildstrecke wurde in diesem Fall, anders als in Beispiel 6, in die vertikale Zeilenstruktur des Transkripts integriert. Die verbale Beschreibung der relevanten körperlichen Bewegungen wurde aus Platzgründen auf der Transkriptionszeile nicht ausbuchstabiert. Stattdessen wird mit *x* bzw. *y* auf eine unter der jeweiligen Bildstrecke angeführte Bewegungsparaphrase verwiesen. Der auf *x* bzw. *y* jeweils folgende Unterstrich (_) zeigt den Geltungsbereich der indizierten Paraphrase im zeitlichen Verlauf an.

Beispiel 7: Siedler
```
01   S1:  #Ä:H#M-
          +x_____>
          +...^-->
          Abb #1  #2
```

{x: führt den ZF der RH zum Mund}

```
02        → #(0.2) #hAs_dU_n SCHAF,#
             +y_____+
             +:......^,,,,,,,,,,,+
             Abb      #3         #4
```

{y: zeigt mit dem ZF der RH auf B}

```
03        (0.5)
04   S2:  hm EINS;
05        (0.7)
06        das_s vIEl WERT.
```

Beispielanalyse **Zeitliche Entfaltung der Zeigegeste:** Insgesamt ergibt sich in Beispiel 7 ein deutlich komplexeres Transkriptionsgefüge als in Beispiel 5, das aber für die Analyse der beschriebenen multimodalen Adressierung relevante Aspekte zutage fördert: Zunächst wird deutlich, dass der Höhepunkt der redebegleitenden Zeigegeste, der *stroke*, in der zeitlichen Entfaltung der verbalen Fragehandlung unmittelbar vorausgeht (Z. 2) und nicht – wie vielleicht zu erwarten gewesen wäre – mit dem zeigenden »dU« simultan erreicht wird. Außerdem wird aufgrund der Ausweitung des multimodalen Analysefensters auf die Intonationsphrase, die der Fragehandlung in Zeile 1 vorangeht, erkennbar, dass Sprecher S1 sich bereits vor Beginn der Zeigegeste mit dem später für die Zeigegeste genutzten Finger an den Mund führt (Bild 2). Auf diese Weise unterstützt er den verbalen Ausdruck des zögernden Überlegens (»Ä:HM-«) in Zeile 1 und projiziert zugleich durch die Fingerformation des ausgestreckten Zeigefingers bereits die folgende Zeigehandlung. Die Zeigegeste ist also Teil einer größeren

Gesteneinheit, die übrigens noch vor dem hier zitierten Sequenzausschnitt beginnt. Die Einheit startet vor Beginn des verbalen Turns in der Position, in die Sprecher S1 mit Abschluss des Turns in Zeile 2 seine rechte Hand wieder zurückgleiten lässt (Bild 4). Die Position kann somit als *rest position* oder *home position* klassifiziert werden.

Blickkontakt: In der Bildstrecke lässt sich außerdem erkennen, dass Sprecher S1 und S2 sich ziemlich exakt mit Abschluss der Zeigegeste bzw. der Fragehandlung mit den Blicken begegnen (Bild 4). Die Bildstrecke liefert uns somit zusätzliche Informationen, die über das eigentlich anvisierte Phänomen hinausgehen, und kann so der erfolgten Komplexitätsreduktion in gewisser Weise entgegenwirken. Es empfiehlt sich daher, immer mit ergänzenden Bildstrecken zu arbeiten, um auf diese Weise trotz der Selektivität in der phänomenalen Dimension potenziell die volle Bandbreite simultan ablaufender Körperaktivitäten für die Analyse verfügbar zu halten (Mondada 2018: 90).

Symbolische Kodierung von Bewegungsmomenten: In einem letzten Schritt ließe sich die Transkription der multimodalen Zeigepraktik nun noch um eine symbolische Kodierung der relevanten Bewegungsmomente in Bezug auf Beschreibungsparameter wie Armhaltung, Handrotation, Flexion der Finger und Position der Geste im Gestenraum (*gesture space*; McNeill 1992: 86–89) ergänzen, das heißt um eine parametrisierte Beschreibung von Anfangspunkt, *stroke* und Endpunkt der Gestenphrase (vgl. Stukenbrock 2009a: 161–162). Der Unterschied zu einer Standbildanalyse besteht dabei darin

> »dass die bei der Standbilderstellung oftmals intuitiv zugrunde gelegten und daher von Standbild zu Standbild z. T. variierenden Kriterien bei der symbolischen Transkription technisch erzwungen und dadurch nicht nur explizit formuliert, sondern auch homogenisiert werden.« (Stukenbrock 2009a: 161)

Potenziell erwächst hieraus also ein Vorteil bezüglich der Vergleichbarkeit von Einzelfallanalysen. Allerdings versetzt eine symbolische Transkription von Formmerkmalen den Analytiker in einen gewissen Kategorisierungszwang, der sich mit den Grundprinzipien zur Durchführung kategorial offener und kontextsensitiver Einzelfallanalysen (s. Kap. 4.6) nur bedingt verträgt. Es liegt zudem kein System vor, das den Nutzen der fallübergreifenden Vergleichbarkeit mit sich bringen würde, ohne zugleich aufgrund eines Mangels an Lesbarkeit den interaktionsanalytischen Zugang zu verstellen. Eine forschungspraktische Umsetzung von Systemen, wie sie zum Beispiel von Birdwhistell (1970), Bressem (2013b), Ekman/Friesen (1976), Kendon (1967), McNeill (1992) oder Sager (2001) entwickelt worden sind, scheint daher zumindest im Feld der Interaktionale Linguistik nur bedingt aussichtsreich (vgl. auch Stukenbrock 2009a: 161).

Gestenraum

4.6 | Leitfragen für die Analyse

Nachdem wir uns ausführlich mit den Grundlagen der Transkription befasst haben, können wir uns nun der Durchführung einer eigenen Analyse zuwenden. Die im Folgenden dargestellten Leitfragen, die man bei einer Analyse beachten muss, gelten für gesprochene und geschriebene Interaktionen gleichermaßen, wenn auch natürlich die unterschiedliche Materialität und die unterschiedlichen Kommunikationsbedingungen an manchen Stellen andere Schwerpunkte verlangen.

Kollektion

1. Korpus und Kollektion: Aus der Menge an Daten, die man zur Verfügung hat (sei es, dass man eine Datenbank verwendet oder eigene Daten erhoben hat), muss zunächst eine Auswahl von Fällen getroffen werden, die dann tatsächlich im Detail analysiert werden können. Eine solche wissenschaftlich fundierte und begründete Auswahl nennt man *Kollektion* (ausführlich dazu Deppermann 2001: 35–38). Eine Kollektion entsteht dadurch, dass man aus den Transkripten und Audiodateien systematisch und begründet die Passagen auswählt, die man untersuchen möchte. Wenn man beispielsweise den Einsatz von Lachen in peinlichen Situationen untersuchen will, erstellt man eine Kollektion aus ›peinlichen Situationen‹, wenn man die Funktion von Äußerungsabbrüchen untersuchen will, sammelt man Stellen mit Äußerungsabbrüchen etc. Wichtig ist dabei, ›großzügig‹ zu sammeln, gerade bei interpretativen, funktionalen Kategorien wie ›peinliche Situation‹, ›Vorwurf‹, ›Streit‹ etc. Hier sollte man zunächst alle ›verdächtigen‹ Stellen sammeln und dann in einer detaillierten Analyse der Fälle nachvollziehbare und begründete Grenzziehungen treffen. Eine einmal erstellte Kollektion ist nicht notwendigerweise abgeschlossen. Sollte sich im Verlauf der Analyse zeigen, dass sich die Fragestellung verändert hat oder dass weitere Fälle (oder Fälle eines bestimmten Typs) für die Analyse benötigt werden, erweitert man die Kollektion entsprechend.

2. Generalisierbarkeit der Aussagen: Eine Frage, die sich bei einem qualitativ ausgerichteten Ansatz wie der Interaktionalen Linguistik immer wieder stellt, ist die der Generalisierbarkeit.

>»Generalisierbarkeit‹ meint: Für welche Bereiche gelten die aus der Untersuchung gewonnenen Aussagen? Auf welche Sprecherpopulationen, Situationen, kulturelle Gemeinschaften etc. können sie übertragen bzw. verallgemeinert werden?« (Deppermann 2001: 108–109)

Allgemeine Aussagen über Strukturen, die ›die deutsche Sprache‹ schlechthin betreffen, sind durch Analysen praktisch nie möglich. Selbst wenn alle vorhandenen Korpora verwendet werden, ist immer noch nicht auszuschließen, dass man relevante Kommunikationsbereiche aus der Untersuchung ausgeschlossen hatte. Je beschränkter das Datenmaterial ist und je weniger Daten in eine Kollektion aufgenommen werden, desto geringer ist die Verallgemeinerbarkeit der Aussagen. Man muss sich also bewusst sein, dass man seine Aussagen nur über das untersuchte Datenset treffen kann. Wenn man Aussagen mit größerer Reichweite machen möchte, sollte man versuchen, möglichst viele unterschiedliche Situationen, Sprechergruppen, soziale Schichten, Altersgruppen etc. zu berücksichtigen (das Forschungs- und Lehrkorpus FOLK versucht, Daten aus so vielen Kommunikationsbereichen wie möglich bereitzustellen). Doch selbst dann ist man, weil die Interaktionale Linguistik ein qualitativer Ansatz ist, immer noch auf eine vergleichsweise geringe Datenmenge beschränkt. Hier schafft eine Verbindung mit quantitativen Ansätzen Abhilfe.

3. Qualitative und quantitative Ansätze: Das qualitative Vorgehen der Interaktionalen Linguistik, also die detaillierte Analyse, das ›Ernstnehmen‹ aller Einzelfälle, die Berücksichtigung von sequenzieller Position, Prosodie, Rezipientenreaktion etc., liefert auf der einen Seite entsprechend gute Ergebnisse, auf der anderen Seite ist es aber auf Grund der zeitaufwändigen Analyse nicht möglich, allzu große Datenmengen zu verarbeiten. Umgekehrt hat ein quantitatives Vorgehen, bei dem mit Hilfe automatischer Suchen und Auswertungen große Datenmengen verarbeitet werden, den Vorteil, deutlich repräsentativer zu sein. Dafür bleiben solche Analysen aber für den Großteil der interaktionsrelevanten Faktoren schlichtweg blind. Ein weiteres Problem ist, dass eine große Fallzahl von einem bestimmten Phänomen noch lange keine Aussagen über dessen Funktion (geschweige denn über alternative Strategien und deren Funktion) bedeutet und dass man zudem auch nicht einfach alle Fälle gleichsetzen kann, da die Kontextinformationen fehlen.

Wenn man eine quantitative Analyse von *oh* im gesprochenen Deutsch durchführt, dann sagen die Zahlen nichts über dessen Funktionen aus. Quantitative Untersuchungen können also bestenfalls eine Ergänzung für qualitative Analysen bilden, oder, wie der Konversationsanalytiker Schegloff (1993: 114) sehr schön schreibt: »quantification is no substitution for analysis«.

Ein drittes Problem ist, dass quantitative Analysen nur über formal bestimmbare Einheiten möglich sind, d. h. man muss wissen, was man sucht. Wenn man beispielsweise herausfinden will, wie schlechte Neuigkeiten quittiert werden, legt ein qualitativer Zugang alle Strategien offen, die es in den Daten gibt. Bei einem quantitativen Zugang muss man sich dagegen zuvor schon überlegen, welche Einheiten in Frage kommen (z. B. *oh, oh je, oh mein Gott* etc.), denn nach ›schlechte Neuigkeit‹ kann man nicht suchen.

Eine Lösung für das Dilemma ist die Verbindung qualitativer und quantitativer Zugänge: Zunächst wird eine qualitative Analyse durchgeführt. Auf deren Ergebnisse aufbauend, kann dann eine quantitative Analyse angeschlossen werden (vgl. hierzu beispielhaft das Forschungsdesign in Lanwer i. E.). Auf diese Weise kann man im Idealfall ›das Beste aus zwei Welten‹ vereinen.

Verbindung quantitativer und qualitativer Analysen

4. Bottom-up Analyseverfahren: Eine wichtige Leitlinie für die Analyse ist, sich immer wieder daran zu erinnern, dass die Daten ›das letzte Wort‹ haben müssen. Wie in Kapitel 3.3 mit Hilfe der Begriffe *Deduktion*, *Induktion* und *Retroduktion* erläutert, geht es darum, die sprachwissenschaftlichen Theorien, Konzepte und Begriffe mit Vorsicht anzuwenden. Was Deppermann (2001: 85) über Konversationsanalytiker schreibt, gilt genauso für Interaktionale Linguisten, die »über alles Mögliche Bescheid wissen« müssen und doch »zugleich der Sicherheit und

4 Interaktionale Linguistik: Methode und Umgang mit Daten

Relevanz dieses Wissens für die Gesprächsanalyse misstrauen« sollen. Dieses Misstrauen eigenen Intuitionen, Bewertungen und eigenem Vorwissen gegenüber kann man als »Haltung der methodischen Fremdheit« bezeichnen:

Methodische Fremdheit

»Zum anderen muss der Forscher eine Haltung der methodischen Fremdheit entwickeln, bei der die Selbstverständlichkeit des Immer-Schon-Verstanden-Habens der Alltagsphänomene, mit denen man sich beschäftigt, ebenso eingeklammert wird wie das praktische Interesse und die Bewertungen, die wir normalerweise mit den Ereignissen verbinden.« (Deppermann 2001: 85)

Ein Beispiel soll dies verdeutlichen: In jeder Einführung in die Grammatik im Bachelorstudium lernt man, dass Modalpartikeln sich dadurch auszeichnen, dass sie im Mittelfeld von Sätzen stehen. Wenn man Daten aus der gesprochenen Sprache betrachtet, dann tauchen auch Fälle wie der folgende mit der Modalpartikel *halt* im Nachfeld auf (Beispiel aus Imo 2008):

Beispiel 8: Obstsalat

```
49   J:  UND ich würd gern- (.) hhh°
50       °hh hhh° n OBSTsalat essen;
51   O:  der, °hh
52       °hh O:der, hhhh°
53       ins soLArium gehen;
54   O:  der, h°
55   →   °hh na ALL das was hier nie IS halt;
56       SO was würd ich gern machen;
57       °h aber HIER is es schön RUhig;
```

Die Versuchung ist groß, solche Belege als ›Fehler‹ unter den Tisch fallen zu lassen (oder sie einfach zu ›übersehen‹). Stattdessen müssen aber genau solche von der eigenen Erwartung abweichenden Fälle besonders ernstgenommen werden:

»Die eigene *Intuition* wird *überschätzt*: Man geht von Regeln, Pflichten, Erwartungen etc. aus, die für die Interaktionsteilnehmer nicht gelten. Vorsicht ist hier vor allem bei der Frage nach den Folgeerwartungen und beim Einsatz von Variationstechniken geboten: Leicht entsteht der Eindruck, dass Gesprächsteilnehmer aus Dummheit, Strategie etc. von angeblichen Regeln abweichen. In solchen Fällen sind die Regeln zu entdecken, denen sie tatsächlich folgen.« (Deppermann 2001: 89)

Aus den Daten heraus müssen Gruppen von ähnlichen Fällen zusammengestellt und dann im Detail in ihrer interaktionalen Funktion analysiert werden. Nur so kann man beispielsweise das Stellungsverhalten von Modalpartikeln angemessen erfassen.

5. Bildung von Phänomenklassen: Entsprechend besteht der erste Schritt, nachdem man eine Kollektion angelegt hat, darin, Gruppen von ähnlichen Fällen zusammenzustellen und zu fragen, auf welchen Ebenen die Ähnlichkeiten bestehen (Funktion? sequenzielle Position? Bedeutung? Prosodie? syntaktische Struktur?). Dieser Schritt der Klassenbildung ist

4.6

Leitfragen für die Analyse

an früher Stelle auch deswegen wichtig, weil man beispielsweise interessante Fälle in der Kollektion haben kann, die aber nur selten vorkommen. Hier kann man dann gezielt Daten nacherheben.

6. Einzelfragen für die Analyse: Die folgenden Fragen lehnen sich an die Darstellung des gesprächsanalytischen Analysevorgehens an, das bei Deppermann (2001: 49–104) ausführlich beschrieben wird. Auch wenn gesprächsanalytische Fragen sich von solchen der Interaktionalen Linguistik unterscheiden, gibt es dennoch so viele methodische und erkenntnisbezogene Gemeinsamkeiten, dass das Durcharbeiten dieser Darstellung sehr empfohlen wird. Die folgenden Fragen sind nicht erschöpfend, in jeder Analyse sind andere Fragen zentral. Die Liste ist daher lediglich als Orientierung für den Einstieg zu sehen.

Linguistische Phänomene im engeren Sinne können zunächst untersucht werden:

Analysefragen

- Welche phonetische/morphologische/syntaktische Form weisen die Fälle auf? Was sind jeweils Gemeinsamkeiten, was Unterschiede?
- Wie hängen die Merkmale zusammen? Oft kann man beispielsweise feststellen, dass phonetische Reduktionsformen von Phrasen eine gesprächssteuernde Funktion haben (wie die Floskeln *ich mein* oder *glaub*), während die Vollformen entsprechend mit der vollen Semantik einhergehen (*ich meine, ich glaube*).
- Welche Rolle spielt die Prosodie?
- Was ist die Bedeutung der Struktur?

Fragen zur Interaktionsstruktur können dem folgen:

- Wer produziert die Struktur typischerweise? Welche institutionell vorgegebenen und welche lokal ausgehandelten Rollen nehmen die Gesprächsteilnehmer ein? (In einem universitären Prüfungsgespräch stehen beispielsweise Rollen wie Prüferin/Dozentin und Prüfling/Student einerseits im Voraus fest, andererseits kann sich eine Prüfung zu einem Fachgespräch entwickeln, so dass eine Teilnehmerkonstellation aus Wissenschaftlerin und Wissenschaftler entstehen kann).
- An welcher Stelle wird die Struktur geäußert (z. B. zu Gesprächsbeginn, nach einer Erzählung, im Höhepunkt einer Erzählung, als Reaktion auf einen Vorwurf etc.)?
- Wie ist der Sprecherwechsel organisiert? Haben alle Sprecher/innen gleiches Rederecht oder ist das Rederecht ungleich verteilt? Hängt damit eine Funktion der Struktur zusammen, die man untersuchen möchte?
- Wird die Struktur von Pausen, Lachen, nonverbalen Einheiten, Zögerungssignalen, Formulierungsproblemen, Stocken, Selbst- oder Fremdreparaturen o. Ä. begleitet? Wenn ja, aus welchen Gründen geschieht dies?

Der Kontext, in dem die zu untersuchende Struktur auftritt, muss dann näher berücksichtigt werden.

- Welchen Bezug hat die Struktur zu Vorgängeräußerungen? Greift sie formal oder inhaltlich Teile aus Vorgängeräußerungen auf? Verändert sie Vorgängeräußerungen? Repariert sie Vorgängeräußerungen?

135

- Wie wird Kohärenz zwischen der zu untersuchenden Struktur und den Umgebungsäußerungen aufgebaut? Implizit oder explizit?
- Was ist der relevante Kontext, in dem die zu untersuchende Struktur typischerweise verwendet wird?
- Welchen neuen Kontext baut die Struktur auf?
- Welche Rolle spielen Kontextualisierungshinweise? Ist die Struktur selbst ein Kontextualisierungshinweis oder tauchen Kontextualisierungshinweise zusammen mit ihr auf?

Zeitliche Struktur: Von ganz besonderer Bedeutung für die Interaktionale Linguistik ist die zeitlich progrediente, also sich über die Zeit entfaltende, Struktur von Sprache. Entsprechend müssen immer auch Fragen gestellt werden, die die zeitliche Struktur betreffen:

- Welche Erwartungen über den inhaltlichen, strukturellen und handlungsbezogenen Fortgang bauen Äußerungen und Äußerungsfragmente schrittweise auf?
- Über wie viele Intonationsphrasen erstrecken sie sich?
- Werden sie durch einen parenthetischen Einschub unterbrochen?
- Findet sich ein Abbruch? Aus welchem Grund? Ist der Abbruch interpretierbar? Wenn ja, welche Folgehandlungen werden ausgelöst?
- Welche Anschlussmöglichkeiten werden für die übrigen Interaktanten bereitgestellt? Wie stark ist der Verpflichtungsgrad für einen bestimmten Anschluss?
- Welche Anschlüsse sind präferiert, welche dispräferiert? Wie zeigt sich die Präferenz oder Dispräferenz?
- Wie machen Sprecher ihre Erwartungen deutlich, die sie an die Beiträge ihrer Gesprächspartner haben? Wie gehen sie auf die Beiträge ihrer Gesprächspartner ein?

Handlungsbezogene Funktionen: Schließlich stellt sich in jeder Analyse immer auch die Frage nach den interaktionalen Funktionen, die eine Struktur hat, also die Frage nach dem ›warum‹:

- Dient eine bestimmte Struktur dazu, vorangegangene Äußerungen zu quittieren (*akzeptieren, zurückweisen, reparieren, in Frage stellen...*)?
- Dient die Struktur der Gesprächsorganisation, der Beziehungsgestaltung, dem Ausdruck von Emotionen etc.?
- Soll ein Interaktionspartner zu einer Handlung aufgefordert werden? Werden eigene Handlungen angekündigt?

Die Frage nach den Funktionen ist mit Abstand die schwierigste, denn hier ist man schnell versucht, diese Funktionen einfach zu nennen und sie unhinterfragt für ›plausibel‹ zu halten (oder gar von ›Absichten‹ der Sprecher auszugehen). Da die Konversationsanalyse empirisch vorgeht, dürfen nicht einfach nicht beobachtbare und daher spekulative Absichten von Sprechern angegeben werden, sondern es müssen beobachtbare ›Tatsachen‹ als Begründung geliefert werden. Das führt schließlich zu dem Konzept der Aufzeigepraktiken, mit denen die eigene Analyse gestützt wird.

4.6
Leitfragen für die Analyse

Der Fokus auf Aufzeigepraktiken (*displays*), also auf das beobachtbare Signalisieren durch die Gesprächspartner/innen, dass sie eine Äußerung in einer gewissen Weise verstanden haben, ist die zentrale Methode für die Interaktionale Linguistik, um Äußerungsfunktionen wissenschaftlich begründet postulieren zu können. Es geht also darum, Belege dafür zu finden, dass die Gesprächspartner/innen in einer gewissen Weise reagiert haben. Da dies in den folgenden Redezügen (*turns*) geschieht, nennt man dieses Verfahren *next turn proof procedure*. Im Extremfall benennen Interaktionspartner ihre Interpretation sogar explizit: Wenn jemand auf eine Äußerung eines Gesprächspartners mit *Soll das jetzt ein Vorwurf sein?* oder *Ich habe deine ewigen Vorwürfe satt!* reagiert, haben wir einen starken Beleg dafür, diese Äußerung als Vorwurf zu beschreiben. Solche expliziten Verbalisierungen kommen zwar immer mal wieder vor, allerdings zu selten, als dass man sich darauf für seine Analysen verlassen könnte. In den meisten Fällen sind die Aufzeigepraktiken impliziter, wie in dem Beispiel aus Günthner (2000a: 136):

Next turn proof procedure

Beispiel 9: Telefonauskunft (Telefongespräch)

```
14  Sara:  ja. die wohnen glaub ich auf der REICHenau.
15         und gar nicht direkt IN Konstanz.
16  A:     WARUM=↑`SA:GEN=SIE=DANN=KONSTANZ.
17  Sara:  tut mir leid. ich dachte die Reichenau fällt
           unter KONstanz.
18         (2.5)
19  A:     also die Nummer ist ((...))
```

Die Anruferin Sara ruft bei der Telefonauskunft an und gibt zunächst den falschen Ort (Konstanz) an, so dass der Mitarbeiter bei der Telefonauskunft die Nummer nicht finden kann. In den Zeilen 14–15 korrigiert sie den Ort in Reichenau, was von dem Mitarbeiter mit der stark akzentuierten und mit Tonhöhensprüngen realisierten *warum*-Frage quittiert wird. Dass diese Frage von Sara als Vorwurf und nicht als Informationsfrage betrachtet wird, zeigt sich in ihrer Entschuldigung (»tut mir leid«; Z. 17). Wir können hier also sagen, dass die Äußerung von A ein Vorwurf ist, weil Sara ihn in ihrer Aufzeigepraktik (*sich entschuldigen* ist eine typische Reaktion auf einen Vorwurf, den man akzeptiert) als solchen markiert. Selbstverständlich ist die Bandbreite solcher nicht expliziten Aufzeigepraktiken enorm (auf Vorwürfe kann mit Entschuldigungen, Gegenvorwürfen, Angaben von Gründen, Ausreden etc. reagiert werden; vgl. die ausführliche Analyse bei Günthner 2000a), und es ist jeweils in der Analyse klar zu zeigen, wie und aus welchen Gründen man die Reaktion des Gesprächspartners als Begründung für die jeweilige Funktionsbeschreibung heranzieht. Genau diese nachvollziehbare Begründung unterscheidet entsprechend eine wissenschaftliche Analyse von einer bloßen ›Nacherzählung‹ eines Transkripts.

5 Interaktionale Sprache und Zeitlichkeit

5.1 Das Konzept der On line-Syntax
5.2 On line- vs. Off line-Syntax
5.3 Projektionen und Retraktionen als Grundoperationen einer *Online-*Syntax
5.4 Gestalten und potenzielle Gestaltschlüsse
5.5 Zeitlichkeit
5.6 Zukünftige Forschungsfragen

Im englischsprachigen Raum wurde in den 90er Jahren das Interesse für die Zeitlichkeit als Strukturprinzip für Syntax (und Sprache generell) geweckt (vgl. Stoltenburg 2016 zu einem Überblick). Eine frühe Arbeit zu diesem Thema stammt von Chafe (1994). Chafe kritisierte den traditionellen Fokus der Linguistik auf den *Satz* als Kerneinheit und stellte diesem ein Konzept von *chunks* gegenüber, von Äußerungsblöcken, aus denen gesprochene – aber auch geschriebene – Sprache aufgebaut sei. Chafe argumentiert dabei vor allem aus einer kognitiven Perspektive heraus, wenn er feststellt, dass man sprachliche Einheiten nicht verstehen könne, »without taking the flow and displacement of consciousness into account« (Chafe 1994: 302), d. h. also ohne zu berücksichtigen, dass wir beim Produzieren und Rezipieren von Sprache jeweils nur begrenzte Datenmengen in unserem Gehirn verarbeiten können.

Bei Chafe blieb diese Erkenntnis noch eher abstrakt, doch schon 1995 entstand mit der *Grammar of Speech* von Brazil (1995) eine auf ähnlichen Ideen basierte Grammatiktheorie, die die Zeitlichkeit von Syntax, die Tatsache, dass Sprache »piecemeal and in real time« (Brazil 1995: 21), also ›in Stücken‹ und ›in Echtzeit‹ produziert werden muss, von vornherein als deren zentrales Strukturmerkmal ansieht und darauf aufbauend ein entsprechendes Modell bereitstellte.

Einige Jahre später erweiterten schließlich Sinclair/Mauranen (2006) dieses Konzept und entwarfen eine von ihnen sogenannte *Linear Unit Grammar*. Auch diese hat als Kerneinheit den *chunk* (Block, Baustein), eine Einheit, die bewusst nicht exakt definiert wird, sondern als etwas gefasst wird, das die Sprachproduzent/innen und -rezipient/innen intuitiv als Einheit wahrnehmen. Anstatt den *chunk* an sich zu beschreiben, wird stattdessen der Blick auf die Grenzen von *chunks* gesetzt, d. h. es wird gefragt, an welchen Stellen jeweils syntaktische, semantische, pragmatische, prosodische oder orthographische Grenzen vorliegen. Je mehr solcher Grenzen gleichzeitig zu finden sind, desto höher ist die Wahrscheinlichkeit, dass ein *chunk* gerade beendet wurde. Anders als Brazil wenden Sinclair/Mauranen ihre zeitlich strukturierte Grammatik sowohl auf gesprochene als auch geschriebene Sprache an, sie gehen also davon aus, dass das temporale Konzept der *chunks* zentral für Sprache generell sei.

Für das Deutsche sind vor allem die Arbeiten von Peter Auer maß-

Chunks

5.1 | Das Konzept der On line-Syntax

Expansionen

Als einen ersten Ansatz und als Vorüberlegung zu einer zeitlich strukturierten Grammatiktheorie des Deutschen kann man den Artikel »Vom Ende deutscher Sätze« von Auer (1991) betrachten. Darin wird beschrieben, wie Sätze, die in gewisser Weise als abgeschlossen gelten können, in der gesprochenen Sprache nachträglich doch noch erweitert werden (es handelt sich um sogenannte Expansionen). Zwei Beispiele für Expansionen finden sich in den Zeilen 05–08 in dem Transkriptbeispiel »widerlicher Kerl«:

Beispiel 1: widerlicher Kerl ◆ **G**

```
01  S1:  ja:; (.) die VIERziger generation so;=
02       =das_s: !WA:HN!sinnig viele die sich da ham
         [SCHEI]den
03  S2:  [ja; ]
    S1:  lasse[n.=]
04  S2:       [hm, ]
05 →S1:  =oder scheiden lassen überhaupt.
06  S2:  hm,
07       (--)
08 →S1:  heute noch-
```

Der Satz »das_s: !WA:HN!sinnig viele die sich da ham SCHEIden lassen« ist nach »lassen« syntaktisch und semantisch vollständig, wird dann aber in einer neuen Intonationsphrase zuerst durch »oder scheiden lassen überhaupt« und ein zweites Mal durch »heute noch« expandiert. Es handelt sich dabei um Reformulierungen und Korrekturen, d. h. der ursprüngliche Satz wird nachträglich dahingehend präzisiert, dass es sich nicht nur um einen bestimmten, in der Vergangenheit liegenden Zeitpunkt handelt (»da« in Z. 02), sondern dass es »überhaupt«, also auch »heute noch«, passiert. Solche nachträglichen Präzisierungen sind doppelt zeitlich geprägt: Zum einen ganz banal deswegen, weil sie später geäußert werden als die Äußerung, auf die sie sich beziehen. Zum anderen aber auch, weil sie Funktionen ausüben, die im Bearbeiten von Vorgängeräußerungen liegen, also im zeitlich späteren Bearbeiten zeitlich früherer Äußerungen. In »Vom Ende deutscher Sätze« wird eine breite Palette der Formen und Funktionen von Expansionen vorgestellt und gezeigt, inwieweit diese sowohl mit zeitlicher Prozessierung als auch mit Interaktionsmanagement zu tun haben.

Syntax als Prozess: Es dauerte eine Zeit, bis aus diesen Vorüberlegungen zur Zeitlichkeit von Peter Auer ein systematisches Grammatikmodell entwickelt wurde. Im Jahr 2000 erschien der erste grundlegende Aufsatz mit dem Titel *On line-Syntax – oder: was es bedeuten könnte, die Zeitlich-*

5.1

Das Konzept der On line-Syntax

keit der mündlichen Sprache ernst zu nehmen, im Jahr 2007 erschien *Syntax als Prozess* und im Jahr 2010 »Zum Segmentierungsproblem in der Gesprochenen Sprache«.

Die Einleitung des zuerst genannten Aufsatzes bringt das Thema – und vor allem auch den Grund für die Bezeichnung ›On line-Syntax‹ – sehr gut auf den Punkt:

> »Es ist fast ein Gemeinplatz der Forschung zur Gesprochenen Sprache, dass ein grundlegender Unterschied zwischen dieser und der Geschriebenen mit ihrer ›Linearität‹ in der Zeit zu tun hat. Damit ist natürlich nicht gemeint, dass das Schreiben nicht genauso wie das Sprechen als Handlung Zeit benötigte; vielmehr, dass die zeitliche Struktur mündlicher Handlungen, anders als die des Schreibens, von Anfang an Teil eines Interaktionsprozesses, des Dialogs zwischen Sprecher und Hörer ist; dies ist es, was das Stichwort *on line* in der Überschrift dieses Beitrags andeuten möchte. Schreiben ist also zunächst eine private Handlung; erst das Produkt dieser Handlung tritt in Austausch mit dem Adressaten. Mündliche Sprachproduktion muss (und darf) von vornherein mit interaktiver Offenheit rechnen.« (Auer 2010: 43)

Es wird klar, weshalb die Zeitlichkeit für einen Ansatz der Interaktionalen Linguistik eine so große Rolle spielt: Die Äußerungsproduktion ist in der gesprochenen Interaktion für die Hörer unmittelbar wahrnehmbar. Entsprechend sind diese nicht einfach nur passive Zuhörer, sondern ihre Reaktionen werden vom jeweiligen Sprecher/Innen ständig überwacht, so dass die Reaktion direkt einen Einfluss auf die Äußerungsplanung haben kann. Hörerinnen und Hörer sind also aktive Interaktanten!

Nach Auer (2000: 44–47) kann man aus dem allgemeinen Prinzip der Zeitlichkeit gesprochener interaktionaler Sprache die folgenden drei Grundmerkmale ableiten:

1. Flüchtigkeit: Gesprochene Sprache, sofern sie nicht mit technischen Mitteln aufgezeichnet wird, ist insofern flüchtig, als einmal Gesprochenes unmittelbar verschwindet und nur noch vom Erinnerungsvermögen der Gesprächsteilnehmer/innen abhängig ist. Es ist – anders als bei der Schriftkommunikation – nicht möglich, sich bereits Geäußertes nochmals anzuhören. Das hat zwei Auswirkungen: Zum einen stellt diese Flüchtigkeit eine hohe Anforderung an die kognitiven Fähigkeiten von Sprecher/in und Hörer/in. Man muss im Kopf behalten, was bereits gesagt wurde, die Sprecher/innen müssen vorausplanen, was sie noch sagen möchten, und auch die Hörer/innen planen mit und entwerfen ständig angepasste Erwartungen an das, was der Sprecher oder die Sprecherin voraussichtlich als nächstes sagen wird.

Merkmale interaktionaler gesprochener Sprache

Das Kurzzeitgedächtnis kann nur eine begrenzte Zahl an Wörtern behalten, was dazu führt, dass Gehörtes regelmäßig in abstraktere Sinneinheiten abstrahiert werden muss. Dabei geht der originale Wortlaut verloren und wir behalten lediglich den Inhalt dessen, was gesagt wurde (sinngemäße Paraphrasierungen). Das ist einer der Gründe, weshalb die meisten Menschen nicht in der Lage sind, Gespräche im Wortlaut wiederzugeben, und dies wiederum ist einer der Gründe, weshalb Missverständnisse und Streit entstehen: A ist überzeugt, dass B irgendetwas gesagt hat, was B dagegen mit der gleichen Überzeugung zurückweist. Nicht ohne Grund entstanden die Aufgabe des Protokollanten und die Entwick-

141

lung von Kurzschriften, um möglichst viele Informationen einer Interaktion beispielsweise vor Gericht festhalten zu können und dem schnellen Vergessen gesprochener Sprache entgegenzuwirken.

Die kognitiven Beschränkungen des Menschen haben unmittelbare Auswirkungen auf die Gestaltung der Interaktion. Zu diesen Auswirkungen gehören auf Sprecherseite alle Aspekte, die mit der Äußerungsplanung zusammenhängen. Vorlaufsignale wie *also, was ich sagen wollte* oder *ähm*, Wortfindungsstörungen, den Faden verlieren, Pausen oder Zögerungssignale in Äußerungen oder auch Abbrüche oder syntaktische Umstiege sind der Planung von Äußerungen geschuldet. Umgekehrt sind auf Hörerseite Nachfragen und Missverständnisse als häufige Resultate zu beobachten. Die in diesem Kapitel dargestellten syntaktischen Phänomene lassen sich als Routinen erklären, die der Behebung der Probleme der zeitlichen Struktur von Sprache dienen.

Hedges   **2. Irreversibilität:** Einmal ausgesprochene Worte sind ›draußen‹, sie sind nicht mehr veränderbar. Schreibt man dagegen eine E-Mail, kann man diese vor dem Abschicken Korrektur lesen (je interaktionaler der Schriftaustausch wird, desto stärker nähert sich dieser allerdings der Irreversibilität der Mündlichkeit an, da beispielsweise beim Chatten so schnell getippt und gesendet wird, dass keine Zeit für eine Korrektur bleibt oder diese auch nur für nötig gehalten wird).

Eine Auswirkung der Irreversibilität ist die Entstehung von sprachlichen Mitteln wie die sogenannten *hedges* (Lakoff 1973), die entstanden sind, um Äußerungen entweder schon im Voraus, während der Äußerung selbst oder im Nachhinein abschwächen zu können. Mit Floskeln wie *ich finde/finde ich, ich glaub/glaub ich* oder *ehrlich gesagt* kann man eine Aussage als lediglich persönliche Meinung markieren (*Das ist – finde ich – nicht sehr gelungen.*), als Vermutung (*Ich glaub der hatte schon mal Probleme mit der Polizei!*) oder als potenziell heikle, gesichtsbedrohende Äußerung (*Mir gefällt deine Art überhaupt nicht, ehrlich gesagt.*).

Sowohl kognitiv als auch interaktiv ist dabei auch das Reparatursystem von besonderer Bedeutung: Wir können sowohl eigene Äußerungen reparieren als auch unsere Gesprächspartner dazu auffordern, ihre Äußerungen zu reparieren, wenn wir damit unzufrieden sind.

Aus interaktionaler Perspektive ist für die Irreversibilität darüber hinaus festzuhalten, dass sie dazu führt, dass wir – vor allem dann, wenn es um potenziell heikle Dinge geht, wie kritisieren, lästern, jemandem einen Vorwurf machen etc. – die Reaktionen des Gegenübers besonders genau überwachen, so dass wir mit etwas Glück, wenn wir merken, dass etwas ›nicht gut ankommt‹, versuchen können, uns ›aus der Schlinge zu ziehen‹. Dies leitet direkt über zu dem dritten Merkmal, der Synchronisierung.

3. Synchronisierung: Schriftliche Kommunikation verläuft asynchron, wenn auch Chat- und Messengerkommunikation die zeitliche Versetzung zwischen Schreiben und Lesen extrem verringert hat. Mündliche Kommunikation verläuft dagegen synchron. Das liegt daran, dass meine Gesprächspartnerin unmittelbar meine Äußerungen wahrnimmt, während ich ebenso schnell wahrnehme, wie sie auf meine Äußerungen reagiert. Diese Wahrnehmungs-Wahrnehmung läuft kontinuierlich in mündlichen

5.2 | On line- vs. Off line-Syntax

Interaktionen mit, und die Gesprächspartner/innen können sich damit, sofern sie sich kooperativ verhalten, immer enger aufeinander einstellen. Auf syntaktischer Ebene zeigt sich die daraus resultierende Synchronisierung unter anderem darin, dass kollaborative Äußerungsproduktionen entstehen, d. h. eine Äußerung vom Gesprächspartner vollendet oder fortgeführt wird.

Diese Synchronisierung führt schließlich auch dazu, dass man die Rollen von Sprecher/in und Hörer/in in mündlichen Interaktionen nicht trennen kann. Ein ›Hörer‹ ist nicht ein passiver Rezipient, sondern arbeitet aktiv mit, indem er stützende Hörersignale liefert, die anzeigen, dass er versteht, was gesagt wird, skeptisch blickt, wenn er mit etwas nicht einverstanden ist, Luft holt, um anzuzeigen, dass er etwas Wichtiges zu sagen hat etc. Alle diese gesprächsbeteiligenden Aktionen werden vom Sprecher ›live‹ – also *on line* – in seine Äußerungsplanung mit einbezogen.

5.2 | On line- vs. Off line-Syntax

Wenn es eine On line-Syntax gibt, dann ist natürlich zu erwarten, dass es dazu auch das Gegenstück einer Off line-Syntax geben muss. Diese ist nichts weiter als die aus jeder Referenzgrammatik bekannte ›traditionelle‹ Syntax, nämlich eine Syntax, die sich konzeptionell an der Schriftsprache orientiert und die Sprache nicht zeitlich konzipiert, sondern als fertiges Produkt in einer räumlichen ›Draufsicht‹.

Der Unterschied zwischen On line-Syntax und Off line-Syntax lässt sich gut an der Äußerung aus dem Rohrbruch-Transkript (s. Kap. 1) zeigen. In der folgenden Äußerung referiert der wütende Kunde zunächst mit »die lEute« auf die Kanalarbeiter, um dann mit dem Pronomen »die« diesen Referenten wieder aufzugreifen und seine Aussage, dass diese nichts tun würden, zu liefern: »die lEute die (.) tUn dort GAR nichts.« (◀ R).

Wie würde die ›traditionelle‹ Off line-Syntax dieses Muster analysieren? Der Fachbegriff dafür lautet Linksversetzung. Schon dieser Begriff macht eine Schriftorientierung deutlich – um etwas als ›links‹ wahrnehmen zu können, brauche ich nicht nur einen Raum, den es in der gesprochenen Sprache nicht gibt, ich brauche darüber hinaus auch die vollständige Äußerung, denn erst dann, wenn ich die gesamte Struktur sehe, weiß ich, dass »die lEute« der Inhalt des Pronomens »die« stellt. Man behauptet nun, dass der Satz zunächst eigentlich gelautet hätte *Die Leute tun dort gar nichts*. Daraufhin wurde *Die Leute* nach links verschoben und in die so entstehende Lücke das anaphorische (rückbezügliche) Pronomen *die* eingefügt: *Die Leute / die / tun dort gar nichts*. Man sieht, dass man die vollständige Äußerung ›auf Papier‹ vor sich haben muss, um zu solchen Ideen einer ›Versetzung‹ kommen zu können.

Auch Lesen ist zwar ein zeitlich strukturierter Prozess, mit jedoch anderen Folgen für die Sprachwahrnehmung, wie der Kontrast mit der on line realisierten Äußerung zeigt: Die On line-Syntax muss berücksichtigen, dass unter einer zeitlichen Perspektive, wie sie ja auch der Hörer – in

Linksversetzung oder ...

... Referenz-Aussage-Struktur

diesem Fall der Kundenberater der Stadtwerke – hatte, zunächst nur »die lEUte« geäußert wurde. Da eine typische Struktur von Sätzen darin besteht, dass zunächst das Thema einer Aussage genannt wird und in der Folge die neuen Informationen, die Aussagen über das Thema, weiß der Hörer nun, worum es geht. Danach folgt eine Aussage in der Struktur eines vollständigen Satzes mit einem anaphorischen Pronomen (»die (.) tUn dort GAR nichts«). Der Unterschied zwischen *Die Leute die tun dort gar nichts.* und *Die Leute tun dort gar nichts.* ist nicht, dass im ersten Fall etwas ›nach links‹ versetzt wird, sondern dass im ersten Fall dadurch, dass danach ein syntaktisch vollständiger Satz folgt, das Thema bzw. das, worauf referiert wird (Referenz), besonders hervorgehoben wird. Entsprechend wurde aus einer zeitlichen Perspektive für das Muster die Bezeichnung »Referenz-Aussage-Struktur« (Barden/Elstermann/Fiehler 2001) vorgeschlagen.

Es macht also durchaus einen Unterschied, ob man unter einer *On line-* oder *Off line-* Perspektive an die Sprachdaten herantritt.

Stärken und Schwächen von On line- und Off line-Syntax: Zugleich kann man aber auch nicht sagen, dass die eine Perspektive richtig sei, die andere dagegen falsch. Beide Perspektiven haben ihre Berechtigung, so wie an normgrammatischen Regeln orientiertes Schreiben die gleiche Berechtigung hat wie an Gebrauchsregeln orientiertes Sprechen. Man kann sogar noch weiter gehen, wie Vilmos Ágel (2015) betont: Offlinesyntax und Onlinesyntax (ich verwende in der folgenden Darstellung die von Ágel bevorzugte Schreibweise und wechsle danach wieder zu der von Auer) bedingen sich gegenseitig und sind auch gegenseitig durchlässig. Diese Erkenntnis ist vor allem dann wichtig, wenn man nicht nur den momentanen, synchronen Stand des Deutschen betrachtet, sondern eine historische, diachrone Perspektive einnimmt. Dann sieht man nämlich, dass auf der einen Seite ehemals mündliche Strukturen zu schriftlichen werden können und dann nach und nach ›verregelt‹ werden.

Ein aktuelles Beispiel einer Struktur, die auf dem Weg in eine solche ›Verschriftlichung‹ sein könnte, ist die Verlaufsform mit *am* in Sätzen wie *Ich bin am arbeiten.* Noch ist diese Struktur eher mit informeller Kommunikation verbunden, im Laufe der Zeit kann sie sich aber durchaus auch standardschriftsprachlich etablieren. Diese Art der Bewegung von Mündlichkeit zu Schriftlichkeit bringt Ágel (2015: 139) mit dem griffigen Slogan »Today's literacy is yesterday's orality« auf den Punkt.

Auf der anderen Seite wirken die zu einem jeweiligen Zeitpunkt in einer Sprachgemeinschaft herausgebildeten, kanonisierten offlinesyntaktischen Strukturen auf die Onlinesyntax ein. Dieser Einfluss zeigt sich in der Schule, wenn die Lehrerin einem Schüler aus Süddeutschland sagt, dass man *Das ist der, wo mir gestern das Buch ausgeliehen hat.* nicht *sagen* dürfe, oder der Lehrer aus Norddeutschland einer Schülerin, dass *Da weiß ich nichts von.* umgangssprachlich sei. Die standardschriftsprachlichen Normen der Offlinesyntax wirken hier auf die Onlinesyntax ein. Dass das Ganze historisch bedingt ist, lässt sich gerade im Fall des ersten Beispiels wunderbar daran zeigen, dass im Frühneuhochdeutschen ein unflektierbares Relativadverb statt eines Relativpronomens einmal weit verbreitet war, dann aber wieder aus der Mode geraten ist: Bei Grimmelshausen finden sich Sätze wie »...denn sie spürten wohl, dass derjenige, <u>so</u> solches nicht tät, weder bei Vater noch Mutter wohl dran sein könnte« (Grimmelshausen 1669/1964: 278), in denen mit dem Adverb *so* der Relativanschluss durchgeführt wird – die Parallele zum heute in Süddeutschland verbreiteten *wo*-Anschluss ist offensichtlich. Hier zeigt sich, dass neben dem Aspekt der Zeitlichkeit bei der von Ágel vorgenommenen Kontrastierung von Online- und Offlinesyntax auch noch weitere Aspekte bei der Differenzierung eine Rolle spielen: So wird die Offlinesyntax mit kanonisiertem Standard assoziiert und die Onlinesyntax mit regionalen Gebrauchsstandards.

Spannungsfeld aus Offline-Syntax und Online-Syntax: Ganz besonders wichtig ist es für Linguisten, sich dieses Spannungsfelds aus Offlinesyntax und Onlinesyntax bewusst zu sein. Zum einen kommt man schnell in Versuchung, eine ›neu entdeckte‹ (weil von der Linguistik bislang noch nicht beachtete oder beschriebene) Struktur auch für tatsächlich neu in der Sprache zu halten – nur um dann zu entdecken, dass es sie bereits seit langer Zeit gab, dass sie eventuell sogar in früheren Sprachstufen einmal Teil der Offlinesyntax war, nur eben heute nicht mehr. Zum anderen ist jeder Linguist durch eine strenge Offlinesyntaxausbildung gegangen – zunächst in der Schule, dann an der Universität:

> »Zentrale grammatische Kategorien manifestieren sich in der Form der Schriftlichkeit. Sie sind dort vergegenständlicht und jeder Blick auf einen Text führt sie vor Augen. So wird das ›Wort‹ (was schriftsprachgeschichtlich keineswegs immer so war) durch die Spatien sichtbar, der ›Satz‹ durch die Großschreibung am Anfang und den abschließenden Punkt, der ›Nebensatz‹ durch das Komma, das ›Hauptwort‹ durch seine Großschreibung (zumindest in der deutschen Schriftsprache) etc. Diese Kategorien werden im Entwicklungsprozess der Schriftsprache als (sich verändernde) Form der Schriftlichkeit ausgearbeitet und als Formelemente festgeschrieben. Einmal entwickelt, ist die Aktivierung und Anwendung dieser Kategorien Voraussetzung jeder korrekten Textproduktion. Nicht zuletzt auch dieses Faktum macht deutlich, wie permanent und intensiv sie prägenden Charakter für das Sprachbewusstsein haben.« (Fiehler 2015: 25)

Written language bias

Bei Analysen gesprochener Sprache muss man sich daher ständig daran erinnern, die Onlinesyntax unter der ihr eigenen Strukturwirkung der Zeitlichkeit und nicht vor dem Hintergrund der vergegenständlichten, produkthaften Schriftlichkeit der Offline-Syntax zu analysieren sowie dem analogen Charakter der gesprochenen Sprache im Vergleich zu dem digitalen der geschriebenen Rechnung zu tragen. Nach Stetter (1999: 66) zeichnet sich Schrift durch ihre Digitalität aus, denn diese besteht aus diskreten Einheiten wie beispielsweise den Buchstaben des Alphabets, während die gesprochene Sprache analog ist im Sinne von einem kontinuierlichen, nicht in diskrete Basiseinheiten zerlegbaren Lautstrom.

5.3 | Projektionen und Retraktionen als Grundoperationen einer *Online*-Syntax

Projektionen und Retraktionen kommen zwar auch in der Offline-Syntax vor, sind aber für die On line-Syntax insofern von noch größerer Bedeutung, als sie dort für die Herausbildung einer ganzen Reihe syntaktischer Muster verantwortlich sind.

Gestalt

Projektion: Unter Projektion wird die Tatsache verstanden, dass Sprecher/innen in der Zeit vorausgreifend Erwartungen bei ihren Rezipient/innen wecken, wie die Äußerung fortgesetzt werden wird. Dies geschieht auf der einen Seite auf der Ebene des Inhalts und der Funktion (d. h. man hat bestimmte Erwartungen an das, was der andere mitteilen will), aber auf der anderen Seite auch auf der Ebene der Struktur, der Morphologie, der Syntax und der Prosodie. Nach Auer (2000: 47) wird eine sogenannte »syntaktische Gestalt« (die gewisse Ähnlichkeiten mit dem Konzept der *chunks* hat) geöffnet, die dann schrittweise durch den Sprecher oder die Sprecherin geschlossen wird.

Stark konventionalisierte Gestalten sind im Deutschen Sätze, denn diese folgen relativ festen, Sprecher/innen einer Sprachgemeinschaft bekannten Satzbauplänen. Wenn ich beispielsweise mit den Worten *Hast du...* beginne, dann entsteht die Erwartung, dass der Satz entweder mit einer Nominalphrase im Akkusativ fortgesetzt wird (in diesem Fall ist das Verb *haben* dann das Vollverb), was zu Sätzen wie *Hast du den Autoschlüssel?* führen kann, oder es wird eine Nominalphrase im Akkusativ und ein Vollverb erwartet (in dem Fall wäre *haben* ein Hilfsverb), was zu Sätzen wie *Hast du den neuen James Bond schon gesehen?* führen kann. Noch stärker ist die Projektionskraft von subordinierenden Konjunktionen. Nach einer solchen wissen wir, dass der Satz erst mit einem Vollverb zu Ende sein kann: Sätze wie *Er fragte, ob...*, *Sie sagte, dass...* oder *Sie fühlten sich schlecht, weil...* sind erst mit dem finiten Verb beendet, was den Sprecherinnen die Möglichkeit gibt, einen solchen Satz ›aufzublasen‹, um ihr Rederecht, das während der geöffneten Gestalt (d. h. der nicht-eingelösten Projektion) Bestand hat, zu sichern. Das folgende Beispiel aus einem Interview mit einem Wirtschaftsethiker zeigt, wie die Projektionskraft einer Äußerung genutzt werden kann, um einen langen Turn zu produzieren:

Beispiel 2: Wirtschaftsbürgerrechte

```
259  PU   es braucht eine DRITte gruppe von bÜrgerrechten-
260       ich nenne sie gerne (.)  WIRTschaftsbürgerrechte.
261       es geht um RECHte,
262       die SICHerstellen, .h
263  →    dass wir Auch (.) als WIRTschaftssubjEkte-
264       und zwar in Allen unseren wirtschaftlichen
          funktiO:nen-
265       als PROduzent,
266       SELBSTständig oder Unselbstständig,
267       .h als KONsument, (.)
268       .h als inVEStor,
```

5.3

Projektionen und Retraktionen als Grundoperationen einer *Online*-Syntax

```
269  →  .h dass wir ANgemessene  grUndrechte haben,
270     .h um über eine FAIre chAnce zu verfügen,
271     UNS im wEttbewerb (.) zu behAupten.
```

Der subordinierte Satz in Zeile 263 wird in Zeile 264 nicht mit einem zu erwartenden Objekt oder Verb beendet, sondern es wird mit »und zwar« eingeleitet eine ganze Serie von Informationen insertiert. Erst in Zeile 269 erfolgt ein Wiederaufgriff der unterbrochenen Struktur und der Nebensatz wird mit einem Akkusativobjekt und einem finiten Verb (»dass wir ANgemessene grUndrechte haben«) zu einem potenziellen Gestaltschluss geführt. So lange das Verb fehlt, bleibt die Projektion, die durch die subordinierende Konjunktion und das Subjekt aufgestellt wurde, bestehen.

Projektionen sind deshalb so wichtig, weil mit ihnen Interaktion organisiert wird. Mit Hilfe von Projektionen können wir unser Rederecht sichern, also den Gesprächspartner/innen anzeigen, dass wir etwas äußern wollen. Oft wird darüber hinaus die Art der Äußerung auch noch ungefähr angezeigt: Ein *aber...* lässt einen Einwand erwarten, ein *wenn ich ganz ehrlich bin...* eine problematische Äußerung, *wie wär's denn damit...* projiziert einen Vorschlag etc. Noch deutlicher wird die Sicherung des Rederechts bei Parenthesen (s. Kap. 5.5) wie in folgendem Beispiel aus Stoltenburg (2007: 156):

Beispiel 3: Nationalsozialismus

```
01  R:  also der natioNALsozialismus hat sicherlich ne
        menge kaputtgemacht;
02      UND eben diese (-) schwachsinnige teilung
        deutschlands;
03      ja?
04      und DIE hat eben dazu geführt dass wir- (-)
05  →   ich mein das war ja noch sehr sehr viel extremer in
        den sechziger siebziger jahren; (-)
06      ähm dass wir nationale strömungen einfach
        unterDRÜCKT haben.
```

Die Parenthese in Zeile 05 ermöglicht es, sozusagen ›ungestraft‹ eine Äußerung zu verlängern, Nebenargumente oder Kommentare einzubauen etc., und das aus dem einfachen Grund, dass die Projektion, die durch den *dass*-Satz (Ende von Zeile 04) eröffnet wurde, die Erwartung aufbaut, dass zumindest ein Subjekt und ein Prädikat geliefert werden müssen. Erst durch das Verb (»unterDRÜCKT haben«) wird die syntaktische Gestalt des Nebensatzes geschlossen (Projektionseinlösung).

Parenthese

Interaktionale Funktionen von Projektionen: An dieser Stelle kommt die zweite interaktionale Funktion von Projektionen ins Spiel. Projektionen dienen nicht nur sprecherseitig dazu, das Rederecht zu behalten, sondern sie dienen hörerseitig auch dazu, voraussehen zu können, wann eine syntaktische Gestalt geschlossen sein wird. Dieses Wissen ist wichtig, denn nach dem Sprecherwechselsystem in mündlichen Interaktionen gilt die Regel, dass man erst nach (oder parallel zu) übergaberelevanten Stellen, d. h. am Ende von Gestalten (s. Kap. 5.4) das Rederecht über-

5 Interaktionale Sprache und Zeitlichkeit

Kampf ums Rederecht

nehmen kann. Früher einzusteigen, kann als unhöfliche Unterbrechung wahrgenommen werden. Je mehr Interaktionspartner anwesend sind, desto härter wird der Kampf ums Rederecht. Da eine weitere Regel lautet *Wer zuerst das Rederecht ergreift, behält es.*, versuchen Gesprächspartner, die das Rederecht übernehmen wollen, möglichst schnell und genau das Ende des Beitrags des Vorredners ›vorauszusehen‹. Genau dabei helfen ihnen die syntaktischen Projektionen.

Retraktion: Sozusagen das Gegenstück zur Projektion ist die Retraktion. Retraktionen führen nach Auer (2000: 49) Äußerungen weiter, ohne dass sie einen Einfluss auf bereits bestehende Projektionen haben. Während Projektionen also zeitlich vorwärtsgerichtet sind und Erwartungen aufbauen, greifen Retraktionen auf bereits bestehende Strukturen zurück und ergänzen diese Strukturen. Sie sind damit zeitlich rückwärtsgerichtet. Mit Hilfe des Verfahrens der Retraktion kann man schrittweise Informationen zu einer Äußerung hinzufügen, wie in folgendem Beispiel aus Auer (2000: 48):

Beispiel 4: Amish

```
Interviewer: in der (-) gegend von toRONto da (.) bissl
wEstlich davon,=also in WAterloo=(w)o (-) .h auch ne (-)
beKANNte universiTÄT isch (-) da: (1.0) h. leben ja noch ne
ganze REIhe dieser; (-) Amish people
```

Die Äußerung »in der (-) gegend von toRONto da« projiziert mindestens ein Subjekt und ein Prädikat. Diese Projektion wird nun ausgesetzt durch die Retraktionen »bissl wEstlich davon« und »also in WAterloo = (w)o (-) .h auch ne (-) beKANNte universiTÄT isch«. Beide dieser Retraktionen eröffnen selbst keine Projektionen, sie greifen auf die vorherige Äußerung zurück und präzisieren die vage Angabe »in der (-) gegend von toRONto da«. Erst durch das den Wiederaufgriff signalisierende Adverb »da:« knüpft der Interviewer an die unterbrochene Projektion an und liefert das finite Verb (»leben«) und das Subjekt (»ne ganze REIhe dieser; (-) Amish people«). Anhand eines Transkriptausschnitts aus »widerlicher Kerl« soll nun das Wirken von Projektion und Retraktion im Detail erläutert werden:

Beispiel 5: widerlicher Kerl ◀ G

```
01   S1:   ja:; (.) die VIERziger generation so;=
02         =das_s: !WA:HN!sinnig viele die sich da ham
           [SCHEI]den
03   S2:   [ja;  ]
     S1:   lasse[n.=]
04   S2:        [hm,]
05   S1:   =oder scheiden lassen Überhaupt.
06   S2:   hm,
07         (--)
08   S1:   heute noch-
09         ((atmet 2.1 Sek. aus))
10         s_is der UMbruch.
```

Projektionen und Retraktionen als Grundoperationen einer *Online*-Syntax

```
11  S2:  n besonders GUtes beispiel das warn mal unsere
         NACHbarn.
```

Zunächst projiziert die Gesprächspartikel »ja:« als Startsignal nicht zuletzt durch ihre prosodische Gestalt eine Folgeäußerung. Hierbei handelt es sich allerdings nicht um eine *syntaktische* Projektion, sondern um eine *pragmatische*, da *ja* keine weitere syntaktische Struktur projizieren kann, sondern lediglich anzeigt, dass jemand *irgend*etwas sagen möchte. Mit »die VIERziger generation« wird nun die Erwartung aufgebaut, dass ein Verb folgt. Mit »so« wird die Nominalphrase expandiert, es wird eine Modalisierung hinzugefügt. Die Projektionserwartung wird in Zeile 02 aber nicht eingelöst, stattdessen wird das anaphorische Pronomen »das« produziert, das als Retraktion wirkt, da es rückwirkend die Äußerung »die VIERziger generation so« wiederaufgreift und strukturell eine Referenz-Aussage-Struktur aufbaut. Das Pronomen weckt erneut die Erwartung nach einem Verb, die durch das klitisierte »_s:« (*ist*) direkt eingelöst wird.

Die Struktur »das_s:« baut wiederum die Erwartung auf, dass nun beispielsweise eine prädikative Struktur folgt. Diese Erwartung wird unmittelbar im Anschluss durch »!WA:HN!sinnig viele die sich da ham SCHEIden lassen« eingelöst, wodurch die Gestalt eines Kopulasatzes (*X ist Y*) entstanden ist. Das Pronomen »die« projiziert innerhalb dieser Struktur ein Verb, das zugleich das Ende des Relativsatzes markiert. Die Äußerung »oder scheiden lassen Überhaupt« aus Zeile 05 ist eine Retraktion. Inhaltlich wird der Vorgängeräußerung kaum etwas hinzugefügt, bzw. es wird nichts verändert oder korrigiert, es wird aber dadurch Formulierungszeit gewonnen.

Der überarbeitende Charakter lässt sich aber gut an dem eine Reparatur oder Formulierungsalternative anzeigenden »oder« sowie dem Wiederaufgriff »scheiden lassen« ablesen. S2 nimmt die Möglichkeiten, das Rederecht zu übernehmen, die jeweils mit den Gestaltschlüssen nach »lassen« am Ende von Zeile 03 und nach »Überhaupt« in Zeile 05 entstanden, nicht wahr. Sie produziert lediglich Hörersignale, deren Wirkung darin besteht, das Rederecht eben *nicht* selbst zu übernehmen, sondern der Gesprächspartnerin die Möglichkeit zu geben, fortzufahren. Es entsteht eine Pause von einer halben Sekunde, woraufhin S1 erneut eine Retraktion liefert, indem sie mit »heute noch« (Z. 08) eine nachträgliche Präzisierung bzw. Korrektur liefert: Die Scheidungswelle wird als nicht nur in der Vergangenheit stattfindend, sondern auch noch in der Gegenwart andauernd dargestellt. Erneut übernimmt S2 nicht das Rederecht. Nach einer längeren Pause liefert S1 die Bewertung »s_is der UMbruch« (Z. 10), nach deren Ende schließlich S2 das Rederecht übernimmt – auch hier wieder mit einer Nominalphrase (»n besonders Gutes beispiel«), die ein Verb erwarten lässt, wobei diese Projektion nicht eingelöst wird, sondern durch das retrahierende Pronomen »das« rückwirkend als Themensetzung umgedeutet wird. Mit »warn« wird ein Prädikativum projiziert, das durch »unsere Nachbarn« eingelöst wird. Die Modalpartikel »mal« ist eine Expansion, sie ist weder Resultat einer Projektionsforderung, noch projiziert sie selbst weiteres Material, noch bearbeitet sie nachträglich

5 Interaktionale Sprache und Zeitlichkeit

Material aus Vorgängeräußerungen (vgl. Auer 2000: 50: »Konstituenten, die weder projektionsaufbauend noch projektionseinlösend sind, sind intern (innerhalb syntaktischer Konstruktionen) oder extern (über syntaktische Abschlusspunkte hinweg) expandierend.«)

Typen zeitlicher Strukturprinzipien

Aufbau von Äußerungen nach zeitlichen Strukturprinzipien: Nach Auer (2000: 50) kann man also jede syntaktische Struktur in der Interaktion nach ihrem Projektions- oder Retraktionspotenzial klassifizieren:

- **Projektionsaufbau:** Wenn eine Erwartung über den syntaktischen Fortgang aufgebaut wird, handelt es sich um einen Projektionsaufbau. In der Äußerung *Ich habe ein sehr teures Parfum gekauft.* kann *Ich* z. B. die Projektion aufstellen, dass ein Verb kommen wird, *habe* kann ein Vollverb projizieren, *ein* und *teures* ein Nomen und *sehr* ein Adjektiv.
- **Projektionseinlösung:** Wenn eine Erwartung über einen syntaktischen Fortgang eingelöst wird, handelt es sich um eine Projektionseinlösung: In der Äußerung *Ich habe ein sehr teures Parfum gekauft.* löst *gekauft* die Projektion ein, die von *habe* aufgestellt wurde, *Parfum* löst die Projektionen ein, die von *ein* und *teures* aufgestellt werden, *teures* löst die Projektion ein, die von *sehr* aufgestellt wird etc.
- **Expansion:** Wenn Material geliefert wird, das weder eine Projektion aufbaut, noch eine einlöst, noch eine vorige Struktur bearbeitet, spricht man von einer Expansion. Typische Expansionen sind adverbiale Angaben, die einer Äußerung hinzugefügt werden können, aber nicht syntaktisch notwendig sind, wie in dem Beispiel aus Auer (2006: 285):

Beispiel 6: geschnapselt

```
B:   die ham gestern @ zuviel geSCHNAPselt. (-)
  →  wahrscheinlich.
A:   ja:,
```

- **Retraktion:** Wenn eine bereits existierende syntaktische Konstruktion bearbeitet wird (z. B. erweitert oder repariert), dann liegt eine Retraktion vor (Beispiel aus Auer 2006: 286):

Beispiel 7: Mattscheibe

```
B:   i muß da EHRlich sage i [hab scho seit ZWEI stunden
A:                           [((hüstelt))
B:   MATTscheibe. (-)
     gAnz blöden [KOPF
A:               [((hüstelt))
```

Hier bearbeitet »gAnz blöden KOPF« den vorigen Ausdruck »MATTscheibe« und bietet eine Formulierungsalternative oder gar Reparatur des Vorgängerausdrucks an.

5.4 | Gestalten und potenzielle Gestaltschlüsse

Um das Innovative der Sichtweise der On line-Syntax verstehen zu können, muss man sie mit der traditionell verbreiteten strukturalistischen Sichtweise kontrastieren, die unserem (schul-)grammatischen Syntaxverständnis zugrunde liegt. Aus einer strukturalistischen Perspektive würde man den folgenden Satz aus dem oben zitierten Transkript als fertiges Produkt betrachten: »die VIERziger generation so; das_s: !WA:HN!sinnig viele die sich da ham SCHEIden lassen«. Diese Produktperspektive führt überhaupt erst dazu, dass man auf die Idee kommt, dass »die VIERziger generation« möglicherweise so interpretiert werden kann, dass sie ›ursprünglich‹ an der Stelle des Pronomens »das« aus Zeile 02 stand, dann nach ›links‹ verschoben wurde und schließlich die ›Lücke‹ mit dem Pronomen gefüllt wurde.

Eine solche Produktperspektive ist dem Ansatz der On line-Syntax diametral entgegengesetzt, wie Auer (2010: 55) betont:

> »Es ist fast trivial darauf hinzuweisen, dass ein strukturalistischer Satzbegriff mit dem *on line*-Modell der Syntaxverarbeitung nicht kompatibel ist. Denn die strukturalistische Segmentierung eines Textes erfolgt ja nicht aus der Perspektive echtzeitlicher Emergenz, sondern aus der Vogelperspektive des Textbearbeiters, also des fertigen Produkts.«

Doch wenn die klassische strukturalistische Herangehensweise, nämlich einen Satz als Produkt zu behandeln, ihn zu segmentieren (d.h. in Wörter und Phrasen zu zerlegen) und dann zu klassifizieren (den Wörtern Wortarten zuordnen und den Phrasen Phrasentypen; eine grundlegende Einführung in diese Methode findet sich in der Einführung »Grammatik« von Imo 2016d in den Kapiteln 3, 4 und 8), nicht für interaktionale Sprachverwendung zielführend ist, was ist die Alternative?

Die Lösung besteht nach Auer (2010) darin, nicht nach den Einheiten zu fragen, sondern nach sogenannten Gestaltschlüssen, d.h. den Indikatoren dafür, dass eine Einheit beendet ist und eine neue beginnt. Statt des Segmentierens (d.h. des Abtrennens von Einheiten) wird damit das Zäsurieren (d.h. das Feststellen von möglichen Grenzen) in den Mittelpunkt gestellt. Dabei gibt es eine ganze Reihe von möglichen Grenzsignalen, was dazu führt, dass man »mehr oder weniger prägnante Gestaltschlüsse« (Auer 2010: 17), also Grenzen von *chunks*, erhält.

Gestaltschlüsse

Was ist nun ein Kandidat für einen Gestaltschluss? Eine Zäsur kann auf vier Ebenen gesetzt werden, auf der Ebene der Prosodie, der Semantik, der Syntax und der Funktion.

Prosodische Zäsuren haben wir bereits beim Transkribieren kennengelernt. Intonationsphrasen zeichnen sich dadurch aus, dass sie über eine wahrnehmbare Intonationskontur verfügen. Diese weist am Ende – gewissermaßen als ›Schlusssignal‹ – eine Tonhöhenveränderung, einen sogenannten Grenzton auf. Je deutlicher wahrnehmbar diese Tonhöhenveränderung am Ende ist (z.B. stark steigend oder stark fallend), desto stärker nimmt man eine prosodische Zäsur wahr (Barth-Weingarten 2016). Unterstützt werden kann diese Zäsur darüber hinaus noch durch eine Pause, eine Änderung der Sprechgeschwindigkeit des Rhythmus oder der Lautstärke etc. (s. auch Kap. 7). Eine klare prosodische Zäsur finden wir in Beispiel 8 am Ende von Zeile 31:

Beispiel 8: Rohrbruch ◀ R

```
29  M:  ja PASsen se mal Auf.
30      wIssen se wie lange die schon DRAUßen sind;
31      VIERundzwanzig stUnden.
32      (--)
```

Die Tonhöhe fällt stark am Ende von »stUnden«, und es folgt eine Pause von einer halben Sekunde. Während stark steigende und stark fallende Tonhöhenverläufe gute Zäsuren darstellen, sind leicht steigende und fallende oder gar gleichbleibende Tonhöhenverläufe schlechte Zäsurmarker, d. h. als Interaktionspartner benötigt man entweder zusätzliche Indikatoren für einen Gestaltschluss (prosodische Zäsuren sind daher meist Merkmalsbündel, bei denen Tonhöhe, Rhythmus, Pausen, Stimmqualität und Lautstärke eine Rolle spielen) oder man nimmt an, dass eben noch kein endgültiger Abschluss erreicht wurde und der Sprecher weiterreden wird.

Semantische Zäsuren treten immer dann auf, wenn eine Sinneinheit geäußert wurde. In dem oben genannten Beispiel fällt die deutliche prosodische Zäsur mit einer semantischen Zäsur zusammen, nämlich mit dem potenziellen Ende einer vollständigen Aussage, in diesem Fall der rhetorischen Frage mitsamt der Antwort (»wIssen se wie lange die schon DRAUßen sind; VIERundzwanzig stUnden.«).

Syntaktische Zäsuren kommen nach potenziell vollständigen syntaktischen Einheiten vor, d. h. beispielsweise nach der rechten Satzklammer oder nach der Lieferung aller von der Verbvalenz geforderten Ergänzungen. Syntaktische Zäsuren kommen aber auch nach festen, nicht-satzwertigen Konstruktionen vor, die einen Abschluss erkennen lassen, wie z. B. am Ende von *Herzlichen Glückwunsch!* oder *Auf keinen Fall*. In der Äußerung »wIssen se wie lange die schon DRAUßen sind; VIERundzwanzig stUnden.« ist eine erste Zäsur nach der (rhetorischen) Frage und eine zweite am Ende der elliptischen Antwort auf die rhetorische Frage anzusetzen. Auf eine Inhaltsfrage (*w*-Frage) antwortet man normalerweise elliptisch, d. h. nur mit dem durch das *w*-Fragewort erfragten Einheit. In diesem Fall handelt es sich um das Fragewort »wie lange«. Die elliptische, aber in diesem Kontext als Ellipse vollständige, Antwort ist »VIERundzwanzig stUnden«. Syntaktisch ist danach eine starke Zäsur vorhanden, da diese Gestalt potenziell abgeschlossen ist und kein weiterer Strukturausbau erwartet wird.

Funktionale Zäsuren: Die Funktion besteht in der Angabe dessen, was die Interagierenden gerade ›tun‹: einen Vorwurf äußern, eine Geschichte erzählen, informieren, lästern, jemandem widersprechen etc. Eine funktionale Zäsur entsteht dann, wenn ein solches interaktionales ›Handlungsprojekt‹ wahrnehmbar abgeschlossen ist (was zugegebenermaßen oft nicht einfach festzustellen ist). In Bezug auf das zitierte Beispiel besteht die interaktionale Funktion der rhetorischen Frage mit der Antwort darin, einen *Vorwurf* zurückzuweisen. Der Kunde hatte sich in der vorigen Äußerung darüber beklagt, dass die Arbeiter lediglich im Auto säßen

5.4

Gestalten und potenzielle Gestaltschlüsse

und nicht arbeiteten. Der Mitarbeiter weist diesen Vorwurf damit zurück, dass er sagt, dass die Mitarbeiter schon 24 Stunden »draußen« seien – implizit steckt darin die Begründung dafür, dass sie nach einer so langen Zeit auch mal eine Pause machen müssten. Dass die Funktion erfüllt wird, ist daran ersichtlich, dass der Kunde nun nicht mehr auf die Pause verweist, sondern einen neuen Kritikpunkt einbringt, nämlich dass die Mitarbeiter in 24 Stunden erst sehr wenig geschafft hätten.

Erkennen von Gestaltgrenzen: Um das Zäsurieren nachvollziehen zu können, nimmt man am besten die Perspektive eines Gesprächsteilnehmers ein und versucht, beim Hören jeweils festzustellen, wo mögliche Gestaltgrenzen liegen und wie ›gut‹, d.h. wie stark diese Zäsuren wahrnehmbar sind. Wir versuchen nun, ein solches On-line-Zäsurieren an dem Transkriptausschnitt »widerlicher Kerl« zu illustrieren:

Zäsurieren

Beispiel 9: widerlicher Kerl ◆ G

```
01   S1:  ja:; (.) die VIERziger generation so;=
02        =das_s: !WA:HN!sinnig viele die sich da ham
          [SCHEI]den
03   S2:  [ja;  ]
     S1:  lasse[n.=]
04   S2:       [hm,]
05   S1:  =oder scheiden lassen überhaupt.
06   S2:  hm,
07        (--)
08   S1:  heute noch-
09        ((atmet 2.1 Sek. aus))
10        s_is der UMbruch.
11   S2:  n besonders GUtes beispiel das warn mal unsere
          NACHbarn.
12        (---)
13        ähm (---)
14        DREIssig jahre verheiratet, °hh
```

Das Zäsurieren funktioniert nur, wenn man den jeweiligen Kotext und Kontext berücksichtigt. Daher kann man zu dem »ja:;« in Zeile 01 wenig sagen: Wenn es eine Antwortpartikel wäre, also z.B. auf eine vorherige Frage reagiert hätte, dann wäre es syntaktisch abgeschlossen. Nehmen wir aber an, dass es keine Antwortpartikel ist, dann liegt nach »ja:;« eine nur schwache Zäsur vor. Als Startsignal ist es syntaktisch gerade nicht abgeschlossen, sondern projiziert eine Folgeäußerung, es gibt entsprechend auch keinen funktionalen Gestaltschluss, da noch keine Handlung vollzogen wurde. Semantisch ist »ja:;« leer und lediglich prosodisch ist durch den leicht fallenden Tonhöhenverlauf und die Mikropause eine schwache Zäsur vorhanden. Am Ende von »so;« liegt eine prosodisch noch schwächere Zäsur vor, durch den schnellen Anschluss wird angezeigt, dass auf der syntaktischen und funktionalen Ebene kein Gestaltschluss vorliegt. Dies spiegelt sich auch auf semantischer Ebene (es fehlt eine Aussage über »die VIERziger generation«), eine Funktion ist ebenfalls nicht erkennbar (d.h. auf die Frage *Welche Handlung vollzieht S1?*

5 Interaktionale Sprache und Zeitlichkeit

kann die Hörerin an der Stelle noch keine Antwort geben), und syntaktisch ist lediglich eine Phrasengrenze, nicht aber eine Satzgrenze erreicht.

Der nächste Schnitt wäre nach »lassen.« am Ende von Zeile 02 anzusetzen. Hier liegt eine sehr deutliche Zäsur vor: Es gibt einen potenziell vollständigen Satz mit einer Aussage und der Funktion einer Mitteilung sowie einen stark fallenden Tonhöhenverlauf, wobei der schnelle Anschluss allerdings die prosodische Zäsur wieder überschreibt.

Die Äußerung wird in Zeile 05 ausgebaut, nach »Überhaupt.« ist der nächste Schnitt anzusetzen, prosodisch, semantisch, syntaktisch und funktional liegt dort ein sehr guter Gestaltschluss vor, der durch die lange Pause in Zeile 07 deutlich hervorgehoben wird. Nachdem S2 nicht das Rederecht übernimmt, sondern nur ein Hörersignal liefert, wird von S1 durch »heute noch–« erneut ein Ausbau vorgenommen, der als Retraktion auf der Vorgängeräußerung aufbaut und somit syntaktisch, semantisch und funktional erneut einen Gestaltschluss liefert. Der Tonhöhenverlauf markiert kein klares Ende, allerdings das Ausatmen und die sehr lange Pause. Wieder übernimmt S2 nicht das Rederecht.

Nach »UMbruch.« ist erneut eine Zäsur anzusetzen, es handelt sich um einen syntaktisch und semantisch potenziell vollständigen Satz mit der Funktion einer Bewertung und stark fallendem finalen Tonhöhenverlauf. An dieser Stelle übernimmt nun S2. Nach »NACHbarn« ist auf prosodischer Ebene eine sehr starke Zäsur zu finden. Auf syntaktischer und semantischer Ebene liegt ebenfalls eine Zäsur vor. Trotz dieser drei zusammenfallenden Zäsuren ist eine Rederechtsübergabe an der Stelle sehr unwahrscheinlich, denn auf funktionaler Ebene liegt genau das Gegenteil einer Zäsur vor: Funktional handelt es sich um die themensetzende Einleitung in eine Erzählung, und erst mit Abschluss der Erzählung ist eine vollständige Zäsur anzusetzen (wie man an dem vollständigen Transkriptauszug im Anhang des Textes von Selting et al. 2009 sehen kann).

5.5 | Zeitlichkeit

Liste zeitlich strukturierter Konstruktionen im Deutschen

Die folgende Liste stellt eine kleine Auswahl bislang unter der Perspektive der *On line-Syntax* erforschten Phänomene dar. Das Hauptaugenmerk wurde dabei auf solche Strukturen gelegt, die bereits Aufnahme in die Duden-Grammatik gefunden haben (seit der 7. Auflage, die 2006 erschienen ist). Insgesamt ist der Anteil der unter diesem Gesichtspunkt erforschten syntaktischen Muster noch vergleichsweise gering – hier gibt es noch Forschungsbedarf.

Projektorkonstruktionen: Die Klasse dieser Phänomene trägt ihre interaktionale Funktion bereits in ihrem Namen: Sie bauen eine Erwartung hinsichtlich Folgeäußerungen auf. Das Konzept der Projektorkonstruktionen wurde von Günthner (2008b) und Günthner/Hopper (2010) für das Deutsche entwickelt. Beispiele für Projektorkonstruktionen (die Liste ist nicht vollständig – es ist noch zu erforschen, welche weiteren Projektorkonstruktionen es gibt) sind

5.5
Zeitlichkeit

- Kurze äußerungsankündigende Phrasen wie *die Sache ist, das Ding ist, das Problem ist, die Hauptsache ist, kurz und knapp, um das mal zusammenzufassen, ohne Scheiß* etc.
- eigenständige *wenn*-Sätze vor Äußerungen (*Wenn du Hunger hast: Im Kühlschrank ist was zu Essen. Wenn ich mal ganz ehrlich sein soll: Das gefällt mir nicht.*).
- äußerungsinitiale modalisierende Phrasen wie *offen gesagt, ehrlich gesagt, ohne dir nahetreten zu wollen, nimms nicht persönlich, aber..., ich sags dir im Guten,* etc.
- Extrapositionen mit *es* sowie Spaltsätze (Pseudocleft-Sätze) wie *Es ist so, dass wir dazu keine Zeit haben. Es wundert mich, dass du schon wieder zu spät kommst.* oder *Kevin war es, der das Auto geklaut hat.*
- Referenz-Aussage-Strukturen (›Linksversetzungen‹) wie *Das Fußballspiel, wir schauen uns das doch nachher gemeinsam an, oder?*.
- äußerungsinitiale Irrelevanzkonditionale (*Ob teuer oder billig, jedes Auto sollte zumindest pannenfrei fahren.*; *Auch wenn es dir schwer fällt, übe jeden Tag deine Vokabeln.*).

Irrelevanzkonditionale: Ein Beispiel für einen Irrelevanzkonditionalsatz findet sich in dem Rohrbruch-Transkript. Nachdem der Kunde zunächst implizierte, dass er eine bevorzugte Behandlung erhalten solle, da er in dem reichen Stadtteil Villenberg lebe, weist dies der Kundenberater als »QUATSCH« zurück und führt dann folgendes aus:

Beispiel 10: Rohrbruch ◆ R

```
22  M:   OB sie in vIllenberg wohnen oder in Arbeiterstadt;
23       sie werden GLEICH behandelt von uns;
24       und es is QUATSCH;
25       die leute ARbeiten da in Arbeiterstadt,
26       da haben wir geNAuso arbeit.
```

Der *ob*-Satz in Zeile 22 stellt eine Irrelevanzsituation auf, d. h. er nennt mögliche Faktoren, die aber als nicht gültig dargestellt werden. Dieser *ob*-Satz projiziert eine Aussage darüber, um welche Tatsache es sich handelt, die nicht den genannten Einschränkungen unterliegen soll. Entsprechend ist am Ende von »Arbeiterstadt,« kein syntaktischer Gestaltschluss erreicht. Erst nach »uns« in der folgenden Zeile ist die syntaktische Struktur komplett, die aus dem projizierenden *ob*-Satz und der Projektionseinlösung, der Tatsache, die als trotz der Einwände gültig dargestellt wird, besteht.

Referenz-Aussage-Strukturen, Linksversetzungen und Freie Themen: Der Terminus Referenz-Aussage-Struktur wurde von Barden/Elstermann/Fiehler (2001) als Oberbegriff vorgeschlagen für eine Gruppe von Herausstellungen, die traditionell unter einer meist schriftsprachlichen Perspektive Linksversetzungen genannt wurden, sowie für Freie Themen. Inzwischen findet sich der Begriff auch in der Duden-Grammatik. Bei einer Referenz-Aussage-Struktur wird zunächst ein Referenzobjekt genannt, über das dann eine Aussage getroffen wird, die syntaktisch selbstständig ist, wobei das Referenzobjekt in der Regel über ein morphosyntaktisch

5
Interaktionale Sprache und Zeitlichkeit

kongruentes Pronomen in der folgenden Aussage wieder aufgenommen wird. Dies ist ein sehr häufiges Phänomen in der Interaktion:

Beispiel 11: Rohrbruch ◀ R
```
10  K:   die lEute die (.) tUn dort GAR nichts.
11       die sitzen im Auto und wärmen sich AUF einfach.
```

Beispiel 12: widerlicher Kerl G
```
11  S2:  n besonders GUtes beispiel das warn mal unsere
         NACHbarn.
```

Beispiel 13: widerlicher Kerl G
```
01  S1:  ja:; (.) die VIERziger generation so;=
02       =das_s: !WA:HN!sinnig viele die sich da ham
         [SCHEI]den
03  S2:  [ja;  ]
    S1:  lasse[n.=]
```

Alle drei Fälle illustrieren sehr gut die Funktion dieser Struktur: Mit »die lEUte« in Beispiel 11 »n besonders GUtes beispiel« in Beispiel 12 und »die VIERziger generation« in Beispiel 13 wird jeweils ein Referenzobjekt gesetzt, das Erwartungen über eine folgende Aussage darüber projiziert. Diese werden dann durch die Aussagen »die (.) tUn dort GAR nichts«, »das warn mal unsere NACHbarn« und »das_s: !WA:HN!sinnig viele...« erfüllt, wobei die anaphorischen Pronomen auf das Referenzobjekt rückverweisen. In Alltagsinteraktionen wird oft anstelle der spezifischen Demonstrativpronomen das unspezifische Pronomen *da* oder *das* eingesetzt. In ihrer Analyse von Linksversetzungen und Freien Themen in der gesprochenen Sprache differenziert Selting (1993) Linksversetzungen und Freie Themen dahingehend, dass erstere prosodisch integriert sind (wie in den Beispielen 11 und 12), während letztere nach Selting prosodisch eigenständig sind (in Beispiel 13 bildet »die VIERziger generation so« ein Freies Thema und keine Linksversetzung).

Diskursmarker können als eine Untergruppe von Projektorkonstruktionen aufgefasst werden, denn auch sie projizieren Folgeäußerungen. Sie werden hier jedoch getrennt behandelt, weil sie das womöglich prominenteste Beispiel einer Kategorie sind, die zunächst über die Erforschung interaktionaler gesprochener Sprache ›entdeckt‹ wurde und inzwischen Eingang in Referenzgrammatiken (in den Duden-Grammatiken seit 2006 in den Abschnitten »Operator-Skopus-Strukturen« und »Ursprüngliche Subjunktionen mit Verbzweitstellung«) sowie aus didaktischer Perspektive in den Muttersprach- und Fremdsprachenunterricht (z. B. Günthner 2015a oder Ziegler 2009) gefunden haben.

Ein Problem ist, dass es sehr viele zum Teil sehr unterschiedliche Definitionen des Konzepts Diskursmarker gibt – dies ist zu berücksichtigen, wenn man Literatur zu diesem Thema recherchiert (ein Überblick über verschiedene Ansätze findet sich in Imo 2016e). Der Ansatz, der am stärksten kompatibel mit den Ideen der *On line*-Syntax ist und die proji-

5.5 Zeitlichkeit

zierende Kraft von Diskursmarkern in den Mittelpunkt stellt, ist der von Gohl/Günthner (1999) und Günthner (1999a, 1999b, 2000b, 2008c).

Die ersten Untersuchungen von Diskursmarkern nahmen dabei subordinierende Konjunktionen wie *weil, obwohl* oder *wobei* in den Blick, die nicht mit einem Satz mit Verbendstellung verbunden werden (*Ich bleibe heute zu Hause, obwohl das Wetter so schön ist.*), sondern mit beliebigen Folgeäußerungen (*Ich bleibe heute zu Hause. Obwohl: Das Wetter ist so schön.* oder *Ich bleibe heute zu Hause. Obwohl: Sollen wir nicht doch rausgehen?* etc.). Was früher einfach als fehlerhafter Gebrauch von subordinierenden Konjunktionen betrachtet wurde, hat sich bei eingehender Untersuchung als eine eigenständige Struktur herausgestellt: Diese Wörter sind, wenn sie nicht mit einem Satz mit Verbendstellung gebraucht werden, keine Konjunktionen mehr, sondern Diskursmarker. In dieser Funktion verknüpfen sie auch nicht mehr Inhalte (wie Konjunktionen), sondern sie projizieren Handlungen.

Sehr gut lässt sich dieser Unterschied an folgenden beiden Beispielsätzen von Günthner (2005: 52) zeigen: *Ich nehme noch ein Stück Kuchen, obwohl ich schon zwei gegessen habe* und *Ich nehme noch ein Stück Kuchen. Obwohl: Ich habe schon zwei gegessen.*

Im ersten Fall wird eine konzessive Verknüpfung der beiden Inhalte (*Kuchen nehmen* und *bereits zwei Stücke Kuchen gegessen haben*) aufgebaut: Die Person isst ein drittes Stück Kuchen. Im zweiten Fall wird dagegen keine inhaltliche Verknüpfung gemacht, sondern es wird eine Handlung projiziert, und zwar eine Handlung, die zu der vorigen Handlung in Kontrast steht: Die Person stoppt ihren Plan, noch ein Stück Kuchen zu nehmen und überdenkt diese Handlung (und wird bei ausreichender Willensstärke den Kuchen nicht nehmen …).

Unterschiedliche Diskursmarker projizieren dabei unterschiedliche Arten von Handlungen. Unter Projektion versteht man nach Auer (2005: 8) Folgendes:

»By projection I mean the fact that an individual action or part of it foreshadows another. In order to understand what is projected, interactants need some kind of knowledge about how actions (or action components) are typically (i. e., qua types) sequenced, i. e. how they follow each other in time.«

Diese Art der Projektionskraft ist zentral für Diskursmarker. Je nachdem, aus welchen Wörtern Diskursmarker ›rekrutiert‹ wurden, können damit z. B. Begründungen, Erläuterungen, Erzählungen, Einräumungen etc. projiziert werden.

Bisherige Forschungsergebnisse zu Diskursmarkern: Die Forschung zu Diskursmarkern ist nicht abgeschlossen, daher sind die folgenden Listen von Diskursmarkern noch nicht vollständig. Diskursmarker können aus verschiedenen sprachlichen Ausdrücken ›rekrutiert‹ werden. Es gibt:

> Typen von Diskursmarkern

- Diskursmarker, die aus **ehemaligen Subjunktionen oder Konjunktionen** bestehen: *weil* (Gohl/Günthner 1999; Günthner 1993a, 2008c), *wobei* (Günthner 2001a, 2002a; Auer/Günthner 2004), *obwohl* (Günthner 1999b), *aber* (für das Holländische Mazeland/Huiskes 2001), *und* (Hartung 2012; Hartung-Schaidhammer 2012) und sogar *dass, während* und *wogegen* (Freywald 2008, 2018).

157

- Diskursmarker, die aus **ehemaligen Adverbien oder Partikeln** bestehen: *deswegen* (König 2012), *bloß* (Auer/Günthner 2004), *also* (Deppermann/Helmer 2013; Dittmar 2002), *nur* (Imo 2012a; Günthner 2015a), *ja* (Imo 2013a), *jedenfalls* (Auer/Günthner 2004; Bührig 2009) oder *allerdings* (Bührig 2009).
- Diskursmarker, die aus **festen, formelhaften Phrasen** bestehen: *ich sag mal so* (Auer/Günthner 2004; Imo 2007), *weiß ich nicht* (Auer/Günthner 2004), *ich mein* (Günthner/Imo 2003; Imo 2007), *ich glaub* (Imo 2007, 2011), *(ach) komm* (Proske 2014), *guck mal* (Günthner 2015a) oder *uallah / ich schwör* (Bahlo 2010).

Definition von Diskursmarkern

Was eint diese Ausdrücke? Nach der Definition von Gohl/Günthner (1999: 59 f.) zeichnet Diskursmarker aus, dass sie
- »in Initialposition, oft außerhalb der syntaktischen Struktur eines Satzes bzw. nur lose damit verbunden« realisiert werden, wobei sie im oben angesprochenen Sinn projizierend sind, also Folgehandlungen ankündigen,
- »optionale, d. h. grammatisch und semantisch nicht-obligatorische Elemente [sind], die Sprecher benutzen können, um ihren Diskurs zu organisieren«,
- sich durch eine »Skopusausweitung« auszeichnen, die dazu führt, dass »die Funktion [...] sich auf eine größere Einheit als den Satz« bezieht, dass
- mit der Funktionsveränderung ein »reduzierter semantischer Gehalt« einhergeht und schließlich,
- dass es sich um »kurze« Einheiten handelt, die
- »eher gesprochen- als geschriebensprachlich« auftreten.

Das folgende Beispiel aus dem FOLK illustriert die Unterschiede zwischen Diskursmarkerfunktion und ursprünglicher Funktion (in diesem Fall der Subjunktion *weil*). Es handelt sich um eine Aufnahme während einer Theaterpause, in der sich zwei Freundinnen über Bekannte unterhalten, die schlechte Erfahrungen mit Schönheitsoperationen gemacht haben:

Beispiel 14: Theaterpause ◀ F OLK_E_00080

```
0379  VB:  ich weiß nich was das hier (.) für_n ARZT war;
0380       jedenfalls (.) musste er au nich so beSONders
           gut gewesen sein;
0381       die wollte °h die l\ äh AUgenlider straffen
           lassen_nE?
0382       (-)
0383  VB:  is ja eigentlich AUCH jetzt keine besOnders
           grOße-
0384       °hh aber d\ (.) NACH dem eingriff,
0385       der hatte zu VIEL weggenommen-
0386       (1.0)
0387  VB:  also (.) man MUSS sowas auch sehr gut können;
0388    →  weil das sah s (.) des (.) des sah (.) sieht
           toTAL verfrEmdet aus. (.)
```

```
0389          immer NOCH;
0390          wenn ich die SEhe;
0391          wenn ich dann DA bin; °hhh
0392       →  äh weil ich die halt VORher [kannte,  ]
0393   DZ:                                [gibt ja so] fälle
              die können nachts nich mehr die AUgen zumachen,
```

VB erzählt von ihrer Bekannten, die sich die Augenlider hat straffen lassen, wobei der Arzt ihrer Ansicht nach zu viel Haut entfernt hat (Z. 0385). Nach einer Pause knüpft VB an ihre vorige Aussage an, dass eine Operation der Augenlider eigentlich kein besonders großer Eingriff sei (Z. 0383), wobei sie klarstellt, dass man aber auch dieses »sehr gut kÖnnen« müsse (Z. 0387). Die folgende, durch »weil« eingeleitete Äußerung kann dabei nicht als inhaltlich kausale Verbindung dazu gelesen werden, wie man an der fragwürdigen Äußerung sieht, die entsteht, wenn man den Diskursmarker *weil* in die Konjunktion *weil* verändert: *?Man muss so etwas sehr gut können, weil das total verfremdet aussah.* Der Diskursmarker *weil* arbeitet hier auf der Ebene der Projektion einer epistemischen Begründung, d. h. einer Begründung, wieso die Sprecherin zu der Schlussfolgerung kommt:

Frage: *Wie komme ich zu der Einschätzung aus Zeile 0387, dass man*   Prosodie
         auch eine Augenlider-Operation sehr gut können muss?

Antwort: *Ich komme auf diese Einschätzung, weil ich gesehen habe, dass*
         meine Bekannte nach der Operation total verfremdet aussah.

Der Diskursmarker *weil* wird sehr häufig zu einer solchen Sprechhandlungsbegründung verwendet, also zur Begründung, warum und mit welchem Recht man gerade etwas gesagt hat, und erfüllt damit wichtige interaktionale Funktionen der Gesprächsorganisation.

Prosodische Realisierung von Diskursmarkern: Während im schriftsprachlichen Gebrauch Diskursmarker im Normalfall durch einen Doppelpunkt oder Gedankenstrich optisch markiert und von der Folgeäußerung abgesetzt werden (*Weil: Das sah total verfremdet aus.* oder *Weil – das sah total verfremdet aus.*), hängt die prosodische Realisierung in der gesprochenen Sprache von der Art der Diskursmarker ab. Nach Barden/Elstermann/Fiehler (2001) ist bei Ausdrücken, die wie z. B. ehemalige Subjunktionen insofern sofort als Diskursmarker zu erkennen sind, als ihnen kein Satz mit Verbendstellung folgt, eine prosodische Hervorhebung beispielsweise durch eine Akzentuierung oder durch Pausen nicht notwendig. Bei Diskursmarkern, bei denen im Vergleich zu den Wörtern, aus denen sie rekrutiert wurden, kein formaler Unterschied feststellbar ist, werden dagegen prosodische Markierungen verwendet (z. B. bei koordinierenden Konjunktionen: *»ich habe morgen keine ZEIT. UND ich habe keine lUst.«* vs. *»ich habe morgen keine ZEIT. UND (--) ich habe keine lUst.«*). Die Prosodie dient dabei als Hinweis für die Interaktionspartner, den Ausdruck nicht als Konjunktion, sondern als Diskursmarker zu interpretieren. Es fehlen hierzu allerdings noch genauere Untersuchungen zur Rolle der Prosodie bei Diskursmarkern.

Apokoinu-Konstruktionen: Die zeitliche Struktur sowie der fragmentarische Charakter interaktionaler Sprache sind bei Apokoinu-Konstruktionen (Auer 1992a; Norén 2007; Sandig 1973; Scheutz 2005; Schwitalla 2015) besonders auffällig. Der Begriff *Apokoinu* stammt aus dem Griechischen und bedeutet ›vom Gemeinsamen‹. Gemeint ist damit, dass im Verlauf einer Äußerungsproduktion eine syntaktische Struktur so verändert wird, dass rückblickend zwei verschiedene syntaktische Muster erkennbar werden, die beide jeweils auf das ›Gemeinsame‹, einen ›Dreh- und Angelpunkt‹ (»pivot« bei Scheutz 2005: 104) zurückgreifen und den sie sich teilen.

Ein Beispiel für eine solche Apokoinu-Konstruktion findet sich in einem Paargespräch aus dem FOLK (der hier präsentierte, retranskribierte Auszug beginnt ungefähr bei Minute 2:35):

Beispiel 15: Paargespräch ◀ **F OLK_E_00039**

```
0112  NO:   na WENN ich mir so- (.)
0113        wenn_wa jetz KEEN auto kriegen;
0114        [wenn] er sich jetz QUERstellt;
0115  EL:   [hm, ]
0116  NO:   dann kriegste morgen MEIN auto;
0117        (-)
0118  EL:   hm_hm-
0119        (2.0)
0120  NO:   dann fahren_wa heute HIN,
0121  →     ick kenn die nummer HA ick ja von ihm,
0122        (-)
0123  NO:   °hh und da kriegste MEIN auto-
```

Sprecher NO beginnt in Zeile 0121 mit der Äußerung »ich kenn die nummer«, die eine vollständige syntaktische Gestalt darstellt. Er fährt dann aber fort mit »HA (= habe) ick ja von ihm« – diese Äußerung benötigt ebenfalls die Nominalphrase »die nummer«, um eine sinnvolle syntaktische und semantische Gestalt zu bilden. Das ›Gemeinsame‹ ist also »die nummer«, worauf »ick kenn« und »HA ick ja von ihm« zurückgreifen:

Struktur einer Apokoinu-Konstruktion

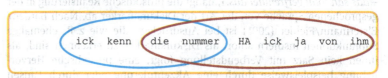

Die beiden Äußerungsteile in den ovalen Boxen sind somit jeweils für sich genommen vollständig, bilden aber gemeinsam die Apokoinu-Konstruktion. Verantwortlich für die Entstehung vieler Apokoinu-Konstruktionen ist die Tatsache, dass die Äußerungsplanung in ungeplanter gesprochener Sprache parallel zum Sprechen erfolgen muss, was zu solchen syntaktischen Umplanungen führen kann.

Apokoinu-Konstruktionen und Redeanführung: Eine andere Ursache haben Apokoinu-Konstruktionen, die mit der Redeanführung zusammenhängen. Das ›Einklammern‹ von zitierter Rede durch Redeanführungs-Floskeln mit Verben des Sagens und Meinens ist dabei so häufig, dass

Zeitlichkeit

5.5

man von einer routinierten Struktur ausgehen kann, mit der routinierte Aufgaben der Redepräsentation erledigt werden können:

Die mehrfache Anführung zitierter Rede hilft den Gesprächspartner/innen dabei, den Überblick darüber zu behalten, wem eine Äußerung zuzuordnen ist (was gerade dann auch besonders wichtig wird, wenn mehrere Personen zitiert werden). Darüber hinaus ermöglicht die Apokoinu-Redeanführung zudem, bewertende Stellungnahmen abzugeben.

Ein Beispiel für die zweite Funktion stammt aus Imo (2007). Sprecherin T berichtet von den Schmerzen, die sie beim Stechen von Ohrlöchern für Ohrringe hatte und zitiert in Zeile 608 die wenig mitfühlende Reaktion der Person, die die Ohrlöcher gestochen hat:

Beispiel 16: Ohrringe

```
598   T:   und OB,
599        und WIE des WEH tut;
600   S2:  von WEge.
601   V:   quatsch.
602   T:   ja DU,
603        mir händ se ja glei drei auf EINmal gschosse;
604        [da (          )]
605   S2:  [hat dich ja koiner GHOIße.]
606   T:   da hat-
607   →    da hat se GSAGT,
608        ja SCHÖNheit muss leiden;
609   →    hat die KUH zu mir gsagt.
610   S2:  hehe (        ) des alte WEIble bei uns in
           NEUstadt,
611        wo den LAden no ghet hat,
```

Auch hier haben wir ein ›Gemeinsames‹, die zitierte Äußerung »ja SCHÖNheit muss leiden« (Z. 608), auf die sowohl »da hat se GSAGT« als auch »hat die KUH zu mir gsagt« zugreifen. Während der erste Teil der Apokoinu-Konstruktion lediglich die fremde Rede verortet, wird im letzten Teil die wertende Stellungnahme »die KUH« hinzugefügt. Das gesamte Muster dient dabei der Hervorhebung der Äußerung und der interaktionalen Präsentation als ›Pointe‹ (die in Z. 610 durch S2 mit Lachen quittiert wird).

Bewerten

Redeanführungsfloskeln und Apokoinukonstruktionen: Während in dem eben zitierten Beispiel die Apokoinu-Struktur deutlich zu erkennen ist, verschwimmen die Grenzen bei reinen Redeanführungsfloskeln oft, so dass nicht mehr klar ist, ob sich die Redeanführungsfloskeln auf dieselbe oder auf andere Äußerungen beziehen. Dies zeigt sich in folgendem Beispiel aus Imo (2007), einem Familiengespräch, in dem S eine Geschichte erzählt und dabei die Äußerungen von sich und ihrem Vater wiedergibt:

Interaktionale Sprache und Zeitlichkeit

Beispiel 17: Betten quietschen

```
626  E:   dein PA-
627       dein VAter fragt [uns wann wir  ][denn Uffstehn.]
628  S:                    [ja wann STEHT-]
628                                        [wann steht=  ]
          =er denn morgen früh UFF;
630    →  na ich sache um halb achte werden wir WACH,
631    →  SACH ich,
632       und denn noch ne STUNde wa,
633    →  SACHT er,
634       aber NICH- (.)
635    →  nich dass dass ich wieder die f: BETten
          quietschen höre sacht er,
636       det HASS ich ja wa,
637       und da SACHT der bär,
638       na JA,
639       lieber MORgens die betten quietschen hören als
          Abends.
```

Auch hier lässt sich wieder der zeitliche Strukturaufbau beobachten: Die Redeanführungsfloskel »na ich sache« projiziert die angeführte Rede, die durch »um halb achte werden wir WACH« geliefert wird. Die zweite Redeanführungsfloskel »SACH ich« kann nun (vor allem auch wegen der Umkehrung von Verb und Pronomen) als dritter Teil einer Apokoinu-Konstruktion wahrgenommen werden. Im weiteren Verlauf stellt sich heraus, dass die Sprecherin aber weiterhin sich selbst mit »und denn noch ne STUNde wa« zitiert – rückblickend könnte man nun als Rezipient der sich entwickelnden Äußerungen »sach ich« auch als der Folgeäußerung zugehörig betrachten. Ähnlich auch der Wechsel zu »sacht er« (Z. 633), womit nun der Sprecherwechsel in dem angeführten Gespräch angezeigt wird. Die zitierte Aussage folgt in Zeile 635, und ein zweites »sacht er« schließt sich prosodisch nahtlos an das Ende dieser Aussage an.

Die gesamte Struktur könnte man wieder entweder als Apokoinu-Konstruktion werten (mit »aber nich- (.) nich dass dass ich wieder die f: BETten quietschen höre« als dem ›Gemeinsamen‹ und »sacht er« (Z. 631) sowie »sacht er« (Z. 635) als die beiden Einheiten, die auf dieses ›Gemeinsame‹ zugreifen) oder aber man interpretiert das zweite »sacht er« als auf die Folgeäußerung in Zeile 636 bezogen. Dass dabei keine eindeutige grammatische Zuordnung möglich ist, ist nur dann ein Problem, wenn man ›saubere‹, ›logische‹ und ›eindeutige‹ Strukturen haben will.

All grammars leak Wie aber Sapir (1921: 19) schon sehr früh festgestellt hat, sind Sprachen notorisch inkonsistent: »Were a language ever completely ›grammatical‹, it would be a perfect engine of conceptual expression. Unfortunately, or luckily, no language is tyrannically consistent. All grammars leak.« Für die Interagierenden ist dies auch gut und sinnvoll: Die Offenheit syntaktischer Strukturen (vgl. Hopper 2004 zur »openness of grammatical constructions«) lässt es zu, dass sie in unterschiedlichen Kontexten zu unterschiedlichen Zwecken verwendet werden können und dass sie Interpretationsspielräume eröffnen, die entsprechend Nuancen des Verstehens ermöglichen.

Parenthesen werden traditionellerweise als Einschübe in eine Satzkonstruktion betrachtet. Es handelt sich dabei wieder um eine typische schriftorientierte Produktperspektive, denn um einen Einschub in eine Satzkonstruktion feststellen zu können, muss man bereits die vollständige Struktur sehen, wie in dem konstruierten Beispiel: *Wir wollen – und da haben wir von den anderen Parteien noch keine klaren Vorschläge gehört – nach der Wahl die Steuern senken.* Aus einer *On line*-Perspektive würde das bedeuten, dass ein Rezipient eine Parenthese erst nach deren Abschluss erkennen kann – was aber nicht der Fall ist, denn Parenthesen werden noch während ihrer Produktion zumindest als ›mögliche Parenthesen‹ von den Interaktionsteilnehmern erkannt. Das hängt damit zusammen, dass bei einer Parenthese ein syntaktischer Bruch vorliegt.

Mit Stoltenburg (2007) muss man Parenthesen daher als »Brüche emergenter syntaktischer Strukturen« definieren. Mit anderen Worten: Eine Äußerung, die eine syntaktische Projektion aufbaut – bei dem Beispielsatz *Wir wollen* werden ein Akkusativobjekt und eventuell noch ein Vollverb projiziert – wird unterbrochen und es wird eindeutig nicht zu der begonnenen Struktur passendes Material produziert. Bei einer prototypischen Parenthese wird allerdings dann die unterbrochene Projektion am Ende der Parenthese eingelöst, was zu folgender Struktur führt:

Abb. 5.1: Parenthesen und Projektion (aus Stoltenburg 2007: 155)

Die begonnene syntaktische Konstruktion *Wir wollen* in dem oben angeführten Beispielsatz ist Teil A. Teil B ist *und da haben wir von den anderen Parteien noch keine klaren Vorschläge gehört*, während Teil C schließlich die offene Projektion von A mit *nach der Wahl die Steuern senken* einlöst.

Aus einer *On line*-Perspektive ist den Rezipienten allerdings in der Zeit, in der B produziert wird, noch nicht klar, ob die Projektion eingelöst wird: Es könnte genauso gut sein, dass der Äußerungsteil aufgegeben wird und der C-Teil mit einer komplett neuen Struktur beginnt. In dem Fall liegt dann keine Parenthese mehr vor, sondern ein Abbruch. Was der Fall ist, entscheidet sich erst retrospektiv, d. h. erst der C-Teil klärt, ob aus einer *möglichen* Parenthese eine *tatsächliche* Parenthese oder aber ein Abbruch oder Umstieg wird.

Strukturell unterscheiden sich Parenthesen danach, ob sich C nahtlos an A anschließt (Wenn man in dem Satz *Wir wollen – und da haben wir von den anderen Parteien noch keine klaren Vorschläge gehört – nach der Wahl die Steuern senken.* die Parenthese tilgt, entsteht ein grammatischer Satz) oder ob Teile wieder aufgegriffen werden (*Wir wollen – und da haben wir von den anderen Parteien noch keine klaren Vorschläge gehört – wir wollen nach der Wahl die Steuern senken.*). Solche Wiederaufgriffe kommen oft nach umfangreichen Parenthesen vor und helfen sowohl dem Sprecher als auch den Interaktionspartnern, den A-Teil wieder zu aktivieren. Hier spielen entsprechend kognitive Aspekte der Verarbeitungskapazitäten der Interagierenden eine große Rolle.

Prosodie und Parenthesen: Aus prosodischer Perspektive wird oft von

5 Interaktionale Sprache und Zeitlichkeit

Gibt es eine Parentheseintonation?

einer »typischen Parentheseintonation« (Schönherr 1997: 140) gesprochen, d. h. Parenthesen würden durch Sprechtempo, Lautstärke, Tonhöhe und Pausen von der Umgebung abgesetzt (oft findet sich dabei die Kombination schneller, leiser und tiefer). Empirische Untersuchungen (Bergmann 2013; Stoltenburg 2007) zeigen aber, dass dies kein obligatorisches Kriterium ist. Prosodie ist ein Kontextualisierungshinweis (s. Kap. 3.4 und 10.2), d. h. sie stellt Indikatoren für eine Parenthese zur Verfügung (s. auch Kap. 7.2). Wenn eine Parenthese durch einen eindeutig erkennbaren Bruch schon deutlich genug markiert ist, ist eine zusätzliche prosodische Markierung aber nicht nötig. Wenn dagegen der syntaktische Bruch nicht eindeutig ist, helfen die Prosodie und/oder nonverbale Kontextualisierungsmittel wie Blick oder Gestik bei der Markierung dieses Bruches.

Als Beispiel für eine Parenthese dient ein Auszug aus dem Gespräch »widerlicher Kerl«:

Beispiel 18: widerlicher Kerl ◆ G

```
11   S2:   n besonders GUtes beispiel das warn mal unsere
           NACHbarn.
12         (---)
13         ähm- (---)
14         DREIssig jahre verheiratet, °hh
15         das letzte kind (.) endlich aus_m HAUS,
16         zum stuDIERN, (-)
17         WEGgegangen,=ne, °h
18         nach berLIN, °h
19         und (.) die ältere tochter is AUCH in berlin
           gewesen? °hhh
20         A  und (.) der KE:RL,
21         B  <<tiefer, schneller, leiser> das war aber ein
           penetrAnter: !WI!derling.=also- °hhh>
22         C  der hat (.) äh sein gArten wie (.) !PIK! As (-)
           gepflEgt,=ne,
23         kEIn BLÄTTchen,=
24         =und NICHTS,=
25         =Englischer RAsen, °hh
26         un:d: bei !JE!der gelegenheit hat er die polizEi
           gerufen,
27         und sich mit den NACHbarn ange[legt,=ne,  ](1.2)
28   S1:                                [phhh hohoho]
```

Die Sprecherin unterbricht die emergente syntaktische Struktur »und (.) der KE::RL« in Zeile 20. Die Unterbrechung ist prosodisch sehr deutlich markiert durch einen Neuansatz in der Tonhöhe, durch tieferes, schnelleres und leiseres Sprechen und am Ende durch »also« und das lange Einatmen. Das ist insofern notwendig, als der syntaktische Bruch relativ schwach ist: Es wäre durchaus möglich, die Äußerungen A und B als eine vollständige Referenz-Aussage-Struktur zu deuten (*Und der Kerl, das war ein penetranter Widerling.*) – und in der Tat bilden A und C eine solche Referenz-Aussage-Struktur, allerdings mit dem deutlich besser zum Wie-

Zeitlichkeit

deraufgriff geeigneten Pronomen *der*: *Und der Kerl, der hat seinen Garten wie Pik As gepflegt*. Den Charakter eines Projektionsbruches erhält der B-Teil somit nur in geringem Maße aus der Syntax: Das für den Wiederaufgriff eher untypische Pronomen im Neutrum sowie die Wörter *aber* und *also*, die einen Einschub (*aber*) und eine Rückkehr zur abgebrochenen Äußerung (*also*) signalisieren, und in weitaus stärkerem Maße durch die prosodische Realisierung.

Funktionen von Parenthesen: Parenthesen erlauben es Sprecher/innen, das Rederecht zu erhalten, denn sobald durch einen A-Teil eine Projektion eröffnet ist, behalten sie das Rederecht, bis der C-Teil geliefert wurde. Es besteht also die Möglichkeit, den B-Teil sehr umfangreich zu gestalten (gutes Analysematerial für diese Strategie bieten Interviews und vor allem Diskussionsrunden mit Politikern). Daneben können Parenthesen dazu verwendet werden, Sprecherkommentare einzufügen (wie im vorliegenden Fall die Bewertung der Sprecherin; oft sind solche Bewertungsparenthesen sehr floskelhaft, wie *was ich nie verstanden habe, was mich furchtbar aufgeregt hat, den ich nicht ausstehen kann* etc.) oder auch das eigene Argument stützende Hintergrundinformationen zu liefern. Parenthesen markieren also generell gesprochen ›Ebenenwechsel‹ (von Darstellung zu Bewertung, von ernster Modalität in scherzhafte, von Vordergrundinformation zu Hintergrundinformation etc.).

Interaktionsmodalität

Inkremente und Expansionen: Als »Inkremente« (Auer 2006; Couper-Kuhlen/Ono 2007) oder »Expansionen« (Auer 1991; 2006; s. Kap. 5.3) werden Strukturen bezeichnet, bei denen eine syntaktisch potenziell bereits abgeschlossene Einheit schrittweise (= inkrementell) durch zusätzliches Material erweitert (= expandiert) wird. Solche Erweiterungen sind der zeitlich emergenten Struktur interaktionaler Sprache geschuldet, sie bieten für die Produzenten von Äußerungen die Möglichkeit der Überarbeitung. Mit Hilfe von Inkrementen können Reparaturen durchgeführt werden, es können missverständliche Äußerungsteile geklärt werden und in Fällen, in denen nach einer Äußerung kein Gesprächspartner den Turn übernimmt, können Gesprächspausen überbrückt werden.

Daneben gibt es aber auch Fälle, in denen ein Inkrement den Charakter einer Formulierungsroutine hat. Dies trifft besonders auf inkrementell gelieferte Adverbien oder Präpositionalphrasen als adverbiale Ergänzungen zu, mit denen eine Äußerung nachträglich modifiziert wird (z.B. durch Kommentaradverbien oder die Sprechereinstellung anzeigende Floskeln wie *Er hat keine Lust, vermutlich.* oder *Das können wir dann auch gleich sein lassen, würd ich sagen.*) oder durch temporale oder lokale Angaben in Relation zum Sprechzeitpunkt oder Sprecherort verankert wird (*Dazu habe ich keine Zeit jetzt. Ich habe zwei Wochen Urlaub gemacht in Schweden.*). Dieser routinehafte Gebrauch hängt damit zusammen, dass die Satzränder – genauer die Stellen vor und nach Äußerungen – der typische Ort dafür sind, um interaktionsrelevantes Material (Hörersteuerung, Diskursverankerung) anzubringen (vgl. Imo 2011a und 2015c).

Grundsätzlich gilt aber sowohl für die ›freien‹ als auch die ›routinierten‹ Inkremente, dass sie nur über die Mechanismen der prinzipiellen »Erweiterbarkeit von Turnkonstruktionseinheiten« (Auer 2006: 279) zu

Interaktionale Sprache und Zeitlichkeit

verstehen sind, die wiederum mit dem zu Beginn dieses Kapitels beschriebenen Zäsurieren (Auer 2010) zusammenhängen. Interagierende überwachen jeweils laufend die Äußerungen ihrer Interaktionspartner auf mögliche syntaktische, semantische, funktionale und prosodische Abschlusspunkte, die das Ende einer Gestalt anzeigen und damit entsprechend Orte für die Übernahme des Rederechts bilden.

Formen der Äußerungserweiterung

Inkrementelle Äußerungserweiterung: Wenn ein Sprecher oder eine Sprecherin nach einem Abschlusspunkt nicht eine neue Äußerung bildet oder das Rederecht abgibt, gibt es vier grundlegende Möglichkeiten einer inkrementellen Äußerungserweiterung:

Option 1: Die erste Möglichkeit besteht in »Weiterführungen, die ein Element in der Vorgängerstruktur ersetzen« (Auer 2006: 285). In der Grammatikforschung werden solche Weiterführungen meist schriftlastig als *Rechtsversetzungen* beschrieben, bei denen eine Pro-Form in der Äußerung am Äußerungsende gefüllt wird: *Ich habe sie gestern gesehen, deine Freundin.* Die Äußerung wäre nach *gesehen* vollständig. Die Füllung des Pronomens durch *deine Freundin* kann dabei unterschiedliche Funktionen haben. Sie kann eine Verstehenshilfe sein, eine Reparatur oder auch eine Bekräftigung, je nach Kontext und geteiltem Wissen. Andere Weiterführungen mit Ersetzungsrelationen sind Reparaturen im engeren Sinn, bei denen ein Element aus der Äußerung am Ende ersetzt wird: *Wir waren gestern im Kino. Vorgestern.*

Option 2: Die zweite Möglichkeit ist die der »appositionalen Erweiterungen«. Diese Erweiterungen sind vergleichsweise selten und dienen meist dazu, rückwirkend einen Äußerungsteil inhaltlich auszubauen, wobei die morphosyntaktische Einbettung nicht gegeben ist, wohl aber die inhaltliche, wie in dem folgenden Beispiel aus Auer (2006: 286), in dem Sprecher F einen Sportwagen bewertet:

Beispiel 19: rassiger Sportwagen

```
F:  aber=ganz andere <<schwärmerisch> FO::RM=hat=doch=der;
    SCHMÄler; RASsiger;
```

Die Adjektive »SCHMÄler« (regional für *schmaler*) und »RASsiger« beziehen sich semantisch zwar eindeutig auf das Nomen *Form*, können aber nicht einfach in die Vorgängeräußerung eingefügt werden, da sie nicht mit dem Nomen kongruieren (*eine ganz andere, schmalere, rassigere Form*). Traditionell wurden solche Erweiterungen oft als Ellipsen gedeutet.

Option 3: Die dritte Möglichkeit ist die der Weiterführung »über ein abschließendes Strukturelement (im Deutschen: ›rechte Klammer‹) hinaus durch eine retrospektive syntagmatische Expansion« (Auer 2006: 285). Bei diesen Expansionen liegt eine eindeutig geschlossene syntaktische Gestalt vor (z. B. durch eine rechte Satzklammer). Nach diesem Abschlusspunkt wird nun ein weiteres Element nachgereicht, »das eigentlich seinen Platz in der schon abgeschlossenen Satzstruktur gehabt hätte« und – anders als bei Option 2 – strukturell auch problemlos dort eingefügt werden könnte, wie dies bei Adverbialen (Zeitangaben, Ortsangaben, Modalisierungen) der Fall ist: *Wir waren gestern essen. In einem sauteuren Restaurant.* Die Präpositionalphrase *in einem sauteuren Restaurant*

5.5 Zeitlichkeit

könnte man problemlos zwischen *gestern* und *Essen* einfügen. Funktional sind solche Weiterführungen oft Nachträge, bei denen etwas ›Vergessenes‹ nachgereicht wird, sie können aber auch dazu genutzt werden, eine Einheit besonders hervorzuheben. Prosodisch können sie entweder durch Pausen abgesetzt oder nahtlos integriert werden.

Option 4: Die vierte Möglichkeit ist die Weiterführung »durch eine prospektive syntagmatische Expansion, d. h. ohne dass ein bestimmtes finales Strukturelement den Vorgänger als abgeschlossen markiert hätte« (Auer 2006: 285). Da dort überhaupt kein syntaktisches Signal vorliegt, das einen Abschluss anzeigt, und zudem das folgende Äußerungsmaterial ohnehin auch an dieser Stelle positioniert werden könnte, entsteht der Charakter einer Expansion in diesen Fällen ausschließlich durch die prosodische (oder, in der Schrift, die graphische) Markierung: »Die Struktur ist nur dann als Expansion einzustufen, wenn sie prosodisch vom Vorgänger abgetrennt ist.« (Auer 2006: 285) Ein Beispiel ist »*kommst du MIT? (--) in das neue restaurRANT?*«. Ohne die Pause und die Realisierung der Äußerungen in zwei unabhängigen Intonationsphrasen würde die Äußerung nicht als inkrementell wahrgenommen werden: »*kommst du mIt in das neue restauRANT?*«.

Beispielanalyse: In dem Rohrbruch-Gespräch finden sich zu Beginn gleich zwei Inkrementstrukturen:

Beispiel 20: Rohrbruch ◆ R

```
01   K:   JA.
02        MEIer.
03        guten MORgen [(          ).]
04   M:                [ guten MORgen.]
05   K:   wer is da ZUständig für den villenberg;
06   →    für diesen ROHRbruch da.
07   M:   WIR;
08   K:   SIE.
09   M:   ja.
10   K:   die lEute die (.) tUn dort GAR nichts.
11   →    die sitzen im Auto und wärmen sich AUF einfach.
12   M:   [ä::h (WISsen_se-)]
13   K:   [(Es is mittlerwei]le) halb EINS,
14        und wir (.) S:IND hIEr;
15        eh eh in kAtastroPHAlen verhÄltnissen;=ne,
```

Die erste Expansion, *für diesen Rohrbruch da* (Z. 6), könnte entweder als Typ 2 oder Typ 4 gedeutet werden: Als Typ 2, wenn man annimmt, dass *für diesen Rohrbruch da* eine Erweiterung von *für den Villenberg* ist und eine Struktur wie *für diesen Rohrbruch auf dem Villenberg* rekonstruiert werden sollte. Als Typ 4, wenn man eine Äußerung wie *für den Villenberg für diesen Rohrbruch da* als rekonstruierte Version annimmt – in diesem Fall wäre nur die Tatsache, dass *für diesen Rohrbruch da* in einer neuen Intonationsphrase geäußert wurde und somit prosodisch abgetrennt ist, relevant.

Die zweite Expansion, *einfach* (Z. 11), lässt sich dagegen eindeutig Typ 3 zuordnen: Mit der Verbpartikel *auf* liegt die rechte Satzklammer vor, und die Äußerung ist syntaktisch vollständig. Normgrammatisch würde man zudem Adverbien wie *einfach* im Mittelfeld, also vor der rechten Satzklammer, äußern. Es handelt sich dabei um einen typischen Fall eines Nachtrags eines Modaladverbials (Imo 2011a; 2015b).

Vergewisserungssignale (auch: Rückversicherungssignale) sind *tag questions*, die an Äußerungen angehängt werden (*Du kommst doch auch zu Annas Geburtstag, ne?*), oder seltener auch zur Einforderung von Aufmerksamkeit vor Äußerungen produziert werden (*Ne, du kommst doch auch zu Annas Geburtstag?*). Die Zahl dieser Signale ist relativ überschaubar (u. a. *ne, nicht wahr, nicht, verstehst du / verstehste, oder, oder nicht, oder etwa nicht, klar, meinst du nicht, gell, woll / wohl, wa, oder / odr*). Systematische Forschung zum Einsatz dieser Signale steht noch aus, bislang gibt es erst wenige Untersuchungen zu Vergewisserungssignalen im Deutschen, so z. B. von Hagemann (2009), König (2017), Imo (2011b), Lanwer (i. V. a) und Schwitalla (2002). Geklärt werden müssen unter einer interaktionalen Perspektive folgende Fragen:

- Welche Funktionsbandbreite lässt sich für die Vergewisserungssignale nachweisen? Wann zeigen sie das Ende eines Sprecherbeitrags an, wann dienen sie zur Markierung des Abschlusses von Einheiten, ohne dass ein Sprecherwechsel folgt?
- Wann werden welche Vergewisserungssignale eingesetzt? Welchen Einfluss hat die individuelle Präferenz auf den Gebrauch dieser Signale? Gibt es regionale Präferenzen? Tauchen sie gehäuft in bestimmten Interaktionssituationen oder im Kontext bestimmter Handlungen auf?
- Was leisten Vergewisserungssignale in Bezug auf die *On line*-Prozessierung von Sprache?
- Welche Rolle spielen Prosodie und sequenzielle Platzierung?
- Kommen sie auch in der interaktionalen Schriftlichkeit (z. B. Messenger-Kommunikation) vor? Mit welchen Funktionen?
- Wie sind die Signale in unterschiedlichen kommunikativen Settings (z. B. Alltagsinteraktionen, Telefongespräche, schulische Interaktionen etc.) verteilt?
- Worin unterscheiden sich initiale von finalen Vergewisserungssignalen (und sind das überhaupt noch die gleichen Einheiten)?

Das abscheuliche deutsche ne? Die amerikanische Konversationsanalytikerin Jefferson (1981) hat in einer Untersuchung von dem ›abscheulichen deutschen *ne*‹ gesprochen und damit folgende Verwendung des deutschen *ne* gemeint: Sprecher A sagt etwas, Sprecherin B reagiert darauf und Sprecher A liefert, obwohl Sprecherin B schon reagiert hat, ein *ne*, mit dem ja eigentlich eine Antwort eingefordert wird. Eine solche Verwendung dokumentiert Beispiel 21:

Beispiel 21: Blumen gießen

```
01   S1:   wir hAm so AUSgemacht,
02         dAss ich: (.) da GIEße;
03         (0.3)
04   S2:   ach SO;
```

5.5 Zeitlichkeit

```
05        (0.3)
06   S1: →[NE?  ]
07   S2:  [dAnn ]vor_m GRAB (ja) direkt-
08       NE-
```

In dem zitierten Beispiel teilt Sprecherin S1 ihrer Schwester (Sprecherin S2) mit, dass sie für eine Freundin die Pflege des Grabes von dessen Eltern übernommen habe, indem sie dort ab und an die Blumen gießt. Diese Information quittiert S2 nach einer kleinen Pause mit »ach SO;« (Z. 04). Obwohl somit eine Reaktion, die das Verstehen seitens S2 dokumentiert (zur Verstehensdokumentation s. Kap. 8.2), erfolgt, schiebt Sprecherin A ein *ne* mit steigender Intonation nach. Überlappend mit diesem ›nachgeschobenen‹ *ne* realisiert S2 eine erneute, detailliertere Verstehensdokumentation, an die sie ebenfalls ein *ne* anhängt. Das ›nachgeschobene‹ *ne*, wie es in Beispiel 21 von Sprecherin 1 realisiert wird, empfand Jefferson als äußerst unhöflich. Die Frage ist: Wie häufig taucht es auf? In welchen Situationen? Welche Funktionen hat es? Wird es auch von den Interagierenden als unhöflich wahrgenommen?

Die oben genannten Fragen sind alle noch weitgehend unbeantwortet (vgl. aber die Beobachtungen in König 2017 und Lanwer i. V.a). Im Folgenden soll daher nur kurz anhand eines Auszugs aus dem Transkriptbeispiel »widerlicher Kerl« die Häufigkeit des Einsatzes von Vergewisserungssignalen in der Alltagsinteraktion illustriert werden:

Beispiel 22: widerlicher Kerl ◀ G

```
11   S2: n besonders gUtes beispiel das warn mal unsere
          NACHbarn.
12       (---)
13       ähm- (---)
14       DREIssig jahre verheiratet, °hh
15       das letzte kind (.) endlich aus_m HAUS,
16       zum stuDIERN, (-)
17   →   WEGgegangen,=ne, °h
18       nach berLIN, °h
19       und (.) die ältere tochter is AUCH in berlin
          gewesen? °hhh
20       und (.) der KE:RL,
21       das war aber ein penetrAnter: !WI!derling.=also-
          °hhh
22       der hat (.) äh sein gArten wie (.) !PIK! As (-)
23   →   gepflEgt,=ne,
24       kEin BLÄTTchen,=
25       =und NICHTS,=
26       =Englischer RAsen, °hh
27       un:d: bei !JE!der gelegenheit hat er die polizEi
          gerufen,
28   →   und sich mit den NACHbarn ange[legt,=ne,  ](1.2)
29   S1:                               [phhh hohoho]
30   S2: un wenn da: einmal: jemand zum abschied geHUPT hat,
```

Verstehens-
dokumentation

Bemerkenswert ist, dass der Gebrauch von *ne* in diesem Auszug nie mit einem Sprecherwechsel verbunden ist. Das liegt hier daran, dass S2 eine Geschichte erzählt und damit eine funktionale Projektion vorliegt, die erst mit dem Ende der Geschichte eingelöst wird. In einer solchen Situation dienen Vergewisserungssignale dazu, im Fluss einer laufenden Erzählung kurze Zäsuren zu setzen, mit denen aus der Perspektive der Rezipientenseite das Verstehen überprüft und aus Perspektive der Produzentenseite Planungszeit (gut zu sehen an der Pause am Ende von Zeile 27) gewonnen werden kann (vgl. auch König 2017).

5.6 | Zukünftige Forschungsfragen

Bislang wurde bereits eine Reihe von Phänomenen unter der Perspektive der Zeitlichkeit erforscht und es konnte gezeigt werden, dass die temporale Struktur in der Tat maßgeblich für die Beschreibung von interaktionaler – vor allem mündlich-interaktionaler – Syntax ist. Betrachtet man die Gesamtheit der Syntax des Deutschen, so wird schnell klar, dass dort noch Forschungsbedarf herrscht. Der Großteil der Syntax wurde bislang noch nicht hinsichtlich der temporalen Strukturiertheit untersucht. Das Forschungsdesiderat lässt sich somit wie folgt formulieren: Man nehme eine einschlägige Grammatik des Deutschen, wähle ein syntaktisches Phänomen, erstelle eine Datenkollektion und stelle die Frage, wie dieses Phänomen zeitlich strukturiert ist. Das Ziel ist dabei die Erstellung einer Grammatik des Deutschen, die konsequent Sprache von ihrer zeitlichen Struktur aus denkt.

Ein weiterer unerforschter Bereich betrifft die Frage nach der Syntax von schriftlicher, interaktionaler, quasi-synchroner Sprache, wie z. B. der Chat-, Messenger, oder SMS-Kommunikation. Da es sich um schriftliche Sprache handelt, wäre auf der einen Seite eine Analyse aus Sicht der *Offline-Syntax* möglich. Die Leser/innen können das Kommunikat in der Tat als fertiges Produkt aus einer ›Draufsicht‹ wahrnehmen, eine Linksversetzung findet sich in der Tat optisch *links* und eine Rechtsversetzung *rechts*. Andererseits zeigen Strategien des »Splitting« (Beißwenger 2007) vor allem beim Chatten (das trifft z. T. auch für Messenger-Kommunikation zu), dass die Leser/innen von Chatbeiträgen oft die syntaktische Struktur in ›Häppchen‹ erhalten, sich also die Syntax tatsächlich zeitlich – wenn auch nicht kontinuierlich, sondern in kleinen Blöcken – entfaltet. Zudem ist für die Schreiber/innen die Produktion der syntaktischen Struktur ebenfalls eindeutig zeitlich strukturiert. Bei der Analyse solcher Kommunikate müssten daher die jeweiligen Vor- und Nachteile einer *Online*- gegenüber einer *Offline*-Syntaxanalyse für unterschiedliche linguistische Fragestellungen herausgearbeitet werden.

6 Sequenzialität

6.1 Das Turn-Taking-System
6.2 Das Reparatursystem
6.3 Nachbarschaftspaare
6.4 Themen und größere Sequenzen
6.5 Ellipsen und sequenzielle Position
6.6 Routinierte Sequenzmuster zur Lösung kommunikativer Probleme: kommunikative Gattungen

Eine der wichtigsten Erkenntnisse der Konversationsanalyse besteht darin, dass die sequenzielle Position sprachlicher Einheiten für die Durchführung von Handlungen und für die Bedeutungskonstitution grundlegend ist. In seiner Einführung in ›Klassiker‹ der sprachlichen Interaktion hat Auer (1999) daher die Überschrift »Sequenzialität« gewählt, um die Arbeiten des Begründers der Konversationsanalyse, Harvey Sacks, darzustellen. In der Interaktionalen Linguistik wurde dieses Interesse an der Sequenzialität beibehalten, und zahlreiche Studien haben seitdem gezeigt, dass die Durchführung sprachlicher Handlungen nicht nur von der Sprachstruktur abhängt, sondern vor allem auch von der Positionierung von sprachlichen Einheiten innerhalb einer Sequenz: »[T]he construction and interpretation of conversational practices and actions depend on their linguistic structure as much as on their positioning within an action sequence.« (Kern/Selting 2013: 4).

Zur Vertiefung

Sequenz und Sequenzialität

Als Überblicksdarstellung zur Sequenzanalyse ist das Arbeitsbuch *Sequence Organization in Interaction* von Schegloff (2007) zu empfehlen. Schegloff (2007: 2) unterscheidet darin zwischen »sequenzieller Organisation« und »Sequenzorganisation«. Unter ersterer versteht er »any kind of organization which concerns the relative positioning of utterances or actions«. Sequenzielle Organisation ist also ein sehr allgemeiner Begriff, mit dem beispielsweise Abfolgen im Sprecherwechsel ebenso erfasst werden (Wer redet wann?) wie Abfolgen von Äußerungen oder sprachlichen Handlungen oder auch Positionierungen von bestimmten Äußerungstypen innerhalb eines größeren kommunikativen Projekts (z. B. Grußaustausch und Frage nach der Befindlichkeit am Anfang eines Telefonats, Pläne für ein zukünftiges Treffen und Verabschiedung am Ende).
Sequenzorganisation dagegen befasst sich konkreter mit dem sukzessiven Aufbau von Handlungen durch sprachliche Mittel: »Its scope is the organization of courses of action enacted through turns-at-talk – coherent, orderly, meaningful successions or ›sequences‹ of actions or ›moves‹.« Man kann beispielsweise fragen, wie die Sequenzorganisation eines Vorwurfs, einer Narration, eines Kompliments, eines Bewerbungsgesprächs, eines Streits etc. aussieht: »Sequences are the vehicle for getting some activity accomplished.« (Schegloff 2007: 2)

J. B. Metzler © Springer-Verlag GmbH Deutschland, ein Teil von Springer Nature, 2019
W. Imo / J. P. Lanwer, *Interaktionale Linguistik*,
https://doi.org/10.1007/978-3-476-05549-1_6

6
Sequenzialität

Ein ganz banales Beispiel illustriert die Relevanz der sequenziellen Position für die Äußerungsinterpretation: Das Adverb *morgen* kann alleine stehend als eigenständiger Redebeitrag (*turn*) verwendet werden. Was jedoch mit *morgen* an sprachlichen Handlungen geleistet wird, hängt von der Vorgängeräußerung ab:

Beispiel 1: Morgen

1   A: *Wann wollte er die Hausarbeit abgeben?*
     B: *Morgen.*
2   A: *Er wollte gestern die Hausarbeit abgeben.*
     B: *Morgen.*
3   A: *Wir müssen uns unbedingt mal verabreden, ich hab im Urlaub tolle Fotos gemacht!*
     B: *Morgen?*
4   A: *Morgen ist Abgabetermin für die Hausarbeit.*
     B: *Morgen?*

Sinngebung im Kontext

Das Wort *morgen* führt im ersten Beispiel die Handlung einer Antwort auf eine Ergänzungsfrage durch, im zweiten führt es eine Reparatur durch (*gestern* wird von B als falsch erkannt und durch *morgen* ersetzt), im dritten wird durch *morgen* ein Terminvorschlag für ein Treffen gemacht und im vierten wird Überraschung oder Entsetzen ausgedrückt. Diese Bedeutungsnuancen hängen auf der einen Seite von der prosodischen Realisierung ab (s. Kap. 7), also z. B. steigende gegenüber fallende finale Tonhöhenbewegung oder Akzentuierung, auf der anderen Seite wird eine Äußerung von den Interaktionspartner/innen immer in Bezug auf wahrscheinliche Anschlusshandlungen interpretiert, d. h. die Sinngebung und die Auswahl des ›passenden‹ zweiten Teils in der Sequenz erfolgt über den Kontext.

Es liegt daher auf der Hand, dass die Interaktionale Linguistik alle Konzepte, die auf sequenziellen Strukturen basieren, aus der Konversationsanalyse übernommen hat, denn diese sind weiterhin zentral und müssen lediglich mit stärker linguistischem Fokus reanalysiert werden. Darunter fallen u. a. das Sprecherwechselsystem (Turn-Taking-System), das Reparatursystem, Nachbarschaftspaare und das Management von Thema und Sequenz.

6.1 | Das Turn-Taking-System

Die Beschreibung des Turn-Taking-Systems (Sprecherwechselsystem) gehört zu den wichtigsten Forschungsergebnissen der Konversationsanalyse. Der klassische Aufsatz von Sacks/Schegloff/Jefferson (1974) mit dem Titel »A Simplest Systematics for the Organization of Turn-Taking in Conversation« ist als Lektüre für alle, die im Bereich der Interaktionalen Linguistik arbeiten, unbedingt zu empfehlen.

Die Ausgangsfrage ist: Wie schaffen Interaktionspartner es, geordnet das Rederecht abzugeben (bzw. umgekehrt, Rederecht zu erhalten)? An

6.1

Das Turn-Taking-System

welchen Stellen entsteht ›Unordnung‹ und wie kann sie erklärt werden? Um diese Fragen zu beantworten, greifen wir wieder einmal auf unser Rohrbruch-Beispiel zurück:

Beispiel 2: Rohrbruch ◀ R

```
05   K:   wer is da ZUständig für den villenberg;
06        für diesen ROHRbruch da.
07   M:   WIR;
08   K:   SIE.
09   M:   ja.
10   K:   die lEute die (.) tUn dort GAR nichts.
11        die sitzen im Auto und wärmen sich AUF einfach.
12   M:   [ä::h (WISsen_se-)]
13   K:   [(Es is mittlerweile) halb EINS,
14        und wir (.) S:IND hIEr;
15        eh eh in kAtastroPHAlen verhÄltnissen;=ne,
16        dat is VILlenberg,
17        dat is nicht ARbeiterstadt;
```

Man kann sehen, dass der Sprecherwechsel im Kern sehr glatt verläuft, lediglich in den Zeilen 12 und 13 entstehen Überlappungen. Die folgenden Begriffe werden für die Sprecherwechsel-Analyse benötigt:

1. Der *Turn* (im Deutschen oft als *Redezug* oder *Redebeitrag* übersetzt): Mit Turn wird das ›An-der-Reihe-Sein‹ einer Sprecherin im Gespräch bezeichnet. Ein Turn ist insofern sehr einfach zu definieren, als er so lange dauert, bis ein anderer Sprecher das Rederecht übernimmt. Dementsprechend können Turns sehr kurz sein (so bestehen die Turns von M und K in den Zeilen 7 und 8 jeweils aus nur einem einzigen Wort), sie können aber auch lang sein (Z. 13–17). Wenn jemand eine Geschichte erzählt, kann sich ein Turn sogar über eine sehr lange Zeit erstrecken.

Turn, TCU und TRP

2. Die *turn constructional unit* (auch *TCU* oder *Turnkonstruktionseinheit*): TCUs sind die Bausteine, aus denen Turns gebildet werden. Eine TCU ist dabei eine sprachliche Einheit, die funktional eine gewisse Eigenständigkeit hat. Im Minimalfall besteht ein Turn aus nur einer einzigen TCU: In den Zeilen 7, 8 und 9 ist die TCU ein Wort, und der Turn besteht nur aus dieser TCU. In Zeile 10 besteht die TCU aus einem Satz, und der Turn besteht ebenfalls nur aus dieser TCU. In den Zeilen 13–17 dagegen besteht der Turn aus mehreren TCUs, nämlich aus insgesamt vier Sätzen. TCUs können also Wörter, Phrasen oder Sätze sein, aber auch nonverbale Interaktionsmittel wie ein Kopfschütteln oder ein Schulterzucken können den Charakter einer TCU haben.

3. Der *transition relevance place* (*TRP*; im Deutschen *übergaberelevante Stelle*): Die übergaberelevante Stelle ist der entscheidende Punkt. Sie ist der Ort, an dem eine TCU erkennbar zu Ende ist und an der daher der Turn übergeben bzw. von einer anderen Sprecherin übernommen werden kann. Die Bestimmung des TRP kann nur durch ein Zusammenspiel aus möglichen Gestaltschlüssen bestimmt werden, d. h. es spielen syntaktische, semantische, funktionale und prosodische Faktoren eine Rolle, damit man als Interaktionspartner auf ein mögliches Ende schlie-

173

ßen kann (ausführlich wird das Ende von TCUs und damit der TRPs in Kap. 5.4 zu Zäsuren und Gestaltschlüssen diskutiert).

Als Interaktionspartner nutzen wir unser sprachliches Wissen, um übergaberelevante Stellen vorauszuahnen, d. h. wir projizieren das Ende einer TCU (zu Projektion s. Kap. 5.3), um dann selbst das Rederecht übernehmen zu können. Wenn wir beispielsweise den Beginn des Satzes aus Zeile 14 hören (»und wir (.) S:IND hIEr;«), wissen wir, dass trotz der prosodischen Zäsur kein TRP vorliegen kann, denn inhaltlich, funktional und syntaktisch handelt es sich nicht um eine vollständige Einheit. Erst wenn wir das Adjektiv »kAtastroPHAlen« hören, können wir das Ende voraussehen, und mit dem Nomen »verhÄltnissen« ist eine sehr gute Zäsur erreicht, d. h. an dieser Stelle könnte man als Gesprächspartner einsteigen und das Rederecht selbst übernehmen.

4. Überlappungen (*overlap*): Der Projektionscharakter von TRPs kann auch zu Überlappungen führen. Wenn ein Sprecher das Rederecht übernehmen möchte, muss er das Ende der nächsten TCU projizieren und kann, sobald dieses projiziert werden kann, selbst einsteigen. Typisch für das Deutsche sind dabei Überlappungen während der rechten Satzklammer, d. h. dem finiten Verb, wie im folgenden Beispiel aus dem Theaterpausen-Gespräch:

Beispiel 3: Theaterpause ◀ F OLK_E_00080

```
0391  VB:   äh weil ich die halt VORher [kannte,    ]
0392  DZ:                               [gibt ja so] fälle
            die können nachts nich mehr die AUgen zumachen,
```

Aus dem Kontext kann Sprecherin DZ nach »VORher« das Ende der TCU projizieren, und sie setzt in Überlappung mit dem Verb »kannte« ein, um mit ihrem eigenen Redebeitrag zu starten. Solche Überlappungen sind nicht unhöflich, sondern Resultat der Organisation des Sprecherwechsels. Etwas anders sieht es mit Überlappungen wie in dem Rohrbruch-Beispiel (Bsp. 2) in den Zeilen 12–13 aus. Die TCU in Zeile 11 ist beendet, Sprecher M kann also übernehmen. Gleichzeitig fährt K mit einer neuen TCU fort (Z. 13). Die Überlappung selbst ist hier noch nicht als problematisch zu werten, denn sie entsteht aus dem gleichen Grundprinzip des Sprecherwechsels, nämlich dass am Ende einer TCU ein anderer Sprecher den Turn übernehmen kann. Geschieht dies, muss eigentlich der Sprecher, der bislang an der Reihe war (hier K) seinen Turn aufgeben und das Feld dem neuen Sprecher (M) überlassen. Nicht die Überlappung ist also das Problem, sondern die Tatsache, dass K weiterspricht, anstatt M das Rederecht zu überlassen.

Überlappungen selbst sind nur dann potenziell negativ zu bewerten, wenn sie Unterbrechungen sind, d. h. wenn ein Sprecher an einer Stelle, an der der Gesprächspartner eindeutig noch keine TCU beendet hat, einsteigt. Solche Situationen sind allerdings genau deshalb, weil sie als Unterbrechungen negativ bewertet werden, relativ selten. Sie kommen in Streitsituationen vor, aber auch zur Klärung von Verständnisfragen.

Das Sprecherwechselsystem: Auf der Basis des Begriffsinventars können wir nun die Regeln des Sprecherwechsels bestimmen:

- **Fremdwahl:** Eine Sprecherin hat das Rederecht und produziert einen Turn. Wenn sie an eine übergaberelevante Stelle kommt, hat sie die Option, eine Nachfolgesprecherin auszuwählen, indem sie z. B. jemandem eine Frage stellt oder jemanden adressiert. Dieses Verfahren nennt man Fremdwahl.
- **Selbstwahl:** Wenn die Sprecherin keine Fremdwahl durchführt und an eine übergaberelevante Stelle kommt, kann jede andere am Gespräch beteiligte Person sich selbst als nächste Sprecherin auswählen. Dieses Verfahren nennt man Selbstwahl. Dabei gilt das ›first starter‹-Prinzip, d. h. wer zuerst das Rederecht übernimmt, erhält den nächsten Turn. Das führt dazu, dass die Überlappungen größer und häufiger werden, je mehr Personen an einem Gespräch beteiligt sind, da der Kampf um das Rederecht entsprechend ›härter‹ ist. Wenn sich nur zwei Personen unterhalten, kommen entsprechend kürzere und weniger Überlappungen vor. Sobald eine andere Person das Rederecht übernommen hat, springt die ›Maschine‹ der Sprecherwechselorganisation wieder auf Punkt 1 und das Spiel beginnt von vorne.

Struktur des Sprecherwechselsystems

Wenn keine andere Sprecherin einsteigt, kann die ursprüngliche Sprecherin weitersprechen. Die ›Maschine‹ der Sprecherwechselorganisation springt wieder zu Punkt 1.

Das Beeindruckende war, dass Sacks/Schegloff/Jefferson (1974) mit dieser Darstellung des Sprecherwechselsystems eine einfache und mit wenigen ›Regeln‹ auskommende Struktur entdeckt haben, die zugleich aber hochgradig universell ist und in unterschiedlichsten Interaktionssituationen und – wie sich in der Folge durch zahlreiche Untersuchungen zeigte – Kulturen gültig ist.

Aus interaktionslinguistischer Perspektive ist das Thema allerdings weiterhin aktuell, da sich zeigte, dass im Detail zahlreiche Verfeinerungen zu leisten sind, die nur durch linguistische Analysen aufgedeckt werden können. Couper-Kuhlen/Selting (2018: 31–111) haben daher die bislang entstandenen Arbeiten in einem Überblick und unter einem sprachvergleichenden Fokus dargestellt und zeigen Forschungslücken auf, z. B. zu Fragen nach sprachlichen Projektionen und Projektionsabbrüchen von Äußerungen, nach der Struktur von Äußerungsunterbrechungen (Parenthesen), der Äußerungsexpansion, dem Kampf ums Rederecht etc.

6.2 | Das Reparatursystem

Zu weiteren grundlegenden Forschungsarbeiten der Konversationsanalyse gehören die Arbeiten zur Systematik von Reparaturen (Sacks/Schegloff/Jefferson 1977, Schegloff 1979a). Eine besondere Bedeutung hat dieses Thema deshalb, weil mit Reparaturen ein Bereich in den Blick genommen wurde, der traditionell als typisches Performanzproblem aus dem Bereich der Linguistik ausgelagert wurde. Der Konversationsanalyse ging es aber genau darum, zu zeigen, dass »order at all points« (Sacks 1984: 22) in einer Interaktion herrscht (s. Kap. 3.3) und dass Reparaturen entsprechend geordnet sind. Dies konnten die frühen Arbeiten eindrucksvoll zeigen. So stellte sich heraus, dass es unterschiedliche Reparaturtypen gibt, die man danach unterscheiden kann, wer jeweils eine Reparatur initiiert und wer sie durchführt. Wichtig ist dabei, dass eine Reparatur nicht impliziert, dass etwas ›Falsches‹ ›verbessert‹ wird, sondern lediglich, dass eine Problemstelle behoben wird. Wenn ein Sprecher eine Äußerung produziert wie *Wir haben uns ges- äh gestern getroffen.*, so wird die Problemstelle, das eigentlich ›korrekte‹ *ges-* in *gestern* repariert. Problemstellen können unterschiedliche Gründe haben: Im obigen Satz kann der Auslöser Unaufmerksamkeit, ein Planungsproblem, eine externe Störung etc. sein. Alles kann eine Reparatur auslösen. Der Sonderfall einer Reparatur ist die Korrektur, d. h. eine Reparatur, bei der die Problemstelle sich tatsächlich als falsch herausstellt (z. B. *Wir haben uns ges- äh vorgestern getroffen.*).

Reparaturtypen: Wenn man Reparaturtypen danach unterscheidet, wer auf eine Problemstelle aufmerksam macht (= die Reparatur initiiert) und wer die Reparatur durchführt, so erhält man vier Reparaturtypen. Eine Reparatur kann entweder selbstinitiiert sein (d. h. derjenige, der die Problemstelle produziert, weist auch darauf hin) oder fremdinitiiert (d. h. diejenige, die die Problemstelle eines Gesprächspartners hört, weist darauf hin) und entsprechend dann entweder selbstdurchgeführt (der Produzent der Problemstelle repariert seine eigene Äußerung) oder fremddurchgeführt (die Rezipientin der Problemstelle repariert eine fremde Äußerung, also die des Gesprächspartners). Die folgenden ausgedachten Beispiele illustrieren diese vier Typen (P kennzeichnet die Problemstelle, das Reparandum; I markiert die Reparaturinitiierung und D die Reparaturdurchführung, das Reparans):

	Selbstdurchgeführt	fremddurchgeführt
selbstinitiiert	A: *Ich war [gestern]$_P$ [äh]$_I$ [vorgestern]$_D$ im Kino.*	A: *Ich war [gestern]$_P$ im Kino. [Nee, halt. Gestern?]$_I$* B: *[Vorgestern!]$_D$*
fremdinitiiert	A: *Ich war [gestern]$_P$ im Kino.* B: *[Gestern?]$_I$* A: *[Vorgestern!]$_D$*	A: *Ich war [gestern]$_P$ im Kino.* B: *[Quatsch]$_I$, du warst [vorgestern]$_D$ im Kino.*

Tab. 6.1:
Das Reparatursystem

Präferenzen: Die vier Reparaturtypen sind nicht gleichmäßig und willkürlich verteilt, sondern nach Präferenzen geordnet. Am präferiertesten sind selbstinitiierte Selbstreparaturen. Das hat damit zu tun, dass es gesichtswahrend ist, wenn man als Produzent einer Problemstelle diese auch selbst bemerkt und in der Lage ist, sie zu beheben. Schon etwas weniger präferiert ist es, wenn eine Gesprächspartnerin darauf aufmerksam machen muss (Fremdinitiierung), man aber die Durchführung selbst übernimmt, oder wenn man zwar eine Problemstelle bemerkt (Selbstinitiierung), die Reparatur aber von der Gesprächspartnerin durchführen lassen muss (Fremdreparatur). Sehr stark dispräferiert ist eine fremdinitiierte Fremdreparatur, da auf diese Weise die Gesprächspartnerin einem sozusagen ›das Heft aus der Hand‹ nehmen würde.

Reparaturen sind im Deutschen in der Folge aus konversationsanalytischer und interaktionslinguistischer Perspektive schon recht ausgiebig erforscht worden (z. B. Uhmann 1997; Egbert 2009; Pfeiffer 2015). Was das Reparatursystem zu einem für die Interaktionale Linguistik so spannenden Untersuchungsfeld macht, ist die Tatsache, dass dort sprachstrukturelle und interaktionale Prozesse eng ineinandergreifen. Auf der einen Seite ist eine Reparatur u. a. mit Aspekten des Verstehensmanagements verbunden, auf der anderen Seite zeigt sich, dass Reparaturprozeduren sich an syntaktischen Strukturen wie Phrasenköpfen ausrichten (hierzu v. a. Egbert 2009 und Pfeiffer 2015). Die These, dass interaktionale Anforderungen grammatische Strukturen ausbilden, während umgekehrt gleichzeitig grammatische Strukturen Ressourcen für die Durchführung interaktionaler Aufgaben bereitstellen, lässt sich am Reparatursystem besonders gut belegen.

6.3 | Nachbarschaftspaare

Auch die *adjacency pairs* (Nachbarschaftspaare; Paarsequenzen) gehören zu den Konzepten, die das Kerninventar der Konversationsanalyse bilden. Zur Lektüre empfohlen ist der Artikel »Opening up Closings« von Sacks/ Schegloff (1973), in dem das Phänomen erstmalig beschrieben wurde. Nachbarschaftspaare sind kurze Sequenzen, die aus zwei oder drei Turns bestehen, die aufeinander Bezug nehmen. Dabei äußert Sprecherin A einen ersten Paarteil, der einen zweiten Paarteil von Sprecher B erwartbar macht. Je nach Paarsequenz-Typ folgt dann noch ein dritter Teil durch A als Reaktion auf B. Die Tatsache, dass ein A-Teil einen B-Teil erwartbar macht, nennt man *konditionelle Relevanz* oder *bedingte Relevanz*. Typisch zweiteilige Paarsequenzen sind:

Konditionelle Relevanz

- Gruß – Gegengruß
- Verabschiedung – Gegenverabschiedung
- Aufruf – Reaktion

Zwei- oder dreiteilige Sequenzen sind:

- Frage – Antwort (– Reaktion)
- Bitte – Nachkommen/Ablehnen der Bitte (– Reaktion)
- Aufforderung – Nachkommen/Ignorieren der Aufforderung (– Reaktion)
- Vorschlag – Annehmen/Ablehnen des Vorschlags (– Reaktion)
- Angebot – Annahme/Ablehnen des Angebots (– Reaktion)

Wie man an diesen Paarsequenzen sehen kann, ist der zweite Teil interaktional verpflichtend, d. h. die konditionelle Relevanz führt dazu, dass ich, sobald ein erster Teil einer Paarsequenz an mich adressiert wurde, nicht mehr *nicht* reagieren kann. Wenn mich jemand grüßt, habe ich nur die Wahl, zurück zu grüßen oder das Grüßen zu unterlassen. Letzteres wird aber als absichtliches Nicht-Grüßen interpretiert, also als zweiter Teil der Paarsequenz, allerdings als ein stark nicht-präferierter zweiter

Teil. Wenn mir jemand eine Frage stellt, habe ich drei Optionen: Ich kann eine Antwort geben, ich kann sagen, dass ich die Antwort nicht weiß, oder ich kann die Frage ignorieren. Egal, wie ich mich verhalte – mein Verhalten wird als zweiter Paarteil bzw. als deutlich wahrnehmbares Ausbleiben der zu erwartenden Produktion eines zweiten Paarteils interpretiert, wobei die Antwort die präferierte Handlung ist, die Mitteilung, dass ich die Antwort nicht weiß, weniger präferiert und das Nichtantworten stark dispräferiert.

Präferenz   Mit dem Begriff *Präferenz* ist ein zweiter wichtiger Punkt angesprochen: Paarsequenzen eröffnen mehrere Reaktionsmöglichkeiten, die auf einer Präferenzskala geordnet sind. Geringere Präferenz bedeutet soziale Dispräferenz (nicht zu grüßen oder zu antworten ist unhöflich), die sich zugleich auch in den sprachlichen Strukturen niederschlägt. Wenn ich eine Antwort geben kann, tue ich das unmittelbar und mit wenig verbalem Aufwand (A: *Weißt du wie viel Uhr es ist?* B: *Kurz nach zwei.*), wenn ich dagegen die Antwort nicht weiß, füge ich sogenannte Vorlaufelemente wie Pausen, Zögerungssignale, Entschuldigungen o. Ä. an, die darauf hinweisen, dass ich einen nicht präferierten zweiten Teil liefere (A: *Weißt du wie viel Uhr es ist?* B: *Äh (.) sorry, leider habe ich keine Uhr, tut mir leid!*).

Mehrteilige Sequenzen: Der dritte Teil von benachbarten Sequenzen ist bislang noch kaum erforscht (daher findet sich in der Forschung auch nur der Begriff ›Paar‹sequenz oder Nachbarschafts›paar‹, nicht aber etwas wie Tri-Sequenz oder Nachbarschaftstrio), hier besteht für die Interaktionale Linguistik noch Forschungsbedarf. Aus diesem Grund wurde bei den Beispielen für mehrteilige Nachbarschafts›paare‹ auch nur der vage Ausdruck *Reaktion* verwendet. Reaktionen können ganz unterschiedlich sein. Wenn jemand meinem Vorschlag (z. B. *Lass uns dieses Jahr mal nach Italien fahren und Strandurlaub machen!*) nicht nachkommt (z. B. mit *Nein, in keinem Fall fahren wir nach Italien.* reagiert), kann ich als Reaktion darauf mit einem einfachen Quittieren der Information (*Okay.*), oder mit einem Ausdruck des Bedauerns (*Schade.*) oder mit einem Vorwurf (*Immer müssen wir machen, was du willst, nie was ich will!*) oder mit einer Beschimpfung (*Du Egoist!*) oder mit einem Insistieren (*Wirklich nicht?*) oder einer Neuformulierung der Bitte (*Wie wär's dann mit einer Woche Strandurlaub und dann wandern im Landesinneren?*) etc. antworten. Anders als bei den ersten beiden Teilen ist also hier keine konditionelle Relevanz mit einer engen Auswahl von möglichen Reaktionen zu beobachten. Wo die Grenzen zu ziehen sind zwischen einem dritten Teil einer dreiteiligen Sequenz und dem Beginn einer neuen Sequenz muss noch erforscht werden. Das Quittieren der Information und der Ausdruck des Bedauerns sind sicherlich gute Kandidaten für einen dritten Teil, der Vorwurf dagegen ist eher als neue Handlung zu werten, während das Insistieren und die Neuformulierung als Handlungsexpansionen betrachtet werden können.

Funktionen von Nachbarschaftspaaren: Auf Grund ihrer Reaktionsverpflichtung, also der Tatsache, dass der erste Teil den Interaktionspartner in Zugzwang setzt, einen zweiten Teil zu liefern, eignen sich Nachbarschaftspaare besonders gut für ›verpflichtende‹ Handlungen wie Gesprächseröffnungen und Gesprächsbeendigungen, Bitten, Vorschläge, Angebote, Fragen etc., also für Handlungen, bei denen Kooperation verlangt wird. Für die Interaktionale Linguistik stellen sich in Bezug auf Nachbarschaftspaare Fragen danach, mit welchen sprachlichen Mitteln Dispräferenz markiert wird, wie sich die Wahl der sprachlichen Mittel je nach Situation und Adressaten ändert oder welche gattungs- und situationstypischen Nachbarschaftspaar-Routinen es überhaupt gibt (z. B. Frage-Antwort-Sequenzen in Arzt-Patienten-Interaktion; Lehrerfragen im Unterricht etc.). Ebenso wird gefragt, wie man auf einen zweiten Paarteil reagiert, d. h. ob der dritte Teil der Reaktion auf eine Frage ebenfalls wieder bestimmten Präferenzordnungen unterliegt (wann kann ich auf eine Antwort auf eine Frage mit *ah* oder *oh* reagieren, wann mit *ah, danke*, wann mit *okay* etc.). Präferenzordnungen sind dabei an Kontexte und Handlungsmuster gebunden und können variieren: In einem Streit kann eine präferierte Reaktion auf eine Bewertung beispielsweise eine gegenläufige Bewertung sein, während in sonstigen Situationen eine Gegenbewertung dispräferiert ist etc.

6.4 | Themen und größere Sequenzen

Beide Konzepte, *Thema* und *Sequenz*, sind sehr schwer zu bestimmen und voneinander abzugrenzen, zudem besteht in diesem Bereich noch viel Forschungsbedarf (ausführlich zum Stand der Forschung vgl. Couper-Kuhlen/Selting 2018: 312–354). Sowohl Themen als auch Sequenzen sind, um Couper-Kuhlen/Selting (2018: 314) mit einem schönen Bild zu zitieren, »types of orderliness providing for the coherence of clumps of turns in conversation«. Mit anderen Worten: Mit beiden Begriffen verweisen wir darauf, dass eine größere Gesprächseinheit vorliegt, in der sich prozessual zeigt, dass eine gewisse interne Verbindung und Struktur vorliegt. Dabei fokussiert das Konzept des Themas stärker auf den inhaltlichen Aspekt und das der Sequenz stärker auf den handlungsstrukturellen. Beide hängen zusammen, sind aber nicht identisch, wie man an einem der relativ wenigen gut erforschten Sequenzmuster, den Erzählungen (ausführlich bei Couper-Kuhlen 2018 im Kapitel »Storytelling«), gut illustrieren kann.

Eine Erzählsequenz: kann mehrere Themen beinhalten. Umgekehrt kann man sich einen Abend lang über ein Thema unterhalten und diese Unterhaltung kann mehrere Erzählungen beinhalten. Erzählsequenzen weisen bestimmte Strukturen auf, meist beginnend mit einer Präsequenz, der Einleitung in eine Erzählung, mit der sich die Sprecherin sozusagen die ›Erlaubnis‹ der übrigen Gesprächspartner holt, die Erzählung zu starten (A: *Boah, kürzlich auf der Arbeit wieder, du glaubst es nicht!*). Wird die Erlaubnis von einem der Gesprächspartner/innen gegeben – entweder verbal explizit, wie z. B. durch *Was, erzähl!* Oder implizit durch Signalisieren von Aufmerksamkeit – beginnt die eigentliche Erzählung, die wieder aus Teilschritten der Hintergrundschilderung, Personeneinführung

Erzählungen

und Aufbau der Pointe besteht. Schließlich endet eine Erzählung mit einer gemeinsamen Evaluation durch die Beteiligten.

Innerhalb dieser Erzählstruktur können nun mehrere Themen vorkommen. A kann über das Fehlverhalten eines Kollegen, zugleich über den neuen Computer und den geplanten Umzug des Unternehmens sprechen, wobei alles durch die Erzählstruktur geklammert wird. Umgekehrt ist es z. B. oft so, dass man über ein Thema spricht (z. B. Urlaubserlebnisse) und reihum steuert jede Interaktionspartnerin eine Erzählung aus ihren eigenen Erlebnissen bei.

Für die Interaktionale Linguistik interessant sind Themen und Sequenzmuster deswegen, weil gefragt werden muss, wie die Interaktionspartner jeweils Themen oder Sequenzen ankündigen, welche Routinestrukturen zur Durchführung von thematisch oder sequenziell geordnetem Reden vorliegen, wie Kohärenz hergestellt wird, wie Themen- und Sequenzübergänge hergestellt werden etc. Neben Erzählungen wurden z. B. von Weidner (2017) Sequenzmuster des Belehrens, Informierens oder Bewertens beschrieben, ein Inventar von typischen Sequenzmustern des Deutschen steht allerdings noch aus.

Ellipsen

Ellipsen als sequenzabhängige syntaktische Strukturen: Die sequenzielle Struktur von Interaktion und, damit zusammenhängend, das Spannungsfeld aus Emergenz (der zeitlich sich entwickelnden Strukturbildung) und Verfestigung (der Rekurs auf feste Interaktionsmuster) würde alleine ein ganzes Buch füllen. Aus Platzgründen müssen wir uns daher auf einen exemplarischen Aspekt beschränken, anhand dessen man dieses Spannungsfeld gut illustrieren kann: Ellipsen. Ellipsen sind erstens stark von ihrer Positionierung innerhalb von Sequenzen abhängig, sowohl was ihre Struktur als auch ihre Bedeutung angeht, zweitens tritt bei ihnen der emergente Charakter besonders in den Vordergrund (elliptische Strukturen entstehen oft ad hoc und sind nur in Bezug auf den jeweiligen Äußerungskontext interpretierbar) und drittens zeigen sie aber auch Verfestigungstendenzen, da manche Ellipsen ganz den Charakter von festen Routineformen haben, die in gewissen Situationen und sequenziellen Kontexten erwartbar sind.

6.5 | Ellipsen und sequenzielle Position

Lange Zeit wurden Ellipsen als ›Auslassungen‹ behandelt, d. h. man ging davon aus, dass hinter einem elliptischen jeweils ein vollständiger Satz liege, den man mit etwas Mühe rekonstruieren könne. Busler/Schlobinski (1997) verweisen ironisch mit ihrem Aufsatztitel »Was er (schon) (…) konstruieren kann – das sieht er (oft auch) als Ellipse an« auf diese Rekonstruktionsbemühungen. Rekonstruktionen leiden unter zwei Problemen: Zum einen kann man sich natürlich nie sicher sein, dass die Rekonstruktion auch richtig ist bzw. ob nicht eine alternative Rekonstruktion besser wäre. Bei einer klassischen Aposiopese, einem ›Verstummen‹, wie es bei Drohungen vorkommt, wie *Du verschwindest jetzt sofort, sonst...* könnte man unendlich viele Fortsetzungsvarianten erfinden (*...rufe ich*

6.5 Ellipsen und sequenzielle Position

die Polizei, ...setzt es Prügel, ...muss ich Gewalt anwenden, ...rufe ich um Hilfe etc.). Zum anderen stellt sich die Frage, ob ein rekonstruierter Satz überhaupt notwendig ist, oder ob die Ellipse nicht für sich bereits vollständig ist. Einen Gruß wie *Guten Morgen* in *Ich wünsche Ihnen einen guten Morgen* auszubauen, klingt ebenso seltsam wie auf die Frage *Wann kommst du vorbei, um deine Tasche abzuholen, die du letzte Woche vergessen hast?* mit *Ich komme übermorgen vorbei, um meine Tasche abzuholen, die ich letzte Woche vergessen habe.* zu antworten anstatt einfach mit *Übermorgen.*

Als man sich in den 1980er Jahren eingehender mit Ellipsen beschäftigte, erkannte man schnell diese Probleme. Bereits 1985 stellte Kindt, der gesprochene Sprache untersuchte, Folgendes fest:

- »Ellipsen kommen insgesamt beurteilt nicht so selten vor, dass sie als Ausnahmefall oder Randphänomen gelten können.«
- »Ellipsen stellen ein sich regulär verhaltendes Phänomen dar.«
- »Ellipsen stellen ein autonomes Phänomen der Sprachproduktion dar; deshalb sollte man versuchen, sie auf direktem Wege, und nicht als Ableitungen aus vollständigen Sprachformen zu modellieren.« (Kindt 1985: 164)

Ellipsen dürfen also nicht als Sätze, bei denen bestimmte Konstituenten ›fehlen‹, beschrieben werden, sondern als eigenständige Strukturen mit jeweils eigenen interaktionalen Funktionen. Man muss fragen, an welchen Stellen in der Interaktion sie auftreten, wie die Gesprächspartner darauf reagieren und wie häufig bestimmte Ellipsentypen generell vorkommen, um so eine Klassifikation von formalen und funktionalen Ellipsentypen zu erhalten. Damit ist bereits ein vierter Aspekt implizit angesprochen: Die Klassifikation von Ellipsen hängt von ihrer sequenziellen Position ab, was in der vierten These von Kindt (1985: 170) postuliert wird:

- »Das Prädikat ›elliptisch‹ ist nur relativ zu Umgebungen von Sequenzen angemessen definierbar.«

Das hat zur Folge, dass Ellipsen »weder allein grammatisch noch allein grammatisch und prosodisch analysiert werden können«, sondern dass »die Form der sogenannten ›Ellipse‹ sequenziell bedingt ist« (Selting 1997).

Im Folgenden sollen verbreitete Ellipsentypen in ihrer Abhängigkeit vom interaktionalen, sequenziellen Kontext – den sie natürlich umgekehrt mithelfen aufzubauen – dargestellt werden. Dabei werden zunächst zwei Ellipsentypen vorgestellt, die direkt auf vorgängigem verbalen Kontext aufbauen, die *Koordinationsellipsen* und die *Antwortellipsen.* Danach werden mit den *dichten Konstruktionen* und den *Aposiopesen* zwei Ellipsentypen vorgestellt, die sich nicht unmittelbar auf verbalen Kontext beziehen, sondern auf situativen Kontext.

6.5.1 | Vom sequenziellen Prätext abhängige Ellipsen

Die Koordinationsellipse ist einer der häufigsten Ellipsentypen. Diese Ellipsenart ist nicht auf die (mündliche) Interaktion beschränkt, sondern ist ebenfalls ein zentraler Bestandteil (schriftlicher) monologischer Kommunikation. Bei Koordinationsellipsen ist die Rekonstruktion zu einem vollständigen Satz vergleichsweise einfach und liegt auf der Hand. Da es sich um die häufigste und schriftsprachlich stilistisch auch sehr wichtige Ellipse handelt, wurde oft von diesen Ellipsen aus verallgemeinert – was aber bei den vom situativen Kontext abhängigen Ellipsen nicht mehr geht. Trotz der Tatsache, dass man Koordinationsellipsen noch relativ plausibel als ›lückenhafte‹ Strukturen betrachten kann, sind Koordinationsellipsen aber insofern ein typisches Beispiel dafür, dass Ellipsen ein sich regulär verhaltendes Phänomen sind und eigenen Regeln gehorchen, da sie auch in schriftlichen Texten aus stilistischen Gründen gefordert sind und eine ›Vollform‹ stilistisch markiert klänge. Ihren Ursprung haben diese Ellipsen u. a. in der Sprachökonomie. Die Regel lautet, dass manches Material, das bei koordinierten Sätzen bereits zuvor geäußert wurde, eingespart werden kann (wenn nicht muss), wie die folgenden beiden Äußerungen illustrieren:

Beispiel 4: Rohrbruch ◀ R

```
10  K:   die lEute die (.) tUn dort GAR nichts.
11       die sitzen im Auto und wärmen sich AUF einfach.
```

Beispiel 5: Rohrbruch ◀ R

```
22  M:   OB sie in vIllenberg wohnen oder in Arbeiterstadt;
23       sie werden GLEICH behandelt von uns;
```

In Beispiel 4 ist das Subjekt des koordinierten zweiten Satzes (»wärmen sich AUF einfach«) das gleiche wie das des ersten Satzes (»die sitzen im AUto«) und wird entsprechend nicht wiederholt. In Beispiel 5 dagegen sind das Verb, das Subjekt sowie die subordinierende Konjunktion in beiden koordinierten Teilen gleich, daher müssen »ob«, »sie« und »wohnen« nicht wiederholt werden. Koordinationsellipsen sind nicht auf monologische Aspekte beschränkt, sie wirken auch interaktional. Auch wenn man eine Äußerung eines Gesprächspartners mit einer koordinierenden Konjunktion ausbaut, greift die Regel, Wiederholungen zu vermeiden:

Beispiel 6: Rohrbruch ◀ R

```
37  K:   aufm VILlenberg is nur Eine baustelle.
38  M:   ja (is/jetzt) KLAR;
39       aber in ZENtrum sind zwAnzig.
```

Das Wort »baustelle« wird in dem von M in Zeile 39 durch die koordinierende Konjunktion »aber« eingeleiteten und an den von K in Zeile 37 angehängten Satz nicht geäußert, es kann durch den verbalen Prätext verstanden werden.

6.5

Ellipsen und sequenzielle Position

Antwortellipsen gehorchen im Kern dem gleichen Ökonomieprinzip wie Koordinationsellipsen, nur dass sie stets über eine Paarsequenz verteilt sind, d. h. der elliptische zweite Teil der Sequenz bezieht sich auf den ersten Teil. Auch diese Ellipsenart kommt nicht nur sehr häufig vor, sie ist darüber hinaus nicht ›fehlerhaft‹, sondern stilistisch angemessen – die Forderung, in ganzen Sätzen zu antworten, findet sich bestenfalls im Lehrkontext, wenn man eine Fremdsprache erlernt. Im Alltag in ganzen Sätzen zu antworten anstatt in Ellipsen wäre äußerst kontraproduktiv, da umständlich und langatmig. Ein Beispiel für eine sequenziell über drei Handlungsschritte verteilte elliptische Struktur findet sich im folgenden Transkriptauszug:

Beispiel 7: Rohrbruch 🔊 R

```
5   K:   wer is da ZUständig für den villenberg;
6        für diesen ROHRbruch da.
7   M:   WIR;
8   K:   SIE.
9   M:   ja.
```

Bei Ergänzungsfragen (*w*-Fragen) steht der durch das *w*-Fragewort erfragte Teil im Zentrum des Interesses – der Rest ist interaktional nicht relevant. Durch die Frage von K »wer is da ZUständig für den villenberg; für diesen ROHRbruch da« (Z. 5–6) wird die Füllung des Agens (»wer«) projiziert, die in der Antwort in Zeile 07 entsprechend knapp durch »WIR« geliefert wird. Typischerweise bestehen Frage-Antwort-Sequenzen aus drei Teilen, der dritte Teil besteht in einer ›Quittierung‹ der Antwort (z. B. durch *Danke!* oder *Ah!* o. Ä.). In diesem Fall wird erneut eine Ellipse verwendet, nämlich das Pronomen »SIE«, das über die Antwort hinweg die Struktur aus der Frage aufgreift und über die Betonung Emphase markiert: Je nach Kontext kann diese Emphase als Erstaunen, Empörung, Erleichterung, Freude o. Ä. interpretiert werden. In dem Kontext des vorliegenden Stadtwerke-Kunden-Telefonats und des Themas des Rohrbruchs ist die Wahrscheinlichkeit, die Emphase als Ausdruck negativer Emotionen zu deuten, hoch (was sich im weiteren Gespräch dann auch zeigt, s. Kap. 1).

Ergänzungsfragen

6.5.2 | Von der Situation abhängige Ellipsen

Situationsellipsen sind deutlich stärker von einem sequenziellen Kontext abhängig, der über die unmittelbaren verbalen Vorgängeräußerungen hinausreicht und sich auf größere Äußerungseinheiten bezieht. Zu diesen Ellipsen kann man beispielsweise die von Auer (1993) beschriebenen Verbspitzenstellungen rechnen, also Satzstrukturen, die mit dem finiten Verb beginnen und bei denen meist das Subjekt oder Objekt fehlt. Eine Funktion, die solche Verbspitzenstellungen (z. B. *Ist gut so!*, *War nicht so toll.* oder *Finde ich auch!*) ausüben können, ist die Bewertung einer vorherigen verbalen oder nonverbalen Handlungsepisode, der sie sequenziell folgen.

Verberstsätze

183

Routinefloskeln   Auch Routinefloskeln, also Ellipsen, die so stark routiniert sind, dass sie eigentlich gar nicht mehr als ›Auslassungen‹ bezeichnet werden sollten, sind typische Beispiele für sequenzpositionierte Strukturen (z. B. *Gesundheit!* als Reaktion auf ein Niesen, *Der nächste bitte!* im Kontext des ›Abarbeitens‹ von Klienten, *Gutes neues Jahr!* als initiierende Handlung etc.).

Dichte Konstruktionen: Geradezu ein Paradebeispiel für eine Ellipsenstruktur, die untrennbar mit bestimmten sequenziellen Positionen verbunden ist und an der zudem die Reflexivität von Sprache und Handeln deutlich wird, sind die von Günthner (2006a) beschriebenen dichten Konstruktionen. Darunter werden eine Reihe von verwandten elliptischen Strukturen verstanden, die alle die Tatsache verbindet, dass sie innerhalb von Alltagserzählungen während der Zuspitzungsphase auftreten und eine dramatisierende und pointierende Funktion haben. Unter anderem umfassen die dichten Konstruktionen:

- **Infinitkonstruktionen** wie »ICH (.) NIX wie WEG« (Günthner 2006a: 105), bei denen zwei Einheiten (hier: *ich* und *nix wie weg*) zueinander in Beziehung gesetzt werden, ohne dass ein finites Verb verwendet wird,
- **subjektlose Infinitkonstruktionen** wie »KEIne LUFT mehr gekriegt« (Günthner 2006a: 108), bei denen auch noch der Ereignisträger (meist das Subjekt) fehlt und nur noch der rhematische Teil der Äußerung, die neue Information, geliefert wird und
- **minimale Setzungen** wie »SUper herzrasen« oder »SCHWINdelig«, bei denen nur noch eine Nominal- oder Adjektivphrase vorkommt und der Rest der Äußerung aus dem Kontext erschlossen werden muss.

Wie man an den Beispielen sieht, fällt es schwer, ohne Kontext zu verstehen, was genau gemeint ist. Weiß man aber, dass diese Äußerungen im Kontext einer Erzählung vorkamen, bei der die Erzählerin von einer Panikattacke berichtete, wird schon klarer, was hier passiert: Der Höhepunkt der Erzählung, d. h. die einsetzende Panikattacke, wird damit für die Rezipienten in Szene gesetzt und erhält durch die elliptischen, knappen Formen genau den gehetzten und dramatischen Charakter, den die Erzählung hervorbringen will.

Das folgende Beispiel (entnommen aus Imo 2013b) illustriert die Verwendung von dichten Konstruktionen im Kontext. Eine Anruferin (A) hat bei einer Radio-Talksendung angerufen, um sich mit dem Moderator (M) über ihre Chatsucht zu unterhalten, die sich darin äußert, dass sie täglich mindestens zehn Stunden vor ihrem Computer sitzt und chattet. Nachdem der Moderator ihr vorhält, dass sie damit ihr Leben versäumt, weist sie diese Einschätzung zuerst zurück, bestätigt sie dann aber implizit durch die Darstellung ihres typischen Tagesablaufs:

Beispiel 8: Chatsucht

```
092   M:   äh (---) und du verSÄUMST eigentlich dein lEben
           damit. (---)
093        daDURCH;
094   A:   (---) WEIß ich nIcht;
095        würd ich jEtzt nicht unbedingt beHAUPten;
```

6.5 Ellipsen und sequenzielle Position

```
096  M:   NE (.) Aber (  ) du [(fühlst)]-
097  A:                       [ich WEIß] es nIcht-
098       keine AHnung;
099       es is halt SO:-
100       ähm-
101       °hhh (--) JA:;
102       sEhr kompliZIERT;
103       sAgen wirs mal SO;
104       weil-
105       .h (.) auf EIne art ist es sO:-
106       ähm- (--)
107       ich bIn am ARbeiten,
108       sehe zu dass ich rUckzuck in mein AUto komme,
109  →    nach HAUse,
110  →    rechner AN,
111       und los GEHTS,
112  M:   hm_HM,
113  A:   und wehe ich hab STROMausfall oder sO-
114       dAnn (.) krieg ich die KRIse,
115  M:   ja-
116  A:   äh::m- (--)
117  A:   vor allem (-) weil wir (.) ham wirklich nur CHAT,
```

Zwischen den Zeilen 099 und 106 finden sich zahlreiche Vorlaufelemente (vor allem die Projektorkonstruktionen (s. Kap. 5.5) »es is halt SO:«, »sagen wirs mal SO« und »auf EIne art ist es sO:«), die eine Erzähl- oder Begründungssequenz ankündigen. Diese wird dann mit der Schilderung des Ausgangspunktes gestartet, d. h. es wird in den ersten zwei Zeilen mit vollständigen Äußerungen der ›normale‹ Modus beim Arbeiten geschildert, dann aber, in den Zeilen 109 und 110, werden dichte Konstruktionen verwendet, mit denen der dramatische Teil, ihr Drang, so schnell wie möglich zum Chatten zu kommen, dargestellt wird. Danach ›entspannt‹ sich die Erzählung wieder und es werden wieder vollständige Satzstrukturen mit Verben verwendet.

Die Äußerungen »nach HAUse« und »rechner AN« können dabei gleichermaßen als emergent und verfestigt angesehen werden: Emergent sind sie, weil sie nur an dieser Stelle und in diesem Kontext verstanden werden können als *Ich fahre schnell nach Hause.* und *Ich schalte schnell den Rechner an.* (und nicht etwa als *Geh nach Hause!* oder *Wollen wir nach Hause gehen?* oder *Ich muss nach Hause.* bzw. *Schalt den Rechner an!* oder *Ist der Rechner an?*). Verfestigt sind sie wiederum, weil Sprecher/innen des Deutschen genau diese Strukturen als eine Komponente von Erzählungen verinnerlicht haben und es sich um sozial geteiltes Wissen über Erzählmuster (Hinführung zum Erzählhöhepunkt) handelt.

Aposiopesen bezeichnen in der Rhetorik Redefiguren, bei denen eine Äußerung abrupt abgebrochen wird, wobei aber davon ausgegangen wird, dass die Zuhörer/innen den Gedankengang dennoch nachvollziehen können. Das Entscheidende ist also, dass trotz des Äußerungsabbruchs das kommunikative Projekt nicht beendet wird (anders als bei

Aposiopese

6 Sequenzialität

Anakoluth den Anakoluthen, d. h. Abbrüchen, bei denen der Äußerungsplan aufgegeben wird). In einer Darstellung von Aposiopesen in der Grammatik der Deutschen Sprache (Zifonun et al. 1997: 430) heißt es entsprechend: »Der Sprecherplan wird nur bis zu dem Punkt in die Verbalisierung umgesetzt, an dem der Hörer seine Rekonstruktion durch Abfrage seines Wissens bzw. Inferenzen selbst vollenden und zu einem Gesamtverständnis kommen kann.« (Zifonun et al. 1997: 430)

Um zu diesem Verständnis des Ausgelassenen zu gelangen, benötigt der Rezipient »alle Arten von Hörerwissen (Weltwissen, Diskurswissen, Sprachwissen)« (Zifonun et al. 1997: 430).

Es gibt verschiedene Gründe, Aposiopesen einzusetzen:

Gründe für Aposiopesen
- Eine Funktion besteht darin, auf bestimmte Inhalte nur anzuspielen, z. B. um damit auf geteiltes ›Insiderwissen‹ zu verweisen oder Tabuwörter zu umgehen. Solche Aposiopesen können so stark verfestigt sein, dass sie zu Routineformen werden, wie *Ich muss mal.* statt *Ich muss mal auf die Toilette gehen.*
- Auch bei als bekannt vorausgesetztem Bezug auf gesellschaftliches Wissen, wie z. B. bei Redensarten und Sprichwörtern, finden sich oft Aposiopesen (*Wer's nicht im Kopf hat ...*).
- Eine in der traditionellen Rhetorik und in der Literatur (z. B. in Dramen) oft zu findende, aber auch in Alltagsgesprächen vorkommende Funktion ist der Ausdruck von Emotionen, wobei allerdings dort typischerweise nonverbale Mittel hinzukommen. So kann man z. B. ein überwältigendes Erlebnis mit *Das war einfach...* beschreiben und nach *einfach* eine Geste mit nach oben geöffneten Handflächen präsentieren. Als Hörerin kann man die Äußerung mit *überwältigend, großartig, fantastisch* etc. vervollständigen. Auf Grund der Tatsache, dass die sprachliche Äußerung typischerweise nonverbal fortgeführt wird, liegt es allerdings nahe, diese Strukturen nicht als Aposiopesen zu analysieren, sondern als multimodale Konstruktionen, bei denen das Nonverbale das Verbale fortführt, also kein Abbruch vorliegt.
- Schließlich finden sich Aposiopesen gerade in Alltagsinteraktionen im Kontext der Aushandlung von Verstehen, und dabei oft, um der Grice'schen Quantitätsmaxime zu genügen, also nicht mehr zu sagen, als notwendig ist.

Ein Beispiel für die letztere Funktion wurde in Imo (2011c) analysiert. Es handelt sich um ein Telefongespräch zwischen zwei Freunden, bei dem der eine (S) von der Fehlbedienung des Computers durch einen gemeinsamen Bekannten berichtet (auf das Beispiel wird in Kapitel 8.2 erneut unter der Perspektive des Verstehensmanagements eingegangen, bei dem die Ellipse ebenfalls eine Rolle spielt):

Beispiel 9: Drahtlosnetzwerk

```
46  S:  sein DRAHTlosnetzwerk zu sichern,
47      [GEgen];
48  P:  [hm,  ]
49  S:  also mitm NETZwe(h)erkschlüssel was man halt so
        machen sollte,
```

6.6 Routinierte Sequenzmuster zur Lösung kommunikativer Probleme

```
50           HAT das aber versucht während er (.) per
             drahtlosnetzwerk äh verBUNden war;
51      P:   ahHAHAha;
52      S:   das hats ihm ein bisschen zerSCHOssen das g(h)anze
             ding als er dann den schlüssel drIn hatte,
53           und die installaTION aber im router noch nicht
             Abgeschlossen war?
54      →    aber [auch ] nich mehr ABschließen k?
55      P:        [(ja,)]
56      S:   verSTEHsse;
57           ne,
58      P:   verSTEH ich alles gut;
59      S:   äh: da hab ich ihm geSACHT wie das geht,
```

Schon in Zeile 51 wird S klar, dass ihm P folgen kann, denn dieser lacht, nachdem S erzählt, dass der gemeinsame Bekannte den Netzwerkschlüssel einzurichten versuchte, während er mit dem Netzwerk verbunden war. S fährt dennoch fort, das dadurch entstandene Problem zu erläutern, bricht dann aber in Zeile 54 mitten in der Äußerung ab, überprüft mit »verSTEHsse« (Z. 56), ob P ihm folgen konnte und setzt dann in Zeile 59 die Erzählung fort. Auch hier wird wieder die Bedeutung der sequenziellen Position für den Einsatz von Ellipsen deutlich: Werden Aposiopesen aus sprachökonomischen Gründen eingesetzt, so geschieht dies an Stellen, an denen zum einen der Sprecher bereits genügend Informationen geliefert hat, die seiner Ansicht nach zum Verständnis ausreichen können, und zum anderen der Rezipient auch durch sein Rückmeldeverhalten (Verstehensdokumentationen, s. Kap. 8.2) angezeigt hat, dass das Verstehen glücken wird.

Verstehensdokumentationen

6.6 | Routinierte Sequenzmuster zur Lösung kommunikativer Probleme: kommunikative Gattungen

Mit den Ellipsen haben wir ein relativ ›kleines‹ sprachliches Muster etwas näher betrachtet, das zwischen Offenheit und Verfestigung wechselt. Routinen entstehen aber auf allen Komplexitätsebenen, denn wann immer sprachliche Mittel wiederkehrende interaktionale Funktionen erfüllen, ist der Boden bereitet für Routinierungen, denn

»Interagierende greifen u. a. auf memorierte Vorlagen zurück, die sich im Verlauf einer langen Kette vergangener Interaktionssituationen verfestigt haben und als sedimentierte Muster zur Lösung bestimmter kommunikativer Aufgaben im Wissensvorrat der Mitglieder von Sprechgemeinschaften abgespeichert sind.« (Günthner 2006b: 174)

Kommunikative Gattungen: Wenn diese sedimentierten Muster eine gewisse innere Komplexität haben, dann spricht man von *kommunikativen*

Gattungen. Dieses Konzept wurde von dem Soziologen Luckmann (1986, 1988) entwickelt und vor allem von Günthner/Knoblauch (1994, 1997) und Günthner (1995a, 2000a, 2006b, 2007) als ein interaktionslinguistischer Forschungsansatz ausgebaut (einen Überblick über aktuelle Forschung im Gattungskontext liefern Imo/Wegner/Weidner 2019). Nach Luckmann (1986: 202) sind Gattungen als routinierte und verfestigte Strukturen zu definieren, die »mehr oder weniger verbindliche ›Lösungen‹ von spezifisch kommunikativen ›Problemen‹« bereitstellen. Solche kommunikativen Probleme können z. B. die Aufgabe sein,

Kommunikative Probleme

- ein Krankheitsbild festzustellen (dadurch entstand die kommunikative Gattung *Anamnesegespräch*; Lalouschek 2002),
- einen Bewerber auf Passung zu überprüfen (*Bewerbungsgespräch*; Birkner/Kern 2000),
- den Lernstand des Kindes zu erfahren (*Elternsprechtagsgespräch*; Wegner 2016) oder auch, ganz alltäglich,
- über andere zu lästern (*Klatsch*; Bergmann 1987),
- sich über das Fehlverhalten anderer zu entrüsten (*Vorwurf*; Günthner 1999c) oder sie
- rituell zu beleidigen (*Dissen*; Deppermann/Schmidt 2001).

Kommunikativer Haushalt: Alle diese Gattungen sind von sprachlichen Routinen geprägt, sie stellen als ein Teil des gesamten »kommunikativen Haushalts« (Luckmann 1988) einer Gesellschaft Orientierungsmuster bereit, die innerhalb bestimmter Situationen bestimmte sprachliche Verhaltensweisen erwartbar machen und so das Kommunizieren erleichtern: Mit dem Wissen um eine Gattung wird man bei der Formulierungsarbeit entlastet und die Rezipient/innen können frühzeitig eine entstehende Gattung erkennen und sich darauf einstellen. Je stärker eine Gattung in einen institutionellen Zusammenhang eingebettet ist, desto höher ist die Wahrscheinlichkeit struktureller und sequenzieller Verfestigung. Aus diesem Grund ist beispielsweise die Gattung *Bewerbungsgespräch* deutlich stärker verfestigt als die Gattung *Klatsch*.

Analyseebenen: Bei der Analyse von Gattungen müssen sowohl gesellschaftliche als auch im engeren Sinne sprachliche als auch interaktionale Strukturen berücksichtigt werden.

- Die ersteren werden als die **Außenstruktur** einer Gattung bezeichnet: Findet die Gattung in einem institutionellen Kontext statt oder in einem informellen? Welche gesellschaftlichen Rollen haben die an der Gattung Beteiligten (z. B. Arzt, Patient)? In welchen Milieus oder Gruppen ist die Gattung verbreitet (z. B. *Dissen* als eine eher unter jugendlichen verbreitete Gattung)?
- Die sprachliche Ebene bildet die **Binnenstruktur**, die u. a. typische Wörter (z. B. in Phrasen wie *Der nächste bitte!*), syntaktische Strukturen (die oben beschriebenen dichten Konstruktionen sind ein Merkmal der Gattung *Alltagserzählung*) oder prosodische Merkmale (die vorwurfsvolle Stimme in der kleinen Gattung der *Vorwürfe*) einschließt.
- **Die situative (oder interaktionale) Realisierungsebene** schließlich umfasst interaktionale und sequenzielle Strukturen wie bestimmte Turn-Taking-Muster (z. B. das Recht des Arztes, Fragen zu stellen und

auf Antworten zu drängen), Präsequenzen wie die mit Alltagserzählungen assoziierte Einleitung *Weißt du, was mir gestern Unglaubliches passiert ist?*, das Äußerungsformat, mit dem man die Beziehung des Sprechers zu den Äußerungsinhalten bezeichnet (z. B. distanzierender Spott beim Lästern über Dritte) und der Teilnehmerstatus, der die Beziehung der Interaktionspartner beschreibt (z. B. ob sich die Interaktionspartner duzen oder siezen).

Ganz gleich ob auf einer eher lokalen, ›kleinen‹ Ebene von Sequenzmustern oder auf der ›großen‹ Ebene von kommunikativen Gattungen: Interaktionsanalytische Analysen ohne Bezug auf die Positionierung der untersuchten Einheit innerhalb einer Sequenz sind unvollständig und sind damit nicht in der Lage, eine vollständige Beschreibung der Funktion dieser Einheit zu liefern.

7 Interaktionale Sprache und Prosodie

7.1 Prosodie: Ein Phänomen mit vielen Gesichtern
7.2 Die phonetisch-phonologische Beschreibung prosodischer Gestaltungsmittel
7.3 Relevanz für die eigene Forschungspraxis

Der Phänomenbereich der Prosodie ist uns in dieser Einführung mehrfach begegnet. Im Rahmen der Ausführungen zu den GAT-Konventionen sind prosodische Kategorien wie Akzent, Intonationsphrase und finale Tonhöhenbewegung bereits thematisiert und deren Wiedergabe im Transkript erläutert worden (s. Kap. 4.3.2). Fokusakzente und finale Tonhöhenbewegungen werden in einem Basistranskript obligatorisch erfasst. Die Intonationsphrase dient dort sogar als basale Gliederungseinheit (Selting et al. 2009: 370). Allein an diesem Umstand lässt sich ablesen, dass für interaktionale Analysen der Bereich der Prosodie von wesentlicher Bedeutung ist. So lässt sich beispielsweise der Unterschied zwischen der Verwendung von *genau* als (1a) Antwortpartikel oder (1b) Fokuspartikel nur an der prosodischen Gestaltung festmachen (Selting 1995: 94–95), wie es das folgende Beispiel illustriert (Beispiele zitiert nach Selting 2010: 7):

Beispiel 1: Arbeiten
a) geNAU; da muss ich ARbeiten;
b) genau da musst ich ARbeiten un dann war ich noch auf ner Andern fete eingeladen.

Im ersten Fall ist das Wort *genau* akzentuiert, prosodisch vom Rest der Äußerung abgetrennt und als zustimmende Antwortpartikel (›genau, das stimmt‹) zu interpretieren. Im zweiten Fall ist *genau* hingegen unakzentuiert, in die Äußerung prosodisch integriert und fungiert als Fokuspartikel (›genau zu dieser Zeit‹). In diesem Kapitel soll es darum gehen, ein vertieftes Hintergrundwissen in Bezug auf derartige prosodische Beschreibungskategorien zu vermitteln.

7.1 | Prosodie: Ein Phänomen mit vielen Gesichtern

Die Erforschung prosodischer Aspekte gesprochensprachlicher Interaktion war einer der Ausgangspunkte der Interaktionalen Linguistik. In der Frühphase sind es vor allem Studien zur Prosodie, die interaktionale Daten zugrunde legen und sich in ihren Analysen auch auf gesprächsorganisatorische Aspekte beziehen (vgl. Couper-Kuhlen/Selting 1996 u. a.). Die interaktionale Prosodieforschung ist in ihrer Entstehung und theoretischen Fundierung maßgeblich geprägt durch die Arbeiten von John J. Gumperz. Wir sind an anderer Stelle bereits auf die Bedeutung von Gumperz für die

J. B. Metzler © Springer-Verlag GmbH Deutschland, ein Teil von Springer Nature, 2019
W. Imo / J. P. Lanwer, *Interaktionale Linguistik*,
https://doi.org/10.1007/978-3-476-05549-1_7

Herausbildung der Interaktionalen Linguistik eingegangen (s. Kap. 2.5). Für die interaktionale Prosodieforschung ist vor allem seine Theorie der Kontextualisierung relevant (s. auch Kap. 3.4 und 10.2).

Prosodie und Kontextualisierung: Der Grundgedanke von Gumperz' Kontextualisierungstheorie ist der, dass Interagierende verbale, paraverbale und nonverbale Ausdrucksmittel nutzen, um durch ihr Handeln lokale Interpretationsrahmen herzustellen (Gumperz 1982a). Derartige Interpretationsrahmen sind nach Auer (1986a: 27–41) auf den folgenden fünf Ebenen anzusiedeln:

- Ko-Fokussierung (Reden wir (gerade) miteinander?)
- Rederechtsorganisation (Wer spricht (gerade) mit wem?)
- Handlung (Was tun wir (gerade)?)
- Thema (Worüber sprechen wir (gerade)?)
- Beziehung (Wie stehen wir (gerade) zueinander?)

Flexibilität und Reflexivität von Kontext

Entsprechende Interpretationsrahmen werden durch die Kontextualisierungsarbeit der Interagierenden fortlaufend neu erzeugt. Mit Gumperz ist Kontext daher als eine flexible, das heißt sich fortlaufend ändernde Größe zu verstehen. Außerdem ist der Äußerungskontext reflexiv: Der Kontext einer sprachlichen Äußerung wird durch die Gestaltung der betreffenden Äußerung mitgeliefert und trägt zugleich zu deren Interpretation bei. Von besonderer Bedeutung ist dabei die Prosodie. Gumperz (1982a: 100–129) liefert anhand verschiedener empirischer Studien Evidenz dafür, dass die Prosodie ein wichtiges Kontextualisierungsmittel darstellt.

Zahlreiche Arbeiten haben inzwischen für das Deutsche gezeigt, dass und wie in deutschsprachigen Interaktionen prosodische Mittel eingesetzt werden, um beispielsweise die Art des thematischen Anschlusses (Selting 1995: 91–108), die Absicht zur Turnfortsetzung (Auer 1996), eine spezifische Einstellung zum Gesagten (Günther 2002; Uhmann/Couper-Kuhlen/Selting 1996) oder einen bestimmten Aktivitätstyp – wie Argumentieren, Erzählen (Selting 1995: 312–364), das Vorbringen einer Beschwerde oder das Äußern eines Vorwurfs (Günthner 2000) – zu kontextualisieren. Eine neuere Studie von Kupetz (2014) zeigt, wie prosodische Mittel genutzt werden, um Empathie anzuzeigen.

Prosodie und Grammatik: Bei Gumperz (1982a) finden sich aber auch Hinweise auf ein Zusammenspiel von Prosodie und Grammatik. So stellt er beispielsweise heraus, dass im Englischen die Gliederung einer Äußerung in sogenannte ›Tongruppen‹ (*tone groups*) genutzt werden kann, um eine syntaktisch uneindeutige Struktur zu desambiguieren, also zu ›vereindeutigen‹ (ebd.: 110). Gumperz illustriert dies an folgendem Beispiel:

Beispiel 2: New York
a) My sister who lives in New York / is very nice //
b) My sister / who lives in New York / is very nice //

Der einzige Unterschied zwischen den Äußerungen (2a) und (2b) besteht in der prosodischen Untergliederung (markiert durch die Schrägstriche). Wenn man Gumperz' prosodische Analyse in die hier verwendete Terminologie übersetzt, könnte man sagen, dass Äußerung (2a) in zwei und Äußerung (2b) in drei Intonationsphrasen präsentiert wird. Diese unterschiedliche Gliederung geht mit zwei verschiedenen Lesarten einher, die den grammatischen Unterschied zwischen restriktiven und appositiven Relativsätzen ausmachen. Während bei restriktiver Lesart (2a) die Menge der potenziellen Referenten von *eine Schwester* eingeschränkt wird, liefert die appositive Lesart (2b) eine ergänzende Information, ohne den Referenzumfang zu verändern:

Restriktive vs. appositive Relativsätze

Paraphrase zu
2a) ›Ich habe mehr als eine Schwester, und die, die in New York lebt, ist nett‹.
2b) ›Ich habe eine Schwester, die in New York lebt und nett ist.‹

Prosodische Mittel können auch im Deutschen eine Ressource grammatischer Strukturierung sein. So treten Relativsätze im Deutschen zum Beispiel ähnlich wie im Englischen in unterschiedlichen prosodischen Formatierungen auf. In Bezug auf damit verbundene Funktionen kann aber nur von einer Tendenz zur prosodischen Differenzierung zwischen restriktiven und appositiven Verwendungen gesprochen werden und weniger von einer festen Regel (Birkner 2008; Birkner 2012). Der deutlichste Unterschied ist hier, wie im Englischen, hinsichtlich der Phrasierung festzustellen: Im Fall einer restriktiven Lesart (3a) ist der Relativsatz (unterstrichen) seltener vom Bezugsnomen (fett gedruckt) prosodisch separiert als dies bei appositiver Lesart (3b) der Fall ist (Beispiele zitiert nach Birkner 2012: 23–24):

Beispiel 3: BWL und Millionäre
a) sondern es werden auch **be we el studenten** ABgelehnt <u>die vorher schon ne BANKlehre gemacht haben</u>?
b) in äh malLORca (--) bauen sich **millioNÄre**? (-) <u>die gAr nicht auf kosten des (.) dieses staates da Leben</u>? (-) VILlen?

Prosodie als paraverbales Ausdrucksmittel: Wir können zwar feststellen, dass Aspekte der prosodischen Äußerungsgestaltung in den Bereich der Grammatik hineinspielen. Dies trifft aber ganz sicher nicht auf alle Gestaltungsmittel zu, die in der Literatur unter dem Sammelbegriff der Prosodie behandelt werden. So können zum Beispiel Variationen der Sprechstimme, die unter Anderem zur Inszenierung fremder Rede eingesetzt werden (Günthner 2002b u. a.), häufig eher als sprachbegleitende (paraverbale) denn als verbale Erscheinung gelten (vgl. ähnlich auch Gumperz 1982a: 107). Man findet allerdings häufig die Auffassung, dass die Prosodie allgemein dem Bereich des Paraverbalen zuordnen sei. Die Prosodie ist in diesem Verständnis grundsätzlich etwas, das erst im Gebrauch zum sprachlichen Ausdruck hinzutritt, aber nicht Teil des sprachlichen Systems an sich ist. Diese Sichtweise spiegelt sich auch in der Begriffsetymologie wider: Der Begriff der Prosodie geht – wie weiter oben bereits ausgeführt – auf das Griechische *prosōdía* (προσῳδία) zurück, was so viel wie ›Hinzugesang‹ bedeutet.

Prosodie und Multimodalität: Eine Sichtweise, die Prosodie als Hinzugesang auffasst, führt zuweilen auch dazu, dass Analysen, die die Prosodie mit einbeziehen, als ›multimodal‹ (s. Kap. 9) bezeichnet werden – teilweise auch in Analogie zum Zusammenspiel von Sprache und Gestik (vgl. vor allem Bolinger 1983). Wenn wir Prosodie und Gestik gleichsetzen, ignorieren wir allerdings, dass die verbal-mündliche Kommunikationspraxis niemals ›prosodielos‹ ist (Barth-Weingarten/Szczepek Reed 2014: 4) und dass Prosodie im Normalfall nicht unabhängig von der Artikulation gesprochener Silben, Wörter und Phrasen vorkommt.

Beides trifft auf die Gestik nicht zu: Beim Telefonieren fehlt der visuelle Kanal. Wir sprechen hier also zwangsläufig ohne wechselseitig wahrnehmbare gestische Unterstützung. Außerdem werden Gesten auch unabhängig vom Sprachlichen kommunikativ eingesetzt. So kann beispielsweise in Situationen, in den keine akustische Verbindung zwischen den Interagierenden besteht, rein über Handzeichen kommuniziert werden. Wir kommunizieren aber in der Regel nicht allein mithilfe der Prosodie. (Das Jodeln mag hier in gewisser Hinsicht eine Ausnahme darstellen.) Insofern kann eine Charakterisierung der Prosodie als paraverbal in Abgrenzung zur Gestik als durchaus sinnvoll erscheinen. Man darf allerdings nicht vergessen, dass es sogenannte Tonsprachen wie das Mandarin-Chinesische gibt, in denen Tonhöhenvariationen systematisch als Mittel zur Unterscheidung von Wörtern eingesetzt werden und somit wie Phoneme funktionieren (s. hierzu auch Vertiefungskasten »Tonsprachen, Tonakzentsprachen und Intonationssprachen«). Von Hinzugesang kann hier also nicht in sinnvoller Weise die Rede sein.

Zur Vertiefung	**Tonsprachen, Tonakzentsprachen und Intonationssprachen**

In sogenannten Tonsprachen, wie beispielsweise dem Mandarin-Chinesischen, werden Mittel der Tonhöhenvariation systematisch eingesetzt, um Wortbedeutungen zu differenzieren. Man spricht hier daher in Analogie zu Phonemen auch von Tonemen oder von lexikalischen Tönen. Das bekannteste Beispiel aus der Literatur ist sicher die Silbe *ma* [ma], die im Mandarin-Chinesischen in Abhängigkeit von der Tonbewegung vier verschiedene Bedeutungen haben kann. Die folgende Liste liefert eine Aufstellung der vier Varianten:

- Ton 1 (hoch gleichmäßig): ›Mutter‹
- Ton 2 (hoch steigend): ›Hanf‹
- Ton 3 (tief fallend-steigend): ›Pferd‹
- Ton 4 (hoch fallend): ›schimpfen‹

Aber auch in sogenannten Tonakzentsprachen wird die Intonation als lexikalisches Differenzierungsmittel genutzt. Die tonale Distinktion erfolgt hier jedoch nicht in einer solch systematischen Weise, wie sie für Tonsprachen zu veranschlagen ist, und betrifft lediglich einzelne Minimalpaare. Entsprechende Strukturen finden sich auch in einzelnen Dialekten des Deutschen. In mittelfränkischen Dialekten kann die Wortbedeutung allein durch den Wechsel zwischen einem eingipfligen Tonverlauf (*Ton*akzent 1) und einem zweigipfligen Tonverlauf (Tonakzent 2) unterschieden werden. So kann beispielsweise im Moselfränkischen die

Silbe *Ton* [toːn], je nachdem mit welchem Tonverlauf sie ausgestattet wird, entweder das ›Schallphänomen‹ (Tonakzent 1) oder die ›Lehmerde‹ (Tonakzent 2) bezeichnen (vgl. Schmidt 2002 u. a.).

Das Deutsche gilt ansonsten – wie auch das Englische – eigentlich als Intonationssprache. Intonationssprachen zeichnen sich dadurch aus, dass Variationen der Tonhöhe unabhängig von lexikalischen Differenzierungen zum Ausdruck anderweitiger kommunikativer Funktionen eingesetzt werden können (vgl. Uhmann 1991: 52 u. a.). Im Deutschen können aber Interjektionen wie *ach* oder Rückmeldesignale wie *hm* je nach Intonation unterschiedliche Funktionen übernehmen, weshalb dem Deutschen zuweilen auch ein partieller Tonsprachenstatus zugeschrieben wird (Ehlich 1979; Zifonun et al. 1997: 362–408). Außerdem kann im Deutschen die Akzentplatzierung auf Wortebene bedeutungsunterscheidend sein: So beruht beispielsweise der Unterschied zwischen den Verbformen *UMfahren* (›etwas über den Haufen fahren‹) und *umFAHren* (›um etwas herum fahren‹) allein auf der Position des Akzents im Wort. Die Akzentuierung macht hier zugleich den Unterschied zwischen Präfixverb und Partikelverb aus. Die spezifische Art der Akzentuierung gilt jeweils für die gesamte Verbklasse: Bei Präfixverben wird generell die erste Silbe, das heißt das Präfix, akzentuiert. Partikelverben tragen hingegen einen Stammakzent. Es wird also immer der Verbstamm betont. Für diese Fälle ist es entsprechend problematisch, die Prosodie als paraverbal zu klassifizieren.

Intonation in grammatischen Beschreibungen: Aber auch in grammatischen Beschreibungen zum Deutschen, wie z. B. in der *Grammatik der deutschen Sprache* von Zifonun et al. (1997) oder in der Duden-Grammatik, werden prosodische Aspekte wie die Gliederung des Gesagten in Intonationsphrasen oder die Fokusmarkierung als Teilbereiche des sprachlichen Systems behandelt. Die Aufmerksamkeit gilt hier vor allem Gestaltungsmitteln aus dem Bereich der Intonation, also der Sprechmelodie. Zifonun et al. (1997: 189) merken in diesem Zusammenhang explizit an:

> »Bei der Intonation handelt es sich nicht um eine zusätzliche oder periphere Eigenschaft einer Sprache. Als Sprecher einer Sprache kann nur gelten, wer ihre Intonation beherrscht.«

Die Intonation ist in Bezug auf das Deutsche sicher ein guter Kandidat für ein prosodisches Phänomen, das potenziell dem Bereich des Sprachlichen zuzurechnen ist. Ausschlaggebend hierfür sind aber – so viel muss klar sein – nicht die strukturellen Beschaffenheit intonatorischer Gestaltungsmittel, sondern die Funktionen, die diese übernehmen.

In Bezug auf die Funktionen prosodischer Gestaltungsmittel ist immer von Unterschieden zwischen Sprache und Varietäten auszugehen. So sind nach Gumperz Wechsel des Tonhöhenregisters (s. Kap. 7.2.3) im *Indian English* beispielsweise relevant für die Markierung der Informationsstruktur und daher gewissermaßen grammatisch ›aufgeladen‹, während sie im *Western English* Veränderungen des Aktivitätstyps kontextualisieren (Gumperz 1982a: 123). Eine universelle Grenzziehung zwischen verbalen und paraverbalen prosodischen Gestaltungsmitteln ist allein aus diesem Grund problematisch bzw. generell nicht möglich.

7
Interaktionale Sprache und Prosodie

Definition

> **Prosodie** ist ein Sammelbegriff für verschiedene lautliche Phänomene, die je nach Sprache/Varietät und sprachtheoretischem Zugriff entweder als verbal oder paraverbal zu begreifen sind. Miteinander gemein haben entsprechende Phänomene, dass sie auf zeitlichen Variationen des Sprachsignals in Bezug auf Dauer, Intensität und Grundfrequenz beruhen, die sich oberhalb der Ebene des einzelnen lautlichen Segments abspielen. Die kleinste Bezugseinheit prosodischer Beschreibungen ist die Silbe. Prosodische Merkmale werden daher auch als suprasegmental bezeichnet.

Funktionsbereiche: In deutschsprachigen Interaktionen werden prosodische Gestaltungsmittel hauptsächlich zur Gliederung des Gesagten in Interpretationseinheiten, zur Hervorhebung besonders sinnrelevanter Elemente innerhalb dieser Einheiten sowie zwecks (weiterführender) Steuerung von Interpretationsvorgängen und des thematischen und konversationellen Fortgangs genutzt. Die in interaktional ausgerichteten Studien zum Deutschen, aber auch zum Englischen, beschriebenen Funktionen prosodischer Gestaltungsmittel (vgl. u. a. Auer/Selting 2001; Couper-Kuhlen/Selting 2018: Online-Chapter E) lassen sich entsprechend den drei folgenden Funktionsbereichen zuordnen (für Beispiele s. Kap. 7.2):

- Einheitenbildung
- Fokussierung
- Kontextualisierung

Akustik und Wahrnehmung: Auf akustischer Seite beruhen prosodische Gestaltungsmittel auf Variationen von Dauer, Intensität und Grundfrequenz in silbengroßen oder größeren Einheiten. Diese korrelieren mit den Wahrnehmungskategorien Länge, Lautstärke und Tonhöhe (vgl. Selting 1995: 11 u. a.). Die sich hieraus ergebenden Gestaltungsmittel, wie beispielsweise das Sprechtempo, lautes bzw. leises Sprechen oder die Intonation, treten in verschiedenen Kombinationen auf und werden zur Realisierung unterschiedlicher Funktionen eingesetzt. Eindeutige Form-Funktions-Zusammenhänge lassen sich nur selten ausmachen.

Tab. 7.1:
Prosodische
Bezugsgrößen in
Akustik und
Wahrnehmung

Akustik	Wahrnehmung
Dauer (Millisekunden)	Länge
Intensität (Dezibel)	Lautstärke
Grundfrequenz (Herz)	Tonhöhe

Da es in interaktionalen Untersuchungen immer um die Frage geht, wie Mittel der prosodische Beitragsgestaltung von den Interaktionsteilnehmerinnen funktional eingesetzt und interpretiert werden, sind für die Analyse vor allem perzeptive, das heißt die Wahrnehmung betreffende Kategorien von Bedeutung. Diese korrelieren zwar in gewisser Hinsicht mit bestimmten akustischen Eigenschaften des Sprachsignals (s. Tab. 7.1).

196

Für die Wahrnehmung von Dauer als Länge, Intensität als Lautstärke und Grundfrequenz als Tonhöhe sind aber nicht absolute Werte in Bezug auf die genannten akustischen Parameter von Bedeutung. Es geht immer um Grade der Merkmalsausprägung in Relation zur lautlichen Umgebung. Prosodische Gestaltungsmittel sind stets mit Blick auf Veränderungen im zeitlichen Verlauf zu betrachten.

Prosodische Gestalten: Akustische Merkmale des Sprachsignals wie Dauer, Intensität und Grundfrequenz werden außerdem nicht isoliert wahrgenommen und unvoreingenommen perzipiert und verarbeitet. Vielmehr werden durch akustische Reize vorgeformte komplexe Wahrnehmungsschemata aktiviert (vgl. z. B. Gumperz 1982a: 109). Konkret bedeutet das, dass in unsere Wahrnehmung Erwartungen beispielsweise in Bezug auf Tonhöhenverlauf, Phrasierung und Akzentplatzierung mit einfließen, die sich aus Vorerfahrungen speisen und die Konstitution einer aktuellen Wahrnehmungsgestalt mitbestimmen. Ferner nehmen wir im Prozess der Wahrnehmungen Zusammengruppierungen vor, was beispielsweise dazu führt, dass wir zeitlich aufeinander folgende Veränderungen im Sprachsignal überhaupt als Ganzes, beispielsweise als Intonationskontur (s. Kap. 7.2.3), wahrnehmen.

Gestaltwahrnehmung

Das offensichtlichste Beispiel hierfür liefert die Tatsache, dass wir Melodieverläufe auch als kontinuierliche Gestalten wahrnehmen, wenn die akustische Grundlage hierfür keine entsprechende Kontinuität aufweist. Akustische gemessene Grundfrequenzverläufe zeigen in der Regel keinen durchgehenden, sondern einen unterbrochenen Linienverlauf, wie in Abbildung 7.1 gut zu sehen ist (s. auch Kap. 4.4.2). Wir nehmen über der Teiläußerung und der ˆKE:RL, einen zusammenhängenden melodischen Verlauf wahr, obwohl ein akustisches Korrelat (blaue Linie) für die Tonhöhe lediglich in einzelnen, nämlich den stimmhaften Abschnitten des Sprachsignals zu finden ist. Zugleich werden auch nicht alle Veränderungen im Linienverlauf perzeptiv als Tonhöhenveränderungen eingestuft.

Kombiniertes Analyseverfahren: Es gibt also keinen unmittelbaren Zusammenhang zwischen der Akustik und der Wahrnehmung prosodischer Phänomene. Ergebnisse akustischer Messungen, beispielsweise mit der

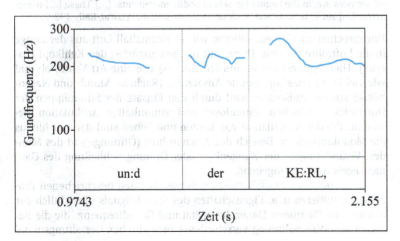

Abb. 7.1:
Verlauf der Grundfrequenz (blaue Linie) über der Intonationsphrase »un:d der ˆKE:RL,« (Beispiel 1, Z. 20)

Analysesoftware Praat (s. Kap. 4.4.2), eröffnen daher ohne Einbezug der daran gebundenen Wahrnehmungseindrücke keinen sinnvollen Zugriff. In gleicher Weise ist aber auch ein rein perzeptiver Zugang nicht unproblematisch: Es fällt uns nicht immer leicht, uns unsere Wahrnehmung bewusst zu machen. Dies betrifft die Beschreibung prosodischer Wahrnehmungsgestalten in besonderer Weise. Es empfiehlt sich daher ein kombiniertes Verfahren aus impressionistisch-wahrnehmungsgeleiteter Beschreibung einerseits und instrumentell-akustischer Analyse andererseits.

Durchführung prosodischer Analysen: Um prosodische Untersuchungen durchführen zu können, muss man also Verfahren auditiver und akustischer Analyse (im Idealfall unter professioneller Anleitung) einüben. Um die eigenen Beobachtungen angemessen beschreiben und systematisieren zu können, muss man sich außerdem mit einer Vielzahl von Beschreibungsparametern vertraut machen. »Jeder Parameter an sich stellt eine Herausforderung bezüglich seiner Konzeptualisierung und Untersuchung dar« (Barth-Weingarten/Szczepek Reed 2014: 6). Die Erschließung des Gegenstandsbereichs der Prosodie erfordert die Aneignung vor allem phonetisch-phonologischer Begriffe und Beschreibungskategorien, deren Kenntnis für die Rezeption von Fachpublikationen ebenso unerlässlich ist, wie für die Durchführung eigener Untersuchungen. Im Weiteren werden daher einige dieser Begriffe und Kategorien eingeführt und an Beispielen erläutert.

7.2 | Die phonetisch-phonologische Beschreibung prosodischer Gestaltungsmittel

Physiologische und aerodynamische Prozesse

Artikulatorische Grundlagen: Wir haben bereits gehört, dass die Prosodie integraler Bestandteil verbal-mündlicher Kommunikation ist. Diese basiert aus phonetisch-phonologischer Sicht in Struktur und Funktionsweise auf physiologischen und aerodynamischen Prozessen:

»Utterances are, in the beginning, sets of bodily movements. [...] These [...] movements [...] set in motion and work upon an air-stream.« (Local/Kelly 1986)

Um sprechen zu können, müssen wir im Normalfall Luft aus der Lunge in die Luftröhre pressen. Diese Luft passiert zunächst den Kehlkopf (Larynx). Hier reguliert die Stimmritze (Glottis) wie eine Art Ventil, ob und wie viel Luft in das sogenannte Ansatzrohr (Rachen-, Mund- und Nasenhöhle) strömt. Außerdem wird durch den Einsatz der Stimmlippen der Unterschied zwischen stimmloser und stimmhafter Artikulation bestimmt. Bei der Artikulation von Lauten und Silben sind darüber hinaus die Modulationen im Bereich des Ansatzrohres (Öffnungsgrad des Mundes, Veränderungen der Zungenlage oder Öffnung/Schließung des Gaumensegels usw.) formgebend.

Im Weiteren thematisierte Phänomene: Aus den beschriebenen Prozessen resultieren u. a. Eigenschaften des Sprachsignals hinsichtlich der akustischen Parameter Dauer, Intensität und Grundfrequenz, die die Basis für die Wahrnehmung verschiedener prosodischer Gestaltungsmittel

7.2 Die phonetisch-phonologische Beschreibung prosodischer Gestaltungsmittel

Dauer		
Lautdehnungen	einfache Dehnung	`ä:hm`
(Stille) Pausen	Mikropause	`(.)`
	gemessene Pause	`(0.5)`
Sprech-geschwindigkeit	schnell (allegro)	`<<all> >`
	langsam (lento)	`<<len> >`
	schneller werdend (accelerando)	`<<acc> >`
	langsamer werdend (rallentando)	`<<ral> >`
Intensität		
Lokale Lautstärke-variationen	stoßende Akzentuierung	kein Transkriptions-zeichen verfügbar
Lautes vs. leises Sprechen	laut (forte)	`<<f> >`
	leise (piano)	`<<p> >`
	lauter werdend (crescendo)	`<<cresc> >`
	leiser werdend (diminuendo)	`<<dim> >`
Grundfrequenz		
Finale Tonhöhen-bewegung	stark steigend	`?`
	steigend	`'`
	gleichbleibend	`–`
	fallend	`;`
	stark fallend	`.`
Tonhöhenakzente	fallender Akzent	`` `SO ``
	steigender Akzent	`´SO`
	gleichbleibender Akzent	`¯SO`
	steigend-fallender Akzent	`^SO`
	fallend-steigender Akzent	`ˇSO`
Tonhöhensprünge	Tonhöhensprung nach oben	`↑`
	Tonhöhensprung nach unten	`↓`
Wechsel des tonalen Registers	tiefes Tonhöhenregister	`<<t> >`
	hohes Tonhöhenregister	`<<h> >`

Tab. 7.2: Behandelte prosodische Phänomene und deren Notation in einem Feintranskript nach GAT

liefern. Im Folgenden sollen einige dieser Gestaltungsmittel in Bezug auf ihre artikulatorische und akustische Basis einerseits sowie in Bezug auf die damit häufig verbundenen Funktionen andererseits behandelt werden. Eine Übersicht der thematisierten Phänomene und deren Notation nach GAT findet sich in Tabelle 7.2. Die dort aufgeführten Phänomene muss man in deutschsprachigen Interaktionen nicht lange suchen. Das unten abgedruckte Feintranskript eines kurzen Auszuges aus dem uns bereits bekannten Beispiel »Widerlicher Kerl« liefert Beispiele für alle genannten Gestaltungsmittel.

7 Interaktionale Sprache und Prosodie

Feintranskript

Beispiel 4: widerlicher Kerl 🔊 G

```
20  S2:  °hhh (0.6) und der ^KE:RL,
21       <<p,all>↓das war aber> ein pene´trAn`ter:
         ´W:I`derling.
22       <<p,all>´AL`so->
23       °hh (0.6) ↑der ´hAt:_äh sein ↑`GAR`ten wie: (.)
         ´!PIK!`ass (0.2) ge¯PFLE:GT,=ne?
24       k:Ein `BLÄTT`chen un_nichts,=
25       =<<all>´Englischer ´RA:sen,>
26       °hh ↓un:d: bei ↑`!JE:!der ge¯lEgen`heit <<all>hat
         der die poli`ZEI gerufen,>=
27       =un_sich mit_den ´!NACH!`barn ange[le:gt,][=ne,]
28  S1:                                  [ph ho ][ho ]ho
29       (0.8)
30  S2:  <<f,len>wenn da einmal:> ´jE`mand zum ´Ab`schied
         <<dim>ge´HUPT `hat,>
31       da war der in <<all>´NULLkommanix> `drAußen;
32       un:d hat_da ¯RUMgeschrien-
33       <<cresc>ich ´hOl die ´pOli´ZEI:> un_[so;]
34  S1:                                <<t>[das] ^!GIB!_S
         doch wohl nich,>
35  S2:  ja: ?hm ´v:Oll`kommen ´WI`derlich_ne?
```

7.2.1 | Variationen der Dauer

Dauerphänomene wie Dehnungen, Pausen und Wechsel des Sprechtempos ergeben sich aus der Flüssigkeit und Geschwindigkeit, mit welcher die körperlichen Bewegungen bei der Artikulation von Silben und Silbensequenzen ausgeführt werden. In Bezug auf die Flüssigkeit der Artikulation hat ein zeitweiliges Verharren den Effekt der Lautdehnung. Das gänzliche Aussetzen der Artikulation führt zum Signalabbruch und damit zu einer (stillen) Pause. Hinsichtlich der Geschwindigkeit ziehen schnellere Artikulationsbewegungen eine verkürzte Dauer der aus den Bewegungen resultierenden akustischen Ereignisse nach sich, langsamere Bewegungen hingegen eine erhöhte. Entsprechende Dauervariationen lassen sich als Wechsel des Sprechtempos beschreiben.

Lautdehnungen: Auch wenn wir im Normalfall ganze Silben als gedehnt wahrnehmen, liegt diesem Eindruck in der Regel nur die Dehnung eines einzelnen Lautsegmentes zugrunde. Man findet in Transkripten beispielsweise eher Formen wie *u:nd* oder *un:d* als Varianten wie *u:n:d* oder *un:d:*. Dehnungen mehrerer Segmente innerhalb einer Silbe sind artikulatorisch aber natürlich möglich und kommen in Gesprächen auch vor. Sie sind aber selten. Eine Suche in der linguistischen Audiodatenbank (lAuDa) der Universität Münster (Umfang: 1.094.342 Token) weist für das Wort *und* die Form »u:nd« (312 Treffer) als die häufigste aus. Varianten mit zwei gedehnten Segmenten wie »u:n:d« (6 Treffer) oder »un:d:« (4 Treffer) sind deutlich seltener belegt. Varianten mit einer Dehnung aller drei Segmente finden sich in den dort erfassten Transkripten überhaupt

Die phonetisch-phonologische Beschreibung prosodischer Gestaltungsmittel

Variante	Absolute Belegzahl	Belegzahl in Prozent
u:nd	312	61,30 %
un:d	105	20,63 %
und:	81	15,91 %
u:n:d	6	1,18 %
un:d:	4	0,79 %
u:nd:	1	0,20 %

Tab. 7.3:
Häufigkeits-
verteilung der
Dehnungsvarian-
ten von *und* in der
lAuDa

nicht. Tabelle 7.3 gibt einen Überblick der ermittelten Häufigkeiten aller in den Transkripten belegten Formen.

Der in Beispiel 4 zitierte Auszug dokumentiert neben der Variante »un:d« (Z. 32) in Zeile 26 auch die in der lAuDa nur selten belegte Form »un:d:«. In »°hh ↓un:d: bei ↑`!JE:!der ge¯lEgen`heit < < all > hat der die poli`ZEI gerufen, > « verzögert Sprecherin S2 die Turnfortsetzung sowohl durch ein artikulatorisches Verharren auf dem Nasal [n] als auch durch eine länger anhaltende Behauchung (Aspiration) des finalen Verschlusslautes [tʰ]. Gemäß der konversationsanalytischen Prämisse einer ›allgegenwärtigen Ordnung‹ (*order at all points*; s. Kap. 3.3) sind auch solche prosodischen Mikrophänomene auf ihre konversationellen Funktionen hin zu befragen (vgl. Local/Walker 2005 u. a.). Es gilt, »kein hörbares Detail a priori aus[zu]schließen« (Barth-Weingarten/Szczepek Reed 2014: 8). Die Verzögerung (Häsitation) in Beispiel 4 projiziert die folgende thematische Verschiebung und hat somit einen kontextualisierenden Effekt. Hierauf deutet auch der tiefe intonatorische Neuansatz (s. Kap. 7.3.3) hin. Das Hinzukommen eines neuen thematischen Aspekts (das ständige Rufen der Polizei) wird nach Präsentation der Information durch das evaluierende Lachen in Zeile 28 auch hörerseitig dokumentiert (s. Kap. 8.2).

Pausen haben einen ähnlichen Effekt wie Lautdehnungen. Von echten oder ›stillen‹ Pausen spricht man, wenn es zu einer gänzlichen Unterbrechung der Artikulation und somit zum kurzzeitigen Abbruch des Sprachsignals kommt. Vor allem Mikropausen innerhalb von Intonationsphrasen oder innerhalb von Wörtern sind im reinen Höreindruck aber von lokalen Dehnungen häufig kaum zu unterscheiden. Beziehungsweise müsste man es eigentlich andersherum formulieren: Dehnungen werden nicht selten als Pausen wahrgenommen (Pompino-Marschall 2009: 250). Wir haben also ein und dasselbe Wahrnehmungsphänomen, das auf unterschiedlicher akustischer Basis zustande kommt.

Wenn Lautdehnungen während einer artikulatorischen Verschlussphase auftreten, fallen Dehnungen und Pausen auch akustisch zusammen. Dies ist in Beispiel 4 in »hat:_äh« (Z. 23) der Fall: Hier wird der Effekt der Verzögerung dadurch erreicht, dass S2 in der Position des für den auslautenden Plosiv [tʰ] der Verbform *hat* charakteristischen oralen Verschlusses verharrt. Mit der Verschlusslösung schließt die Sprecherin dann unmittelbar das Verzögerungssignal »äh« an (s. hierzu auch Vertiefungskasten ›Verzögerungssignale‹). Es entsteht dadurch eine kurze

Häsitation

7 Interaktionale Sprache und Prosodie

Phase der Stille zwischen Verbform und folgender Partikel, wenngleich die Artikulation strenggenommen nicht unterbrochen, sondern verzögert wird.

Funktionen von Pausen: Pausen sind wie Lautdehnungen lokale Dauerphänomene, die den Eindruck der Häsitation erzeugen. Pausen treten sowohl innerhalb von Intonationsphrasen als auch zwischen Intonationsphrasen auf und können ebenso zur internen Beitragsgestaltung wie zur Organisation des Turn-taking beitragen. So wird beispielsweise häufig »das Wort mit dem höchsten Informationsgehalt mit einer Verzögerung eingeführt« (Fischer 1999: 252). Dies ist auch in Zeile 23 von Beispiel 4 der Fall: Die Intonationsphrase »°hh (0.6) ↑der ´hAt:_äh sein ↑`GAR`ten wie: (.) ´!PIK! `ass (0.2) ge˘PFLE:GT_ne?,« weist insgesamt zwei phraseninterne Pausen auf. Diese sind unmittelbar vor bzw. nach »´!PIK! `ass« platziert und tragen zusammen mit der emphatischen Akzentuierung der Silbensequenz zu einer spezifischen Art der Fokussierung bei, die hier eine negativ bewertende Haltung zum Ausdruck bringt (s. auch Kap. 7.2.2).

In Bezug auf die Gesprächsorganisation stellen Local/Kelly (1986: 192–195) anhand englischsprachiger Daten fest, dass Pausen, die eine Beibehaltung des Rederechts (*turn holding*) projizieren, sich durch einen artikulatorischen Abbruch mittels Glottalverschluss, also durch eine gänzliche Unterbrechung des Luftstroms, auszeichnen. Pausen, die eine intendierte Übergabe des Rederechts anzeigen, werden hingegen durch ein Ausatmen bei geöffneten Stimmritzen markiert. Eine vergleichbare Untersuchung zum Deutschen liegt bisher nicht vor.

Zur Vertiefung

Verzögerungssignale

Von ›stillen‹ Pausen, die aus einem gänzlichen Aussetzen der Artikulation resultieren, werden zuweilen lautlich ›gefüllte‹ Pausen unterschieden. Im Deutschen treten vorrangig gedehnte offene Vorderzungenvokale wie [ɛ:] oder [œ:], manchmal auch [e:], als ›Pausenfüller‹ auf. Der Vokalartikulation kann wie in *ähm* [ɛ:m] auch ein bilabialer Nasal angehängt werden. Es finden sich außerdem ›gefüllte‹ Pausen wie *ʔhm* [ʔm̩], die allein aus glottalem Einsatz plus Nasal bestehen. Die Rede von gefüllten Pausen ist allerdings etwas irreführend, da Phänomene, die als gefüllte Pausen bezeichnet werden, häufig keine spontanen und willkürlichen Lauterscheinungen sind, die einfach eine Verbalisierungspause beliebigem Lautmaterial überbrücken. Vielmehr handelt es sich dabei um den Gebrauch verfestigter Formen, die ein mehr oder weniger konventionalisiertes Funktionsprofil aufweisen (vgl. Fischer 1999).

Sprechgeschwindigkeit: Von lokalen Dauerphänomenen wie Lautdehnungen und Pausen sind Veränderungen zu unterscheiden, die sich über mehrere Silben erstrecken und sich aus Dauervariationen der gesamten silbischen Artikulation ergeben. Wenn wir die Geschwindigkeit, mit der wir die silbische Artikulation ausführen, global verringern oder erhöhen, wird dies als ein Wechsel des Sprechtempos wahrgenommen. Hierdurch verringert oder erhöht sich die »wahrgenommene Dichte produzierter

Silben relativ zu einer zeitlichen Einheit« (Selting 1995: 46). Die Sprechgeschwindigkeit wird daher auch in Silben pro Sekunde gemessen (vgl. Pompino-Marschall 2009: 250).

In Beispiel 4 wird die kurzeitige Erhöhung des Sprechtempos unter anderem ikonisch eingesetzt: die Einheit »´NULLkommanix« (Z. 31) wird mit erhöhtem Sprechtempo realisiert, was die verbalisierte Schnelligkeit des Agierens des Nachbarn in der prosodischen Gestaltung unterstreicht. Wechsel des Sprechtempos können außerdem zur Einheitenbildung (s. Kap. 7.2.3) oder allgemein zur Gesprächsstrukturierung, genutzt werden, beispielsweise zur Kontextualisierung von Einschüben (Z. 21–22) oder Nachträgen (Z. 25). Für eine Analyse zu verschiedenen Funktionen von Variationen des Sprechtempos vgl. z. B. Uhmann (1992).

7.2.2 | Variationen der Intensität

Durch die Regulierung der Atmung können wir den Schalldruck, die sogenannte Intensität des Sprachsignals kontrollieren. Die Intensität (gemessen in Dezibel, dB) wird als Lautstärke wahrgenommen. Lautstärkevariationen können lokale und globale Effekte haben: Wenn wir uns den Verlauf einer Äußerung in der Zeit als horizontale Linie und die Intensität als eine von Unten auf diese Linie einwirkende Kraft vorstellen, ergibt sich im Linienverlauf aus lokalen Intensitätsschwankungen ein Wechselspiel von Hügeln und Tälern (s. Abb. 7.2a). Dieses Wechselspiel ist beispielsweise für die Silbengliederung und die Profilierung von Akzentstrukturen, das heißt für die Rhythmisierung einer Äußerung mit verantwortlich. Globale Intensitätsveränderungen führen hingegen zu einer Absenkung oder Anhebung des gesamten Linienverlaufs (s. Abb. 7.2b). Entsprechende Veränderungen werden als insgesamt leiseres bzw. lauteres Sprechen wahrgenommen.

Rhythmisierung

Druckkontur, Sprechrhythmus und Akzentuierung: Die Druckkontur einer Äußerung steht in Zusammenhang mit deren Rhythmisierung, ist aber nicht allein verantwortlich für diese. Der Sprechrhythmus ergibt sich aus der Abfolge unterschiedlich stark akzentuierter Silben. Potenzielle Mittel der Akzentuierung sind im Deutschen neben der Intensität auch Variationen der Dauer und Grundfrequenz. Man unterscheidet in der Phonetik daher traditionell zwischen Druckakzent, Dehnungsakzent und Tonakzent. Im Deutschen werden diese Mittel nicht gleichberechtigt eingesetzt: Die Markierung von Fokus- und Nebenakzenten auf Ebene der

Abb. 7.2: Lokale und globale Veränderungen der Intensität

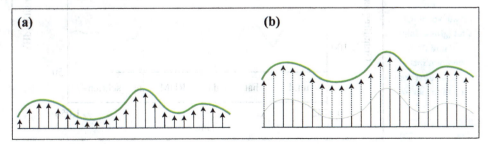

7 Interaktionale Sprache und Prosodie

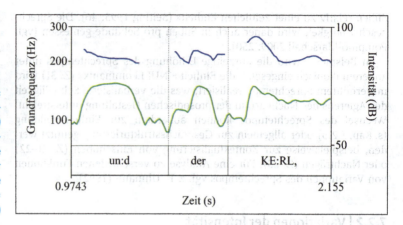

Abb. 7.3: Verlauf von Intensität (grüne Linie) und Grundfrequenz (blaue Linie) über der Intonationsphrase »un:d der ˆKE:RL« (Beispiel 5, Z. 20)

Intonationsphrase erfolgt zumeist vorrangig durch lokale Tonhöhenbewegungen (*pitch movements*). Länge und Lautstärke der silbischen Artikulation sind eher von nachgeordneter Bedeutung für die Fokussierung (Uhmann 1991: 118–120), wie in Abbildung 7.3 für die Intonationsphrase »°hhh (0.6) und der ˆKE:RL,« (Z. 20) beispielhaft illustriert:

Prosodische Mittel der Akzentuierung

Abbildung 7.3 zeigt deutlich, dass die Höhepunkte (Druckmaxima) der Intensitätskurve (grüne Linie) über den drei Silben »un:d«, »der« und »KE:RL« mehr oder weniger auf gleichem Niveau liegen. Keine der Silben ist in Bezug auf die Intensität besonders exponiert. Deutliche Dehnungen weisen die Silben »un:d« und »KE:RL« auf. Der Verlauf der Grundfrequenz (blaue Linie) lässt hingegen über »KE:RL« einen deutlichen Ausschlag erkennen. Es ist vor allem diese lokale Variation der Grundfrequenz, die den Eindruck der Akzentuierung erzeugt. Die Grundfrequenz ist – wie wir bereits gehört haben – relevant für die Wahrnehmung von Tonhöhe und Tonhöhenvariation. Die Tonhöhenvariation markiert in der Regel den Fokusakzent (s. ausführlicher Kap. 7.2.3). Dies muss aber nicht zwangsläufig so sein, wie die Intonationsphrase »un:d hat_da ˉRUM-geschrien–« in Zeile 32 zeigt. Der Verlauf der Grundfrequenz (blaue Linie) lässt hier keinerlei signifikante Ausschläge erkennen. Für die Promi-

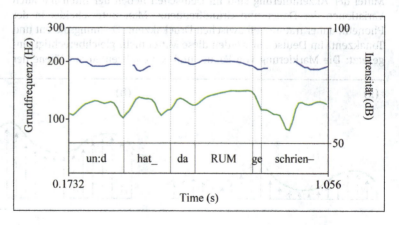

Abb. 7.4: Verlauf von Intensität (grüne Linie) und Grundfrequenz (blaue Linie) über der Intonationsphrase »un:d hat_da ˉRUM-geschrien–« (Beispiel 5, Z. 32)

Die phonetisch-phonologische Beschreibung prosodischer Gestaltungsmittel

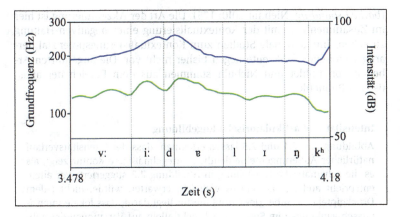

Abb. 7.5:
Verlauf von Intensität (grün) und Grundfrequenz (blau) über dem Wort »W:I!derling« (Beispiel 5, Z. 21)

nenz der Silbe »RUM« ist eher der Druckanstieg (grüne Linie) über der Silbe verantwortlich.

›Stoßende‹ Akzentuierung: Variationen im Bereich der Intensität sind aber auch ansonsten für die Akzentuierung natürlich nicht gänzlich unbedeutend – dies allein deshalb nicht, da diese für die Silbengliederung mit verantwortlich sind und die Silbe die tontragende Einheit ist. Außerdem lassen sich im gesprochenen Deutsch sogenannte *force accents* (Kohler 2005) beobachten. *Force accents* sind emphatische, das heißt besonders hervorstechende Akzente, die zwar eine Tonbewegung aufweisen, die aber nicht für den besonderen Prominenzgrad der betreffenden Silben verantwortlich sind. Die für die besondere Hervorhebung relevanten Akzentmerkmale finden sich im Bereich der Parameter Dauer und Intensität. Entsprechende Akzente zeigen eine affektiv-bewertende Haltung an; und zwar je nach prosodischer Gestaltung entweder positiv oder negativ (Niebuhr 2010).

Auch Beispiel 4 liefert Belege hierfür: So basiert beispielsweise die emphatische Akzentuierung von »´!W:I!`derling« [vːiːdɐlɪŋkʰ] in Zeile 21 zum einen auf einer erhöhten Dauer des silbenanlautenden [v] und einer verkürzten Artikulation des silbentragenden Vokals [iː] der Akzentsilbe. Zum anderen weist die Akzentsilbe einen besonderen Intensitätsverlauf (grüne Linie) auf, wie es Abbildung 7.5 gut erkennen lässt. Die Grafik zeigt außerdem, dass der Verlauf der Grundfrequenz (blaue Linie) keine extremen Tonhöhenbewegungen aufweist.

Was den Intensitätsverlauf (grüne Linie) besonders macht, ist die mangelnde Kontinuität des Anstiegs über dem silbenanlautenden Frikativ [v]. Bei ›normaler‹ Artikulation der Silbe würde die Intensität im Silbenanlaut mehr oder weniger kontinuierlich ansteigen. Die ›unnormale‹ Schwankung im Intensitätsverlauf ist artikulatorisch vermutlich auf eine kurzeitige Engebildung im Bereich der Glottis zurückzuführen (s. auch Vertiefungskasten »Intensität und artikulatorische Engebildung«). Durch den hierdurch verursachten lokalen Druckabfall und den folgenden Wiederanstieg vor dem Vokal bekommt dieser eine zusätzlichen akustischen Schub, der im Zusammenspiel mit der zeitlich komprimierten Vokalartikulation für einen stoßenden oder bellenden Akzentcharakter sorgt

7

Interaktionale Sprache und Prosodie

(*barked-sounding*; Niebuhr 2010: 175). Die Art der Akzentuierung ist hier im Zusammenhang mit der Kontextualisierung einer negativen Haltung zu sehen. Interaktionale Studien zum Kontextualisierungspotenzial derartiger stoßender´ Akzente liegen bisher nicht vor. Die angeführten Arbeiten von Kohler und Niebuhr stammen aus dem Bereich der akustischen Phonetik.

Zur Vertiefung	**Intensität und artikulatorische Engebildung**
	Abbildung 7.3, 7.4 und 7.5 lassen erkennen, dass der Intensitätsverlauf natürlicher Äußerungen eine deutlich unregelmäßigere Kontur zeigt, als es die schematische Darstellung in Abbildung 7.2 suggeriert. Vor allem entspricht anders, als man es vielleicht erwarten würde, nicht jedem Druckgipfel eine Silbe. Der Grund hierfür liegt darin, dass lokale Intensitätsschwankungen im Sprachsignal nicht allein auf Variationen des subglottalen Atemdrucks zurückzuführen sind. Zusätzlich kommt hier die Engebildung durch die Stimmlippen und/oder die Artikulatoren im Bereich des Ansatzrohrs ins Spiel: Je stärker die Engebildung ist, desto weniger Luft kann entweichen. Entsprechend geringer ist die Intensität des Signals und umgekehrt. Die Vokalbildung zeichnet sich zum Beispiel durch eine nur minimale Engebildung im Mundraum aus. Vokale weisen daher ein besonders hohes Intensitätsniveau auf. Ähnliches gilt für Nasale. Der völlige Verschluss bei der Artikulation von Verschlusslauten hat hingegen ein kurzzeitiges Einbrechen des Schalldrucks zur Folge. Das effektivste Mittel für einen prosodischen Abbruch ist daher der Glottalverschluss, das heißt der Verschluss der Stimmlippen. Prosodische Abbrüche werden in GAT entsprechend auch mit dem IPA-Symbol [ʔ], das für den Glottalverschluss steht, notiert (s. Kap. 4.3.2.3). Erst die Verschlusslösung führt wieder zu einem Druckanstieg, wie es der Intensitätsverlauf über den Plosiven [d] und [kʰ] in *Widerling* (s. Abb. 7.5) gut erkennen lässt.

| Wettstreit um das Rederecht | **Lautes vs. leises Sprechen:** Von lokalen Intensitätsschwankungen lassen sich globale Veränderungen der Intensität unterscheiden, aus denen sich der Unterschied zwischen lautem und leisem Sprechen ergibt. Aus global erhöhter Intensität resultiert die Wahrnehmung von lauterem Sprechen. Dies kann beispielsweise ein Sprechen über die Distanz kontextualisieren oder im Wettstreit um das Rederecht (*turn competition*) zwecks Rederechtsbehauptung eingesetzt werden. Leises Sprechen kann hingegen die Einschränkung des Adressatenkreises oder Hintergrundkommentare ohne Turn-Beanspruchung (Selting 1995: 208–229) kontextualisieren. Eine in Bezug auf die Lautstärke zurückgenommene Artikulation kann aber beispielsweise auch einen Einschub bzw. eine Parenthese (s. Kap. 5.5) markieren. |

Prosodische Parenthesen: Parenthesen können zum Beispiel eine Art Kommentarfunktion übernehmen (s. Kap. 5.5). Dies ist in Beispiel 4 – wie weiter oben bereits beschrieben – in Zeile 21 der Fall: Hier wird in die mit »und der ˆKE:RL,« (Z. 20) eröffnete Struktur eine moralische Bewertung des Nachbarn eingelassen, bevor diese in Zeile 23 syntaktisch fortgesetzt wird (vgl. Stoltenburg 2006: 153–158). Die ersten vier Silben der Intonationsphrase »< < p,all > `das war aber > ein pene´trAn`ter ´!W:I! `derling.« werden deutlich leiser und zusätzlich mit reduziertem Sprechtempo gesprochen (*p* = ›leiser‹; *all* = ›schneller‹). S2 hebt Lautstärke und Sprechtempo dann bereits innerhalb der Intonationsphrase mit Realisierung der Nominalphrase »ein pene´trAn`ter ´!W:I!`derling« wieder an. Auf »!W:I!derling« wird sogar eine stark exponierte, emphatische Akzentuierung realisiert. Hierdurch wird die negative Charakterisierung des Nachbarn besonders hervorgehoben. Der nachgeschobene Aposiopesemarker (zur Aposiopese s. Kap. 6.5.2) »´AL`so-« wird dann wieder mit zurückgenommener Lautstärke artikuliert. Auf diese Weise wird die gesamte Einheit prosodisch als Einschub markiert. Hierzu tragen zusätzlich auch intonatorische Mittel bei, das heißt Variationen im Bereich der Grundfrequenz (für eine ausführliche Beschreibung der prosodischen Gestaltung von Parenthesen vgl. Bergmann 2012 sowie Schönherr 1997).

7.2.3 | Variationen der Grundfrequenz

Variationen im Bereich der Grundfrequenz sind – wie wir bereits mehrfach gehört haben – ausschlaggebend für den Bereich der Intonation, also für die Sprechmelodie. Tonhöhenbewegungen können sich innerhalb von Silben abspielen und/oder sich über einer Silbensequenz entfalten. In Intonationssprachen wie dem Deutschen werden Variationen der Grundfrequenz – wie ebenfalls bereits ausgeführt – anders als in Tonsprachen oder Tonakzentsprachen (in den meisten Varietäten) weitestgehend unabhängig von lexikalischen Differenzierungen zum Ausdruck verschiedener kommunikativer Funktionen eingesetzt.

Intonation und Flüstern   *Zur Vertiefung*

Ein akustisches Korrelat (die jeweils blaue Linie in den angeführten Abbildungen) für die Tonhöhe findet sich nur in den stimmhaften Abschnitten des Sprachsignals. Alle stimmhaften Abschnitte des Sprachsignals weisen bestimmte Frequenzeigenschaften auf, die wir als Tonhöhe wahrnehmen. Verantwortlich hierfür sind die Schwingungen der Stimmlippen bei der Lautproduktion. Das Vibrieren der Stimmlippen bei der Stimmgebung (Phonation) führt zu periodischen, das heißt zu regelmäßigen Schwingungen der Luft. Die Frequenz, mit der die Stimmlippen bei der Phonation schwingen, ist abhängig von der Flussgeschwindigkeit der aus der Lunge strömenden Luft und der muskulären Einstellung der Stimmlippen. Eine hohe Flussgeschwindigkeit hat schnelle, eine niedrige Flussgeschwindigkeit langsame Schwingungen zur Folge. Gespannte Stimmlippen schwingen schneller, ungespannte langsamer. Der Grad der Gespanntheit lässt sich unabhängig vom Atemdruck steuern. Es gibt daher keinen unmittelbaren Zusammenhang zwischen der Intensität des Atemdrucks und der Schwingungsfrequenz der Stimmlippen. Wir können entsprechend sowohl hoch und leise als auch tief und laut sprechen. Zudem

Interaktionale Sprache und Prosodie

ergibt sich die Möglichkeit, bei konstantem Atemdruck die Tonhöhe flexibel zu modellieren.

Die Frequenzen, die im Sprachsignal durch die Schwingungen der Stimmlippen erzeugt werden, lassen sich in der Einheit Herz (Hz) akustisch messen. Verschiedene Frequenzbereiche liefern die akustische Basis für unterschiedliche prosodische Phänomene. Für die Wahrnehmung der Intonation ist der niedrigste Frequenzbereich, die sogenannten Grundfrequenz ausschlaggebend. Eine berechtigte Frage ist hier, ob wir dann nicht beim Flüstern intonationslos sprechen, da das Flüstern ja ein Sprechen ohne Stimme ist. Dies ist aber nicht der Fall. Die Stimmlippen bilden beim Flüstern eine kleine Öffnung, das sogenannte Flüsterdreieck, durch das konstant Luft ausströmt. Dies führt bei reduziertem Atemdruck zwar dazu, dass die Stimmlippen nicht schwingen und somit das Sprechen stimmlos wird. Dennoch haben auch geflüsterte Äußerungen eine Intonation. Diese basiert nicht auf periodischen, sondern auf aperiodischen (unregelmäßigen) Schwingungen der Luft, die durch Variationen des Atemdrucks sowie durch die Variation der Größe des Flüsterdreiecks modelliert werden können (vgl. bereits Sievers 1881: 22).

Inszenierung fremder Rede

Intonation, Sprechstimme und Stimmqualität: Die Grundfrequenz (gemessen in Herz (Hz)), die bei gewöhnlicher Phonation für die Wahrnehmung von Tonhöhenbewegungen relevant ist, wird auch als F_0 bezeichnet. Wie in Kapitel 4.3.3 bereits angesprochen, variieren Lage und Bandbreite des F_0-Bereichs vor allem in Abhängigkeit von den Parametern Geschlecht und Alter. Unter Ausblendung entsprechender Unterschiede wird für die Grundfrequenz zuweilen pauschal der Frequenzbereich unterhalb von 500 Hz angesetzt. Die Voreinstellungen in Praat greifen bei der akustischen Messung eine Bandbreite von 75 bis 500 Hz ab. Für die Wahrnehmung der Sprechstimme sind höher liegende Frequenzbereiche ausschlaggebend. Die wahrgenommene Stimmqualität (beispielsweise ›behauchte‹ oder ›rauhe‹ Stimme) resultiert hingegen aus nicht-periodischen Geräuschanteilen im Sprachsignal (Pompino-Marschall 2009: 40). Stimmliche Merkmal werden häufig als Stilisierungsmittel eingesetzt, das heißt als Ressource zur Inszenierung fremder Rede. Neben der Anzeige von Redewiedergabe (»Das, was ich gerade sage, sind nicht meine Worte.«) spielen bei der Inszenierung fremder Rede immer auch evaluative Aspekte eine Rolle. Die bewertende Stimme der inszenierenden Sprecherin überlagert die sprechende Stimme der inszenierten Sprecherin (s. auch Kap. 10.2). Dieses Phänomen bezeichnet man auch als Mehrstimmigkeit oder Polyphonie (Günthner 2002b u. a.).

Definition

> **Die Intonationsphrase** ist die grundlegende Einheit der Produktion und Rezeption gesprochener Sprache. Intonationsphrasen portionieren das Gesagte in kognitiv ›verdaubare‹ Einheiten (Chafe 1994).

Die phonetisch-phonologische Beschreibung prosodischer Gestaltungsmittel

Die Intonationsphrase: Lokale Schwankungen der Grundfrequenz nehmen wir als Tonhöhenbewegungen wahr. Diese bilden im globalen Verlauf Intonationskonturen aus bzw. werden diese von uns im Prozess der Wahrnehmung zu solchen gestalthaften Erscheinungen ›gemacht‹ (s. Kap. 7.1). Barth-Weingarten/Szczepek Reed (2014: 9) charakterisieren Intonationskonturen daher auch als »phrasenhafte, abgeschlossene Tonhöhenbewegungsgestalten«. Derartige tonale Gestalten stellen das zentrale Mittel zur Gliederung des Lautstroms in Intonationsphrasen dar. »Die Phrasierung in Intonationseinheiten stimmt [dabei] oft, aber nicht notwendigerweise mit syntaktischen Einheiten auf der Teilsatzebene (*clause level*) überein« (Auer/Selting 2001: 1123). Der folgende Ausschnitt aus Beispiel 4 illustriert den ›Normalfall‹ des Zusammenfalls prosodischer und syntaktischer Grenzen:

```
30   S2:   <<f,len>wenn da einmal:> ´jE`mand zum ´Ab`schied
           <<dim>ge´HUPT `hat,>
31         da war der in <<all>´NULLkommanix> `drAußen;
```

Hier wird ein komplexes Syntagma, bestehend aus Protasis (*wenn*-Konstruktion) und Apodosis (*da*-Konstruktion), prosodisch in zwei Teile gegliedert. Die syntaktische Grenze zwischen den Gliedern stimmt dabei mit der prosodischen überein. Mit finalem syntaktischem Abschluss, der hier mit »´drAußen;« erreicht wird, läuft die Tonbewegung zudem auf einen tiefen Grenzton zu. Dieser markiert intonatorisch einen Abschlusspunkt (s. u.). Die satz-interne Fortsetzung nach der Protasis wird hingegen mit steigender Intonation angezeigt, so dass wir insgesamt eine Kongruenz zwischen prosodischer und syntaktischer Gestaltbildung beobachten können.

Konturen und Töne: Intonationskonturen sind zwar als ganzheitliche Wahrnehmungsgestalten zu begreifen, lassen sich analytisch aber als Abfolgen von Tönen (Tonsequenzen) beschreiben bzw. künstlich in solche Sequenzen aufgliedern. Dabei werden je nach Beschreibungsmodell unterschiedliche Arten von Tönen unterschieden. Die Ausführungen zur interlinearen Notation von Tonhöhenbewegungen mithilfe von GAT setzen für das (Nord-)Deutsche drei Arten von Tönen an: Akzenttöne, Begleittöne und Grenztöne. Akzenttöne markieren lokale Maxima im Tonhöhenlauf. Begleittöne (Leit- und Folgetöne) bilden die unmittelbare tonale Umgebung von Akzenttönen. Grenztöne finden sich, wie es der Name nahelegt, an den Grenzen von Intonationsphrasen. Es kann hier zwischen initialen und finalen Grenztönen unterschieden werden (Selting et al. 2009: 382–387).

> **Tonsequenzmodell**

Im Deutschen enthält jede Intonationsphrase mindestens einen Fokusakzent und einen finalen Grenzton. Initiale Grenztöne sind fakultativ (Uhmann 1991: 175). Dies spiegelt sich auch in der GAT-Notation wider: Im Basistranskript werden mit Blick auf die Intonation Fokusakzente und finale Tonhöhenbewegungen obligatorisch notiert. Ein Feintranskript enthält zudem obligatorisch die Markierung von Nebenakzenten und die Notation der Tonhöhenbewegungen der emittelten Akzenttöne (s. Abb. 7.6).

Der schematische Tonhöhenverlauf in Abbildung 7.6 weist für die In-

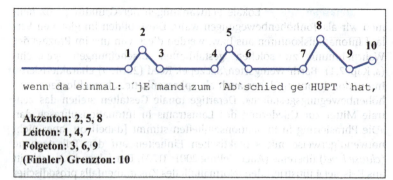

Abb. 7.6:
Schematische
Intonationskontur

Akzenton: 2, 5, 8
Leitton: 1, 4, 7
Folgeton: 3, 6, 9
(Finaler) Grenzton: 10

tonationsphrase »wenn da einmal: ´jE`mand zum ´Ab`schied ge´HUPT `hat,« drei lokale Maxima, das heißt drei Tonhöhenakzente aus. Der letzte Akzent, der sogenannte nukleare Akzent, zeigt die größte Tonhöhenbewegung und markiert den Fokus. Alle drei Akzente sind im Linienverlauf mit einer steigend-fallenden Kontur dargestellt. Entsprechende Akzente gelten aber dennoch als fallend, da für die Charakteristik des Tonhöhenakzents nur »die Tonhöhenbewegung, die in der Akzentsilbe beginnt und danach fortgesetzt wird« (Selting 1995: 128), bestimmend ist. Die finale Tonhöhenbewegung am Einheitenende ist hingegen leicht steigend.

Finale Tonhöhenbewegung: Die Bestimmung der finalen Tonhöhenbewegung bezieht sich – wie bereits angedeutet – auf den Konturverlauf hin zum finalen Grenzton (Uhmann 1991: 182). Akustisch prominenter ist allerdings häufig die vom nuklearen Akzentton ausgehende Tonhöhenbewegung. Wenn diese wie im angeführten Beispiel abfällt, kommt es vor, dass in Transkripten die finale Tonhöhenbewegung in Orientierung am nuklearen Akzent fälschlicherweise als fallend notiert wird, obwohl diese eigentlich steigend ist. Hier kann Praat dabei helfen, das eigene Analysevermögen zu schärfen und zu präzisieren.

Intonation und
Sprecherwechsel

Die exakte Bestimmung finaler Tonhöhenbewegungen ist für interaktionale Analysen von besonderer Relevanz, da die Art der Tonhöhenbewegung am Einheitenende bedeutsam für die Rederechtsorganisation ist. Wie wir weiter oben bereits gesehen haben, signalisiert steigende Intonation in der Regel Unabgeschlossenheit. Gleiches gilt für schwebende Intonation. Eine fallende Tonhöhenbewegung am Einheitenende zeigt zumeist einen Abschlusspunkt an (Selting 2000: 510). Wie der folgende Auszug aus Beispiel 4 erkennen lässt, ist die Gestaltung der finalen Tonhöhenbewegung aber nicht allein ausschlaggebend für die Organisation des Sprecherwechsels:

```
30   S2:   <<f,len>wenn da einmal:>  ´jE`mand zum ´Ab`schied
           <<dim>ge´HUPT `hat,>
31         da war der in <<all>´NULLkommanix>  `drAußen;
32         un:d hat_da ¯RUMgeschrien-
33         <<cresc>ich ´hOl die ´pOli´ZEI:> un_so;
34   S1:   <<t>das ´!GIB!_S doch wohl nich,>
35   S2:   ja: ?hm ´v:Oll`kommen ´WI`derlich_ne?
```

Wir finden in dem kurzen Gesprächsausschnitt steigende (Z. 30, 34, 35), fallende (Z. 31, 33) und gleichbleibende (Z. 32) finale Tonhöhenbewegungen. Dabei können wir beobachten, dass weder bei final steigender Tonhöhenbewegung stets eine Turnfortsetzung durch die gleiche Sprecherin erfolgt, noch bei fallender Intonation immer eine Turnabgabe. So schließt S2 beispielsweise an die mit fallender Tonhöhenbewegung markierte Intonationsphrase in Zeile 31 unmittelbar mit dem Konnektor »un:d« (Z. 32) an und setzt ihre Ausführungen fort. Sprecherin S1 reagiert schließlich erst nach der Redeinszenierung in Zeile 33 auf diese. Wir können hier sehr schön erkennen, dass sich die Gesprächsorganisation aus einem Zusammenspiel von prosodischen, syntaktischen und inhaltlichen (semanto-pragmatischen) Projektionen (s. Kap. 5.3) ergibt. Die Intonationsphrase in Zeile 31 endet zwar mit fallender Intonation. Der Turn ist hier aber inhaltlich noch nicht abgeschlossen. Dies ist erst in Zeile 33 der Fall. Die fallende Intonation fällt mit einem syntaktischen und semanto-pragmatischen Abschlusspunkt zusammnen, was dann auch zum Sprecherwechsel führt.

Tonhöhenanschluss: Gewissermaßen komplementär zur intonatorischen Gestaltung des Einheitenendes signalisiert die Fortführung der Tonhöhenbewegung nach einer prosodischen Zäsur, die Art des thematisch-inhaltlichen Anschlusses. Selting (1995: 91) unterscheidet dabei zwischen Anschluss und Neufokussierung. In Bezug auf den Anschluss nimmt sie eine Subklassifikation in unterordnende und nebenordnende Anschlüsse vor, die an den syntaktischen Unterschied zwischen Parataxe und Hypotaxe erinnert. In den von ihr untersuchten norddeutschen Daten wird eine Neufokussierung häufig durch einen hohen Neuansatz kontextualisiert, eine unterordnende Fortführung durch einen tiefen Neuansatz und eine Nebenordnung durch eine Fortsetzung der intonatorischen Gestaltung auf gleichem Tonniveau.

Ein tiefer Neuansatz kann aber beispielsweise auch genutzt werden, um einen parenthetischen Einschub zu markieren, wie es in Beispiel 4 in Zeile 20 bis 23 der Fall ist:

```
20  S2:  °hhh (0.6) und der ^KE:RL,
21       <<p,all>↓das war aber> ein pene´trAn`ter:
          ´W:I`derling.
22       <<p,all>´AL`so->
23       °hh (0.6) ↑der ´hAt:_äh sein ↑`GAR`ten wie: (.)
          ´!PIK!`ass (0.2) ge˘PFLE:GT_ne?
```

Wir sind weiter oben bereits darauf eingegangen, dass in Beispiel 4 die Intonationsphrasen in Zeile 21 und 22 gewissermaßen in ein laufendes syntaktisches Projekt eingelassen werden und dass sich dieses Einlassen prosodisch manifestiert. Mit Blick auf die Intonation sind dabei drei Dinge auffällig:

1. Die Intonationsphrase in Zeile 21 startet mit einem tiefen Neuansatz, das heißt das Tonhöhenniveau zu Beginn der Phrase liegt deutlich unter dem Niveau des intonatorischen Abschlusses der vorausgehenden Einheit in Zeile 20.

2. Die Intonationsphrase in Zeile 22 schließt an die vorausgehende Einheit hingegen auf nahezu gleichem Tonhöhenniveau an.

3. In Zeile 23 setzt Sprecherin S2 bei der intonatorischen Gestaltung dann wieder auf dem finalen Tonhöhenniveau der Intonationsphrase in Zeile 20 an.

Durch die Art der Gestaltung der intonatorischen Anschlüsse wird einerseits die Folge »< < p,all > ↓das war aber > ein pene῀trAn῾ter: !W:I!῾derling. < < p,all > ῾AL῾so– > «als Einschub markiert. Andererseits werden die getrennten Teiläußerungen »und der ῀KE:RL« (Z. 20) und »↑der ῾hAt:_ äh sein ↑῾GAR῾ten wie: (.) ῾!PIK! ῾ass (0.2) ge῀PFLE:GT_ne?« (Z. 23) trotz syntaktischer Diskontinuität als ›syntaktisches Ganzes‹ interpretierbar. Der hohe Neuansatz in Zeile 23 kontextualisiert also sowohl den Ausstieg aus der Parenthese als auch den Anschluss an die zuvor ›verlassene‹ Struktur.

Thema-Rhema-Gliederung

Akzent und Fokussierung: Der Fokusakzent gibt an, welches Element für die Interpretation einer Intonationsphrase am wichtigsten ist. Lautlich hervorgehoben wird zwecks Fokusmarkierung nur eine einzelne Silbe. Die fokussierte Einheit ist jedoch in der Regel größer. Eine lokal auf einer Silbe erfolgende Akzentuierung führt zu einer Fokussierung einer morphologischen, lexikalischen oder syntaktischen Einheit. Wir müssen daher unterscheiden zwischen dem phonologischen Konzept des Akzents und dem semantischen Konzept des Fokus. Die Markierung des Fokus hat mit der sogenannten Thema-Rhema-Gliederung einer Äußerung zu tun. Die Art der Akzentuierung ist darüber hinaus aber auch relevant für die Gesprächsorganisation:

»[D]ie Wahl der Akzenttonhöhenbewegung hat [...] interaktive Relevanz und kann nur im Rückgriff auf die sequenzielle Struktur und Organisation der Interaktion analysiert werden« (Selting 1995: 4).

Die Form-Funktions-Zusammenhänge sind hier vielgestaltig und unterliegen im Deutschen arealer Variation (für einen Forschungsüberblick vgl. Peters et al. 2015).

Definintion

> **Akzent** ist ein phonologisches Konzept, das sich auf die prosodisch prominenten Teile einer Intonationsphrase bezieht. **Fokus** ist hingegen ein semantisches Konzept, das den informationsstrukturell wichtigsten Teil einer Äußerung bezeichnet. Durch Akzentuierung wird der semantische Fokus markiert.

Akzentverdichtung und Rhythmisierung: Eine Intonationsphrase kann auch mehrere Akzente aufweisen. In Kapitel 4.3.2 haben wir bereits darauf hingewiesen, dass sogar mehrere Fokusakzente innerhalb einer Intonationsphrase möglich sind. Belege hierfür finden sich auch in Beispiel 4: In der Intonationsphrase in Zeile 23 werden gleich drei syntaktische Konstituenten (»hAt: ((...)) ge῀PFLE:GT«, »sein ↑῾GAR῾ten« und »wie: (.) ῾!PIK! ῾ass«) durch Fokusakzente prosodisch deutlich herausgehoben.

Die phonetisch-phonologische Beschreibung prosodischer Gestaltungsmittel

Derartige Akzentverdichtungen sind typisch für Beschwerdegeschichten (Günthner 2000: 224–226) oder Bewertungssequenzen im Allgemeinen (Uhmann/Couper-Kuhlen/Selting 1996) und können auch zu besonderen Formen der Rhythmisierung führen. Dies ist in Zeile 33 von Beispiel 4 der Fall. Die Silbenfolge »ich ´hOl die ´pOli´ZEI:« weist ein strikt jambisches Metrum auf, das heißt eine wiederkehrende Abfolge zwischen betonter und unbetonter Silbe (xXxXxX). Die spezifische Rhythmisierung kontextualisiert hier den generischen Charakter der inszenierten Rede. Es geht nicht um ein spezifisches Ereignis, sondern um die Dokumentation eines wiederkehrenden Verhaltens. Diese Darbietung hat Erfolg: Die Gesprächspartnerin bringt im Folgeturn die geteilte Empörung (Ko-Indignation) zum Ausdruck.

Isochronie: Für die Rhythmisierung einer Äußerung ist nicht allein die Abfolge von Silben mit verschiedenem Prominenzgrad von Bedeutung, sondern auch die zeitliche Distanz zwischen den Akzenten einer Sequenz (Auer/Couper-Kuhlen 1994: 91–93). Wenn alle Takte (Takt = eine Akzentsilbe und die ihr folgenden unbetonten Silben bis zur nächsten Akzentsilbe) in gleich großen Zeiteinheiten realisiert werden, spricht man auch von Isochronie. Es ist bekannt, dass für die Wahrnehmung eines isochronen Rhythmus keine exakte Gleichheit dieser Zeitabschnitte gegeben sein muss. Zugleich wird nicht jede akustisch isochrone Sequenz auch als solche wahrgenommen. Rhythmische Strukturen sind

»nicht als solche im Signal vorhanden, sondern die Wahrnehmung rhythmischer Gestalten [ist] ein aktiver Prozeß der zeitlichen Gestaltgebung« (Auer/Couper-Kuhlen 1994: 82),

wie wir es weiter oben allgemein in Bezug auf die Prosodie festgehalten haben.

Ein ›übermäßig‹ rhythmisches Sprechen ist im gesprochenen Deutsch jedoch eher der markierte Fall. Auer (1990a) beobachtet aber beispielsweise, dass Interagierende bei der Beendigung von Telefongesprächen zu einer isochronen Rhythmisierung ihrer Gesprächsbeiträge neigen und sich im Timing zudem einander anpassen. Auer/Couper-Kuhlen (1994: 102) kommentieren diesen Befund mit einem schönen Vergleich: »Es ist, als ob die Beteiligten noch einmal ein Stück gemeinsam tanzen wollten, bevor sie sich trennen«.

Tonaler Bezugsbereich: Im Bereich der Intonation sind aber nicht nur Akzente, Akzentsequenzen und Konturen interaktional relevante Phänomene. Vor allem für die Gesprächsorganisation und die thematische Gestaltung sind auch weitgreifendere intonatorische Zusammenhänge von Bedeutung. In der globalen Frequenzausrichtung der intonatorischen Gestaltung einer sprachlichen Äußerung, die aus einer oder mehreren Intonationsphrasen bestehen kann, manifestiert sich zum Beispiel der sogenannte tonale Bezugsbereich. Der tonale Bezugsbereich, die sogenannte *pitch range* einer Äußerung, ergibt sich aus der Spannweite zwischen den Hochpunkten und Tiefpunkten des Intonationsverlaufs. Die obere Grenze des Bezugsbereichs nennt man Dachlinie, die untere Grundlinie. Im Verlauf einer Äußerung nähern sich Dachlinie und Grundlinie zumeist einander an. Hochpunkte und Tiefpunkte aufeinanderfolgender Intonations-

7 Interaktionale Sprache und Prosodie

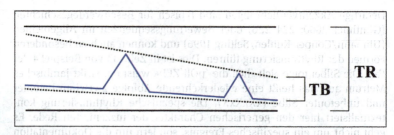

Abb. 7.7: Tonaler Bezugsbereich (TB) und tonales Register (TR) (in Anlehnung an Peters 2014: 39)

konturen sinken peu à peu ab, wie es in Abbildung 7.7 schematisch dargestellt ist. Man spricht in diesem Zusammenhang auch von Deklination.

Deklinationstrend Die Spitzen im schematischen Intonationsverlauf in Abbildung 7.7 symbolisieren die Tonhöhenakzente zwei aufeinanderfolgender Intonationsphrasen, die in ihrer tonalen Ausrichtung einem einheitlich fallenden Deklinationstrend folgen (vgl. Peters 2014: 38–40). Das Zurücksetzen des Deklinationstrends (s. Abb. 7.8a), auch als *reset* bezeichnet, führt zu einer deutlich wahrnehmbaren Unterbrechung oder Zäsur in der intonatorischen Gestaltung und kann zur thematischen Gliederung des Gesagten genutzt werden.

Tonales Register: Von der Spannweite, die sich aus der Abfolge verschiedener Hochpunkte und Tiefpunkte im Verlauf der intonatorischen Gestaltung einer Äußerung ergibt, ist der gesamte tonale Spielraum des Intonationsverlaufs zu unterscheiden. Diesen Spielraum bezeichnet man als tonales Register (s. Abb. 7.7). Das tonale Register ergibt sich aus den Fluchten von Dachlinie und Grundlinie. Wie es Abbildung 7.8b verdeutlicht, kann die gleiche Kontur mittels verschiedener tonaler Register realisiert werden. Globale Veränderungen der intonatorischen Gestaltung führen zu einer Anhebung (oder Absenkung) des gesamten Linienverlaufs. Die Wahl des Registers ist also unabhängig von Konturwahl und Deklination und damit frei verfügbar für die Kontextualisierung verschie-

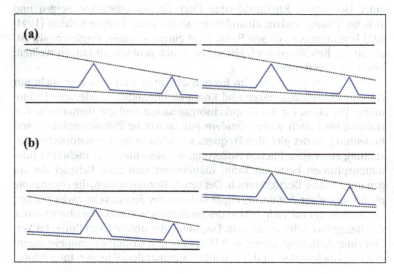

Abb. 7.8: (a) Deklinationsreset vs. (b) Wechsel des tonalen Registers

dener Funktionen, wie z. B. dem Ausdruck von Emotivität oder Expressivität. In Zeile 34 von Beispiel 4 drückt Sprecherin S1 mit < < t > das ˆ!GIB!_S doch wohl nich, > ihre Empörung über den geschilderten Sachverhalt aus. Dabei wechselt sie in ein tieferes tonales Register, wodurch sie ihre negativ-evaluierende Haltung kontextualisiert (vgl. hierzu auch Selting 2010: 238).

7.3 | Relevanz für die eigene Forschungspraxis

Wir haben gesehen, dass sich mit Blick auf die prosodische Formatierung sprachlicher Äußerungen diverse Gestaltungsmittel beobachten lassen, die eine Vielzahl von Funktionen übernehmen. Einige davon, wie Phrasierung und Fokusmarkierung, sind allgegenwärtig und vermutlich für jede interaktional-linguistische Fragestellung von Bedeutung. In Bezug auf die phonetisch-phonologische Beschreibung haben wir in diesem Kapitel Möglichkeiten eines differenzierten analytischen Zugriffs kennengelernt. In Abhängigkeit von der jeweiligen Fragestellung können sich verschiedene Grade der Granularität in der Beschreibung als notwendig erweisen. Die Zuhilfenahme eines akustischen Analysetools wie Praat ist im Grunde unabhängig von der erforderlichen Granularität zu empfehlen, beispielsweise um – wie oben angemerkt – finale Tonhöhenbewegungen sicher bestimmen zu können, die in jedem Basistranskript erfasst werden.

8 Bedeutungskonstitution in der Interaktion

8.1 Verstehen dokumentieren, thematisieren und manifestieren
8.2 Wortbedeutung interaktional: Was heißt *quasi*?

Aspekte der Semantik wurden sowohl von der Konversationsanalyse als auch der Interaktionalen Linguistik lange Zeit eher stiefmütterlich behandelt.

Eine frühe Untersuchung, die das Interesse einer interaktionalen Semantik gut illustriert, stammt von Goodwin (1997) mit dem Titel *The Blackness of Black*. Goodwin untersuchte, wie eine Gruppe von Wissenschaftlern in einem chemischen Verfahren eine spezielle Faser herstellte, die so lange einer chemischen Reaktion ausgesetzt werden musste, bis sie sich, so die Anleitung des Verfahrens, »jet-black« (*tiefschwarz*) verfärbte. Was aber ist die Bedeutung von *tiefschwarz*? Um dies herauszufinden, nahm Goodwin an dem Experiment teil und zeichnete es auf. Er fand dabei heraus, dass die Bedeutungsherstellung eine situierte Praxis war, d. h. die Teilnehmer bewerteten fortlaufend die Farbveränderungen, stellten beispielsweise fest, dass da noch ein gewisser Farbton dabei war, der nicht passte, oder es noch braune Flecken gab etc., bis sie sich schließlich gemeinsam darauf einigten, ab einem bestimmten Zeitpunkt die Faser als »jet-black« zu bezeichnen. Die Untersuchung zeigte, dass Bedeutungen nicht vorab feststehen, sondern dass sie je nach Kontext innerhalb einer Interaktion immer wieder neu ausgehandelt und festgelegt werden müssen.

Forschungsfragen: Damit ist das Ziel von interaktionslinguistischen Untersuchungen bestimmt, die die Semantik in den Blick nehmen: Es geht darum, zu beschreiben,

- wie Interagierende gemeinsam Bedeutung herstellen,
- wie über Bedeutung gestritten wird und Bedeutungskompromisse getroffen werden,
- mit welchen sprachlichen Ressourcen Bedeutung explizit oder implizit thematisiert wird,
- wie Verstehen oder Nicht-Verstehen angezeigt und hergestellt wird,
- wie sich die Bedeutung von Ausdrücken in unterschiedlichen Kontexten verändert,
- wie Interagierende mit der grundsätzlich indexikalischen Natur von Zeichen umgehen und wie Kontextualisierungsverfahren verlaufen,
- welche Bedeutungsteile stabil sind und welche kontextuell veränderbar und
- wie Bedeutung mit situativen Faktoren verbunden ist (z. B. unterschiedliche Erfahrung, professionelle Aspekte, kommunikative Gattungen etc.).

J. B. Metzler © Springer-Verlag GmbH Deutschland, ein Teil von Springer Nature, 2019
W. Imo / J. P. Lanwer, *Interaktionale Linguistik*,
https://doi.org/10.1007/978-3-476-05549-1_8

Bedeutungskonstitution in der Interaktion

**Formulierungs-
verfahren**

In den letzten Jahren haben sich einige Arbeiten mit solchen Fragen beschäftigt, z. B. Birkner/Ehmer (2013), die einen Sammelband zu Veranschaulichungsverfahren im Gespräch herausgegeben haben, Deppermann/Spranz-Fogasy (2006), die die Frage stellten, wie Bedeutung im Gespräch entsteht, und Deppermann (2003, 2007), der Grundlagenarbeiten zur gesprächs- und interaktionslinguistischen Analyse von Grammatik und Semantik vorgelegt hat. Letzterer hat sich dabei vor allem mit der *Bedeutungskonstitution durch Kontrastierung* (Deppermann 2007: 210) befasst und dabei »Formulierungsverfahren« in ihrer Rolle als gesprächssemantische Verfahren beschrieben:

> »Formulierungsverfahren sind Verfahren der Gesprächskonstitution, die auf einer gesprächssemantischen Ebene operieren. Sie dienen dazu, eine gedankliche Struktur sukzessive unter den Bedingungen von Mündlichkeit und Interaktivität sprachlich zu verdeutlichen. Solche gedanklichen Strukturen können die Konzeptualisierung von Sachverhalten und subjektiven Phänomenen (wie Emotionen, Bewertungen oder Intentionen) sein. Formulierungsverfahren sind Bausteine der Sachverhaltsdarstellung.« (Deppermann 2007: 227)

Verstehensprozesse und Bedeutung: Besonders intensiv wurden inzwischen – ebenfalls vor allem von Deppermann (2009, 2010, 2013, 2014b), Deppermann/Schmitt (2008) und Deppermann/Reitemeier/Schmitt/Spranz-Fogasy (2010), aber auch von Selting (1987), Fiehler (2002) oder Hinnenkamp (1998) – Prozesse des Verstehens (Verstehensthematisierungen, Verstehensdefizite, Verstehenssicherung etc.) analysiert, die den genuin interaktionalen Aspekt der Bedeutung repräsentieren: Aus der interaktionslinguistischen Perspektive spielt die Bedeutung von Äußerung insofern eine Rolle, als die Aufmerksamkeit einerseits auf die ›Arbeit‹ der Äußerungsproduzentinnen gelegt wird, die ihre Äußerungen so gestalten, wie sie annehmen, dass die Rezipientinnen sie auch verstehen können (dies nennt man *Adressatenzuschnitt* bzw. *recipient design*), und andererseits auf die ›Arbeit‹ der Äußerungsrezipienten, die kontinuierlich implizit oder explizit rückmelden, ob und wie sie die Äußerungen ihrer Interaktionspartner verstehen.

Zur Vertiefung

Adressatenorientierung als Mittel der Verstehenssicherung

»Recipient design« wird im Deutschen meist mit »Adressatenzuschnitt« (Deppermann 2015b; Deppermann/Blühdorn 2013; Hitzler 2013; Imo 2015c) übersetzt und stellt nach dem Begründer der Konversationsanalyse, Harvey Sacks (1995: 438), die wichtigste und allgemeinste Maxime bereit, die interaktionaler Sprachverwendung zugrunde liegt: »A speaker should, on producing the talk he does, orient to his recipient.« Adressatenorientierung umfasst zwei Dimensionen: Die erste betrifft direkt die Gesprächsstruktur und dabei vor allem die Auswahl der Themen, denn Adressatenzuschnitt bedeutet, dass man über Dinge spricht (und schreibt), von denen man glaubt, dass sie für das Gegenüber potenziell interessant bzw. relevant sind:

> »[Y]ou should, as much as possible, design whatever you're telling about, even if it's the most intimate parts of your particular life, with an orientation

Bedeutungskonstitution in der Interaktion

to the other. So they ask you about something that they ask about because *you're* involved in it, and you answer it by reference to *their* possible involvement in it.« (Sacks 1995: 540)

Adressatenzuschnitt betrifft aber nicht nur die Befriedigung der *interaktionalen* Anforderungen von Rezipient/innen (z. B. dass sie nicht gelangweilt werden wollen), sondern auch der *informationellen* Anforderungen (z. B. dass sie neue und für sie relevante Informationen erhalten wollen). Das führt zu der zweiten Dimension, die von Sacks (1995: 540) mit »design your talk to another with an orientation to what you know they know« auf den Punkt gebracht wurde. Diese Dimension ist für die Analyse von interaktionaler Bedeutung sehr relevant, denn sie ermöglicht es, Aussagen über die kognitiven Hypothesen von Sprecher/innen hinsichtlich der Eigenschaften und Wissensbestände ihrer Adressaten zu treffen. Etwas einfacher formuliert: Wenn eine Sprecherin eine Äußerung an einen anderen Sprecher richtet, dann kann man über die Wortwahl, den Inhalt, die syntaktische Komplexität etc. Aussagen darüber treffen, welches Wissen die Sprecherin ihrem Gesprächspartner unterstellt, wo sie dessen Wissenslücken vermutet, wie hoch sie die Chance einschätzt, dass sie verstanden wird, was ihr eigenes Wissen über die Situation ist und wie sie diese bewertet etc. In dieser Dimension wird die Analyse des Adressatenzuschnitts relevant für die Analyse von Bedeutung in der Interaktion (Deppermann 2015c).

Prozesse der Verstehensdokumentation und des Adressatenzuschnitts stehen aus zwei Gründen im Mittelpunkt interaktionslinguistischer Beschäftigung mit Bedeutung:

1. Adressatenzuschnitt von Produzent/innen sowie Verstehensdokumentationen von Rezipient/innen sind die an der sprachlichen Oberfläche beobachtbaren Ergebnisse des ansonsten nicht beobachtbaren Umgangs mit Bedeutungen. Da die Interaktionale Linguistik empirisch orientiert ist, konzentriert sie sich auf diese beobachtbaren Aspekte, nicht auf nicht beobachtbare kognitive Aspekte von Bedeutung.
2. Adressatenzuschnitt und Verstehensdokumentationen sind im Normalfall interaktionale Prozesse: Die Produzentin einer Äußerung überprüft, ob ihre Äußerung in Bezug auf das Verstehen erfolgreich war, indem sie die Verstehensdokumentation ihrer Gesprächspartnerin überprüft. Umgekehrt zeigt die Gesprächspartnerin fortwährend an, ob ihre Versuche zu verstehen, glücken oder nicht. Auf genau solche fortlaufenden Prozesse der wechselseitigen Bezugnahme aufeinander richtet die Interaktionale Linguistik ihr Hauptinteresse.

Adressatenzuschnitt und Verstehensdokumentation

Im Folgenden soll nun zunächst das Konzept der Verstehensdokumentation nach Deppermann/Schmitt (2008) vorgestellt werden. Im Anschluss wird anhand eines Fallbeispiels – der Frage, welche Bedeutung das Wort *quasi* in der Interaktion hat – exemplarisch gezeigt, welche Erkenntnisse eine interaktionslinguistische Analyse von Semantik bringen kann.

8 Bedeutungskonstitution in der Interaktion

8.1 | Verstehen dokumentieren, thematisieren und manifestieren

Zwei entscheidende Punkte sind bei der Analyse von allem, was mit Bedeutung zusammenhängt – wozu die Analyse von Verstehen und Missverstehen gehört – zu beachten. Beide Punkte hängen eng mit dem Selbstverständnis der Interaktionalen Linguistik zusammen und bilden Forschungsleitlinien:

Forschungsleitlinie 1: Es werden keine normativen Setzungen getroffen. Mit anderen Worten: Man legt nicht im Vorhinein fest, was die ›richtige Bedeutung‹ oder das ›richtige Verstehen‹ von etwas ist. ›Richtige Bedeutung‹ oder ›richtiges Verstehen‹ ist das, worauf sich die Interagierenden in ihrem verbalen (und nonverbalen) Austausch einigen. Stichwort: *deskriptive (beschreibende) Orientierung der Interaktionalen Linguistik.*

Forschungsleitlinie 2: Es werden keine Annahmen über nicht-beobachtbare kognitive Prozesse oder Zustände getroffen. Mit anderen Worten: Man trifft keine Aussagen darüber, was eine Person ›eigentlich meinte‹ oder was sie ›vermutlich verstanden hat‹, sondern man beschränkt sich auf die in der Interaktion beobachtbaren verbalen und nonverbalen Handlungen, die Aufschluss über Bedeutung und Verstehen liefern.

Bedeutung und Verstehen als interaktionales Phänomen

Ein ganz banales Beispiel illustriert dies: Wenn eine Sprecherin (A) sagt *Gib mir mal bitte den Kugelschreiber!*, woraufhin ihr Gesprächspartner (B) ihr den Kugelschreiber gibt, was von (A) mit *Danke!* quittiert wird, dann können wir weder mit Gewissheit sagen, dass beide das gleiche mentale Konzept eines Kugelschreibers haben, noch, dass beide das gleiche Situations- und Aussageverständnis haben. Das ist nicht unmittelbar beobachtbar. Wir können dagegen aber durchaus sagen, dass B in einer Weise reagiert hat, die von A als angemessen bewertet wurde. B hat also sein Verstehen der Bedeutung von Kugelschreiber und der Äußerung beobachtbar angezeigt, während A im dritten Redezug angezeigt hat, dass sie mit dieser Interpretation durch B einverstanden ist. Im Mittelpunkt steht also statt der Analyse kognitiver Zustände die Bedeutungs- und Verstehensaushandlung (Bedeutung und Verstehen als diskursives Phänomen und nicht als mentales Phänomen). Stichwort: *empirische (datengebundene) Orientierung der Interaktionalen Linguistik.*

Interaktionslinguistische Analyse von Verstehensprozessen: Was bedeuten diese beiden Beschränkungen konkret für das weitere Vorgehen? Nach Deppermann/Schmitt (2008: 222) geht es um

>»die Untersuchung der sprachlich-kommunikativen Verfahren, mit denen Gesprächspartner einander in der verbalen Interaktion anzeigen, wie sie Beiträge ihrer Gesprächspartner verstehen und wie ihre eigenen Äußerungen verstanden werden sollen«.

Alle diese Verfahren zusammen werden als Verstehensdokumentationen bezeichnet.

Verstehensdokumentationen sind alle sprachlichen (und auch außersprachlichen) Handlungen, die das explizite und implizite Anzeigen von Verstehen oder Nicht-Verstehen betreffen. Am einen Endpunkt der Skala stehen dabei diejenigen Mittel, mit denen Verstehen eindeutig verbal

8.1 Verstehen dokumentieren, thematisieren und manifestieren

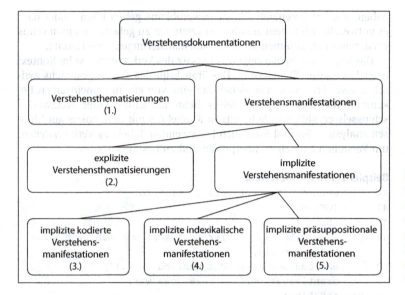

Abb. 8.1: Systematik der sprachlichen Mittel der Verstehensdokumentationen (nach Deppermann/Schmitt 2008: 229)

(*Das kapier ich nicht!*) oder non-verbal (bestimmte Mimik, hochgezogene Schultern, umgedrehte Handflächen) angezeigt wird, am anderen diejenigen, die wir meist nicht bewusst wahrnehmen, weil sie Verstehen nur dadurch anzeigen, dass sie es nicht weiter problematisieren.

Wenn jemand auf die Frage *Auf welchen Tag fällt dieses Jahr Heiligabend?* mit *Auf einen Montag.* antwortet, was dann durch *Ah!* quittiert wird, dann ist dadurch, dass ein passender zweiter Teil zum ersten Teil der Frage geliefert wurde, implizit die Frage als verstanden markiert worden. Durch *Ah!* wiederum wird nicht nur der Inhalt der Antwort als verstanden markiert, sondern darüber hinaus auch noch implizit angezeigt, dass die Antworthandlung in der Tat dem entsprach, was der Fragesteller erwartete. Deppermann/Schmitt (2008: 229) sortieren die sprachlichen Mittel, die Verstehensdokumentationen durchführen können, in fünf Gruppen ein:

Sprachliche Mittel der Verstehensdokumentation: Wir beschränken uns bei der Darstellung dieser fünf Möglichkeiten der Verstehensdokumentation im Folgenden vor allem auf die Analyse verbaler Mittel, non-verbale Verfahren werden weitgehend ausgeklammert.

1. Bei Verstehensthematisierungen wird die interaktionale ›Arbeit‹ des Verstehens selbst zum Gesprächsthema, d. h. man spricht über Verstehen. Dabei kommen meist Verben zum Einsatz, die sich direkt auf das Verstehen beziehen, wie *meinen, begreifen, kapieren* oder *verstehen*, aber auch Phrasen wie *Alles klar?*. Es gibt unterschiedliche Gründe dafür, Verstehensthematisierungen einzusetzen: Bei Erklärungen überprüft beispielsweise derjenige, der eine Erklärung gibt, oft mit Floskeln wie *Verstehst du?*, ob die Gesprächspartner folgen können. Mit *Ich verstehe nicht, wieso...* kann man ein Verstehensproblem einleiten, während man mit *Alles klar!* eine explizite positive Verstehensrückmeldung geben kann, die dann im Kontext dazu dient, eine Gesprächssequenz als beendigt zu markieren. Mit anderen Worten: Wann immer Gesprächspartner das Gefühl

Bedeutungskonstitution in der Interaktion

haben, dass es potenzielle Verstehensprobleme geben könnte oder dass es notwendig wird, dem anderen zu verstehen zu geben, dass man etwas verstanden hat, kommen Verstehensthematisierungen zum Einsatz.

Das folgende Beispiel zeigt den Einsatz des Verbs *verstehen* im Kontext einer komplexen Schilderung. Das Transkript des Telefongesprächs zwischen zwei Freunden, von denen der eine von einem gemeinsamen Bekannten und dessen Bedienfehler beim Einrichten eines Netzwerksschlüssels erzählt, wurde bereits in Kapitel 6.5 mit dem Fokus auf Ellipsen analysiert. Sowohl S als auch P verwenden dabei das Verb *verstehen*, um Verstehen explizit zu überprüfen und zu bestätigen:

Beispiel 1: Drahtlosnetzwerk

```
46   S:   sein DRAHTlosnetzwerk zu sichern,
47        [GEgen];
48   P:   [hm,  ]
49   S:   also mitm NETZwe(h)erkschlüssel was man halt so
          machen sollte,
50        HAT das aber versucht während er (.) per
          drahtlosnetzwerk äh verBUNden war;
51   P:   ahHAHAha;
52   S:   das hats ihm ein bisschen zerSCHOssen das g(h)anze
          ding als er dann den schlüssel drIn hatte,
53        und die installaTION aber im router noch nicht
          Abgeschlossen war?
54        aber [auch ] nich mehr Abschließen k?
55   P:        [((ja,))]
56   S:→  verSTEHsse;
57        ne,
58   P:→  verSTEH ich alles gut;
59   S:   äh: da hab ich ihm geSACHT wie das geht,
```

Aposiopese Bereits in Zeile 51 hat P durch sein Lachen implizit angezeigt (das Lachen wird unter Punkt 5 bei den »impliziten präsuppositionalen Verstehensmanifestationen« besprochen), dass er das Problem der Fehlbedienung des Computers erkannt hat. S fährt mit seiner Schilderung zunächst noch fort, bricht aber in Zeile 54 abrupt ab (Aposiopese; s. Kap. 6.6). Er kann an dieser Stelle davon ausgehen, dass P verstanden hat, wo das Problem liegt, denn einerseits hat P durch sein Lachen bereits Verstehen indiziert und andererseits ist die Problemschilderung selbst auch beinahe vollständig (lediglich ein Teil des Verbs fehlt, der im Kontext leicht erschlossen werden kann). Dennoch steigt S aus der Schilderung aus und wechselt auf die verstehensthematisierende Metaebene, indem er P explizit um Rückmeldung bittet, ob er der Schilderung folgen kann (»verSTEHsse«; Z. 56). Dies wird von P in gleicher Form (»verSTEH ich alles gut«; Z. 58) ebenso explizit bestätigt. Der kurzzeitige ›Ausstieg‹ aus dem Gesprächsverlauf, der mit Verstehensthematisierungen oft einhergeht, ist hier gut zu sehen: Zwischen den Zeilen 55 und 58 wird die Geschichte für einen kurzen Zeitraum unterbrochen, um wechselseitig das Verstehen zu überprüfen, direkt danach setzt S nach einer Zögerungspartikel (»äh:«; Z. 59) seine Erzählung fort.

8.1

Verstehen dokumentieren, thematisieren und manifestieren

Während in dem eben gezeigten Beispiel die Verstehensthematisierung vom Erzähler ausgeht und der Verstehensüberprüfung dient, illustriert das zweite Beispiel eine Verstehensthematisierung als Reaktion und mit der Funktion, eine thematische Reorientierung einzuleiten. Es handelt sich um den Anruf des Kunden mit dem Rohrbruch bei den Stadtwerken:

Beispiel 2: Rohrbruch 🔊 R

```
33  K:   VIERundzwanzig stUnden und dann hAm die nu:r
         erstmal da;
34       ZWANzig zentimEter Ausgegraben;
35  M:   ja mein_se das wär der Erste ROHRbruch da,
36       (1.0)
37  K:   aufm VILlenberg is nur Eine baustelle.
38  M:→  ja is KLAR;
39       aber in ZENtrum sind zwAnzig.
40       (--)
41  K:   ja GUT aber (.) eh-
42  M:   JA:,
43       WIEderhörn;
```

Mit »ja is KLAR« (Z. 38) wechselt der Kundenberater M auf die Ebene der Verstehensthematisierung – er thematisiert dabei in der Folge die Wissensasymmetrie, die zwischen ihm und dem Anrufer hinsichtlich der Arbeitsauslastung der Mitarbeiter der Stadtwerke besteht. Durch »ja is KLAR« zeigt er explizit an, dass er verstanden hat, dass auf dem »VILlenberg« nur eine Baustelle ist, um dann durch »aber« sein Gegenargument einzuleiten. Solche Verstehensthematisierungen dienen dazu, dem Gesprächspartner mitzuteilen, dass man einen bestimmten Punkt durchaus verstanden hat und dass die eigene, vom Gesprächspartner abweichende Meinung daher nichts mit Verstehensproblemen zu tun hat, sondern, wie hier, mit unterschiedlichem Wissen über die Zahl der Baustellen.

2. Bei einer expliziten Verstehensmanifestation rückt wie bei der Verstehensthematisierung der Prozess des Verstehens in den Mittelpunkt der Aufmerksamkeit und wird damit potenziell zum Gesprächsthema. Der Unterschied ist dabei allerdings, dass *Verstehen* selbst nicht benannt wird, sondern lediglich Handlungen, die mit dem Verstehen zu tun haben: Klarstellungen, Reparaturen und Korrekturen, Problematisierungen, Nachfragen, Rückweisungen, Bewertungen etc. Auch für explizite Verstehensmanifestationen finden sich in dem »Rohrbruch«-Beispiel Belege:

Beispiel 3: Rohrbruch 🔊 R

```
14  K:   und wir (.) S:IND hIEr;
15       eh eh in kAtastroPHAlen verhÄltnissen;=ne,
16       dat is VILlenberg,
17       dat is nicht ARbeiterstadt;
18       ((ausatmen))
19  M:→  <was SOLL der quAtsch denn; <Klappern, evtl. von
         einer Computertastatur>>
```

8 Bedeutungskonstitution in der Interaktion

```
20  K:→ ja das Is kein QUATSCH;
21       DENN äh;
22       (--)
22  M:  OB sie in vIllenberg wohnen oder in Arbeiterstadt;
23       sie werden GLEICH behandelt von uns;
24   →  und es is QUATSCH;
25       die leute ARbeiten da in Arbeiterstadt,
26       da haben wir geNAuso arbeit.
```

Der Kunde legt mit seiner Bemerkung in den Zeilen 14–17 die Schlussfolgerung nahe, dass er erwartet, dass er, weil er in einem reichen Stadtteil wohnt, eine bevorzugte und schnellere Behandlung seiner Probleme gegenüber den Bewohner/innen sozial schwächerer Stadtteilen verdient. Auf diese Schlussfolgerung geht der Kundenberater in Zeile 19 mit der Bewertung »was SOLL der quAtsch denn« ein. Die negative Bewertung legt offen, dass er die Implikatur (ein Rohrbruch in Villenberg ist – anders als in Arbeiterstadt – nicht hinzunehmen) des Kunden verstanden hat (auch die Modalpartikel »denn« spielt hier übrigens eine nicht unwichtige Rolle – ihre Funktion wird in Abschnitt 3 bei den *impliziten kodierten Verstehensmanifestationen* besprochen).

Umgekehrt bekräftigt der Kunde durch die Rückweisung der Bewertung in Zeile 20 aber genau diese Lesart, beharrt also auf seiner Interpretation der Situation. Daraufhin liefert der Kundenberater eine andere Situationsinterpretation und somit ein anderes Verständnis der Situation (*Alle Stadtteile werden gleich behandelt.*), womit er sein Verstehen offenlegt und mit der Wiederholung der Bewertung in Zeile 24 bekräftigt. Verstehen wird in diesem Austausch nicht explizit thematisiert – dies wäre beispielsweise möglich, wenn der Kundenberater gesagt hätte *Verstehe ich Sie richtig, dass Sie denken, nur weil Sie in einem reichen Vorort wohnen, werden Sie bevorzugt behandelt?* und der Anrufer mit *Ja, das verstehen Sie ganz recht.* geantwortet hätte.

Bewertungen und Reformulierungen

Doch obwohl dieser explizite Verweis auf Verstehen ausbleibt, wird Verstehen dennoch zum Gesprächsthema, denn durch die Bewertungen und Reformulierungen zeigen die Gesprächspartner einander an, wie sie die jeweiligen Äußerungen verstanden haben und dass sie mit deren Inhalt nicht einverstanden sind. Die Aushandlung des Verstehens der Situation – im Kern geht es um die Frage, nach welchen Kriterien die Stadtwerke bei der Abfolge der Reparaturen vorgehen – liefert dabei die Grundlage für die sich daran anschließende Frage, wie diese Kriterien bewertet werden können.

Auch die fragende Wiederholung eines Äußerungsteils eines Interaktionspartners manifestiert Verstehensarbeit explizit, ohne aber Verstehen zu thematisieren. Ein solches Beispiel findet sich in folgendem Auszug aus einer Foreninteraktion zum Thema »Beikost und Stillen«:

8.1

Verstehen dokumentieren, thematisieren und manifestieren

Beispiel 4: Nachtisch

Nutzerin A

Hallo ihr Lieben,

wie gehts euch mit Beikost und Stillen??? Also mein Kleiner (7 Monate) mag Brei recht gerne. Isst Mittags zwischen 150 und 190 g. Nachtisch mag er nicht. Dafür aber nach spätestens 1 Stunde an die Brust. Das ist Mittags wie Abends das gleiche. Außerdem kommt er nachts wieder häufiger alle zwei Stunden. Kennt ihr das? Eigentlich sollte der Brei doch die Stillmahlzeit ersetzen. Ich still immernoch genausooft wie vorher bloß kürzer. Sagt mir bitte dass das normal ist oder habe ich einen Vielfraß zu hause??? Er ist ziemlich groß und schwer: 73 cm und fast 10 kg....
Vielen Dank für eure Antworten!
Liebe Grüße

Nutzerin B

..»Nachtisch«?

Nutzerin A

Schokopudding oder so 😊 Ne schmarrn Obstgläschen.

http://www.rund-ums-baby.de/forenarchiv/stillforum/Beikost-und-Stillen_20257.htm (Abruf am 17.1.2018)

Forennutzerin A erwähnt im Kontext ihrer Frage beiläufig, dass ihr 7 Monate alter Säugling keinen Nachtisch mag. Daraufhin reagiert Forennutzerin B mit der zitierenden und fragenden Wiederholung des Wortes *Nachtisch*, womit sie ihre Verstehensprobleme anzeigt (das ›ratlose‹ Emoji unterstützt als indexikalischer Ausdruck die Verstehensmanifestation zusätzlich). Nutzerin A wiederum zeigt durch ihre ironische Antwort (indexikalische Verstehensmarkierung, s. Punkt 4) und die folgende ›richtige‹ Antwort an, dass sie verstanden hat, worin das Verstehensproblem von Nutzerin B lag und womit sie es beheben kann.

Verstehen und Emojis

In der computervermittelten Kommunikation ist zunächst durch Emoticons (mit Hilfe der ASCII-Zeichen gebildete Symbole, wie *:-)* oder *:-D*) und später dann durch Emojis (grafisch gestaltete Symbole wie in dem oben zitierten Forenbeispiel) und animierte Grafiken und Sticker bzw. kurze Videodateien ein neues Mittel der Verstehensdokumentation entstanden. Die Forschung zur interaktionalen und verstehensbezogenen Funktion von Emojis steht noch am Anfang, entsprechend lässt sich dazu noch relativ wenig sagen. Auf der einen Seite können Emojis und Emoticons die Funktion von sogenannten Kontextualisierungshinweisen erfüllen, d. h. sie können bei der Interpretation von Äußerungen beispielsweise als nicht ernst gemeint (wie die Äußerung aus dem Forum »Schokopudding oder so 😊 Ne schmarrn Obstgläschen.«) oder als traurig (☹), spöttisch (:-P) o. Ä. helfen. Dabei sind sie ähnlich wie auch mimische oder im weiteren Sinne körperliche Indexikalisierungen (Lächeln, Grinsen, hochgezogene Augenbraue, skeptischer Blick, abwehrende Handhaltung etc.) zu werten. Je nachdem, wie stabil dabei die verstehensrelevante Funktion ist, könnte man diese Emoticons und

Zur Vertiefung

8 Bedeutungskonstitution in der Interaktion

Emojis den implizierten kodierten Verstehensmanifestationen (Punkt 3) zuordnen.

Andere Emojis, wie das aus der Äußerung »..»Nachtisch«? ⋯⊛⋯«, dagegen können eindeutig den Verstehensthematisierungen zugeordnet werden. Ähnlich wie auch bei dem ikonisch mit diesem Emoji abgebildeten Verhalten (Unverständnis ausdrückende Mimik + Handhaltung mit Handflächen nach oben und seitlich abgespreizten Händen) wird damit Nichtverstehen direkt ausgedrückt, ganz ähnlich, als ob man es verbalisiert hätte *(Nachtisch? Versteh ich nicht.)*. Der umgekehrte Fall, ein *Ah, ich verstehe!* kann durch eine Glühbirne oder einen Smiley mit Glühbirne dargestellt werden, wohinter die bildhafte Darstellung des Phraseologismus *ein Licht aufgehen* steht. Auch dies kann den Verstehensthematisierungen zugeordnet werden. Wieder andere Emojis können als implizite präsuppositionale Verstehensmanifestationen gewertet werden: Wenn Schreiberin A einen Witz macht und Schreiberin B mit einem Emoji, das Tränen lacht, reagiert, dann wird Verstehen damit nicht zum Thema, sondern durch die ›passende‹ Anschlusshandlung (Lachen als Reaktion auf einen Witz) wird für Schreiberin A klar, dass B Absicht und Inhalt verstanden haben muss (Kap. 11.3).

3. Implizite kodierte Verstehensmanifestationen dienen ebenfalls dazu, Verstehen zum Ausdruck zu bringen, zu problematisieren oder Verstehensprobleme anzuzeigen bzw. zu korrigieren. Dies geschieht typischerweise mit Hilfe von Partikeln wie *okay, oh, aha, halt, mal, denn* etc. Mit solchen Partikeln wird Verstehen implizit und kodiert manifest, da nicht unmittelbar auf das Verstehen Bezug genommen wird, sondern über ›Umwege‹ (= implizit), zugleich aber Aspekte des Verstehens in die Bedeutung dieser Partikeln eingeschrieben sind (= kodiert). Mit anderen Worten: Die Bedeutung dieser Ausdrücke ist konventionell, aber verweist nicht lexikalisch eindeutig auf Verstehen. Lediglich die Gebrauchsroutinen geben uns Aufschluss darüber, dass diese Wörter zur Markierung von Verstehen eingesetzt werden.

Partikeln   Implizite kodierte Verstehensmanifestationen sind häufiger als Verstehensthematisierungen und auch als explizite Verstehensmanifestationen. Das liegt daran, dass letztere insofern disruptiv sind, als sie auf die Metaebene, das Sprechen über das Sprechen, wechseln: Mit einer Verstehensthematisierung lege ich verbal meine Verstehensarbeit offen und mache sie potenziell zum Gesprächsthema. Auch mit einer expliziten Verstehensmanifestation setze ich Prozesse des Verstehens als Thema. Mit einer impliziten Verstehensmanifestation durch Partikeln oder Interjektionen dagegen läuft auf der Oberfläche das Gespräch ohne Unterbrechung weiter, das Verstehen selbst rückt im Vergleich zur Verstehensthematisierung weniger stark in den Mittelpunkt.

Implizite kodierte Verstehensmanifestation wird vor allem durch drei Wortgruppen durchgeführt: Durch Modalpartikeln wie *ja, doch, nur, denn, schon, ruhig* etc., durch Antwortpartikeln wie *okay, ja, nein, vielleicht, genau,* etc. und durch Interjektionen wie *oh, ah, aha, ah ja* etc. Ein Beispiel für eine implizite kodierte Verstehensmanifestation durch eine

Modalpartikel findet sich, wie bereits unter Punkt 2 erwähnt, in der Äußerung des Kundendienstmitarbeiters in Zeile 19:

Beispiel 5: Rohrbruch 🔊 R

```
14  K:   und wir (.) S:IND hIEr;
15       eh eh in kAtastroPHAlen verhÄltnissen;=ne,
16       dat is VILlenberg,
17       dat is nicht ARbeiterstadt;
18       ((ausatmen))
19  M:→  <was SOLL der quAtsch denn; <Klappern, evtl. von
         einer Computertastatur>>
20  K:   ja das Is kein QUATSCH;
21       DENN äh;
22       (--)
22  M:   OB sie in vILlenberg wohnen oder in Arbeiterstadt;
23       sie werden GLEICH behandelt von uns;
24       und es is QUATSCH;
25       die leute ARbeiten da in Arbeiterstadt,
26       da haben wir geNAuso arbeit.
```

Modalpartikeln: Deppermann (2009) hat die Verwendung der Modalpartikel *denn* in Fragen aus der Perspektive des Verstehensmanagements analysiert und stellt fest, dass die Funktion von *denn* darin besteht, ein Verstehensdefizit anzuzeigen und die Gesprächspartnerin auf eine Antwortverpflichtung zur Behebung dieses Verstehensdefizits festzulegen. Mit anderen Worten: Die Bedeutung von *denn* in Fragen kann darin bestehen, Unverständnis gegenüber sprachlichen und nichtsprachlichen Handlungen eines Gegenübers anzuzeigen. Dieses Unverständnis impliziert dabei zugleich, dass man davon ausgeht, dass der Gesprächspartner entweder sein Handeln korrigieren wird oder eine Begründung für sein Handeln liefern kann. Das ist auch der Grund, weshalb *denn* so oft in Vorwürfen verwendet wird (Günthner 2000a): Man weist damit auf eine von den Erwartungen abweichende, unverständliche Handlung hin und fordert eine Rechtfertigung oder Entschuldigung ein. Der Kundenberater markiert seine negative Bewertung durch *denn* als für den Anrufer erwartbare und nachvollziehbare Reaktion mit der Erwartung einer Rücknahme. Da der Kunde aber auf seiner Situationsinterpretation beharrt, unterbricht ihn der Berater und stellt seine konträre Situationsinterpretation dar.

Antwortpartikeln: Dass Antwortpartikeln unmittelbar mit dem Verstehensmanagement zusammenhängen, liegt auf der Hand: Sowohl im Kontext von Entscheidungsfragen als auch in der Funktion von Zustimmung oder Ablehnung zeigen sie unmittelbar das Verstehen der Vorgängeräußerung an. Der folgende Auszug stammt aus dem Gespräch zweier Bekannter während der Aufführungspause eines Theaterstücks. Beide halten sich im Foyer auf und unterhalten sich über das Stück:

Beispiel 6: Theaterpause 🔊 FOLK_E_00080

```
0045   VB:   also des war ja Echt gut geMACHT=ne,
0046         (-)
0047   DZ:   °h ich find_s SCHAde dass nich en paar Ältere
             auch mItges[pielt ha]ben-
0048   VB:              [JAja:-  ]
0049   VB:   [ja;]
0050   DZ:   [ne,]
0051   VB:   das STI[MMT;]
0052   DZ:          [dass] das nur (.) irgendwie- °hhh
0053   VB:   ja;
0054         oder dass [die mal was dazu geSAGT ] [ham.]
0055   DZ:             [°h VIER (.) fünf jUngen-] [ja- ]
0056         (-)
0057         °h geNAU des war °hh alles sE:hr-
0058   DZ:   sehr JUgendlich.
0059   VB:   [sehr JUgendlastig=ne,]
0060   DZ:   [((lacht))            ]
```

Sprecherin VB bewertet die Aufführung sehr positiv. DZ lässt sich mit ihrer Zweitbewertung Zeit (ein typisches Indiz für eine nicht-übereinstimmende zweite Bewertung; vgl. Auer/Uhmann 1982) und bringt dann ihre Kritik an der zu jungen Schauspieltruppe an. Noch in Überlappung stimmt VB mit »JAja« (Z. 0048) und »ja« (Z. 0049) und dann in Zeile 0051 nochmals mit »das stimmt« zu. Verstehen ist dabei die Voraussetzung, um eine gleichlaufende Einschätzung anzuzeigen, d. h. dadurch, dass VB der Kritik an der zu jungen Truppe zustimmt, zeigt sie zugleich an, dass sie die Kritik auch verstanden hat.

Interjektionen: Die Forschung zu Interjektionen steckt noch in den Kinderschuhen, sie sind interaktionslinguistisch kaum erforscht. Eine Ausnahme bildet in Ansätzen die Gruppe der ›Erkenntnisprozessmarker‹ (Imo 2009a), zu denen Ausdrücke wie *oh, aha, ah ja, oh ja, ach, ach so* u. Ä. gehören. Der Begriff ›Erkenntnisprozessmarker‹ ist eine Übertragung des englischen Ausdrucks »change of state token«, der von Heritage (1984) für die Interjektion *oh* geprägt wurde. Beide Ausdrücke verweisen darauf, dass die primäre Funktion dieser Interjektion im interaktionalen Verstehensmanagement liegt: Sie heißen ›Erkenntnisprozessmarker‹, weil mit ihnen der Erhalt von Informationen angezeigt wird (dies ist die Basisfunktion) und je nach Interjektionstyp diese Information als schon einmal bekannt und nur vergessen (*ach ja*), überraschend (*oh*), skeptisch (*ach*) etc. markiert wird (Imo 2009a). Wie immer gilt, dass diese Interjektionen keine Aussagen über tatsächliche kognitive Prozesse zulassen. Wenn ich auf eine Information mit *Oh!* reagiere, zeige ich für die Interaktionspartner/innen an, dass ich eine neue und überraschende (und eventuell für mich positive oder negative) Information erhalten habe – ob dies tatsächlich der Fall war, oder ob ich die Überraschung nur spiele, bleibt dagegen unbeobachtbar.

Der folgende Transkriptauszug aus dem *FOLK* stammt ebenfalls aus dem Theaterpausengespräch. Die Sprecherinnen VB und DZ halten sich im Foyer auf. VB hat zuvor vom Kellner einen Prosecco spendiert bekommen. Danach fand sie ein Zwei-Euro-Stück auf dem Boden, das sie dem Kellner gab. In Zeile 0164 zitiert sie nun dessen Reaktion darauf:

Beispiel 7: Theaterpause ◀ FOLK_E_00080

```
0161  DZ:   haste_s MITgekriegt, (.)
0162  VB:   WAS dEnn,
0163        (1.4)
0164  DZ:   der sachte alles gUte kommt zuRÜCK, (.)
0165  VB:   [wieso-      ]
0166  DZ:   [°h weil ich] vorhin hier_n glas proSECco
             geschenkt gekricht habe,
0167         und ihm jetz zwei EUro gebe,
0168         die ich auf_m BOden, ]
0169  VB:   [<ach SO- <lachend>> ]
0170        SUper;
0171        MEINT er (-) [alles gUte kommt zurück.]
0172  DZ:                [hat (.) ER dir das ausge]geben
             oder wAs-
0173  VB:   ja sein KOMpagnon der hatte irgendwie ne
             flA[sche leer gemacht und des glas übrig] (-)
             un- (-)
0174  DZ:      [ach SO:::;   (--)           oKA:::Y;]
0175        ach DES_S ja tO:ll;
0176  DB:   dann ham se mir das geSCHENKT,
0177        und gesacht ich sollt doch den (Sektmarke)
             <NACH der vorstellung trinken. <lachend>>
```

Zunächst versteht VB die Reaktion des Kellners nicht, da sie nicht mitbekommen hatte, dass DZ zuvor einen Prosecco erhalten hatte. Sie fragt in Überlappung (Z. 0165) daher »wieso-«, während parallel DZ mit der Erklärung fortfährt. In Zeile 0166 reagiert sie auf diese Erklärung mit »ach so« und danach nochmals mit »ach SO::: (--) OKA:::Y« (Z. 0174). Die Interjektion *ach so* wird typischerweise dazu eingesetzt, Informationen als ausreichend zu markieren, man könnte sie – wenn man auf die verstehensthematisierende Ebene wechseln wollte – paraphrasieren mit *Ich habe eine neue Information erhalten und habe keine weiteren Fragen dazu.*

Partikeln und Interjektionen sind insofern elegante und ökonomische Mittel der Verstehensmanifestation, als sie mit minimalem verbalen Aufwand viele und auch sehr detailreiche verstehensrelevante Informationen übermitteln können. Wie bereits erwähnt, ist in diesem Feld noch viel Forschung notwendig, um einen Überblick über die jeweiligen verstehensrelevanten Funktionen dieser Wörter zu erhalten.

4. Implizite indexikalische Verstehensmanifestationen: Während die ersten drei Typen der Verstehensdokumentation mehr oder weniger direkt mit dem Anzeigen oder Problematisieren von Verstehen verbunden sind,

haben die letzten beiden nichts mehr direkt mit Verstehen zu tun. Nach Deppermann/Schmitt (2008: 229) handelt es sich um

»diskursive Aktivitäten, die weder Verstehen thematisieren noch auf die Behandlung von Verstehensfragen gerichtet sind, die aber ein bestimmtes Verständnis des Partnerhandelns als Basis des eigenen Handelns erkennen lassen. Verstehen wird hier also als Resultat und als Voraussetzung interaktiven Handelns relevant.«

Konjunktionen und Konjunktionaladverben

Wenn dieser Bezug von Voraussetzung und Resultat verbal offengelegt wird, dann spricht man von impliziten indexikalischen Verstehensmanifestationen. Beispiele für ein Offenlegen der Relation von Vorgängeräußerung und eigener Äußerung sind Konjunktionen und Konjunktionaladverben (Deppermann/Helmer 2013): Wenn ein Kind sagt *Ich habe Bauchweh.* und die Mutter antwortet mit *Deshalb habe ich dir auch gesagt, dass du nicht so viel Eis essen sollst.*, dann markiert sie mit dem Konjunktionaladverb *deshalb*, dass ihr Verstehen der Äußerung des Kindes die Basis für ihre Ermahnung ist (Mazeland 2009 zeigt sehr schön dieses Einnisten von sprachlichen Strukturen in Vorgängeräußerungen).

Bei dem folgenden Auszug aus dem *FOLK* handelt es sich um ein Privatgespräch eines Pärchens. In Zeile 0183 erinnert sich NO, dass er vergessen hatte, Lotto zu spielen, was von EL ironisch kommentiert wird:

Beispiel 8: Paargespräch 🔊 FOLK_E_00039

```
0183  NO:  ha_ick gestern jar nich LOTto jespielt.
0184       (--)
0185  EL:  na [TOLL.]
0186  NO:     [OOCH ] [mA:nn.    ]
0187  EL:              [jetz ham_wa] wIEder nüscht jeWONnen;
0188       (1.3)
0189  NO:  dabei ham_wir SO_n glück im spiel.
0190  EL:  ja-
0191  NO:  und SO ein pech in der liebe.
```

EL reagiert mit gespielter Enttäuschung darauf, dass NO vergessen hat, den Lottoschein auszufüllen. NO knüpft in Zeile 0189 mit dem Präpositionaladverb »dabei« an die Äußerung von EL »jetz ham_wa wIEder nüscht jeWONnen« (Z. 0187) an. Dieses »dabei« hat indexikalische Qualitäten, insofern NO damit anzeigt, dass er die Vorgängeräußerung als Basis für seine eigene Äußerung verwendet und in dem ironisch-spielerischen Modus bleibt, in dem beide sich über die verpasste Gewinnchance unterhalten.

Kollaborative Äußerungsvervollständigungen: In der Konversationsanalyse und Interaktionalen Linguistik gibt es inzwischen immer mehr Forschungsarbeiten, die sich mit sogenannten kollaborativen Konstruktionen und kollaborativen Äußerungsvervollständigungen befassen (z. B. Günthner 2015b; Helasuvo 2004; Lerner 2002; Szczepek 2000a, 2000b) und deren Rolle für die Herstellung von geteiltem Wissen und von geteilter Situationsdefinition betonen. Besonders gut kann man diese Funktion in einem Beispiel aus einer Untersuchung zu Arzt-Patienten-Kommunikation sehen (Imo 2017a). Es handelt sich um den Beginn eines Diagnose-mitteilungs- und Therapieplanungsgesprächs in der Onkologie. Der Arzt (AM03) rekapituliert die bisherigen Behandlungsschritte und wird dabei von dem Patienten (PM07) aktiv verbal unterstützt:

Beispiel 9: Therapieplanungsgespräch

```
022   AM03:   °h und in der !FOL!ge (.) der milzentfernung,
023           (--) das WISsen sie jA:,
024           (-) °h haben sich ihre blut (.) werte Exzellent
              verbessert;
025   PM07:   hm_HM;
026   AM03:   °h das HEIßt,
027           man kann !SI!cher sagen,
028           (---) dass diese MAßnahme,
029           (---) erFOLGreich war.
030           auch was die beHERRschung der
              krank[heit anbelangt. ]
031   PM07:→       [auch not auch NOT]wendig war;
032           (---)
033   AM03:   letzten endes war sie NOT[wendig;]
034   PM07:→                            [war NOT]wendig.
035   AM03:   sie war NOTwendig;
036           weil wir anders einfach NICHT zur diagnose
              kommen;
037           [!KONN!ten;  ]
038   PM07:→  [weil i_WEIL,]
039           ICH hab ja selber schon gesehen,
040           so kanns net WEItergehen;
041           (--)
042   AM03:   ge!NAU!;
```

An zwei Stellen vervollständigt der Patient die Äußerungen des Arztes, zum Teil mit genau den gleichen Worten, die auch der Arzt verwendet (Z. 031 und 034). Damit zeigt er zum einen sein Verstehen der Therapieschritte an und zum anderen seinen Gleichlauf mit der Bewertung der Maßnahmen durch den Arzt. In Zeile 038 knüpft er darüber hinaus mit »weil i_weil« an die Äußerung des Arztes (»sie war NOTwendig, weil wir anders einfach NICHT zur diagnose kommen; !KONN!ten«) an und verbindet diese Einschätzung mit seiner persönlichen Perspektive, dass es so nicht weitergehen konnte. Das Verstehen der Argumentation des Arztes wird von dem Patienten somit als Grundlage für seine eigene Situationsinterpretation genutzt.

5. Implizite präsuppositionale Verstehensmanifestationen: Die letzte Gruppe von Verstehensmanifestationen ist die häufigste und zugleich die subtilste, denn hier wird Verstehen noch nicht einmal über indexikalische Mittel angezeigt, sondern lediglich darüber, dass man auf eine Äußerung einer Gesprächspartnerin mit einer Äußerung reagiert, die kontingent ist, d. h. die im Kontext Sinn ergibt. Mit anderen Worten: Verstehen wird, sofern das Gespräch innerhalb einer gewissen Bandbreite des Erwart-

8
Bedeutungskonstitution in der Interaktion

baren verläuft, von allen Interaktionsteilnehmer/innen schlichtweg vorausgesetzt (= präsupponiert). Ein Auszug aus dem Gespräch »Rohrbruch« illustriert das:

Beispiel 10: Rohrbruch 🔊 R

```
05  K:  wer is da ZUständig für den villenberg;
06      für diesen ROHRbruch da.
07  M:  WIR;
08  K:  SIE.
09  M:  ja.
10  K:  die lEute die (.) tUn dort GAR nichts.
11      die sitzen im Auto und wärmen sich AUF einfach.
```

Lachen   Nach der Klärung und Bestätigung der Zuständigkeit des Sachbearbeiters für den Bereich »Villenberg« zeigt K in Zeile 10 sein Verstehen der Sachlage weder durch explizite Thematisierungen (*Ich verstehe.*) noch durch Interjektionen (*Aha.*) noch durch indexikalische Prozesse (*Dann muss ich Ihnen sagen, dass die Leute dort gar nichts tun.*) an, sondern dadurch, dass er direkt in die Formulierung seiner Beschwerde einsteigt. Die Beschwerde selbst transportiert implizit als Präsupposition, dass er verstanden hat, dass er an der richtigen Adresse ist – wäre er an der falschen Adresse, wäre als nächster Schritt eine Frage wie *Und welche Nummer hat der Kollege, der für den Villenberg zuständig ist?* zu erwarten.

In diesem Kontext können wir nun das in Abschnitt 1 zu Verstehensthematisierungen zitierte Beispiel wieder aufgreifen, speziell das Lachen in Zeile 51:

Beispiel 11: Drahtlosnetzwerk

```
46  S:  sein DRAHTlosnetzwerk zu sichern,
47      [GEgen];
48  P:  [hm,  ]
49  S:  also mitm NETZwe(h)erkschlüssel was man halt so
        machen sollte,
50      HAT das aber versucht während er (.) per
        drahtlosnetzwerk äh verBUNden war;
51  P:→ ahHAHAha;
52  S:  das hats ihm ein bisschen zerSCHOssen das g(h)anze
        ding als er dann den schlüssel drIn hatte,
53      und die installaTION aber im router noch nicht
        Abgeschlossen war?
54      aber [auch ] nich mehr ABschließen k?
55  P:       [(ja,)]
56  S:  verSTEHsse;
57      ne,
58  P:  verSTEH ich alles gut;
59  S:  äh: da hab ich ihm geSACHT wie das geht,
```

Anschlusshandeln, das Verstehen präsupponiert, muss nicht unbedingt verbal sein. Auch ein Kopfschütteln oder eine passende Anschlusshand-

8.1

Verstehen dokumentieren, thematisieren und manifestieren

lung (z. B. wenn jemand fragt, ob noch Kaffee da ist, und man wortlos die Kaffeekanne reicht) sind kontingent. Gleiches gilt auch für Lachen: S erzählt die Geschichte von dem gemeinsamen Bekannten, der einen Fehler beim Installieren des Passwortes machte. In Zeile 51 reagiert P mit einem Lachen, das implizit vermittelt, dass er etwas ›Lustiges‹ erfahren hat – im Kontext kann S dieses Lachen als ein ›schadenfrohes‹ oder ›spöttisches‹ Lachen interpretieren und daraus schließen, dass P seiner Geschichte folgen kann.

Typisch für das Anzeigen von Verstehen über kontingente Anschlusshandlungen sind u. a. auch Bewertungsaktivitäten. Diese werden an bestimmten Stellen im Gespräch erwartet, einerseits als Reaktion auf eine Erstbewertung, andererseits als Reaktion auf eine Geschichte bzw. auf Episoden innerhalb einer Geschichte, die jemand gerade erzählt hat. Ein solcher Fall findet sich in dem GAT-Beispielgespräch »widerlicher Kerl«:

Bewertungen

Beispiel 12: widerlicher Kerl ◆ G

```
21   S2:   das war aber ein peneTRANter: !WI!derling.=also-
                °hhh
22         der hat (.) äh sein GARten wie (.) !PIK! AS (-)
                gePFLEGT, ne,
23         !KEIN! BLÄTTchen,=
24         =und NICHTS,=
25         =englischer RAsen, °hh
26         un:d bei !JE!der gelegenheit hat er die poliZEI
                gerufen,
27         und sich mit den NACHbarn ange[legt,=ne,    ](1.2)
28   S1:                                [phhh hohoho]
29   S2:   un wenn da: einmal: jemand zum abschied geHUPT
                hat,
30         da war der in NULL komma nix draußen;
31         und hat da RUMgeschrien;=
32         =ich hol die poliZEI: und [so-]
33   S1:→                           [das] GIBS doch wohl
                nich.
```

S2 schildert das Verhalten des ›widerlichen‹ Nachbarn und führt eine Reihe von Eigenschaften an, die diesen als besonders abstoßend charakterisieren. S1 zeigt ihr Verstehen durch passende bewertende Handlungen an: Zuerst in Zeile 28 durch das entrüstete Ausatmen und abwertende Lachen und dann in Zeile 33 durch eine ebenfalls entrüstete Bewertung des Verhaltens des Nachbarn. Diese typischen Begleithandlungen, die bei einer Erzählung von den Rezipient/innen erwartet werden, setzen gleich zwei Arten von Verstehen voraus. Zum einen zeigt S1 damit an, dass sie das Format einer Erzählung erkannt hat und sich als Rezipientin der Erzählung fühlt, und zum anderen zeigt sie durch ihre negativen Bewertungen an den ›richtigen‹ Stellen ihr inhaltliches und situatives Verstehen an.

Akzeptiere die Vagheit: Verstehenssignalisierung über Anschlusshandeln, das ›irgendwie passt‹ ist aus dem Grund der Normalfall, weil es den geringsten Aufwand erfordert. Auf Prozesse des Verstehens verbal einzugehen, erfordert Zeit und wirkt disruptiv. Nicht zuletzt deswegen gilt die von Garfinkel (Kap. 3.2) beschriebene Regel *Akzeptiere die Vagheit!*, die zur Folge hat, dass man nicht bei jedem Verstehensproblem dieses direkt thematisiert. Im Normalfall versucht man, die plausibelste Deutung für sich zu akzeptieren und auf dieser Deutung seinen nächsten Gesprächsbeitrag zu bilden. Wird dieser vom Interaktionspartner akzeptiert, hat man ein Indiz dafür, dass die Verstehenshypothese richtig war.

Akzeptiere die Vagheit!

Meist funktioniert dieses Verfahren sehr gut, allerdings kann es durchaus auch vorkommen, dass man dadurch beginnt, aneinander vorbei zu reden: Jeder kennt solche Situationen, in denen man denkt, dass man über den gleichen Sachverhalt spricht, sich dann im Laufe des Gesprächs aber herausstellt, dass irgendetwas ›nicht stimmt‹ – vgl. Günthner (1993b: 110) zu einer Analyse der »Technik der Vorgabe von Verstehen bei nur vager (bzw. fehlender) Sinnzuordnung« im interkulturellen Kontext. Dies führt dann unweigerlich dazu, dass das ›schwere Geschütz‹ der Verstehensthematisierung eingesetzt werden muss, um zu der ursprünglichen Problemstelle zurückzuspringen und diese zu reparieren. Das kann z. B. durch Floskeln wie *Moment, moment, jetzt muss ich nochmal nachfragen, ich glaub ich hab da was falsch verstanden...* oder *Ach so, halt, so meinst du das?* oder *Moment mal, das hab ich vorhin anders gemeint...* etc. geschehen.

Ein Beispiel für ein solches Verstehensproblem, das erst mit Verzögerung gelöst wird, wird von Mostovaia (i. V.) unter dem Aspekt der Reparaturen analysiert. Es handelt sich um einen WhatsApp-Austausch zwischen einem Pärchen (linke Spalte eine 20-jährige Studentin, rechte Seite ihr 22-jähriger Freund, ebenfalls Student) aus der MoCoDa 1.

Beispiel 13: Breaking Bad (MoCoDa 1 #2320)

Hey
Nachricht #1–12.10.2013–12:17:00

Mein Baby
Nachricht #2–12.10.2013–12:21:00

Nice :D
Nachricht #3–12.10.2013–12:17:00

Bei dir läuft L
Nachricht #4–12.10.2013–12:21:00

:DD
Nachricht #5–12.10.2013–12:21:00

:D
Nachricht #6–12.10.2013–12:34:00

Langweilig
Nachricht #7–12.10.2013–12:57:00

8.1
Verstehen dokumentieren, thematisieren und manifestieren

Ich gucke
Nachricht #8–12.10.2013–12:57:00

Walt
Nachricht #9–12.10.2013–12:57:05

Wo bist du?
Nachricht #10–12.10.2013–12:57:05

Zu Hause Baby
Nachricht #11–12.10.2013–13:06:05

Du
Nachricht #12–12.10.2013–13:06:05

Uni
Nachricht #13–12.10.2013–14:09:05

Langweilig
Nachricht #14–12.10.2013–14:09:05

Aber ich meinte bei Walt :D
Nachricht #15–12.10.2013–14:09:05

Achso
Nachricht #16–12.10.2013–16:15:05

:D
Nachricht #17–12.10.2013–16:15:05

Walt hat gerade den Tipp gegeben
Nachricht #18–12.10.2013–16:15:05

Dass dieser Heisenberg doch nicht tot ist
Nachricht #19–12.10.2013–16:15:05

Ist der dumm???
Nachricht #20–12.10.2013–16:15:05

Wie blöd kann man sein
Nachricht #21–12.10.2013–16:13:05

Es handelt sich um einen Plauderchat, die beiden Interagierenden kommunizieren ohne einen besonderen Anlass. In Nachricht #8 und 9 schreibt B, dass er gerade die Sendung *Breaking Bad* schaut (diese Information ist für die beiden unmittelbar klar; für Außenstehende wird das – wenn überhaupt – erst durch den Verweis auf »Heisenberg« in Nachricht #19 und die Tatsache, dass der Protagonist von *Breaking Bad Walt* heißt und sein Pseudonym *Heisenberg* ist, erkennbar). Schreiberin A stellt daraufhin die missverständliche Frage, wo er ist. Schreiber B interpretiert die Frage hinsichtlich seines momentanen Aufenthaltsortes, er zeigt keine

235

Verstehensprobleme, sondern liefert mit »Zu Hause Baby« (#11) eine kontingente Antwort, gefolgt von der Gegenfrage »Du« (#12). Seine Freundin kommentiert das Missverständnis zunächst nicht, sondern beantwortet seine Frage (#12). Hier ist gut zu erkennen, dass Verstehen eine interaktionale Aufgabe ist: Schreiberin A hätte es dabei bewenden lassen und ein neues Thema initiieren können, sie hätte das Missverständnis unkommentiert lassen können und ihre beabsichtigte Frage eindeutig formulieren können (*Und, was macht Walt gerade?*) oder, und für diese Option hat sie sich entschieden, sie kann das Missverständnis thematisieren, indem sie mit dem Verb *meinen* auf die Metaebene springt: »Aber ich meinte bei Walt :D« (#15). Schreiber B markiert mit der impliziten kodierten Verstehensmanifestation »Achso« (#16), dass er eine neue Information erhalten hat, die sein Verstehen verändert hat, und liefert dann die Antwort, die Schreiberin A ursprünglich erwartet hat, nämlich an welcher Stelle der Folge er gerade ist.

8.2 | Wortbedeutung interaktional: Was heißt *quasi*?

In Kap. 8.1 haben wir uns mit dem Aspekt der Herstellung von Bedeutung (und der fortlaufenden Überprüfung, ob geteilte Bedeutungen, d. h. also Verstehen, erzeugt wurde), befasst. In diesem Kapitel drehen wir sozusagen die Frage um und fragen nicht mehr, wie mit Hilfe sprachlicher Mittel Bedeutung hergestellt wird, sondern wie Wörter aus ihrem interaktionalen Gebrauch Bedeutung erlangen. Dass Wörter keine feststehende Bedeutung haben, ist lange bekannt und wurde bereits von Wittgenstein (1953/2001: § 10 und § 43) in seinen *Philosophischen Untersuchungen* auf den Punkt gebracht:

»§ 10: Was bezeichnen nun die Wörter in dieser Sprache? – Was sie bezeichnen, wie soll ich das zeigen, es sei denn in der Art ihres Gebrauchs?
§ 43: Man kann für eine große Klasse von Fällen der Benützung des Wortes ›Bedeutung‹ – wenn auch nicht für alle Fälle seiner Benützung – dieses Wort so erklären: Die Bedeutung eines Wortes ist sein Gebrauch in der Sprache.«

Bedeutung und Gebrauch: Im Rahmen des Ansatzes der Interaktionalen Linguistik können wir diesen »Gebrauch in der Sprache« mit konkreter Bedeutung füllen und ein methodisches Vorgehen für dessen Bestimmung bereitstellen: Die Bedeutung eines Wortes entsteht durch die Funktionen, in denen es eingesetzt wird, sie ist also kontextabhängig und indexikalisch (Garfinkel 1967).

Über die Bedeutung von Wörtern zu reflektieren, ist deshalb besonders schwierig, da die meisten Wörter für uns eine beinahe ›natürliche‹ und unhinterfragbare Bedeutung haben. Es fällt uns daher schwer, beispielsweise den emergenten Charakter der kontinuierlichen Bedeutungserzeugung bei häufig gebrauchten Wörtern wie *Stuhl, Tisch, Erde, Sonne, Wasser, Brot* etc. distanziert zu beobachten.

Jugendsprache

Jugendsprache als Analysegegenstand: Weitaus einfacher geht es, wie Deppermann (2006) betont, wenn man Wörter auswählt, deren Bedeu-

8.2

tung man nur ungefähr kennt, wie z. B. kreative jugendsprachliche Wörter, denn diese enthalten gewisse Fremdheitsaspekte, da sie (noch) neu im Wortschatz sind. Deppermann (2006) illustriert dies anhand einer Analyse des jugendsprachlichen Bewertungsausdrucks *assi* bzw. *assig*, der von dem Adjektiv *asozial* abgeleitet ist. Man weiß zwar ungefähr, was mit *assig* gemeint sein könnte, kann aber bestenfalls eine intuitive, vage Bedeutung angeben – die optimale Voraussetzung für eine interaktionssemantische Analyse:

»Insbesondere bietet die Wahl eines uns (relativ) unbekannten Ausdrucks (innerhalb einer ansonsten hinreichend problemlos interpretierbaren Sequenz verbaler Interaktion) eine gute Basis, um genauer zu bestimmen, in welchen Aspekten und mit welcher Gewissheit die Bedeutung des Zielausdrucks ausschließlich anhand kontextueller Aktivitäten geklärt werden kann und welche Aspekte dagegen unklar bleiben beziehungsweise aus gesprächsexternen Wissensbeständen beizubringen sind.« (Deppermann 2006: 159)

Die Bedeutung von *quasi*: Als Leitlinie und Orientierungspunkt für eigene interaktionssemantische Analysen ist der Aufsatz von Deppermann sehr zu empfehlen. Wir versuchen hier nun eine ähnliche Analyse des Wortes *quasi* (ausführlich dazu Imo 2016f, woraus auch einige der im Folgenden zitierten Beispiele stammen). Dies ist zwar kein im engeren Sinne jugendsprachliches Wort, sondern ein alltagssprachliches, aber jeder wird bei dem Versuch, eine Bedeutungsangabe von *quasi* anzugeben, schnell merken, dass man nur eine vage Ahnung von dessen Bedeutung hat. Das kann man feststellen, wenn man Ratgeberforen, die sich mit Fragen des Sprachgebrauchs befassen, betrachtet. Um zu erklären, was *quasi* bedeutet, werden jede Menge Synonymvorschläge gemacht, u. a. *gewissermaßen, gleichsam, eigentlich, so viel wie, sozusagen, ungefähr, an und für sich, annähernd, beinahe, entsprechend, fast, im Prinzip, insofern, nahezu, nämlich, eben, praktisch, so, so gut wie, überhaupt, um es so zu sagen, in etwa, gleich wie, als wenn, wie* und *schlussfolgernd*. Andere Forenautor/innen versuchen, mit Hilfe von Umschreibungen die Bedeutung zu erfassen, wenn z. B. der Beispielsatz *Du hast mich quasi angelogen*. in *Es ist genauso als wenn du gelogen hättest*. umformuliert wird.

Manche der genannten Synonyme scheinen der Bedeutung relativ nahe zu kommen, andere eher nicht: *Du hast mich quasi / gleichsam / ?ungefähr / ??beinahe / ??überhaupt / um es so zu sagen / ???schlussfolgernd ... angelogen*. Dabei zeigt sich, dass Synonyme, die nahe an der etymologischen Wurzel von *quasi* liegen – es ist aus den lateinischen Wörtern *quam* oder *qua* (*wie*) und *si* (*wenn*) zusammengesetzt – noch am nächsten kommen. Dennoch weiß man auch dann, wenn man *quasi* durch *gleichsam* oder *sozusagen* ersetzt, noch nicht, was dieses Wort im interaktionalen Gebrauch leistet: Warum und in welchen Situationen setzen Sprecher/innen es ein? Auch ein Blick in Wörterbücher hilft nicht weiter, denn dort finden sich nur diese Synonyme sowie Verweise auf fachsprachliche Ausdrücke. Bei Klappenbach/Steinitz (1975: 2914) wird *quasi* als astronomische Neuprägung eingestuft, und es werden Wörter wie *quasistellar* und *Quasistern* als Belege verwendet; dies ist definitiv falsch, da *quasi* sich schon seit dem 17. Jahrhundert im Deutschen findet

Bedeutung von quasi

237

Bedeutungskonstitution in der Interaktion

(Imo 2016f), und da zunächst vor allem in den fachsprachlichen Kontexten Recht, Kanzlei und Musik. Im Alltag spricht man aber eher selten über *Quasisterne* oder über ein *quasi rezitativ* vorgetragenes Musikstück: Eine Datenbanksuche ergab keinen einzigen Treffer aus diesen Bereichen, obwohl *quasi* selbst relativ oft verwendet wird.

Erste Analyseergebnisse: Es ist also notwendig, mittels einer interaktionslinguistischen Analyse empirisch zu zeigen, welche Bedeutung und Funktion *quasi* in schriftlicher und mündlicher interaktionaler Sprachverwendung hat. Die folgenden Beispiele stammen aus der MoCoDa 1 sowie der (nicht öffentlich zugänglichen) linguistischen Audio Datenbank lAuDa (https://audiolabor.uni-muenster.de/lauda). Als Ergebnis dieser Recherche konnte Folgendes festgestellt werden:

1. *Quasi* als Fachbegriff taucht nur einmal in den Daten auf, und zwar in dem Begriff »quasi-synchron«, der auf einen Ausdruck von Dürscheid (2005) zur Analyse von computervermittelter Kommunikation verweist. Dies ist auch der einzige Beleg, bei dem *quasi* nicht alleine steht, sondern als Affix verwendet wird.

2. Alle freistehenden Belege von *quasi* dienen dazu, Probleme des Sprechens zu beheben, die in der Interaktion entstehen. Dabei zeigt sich, dass *quasi* unter anderem (8.3.1) als »hedge« (Lakoff 1973) bzw. »Heckenausdruck« (Hennig 2006b: 309), (8.3.2) als Markierungsausdruck für hyperbolisches (übertreibendes) Sprechen (8.3.3), zur Markierung von Verstehenshypothesen und (8.3.4) zum Anzeigen von Formulierungsproblemen eingesetzt werden kann.

8.2.1 | *Quasi* als Heckenausdruck

Bei dieser Verwendungsweise besteht die Funktion von *quasi* darin, die Bedeutung eines anderen Ausdrucks als nicht ganz zutreffend zu markieren – *quasi* dient also dem Bedeutungsmanagement in der Interaktion.

Definition

> Lakoff (1973) hat für Ausdrücke, die so etwas leisten, die Kategorie *hedge* (Heckenausdruck) entwickelt. Mit einem Heckenausdruck zeigt man an, dass eine Aussage nicht voll zutrifft, sondern nur teilweise (Lakoff spricht von »degrees of truth«, also Abstufungen der Wahrheit einer Aussage). Heckenausdrücke gibt es sehr viele, sie reichen von Wörtern (*sozusagen, ungefähr, beinahe, fast* etc.) über feste Phrasen (*grob gesagt, im Großen und Ganzen, im Prinzip, so gut wie, im Kern* etc.) bis hin zu ganzen Satzstrukturen (*Nehmen wir mal an, dass...*; *Wenn man X als Y betrachtet,..., Gesetzt den Fall, dass...*). Mit solchen Heckenausdrücken weist man die Interaktionspartner an, eine Aussage nicht allzu genau zu nehmen, sondern als eine grobe Annäherung.

Ein Beispiel für eine Verwendung von *quasi* als Heckenausdruck findet sich in folgender Interaktion zwischen zwei Freunden, die ein abendliches Ausgehen planen:

8.2 Wortbedeutung interaktional: Was heißt quasi?

Beispiel 14: Party (MoCoDa 1 #1567)

> Jetzt mal ohne flachs: ich hab bock noch was
> zu machen. sag mal bescheid wenn ihr losgeht.
> *Nachricht #6–03.12.2011–21:43:05*

> Geht klar!
> *Nachricht #7–03.12.2011–21:45:05*

> Also wir machen uns jetzt aufn weg und sind
> dann in 5 minuten da. bis gleich?
> *Nachricht #8–03.12.2011–00:13:05*

> Bin mit [Name] in der [Kneipe]. **Sprich ich bin
> quasi schon aufm weg nach hause.** sorry.
> *Nachricht #9–03.12.2011–00:17:05*

> Waaaaas? so haben wir aber nicht gewettet!
> *Nachricht #10–03.12.2011–00:28:05*

> Ja, sorry. Bin echt zu feddich.
> *Nachricht #11–03.12.2011–00:35:05*

In Nachricht #6 zeigt Schreiber A seine Bereitschaft an, noch mit seiner Bekannten B gemeinsam feiern zu gehen. Als diese dann zwei Stunden später (Nachricht #8) endlich so weit ist auszugehen, hat A bereits den ursprünglich als Treffpunkt geplanten Club verlassen und befindet sich in einer Kneipe. Diesen Ort bezeichnet er als »quasi schon aufm weg nach hause«. Die Rezipientin wird dadurch angehalten, die offensichtliche Ungenauigkeit der Äußerung hinzunehmen und entsprechend weiter zu deuten, im Sinne von *die Kneipe soll meine letzte Station vor dem Heimweg sein*. Hier wird eine Verbindung zwischen der semantischen und pragmatischen Ebene deutlich: Auf der semantischen Ebene wird eine Äußerung als potenziell angreifbar, da nur »close to truth« (Lakoff 1973: 473), markiert, was auf pragmatischer Ebene dazu führt, dass A plädiert, dass B diese Äußerung dennoch akzeptieren soll. *Quasi* ist also als Partikel darauf spezialisiert, die in Kapitel 3.2 dargestellte Ethno-Regel *Akzeptiere die Vagheit!* (Garfinkel 1967: 203) interaktional relevant zu setzen und für deren Befolgung durch die Interaktionspartner zu plädieren.

8.2.2 | *Quasi* als Indikator für hyperbolisches Formulieren

Die zweite Funktion ist mit der ersten eng verwandt. Auch hier werden die Interaktionspartner/innen aufgefordert, eine Äußerung als nicht ganz zutreffend hinzunehmen. Der Unterschied ist, dass es sich bei diesen Äußerungen um übertreibende (hyperbolische) Formulierungen handelt. Diese wurden für das Englische von Pomerantz (1986) als *Extreme case formulations* beschrieben. Pomerantz zeigt dabei, dass diese Formulierungen, anders als Äußerungen im Kontext ›normaler‹ Heckenausdrücke,

Extreme case
formulation

nichts mit unsicherem Wissen oder schnellem, annäherndem und grobem Formulieren zu tun haben, sondern als ein routiniertes rhetorisches Mittel dazu verwendet werden, entweder Beschwerden, Anklagen, Rechtfertigungen oder Verteidigungen zu stützen und gegen Kritik zu verteidigen, oder um eigenes oder fremdes Verhalten zu verteidigen (Pomerantz 1986: 221–222). Pomerantz (1986: 219) klassifiziert daher hyperbolische Formulierungen als rhetorisches Mittel, mit dem Behauptungen und Handlungen legitimiert werden sollen.

Ein solcher Fall findet sich in dem folgenden Auszug aus einer Kurznachrichteninteraktion zwischen zwei Freundinnen aus der MoCoDa 1:

Beispiel 15: Urlaub (MoCoDa 1 #2296)

> Ja alles paletti.Erzähle dir den Rest dann alles so ;-) Bis bald Kleine:-*
> *Nachricht #5–26.09.2013–22.19:00*

> Ach und auaaaaaaaa, die Alex hat mir die Augenbrauen gezupft :-D Das tat sooooo Weh!:-(:-(:-(
> *Nachricht #6–26.09.2013–22.29:00*

> :-D Ich denke, sowas wolltest du nie machen?Naja wir reden am Samstag. Das simsen ist zu teuer :-(:-*
> *Nachricht #7–26.09.2013–22.31:00*

> Ja die haben mich quasi gezwungen :-D oki, freu mich schon :-*
> *Nachricht #8–26.09.2013–22.32:00*

In Nachricht #6 eröffnet Schreiberin B, eingeleitet durch »Ach«, ein neues Thema, nämlich ihre schmerzhaft gezupften Augenbrauen. Schreiberin B reagiert mit einer als Vorwurf interpretierbaren Antwort »Ich denke, sowas wolltest du nie machen?«, die ihr noch dazu implizit Inkonsistenz vorwirft, und bringt damit Schreiberin B in einen Verteidigungszwang. Die Verteidigung besteht in der hyperbolischen Formulierung, dass ihre Freundinnen sie dazu gezwungen hätten. Diese Aussage wird durch *quasi* (und auch das lachende Emoticon *:-D*) für A als Übertreibung markiert. Zugleich bleibt die Übertreibung aber als Aussage stehen und A wird so implizit angewiesen oder gebeten, die Rechtfertigung von B damit zu akzeptieren.

8.2.3 | *Quasi* als Indikator für Verstehenshypothesen

Eine dritte interaktionale Bedeutung hängt mit den im ersten Teil dieses Kapitels diskutierten Verstehensdokumentationen zusammen: *Quasi* ist eines der Wörter, mit denen implizit Verstehensarbeit dokumentiert wer-

8.2 Wortbedeutung interaktional: Was heißt quasi?

den kann, indem Verstehenshypothesen damit markiert werden. Das folgende Beispiel stammt aus einer Radio-Talksendung. Es unterhalten sich der Moderator (M) und ein Anrufer (A) über den Nebenjob des Anrufers, der darin besteht, dass er mit seiner Freundin live im Internet Sexvideos zeigt. Zu diesem Thema gab es, wie der Moderator vor Einsetzen des Transkripts anmerkte, schon am vorigen Tag einen anderen Anrufer. Dieses Vorwissen führt dazu, dass der Moderator nun, bevor er sich mit dem Anrufer unterhält, zunächst für alle Zuhörer/innen den Ablauf solcher Videos klären möchte:

Beispiel 16: Kameras

```
14  M:   Also wir erKLÄR-
15       ich MUSS das glaub ich Immer doch noch mal
         erklÄren;
16       mit diesen WEBcams weil so viele lEUte das nicht
         dOch vielleicht noch nIcht so kEnnen;
17       °h IHR eh habt zu hAuse eine kleine kAmera stehen;
18  A:   also wir haben MEHrere kameras [(da stehen)];
19  M:                                  [(   ) MEHre]
         mEhrere kleine kAmeras;
20  A:   ja geNAU;
21  M:→  °h eh und SCHALtet quasi Euer bild Euer euer
         fErnsehbild .h euer kamerabild ins internet rein;
22  A:   geNAU;
21  M:   ne und man kAnn sich das Anschauen und mUss
         wahrscheinlich dann dafür irgendwie °h KOHle locker
         machen natÜrlich;
22  A:   ja die KUNden;
23  M:   die KUNden ja ja klAr;
```

Die Erklärung des Moderators erfolgt in Form von Verstehenshypothesen, die dem Anrufer jeweils zur Überprüfung ›zurückgespielt‹ werden: In Zeile 17 wird die Darstellung der Aufnahmesituation für die Videos formuliert (»IHR eh habt zu hAuse eine kleine kAmera stehen«) und von dem Anrufer korrigiert (»MEHrere kameras«). Durch die Wiederholung in Zeile 19 zeigt der Moderator, dass er die Korrektur verstanden hat, und er versucht nun, den nächsten Schritt der Videoproduktion und Veröffentlichung im Internet zu formulieren. Diese Formulierung ist sehr vage und erfolgt mit mehreren Formulierungsanläufen und einer Reihe von Ausdrücken wie *quasi*, *wahrscheinlich* und *irgendwie*, die unsicheres Wissen markieren, also Hedging-Funktionen ausüben. Man sieht an diesem Beispiel gut, dass die interaktionale Funktion von *quasi*, eine Formulierungshypothese zu markieren, nur dann möglich ist, wenn weitere Indikatoren für unsicheres Wissen (Modaladverben wie *wahrscheinlich*, Rückfragen, verstehensthematisierende Verben wie *kennen*, *wissen*, *verstehen*, *glauben* etc.) vorhanden sind, was dazu führt, dass *quasi* entsprechend auch multifunktional ist. Die Bedeutung von *quasi* ist tatsächlich sein Gebrauch in der Sprache, d. h. sein Gebrauch in bestimmten Kontexten und

Verstehenshypothesen

kommunikativen Projekten, die überhaupt erst den Rahmen schaffen, um feststellen zu können, was *quasi* im konkreten Fall leistet.

8.2.4 | *Quasi* zur Markierung von Formulierungsarbeit

Diese Funktion findet sich nicht in schriftlichen Interaktionen, sondern nur in mündlichen. Das ist insofern auch verständlich, als Formulierungsarbeit nur in der mündlichen Interaktion durch ihren *On line*-Charakter direkt beobachtbar ist und daher potenziell auch verbal behandelt werden muss (zu einer Analyse von Formulierungsarbeit im Gespräch vgl. Gülich 1994).

In der schriftlichen Interaktion über Chats dagegen ist ein Zögern bei der Wortwahl (oder auch ein Ersetzen eines getippten Wortes) nicht beobachtbar und muss daher auch nicht verbal begleitet werden. Das folgende Beispiel stammt aus einer Unterhaltung von zwei Studentinnen, die ein Filmprojekt planen, bei dem in einer Speed-Dating-Situation überzeichnet karikierte Typen aufeinandertreffen sollen. Sprecherin E macht einen weiteren Vorschlag für eine dieser Typen und gerät dabei in Formulierungsnot:

Beispiel 17: Öko

```
0310   E:   so:;
0311        schicki MICki tussi;
0312        MAUerblümchen;
0313        (1.0)
0314   E:   äh::m;
0315        (5.0)
0316   K:   ((pustet und atmet laut aus))
0317   E:   so ne HEFtige, (1.0)
0318     →  also QUAsi so:,
0319        (---)
0320   E:   pädaGOge?
0321        also so weiß weiß was ich MEIne?
0322        [so:] HALT dieses,
0323   K:   [ja;]
0324        (---)
0325   E:   überTRIEbene,
0326     →  also so QUAsi, (-)
0327        (--)
0328   E:   [((schnaubt))]
0329   K:   [äh        ] beMUTternde,
0330        (--)
0331   E:   ja so ökologie   Ö[ko. ]
0332   K:   <<enthusiastisch> [ja:;]
0333   E:   [Öko?]
0334   K:   [Öko.]
```

Die ersten beiden Personentypen (»schicki micki« und »MAUerblümchen«) bereiten E keine Formulierungsprobleme. In Zeile 0317 bringt E nach längerem Überlegen mit »so ne HEFtige« einen Vorschlag für einen weiteren Personentyp ein, der allerdings zu vage bleibt (anders als *Schicki Micki* und *Mauerblümchen* ist *Heftige* kein etabliertes Kategorisierungskonzept). Mit »also QUAsi so:« und einer Pause von einer dreiviertel Sekunde indiziert sie ihre Formulierungsarbeit, die dann in »pädaGOge« (Z. 0320) endet. Dass sie selbst mit der Formulierung nicht zufrieden ist, zeigt ihre Verstehensthematisierung in Zeile 0321 und der erneute Formulierungsversuch, der mehrmals die Vagheit anzeigende Partikel *so*, viele Pausen, lautes Ausatmen und ein zweites *quasi* (Z. 0326) enthält, bis dann der Formulierungsvorschlag »Öko« von K enthusiastisch angenommen wird und die Formulierungssuche beendet ist.

Auch hier entsteht die spezifische Bedeutung von *quasi* erst durch das Zusammenspiel von Aktivität (hier: Brainstorming auf der Suche nach idealen Typen für eine Filmszene) und zusätzlichen sprachlichen Merkmalen, die auf Formulierungsprobleme verweisen, wie Pausen, Reparaturen, Reformulierungen, Neustarts, Abbrüche und Vagheitsmarker.

Die interaktionale Wortbedeutung von *quasi*: Man kann festhalten, dass sich in allen Verwendungsweisen eine Basisbedeutung feststellen lässt, die man mit *Vagheit markieren* bezeichnen kann. Diese Basisbedeutung wird dann im konkreten Kontext spezifiziert in die Bedeutung eines *hedges* (Vagheit in Bezug auf die Stimmigkeit eines Konzepts), einer Markierung hyperbolischen Sprechens (Vagheit in Bezug auf das nicht ernst Gemeinte einer Übertreibung) einer Markierung von Formulierungshypothesen (Vagheit in Bezug auf die Unsicherheit des eigenen Verstehens) oder einer Anzeige von Formulierungsproblemen (Vagheit in Bezug auf die Ausdrucksfindung).

Für die zukünftige Forschung stehen zwei große Aufgaben an: Zum einen müssen Prozesse des Verstehensmanagements in unterschiedlichen Situationen und kommunikativen Gattungen untersucht und verglichen werden (mit welchen Strategien wird beispielsweise Verstehen in Arzt-Patient-Interaktionen im Vergleich zu Lehrer-Schüler-Interaktionen im Vergleich zu Bewerbungsgesprächen etc. ausgehandelt). Zum anderen ist als große langfristige Aufgabe die konsequent interaktionslinguistische Beschreibung des Wortschatzes des Deutschen zu nennen (erste Schritte werden dabei am Institut für Deutsche Sprache mit dem Projekt »Lexik des gesprochenen Deutsch« bereits getan; www1.ids-mannheim.de/lexik/lexik-des-gesprochenen-deutsch.html). Dabei wird es wichtig sein, auch areale Unterschiede in Rechnung zu stellen (vgl. Lanwer i. V.a).

9 Interaktionale Sprache und Multimodalität

9.1 Eingrenzung des Gegenstandsbereichs
9.2 Bestimmungsstücke multimodaler Interaktion
9.3 Mögliche Themenfelder multimodaler Untersuchungen
9.4 Implikationen für die eigene Forschungspraxis

Die Sprachverwendung in der Interaktion von Angesicht zu Angesicht steht immer im Gebrauchszusammenhang mit anderen Ausdrucksmodalitäten: Verbale Äußerungen werden von nonverbalen Ausdrucksformen begleitet, durch diese angekündigt oder komplettiert. Multimodalität ist daher »eine natürliche Eigenschaft von face-to-face-Interaktionen« (Stukenbrock 2009a: 151). Kennzeichnend für diese ›natürliche‹ Multimodalität ist in erster Linie das Zusammenspiel von verbal-mündlichem Ausdruck und nonverbalen, visuell-körperlichen Ausdrucksmodalitäten, wie Gestik, Blick oder Körperhaltung (s. auch bereits Kap. 3.5 und Kap. 4.5). Wir kommunizieren also nicht nur mit Worten, sondern mit dem gesamten (sichtbaren) Körper, wie es bereits den Rhetorikern der Antike bewusst war.

Abb. 9.1: Politische Rede des Demosthenes (384–322 v. Chr.) unter Einsatz des gesamten Körpers

Schon Cicero geht in seiner Schrift *Über den Redner* (*De oratore*) auf die ›Sprache des Körpers‹ (*sermo corporis*) ein (Kalverkämper 1994: 132). Im Anschluss an Cicero beschwört dann auch Quintilian das Zusammenspiel von »Stimme, Mienenspiel, Gestik und Haltung des ganzen Körpers«, das in die Redesituation das »Feuer« einbringe (Kalverkämper 1994: 132). Sicher hatten weder Cicero noch Quintilian bei ihren Ausführungen primär den interaktiven Austausch im Blick. Beiden ging es in erster Linie um ein eher monologisches Sprechen vor Publikum (s. Kap. 2.2), nämlich um die politische Rede und deren rhetorische Ausgestaltung. Die angesprochenen Quellen bezeugen aber dennoch ein bis in die Antike zurückreichendes Bewusstsein für die Multimodalität von Kommunikation (vgl. Müller 1994: 25–85).

Die multimodale Wende: Auch wenn der Diskurs über multimodale Kommunikation bis in die Antike zurückreicht, war es erst die Einführung digitaler Medien, die in den Humanwissenschaften mit beginnendem 21. Jahrhundert eine stärkere Hinwendung zur Untersuchung multimodaler Kommunikationspraktiken nach sich gezogen hat (vgl. Mondada 2013). In diesem Zusammenhang wird zuweilen auch von einer multimodalen Wende (*multimodal turn*) gesprochen. Eine solche multimodale Wende ist auch im Bereich der Interaktionalen Linguistik deutlich spürbar: »Für die Vorstellung von Interaktion als multimodaler Hervorbringung ist eine veränderte Sicht auf Kommunikation charakteristisch, die unmittelbar mit neuen Dokumentations- und Analysemedien zusammenhängt« (Deppermann/Schmitt 2007: 16).

Audio-visueller Reduktionismus

Die Änderung der Sichtweise hat zur Folge, dass zunehmend sichtbare Ausdrucksformen in die Analyse miteinbezogen werden (Schmitt 2005). Dies spiegelt sich auch darin wider, dass zuweilen nicht von einer multimodalen, sondern von einer visuellen Wende (*visual turn*) die Rede ist. Man könnte aber natürlich noch weitergehen und beispielsweise auch den Bereich des Spürbaren in die Analyse einschließen. Mondada (2016: 355) wirft der interaktionalen Multimodalitätsforschung daher auch eine Art audio-visuellen ›Reduktionismus‹ vor, da taktile Ausdrucksformen, wie Streicheln oder Schulterklopfen, keine oder zumindest kaum Beachtung finden.

9.1 | Eingrenzung des Gegenstandsbereichs

Der Sprachgebrauch in der Face-to-face-Interaktion war zwar von Beginn an Untersuchungsgegenstand der Interaktionalen Linguistik – allerdings längere Zeit noch vorwiegend unter Ausblendung des Sichtbaren. Gespräche von Angesicht zu Angesicht sind *per se* multimodale Ereignisse. Durch die zusätzliche Einbeziehung zumindest des Visuellen wird diese genuine Eigenschaft in stärkerem Maße in Rechnung gestellt. Es hat sich also vorrangig die Perspektive auf den Gegenstand verändert, und nicht unbedingt der Gegenstand selbst. Auf Formen medial-vermittelter Interaktion, beispielsweise per Skype (s. Kap. 9.3) oder WhatsApp (s. Kap. 11), trifft dies aber nicht zu. Hier verändern sich durch die technische (Weiter-)Entwicklung audio-visueller Medien auch die Kommunikationsformen an sich.

Multimodalität und medial-vermittelte Interaktion: Vor allem die technologische Entwicklung von einem zunächst eher monologisch orientierten Internet (wenige ›Content provider‹ stellen vielen Nutzern Informationen zur Verfügung) zum Web 2.0 (jeder kann Inhalte bereitstellen und alle können miteinander in Kontakt treten) hat das Aufkommen multimedialer und multimodaler Kommunikationsplattformen wie Skype oder WhatsApp zur Folge, die neue Kommunikationsformen entstehen lassen. Diese ziehen die Aufmerksamkeit auch interaktionsanalytischer Arbeiten auf sich. Es finden sich beispielsweise multimodale Studien zur web-basierten Videotelefonie (Mondada 2010; Lanwer 2019a, 2019b u. a.) oder zur WhatsApp-Kommunikation (König/Hector 2017 u. a.).

Während Untersuchungen zur Videotelefonie ähnliche multimodale Phänomene wie Studien zur Face-to-face-Interaktion in den Blick nehmen, fokussiert die Arbeit von König/Hector (2017) zur WhatsApp-Kommunikation eine spezielle Form der Multimodalität, die nur im weiteren Sinne als multimodal zu begreifen ist: Gegenstand der Untersuchung ist das Wechselspiel zwischen dem Gebrauch von schriftlichen Textnachrichten und mündlichen Sprachnachrichten, das sie auch als Mode-Switching bezeichnen (König/Hector 2017: 23). In beiden Fällen wird auf ein verbales Zeichensystem zugegriffen. Die Zeichensysteme unterscheiden sich aber in Bezug auf die jeweils verarbeitungsrelevante Sinnesmodalität: Die geschriebene Sprache basiert auf visueller, die gesprochene auf auditiver Verarbeitung. Das Wechselspiel von geschriebener und gesprochener Sprache kann daher durchaus als ›multimodal‹ bezeichnet werden – zumindest, wenn man von einem weiten Multimodalitätsbegriff ausgeht.

Modalität und Kodalität: Der Begriff der Multimodalität wird in der Linguistik generell mehrdeutig verwendet. Mit dem Begriff wird sowohl auf die Kombination verschiedener Sinneskanäle (Sinnes*modalitäten*), wie Hören und Sehen, als auch auf die Kombination verschiedener Zeichenarten (Zeichen*modalitäten*), beispielsweise verbale gegenüber para- oder nonverbalen Ausdrucksmitteln, Bezug genommen. Um terminologische Verwirrungen zu vermeiden, wird die Zeichenart zuweilen auch mit dem Begriff der Kodalität angesprochen (vgl. u. a. Holly 2011: 150–154). Die daraus resultierende Eingrenzung des Modalitätsbegriffs auf die beteiligten Sinneskanäle erweist sich jedoch für die Bestimmung von multimodaler Kommunikation als irreführend: Multimodalität wird im Regelfall im Hinblick auf den Aspekt sowohl der Zeichenart als auch der beteiligten Sinneskanäle bestimmt.

Sinnesmodalität
vs. Zeichen-
modalität

Modalität und Medialität: Auch eine Differenzierung zwischen verschiedenen Ausdrucksmodalitäten in Bezug auf Zeichenart und Sinneskanal erweist sich als zu unspezifisch: Geschriebene Sprache und Gebärdensprache werden beispielsweise beide visuell verarbeitet. In beiden Fällen handelt es sich um verbale Zeichensysteme. Es lässt sich also unter Anwendung der genannten Beschreibungsebenen kein brauchbares Unterscheidungskriterium benennen. Eine Differenzierung ist aber sicher sinnvoll. Anders sieht dies aus, wenn man den Aspekt der Sinneswahrnehmung durch den der Medialität ersetzt und dabei einen Medialitätsbegriff ansetzt, wie er von Schneider (2017 u. a.) vertreten wird (s. hierzu auch Kap. 2.4). Wenn wir mit Schneider Medien als Verfahren der Zeichenprozessierung verstehen, für die wir verschiedene körperliche aber auch technische Hilfsmittel nutzen, wird der Unterschied zwischen Schrift- und Gebärdensprache offensichtlich: Beim Schreiben werden visuelle Raum-Gestalten hervorgebracht (und wahrgenommen), die die Zeit überdauern. Diese werden mit technischen Hilfsmitteln erzeugt und konserviert. Beim Gebärden werden visuelle Raum-Zeit-Gestalten hervorgebracht (und wahrgenommen), die als solche flüchtig sind und allein mithilfe des Körpers erzeugt werden.

Multimodalität im engeren vs. Multimodalität im weiteren Sinne: Mittels einer Kreuzklassifikation der Bestimmungsparameter Zeichenart (Kodalität) und Verfahren der Zeichenprozessierung (Medialität) lässt sich eine für die hier verfolgten Zwecke nützliche Unterscheidung von Mono- und Multimodalität sowie eine weiterführende Differenzierung zwischen Multimodalität im engeren und Multimodalität im weiteren Sinne aufstellen (vgl. ähnlich auch Fricke 2012). Von Monomodalität kann gesprochen werden, wenn die verwendeten kommunikativen Ressourcen in Bezug auf Kodalität und Medialität identisch sind. So wäre

Interaktionale Sprache und Multimodalität

Medialität

		gleich	verschieden
Kodalität	**gleich**	monomodal	multimodal im weiteren Sinne
	verschieden	multimodal im weiteren Sinne	multimodal im engeren Sinne

Abb. 9.2: Multimodalität im weiteren vs. Multimodalität im engeren Sinne

beispielsweise das Zusammenspiel von Syntax und Prosodie bei der Einheitenbildung (s. Kap. 5.4 und 7.2.3) als monomodal zu bezeichnen. Wir haben es hier mit dem Zusammenwirken zeitlich-auditiver Ressourcen zu tun, die beide als verbal gelten können, sofern man prosodische Gestaltungsmittel nicht pauschal dem Bereich des Paraverbalen zuschlägt (s. Kap. 7.1).

Von multimodaler Kommunikation kann hingegen gesprochen werden, wenn kommunikative Ressourcen mit unterschiedlicher Kodalität und/oder Medialität in den Prozess der Verständigung involviert sind. Von Multimodalität im weiteren Sinne wäre auszugehen, wenn mindestens eine dieser Bedingungen erfüllt ist. So können beispielsweise Verfahren der Redewiedergabe als multimodal gelten, die neben lexikalischen Ressourcen der Redesituierung (z. B. *sagt_se* oder *er so*) auch einen Wechsel der Sprechstimme nutzen. Variationen der Sprechstimme werden (zumindest in Bezug auf deutsche Varietäten) in der Regel nicht als Mittel des verbalen, sondern des paraverbalen Ausdrucks beschrieben (s. Kap. 7.1). Hier wären also verschiedene Zeichenarten im Spiel (verbal und paraverbal), die aber beide zeitlich-auditive, körperliche Verfahren der Zeichenprozessierung nutzen. Umgekehrt kann aber auch die Verwendung geschriebener und gesprochener Sprache, wie sie König/Hector (2017) in der WhatsApp-Kommunikation beschreiben, als eine Form multimodaler Kommunikation im weiteren Sinne gelten. Hier sind bei gleicher Kodalität verschiedene Medialitäten im Spiel. Arbeiten im Bereich der Interaktionalen Linguistik liegt jedoch in der Regel ein Begriffsverständnis zugrunde, das als eng bezeichnet werden kann: Im Fokus stehen verschiedene kommunikative Ressourcen, die sich in Bezug auf die Kodalität und die Medialität unterscheiden.

Definition

Im Forschungsdiskurs zu **Multimodalität** finden sich diverse Begriffsbestimmungen, die in Abhängigkeit von Forschungsrichtung und Erkenntnisinteresse sehr unterschiedlich ausfallen können. Für die Interaktionale Linguistik ist ein Verständnis von Multimodalität bestimmend, das zum einen stark auf den Aspekt der Gleichzeitigkeit von verbalem und nonverbalem Ausdruck fokussiert und zum anderen primär das Zusammenspiel von gesprochener Sprache und visuell-körperlichen Ausdrucksmitteln wie Gestik, Mimik usw. in den Blick nimmt.

9.2 | Bestimmungsstücke multimodaler Interaktion

Im Rahmen interaktionaler Untersuchungen zu multimodaler Kommunikation erweist es sich als weitestgehend konsensfähig, dass multimodale Interaktion als ein ganzheitlicher Prozess zu begreifen ist. Ganzheitlich meint hier, dass dieser Prozess immer als ein gleichzeitiges »Zusammenspiel mehrerer Modalitäten« zu begreifen und zu untersuchen ist. Diese Modalitäten stellen »jeweils spezifische Möglichkeiten zur Verfügung [...], sich in kommunikationsrelevanter Weise auszudrücken [...].« Prozesse multimodaler Interaktion sind zudem – so die einhellige Meinung – »von der Körperlichkeit der Beteiligten« (Schmitt 2005: 18–19) generell nicht zu trennen. Multimodale Interaktion zeichnet sich in diesem Verständnis also durch den gleichzeitigen Einsatz verschiedener, an die Körper der Interagierenden gebundener Ausdrucksmodalitäten aus. Der Körper kann dabei durch Bewegung im Raum kommunikativ genutzt werden. Zentrale Bestimmungsstücke multimodaler Interaktion sind daher Gleichzeitigkeit, Räumlichkeit und Körperlichkeit des Ausdrucks.

9.2.1 | Gleichzeitigkeit

Intrapersonelle Koordination: Kennzeichnend für multimodale Interaktion ist, dass Interagierende ihre Handlungsziele unter gleichzeitigem Einsatz verschiedener Ausdrucksmodalitäten verfolgen. Es lässt sich beobachten, dass die verschiedenen Modalitäten, die Interagierende mobilisieren, dabei in der zeitlichen Entfaltung hochgradig aufeinander bezogen, also synchronisiert sind. Ein gutes Beispiel hierfür sind rhythmische Handgesten, die auch als *beats* oder *batons* bezeichnet werden: »Beats oder batons [...] sind rhythmische Auf-und-Ab-Bewegungen [der Hände], die wie ein Taktstock [...] die Rede strukturieren und prosodisch mit den Akzentsilben korrelieren« (Stukenbrock 2015: 22). Derartige Taktstockgesten zeichnen sich dadurch aus, dass der *stroke* (s. Kap. 4.3.4) im Bereich der Gestik zeitgleich mit dem Gipfel des prosodischen Akzents (s. Kap. 7.2.3) im Bereich des Verbalen realisiert wird. Ein weiteres Beispiel für eine derartige Selbstsynchronisation ist das Timing von Blickverhalten, manueller Zeigegeste und verbaler Anrede, wie wir es in Kapitel 4.3.4 bereits beobachten konnten. Deppermann/Schmitt (2007) sprechen in Bezug auf entsprechende Phänomene auch von intrapersoneller Koordination. Von der intrapersonellen Koordination unterscheiden sie die interpersonelle.

Interpersonelle Koordination: Der Begriff der interpersonellen Koordination bezieht sich auf die räumliche (s. u.) und zeitliche Abstimmung von Aktivitäten zwischen verschiedenen Interagierenden. In Bezug auf die Zeitlichkeit haben wir weiter oben bereits den Begriff der Sequenzialität kennengelernt (s. Kap. 6). In diesem Zusammenhang haben wir festgehalten, dass sich sprachliche Interaktion nach dem Prinzip *one speaker at a time* (Sacks/Schegloff/Jefferson 1974) im Normalfall als ein geordnetes Nacheinander von Gesprächsbeiträgen darstellt, die sinnvoll aufeinander bezogen sind. »Simultane Ereignisse sind aus dieser Sichtweise

Taktstockgesten

ein ›Unfall‹« (Deppermann 2018: 62). Es lässt sich nun aber beobachten, dass dieses Grundprinzip »des verbalen Turntaking-Systems [...] nicht für den Einsatz visueller Ausdrucksressourcen« (Stukenbrock 2009a: 146) gilt. Diese können von den Gesprächsteilnehmerinnen auch simultan oder teilsimultan zum verbalen Turn des aktiven Sprechers zum Einsatz kommen, ohne die interaktive Ordnung zu stören. Häufig ist sogar Gegenteiliges der Fall: Es kann für den geordneten Fortgang einer Interaktion gerade relevant sein, dass man, während das Gegenüber spricht, visuell (beispielsweise durch ein Nicken) auf dessen verbales Verhalten reagiert. Besonders eindrücklich zeigen lässt sich dies am Beispiel des Blickverhaltens.

Blickzuwendung als participation display

Blickverhalten und Beteiligungsrollen: Der US-amerikanische Konversationsanalytiker Charles Goodwin beobachtet in einer multimodalen Studie zur Gesprächsorganisation, dass Interagierende häufig vor oder spätestens mit Turnübernahme den Blick von ihren Gesprächspartnern abwenden, wie es vor ihm u. a. bereits Kendon (1967) empirisch aufgezeigt hat. Darüber hinaus stellt er fest, dass Sprecher/innen ihre Äußerungsproduktion häufig unterbrechen, wenn sie ihrem Gegenüber im Turnverlauf den Blick wieder zuwenden und bemerken, dass dieser sie nicht anschaut. Es erfolgt dann in der Regel ein Neustart der verbalen Äußerung, um dadurch die Herstellung von Blickkontakt zu forcieren (Goodwin 1981: 77–86). Goodwin folgert aus diesen Beobachtungen, dass die Blickzuwendung als eine Art *participation display* interpretiert wird, das zur interaktiven Herstellung des Beteiligungsrahmens (*participation framework*) einer Interaktion beiträgt. In der Face-to-face-Interaktion impliziert das Zusehen also das Zuhören.

Zur Vertiefung

Beteiligungsrahmen (*participation framework*)

Die an einer Interaktion beteiligten Akteure sind fortlaufend damit befasst, sich wechselseitig bestimmte Teilnehmerrollen (*participant roles*) anzuzeigen und interaktiv auszuhandeln. Auf diese Weise können Interagierende den für das Handlungsgeschehen konstitutiven Beteiligungsrahmen (*participation framework*) herstellen und intersubjektiv absichern (vgl. hierzu grundlegend Goffman 1981: 3–4). Der Beteiligungsrahmen ist sozusagen ein Ensemble wechselseitig aufeinander bezogener Beteiligungsrollen, das von den Interagierenden durch ihr Handeln hervorgebracht wird. Der Konversationsanalytiker Charles Goodwin konnte in verschiedenen Studien zeigen, dass ein solcher Beteiligungsrahmen bei Kopräsenz der Interagierenden immer auch unter Rückgriff auf nonverbale, körperliche Ressourcen, wie beispielsweise das Blickverhalten oder die Körperausrichtung, hergestellt wird (vgl. u. a. Goodwin 1981, 1984).

Goodwins Studie zeigt, dass die Analyse multimodaler Interaktion es notwendig macht, »immer gleichzeitig alle Beteiligten im Auge zu behalten und nach deren spezifischen Beiträgen für das Zustandekommen der Interaktionsordnung zu fragen« (Deppermann/Schmitt 2007: 21). Die Einbeziehung des sichtbaren Verhaltens erlaubt vor allem auf die relevanten Aktivitäten der aktuell nicht sprechenden Interaktionsteilnehmer einen erweiterten, im Grunde vollständigeren oder gar angemesseneren Zugriff (Schmitt 2005: 26). »Auch ›verbal abstinente‹ InteraktionsteilnehmerInnen [...] tragen durch Mimik, Blick, Nicken, Körperpositur etc. zur Konstruktion des interaktiven Handelns bei« (Deppermann 2018: 63). Eine allein auf das Sprechen bzw. Nicht-Sprechen bezogene (monomodale) Unterscheidung zwischen Sprecher und Hörer erweist sich daher eigentlich als ungeeignet für die Unterscheidung von Beteiligungsrollen im Kontext multimodaler Interaktion (Deppermann/Schmitt 2007: 21).

9.2.2 | Räumlichkeit

Interaktionsraum: Eine weitere relevante Bezugsgröße für die Untersuchung multimodaler Interaktion ist der Aspekt der Räumlichkeit. Für das Gelingen multimodaler Interaktion ist es nicht allein von Bedeutung, dass die beteiligten Personen sich in Bezug auf ihr körperliches Verhalten zeitlich abstimmen. Vielleicht noch grundlegender ist die Notwendigkeit der räumlichen Koordination. Der Aspekt der räumlichen Koordination betrifft vor allem die Etablierung und Aufrechterhaltung eines geteilten (visuellen) Wahrnehmungsraumes, in dem die Bewegungen der Interagierenden wechselseitig sichtbar werden. Erst auf diese Weise wird es möglich, visuelle Ausdrucksmittel interaktiv-bedeutungsvoll einzusetzen. Nach Hausendorf (2013) ist der Raum einer Interaktion, der Interaktionsraum, daher auch als ein geteiltes Hier für Wahrnehmung, Bewegung und Handlung zu begreifen. Dieses Hier setzt die Anwesenheit der Interagierenden voraus. Anwesenheit ist mit Hausendorf allerdings nicht als ein äußerliches, physisches Kriterium zu verstehen. Anwesenheit wird im Medium wechselseitiger Wahrnehmungswahrnehmung interaktiv hergestellt. Was ist damit gemeint?

Wahrnehmungswahrnehmung: In der Begegnung von Angesicht zu Angesicht nehmen wir – wie Goffman (1963: 13) es ausdrückt – mit den ›nackten‹ Sinnen (*naked senses*) wahr. Mit dem Adjektiv ›nackt‹ spielt Goffman darauf an, dass in der Vis-à-vis-Situation unsere körperlichen Wahrnehmungsaktivitäten, vor allem die der Augen, für andere wahrnehmbar sind. Hier kann also Wahrnehmung wahrgenommen werden. Man spricht daher auch von Wahrnehmungswahrnehmung (Hausendorf 2015). Bei räumlicher Trennung, beispielsweise in einem Telefonat, sieht dies anders aus: Hier haben wir keinen unmittelbaren Zugriff auf unseren Gesprächspartner und dessen körperliche Wahrnehmungsaktivitäten. Man kann in einem Telefonat nur aufgrund der sinnvollen und zeitlich passenden Reaktionen darauf schließen, dass der Gesprächspartner einen gehört hat. Das verbale Handeln dokumentiert dessen Verstehensleistungen (s. Kap. 8.2) und diese dokumentieren wiederum die Wahrnehmung der eigenen verbalen Äußerungen.

Wir können also die Wahrnehmungsvorgänge des Anderen nicht an der körperlichen Symptomatik ablesen, wie es in der Face-to-face-Situation möglich ist. Es liegt nur eine vermittelte Form der Wahrnehmungswahrnehmung vor (Lanwer 2019a: 5–10). Daher ist es beim Telefonieren von besonderer Bedeutung, dass man fortlaufend Rückmeldesignale wie

Interaktion bei räumlicher Trennung

hm_hm realisiert (Imo 2013: 174). Nur so kann man, wenn man gerade nicht spricht, seinen aktiven Teilnehmerstatus und damit Anwesenheit und das Teilen von Aufmerksamkeit anzeigen.

Blickkontakt

Geteilte Aufmerksamkeit und fokussierte Interaktion: Notwendige Voraussetzung dafür, dass die Interagierenden sich in ihrem Handeln sinnvoll aufeinander beziehen können, ist generell eine Art Ko-Fokussierung, eine Ausrichtung der Aufmerksamkeit auf eine ›gemeinsame Sache‹. Man spricht hier auch von geteilter Aufmerksamkeit (*joint attention*). Der Vollzug eines geordneten Handlungsgeschehens kann umgekehrt auf das Teilen von Aufmerksamkeit hindeuten und daher in Telefongesprächen sogar als Basis zur Herstellung von Wahrnehmungswahrnehmung dienen, obwohl dort Wahrnehmung nicht wahrgenommen werden kann. In der persönlichen Begegnung mit Anderen manifestiert sich die Bereitschaft, sich auf eine ›gemeinsame Sache‹ einzulassen und diese weiter zu verfolgen, jedoch immer unmittelbar im Blickverhalten der Interagierenden, wie es auch die Beobachtungen von Goodwin zeigen (s. Vertiefungskasten »Blickverhalten und Eyetracking«). Im Hinblick auf den Einstieg in eine Interaktion übernimmt der wechselseitige Blickkontakt (*mutual gaze*) zudem eine besondere Funktion: Durch das Herstellen von Blickkontakt signalisiert man sich gegenseitig bereits vor Beginn des Wortwechsels die Bereitschaft, in eine Art von Interaktion einzusteigen, die Goffman als fokussierte Interaktion (*focused interaction*) bezeichnet. Der Prototyp fokussierter Interaktion ist nach Goffman (1963: 24) das Gespräch.

Zur Vertiefung

Blickverhalten und Eyetracking

Das Blickverhalten, vor allem der Blickkontakt, stellt unter Bedingungen der Kopräsenz eine grundlegende Ressource zur Herstellung sozialer Interaktion als ein wechselseitig aufeinander bezogenes Handeln dar. Die spezifischen Praktiken der Blickorganisation zeigen dabei deutliche kulturelle Unterschiede (vgl. Rossano 2012: 312). Die ersten im weitesten Sinne interaktionalen Beobachtungen zur Rolle des Blickverhaltens in Interaktionszusammenhängen finden sich bereits in den 1960er Jahren bei Adam Kendon. Kendon (1967: 22) schreibt dem Blickkontakt in seinem Aufsatz »Some Functions of Gaze-Direction in Social Interaction« im Einklang mit dem deutschen Soziologen Georg Simmel eine im positiven Sinne ›mysteriöse‹ Qualität in Bezug auf die Herstellung von sozialer Nähe zu. Diese ›mysteriöse‹ Qualität manifestiert sich auch in der alltagssprachlichen Redensart vom Blick als Spiegel der Seele oder Fenster zur Seele. Im Rahmen einer ›Reanalyse‹ von Kendons Studie kommt Streeck unter Einbeziehung aktueller Forschungsergebnisse zu dem Schluss, dass dem Blickkontakt eine Art ›Vertragsfunktion‹ zukommt: »Mutual gaze is understood here as a minimal (and often sufficient) ›contractual‹ interaction format by which an individual act is explicitly ratified as a social fact« (Streeck 2014: 18).

Durch Blickkontakt erzeugen wir also intersubjektive Fakten und damit soziale Realität. Die Organisation des Blickverhaltens ist daher für die Analyse von Praktiken der kollaborativen Sinnerzeugung im Schritt-für-

Schritt-Vollzug einer Face-to-face-Interaktion essentiell. Es ist entsprechend wenig verwunderlich, dass das Blickverhalten im Rahmen von multimodalen Analysen zu sprachlicher Interaktion im Grunde von Beginn an die Aufmerksamkeit auf sich gezogen hat. In den vergangenen Jahren hat das interaktionsanalytische Interesse am Blickverhalten aber noch einmal deutlich zugenommen. Es finden sich zahlreiche Arbeiten, die sich explizit der Analyse des Blickverhaltens zuwenden. Einen Überblick über den Stand der aktuellen Forschung liefern die Beiträge in Brône/Oben (2018).

Die Zunahme von Analysen zum Blickverhalten ist wesentlich mit Aspekten der technischen Entwicklung verbunden. Es stehen inzwischen technische Hilfsmittel wie Eyetracker zur Verfügung, die den analytischen Zugriff auf die Blickorganisation vereinfachen. Ein Eyetracker ist eine technische Apparatur, mit deren Hilfe man Blickbewegungen und Blickfixationen (das Verharren des Blicks auf einem bestimmen Punkt im Blickfeld) einzelner Personen aufzeichnen und auswerten kann. Eyetracker werden wie eine Brille vor den Augen getragen, was dazu führt, dass das Sehfeld tendenziell eingeschränkt wird. Zudem sind Eyetracker äußerlich (je nach Modell mehr oder weniger) auffällig. Wenn man einen Eyetracker trägt, sieht man also anders und anders aus. ›Herkömmliche‹ Eyetracker sind zudem nur für den stationären Einsatz geeignet, so dass auch die Bewegungsfreiheit der Interagierenden eingeschränkt wird. Alle drei Punkte wirken sich nicht unwesentlich auf die Natürlichkeit der Gesprächssituation (s. Kap. 4.1) aus. Es gibt in der *scientific community* daher durchaus eine gewisse Skepsis bezüglich des Einsatzes entsprechender technischer Hilfsmittel.

Eyetracking-Studien sind für interaktionale Fragestellungen jedoch nicht uninteressant. Dies gilt insbesondere dann, wenn mobile Eyetracker genutzt werden, die einen Einsatz in ›freier Wildbahn‹ (Stukenbrock 2018: 136) erlauben. Mithilfe von mobilen Eyetrackern lassen sich vor allem auch Interaktionen in mobilen Settings unter multimodalen Gesichtspunkten untersuchen. So können beispielsweise Personen, die gemeinsam auf dem Markt ihre Einkäufe erledigen, mit mobilen Eyetracker ausgestattet und deren Blickverhalten untersucht werden (ebd.: 144–149). Zur Analyse von Körperbewegungen abseits des Blickverhaltens werden ebenfalls bereits vereinzelt technische Hilfsmittel eingesetzt. Hier kommen zum Beispiel Verfahren des *motion capturing* zum Einsatz (vgl. Brüning et al. 2012), die in ihrer Anwendung allerdings (bisher) auf Laborsituationen beschränkt sind.

Interaktionsformationen: Für die Herstellung und Aufrechterhaltung einer fokussierten Interaktion ist nicht allein die Ausrichtung des Blicks, sondern auch die Ausrichtung des Körpers relevant: Kendon (1990) widmet sich in seiner Monographie *Conducting Interaction* ausführlich der körperlich-räumlichen Organisation sozialer Begegnungen. Er befasst sich vor allem mit der Art und Weise, wie sich Personen im physischen Raum in wechselseitiger Abstimmung positionieren, um auf diese Weise spezifische Interaktionsformationen (*interaction formations*) herzustellen. Grundlegend für Kendons Begriff der Interaktionsformation ist sein

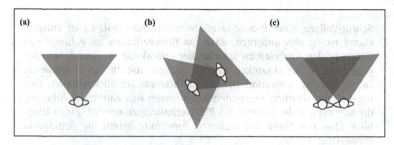

Abb. 9.3: Zusammenhang von individuellem Aktionsraum (*transactional space*) und sozialem Ereignisraum (*o-space*)

Konzept des individuellen Aktionsraums (*transactional space*). Unter *transactional space* versteht Kendon den Raum, in den ein Individuum hineinschaut, hineinspricht und in dem es Objekte manipuliert, also nach Gegenständen greift, diese verschiebt usw. (Kendon 1990: 211).

Dieser individuelle Aktionsraum lässt sich stark vereinfacht als senkrecht vom Unterkörper ausgehender Lichtkegel beschreiben (s. Abb. 9.3a). Es liegt auf der Hand, dass sich dieser Kegel durch körperliche Bewegungen verändert, ähnlich wie sich auch der Lichtkegel einer Taschenlampe verändert, wenn man beispielsweise den Winkel oder die Distanz zwischen Lichtquelle und angestrahlter Fläche variiert. Eine Interaktionsformation kommt zustande, wenn mindestens zwei Individuen sich so im Raum ausrichten, dass sie ihre ›Lichtkegel‹ in Überlappung bringen (Abb. 9.3b und 9.3c).

F-Formation: Formationen von Personen, in denen sich die Aktionsräume einzelner Individuen überlappen, bezeichnet Kendon als *f-formation*. Die Raumstruktur, die eine solche F-Formation sozial herstellt, kann nach Kendon (1990: 233–234) in die drei Zonen *o-space*, *p-space* und *r-space* untergliedert werden (eine Visualisierung der verschiedenen Zonen liefert Abbildung 9.4b):

1. Der *o-space* ist die Zone, die durch die Überlappungszone der individuellen Aktionsräume entsteht (s. Abb. 9.3b und c). Diese Zone ist reserviert für die Hauptaktivität des Interaktionsgeschehens – im Falle eines Gesprächs für den »exchange of utterances« (Kendon 2010: 3).
2. Der *p-space* ist die Zone, die durch die im Raum positionierten Körper ›physisch‹ besetzt wird. Dieser Umstand ist insofern nicht ganz trivial, als der Zugang zu dieser Zone den Zugang zum Interaktionsgeschehen regelt.
3. Der *r-space* ist schließlich der Raum, von dem die interagierenden Personen sich durch die Ausrichtung ihrer Körper abgrenzen. Dieser ist in seinem Ausmaß logischerweise unbestimmt.

Side-by-side-Konstellationen

Multiaktivität und *body torque*: Die Bezeichnung ›F-Formation‹ nimmt auf den Umstand Bezug, dass Individuen sich zum Zweck der Interaktion in einer Weise im Raum positionieren, die es ihnen ermöglicht, sich wechselseitig ins Gesicht (daher F-Formation, von engl. *face*) schauen zu können. Dies gilt in gewisser Hinsicht auch für Formationen, in denen zwei Individuen nebeneinandersitzen (Abb. 9.3c). In solchen Side-by-side-Konstellationen, wie man sie zum Beispiel beim gemeinsamen Fernsehen (Gerhardt 2007) oder Videospielen (Baldauf-Quilliatre/Colón de

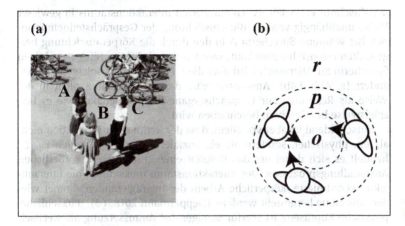

Abb. 9.4: F-Formation

Carvajal 2019) einnimmt, können sich die Interagierenden jederzeit durch Drehen von Kopf und/oder Oberkörper einander visuell zuwenden. Schegloff (1998) spricht in Bezug auf dieses ›Eindrehen‹ auch von *body torque*. Die Blickzuwendung dient dann im Regelfall der Etablierung kurzer ›Gesprächsinseln‹ im Rahmen der eigentlich nicht primär auf Konversation ausgerichteten Aktivität (Gerhardt 2007).

Ausschlaggebend für die Konstitution des Raums, in dem die dominierende Aktivität stattfindet, bleibt aber die Ausrichtung der unteren Körperhälfte (Kendon 1990: 249). Durch die Bewegung des Kopfes wird lediglich ein temporärer Nebenschauplatz aufgemacht. Die unterschiedlichen Körperregionen zeigen entsprechend zum einen die gleichzeitige Orientierung auf verschiedene Aktivitäten an und bringen zum anderen ein ›Ranking‹ dieser Aktivitäten zum Ausdruck (Schegloff 1998: 544). Dies manifestiert sich auch darin, dass Personen beispielsweise eine Sideby-side-Konstellation aufgeben, wenn sie den primären Fokus ihrer Aktivitäten auf das Gespräch verlagern. Durch die Neuausrichtung der Körper im Raum stellen die Interagierenden einen für die veränderte Handlungsorientierung innerhalb eines durch Multiaktivität gekennzeichneten Settings ›passenderen‹ Interaktionsraum her.

Gesprächsformationen: Interaktionen, in deren Zentrum von vornherein vor allem der verbale Austausch steht, zeichnen sich in der Regel dadurch aus, dass die beteiligten Personen ihre Körper einander in einer Weise zuwenden, dass Blickrichtung und Körperausrichtung maximal konvergieren (Kendon 1990: 212). Es lassen sich dabei aber durchaus verschiedene Formationen, wie beispielsweise die L-Formation (die Interagierenden stehen oder sitzen über Eck) oder die Kreisformation (die Interagierenden stehen oder sitzen im Kreis) unterscheiden. Bei stehenden Formationen, wie man sie beispielsweise auf Pausenhöfen oder bei einem Sektempfang beobachten kann, kommt der Stellung der Füße eine besondere Relevanz zu: Die Füße der Interaktionsteilnehmerinnen sind in der Regel mehr oder weniger auf einen gemeinsamen Fixpunkt ausgerichtet, wie es die Kreisformation in Abbildung 9.4a gut erkennen lässt.

Außerdem macht die Dreierkonstellation noch einmal deutlich, dass

Multiaktivität

der Zuschnitt eines körperlich etablierten Interaktionsraums in gewisser Weise unabhängig von der Blickausrichtung der Gesprächsteilnehmerinnen ist: Während Sprecherin A in den durch die Körperausrichtung hergestellten *o-space* hineinschaut, wenden B und C ihren Blick der aktiven Sprecherin zu. Hierdurch wird aber die F-Formation als solche nicht verändert (s. Abb. 9.4b). Ansonsten wäre das Blickverhalten nicht in der Weise als Ressource zur Gesprächsorganisation einsetzbar, wie es beispielsweise bei Goodwin beschrieben wird.

Videotelefonie und virtuelle Kopräsenz
Entscheidend ist aber vor allem, dass der Raum einer Interaktion nicht als ein physischer, sondern als ein sozialer Raum zu begreifen ist. Es handelt es sich dabei um das Resultat eines interaktiven, körperlichen Aushandlungsprozesses. Der Interaktionsraum muss durch die intersubjektiv koordinierte ›körperliche Arbeit‹ der Interagierenden »immer wieder aufs Neue hergestellt werden« (Deppermann 2018: 63). Tatsächliche, physische Kopräsenz ist hierfür weniger die Voraussetzung als wechselseitige Sichtbarkeit. Dies manifestiert sich schließlich darin, dass Interagierende im Rahmen von Videotelefonaten – trotz räumlicher Trennung – einen (virtuellen) Interaktionsraum herstellen und multimodal bespielen können (Lanwer 2019a, 2019b), wie weiter unten noch illustriert wird.

9.2.3 | Körperlichkeit

Embodiment: Multimodale Kommunikation ist aus interaktionsanalytischer Sicht körperliche Interaktion. Die Hinwendung zu multimodalen Aspekten von Kommunikation ist in interaktional ausgerichteten Arbeiten daher allgemein verbunden mit einer Art Wiederentdeckung der Körperlichkeit menschlichen Interaktionsverhaltens (vgl. Nevile 2015). Es »rücken der Körper und mit ihm die Leiblichkeit des Handelns ins Zentrum des Verständnisses sprachlicher Kommunikation« (Deppermann 2018: 54). Wichtige Schlüsselbegriffe sind in diesem Zusammenhang *embodiment* und *embodied interaction* (Streeck/Goodwin/LeBaron 2011 u. a.) Mit *embodiment* oder ›Verkörperung‹, wie Hausendorf (2015: 52) den Begriff ins Deutsche übersetzt, ist nicht allein gemeint, dass unser Körper eine wichtige kommunikative Ressource darstellt, sondern dass unsere Interaktionsfähigkeit generell auf die spezifischen Bewegungsfähigkeiten des menschlichen Körpers angewiesen ist und dass Interaktion gewissermaßen durch den Körper erfolgt. Hausendorf (2015: 52) spricht in diesem Zusammenhang auch von einer »Materialisierung der Interaktion durch die Inanspruchnahme humanspezifischer Körperlichkeit«.

Die Beschreibung visueller Ausdrucksformen: Die interaktionale Multimodalitätsforschung befasst sich, wie weiter oben bereits angesprochen, in erster Linie mit dem Zusammenspiel von verbal-lautlichem und nonverbalem visuellem Ausdruck. Visuelle Ausdrucksmöglichkeiten wie Gestik oder Mimik, aber beispielsweise auch Kopfbewegungen, sind in ihrer Ausdrucksfähigkeit immer an spezifische strukturelle Bedingungen des Körpers gebunden. Es kann sich daher als sinnvoll erweisen, sich mit den physiologischen Voraussetzungen der jeweiligen Ausdrucksmodalität auseinanderzusetzen, um über das Begriffsinventar zu verfügen, das für handwerklich saubere Analysen notwendig ist. Dies lässt sich gut am Beispiel von Kopfbewegungen aufzeigen: In Bezug auf den Kopf können drei Bewegungsachsen und zwei Bewegungsarten unterschieden werden. Die drei Achsen sind die Vertikale, die Horizontale und die Sagittale. Bewegungen des Kopfes lassen sich als Rotationen um oder Translationen (Verschiebungen) auf diesen Achsen beschreiben (Büttner 2005: 71– 92; s. Abb. 9.5).

Ein einfaches Kopfnicken zeichnet sich (ungeachtet seiner Bedeutung) zum Beispiel durch die Abfolge einer Abwärts- und einer Aufwärtsrotation um die Horizontalachse aus. Drehungen des Kopfes lassen sich als Rotation um die Vertikalachse beschreiben usw. Beispiel 1 zeigt eine Folge unterschiedlicher Kopfbewegungen. Diese geht hier zusammen mit der Gliederung einer komplexen Listenstruktur und deren Einbettung in eine *dass*-Konstruktion. Das Beispiel entstammt der Talksendung »Peter Voß fragt« (3sat). Sprecher PV ist Peter Voß (links im Bild), der Moderator der Sendung. Sprecher PS ist sein Gast, der zeitgenössische Philosoph Peter Sloterdijk (rechts im Bild):

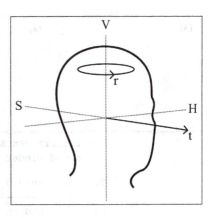

Abb. 9.5: Bewegungsachsen (V = vertikal, H = horizontal und S = sagittal) und Bewegungsarten (r = Rotation und t = Translation) des Kopfes

Beispiel 1: große Stämme

```
01  PV:   °hh [h     ] dAss äh dies#e GROßen stÄ#mme-
                ----------------------+...........+---->
                                     +a_____+
          Abb                        #1          #2
```

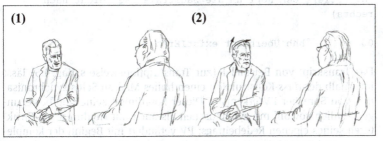

```
{a: rotiert den Kopf um die Vertikal- und Sagittalachse
leicht nach links}
02  PS:              [?HM-]
03  PV:↓ die na#TIO#nen#-
             ----+...+,,,+>
                 +b__+
          Abb   #3  #4  #5
```

9 Interaktionale Sprache und Multimodalität

```
                {b: rotiert den Kopf um die Horizontalachse leicht nach
                unten und wieder zurück}

       04       un:d_ö_h VÖLker-
                --------------->
       05       und_äh in S#TAA#ten organ#isierten natIOnen;
                -----------+...+.........+-------------------->
                           +c__+d_____+
                           #6  #7        #8
```

```
                {c: rotiert den Kopf um die Horizontalachse leicht nach
                unten}
                {d: rotiert den Kopf um die Sagittalachse leicht nach
                rechts}

       06       °hhh Überhaupt existIEren,
```

Selbstsynchro- Das Transkript von Beispiel 1 (zur Transkriptionsweise s. Kap. 4.5) lässt
nisation innerhalb der *dass*-Konstruktion einen hohes Maß an Selbstsynchronisation von Sprecher PV erkennen. Dieser koordiniert seine Kopfbewegungen zeitlich sowohl mit syntaktischen als auch mit rhythmischen Strukturen seines eigenen Redebeitrags: PV verändert mit Beginn der komplexen Listenkonstruktion in Zeile 1 erkennbar die Lage seines Kopfes. PV nimmt hier durch leichte Rotation um die Vertikal- und Sagittalachse eine im Vergleich zu vorher aufrechtere und dem Interaktionspartner stärker zugewandte Kopfposition ein. Die eingenommene Position wird kurz vor Abschluss des listenschließenden Elements »in STAAten organisierten natIOnen« (Z. 5) wieder aufgegeben, woraus sich eine körperlich-visuelle Rahmung der Listenkonstruktion ergibt. Außerdem findet sich in Zeile 3 ein mit dem Fokusakzent auf »naTIOnen« zeitlich abgestimmtes Kopfnicken, für das – wie oben beschrieben – eine Abfolge von Auf- und Abwärtsrotation des Kopfes um die Horizontalachse (Bild 4–5) charakteristisch ist.

Vor allem Rotationen um die Horizontalachse lassen sich anhand von Bildstrecken häufig kaum nachvollziehen, obwohl diese in der Videoaufnahme deutlich zu erkennen sind. Für die genaue Erfassungen der Körperbewegungen erweist es sich daher als notwendig, möglichst präzise Bewegungsparaphrasen zu formulieren. Die Beschreibung kommt in diesem Fall jedoch mit wenig Terminologie aus, da das Bewegungsspektrum des Kopfes insgesamt – ähnlich wie beispielsweise bei den Augen – äußerst eingeschränkt ist. Deutlich anders sieht dies beispielsweise im Bereich der manuellen Gestik, das heißt im Bereich der Handgesten aus (vgl. Sager 2001).

Sprechen als leibliches Handeln: In Bezug auf die Körperlichkeit von Interaktion ist es wichtig, sich noch einmal vor Augen zu führen, dass auch das Sprechen »eine Ressource des leiblichen Handelns« (Deppermann 2018: 53) darstellt. Auch jede Form verbal-sprachlichen Handelns kann als körperlich gebundene Aktivität aufgefasst werden. Dies muss man sich klar machen, um nicht fälschlicherweise von einer Ergänzung des verbalen um Formen des körperlichen Ausdrucks zu sprechen, wie es zuweilen zu lesen ist. Die Aktivität des Sprechens ist immer mit Bewegungen des Körpers verbunden. Gesprochene Sprache ist aber nicht allein in ihrer Realisierung auf die Bewegungsfähigkeit von Lunge, Kehlkopf und den sogenannten Artikulatoren (Lippen, Unterkiefer und Zunge) angewiesen. Zugleich sind auch die Lautstrukturen gesprochener Sprache durch die Anatomie und die Bewegungsmöglichkeiten des menschlichen Körpers bestimmt: Die Form eines Vokaldreiecks, wie man es aus linguistischen Einführungen kennt, bildet die Geometrie des Mundraumes ab. Die Silbe, als Grundeinheit des Sprechens, ist eine Bewegungseinheit usw. Gesprochene Sprache ist eine durch und durch körperliche Ausdrucksmodalität.

9.3 | Mögliche Themenfelder multimodaler Untersuchungen

Arbeiten zu multimodaler Interaktion fokussieren – wie bereits mehrfach angesprochen – zumeist das Zusammenspiel von verbal-mündlichen und nonverbal-visuellen Ausdrucksmitteln, das heißt die Kombination hörbarer und sichtbarer Modalitäten. Visuelle Ausdrucksformen werden dabei auch als Kontextualisierungshinweise (s. Kap. 3.4, 7.1 und 10.2) beschrieben, die Äußerungskontexte erzeugen und/oder diese mit verstehensrelevanten Informationen anreichern. Die vorliegenden Untersuchungen decken ein weites thematisches Spektrum ab, das hier nicht ansatzweise in vollem Umfang behandelt werden kann. In der folgenden Liste werden lediglich einige wenige Themen aufgeführt, die in der letzten Zeit in Studien zur Multimodalität deutschsprachiger Interaktionen behandelt worden sind:

- Multimodalität und institutionelle Kommunikation (vgl. z. B. Schmitt/ Knöbl 2013; Schmitt 2012; Stukenbrock/Birkner 2010)
- Multimodalität und Sprecherhäsitation (vgl. z. B. Weiß/Auer 2016)

- Multimodales Erzählen (vgl. z. B. die Beiträge in König/Oloff 2019 sowie Lanwer 2019a; Weiß 2018; Zima 2017)
- Multimodalität und Partikelgebrauch (vgl. z. B. Deppermann 2018: 66–71; Golato 2010; Oloff 2017; Schoonjans 2018; Schoonjans/Brône/Feyaerts 2015; Weingarten 2011)
- Multimodale Zeigepraktiken (vgl. z. B. Lanwer 2019b: 113–116; Oloff 2019; Stukenbrock 2008, 2009b, 2010, 2015, 2018; Uhmann 2015)
- Multimodalität sprachlicher Konstruktionen (vgl. z. B. Mittelberg 2017; Ningelgen/Auer 2017; Schoonjans 2018; Schoonjans/Brône/Feyaerts 2015)

Multimodale Beispielanalyse

Zum Abschuss des Kapitels wollen wir uns anhand eines Erzähleinstiegs beispielhaft mit den letzten vier der genannten Themengebiete etwas näher befassen. Die Beispielanalyse soll dazu dienen, einzelne Konzepte und Begriffe, die hier eingeführt wurden, in der Anwendung noch einmal zu wiederholen. Das im Folgenden zitierte Beispiel entstammt einer Aufzeichnung eines Videotelefonats mit Skype (zur Transkriptionsweise s. Kap. 4.3.4). Wir steigen mit dem Transkript ziemlich zu Beginn des Interaktionsgeschehens in das Gespräch ein: Sprecher S1 ist aktuell noch mit dem Essen beschäftigt. Sprecherin S2 hat sich soeben eine Handgelenksschiene angelegt, die in Bild 1 sichtbar ist. Diese Facette der sichtbaren Umgebung ist thematischer Auslöser einer konversationellen Erzählung, die Sprecher S1 in Zeile 01 mit »?HM:–« vorankündigt, also projiziert (s. Kap. 5.3):

Beispiel 2: Schnick Schnack Schnuck

```
01   S1:     <<mit vollem Mund>#?HM:->
     Abb            #1
```

```
02           ( 2.7)
03           #bOAh ich HAB mir,
     Abb     #2
```

```
04           (1.5)
05           ((akustische Signalstörung))SAMStag,
06           beim schnIck schnAck schnUck spIElen die HAND
             verletzt;
```

07	ich glAUb ich brauch jetzt AUCH so_ne schIEne;
08	(1.6)
09	S2: wie hast_n DAS gemAcht,

Multimodales Erzählen: In der Anfangsphase des Gesprächs richten die Interagierenden zunächst noch ihren Platz vor dem Bildschirm ein und sind parallel mit anderen Dingen, wie beispielsweise dem Essen beschäftigt. Dies spiegelt sich unter anderem auch darin wider, dass beide Gesprächsteilnehmer/innen ihren Blick von ihrem Monitor zunächst abgewandt haben (Bild 1). Mit dem Äußern der Gesprächspartikel »?HM–« in Zeile 1 verändert sich diese Situation grundlegend: Das »?HM–« projiziert hier den Einstieg in eine themenzentrierte Unterhaltung (*topical talk*; Maynard/Zimmermann 1984). Wie die Bildstrecke gut erkennen lässt, ist das »?HM–« aber nicht die einzige kommunikative Ressource, die S1 einsetzt, um seinen folgenden Beitrag zu projizieren. Wir können beobachten, dass dieser während der Artikulation des »?HM–« (Z. 01) und der darauffolgenden Pause die Ausrichtung von Oberkörper, Kopf und Blick so verändert, dass er sich in der Gesamtausrichtung auf sein ›virtuelles‹ Gegenüber einstellt, bevor er in Zeile 3 aktiv das Rederecht ergreift. Den Erfolg dieser multimodalen Turn-taking-Strategie dokumentiert die körperlich-visuelle Reaktion seiner Gesprächspartnerin. S2 nimmt ebenfalls eine Neuausrichtung von Oberkörper, Kopf und Blick vor und positioniert sich dadurch als Zuhörerin und Zuschauerin (Schmitt 2005: 26) in Bezug auf den durch »?HM–« projizierten Turn. Noch bevor S1 in Zeile 3 zu sprechen beginnt, schauen beide Interaktanten auf ihren Bildschirm. Es wird hier vor allem durch die Ausrichtung des Blicks vorab der ›Boden‹ bereitet (Schegloff 1984: 291) für die folgende Aktivität des Erzählens.

Multimodalität und Partikelgebrauch: Der Ausschnitt in Beispiel 2 dokumentiert die Verwendung eines beitragsprojizierenden »?HM–« (Z. 1), das eingesetzt wird, um in der Anfangsphase des Videotelefonats in die themenzentrierte Interaktion einzusteigen. Der Gebrauch der Gesprächspartikel hat hier daher den Charakter einer Fokussierungsaufforderung, auf die S2 beispielsweise auch mit *Ja?* hätte reagieren können. Dies geschieht jedoch nicht. S2 reagiert ›lediglich‹ körperlich-visuell auf die Partikel. Man könnte daher auch von einer Art multimodaler Paarsequenz (zum Konzept der Paarsequenz s. Kap. 6.2) sprechen: Den ersten Paarteil liefert S1 in einer Kombination der verbalen Fokussierungsaufforderung »?HM–« und der körperlichen Neuorientierung. Der zweite Paarteil wäre hingegen eine rein non-verbale Reaktion seitens S2, nämliche die körperliche Ausrichtung auf das Gegenüber. Eine Analyse des Partikelgebrauchs, die diese visuellen Facetten des kommunikativen Verhaltens ausblendet, würde daher zentrale Aspekte des Gebrauchs der Partikel übergehen.

Multimodale Paarsequenz

Multimodale Zeigepraktiken: In ihrer körperlichen Grundformation sind die Interaktionspartner bereits zu Beginn der zitierten Sequenz auf ihren jeweiligen Bildschirm ausgerichtet. Es wurde also bereits ein *o-space* im oben beschriebenen Sinne etabliert. Dieser wird aber erst infolge der Realisierung der Gesprächspartikel als multimodale Arena der Konversation fokussiert. Dass die Interagierenden von diesem (virtuellen) Interaktionsraum Gebrauch machen, zeigt sich unter anderem darin, dass S1 seine Hände deutlich sichtbar ins Bild bringt. Diese werden für eine Zeigehandlung am eigenen Körper mobilisiert: S1 zeigt mit seiner linken Hand (Zeigesubjekt) auf seine rechte Hand (Zeigeobjekt). Die Zeigehandlung wird schließlich auch grammatisch relevant: Die definite Referenzform »die HAND« (Z. 6) verweist auf einen bereits aktivierten Referenten. Diese Aktivierung ist im Rahmen der gestischen Zeigehandlung erfolgt. Das Sichtbare bereitet also wiederum den Boden für eine verbale Handlung. Unter Ausblendung des visuellen Kanals wäre die grammatische Struktur der Äußerung entsprechend nicht sinnvoll erklärbar.

Multimodale Konstruktionen: Ähnliches gilt für die Nominalphrase »so_ne schIEne« in Zeile 7. Der Demonstrativartikel *so_ne* übernimmt in der Regel eine eigenschaftsreferentielle Funktion. Dies ist auch in Beispiel 2 der Fall: Der Artikel markiert einerseits den Referenten der Nominalphrase »so_ne schIEne« als einen Referenten, der im Wissen beider Gesprächsteilnehmer bereits voraktiviert ist. Andererseits verweist dieser auf eine bestimmte Qualität der Schiene, die sich als ›eine Schiene, von der Art, wie du sie aktuell an deiner Hand trägst‹ paraphrasieren lässt. Die grammatische Form der Nominalphrase bezieht sich damit auf ein geteiltes Hintergrundwissen, das in der wahrnehmbaren Umgebung verankert ist. Eine Zeigegeste, die dieses Objekt ›eindeutig‹ identifiziert, fehlt jedoch. Es finden sich aber durchaus auch Belege, in denen das Demonstrativum von einer Zeigegeste auf ein sichtbares Objekt, das die betreffende Eigenschaft besitzt bzw. veranschaulicht, begleitet wird (vgl. z. B. Lanwer 2019b: 113–116).

In entsprechenden Fällen wird also eine verbale Äußerung durch eine Zeigegeste semantisch angefüllt bzw. vervollständigt (Fricke 2012: 213–229). Ein solches Zusammenspiel von verbalem und non-verbalem Verhalten kann sicher als guter Kandidat gelten für das, was in der Forschungsliteratur unter dem Label der multimodalen Konstruktion (eine Art multimodales Zeichenensemble) behandelt wird. Um eine multimodale Konstruktion analytisch aufdecken zu können, ist es u. a. erforderlich, die Rekurrenz des multimodalen Gebrauchsmusters, das heißt die wiederkehrende Kombination der verbalen und non-verbalen Ausdrucksmittel mithilfe quantitativer Verfahren nachzuweisen (vgl. Lanwer 2017: 3–4; Schoonjans 2018: 88; Zima 2014: 41).

9.4 | Implikationen für die eigene Forschungspraxis

Möglichkeiten und Grenzen multimodaler Analysen

Der Themenbereich der Multimodalität kann als die Büchse der Pandora der Interaktionalen Linguistik gelten. Die Einsicht, dass unter Bedingungen (›realer‹ oder ›virtueller‹) Kopräsenz sozialer Sinn immer unter Einsatz verschiedener Ausdrucksmodalitäten hergestellt wird, bringt eine Linguistik, die sich mit kommunikativen Praktiken der interaktiven Herstellung von Sinn befasst (s. Kap. 2.5), in die Verlegenheit, Formen sozialer Interaktionen stets in ihrer gesamten multimodalen Komplexität erfassen zu ›müssen‹ (vgl. Deppermann 2018: 55–56), um entsprechende

Praktiken adäquat beschreiben zu können. Selbst wenn wir uns neben dem Hörbaren nur auf sichtbares Verhalten konzentrieren, ist dieser Anspruch, wie wir in Kapitel 4.3.4 bereits gesehen haben, niemals in Gänze einzulösen. Es muss immer irgendeine Art der Komplexitätsreduktion vorgenommen werden, um die Vielfalt der beobachtbaren Phänomene auf ein analytisch handhabbares Maß einzugrenzen. Momente sichtbaren Verhaltens können zudem in zweierlei Weise in die Analyse mit einbezogen werden:

- Informationen über das sichtbare Verhalten können lediglich ergänzend zum hörbaren Verhalten in die Interpretation des Interaktionsgeschehens mit einbezogen werden, ohne im engeren Sinne selbst Gegenstand der Untersuchung zu sein.
- Informationen über das sichtbare Verhalten können in gleicher Weise wie das hörbare Verhalten in die Analyse mit einbezogen und damit selbst zum Gegenstand der Untersuchung werden.

Die Entscheidung für eine der genannten Verfahrensweisen ist verbunden mit dem Zuschnitt der verfügbaren Daten und hängt außerdem ab von der Art des Erkenntnisinteresses. Sollten audio-visuelle Aufzeichnungen zur Verfügung stehen, ist es jedoch immer ratsam, zumindest einen kurzen Blick »auf die multimodale Konstituiertheit von Interaktion« (Stukenbrock 2009a: 147) zu werfen, um zu verhindern, dass handlungskonstitutive Verhaltensmomente des multimodalen Interaktionsgeschehens ›einem durch die Lappen gehen‹. Dies kann, wie es das Beispiel gezeigt hat, deutliche Auswirkungen auf die Analyse und damit auf die Qualität einer Untersuchung haben.

10 Interaktionale Sprache und Varietäten

10.1 Varietäten aus lebensweltlicher Perspektive
10.2 Sprachvariation im Gespräch
10.3 Probleme des methodischen Zugriffs

Die Beschäftigung mit interaktionaler Sprache rückt mehr oder weniger automatisch sprachliche Variation und damit auch sprachliche Varietäten auf den Plan. Die Analyse authentischer Sprachdaten, vor allem (aber nicht nur!) aus dem Bereich privater Interaktion führt unmittelbar zu einer Konfrontation mit einer enormen Vielfalt des Sprachgebrauchs. Es ist daher nicht verwunderlich, dass interaktional ausgerichtete Studien von Beginn an immer auch an der Analyse sprachlicher Variation interessiert waren. Mit Blick auf deutsche Varietäten haben in der Interaktionalen Linguistik die zwei folgenden Themengebiete besondere Aufmerksamkeit erfahren:

- Varietätenwechsel als Kontextualisierungshinweis (vgl. u. a. Auer 1984, 1986, 1990; Birkner/Gilles 2008; Denkler 2007, 2011; Droste 2016; Günthner 2002b; Knöbl 2006, 2010, 2012; Kallmeyer/Keim 1994; Lanwer 2011, 2015c; Macha 1991; Selting 1983; für einen Überblick zu regionalen Varietäten vgl. Lanwer i. Dr.)
- Prosodische Spezifika von (vor allem regionalen) Varietäten (vgl. u. a. Auer 2001; Bergmann 2008; Gilles 2005; Peters 2006; Selting 1999, 2003a, 2003b)

Die folgenden Ausführungen konzentrieren sich auf den erstgenannten Themenbereich.

10.1 | Varietäten aus lebensweltlicher Perspektive

Grundlegend für die Beschäftigung mit Varietäten ist die Frage, was unter dem Begriff *Varietät* zu verstehen ist. In der Literatur finden sich zahlreiche, nicht immer miteinander kompatible Begriffsbestimmungen. Zuweilen bekommt man den Eindruck, dass mit jeder neuen Studie auf dem Gebiet der Varietätenlinguistik ein neuer Varietätenbegriff eingeführt wird. Dovalil (2010) listet im Anhang eines Aufsatzes zum Varietätenbegriff ganze 21 verschiedene Definitionen auf. Diese Vielfalt kann gerade für Neulinge auf dem Gebiet sehr verwirrend sein.

Varietäten als ›Spielarten‹ einer Sprache: Mit dem Konzept der Varietät ist bei aller Verschiedenheit immer die grundsätzliche Idee verbunden, dass Sprachen wie das Deutsche eine ›innere‹ Gliederung aufweisen, dass es also nicht *das* Deutsche, sondern verschiedene ›Spielarten‹ des Deutschen gibt. In diesem Zusammenhang werden dann zumeist verschiedene Typen von ›Spielarten‹ unterschieden (Dialekte, Soziolekte, Ethno-

Varietätenbegriff

J. B. Metzler © Springer-Verlag GmbH Deutschland, ein Teil von Springer Nature, 2019
W. Imo / J. P. Lanwer, *Interaktionale Linguistik*,
https://doi.org/10.1007/978-3-476-05549-1_10

lekte usw.). Die Gliederung einer Sprache in verschiedene Varietäten lässt sich aus zwei Richtungen denken: Man kann einerseits von einem Aufgliedern des Ganzen (der ›Gesamtsprache‹) in einzelne Teile sprechen. Man kann die Metapher aber auch auf den Kopf stellen und von einer Art Integration verschiedener Teile zu einem Ganzen ausgehen (vgl. Berruto 2004: 191). Letztere Sichtweise entspricht dem lebensweltlichen Zugang sicher besser.

Der lebensweltliche Zugang: In der sozialen Interaktion kommen wir immer wieder mit neuen Arten des Sprechens in Kontakt, die sich von den uns bisher bekannten mehr oder weniger stark unterscheiden, aber dennoch irgendwie als ›gleich‹ behandelt werden. Die Unterschiede können so groß sein, dass wir nicht mehr verstehen, was gesagt wird (z. B. schweizerisch *gsi* ›gewesen‹), oder lediglich auf kleinen artikulatorischen Nuancen beruhen (z. B. brandenburgisch *jewesen* ›gewesen‹). Unabhängig vom Ausmaß der Unterschiede führt dieser Kontakt dazu, dass wir – wie in allen anderen Lebensbereichen auch – das Gewohnte neu auslegen müssen (s. auch bereits Kap. 3.1):

»Das bishin Fraglose wird im Nachhinein in Frage gestellt. Die lebensweltliche Wirklichkeit fordert mich sozusagen zur Neuauslegung meiner Erfahrung auf und unterbricht den Ablauf der Selbstverständlichkeitskette. Der Kern meiner Erfahrung, den ich auf Grund meines Wissensvorrates ›bis auf weiteres‹ als selbstverständlich an mir vorbei passieren ließ, ist mir problematisch geworden, und ich muß mich ihm zuwenden.« (Schütz/Luckmann 1979: 33)

Variation im kommunikativen Alltag

Die eigene Art des Sprechens wird erst durch das Erleben von Andersartigkeit überhaupt zu einer Spielart unter anderen. Die eigene Sprache wird erst dann ggf. als eine Varietät einer Sprache reinterpretiert (s. Abb. 10.1). Unsere Vorstellungen von Varietäten speisen sich also aus dem Erleben von sprachlicher Variation im kommunikativen Alltag – wenngleich der Varietätenbegriff als solcher sicher kein alltagssprachlicher Terminus ist.

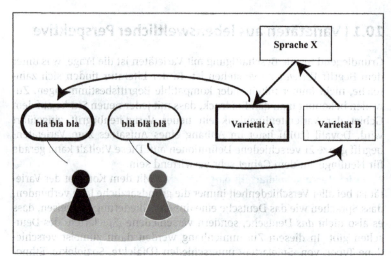

Abb. 10.1: Reinterpretation des eigenen Sprachgebrauchs als Varietät

10.1 Varietäten aus lebensweltlicher Perspektive

Variation, Kontakt und Wandel: Die lebensweltliche Konfrontation mit sprachlicher Variation kann immer zu einer aktiven Aufnahme neuer Gebrauchsmuster führen, die sich dann neben die bereits gewohnten sprachlichen Ethnomethoden des verbalen Kommunizierens stellen oder als ›Konkurrenz‹ zu diesen verfügbar werden. So erleben z. B. viele Menschen eine Art Bruch in ihrer Sprachbiographie, wenn sie zum Studium in eine andere Region ziehen (müssen) und dort zum ersten Mal mit der Andersartigkeit des eigenen Sprachgebrauchs konfrontiert werden. Man bemerkt, dass die eigene Sprache nicht die Sprache von ›Jedermann‹ ist, sondern nur eine Version dessen, was z. B. als Deutsch bezeichnet wird. Besonders einschneidend können solche Erfahrungen sein, wenn mit einem solchen Differenzerleben irgendeine Art von Abwertung oder Stigmatisierung und damit dann eine ›Re-Evaluation‹ des eigenen Sprachgebrauchs z. B. als nicht standardsprachlich einhergeht (vgl. Lenz 2010). Dies kann zu einer gezielten Übernahme fremder Varianten und ggf. zur Veränderung oder gar Verdrängung der eigenen Varietät(en) führen. Sprachkontakt ist daher immer ein entscheidender Katalysator für Prozesse des Sprachwandels. Die kontaktbedingte Übernahme ›fremder‹ Gebrauchsmuster wird in der Literatur auch als sprachliche Akkommodation bezeichnet (s. Vertiefungskasten ›Sprachliche Akkommodation‹).

Sprachkontakt

Sprachliche Akkommodation

Im Rahmen der ursprünglich von dem Sozialpsychologen Howard Giles entwickelten Akkommodationstheorie spielen verschiedene Parameter eine Rolle, die das sprachliche Angleichen in der sozialen Interaktion (Akkommodation) erklären. Diese lassen sich zwei verschiedenen Klassen zuordnen, die mit *seeking communication efficiency* und *seeking social attractiveness* überschrieben werden können (vgl. Coupland 2007: 62). Sprachliche Akkommodation sichert bzw. optimiert auf der einen Seite die interpersonelle Verständigung, dient aber auf der anderen Seite immer auch dazu, ein spezifisches (soziales) Selbstbild zu kommunizieren.

Der britische Soziolinguist Peter Trudgill entwickelte auf der Grundlage der sozial-psychologischen Akkommodationstheorie in den 1980er Jahren ein zweistufiges Sprachwandelmodell. Trudgill unterscheidet in seinem Modell zwischen sprachlicher Anpassung in einer einzelnen Interaktion (*short-term accommodation*) und der aus der wiederkehrenden Anpassung resultierenden nachhaltigen Veränderung des Sprachgebrauchs (*long-term accommodation*; Trudgill 1986: 1–21). Langzeit-Akkommodation wird – wie Trudgill vor dem Hintergrund eigener empirischer Untersuchungen argumentiert – durch ein ›attitudinales Ungleichgewicht‹ zwischen verschiedenen Varietäten begünstigt: Stigmatisierte Varianten werden durch höher bewertete Formen ersetzt.

Trudgills zweistufiges Modell erweitern Auer/Hinskens um eine dritte Stufe: Sie differenzieren das Modell weiter aus, indem sie zwischen der individuellen Ebene und der Ebene der sozialen Gruppe unterscheiden. Sie gehen davon aus, dass sprachliche Akkommodation in der Wiederholung zwar potenziell zur nachhaltigen Veränderung des Sprachgebrauchs einzelner Personen führt. Erst infolge der Verbreitung (Diffu-

Zur Vertiefung

sion) dieser Veränderungen innerhalb einer bestimmten Population komme es jedoch zu sprachlichem Wandel im eigentlichen Sinne (vgl. Auer/Hinskens 2008: 335–338).

Auer/Hinskens zufolge wird sprachliches Akkommodationsverhalten gesteuert von Mechanismen der ›Identitätsprojektion‹ (*identity-projection*). Die Übernahme sprachlicher Merkmale ist immer Ausdruck eines gewissen sozialen Selbstverständnisses, so dass Interagierende bestimmte Varianten nur dann adaptieren, wenn sie sich mit dem sozialen (Stereo)Typ, mit dem sie die Verwendung der betreffenden Merkmale assoziieren, identifizieren (vgl. ebd.: 357). Das bedeutet, dass sich Interagierende im Sprachgebrauch nicht unmittelbar an ihrem Gegenüber ausrichten, sondern an sozialen (Stereo)Typen, denen sie in einer spezifischen Situation entsprechen wollen. Zu interpersoneller Akkommodation kommt es also nur dann, wenn das Gegenüber als ein Vertreter des angesteuerten Typus aufgefasst wird oder aus anderen Gründen mit der mit diesem Typus assoziierten Art des verbalen Verhaltens übereinstimmt.

Varietäten als ›Ethnokonstrukte‹: Aus lebensweltlicher Perspektive lassen sich nicht *die* Varietäten des Deutschen beschreiben. Die Idee von *einer* ›Varietätenlandschaft‹ des Deutschen ist ein wissenschaftliches Konstrukt, das den mannigfachen sozialen Realitäten der alltäglichen Lebenswelt nicht gerecht wird. Varietäten sind keine von neutraler Warte aus beschreibbaren Objekte, sondern ›Ethnokonstrukte‹, die es aus der Perspektive der Interaktionsteilnehmer/innen analytisch aufzudecken gilt. Im Rahmen interaktionaler Analysen ist es daher wichtig, sprachliche Variation in Bezug auf die in der jeweils untersuchten sozialen Gruppe kursierenden sprachlichen Mittel zu untersuchen und Varietäten aus der Perspektive der Interaktionsteilnehmer/innen zu rekonstruieren (vgl. Lanwer i. V.b).

Konzepte von sozialen Gruppen

Soziale Gruppen: Bei der Untersuchung sprachlicher Varietäten geht es selten um die Analyse des Sprachverhaltens einzelner Personen. Im Normalfall stehen der Sprachgebrauch unterschiedlicher sozialer Gruppen und/oder die Variabilität des Sprachgebrauchs innerhalb einer sozialen Gruppe im Fokus. Was genau eine soziale Gruppe ist, wird dabei unterschiedlich definiert. Es lassen sich grob zwei verschiedene Konzepte von sozialer Gruppe unterscheiden: Soziale Gruppen werden entweder attribut-bezogen (z. B. ›alle mit dunklen Haaren‹) oder interaktions-bezogen (z. B. ›die immer zusammen lernen‹) definiert.

Sprechgemeinschaften: Dieser Differenzierung entsprechend finden sich in der Literatur dann auch zwei verschiedene Verwendungen des Begriffs ›Sprechgemeinschaft‹ (*speech community*): Die attribut-bezogene Definition fasst eine Sprechgemeinschaft als eine Gruppe von Personen auf, die über die gleiche Sprache und/oder Varietät verfügen (vgl. z. B. Bloomfield 1933/1984: 42). Der Sprachgebrauch an sich identifiziert den Einzelnen als Mitglied einer Gruppe (z. B. als Mitglied der Gruppe der Deutschsprechenden). Der interaktions-bezogene Ansatz definiert eine Sprechgemeinschaft hingegen primär als eine interaktiv vernetzte Personengruppe, deren Mitglieder (aufgrund dieser Vernetzung) über ein

10.1

Varietäten aus lebensweltlicher Perspektive

Mindestmaß geteilter verbaler Ausdrucksmittel verfügen (vgl. Gumperz 1997).

Sprachliches Repertoire: Die in einer auf interaktiver Vernetzung beruhenden Sprechgemeinschaft gebräuchlichen Ausdrucksmittel lassen sich mit Gumperz als sprachliches Repertoire beschreiben. Teil dieses Repertoires können ganz verschiedene Sprachen, Varietäten, Stile usw. sein:

»The verbal repertoire [...] contains all accepted ways of formulating messages. It provides the weapons of everyday communication. Speakers choose among this arsenal in accordance with the meanings they wish to convey.« (Gumperz 1971: 152)

Das Zitat lässt deutlich erkennen, dass Gumperz nicht von einer Determiniertheit des Sprechens ausgeht, sondern Sprache als ein ›Arsenal‹ von Handlungsmöglichkeiten begreift. Wir sind unserer Art zu sprechen nicht hilflos ausgeliefert, sondern machen auch aktiven Gebrauch von verschiedenen Optionen, Äußerungen zu formulieren. Aus diesen Optionen wählen wir gemäß unseren Handlungszielen bestimmte Ausdruckformen aus. Sprachvariation wird so als Ethnomethode der Handlungsgestaltung beschreibbar.

Repertoireausschnitte: Nicht alle Mitglieder einer Sprechgemeinschaft haben zwangsläufig Zugriff auf die gleichen Ausschnitte eines sprachlichen Repertoires. Die Art der Teilhabe jedes Einzelnen an den kommunikativen Ressourcen der Gemeinschaft ist abhängig von der Teilhabe an verschiedenen die Gemeinschaft konstituierenden sozialen Praktiken. Diese werden jeweils auf der Basis spezifischer Repertoireausschnitte kommunikativ bewältigt.

Das Ziel einer interaktionalen Analyse kann es sein, das sprachliche Repertoire einer Sprechgemeinschaft in Bezug auf Struktur und Gebrauchsbedingungen (in Teilen) zu rekonstruieren. Von besonderem Interesse sind dabei gesprächsfunktionale Variationspraktiken, die Hinweise auf die für die untersuchte Sprechgemeinschaft interpretativ relevanten Varietätenunterschiede liefern (vgl. exemplarisch z. B. die Studien zur Stadtsprache Mannheim in Kallmeyer 1994).

Interaktionale Analysen sprachlicher Variation fokussieren in der Regel den Sprachgebrauch in kleinen Gruppen, wie Familien, Freundeskreisen, Schulklassen o. Ä. Das Konzept der Sprechgemeinschaft lässt sich zwar auf solche kleinen Interaktionsgemeinschaften anwenden. Gumperz bezieht sich mit dem Begriff der Sprechgemeinschaft aber gleichzeitig auch auf größere Populationen z. B. auch einer gesamten Nation. Im Normalfall stehen aber nicht alle Bewohner/innen eines Landes unmittelbar miteinander in Kontakt. Entsprechende ›Kollektive‹ verfügen daher nicht über eine gemeinsame Interaktionsgeschichte, wie dies in Bezug auf Familien oder Freundeskreise anzunehmen ist. Ein Konzept, das den Aspekt der engmaschigen interaktiven Vernetzung von Kleingruppen stärker herausstellt, ist das der *community of practice* (vgl. grundlegend Wenger 1998).

> Sprechgemeinschaft vs. community of practice

269

Definition

Communities of practice können als Knotenpunkte der interaktiven Vernetzung begriffen werden, die sich in der wiederholten zwischenmenschlichen Interaktion als solche herausbilden. Aus der Überlappung solcher ›Praxisgemeinschaften‹ ergeben sich größere Agglomerationen, wie z. B. städtische, regionale oder gar nationale Sprechgemeinschaften. Das Konzept der *community of practice* ist vor allem in soziolinguistischen Arbeiten der sogenannten *Third Wave* (Eckert 2012) aufgegriffen worden, die sich mit der interaktiven Konstruktion sprachlicher Identitäten und der in der kommunikativen Praxis verankerten Wechselwirkung von Sprachvariation und Sprachwandel befassen. Arbeiten zum Deutschen, die mit dem Konzept arbeiten, sind z. B. Droste (2016), Lanwer (2015) oder Spreckels (2006). Eine Darstellung der praxistheoretischen Hintergründe des Konzepts findet sich in Lanwer/Coussios (2017).

10.2 | Sprachvariation im Gespräch

Zur Durchführung einer Studie zu sprachlicher Variation muss man in der Regel nicht nach speziellen Daten suchen. Die Vielfalt des gesprochenen Deutsch springt einen in den meisten Gesprächsaufnahmen regelrecht an. Besonders ins Auge fallen dabei areale Unterschiede: Es genügt – wie es Macha (1991: 1) formuliert –, »mit wachen Sinnen alltägliche Gespräche zu verfolgen, wenn man Beweise für die Vitalität regionalsprachlicher Formen sucht«. Ein kurzer Auszug aus dem weiter oben bereits zitierten »Paargespräch« soll dies illustrieren:

Beispiel 1: Paargespräch 🔊 **FOLK_E_00039**

```
01   EL:   aber dann mAchen wa_n schÖ:net ALbum;
02         (0.7)
03   NO:   wOlln wa dit dann: dIgiTA:L mAchen;
04         in sO_m BUCH,
05         (1.1)
06   EL:   kÖnn_wa OOCH machen;
```

In dem Ausschnitt lassen sich verschiedene Lautvarianten entdecken, die im deutschsprachigen Raum zum einen eine begrenzte regionale Verteilung aufweisen und zum anderen in ihrer lautlichen Struktur auf dialektalen Ursprung hindeuten. Zu nennen sind hier

- der Verschlusslaut [t] in der Flexionsendung *-et* in »schÖ:net« [ʃøː.nət] ›schönes‹ (Z. 1),
- der hohe Vorderzungenvokal [ɪ] sowie der Verschlusslaut [t] in dem Demonstrativum »dit« [dɪt] ›das‹ (Z. 3) und
- der Monophthong [oː] in der Partikel »OOCH« [oːx] ›auch‹ (Z. 6).

Regiolektale Merkmale: Das Beispiel entstammt einer Aufnahme aus dem brandenburgischen Raum. Die beschriebenen Lautvarianten können als Kennzeichen eines brandenburgischen Regiolekts gewertet werden, einer Art Zwischenvarietät, die historisch betrachtet im Spannungsfeld zwischen Dialekt und regionalem Sprechstandard entstanden ist. Neben den aufgeführten regiolektalen Varianten stehen brandenburgischen Sprecher/innen in der Regel auch Varianten zur Verfügung, die als standardsprachliche Alternativen im Repertoire gelten können. Diese treten in Gesprächen durchaus – wie es auch der folgende Ausschnitt zeigt – unmittelbar neben den regiolektalen Formen auf:

Sprachliche Alternativen in einem Repertoire

Beispiel 2: Paargespräch ◀ FOLK_E_00039

```
01   NO:   <<all>tom müssen_wa OOCH no frAgen;
02         wegen dem AUto;>
03         (0.7)
04         NAmen Ändern;
05         (0.6)
06   EL:   <<p>NÖ:-=
07         =dit lAss ick noch DRANne;>
08         (0.2)
09   NO:   <<f>JA;>
10   EL:   JA:,
11         dit LASS ick nOch;
12         (0.7)
13         werd_dit uf_der HO:MEpage Ändern;
14         (1.5)
15         Aber:-
16         am: eh Auto lAss ick dit noch DRAN;
17         (0.9)
18   NO:→  <<↑>das is aber nIch mehr dein NA:me;>
19         (0.8)
20   EL:   ja:_Aber (.) dit\
21         ?HM: hh°
22         (1.4)
23   NO:   WIE;
```

In Beispiel 2 ist der Sprachgebrauch beider Sprecher/innen bis einschließlich Zeile 16 durch regiolektale Formen gekennzeichnet. In Zeile 18 realisiert Sprecher NO dann aber in »das is aber nIch mehr dein NA:me;« die Standardvariante *das* [das] anstelle der regiolektalen Variante *dit* [dɪt]. Man könnte nun einerseits das lokale Auftreten der Variante als Versehen, als ›Performanzfehler‹ oder als erwartbare Inkonsistenz im regiolektalen Sprachgebrauch abtun. Tatsächlich findet sich in der Literatur der Standpunkt vertreten, dass Varietäten sich lediglich durch statistische Wahrscheinlichkeiten auszeichnen, mit denen bestimmte Varianten auftreten. Im brandenburgischen Regiolekt wäre gemäß dieser Auffassung die Variante *das* [das] zwar unwahrscheinlicher als im regionalen Sprechstandard, aber nicht ›unmöglich‹. Andererseits kann man aber auch die für die Interaktionale Linguistik relevante Frage *Why that now?* stellen und prüfen, ob sich die Variation funktional deuten lässt. Einen solchen Ansatz verfolgen Arbeiten aus dem Bereich der Interaktionalen Soziolinguistik (s. Vertiefungskastenkasten ›Korrelative vs. Interaktionale Soziolinguistik‹).

10 Interaktionale Sprache und Varietäten

Zur Vertiefung

Korrelative vs. Interaktionale Soziolinguistik

Die Interaktionale (zunächst interpretative) Soziolinguistik wurde von John J. Gumperz als eine Art Gegenprogramm zur korrelativen oder auch quantitativen Soziolinguistik entwickelt. Im Bereich der korrelativen Soziolinguistik wird angenommen, dass es externe Faktoren wie Situation, Geschlecht, Alter etc. sind, die ein bestimmtes sprachliches Verhalten gewissermaßen auslösen und damit statistisch beschreibbar machen. In Bezug auf den Parameter der Situation geht man etwa davon aus, dass mit einem erhöhten Formalitätsgrad ein erhöhter Grad der auditiven Selbstbeobachtung (*audio monitoring*) einhergeht, was dann zur zunehmenden Verwendung standardsprachlicher Formen bzw. zur Unterdrückung von Non-Standard-Varianten führe. Über die Gestaltung unterschiedlicher Formalitätsgrade der Erhebungssituation wird dann versucht, verschiedene Varietäten aus den Probanden ›herauszukitzeln‹, die anhand unterschiedlicher Dichteverteilungen sprachlicher Varianten auf die verschiedenen Settings ermittelt werden.

Gumperz lastet Arbeiten aus diesem Bereich an, »die Interaktion als vermittelnde Kraft [...] zwischen Sprachverwendung und sozialen Kategorien« zu ignorieren und stattdessen von »einer direkten, normativen Beziehung« (Gumperz 1994: 617) zwischen sprachlichen und sozialen Variablen auszugehen. Ähnlich wie Gumperz warnt auch Goffman »vor einer bloß korrelativen Verbindung von sprachlichen und sozialen Variablen« (Bergmann 1991: 303). Stattdessen spricht Goffman sich dafür aus, »die soziale ›Situation‹ des sprachlichen Handelns« als Untersuchungseinheit ernst zu nehmen. Mit den Grundlagen des Goffman'schen Situationsbegriffs, der in diesem Zusammenhang relevant wird, haben wir uns bereits in Kapitel 9.2.2 näher befasst.

Eine soziale Situation ist nach Goffman kein objektiv greifbarer Faktor, der den Grad der Selbstbeobachtung steuert. Vielmehr beschreibt der Goffman'sche Situationsbegriff eine Art der sozialen Begegnung, die Potenziale zur wechselseitigen Beobachtung freischaltet. Es geht also um die Möglichkeit, unter der Beobachtung anderer zu handeln, so dass das eigene Handeln oder Spuren dieses Handelns mehr oder weniger unmittelbar zum Wahrnehmungsobjekt für andere werden und umgekehrt. Der wechselseitige Zugang kann dabei durchaus – wie bei einem Telefonat oder in einem Whats-App-Chat – auf die Wahrnehmung des sprachlichen Handelns bzw. der dadurch erzeugten medialen Produkte reduziert sein. Alles, was auf den situativen Möglichkeiten des wechselseitigen Zugriffs aufbaut, wie z. B. der Einstieg in eine fokussierte Interaktion, die Übernahme/Zuweisung bestimmter sozialer Rollen, das Anzeigen spezifischer Handlungserwartungen oder die (wechselnde) Übernahme oder Zuweisung von Sprecher- und Hörerrolle, also das Turn-taking, basiert auf der Kontextualisierungsarbeit der Interagierenden. Die Interagierenden zeigen sich durch ihr verbales und nonverbales Verhalten an, wie sie die Situation auslegen, in welcher Rolle sie agieren (wollen), was sie vom Gegenüber erwarten usw. Zahlreiche Arbeiten aus dem Bereich der Interaktionalen Soziolinguistik demonstrieren, dass auch Wechsel zwischen verschiedenen Varietäten oder Sprachen als Kontextualisierungsressourcen genutzt werden.

272

Die interaktionale Perspektive auf Sprachvariation nimmt eine andere Deutung des Umstandes der statistischen Unwahrscheinlichkeit der Form *das* [das] im gegebenen Kontext vor: Man stellt die Frage, ob das ›unerwartete‹ Auftreten der Variante für die Interaktionsteilnehmer von interpretativer Relevanz ist. Es schließt sich hier natürlich unmittelbar die Frage an, woher man wissen kann, dass die Variante für die Interagierenden tatsächlich (kotextuell) ›überraschend‹ ist. Woher wissen wir, dass es für die Sprecher/innen nicht völlig normal ist, dass im Gebrauch verschiedene Varianten ›wahllos durcheinanderfliegen‹? Die Beantwortung dieser Frage ist alles andere als trivial (s. hierzu ausführlicher Kap. 10.3). Wir wollen daher zunächst als gegeben voraussetzen, dass das Auftreten der Variante einen Unterschied macht und uns mit der Frage nach der konversationellen Bedeutung befassen.

Variation und konversationelle Bedeutung

Konversationelles Code-Switching: Wechsel zwischen Sprachen oder Varietäten in der Interaktion, die mit einer konversationellen Funktion verbunden sind, werden in der Literatur auch als *conversational code-switching* bezeichnet. Der Begriff geht zurück auf Gumperz, der konversationelles Code-Switching definiert als »the juxtaposition within the same speech exchange of passages of speech belonging to two different grammatical systems or subsystems« (Gumperz 1982a: 59). Die vielzitierte Definition von Gumperz ist zunächst eine rein strukturelle: Es wird erst einmal nur der Umstand benannt, dass Redeabschnitte (*passages of speech*) in ein und derselben Interaktion nebeneinander vorkommen (*juxtaposition within the same speech exchange*), die zu unterschiedlichen Sprachen (*grammatical systems*) oder Varietäten (*subsystems*) gehören.

Sprachliche Merkmale als Varietätenindikatoren: Treffender wäre es vielleicht zu sagen, dass einzelne Redeabschnitte aufgrund bestimmter sprachlicher Merkmale auf unterschiedliche Sprachen oder Varietäten verweisen: Es sind bestimmte »surface chracteristics« (Gumperz 1982a: 86), die eine Äußerungsfolge, Äußerung oder Teiläußerung für die Interaktionsteilnehmer/innen als Instanz einer Sprache/Varietät B im *Kontrast* zur der bisher als ›Normallage‹ (Kallmeyer/Keim 1994: 167–169) verwendeten Sprache/Varietät A erkennbar machen (s. Abb. 10.2). Dieser Kontrast kann als solcher dann als Kontextualisierungsmittel eingesetzt werden.

Singuläre vs. rekurrente Kontextualisierungsverfahren: Konversationelles Code-Switching lässt sich unter Rückgriff auf eine von Auer (1992b) aufgestellte Typologie als ein singuläres Kontextualisierungsverfahren beschreiben. Singulär ist die Kontextualisierung durch Code-Switching, da es sich hierbei um eine kurzzeitige interpretative Relevantsetzung der Code-Wahl an einer spezifischen Stelle im Gesprächsverlauf handelt. Die Wahl der Normal-

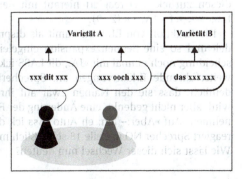

Abb. 10.2: Konversationelles Code-Switching

lage kann hingegen als rekurrentes Kontextualisierungsverfahren gelten, das fortlaufend Hinweise auf eine globalere Situationsinterpretation liefert, die dann durch das lokale Auftreten eines Code-Switchings kurzzeitig durchbrochen wird. Aber wie lassen sich solche singulären Kontextualisierungsverfahren analytisch aufdecken und funktional beschreiben?

Prozessualität und Sequenzialität: An verschiedener Stelle haben wir darauf hingewiesen, dass für die Analyse interaktionaler Sprache stets Aspekte der Prozessualität und Sequenzialität eine zentrale Rolle spielen. Diese sind auch für die Analyse von Code-Switching-Verfahren von entscheidender Bedeutung: Konversationelles Code-Switching entfaltet sein kontextualisierendes Potenzial in Form eines punktuellen Erwartungsbruchs hinsichtlich der strukturellen Gestaltung sprachlicher Äußerungen. Dieser Erwartungsbruch wird – das ist hier zunächst entscheidend – nur unter Einbeziehung der sequenziellen Einbettung in das Handlungsgeschehen sinnvoll interpretierbar. Wenden wir uns, um dies zu erläutern, wieder der Analyse von Beispiel 2 zu.

Sequenzanalytische Rekonstruktion: Um zu beantworten, ob der identifizierte Varietätenwechsel vom brandenburgischen Regiolekt in einen regionalen Sprechstandard in Beispiel 2 konversationell bedeutungsvoll ist, müssen wir den Gesprächsverlauf bis zu dem Moment des Varietätenwechsels sequenzanalytisch rekonstruieren. Der Ausschnitt entstammt einer Unterhaltung eines frisch verheirateten Paares. Die zitierte Sequenz ist einer Phase des Gesprächs entnommen, in der es um Konsequenzen der mit der Heirat verbundenen Namensänderung von Sprecherin EL geht. Zu Beginn des zitierten Ausschnitts initiiert Sprecher NO mit »tom müssen_wa OOCH no frAgen; wegen dem AUto;« (Z. 1–2) zunächst vage einen Themenwechsel. Nach einer Pause von 0.7 Sek. liefert NO mit »NAmen Ändern;« eine Spezifizierung nach, und macht damit deutlich, dass es ihm um eine Änderung der Beschriftung des Autos von B geht (es handelt sich um den Firmenwagen des Friseursalons von EL), die lediglich noch in Auftrag gegeben werden muss. Durch die Verwendung der Partikel »OOCH« wird die skizzierte Handlung als konsensuell vorgetragen (*Das ist etwas, was wir ja noch machen müssen.*; vgl. hierzu auch Imo 2013: 243). Nach einer erneuten Pause reagiert EL mit » < < p > NÖ:– = dit lAss ick noch DRANne; > « (Z. 6–7) auf den Beitrag und reinterpretiert die Äußerung von NO damit als eine Art offenes Handlungsangebot im Sinne eines Vorschlags und weist diesen zurück. NO reagiert hierauf mit der rückversichernden Nachfrage » < < f > JA; > « (Z. 9).

Die Reaktion von EL wird damit als dispräferiert (s. Kap. 6.3) behandelt und so eine Sequenzexpansion eingeleitet. EL bekräftigt ihre Entscheidung noch einmal mit »JA:, dit LASS ick nOch;« (Z. 10–11) und fügt weiterführende Erläuterungen an. Sprecherin EL macht noch einmal deutlich, dass sie den Namen zwar auf ihrer Homepage aktualisieren wird, aber nicht gedenkt, eine Änderung der Fahrzeugbeschriftung vorzunehmen. Auf »Aber:– am: eh Auto lAss ick dit noch DRAN;« (Z. 15–16) reagiert Sprecher NO in Zeile 18 schließlich mit einem Varietätenwechsel. Wie lässt sich dieser Wechsel nun deuten?

Sequenzielle Position: Die Position des Wechsels im sequenziellen Aufbau des Beispiels ist in keiner Weise zufällig: Wir haben es hier mit einer Art Vorschlag-Ablehnungssequenz zu tun, die aufgrund der ausbleibenden Annahme oder Zustimmung eine Expansion erfährt. Nach wiederholter Ablehnung des Handlungsangebots durch EL wechselt NO in den regionalen Sprechstandard und verschiebt die Verhandlung des Problems mit < < ↑ > das is aber nIch mehr dein NA:me; > (Z. 18) auf eine allgemeine thematische Ebene. Der Konflikt wird hier auf die nächste Eskalationsstufe gehoben. Dies lässt sich deutlich an der Reaktion von Sprecherin EL ablesen: EL reagiert zunächst mit der relativierenden Teiläußerung »ja: Aber (.) dit\« (Z. 20), die sie aber abbricht und dann mit einem Seufzer kurz aus dem Wortgefecht aussteigt. Es kommt an dieser Stelle kurzzeitig zu einem Stocken des Interaktionsfortgangs, der im Zusammenhang mit dem auftretenden Dissens steht. Hierauf reagiert NO mit »WIE;« und bringt damit eine gewisse Irritation zum Ausdruck.

```
16        am: eh Auto lAss ick dit noch DRAN;
17        (0.9)
18  NO:→  <<↑>das is aber nIch mehr dein NA:me;>
19        (0.8)
20  EL:   ja:_Aber (.) dit\
21        ?HM°hh°
22        (1.4)
23  NO:   WIE;
```

Es schwappt ein ungeahnter Konflikt an die Diskursoberfläche. Die Zuspitzung des Dissens (EL: »am: eh Auto lAss ick dit noch DRAN;« vs. NO: »das is aber nIch mehr dein NA:me;«) wird durch die Äußerung verbalisiert, die durch einen Wechsel markiert ist. Mit dem Dissens auf inhaltlicher Ebene geht hier also eine Divergenz im Sprachgebrauch einher. Die betreffende Intonationsphrase wird zudem mit leicht erhöhter Tonlage realisiert. Die Funktion des Wechsels lässt sich somit als Hervorhebung einer Äußerungseinheit zur zusätzlichen Dissensmarkierung beschreiben.

Code-Switching und Dissensmarkierung

Funktion vs. sequenzieller Kontext: Es ist wichtig, an dieser Stelle darauf hinzuweisen, dass die Markierung des Dissens nicht allein durch das Code-Switching erfolgt, sondern hierdurch ›nur‹ verstärkt wird. Code-Switching hat in den meisten Fällen eine reine Markierungsfunktion, die dann in Bezug auf den spezifischen sequenziellen Kontext weiter ausgedeutet werden kann. Auer weist allgemein darauf hin, dass sich in Bezug auf Code-Switching-Verfahren weniger spezifische Funktionen bestimmen lassen, als bestimmte Sequenzkontexte wie Parenthesen, Reparaturen, Wiederholungen etc., in denen Wechsel ›bevorzugt‹ auftreten (vgl. Auer 1995: 125).

Sozialsymbolik und Stilisierung: Die im Verlauf eines Gesprächs lokal aufgebauten sprachlichen Kontraste können aber auch zusätzlich im Zusammenhang mit sozialsymbolischen Facetten der an dem Kontrastaufbau beteiligten Sprachen oder Varietäten (z. B. Sprache der Nähe vs. Sprache der Distanz) erfolgen. Günthner (2002b: 72) stellt auf der Basis

10

Interaktionale Sprache und Varietäten

einer Untersuchung von Datenmaterial aus Baden-Württemberg z. B. die Tendenz fest, dass

»Wechsel in die Standardvarietät zur Markierung von Formalität, von Distanz, ja auch von Arroganz, scheinbarer Vornehmheit und pedantischem Verhalten eingesetzt werden, während der Wechsel in eine stärkere Dialektvarietät [...] häufig eingesetzt [wird], um eine Figur als provinziell, langsam oder dümmlich-naiv zu stilisieren«.

Aspekte der Sozialsymbolik spielen – wie auch in der Untersuchung von Günthner – vor allem im Zusammenhang mit sogenannten Stilisierungsverfahren eine Rolle (vgl. u. a. Birkner/Gilles 2008; Günthner 2002b: 69–72; Lanwer 2011). Die Wahl der Varietäten ist dabei keinesfalls willkürlich, »[d]ie Funktionen, die dem jeweiligen Codeswitching zukommen, [...] [sind] jedoch stets kontext- und milieuabhängig« (Günthner 2002b: 72). Kallmeyer/Keim stellen in ganz ähnlicher Weise fest, dass nicht von einem stabilen Eins-zu-eins-Verhältnis zwischen sprachlichen Varianten bzw. Variantenbündeln und sozialer Bedeutung auszugehen ist, sondern dass sprachliche Kontraste je nach Verwendungszusammenhang eine unterschiedliche Funktionalisierung erfahren (vgl. Kallmeyer/Keim 1994: 236).

Der Einsatz von Varietätenwechseln als Stilisierungsressource erfolgt häufig unter Verwendung stereotypischer Formmerkmale. Es geht nicht darum, eine Art des Redens möglichst authentisch wiederzugeben, sondern stereotype Eigenschaften für bestimmte kommunikative Zwecke zu funktionalisieren (vgl. Günthner 2002b u. a.). Dies ist auch in Beispiel 3 (aus Lanwer 2011) der Fall. Darauf deutet zum einen der Umstand hin, dass hier zur Stilisierung einer Berlinischen Varietät u. a. die Junktion *dass* als *det* [dɛt] realisiert wird. Eine solche Form kommt in ›authentischem‹ Berlinisch normalerweise nicht vor (Schlobinski 1987: 144–149) und ist hier als eine Übergeneralisierung (in Analogie zu *das* [dat] → *dit* [dɪt] oder *det* [dɛt]) zu beschreiben. Zum anderen wird durch die Stilisierung eine Bewertung des kommunikativen Verhaltens der inszenierten Figur kontextualisiert. Sprecherin S1 ›karikiert‹ nicht allein eine bestimmte Art des Sprechens, sondern bietet eine Bewertung eines bestimmten kommunikativen sozialen Stils an (zum Konzept des kommunikativen sozialen Stils vgl. u. a. Keim 2006).

Beispiel 3: Moabit oder Marzahn

```
01   S1:   ja in BERLin sagt man ja auch Oft_zu mir,
02         (0.1)
03      →  <<leicht gepresst>brAUs ↑nisch ↓GLAUben det_wa
           zu dir frEUndlischer sind nUr weil_e bein
           fErnseherarbeites;>
04         ((alle lachen, Publikum klatscht))
05   S2:   JA-
06         [((lacht 1.3 Sek.))]
07   S3:   [GE:nau;          ]
08         ((Gäste lachen 4.0 Sek.))
09   S4:   moabIt oder marZAHN,
```

276

Sprachvariation im Gespräch

10.2

```
10  S1:  <<lachend>moaBIT,>
11       (0.2)
12  S4:  oKEE,
```

In dem zitierten Auszug nimmt die Moderatorin und Entertainerin Barbara Schöneberger (Sprecherin S1), die hier in einer Talkshow zu Gast ist, eine Figureninszenierung vor. Die inszenierte Figur tritt stellvertretend für einen bestimmten Sozialtypus auf. Deppermann (2007: 336–339) spricht in solchen Fällen auch von *category-animation*. Das inszenierte kommunikative Verhalten wird als Gegenentwurf zu einem zuvor als zurückhaltend beschriebenen Umgang mit Personen des öffentlichen Lebens präsentiert. Die Darbietung wird in Zeile 1 mit der redesituierenden Phrase »ja in BERlin sagt man ja auch Oft _zu mir,« eingeleitet. Durch die Verwendung des generischen Pronomens *man* und den Gebrauch des Temporaladverbs *oft* wird angezeigt, dass das folgende inszenierte Verhalten als typisch aufzufassen ist. Mittels verschiedener lautlicher und morphosyntaktischer Merkmale sowie durch die Veränderung der Stimmqualität wird die Äußerung in Zeile 3 in der Ausgestaltung deutlich als fremde Rede kontextualisiert. Die Redeweise wird von der Sprecherin S1 selbst in gewisser Weise als Berlinisch gerahmt (»in BERlin sagt man«). Die Stilisierung wird durch Lachen und Applaus zunächst goutiert und im weiteren Gesprächsverlauf von der Moderatorin (Sprecherin S4) als typisches Verhalten für Menschen aus den Bezirken Moabit oder Marzahn identifiziert. Die Verortung in Moabit wird dann von S1 bestätigt.

Inszenierung eines sozialen Stereotyps

> Verfahren der **Stilisierung** können vereinfacht als gesprächsfunktionale sprachliche Imitationen oder ›Karikaturen‹ (vgl. Kallmeyer/Keim 2003: 52) umschrieben werden. Die theoretischen Grundlagen des Stilisierungskonzepts entstammen in erster Linie der interpretativen Soziolinguistik (vgl. hierzu Hinnenkamp/Selting 1989). Stilisierungen können als komplexes Kontextualisierungsverfahren beschrieben werden, das sich häufig durch eine Art Überzeichnung sprachlicher Charakteristika auszeichnet. Gestaltungsmittel, die im Rahmen von Stilisierungsverfahren eingesetzt werden, sind neben der Prosodie häufig Wechsel zwischen Varietäten (Code-Switching).

Definition

Varietätenwechsel im Rahmen von Stilisierungsverfahren sind verhältnismäßig leicht zu entdecken. Die zwecks Stilisierung realisierten sprachlichen Merkmale treten hier zum einen (im Normalfall) gemeinsam mit prosodischen Kontextualisierungsmitteln (Veränderung von Sprechstimme, Lautstärke usw.) auf, die die inszenierte Rede von der eigenen deutlich absetzen. Zum anderen sind die stilisierten Gebrauchsmuster in vielen Fällen nicht Teil des »own habitual repertoire« (Rampton 2009: 149) der stilisierenden Sprecher/innen und markieren daher in der Regel einen deutlichen Unterschied zur Normallage. Varietätenwechsel treten außerhalb von Stilisierungsverfahren hingegen häufig ohne begleitende Modulationen stimmlicher Parameter auf und sind vor allem bei Wechseln zwischen strukturell sehr ähnlichen Varietäten für Außenstehende nur schwer zu identifizieren. Für die Analyse stellt dies ein zentrales methodisches Problem dar.

10.3 | Probleme des methodischen Zugriffs

Das Wissen darüber, welche Varianten innerhalb einer bestimmten *community of practice* über Kontrastpotenzial verfügen, ist grundlegend für jede Analyse von Varietätenwechseln als Kontextualisierungsverfahren. Mit den gängigen, rein qualitativen Methoden der Interaktionalen Linguistik geraten wir hier häufig an unsere Grenzen. Wir können nur bedingt über eine Menge von Einzelfallanalysen das sprachliche Repertoire einer *community* rekonstruieren, da das Wissen über die Strukturen dieses Repertoires eigentlich Voraussetzung für jede Einzelfallanalyse ist.

Kontraststrukturen und Funktionspotenziale

Emisch vs. etisch: Wenn wir Varietätenwechsel in der Interaktion in Bezug auf die damit verbundenen Funktionen untersuchen wollen, setzt dies voraus, dass wir die Varietäten, zwischen denen die Interagierenden hin- und herwechseln, kennen. Wir müssen wissen, welche Merkmale einen Wechsel als solchen markieren. Derartige ›Kontraststrukturen‹ sind – ebenso wie die damit verbundenen Funktionspotenziale – Bestandteile gruppenspezifischen Ethnowissens (Gumperz 1982a: 132). Es wird daher in der Literatur auch immer wieder darauf hingewiesen, dass nur Varianten, die für die Sprecher/innen selbst von kommunikativer Relevanz sind, Unterschiede zwischen Varietäten ausmachen.

Zuweilen wird in diesem Zusammenhang auch von einem emischen (wie in phon*emisch*) Status entsprechender Varianten gesprochen, die dann von etischen (wie in phon*etisch*) Varianten unterschieden werden, die sich zwar linguistisch beschreiben lassen, aber keinen Unterschied machen (zu der begrifflichen Unterscheidung vgl. ausführlich Lanwer 2015c: 62–68). Strukturelle Differenzen allein machen – so die Überlegung – generell nicht den Unterschied zwischen Varietäten aus. Diese müssen sich immer mit funktionalen Aspekten verbinden, wie es Hymes in folgendem Zitat pointiert zum Ausdruck bringt:

»[T]he objective linguistic differences are secondary, and do not tell the story. What must be known is the attitude toward the differences, the functional role assigned to them, the use made of them.« (Hymes 1974: 289)

Enregisterment: Der anthropologische Linguist Asif Agha spricht mit Blick auf die Herausbildung funktional motivierter Unterschiede zwischen sprachlichen Varianten auch von einer Art ›Registrierung‹ (*enregisterment*). Unter *enregisterment* versteht Agha einen Prozess, durch den »distinct forms of speech come to be socially recognized (or enregistered) as indexical of speaker attributes by a population of language users« (Agha 2005: 38). Ein Zugriff auf derartige indexikalische Verweispotenziale eröffnet sich mittels der funktionalen Analyse von Sprachvariation in der Interaktion, wie wir sie in Kapitel 10.2 kennengelernt haben. Es

Probleme des methodischen Zugriffs

bleibt allerdings die Frage, wie wir bestimmen, was für eine bestimmte Sprechergruppe »distinct forms of speech« sind.

Erkennbarkeit von Kontrastrukturen: Die einen Code-Switch konstituierenden Kontraststrukturen sind für Außenstehende nicht immer ohne weiteres erkennbar. In interaktionalen Studien wird dieses Problem nur selten gesehen. Es werden häufig einfach »einzelne Varianten als Indikatoren für Sprachlagen/Varietäten [...] genommen« (Möller 2013: 60), ohne empirisch zu belegen, dass entsprechende Varianten in der untersuchten *community of practice* den Status eines solchen Indikators haben. Es wird also »eine bestimmte Strukturierung des Repertoires vorausgesetzt [...], die eigentlich noch nachzuweisen wäre«. Wenn die Forscher/innen über hinreichende Kenntnisse des relevanten Repertoires verfügen, kann dies aber durchaus zu tragbaren Analysen führen. Entsprechende Analysen entbehren dann allerdings eines substanziellen empirischen Fundaments, wie es interaktionale Studien eigentlich für sich beanspruchen.

Mangelnde Kenntnis des Repertoires: Bei mangelnder Kenntnis der relevanten Repertoirestrukturen kann es hingegen zu ernsthaften Problemen kommen, wenn man z. B. Varianten ein Kontrastpotenzial zuschreibt, das für die untersuchte *community of practice* keinen Bestand hat. Dies soll an dem folgenden Beispiel illustriert werden:

Beispiel 4: Paargespräch ◀ FOLK_E_00039

```
01   NO:   (denn) wenn_de dann so JUNG bist-
02         denn sagen ALle irgenwIE:-
03         DANN::-
04         wEEß ick NICH;
05         °hh|
06         (0.3)
07   EL:   JA.
08         (2.4)
09   NO:→  aber dass du SELBSständig bIst-=
10         =d_da frAgt OOCH keener [dann nAch;]
11   EL:                          [da fragt ] OOCH
             [keener nA]:ch;
12   NO:   [NEE.     ]
```

Wir könnten uns hier z. B. fragen, ob nicht die Variante *dass* [das] in Zeile 9 einen Wechsel vom Regiolekt in den regionalen Sprechstandard markiert, den es funktional zu analysieren gilt. Eine Sprecherin vom Niederrhein, wo der Variante *dass* [das] die Variante *dat* [dat] systematisch als regiolektale Form gegenübersteht (vgl. Lanwer 2015c: 227–231), wird dies vermutlich unmittelbar so ›empfinden‹. Die Analyse wäre aber verfehlt.

Das Problem des mangelnden Kontrasts: Im brandenburgischen Regiolekt tritt der finale Verschlusslaut nur in Artikel und Pronomen regelhaft auf. Die Junktion *dass* weißt – wie im Berlinischen – mehr oder weniger ausschließlich einen finalen Frikativ auf (vgl. Lanwer 2015c: 290–291). Die Form *dass* [das] ist daher auch im Kontext z. B. von Varianten wie *ick* [ɪk] (Z. 4) oder *ooch* [oːx] (Z. 10) absolut erwartbar und kann somit kaum einen Kontrast markieren. Die Interpretation eines Varietätenwechsels wäre hier also fehl am Platz. Derartige Fehlinterpretationen lassen sich zwar potenziell durch das Abklopfen funktionaler Zusammenhänge beheben. Zum einen wird man aber vermutlich hier und da in Sequenzen funktional etwas hineininterpretieren können. Zum anderen wächst die Anzahl der potenziell analyserelevanten Stellen aufgrund der Allgegenwärtigkeit sprachlicher Variation schnell ins Unermessliche, wenn man nicht weiß, welche Varianten für die untersuchten Sprecher potenziell einen Kontrast aufbauen können.

Regionalspezifische Variationspraktiken

Das Problem der falschen Zuordnung: Außerdem kann es auch dazu kommen, dass man als Außenstehender bestimmte Varianten gewissermaßen der falschen Varietät zuschlägt. So ist etwa die Realisierung eines Schwavokals in unbetonten Nebensilben mit nasalem An- und Auslaut, wie in *angekommen* [aŋ.gəkɔmən] am Niederrhein ein regiolektales Merkmal. Entsprechende Lautstrukturen werden in den einschlägigen Aussprachelehrwerken zum Deutschen hingegen als standardsprachlich deklariert. Diese Zuordnung ist für den Sprachgebrauch am Niederrhein definitiv nicht zutreffend (Lanwer 2015c: 229). Über entsprechendes Wissen muss man verfügen, will man Variationspraktiken in der Region adäquat untersuchen. Besonders im Rahmen interaktionaler Analysen ist es wichtig, sprachliche Variation in Bezug auf die in dem Repertoire der konkret untersuchten Sprechgemeinschaft(en) verfügbaren Alternativen des Ausdrucks aus der Innenperspektive der Interagierenden zu beleuchten. Man sollte die sequenzanalytische Methode daher im Idealfall mit Verfahren kombinieren, die es ermöglichen, die relevanten strukturellen Bezugsgrößen empirisch zu rekonstruieren.

Variablenanalyse: Strukturelle Unterschiede zwischen Varietäten werden in varietätenlinguistischen Untersuchungen zumeist mittels sogenannter Variablenanalysen ermittelt. Formen, die gegeneinander austauschbar sind, bilden eine Variable. Variablen sind Einheiten, die bei funktionaler Konstanz formale Variation zeigen (oder umgekehrt). So kann im Brandenburgischen etwa *Ich auch!* [ɪç.aɔx] durch *Ick ooch!* [ɪk. oːx]) ersetzt werden, ohne dass es zu einer Änderung des propositionalen Gehalts der Äußerung kommt. Die Äußerungen sind im Hinblick auf die Proposition (s. Kap. 1) identisch. Die Formen *ich* und *ick* einerseits sowie die Formen *auch* und *ooch* andererseits können daher jeweils als Varianten einer Variable aufgefasst werden. Der Wechsel zwischen Alternativen des Ausdrucks kann in der Interaktion aber – wie wir gesehen haben – durchaus mit konversationellen Funktionen belegt werden.

Kovariation und Kookkurrenz: Eine Variablenanalyse zielt darauf ab, die Art der Verteilung von Varianten sprachlicher Variablen in einem Datensample aufzudecken. In Bezug auf die methodische Umsetzung einer solchen Analyse lassen sich zwei Ansätze unterscheiden, die mit verschiedenen Varietätenkonzepten verbunden sind:

Verschiedene Varietätenkonzepte

- Auf der einen Seite findet sich die Auffassung, dass Varietäten Bündel sprachlicher Varianten sind, die sich in Korrelation mit sozialen Parametern wie Situation, Alter, Bildungsgrad, Geschlecht usw. ermitteln lassen. Wenn sich z. B. beobachten lässt, dass sich die Varianten *ick* und *ooch* einerseits und die Varianten *ich* und *auch* andererseits mit

Probleme des methodischen Zugriffs

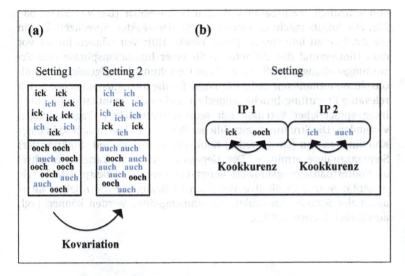

Abb. 10.3: Kovariation vs. Kookkurrenz

jeweils ähnlichen Häufigkeiten auf verschiedene Situationen bzw. Aufnahmesettings verteilen, wird davon ausgegangen, dass sich an dieser ›Kovariation‹ der Varianten ablesen lässt, dass die kovariierenden Varianten Merkmale unterschiedlicher Varietäten sind (s. Abb. 10.3a).

- Auf der anderen Seite findet sich die Auffassung, dass Varietäten Bündel sprachlicher Varianten sind, die sich durch die Kookkurrenz im Gebrauch auszeichnen. Mit Kookkurrenz ist dabei nicht gemeint, dass Varianten z. B. in derselben Situation bzw. demselben Setting mit ähnlicher Häufigkeit vorkommen, sondern im Gebrauch in unmittelbarer Nähe zueinander auftreten. Für die Bestimmung einer solchen ›Nachbarschaft‹ im Gebrauch eignet sich als linguistische Bezugseinheit etwa die Intonationsphrase (s. Kap. 7.2.3). Die Varianten *ick* und *ooch* wären nach diesem Ansatz dann Merkmale einer Varietät, wenn sie regelmäßig gemeinsam innerhalb von Intonationsphrasen auftreten und selten oder gar nicht in Kombination mit den jeweiligen Alternativen *ich* bzw. *auch* vorkommen (s. Abb. 10.3b).

Kombination qualitativer und quantitativer Verfahren: Für interaktionale Analysen erweist sich nun der (methodisch allerdings nicht unaufwendige) Kookkurrenz-Ansatz als äußerst zielführend. Bereits Gumperz weist darauf hin, dass das Wissen über Kookkurrenzregularitäten grundlegend für die Interpretation sprachlicher Variation in der Interaktion ist:

»To identify simultaneous shifts in several variants as a contrast between discrete styles or varieties, speakers must (a) control a range of variables and (b) share expectations concerning sequential co-occurrences among features belonging to what linguists treat as distinct levels of signaling.« (Gumperz 1982a: 34)

Kombinierte Kookkurrenz- und Sequenzanalyse: Über Kookkurrenzanalysen lässt sich ermitteln, welche Varianten in der näheren Umgebung anderer Varianten erwartbar sind. Varietäten werden dann als Mengen von kotextuell erwartbaren Varianten beschreibbar (Lanwer 2015c: 68–73). Der Ansatz macht es daher möglich, den »Faktor ›Sprechzeit‹ [...] in die Analyse zu integrieren« (Auer 1986b: 110): Wir können immer vor dem Hintergrund des Variantenprofils einer Intonationsphrase eine Erwartungshaltung über die sprachliche Gestaltung der folgenden Intonationsphrase formulieren, auf diese Weise für die Interagierenden potenziell relevante Erwartungsbrüche aufdecken und so die quantitative Beschreibung sprachlicher Variation mit sequenzanalytischen Fragestellungen verbinden. Die Strukturen sprachlicher Repertoires lassen sich so in einer Kombination von (struktureller) Kookkurrenzanalyse und (funktionaler) Sequenzanalyse ermitteln. Der Gegenstandsbereich ›Varietätenwechsel als Kontextualisierungshinweis‹ liefert daher ein Paradebeispiel dafür, wie quantitative und qualitative Verfahren in Bezug auf die Analyse interaktionaler Sprache konstruktiv zusammengeführt werden können (vgl. ausführlich Lanwer 2015c).

11 Interaktionale Schriftlinguistik

11.1 Fallstudie I: Nachbarschaftspaare
11.2 Fallstudie II: Emojis
11.3 Zukünftige Forschungsfragen

Interaktionale Schriftlichkeit als neues Phänomen: Die Analyse von schriftlicher Interaktion mit den Methoden und Konzepten der Interaktionalen Linguistik – und noch viel mehr die Ausarbeitung eines eigenständigen Teilbereichs, den wir hier als Interaktionale Schriftlinguistik bezeichnen wollen – steckt noch in den Kinderschuhen. Ein Grund dafür ist, dass die Interaktionale Linguistik aus der Konversationsanalyse entstanden ist, die auf die Untersuchung *gesprochener* Sprache fokussiert war. Ursprünglich hatte die Konversationsanalyse oft einen stark medial orientierten Gegensatz zwischen Sprechen und Schreiben aufgebaut, wobei das Sprechen als interaktional und das Schreiben als monologisch klassifiziert wurde. Noch 1996 schrieb Schegloff (1996: 115), dass das Ziel darin bestehe, die ›ältere‹ Linguistik, die sich nur auf Schriftlichkeit und auf die Analyse von auf Informationsübermittlung ausgerichteter Sprache beschränke, auf die Analyse von Handlungsdurchführungen in Interaktionen auszubauen (»stretching an older linguistics – built for predication and writing – to cover action in interaction«).

Die Gleichsetzung von *gesprochene Sprache* = *Handlungsdurchführung* vs. *geschriebene Sprache* = *Informationsübermittlung* ist so nicht aufrechtzuerhalten, auch wenn die Erforschung interaktionaler Schriftlichkeit in der Tat eine relativ neue Entwicklung darstellt: Zwar konnte man schon immer in der Schrift aufeinander reagieren, indem man z. B. einander Briefe schrieb. Für diese Art der Kommunikation ist allerdings das Konzept des Dialogs als eines geordneten Gedankenaustauschs passender (Kap. 2.4). Schriftliche Interaktion im Sinne eines stark prozesshaften, situationsbezogenen und kooperativen Kommunizierens kam erst mit der Entwicklung des Internet in den späten 1960er Jahren und, als Massenphänomen, mit dem World Wide Web auf. Vor allem die in den 1990er Jahren sehr beliebte Chatkommunikation, später dann das Schreiben via SMS und heute via mobilen Messenger-Diensten weisen typische Züge von Interaktion auf.

Ansätze zur Erforschung interaktionaler Schriftlichkeit: Die Entwicklung des Forschungsfeldes, das hier als Interaktionale Schriftlinguistik bezeichnet wird, läuft daher parallel zu der Entwicklung von Konzepten für die Analyse computervermittelter Kommunikation. Im schriftlichen interaktionalen Kommunizieren steht nun – genau wie in der mündlichen Interaktion – die Analyse von Handlungen und deren Durchführung im Vordergrund. Im Verlauf der Zeit sind dabei unterschiedliche Ansätze entwickelt (bzw. bestehende Ansätze ausgebaut) worden, um interaktionales schriftliches Kommunizieren zu analysieren:

Computervermittelte Kommunikation

Die Computer-Mediated Discourse Analysis (CMDA): Im englischsprachigen Raum ist dabei mit der Computer-Mediated Discourse Analysis

J. B. Metzler © Springer-Verlag GmbH Deutschland, ein Teil von Springer Nature, 2019
W. Imo / J. P. Lanwer, *Interaktionale Linguistik*,
https://doi.org/10.1007/978-3-476-05549-1_11

(CMDA), die von Herring (2001, 2004, 2010, 2011, 2013, 2015) entwickelt wurde, eine weitgehend eigenständige Forschungstradition entstanden, auf die in vielen deutschsprachigen Publikationen Bezug genommen wird. Die von Herring vertretene Diskursanalyse entspricht dabei der dritten, in Kapitel 2.5 dargestellten, Variante der Diskursanalysen, d. h. einer linguistischen Diskursanalyse. Dieser Ansatz teilt durchaus einige Annahmen mit der Interaktionalen Linguistik, unterscheidet sich aber methodisch und theoretisch auch in vielen Punkten.

Das Nähe-Distanz-Modell: Forscher/innen, die im deutschsprachigen Raum geschriebene Sprache – und vor allem geschriebene Sprache in den Neuen Medien, d. h. computervermittelte Kommunikation – untersuchen, haben sich bislang oft an dem Nähe-Distanz-Modell von Koch/Oesterreicher (s. Kap. 2.6) orientiert, auch wenn dieses von interaktional ausgerichteten Forscher/innen zu Recht kritisiert wurde (Androutsopoulos 2007a; Dürscheid 2016; Dürscheid/Brommer 2009), da es gerade dem interaktionalen Aspekt des Kommunizierens zu wenig Aufmerksamkeit schenkt.

Die Konversationsanalyse: Einige der frühesten Untersuchungen, die sich dezidiert auf die Konversationsanalyse als Methode und Konzeptlieferant beziehen, stammen von Schönfeldt (2002) und Schönfeldt/Golato (2003), die die Gesprächsorganisation sowie Reparaturmechanismen in der Chatkommunikation untersuchen. Auch die Arbeiten von Günthner/Schmidt (2001) und Beißwenger (2007) zur Chatkommunikation beziehen sich auf konversationsanalytische Konzepte. Beißwenger baut diese für die besonderen Anforderungen der Analyse computervermittelter Kommunikation aus, indem er ein überarbeitetes Turn-Taking-Konzept vorschlägt, das der medial bedingten besonderen Art der Interaktion beim Chatten Rechnung trägt.

Turn-Taking im Chat

Die Interaktionale Soziolinguistik: Ein mit der Interaktionalen Linguistik eng verwandter Ansatz, der für die Analyse von schriftlicher Interaktion eingesetzt wird, ist der der Interaktionalen Soziolinguistik (s. Kap. 2.5). Während sich die von Gumperz (1982a) entwickelte Interaktionale Soziolinguistik zunächst auf mündliche Kommunikation konzentrierte, finden sich heute aus dieser Richtung auch Analysen von interaktionaler Schriftkommunikation: Androutsopoulos erforschte beispielsweise SMS-Kommunikation (Androutsopoulos/Schmidt 2001), Kommunikation in Online-Communities (Androutsopoulos 2003, 2007b) oder Code-Switching (s. Kap. 10.2) in computervermittelter Kommunikation (Androutsopoulos 2013) aus einer interaktionalen Perspektive, während Ziegler/Tophinke (2014) die interaktionalen Funktionen von spontaner Dialektthematisierung in Weblogs analysierten.

Die Entstehung einer Interaktionalen Schriftlinguistik: In den letzten Jahren sind darüber hinaus zunehmend Untersuchungen schriftlicher Interaktion entstanden, die sich mehr oder weniger explizit dem Forschungsparadigma der Interaktionalen Linguistik verpflichten. Zu nennen sind dabei Arbeiten von Günthner zu interaktionalen Strukturen der SMS-Kommunikation sowohl bezogen auf das Deutsche (Günthner 2011a, 2012) als auch sprachkontrastiv zum Deutschen und Chinesischen (Günthner 2014; Günthner/Kriese 2012) sowie zu Anredepraktiken und Formen der Selbstreferenz im Chinesischen und Deutschen (Günthner/ Zhu 2015; Günthner 2017 bzw. Günthner 2018).

Von Imo liegen Arbeiten zu Liebeskommunikation im Sprachkontrast Deutsch und Chinesisch (Imo 2012b), zur interaktionalen Funktion von Emoticons (Imo 2015d), zur theoretischen und methodischen Konzeption interaktionslinguistischer Analysen computervermittelter Kommunikation (Imo 2013a: 269–284, 2017b), zur Sequenzstruktur von WhatsApp- im Vergleich zu SMS-Interaktionen (Imo 2015b) und zu technisch-medialen Einflüssen auf das interaktionale Kommunizieren (Imo 2019) vor.

Mostovaia (i. V.) befasst sich mit Reparaturmechanismen in der elektronischen Kurznachrichtenkommunikation, Beißwenger mit Praktiken in der internetbasierten Kommunikation (Beißwenger 2016a) und der Didaktisierung von Interaktionaler Linguistik in der Schule am Beispiel von WhatsApp (Beißwenger 2017a) und Pappert (2017) mit Emojis.

Dürscheid arbeitet u. a. zur Gattungsanalyse in den Neuen Medien (Dürscheid 2005), zur interaktionslinguistischen Fundierung der Analyse schriftlicher Interaktion (Dürscheid 2015, 2016) und zur Frage der Veränderung von Kommunikationsnormen durch interaktionale Schriftlichkeit (Dürscheid/Frick 2016).

Von König liegen Arbeiten zu Nachbarschaftspaaren wie Verabredungen (König 2015a), Sequenzmustern in SMS- und WhatsApp-Interaktionen (König 2015b), sprachkontrastiver Gattungsanalyse von deutscher und chinesischer SMS-Kommunikation (König/Hauptstock/Zhu 2010) und zum Einsatz von Sprachnachrichten in WhatsApp (König/Hector 2017) vor und von Marx zu Liebeskommunikation im Internet (Marx 2015, 2016), zu Aggression in Social-Media-Kommunikation (Marx 2017) und zu interaktionslinguistischen Zugängen zur Analyse computervermittelter Kommunikation generell (Marx/Schmidt 2019).

Es ist offensichtlich, dass sich das Forschungsfeld der Interaktionalen Schriftlinguistik langsam zu konsolidieren beginnt, wobei festzuhalten ist, dass der Entwicklungsprozess noch lange nicht abgeschlossen ist. So macht Beißwenger (i. V.) beispielsweise den Vorschlag, internetbasierte Kommunikation als »Textformen-basierte Interaktion« aufzufassen, um so dem Spannungsverhältnis aus Textformen und interaktionalen Strukturen eine eigene Kategorie zuzuweisen.

Textformen-basierte Interaktion

Korpora mit interaktionaler Schriftlichkeit: Was zu der gebremsten Entwicklung allerdings auch beigetragen hat, war, dass es bislang kaum geeignete, öffentlich nutzbare Korpora gibt. Das Dortmunder Chat-Korpus und die Kurznachrichtendatenbanken MoCoDa 1 und 2 sind die seltenen Ausnahmen (s. Kap. 4.2.2). Es ist für zukünftige Analysen notwendig, systematisch Korpora mit interaktionaler Schriftlichkeit aus unterschiedlichen Kontexten (E-Mail, Forenkommunikation, Social Network Sites, Kommentarfunktionen auf Homepages etc.) zu sammeln, aufzubereiten und für die Forschung bereitzustellen.

Doch auch ohne solche Korpora sind Analysen gerade mit dem Instrumentarium der Interaktionalen Linguistik durchführbar. Der qualitative Ansatz erlaubt Analysen auf der Basis von vergleichsweise kleinen Kollektionen von Daten, die man entsprechend ohne allzu große Probleme selbst erstellen kann. Es ist zu erwarten, dass durch die detaillierte und umfassende Analyse computervermittelter Kommunikation neue, bislang noch nicht beschriebene sprachliche Phänomene entdeckt werden können. Der konversationsanalytische Ansatz der *observation* ist dabei sehr hilfreich: Man muss sich dazu zwingen, die Daten ohne Wertung und mit der ständig mitlaufenden Frage *Was geschieht hier, zu welchen Funktionen wird diese sprachliche Einheit eingesetzt?* zu betrachten. Dieses Vorgehen soll im Folgenden anhand von zwei Fallbeispielen illustriert werden, einmal den Nachbarschaftspaaren, wobei eine frühe Arbeit von Günthner (2011a) vorgestellt wird, und einmal dem Einsatz von Emojis mit Arbeiten von Imo (2015d) und Pappert (2017).

11.1 | Fallstudie I: Nachbarschaftspaare

Zu den frühesten Untersuchungsgegenständen der Konversationsanalyse gehörten die sogenannten Nachbarschaftspaare (s. Kap. 6.2). Diese kurzen Sequenzen bestehen typischerweise aus Teilen, die von zwei Sprechern geäußert werden, wobei der erste Paarteil einen zweiten bedingt.

Rituelle Klammer

Als eine der ersten geht Günthner (2011a) mit einem dezidiert interaktionslinguistischen Ansatz die Beschreibung von Kurznachrichteninteraktionen an. Dabei gibt sie zu Recht zu bedenken, dass man die in der Konversationsanalyse und Interaktionalen Linguistik entwickelten Konzepte nicht unhinterfragt auf die Analyse von schriftlicher Interaktion übertragen kann. Eine ausführliche kritische Diskussion des Konzepts des Turns (s. Kap. 6.2) und dessen Übertragbarkeit auf interaktionale Schriftlichkeit lieferte bereits Beißwenger (2007) in seiner Arbeit zur Chatkommunikation. Auch für die von Günthner untersuchten rituellen Rahmungen und Nachbarschaftspaare gilt, dass man die besondere mediale Konstellation der Kommunikation über ein Mobiltelefon berücksichtigen muss: Da sich die Interaktionspartner nicht visuell unmittelbar wechselseitig wahrnehmen, entfallen nonverbale Signale wie Blickkontakt oder Gestik, und an die Stelle von prosodischen Kommunikationsmitteln (Lautstärke, Tonhöhenverlauf, Pausen etc.) treten piktorale (Emoticons, Emojis, Sticker) oder grapho-stilistische (Buchstabeniterationen, Großschreibung, Satzzeichenkombinationen wie *?!?!?* etc.).

Zudem liegt zwischen den einzelnen Nachrichten immer ein gewisser Zeitraum, der von wenigen Sekunden bis hin zu Stunden oder sogar Tagen reichen kann, was neben der fehlenden Wahrnehmungs-Wahrnehmung ebenfalls einen deutlichen Unterschied zur mündlichen Kommunikation darstellt.

Imo (2015a und 2019) hat allerdings gezeigt, dass trotz dieser zeitlichen Verzögerungen vor allem die Messenger-Kommunikation auf Smartphones von den Interaktanten dennoch als sehr kohärent, als ein Kommunizieren ›am laufenden Band‹ wahrgenommen wird, und auch Günthner (2011a: 6) betont, dass strukturell auf der Ebene des Interaktionsmanagements »fundamentale Gemeinsamkeiten« zwischen mündlicher und schriftlicher Interaktion bestehen.

Rituelle Rahmen: Eine dieser Gemeinsamkeiten sind die rituellen Rahmungen (die Rahmen-Analyse wurde von dem Soziologen Goffman 1977 entwickelt), die jeweiligen Ein- und Ausstiege in eine Kommunikation.

Fallstudie I: Nachbarschaftspaare

Aufrufe und Grußfloskeln sind typische Gesprächseinstiege, sie überprüfen die Interaktionsbereitschaft und stellen den Interaktionsmodus her. So kann man beispielsweise über die Wahl von formellen oder informellen Grußfloskeln wie *Guten Tag!* oder *Hi!* einen Gesprächsrahmen setzen, der die weitergehende Kommunikation z. B. in Bezug auf den Formalitätsgrad mitprägt. Zudem dienen diese rituellen Rahmungen auch der Beziehungsgestaltung. Der folgende Beginn einer WhatsApp-Interaktion zwischen einem Liebespärchen aus der Mobile Communication Database illustriert die Funktionen der rituellen Rahmung:

Beispiel 1: guten morgen (MoCoDa 1 #3680)

guten morgen :)
Nachricht #1–01.11.2014–10:47

morgeeeeeen :*
Nachricht #2–01.11.2014–10:47

bin jetzt von der bushaltestelle auf dem weg zu
(*Name von Arbeitgeber*). ich weiß nicht wie voll
es ist und wann ich dir wieder schreiben kann.
dicken kuss und bis später :)
Nachricht #3–01.11.2014–10:48

okaaaaaaay :*
Nachricht #4–01.11.2014–10:49

ich sitze grade an einem lebenslauf, für meine
bewerbung. ich muss ihn handschriftlich abgeben. Lebenslauf mal anders :D haha
Nachricht #5–01.11.2014–11:51

Das »guten morgen :)« aus Nachricht #1 erfüllt zunächst die Funktion, dass die Schreiberin ihrem Freund damit mitteilt, dass sie für Kommunikation verfügbar ist. Zugleich überprüft sie damit, ob ihr Freund ebenfalls wach und kommunikationsbereit ist. Drittens erfüllt die Grußfloskel phatische Funktionen, was vor allem durch den Smiley-Emoticon indexikalisiert wird. Auf einen Gruß als erstem Paarteil eines Nachbarschaftspaares wird ein Gegengruß erwartet, was in Nachricht #2 geschieht. Hier zeigt sich, dass der Freund der Schreiberin dem dritten Funktionsaspekt, der Herstellung von Nähe, eine besondere Bedeutung zumisst. Nicht nur setzt er graphostilistische Mittel ein (*e*-Iteration), um Prosodie zu emulieren und eine Wortdehnung anzuzeigen, und auch der Kuss-Emoticon ist klar im Bereich der phatischen Kommunikation zu verorten. Die Kommunikation wird entsprechend auch mit zahlreichen beziehungsgestaltenden sprachlichen Mitteln fortgesetzt.

Continuing state of incipient talk: Bereits früh fiel bei der SMS-Kommunikation auf, dass rituelle Rahmungen nicht immer zu finden waren. Dieser Trend hat sich bei der Messengerkommunikation noch weiter verstärkt. Auch dieses Phänomen ist allerdings nicht neu und wurde für die mündliche Kommunikation schon von Sacks/Schegloff (1973: 324–325) beschrieben: Rahmungen zu Beginn oder am Ende einer Konversation finden sich immer dann nicht, wenn sich die Interagierenden in einem sogenannten »continuing state of incipient talk« befinden. Dazu zählten Sacks/Schegloff Situationen wie die von Personen, die im selben Haushalt wohnen, Angestellte im gleichen Büro oder Leute, die gemeinsam im Auto sitzen. Es ist nicht überraschend, dass man, wenn man gemeinsam Auto fährt, nicht jedes Mal, wenn man auf einer langen Fahrt ein Gespräch neu startet, mit *Hallo!* beginnt (und am Ende mit *Tschüss* aus dem Gespräch aussteigt), sondern dass eine Art Dauergesprächssituation entsteht, bei der lange Pausen des Schweigens vorkommen können, dann aber unvermittelt die Interaktion wieder gestartet wird.

In der Kurznachrichtenkommunikation kann man das Gleiche zwischen Leuten beobachten, die regelmäßig miteinander kommunizieren. Die Darstellung der Interaktion auf Smartphone-Screens als ein ›endloses Band‹ (Imo 2015a) trägt überdies dazu bei, dass man mit neuen Nachrichten einsteigen kann, ohne eine Rahmung zu liefern. Das folgende Beispiel aus einer Interaktion zwischen zwei Freunden (ebenfalls aus der MoCoDa 1) illustriert diese Art der Kommunikation, die praktisch aus dem Nichts aufflackern kann:

Beispiel 2: Haie (MoCoDa 1 #1124)

> **3sat.**
> *Nachricht #1–15.06.2011–20:27:05*

> **Stark.esse gerade kutterscholle**
> *Nachricht #2–15.06.2011–20:36:05*

> **Die haie sind der hammer**
> *Nachricht #3–15.06.2011–20:50:05*

> **In der tat.scholle ist auch der hammer.**
> *Nachricht #4–15.06.2011–20:57:05*

Ständig mögliche Interaktion

Für Außenstehende völlig unvermittelt und abrupt schickt Schreiber A seinem Bekannten die lapidare Meldung »3sat.« (Nachricht #1). Kurz darauf reagiert dieser mit einer Antwort, die zeigt, dass für ihn diese Meldung völlig ausreichend war – es geht um eine Sendung über Haie auf 3Sat, die er direkt identifizieren kann. Diese Kommunikation mit abruptem Ein- und Ausstieg ist möglich, da die beiden ganz offenbar die gleichen Interessen teilen, vermutlich auch schon zuvor über die Sendung gesprochen oder geschrieben haben und generell in einem Modus der immer möglichen Interaktion stehen.

Dieser kurze Einblick in die Möglichkeiten interaktionslinguistischer Analysen von Schriftkommunikation zeigt viele Forschungslücken auf, die in Zukunft behoben werden müssen: Es ist zu fragen, welches Inventar an Gruß- und Abschiedsfloskeln überhaupt in der Schriftlichkeit vorkommt und in welchen Situationen sie verwendet werden (bzw. wann nicht). Es ist zu untersuchen, welche Arten von Nachbarschaftspaaren vorkommen und wie sie strukturiert sind (König 2015a hat z. B. eine für mobile Kurznachrichten sehr typische Paarsequenz, nämlich Verabredungen, analysiert), wie Interagierende ihre Beziehung zueinander gestalten, Ironie anzeigen, Streiten und Streit schlichten, einander Vorwürfe machen, Komplimente oder Glückwünsche austauschen, Nähe herstellen etc.

11.2 | Fallstudie II: Emojis

Ein besonders wichtiger Aspekt von computervermittelter Interaktion sind Emoticons, Emojis und – im asiatischen Raum bereits weit verbreitet, in Deutschland dagegen noch vergleichsweise selten – Sticker (typischerweise animierte Bilder oder Bildsequenzen). Diese Bildzeichen sind hochkomplex, da sie auf der einen Seite gewisse kompensatorische Funktionen erfüllen (sie helfen dabei, die Informationen, die in der mündlichen Face-to-Face-Interaktion als indexikalische Mittel eingesetzt werden können, wie Prosodie, Gestik oder Mimik, zu kompensieren), auf der anderen Seite aber auch die Rolle von Äußerungen übernehmen können (wenn ich einem Bekannten, mit dem ich regelmäßig Fußball spiele, das Bild eines Fußballs schicke, kann das als Ersatz für die Frage *Sollen wir heute Fußball spielen gehen?* dienen), und sie können darüber hinaus auch neue, nur in der interaktionalen Schriftlichkeit vorkommende Funktionen ausüben, wie z. B. bei der Äußerungsportionierung helfen, also ähnlich wie orthographische Zeichen wirken.

Obwohl es inzwischen durchaus schon etliche Arbeiten zu Emojis (die im Folgenden stellvertretend für die aus ASCII-Zeichen zusammengesetzten Emoticons wie :-), Emojis im engeren Sinne wie ☺ und Sticker stehen sollen) gibt, gehen die meisten Arbeiten eher semiotisch an den Untersuchungsgegenstand heran (z. B. Danesi 2017). Interaktionslinguistische Zugänge sind selten.

Kontextualisierung

Emojis als Kontextualisierungshinweise: Als Ansatz für die Analyse von Emojis eignet sich besonders gut die Kontextualisierungstheorie (s. Kap. 3.4, 7.1 und 10.2), die unter anderem für die Analyse von prosodischen Mitteln (s. Kap. 7) und sprachlicher Variation in der Interaktion (s. Kap. 9) Anwendung fand. Kontextualisierungshinweise liefern ›Zusatzinformationen‹, die die Interpretationen sprachlicher Äußerungen leiten. Wie in Kapitel 3.4 bereits ausgeführt sind Kontextualisierungshinweise außerdem:

- kulturspezifisch
- kontextabhängig
- und nicht einklagbar

Das folgende Beispiel aus der MoCoDa 1 zeigt, mit welcher Bandbreite an interaktionalen Funktionen Emojis in Alltagsinteraktionen eingesetzt werden können (es empfiehlt sich, das Beispiel im Original anzusehen, um die farbigen Emojis sehen zu können) – zugleich wird klar, dass

Interaktionale Schriftlinguistik

selbst bei Emojis, die ein klar erkennbares ikonisches Abbildverhältnis aufweisen, die Bedeutung stark kontextabhängig ist. Es handelt sich im Folgenden um zwei Auszüge aus einer langen WhatsApp-Interaktion zwischen zwei befreundeten Studentinnen:

Beispiel 3: Schalali #4281

Schalali schalalala fast fertig also bereit abzugeben ohne rum zu heulen wie schlecht der ist 🙄
Nachricht #1–17.11.2016–01:09

Sehr gut ❤☺ na dann ab ins Bett mit dir!
Nachricht #2–17.11.2016–01:10

Kann ich mir eventuell deine mensakarte ausleihen? 😊 ich habe meine gestern verloren ich gebe dir auch das Geld!
Nachricht #1–17.11.2016–01:16

Klar kein Ding
Nachricht #4–17.11.2016–01:21

Danke ❤
Nachricht #5–17.11.2016–01:23

In den nächsten 37 Nachrichten unterhalten sich die beiden über die Uni, einen verpassten Bus und darüber, dass Schreiberin A den Schlüssel ihres Fahrradschlosses abgebrochen hat und sich daher einen Bolzenschneider ausleihen muss, um ihr Fahrrad zu ›befreien‹:

Juhuuu 😄
Nachricht #42–21.11.2016–16:39

Mein Fahrrad ist frei 😍 😍 😍
Nachricht #43–21.11.2016–21:30

Wie? 😲
Nachricht #44–21.11.2016–21:46

Bolzenschneider 🔵
Nachricht #45–21.11.2016–21:56

Gab sogar du Funken!!
Nachricht #46–21.11.2016–21:56

Wow 😄 😳
Nachricht #47–21.11.2016–21:56

💲💲💲
Nachricht #48–21.11.2016–21:57

11.2

Fallstudie II: Emojis

Funktionen von Emojis: Pappert (2017) hat in seiner Analyse von Emoji-Funktionen eine Reihe von interaktionalen Funktionen herausgearbeitet, die als heuristisches Instrument für die Analyse verwendet werden können, die aber nicht trennscharf sind – was genau damit zu tun hat, dass die meisten der Funktionen aus dem Bereich der Kontextualisierung stammen. Lediglich die Darstellungsfunktion ist davon ausgenommen (die Liste ist offen – weitere Forschung zu Emojis wird sicherlich weitere Funktionen herausarbeiten können):

- **Rahmung:** Herstellung einer ›lockeren‹, informellen Kommunikationssituation.
- **Ökonomisierung:** Ersatz für komplexe Verbalisierungen (v. a. im Kontext von Gefühlsausdrücken).
- **Beziehungsgestaltung:** Phatische Kommunikation.
- **Modalisierung:** Markierung von Ironie, Übertreibungen, scherzhafter Kommunikation etc.
- **Kommentierung/Evaluierung:** Oft werden dazu Emojis verwendet, die Mimik (trauriger Blick, aufgerissene Augen für Erstaunen) oder Gestik (Kopfschütteln für Unverständnis; herumhüpfendes Emoji für Freude) abbilden.
- **Strukturierung:** Emojis können als Gliederungssignale verwendet werden und dabei eine ähnliche Funktion wie orthographische Zeichen einnehmen.
- **Darstellung:** Ersatz für verbale Äußerungen durch ein entsprechendes Bild.
- **Ludische Funktion:** Spielerischer Einsatz von Emojis.
- **Ausschmückung:** Eng verwandt mit der spielerischen Funktion ist die Ausschmückung von Äußerungen mit Emojis, wie z. B. die Verwendung von Blumen-Emojis bei einer Äußerung wie *Freu mich jetzt schon auf den Frühling*.

Funktionen von Emojis

Im Folgenden sollen ausgewählte Emojis (der gesamte Austausch erstreckt sich auf 48 Nachrichten, von denen die meisten Emojis enthalten; aus Platzgründen können daher nur einige daraus näher analysiert werden) aus der obigen Interaktion in ihren interaktionalen Funktionen bestimmt werden:

Das Emoji aus Nachricht #1 hat zum einen eine rahmende Kontextualisierungsfunktion, es stellt ganz allgemein eine informelle Atmosphäre her. Damit wirkt es zweitens zugleich natürlich auch beziehungsgestaltend, denn über die Herstellung einer informellen Interaktionsmodalität stelle ich auch Nähe her (und umgekehrt). Drittens kommen modalisierende Aspekte ins Spiel, denn die nach oben verdrehten Augen können in diesem Zusammenhang als Anweisung betrachtet werden, die Klage über die schlechte Qualität nicht als ›jammern‹ zu verstehen, sondern als nicht ganz ernsthaft gemeint. Schließlich kommt viertens noch eine Strukturierungsfunktion hinzu, denn Emojis werden häufig am Ende von Handlungseinheiten – die gerade in der WhatsApp-Kommunikation, wo die Tendenz zur Regel *Eine Nachricht für eine sprachliche Handlung!* besteht, oft mit dem Ende der Nachricht selbst zusammenfallen – eingesetzt.

11 Interaktionale Schriftlinguistik

Diese Strukturierungsfunktion von Handlungen kann man gut an Nachricht 2 erkennen, wo durch das lächelnde Emoji die responsive, auf die Vorgängeräußerung bezogene Bewertung (»Sehr gut«) und affektive Markierung durch das Herz von der zweiten Handlung, der Aufforderung, schlafen zu gehen, abgetrennt wird.

Multifunktionali- **Kontextreflexivität von Emojis:** Die für Kontextualisierungshinweise
tät von Emojis typische Kontextreflexivität (sie hängen vom Kontext ab und erzeugen Kontext) lässt sich gut am Gebrauch des mit Nachricht #1 identischen, die Augen verdrehenden Emojis in Nachricht #3 zeigen. Während der Kontext der ersten Nachricht dieses Emojis eine Lesart der Kontextualisierung als ›nicht ganz ernst gemeint‹ nahelegt, ist im Kontext der dritten Nachricht eher eine Bedeutung im Sinne von *Es ist mir peinlich, dich bitten zu müssen, für mich mit deiner Mensakarte zu zahlen.*, also als Markierung der gesichtsbedrohenden Handlung einer Bitte, aktiv: Der Kontext, der durch die Handlung einer Bitte erzeugt wird, legt somit einerseits diese Lesart des Emojis nahe, während das Emoji umgekehrt die Bitte modalisiert und deren gesichtsbedrohendes Potenzial abschwächt. Zugleich werden auch hier wieder Handlungen (Bitte und Begründung) durch das Emoji getrennt. Das Herz in Nachricht 5 lässt sich klar der phatischen Funktion zuordnen, zugleich hat es auch modalisierende (es macht aus einem ›einfachen‹ *danke* ein ›herzliches‹ *danke*) und schließlich auch wieder handlungsabschließende Funktionen. Ebenso kann man hier auch eine gewisse Ökonomisierungsfunktion ansetzen. Es ist deutlich einfacher, durch ein Herz-Emoji Dankbarkeit und Herzlichkeit auszudrücken, als dies zu verbalisieren.

Ab Nachricht #43 bezieht sich die Kommunikation auf die ›Fahrradbefreiung‹: Die iterierten Emojis in Nachricht #43 haben neben handlungsterminierenden auch kommentierende bzw. evaluierende Funktionen (es wird Freude ausgedrückt), und durch die Wiederholung kommt zudem ein sprachspielerischer (ludischer) Duktus hinzu. Als Abbild von Gestik/Mimik erfüllt das überrascht blickende Emoji in der Antwort darauf (#44) die Kontextualisierungsfunktion der Rahmung der Frage »Wie?« als überraschte Frage und als generell verwunderte Reaktion. Das Bomben-Emoji in #45 hat zunächst eine darstellende Funktion, die jedoch als Kommentar gedeutet werden muss (im Sinne von: *Der Bolzenschneider war ein rabiates Mittel!*). Ebenfalls primär darstellende und zugleich ausschmückende Funktionen erfüllen die Blitzzeichen in #48, mit denen die zuvor verbal dargestellte Situation aus #46 nochmals visuell umgesetzt wird.

Why that now? Es zeigt sich, dass die Grundfrage der Konversationsanalyse (und der Interaktionalen Linguistik), das ›why that now?‹ – warum dieses kommunikative Zeichen an dieser Stelle – ohne Probleme auf die Analyse des Emojigebrauchs ausgeweitet werden kann, die in vielen Fällen als indexikalische Zeichen Kontextualisierungsfunktionen ausüben.

11.3 | Zukünftige Forschungsfragen

Das Forschungsfeld der Interaktionalen Schriftlinguistik ist aufgrund der sich ständig ändernden technische Rahmenmöglichkeiten und Neuerungen fortlaufend in Bewegung. Absehbar scheint zu sein, dass neben den ›klassischen‹ Emoticons und Emojis die Kommunikation über Sticker (komplexe, oft animierte und aufwändig designte Emojis) zunehmen wird. Im asiatischen Bereich wird zum Teil nur noch über solche Sticker kommuniziert, der verbale Anteil der Kommunikation geht teilweise in den Interaktionen auf Null zurück. Hier ist zu fragen, welche Interaktionskonventionen sich herausbilden, wenn auch in Deutschland der Trend zur Stickerkommunikation einsetzt, wie der Übergang von der Kontextualisierungsfunktion hin zur Darstellungsfunktion geschieht und an welchen Stellen der verbale Anteil (noch) notwendig ist und Sticker von den Interagierenden entsprechend zurückhaltender verwendet werden. Zudem bieten sich dabei Anknüpfungsmöglichkeiten an anthropologische Ansätze der Beschreibung von »high context« gegenüber »low context« Kulturen (Hall 1976) an.

Sprachnachrichten: Eine zweite Entwicklung ist bereits seit einiger Zeit zu beobachten: Lange Zeit war das Besondere an der mobilen Kurznachrichtenkommunikation, dass mit Schrift informell interagiert wurde. Mit der Integration der Funktion u. a. bei WhatsApp, Sprachnachrichten zu verschicken, ist jedoch wieder eine ›gesprochensprachliche Wende‹ eingeleitet worden. Die Interaktionsteilnehmer/innen schicken sich nun oft nicht mehr schriftliche Nachrichten hin und her, sondern Sprachnachrichten, so dass eine seltsame Art der Kommunikation aus eigentlich monologischen Sprachnachrichten entsteht, auf die aber unmittelbar und interaktional reagiert wird (König/Hector 2017).

Hier muss untersucht werden, wie die Interaktionsteilnehmer/innen mit der multimodalen Kommunikationssituation (Schrift; Bilder; Videos; Emojis; Sprachnachrichten) umgehen und wie sie diese Kanäle sinnhaft in einen Interaktionsablauf integrieren. Je mehr soziale Faktoren – wie z. B. Gender, Alter, soziale Gruppen, Migrationshintergrund etc. – in die Untersuchung einbezogen werden sollen, desto mehr besteht Bedarf daran, das Analyseinventar der Interaktionalen Linguistik um das von stärker soziologisch informierten Ansätzen wie der Interaktionalen Soziolinguistik (Gumperz 1982a), der Anthropologischen Linguistik (Duranti 1997; Foley 1997) oder der Ethnographie der Kommunikation (Hymes 1979; Gumperz 1984) zu erweitern, um ein umfassendes Bild der Kommunikationssituation zu erhalten.

> Computervermittelte Kommunikation als multimodale Kommunikation

Sprachproduktionsanalysen: Ein weiteres Analysefeld betrifft Sprachproduktionsanalysen: Einerseits kann untersucht werden, wie der Schreibprozess in der computervermittelten Kommunikation abläuft, um auf diese Weise auch einen Blick auf den Prozess hinter dem Produkt einer Nachricht zu erhalten (zu Formulierungs- und Revidierungsprozessen beim Chatten vgl. Beißwenger 2010). Andererseits kann man auch auf die Verschränkung von Sprech- und Schreibarbeit fokussieren, indem man beispielsweise interaktive Formulierungsprozesse bei kooperativen Textproduktionen (z. B. dem gemeinsamen Schreiben eines Wiki-Eintrags) analysiert (Beißwenger 2017b). Schließlich ist mit zunehmenden Forschungsergebnissen auch kritisch zu evaluieren, welche Konzepte aus der Konversationsanalyse und der Interaktionalen Linguistik für die Analyse von interaktionaler Schriftlichkeit übernommen werden können, welche angepasst werden müssen und wo man eventuell vollständig neue Konzepte benötigt (Beißwenger 2007; Beißwenger/Pappert 2018).

12 Angewandte Interaktionale Linguistik

12.1 ›Reine‹ und ›angewandte‹ Linguistik
12.2 Fallbeispiel: Der Einsatz von Kurznachrichteninteraktionen zur Vermittlung von Modalverben

12.1 | ›Reine‹ und ›angewandte‹ Linguistik

Wie wir in Kapitel 3.3 gesehen haben, kann man mit ten Have (2007: 174) zwischen ›reiner‹ und ›angewandter‹ Konversationsanalyse (*pure* und *applied* CA) unterscheiden. Im Deutschen spricht man bei letzterer allerdings meist von *Angewandter Gesprächsforschung* und nicht von *Angewandter Konversationsanalyse*, was nicht zuletzt damit zu tun hat, dass viele der angewandten Studien sich methodisch und theoretisch nicht nur auf die Konversationsanalyse beziehen, sondern auf unterschiedliche linguistische und soziologische Ansätze. Zudem werden damit zuweilen auch Ansätze aus der linguistischen Diskursanalyse und der Funktionalen Pragmatik erfasst. Auch interaktional ausgerichtete Ansätze aus der Sprechwissenschaft (z. B. Bose/Neuber 2011; Schwarze/Bose 2013; Kurtenbach/Bose 2013; Hirschfeld/Stock 2017; Bose/Hirschfeld/Neuber/Stock 2016) berühren diesen Bereich.

Bei der Konversationsanalyse lag ein Anwendungsbezug implizit schon früh auf der Hand, denn die Konversationsanalyse stellt die Untersuchung von sozialen Aktivitäten in den Mittelpunkt: Wie führen Interaktionspartner/innen gemeinsam kommunikative Projekte wie eine Verabredung, einen Vorwurf, einen Streit, ein Verkaufsgespräch, eine ärztliche Anamnese etc. durch. Dies legt nahe, dass man entsprechend auf der Basis solcher Analysen Handlungsempfehlungen ableiten kann. Gleiches gilt auch für die Interaktionale Soziolinguistik, die linguistische Diskursanalyse oder die Funktionale Pragmatik (da letztere von Anfang an einen starken Fokus auf institutioneller Kommunikation hatte, entstanden in diesem Bereich sehr früh schon angewandte Arbeiten).

Den Grundstein für einen Anwendungsbezug bildeten in allen Ansätzen deskriptiv-rekonstruierende Arbeiten, die zum Ziel hatten, Interaktion in bestimmten institutionell oder interkulturell geprägten Handlungsbereichen zu erforschen.

Workplace Studies: Im Bereich der institutionellen Kommunikation bildete sich dabei der Forschungszweig der *Workplace Studies* heraus, in dem beispielsweise Feuerwehrnotrufe (Bergmann 1993), Bewerbungsgespräche (Birkner/Kern 2000), Interaktionen von Fluglotsen mit dem Kontrollturm (Goodwin/Goodwin 1996), Kontrollraum-Überwacher einer U-Bahn (Heath/Luff 2000), Börsenhändler (Heath et al. 1994) oder Lehrer/innen und Schüler/innen im Klassenzimmer (Spiegel 2006) untersucht wurden. Auch nur einen einigermaßen repräsentativen Überblick über die *Workplace Studies* zu geben, würde den Rahmen dieser Einführung sprengen. Es muss daher auf einschlägige Überblicksdarstellungen

J. B. Metzler © Springer-Verlag GmbH Deutschland, ein Teil von Springer Nature, 2019
W. Imo / J. P. Lanwer, *Interaktionale Linguistik*,
https://doi.org/10.1007/978-3-476-05549-1_12

wie von Knoblauch (2000) verwiesen werden. Gute Einblicke in englisch- und deutschsprachige Arbeiten liefern Drew/Heritage (1993) mit *Talk at work*, Boden (1994) mit *The Business of Talk: Organizations in Action*, Brünner/Fiehler/Kindt (2002) mit *Angewandte Diskursforschung* oder Fiehler (2002) mit *Verständigungsprobleme und gestörte Kommunikation*. Eine Recherche der (als PDF frei herunterladbaren) Publikationen des Verlags für Gesprächsforschung (http://www.verlag-gespraechsforschung. de/buch.htm) ist ebenfalls zu empfehlen, da dort zahlreiche Arbeiten zu institutioneller Interaktion veröffentlicht sind.

Interkulturelle Kommunikation: Neben den *Workplace Studies* kann man als zweites eigenständiges Forschungsgebiet das der Interkulturellen Kommunikation nennen. Dort finden sich ebenfalls Ansätze aus der Interaktionalen Soziolinguistik (z. B. Gumperz 1982a, darin v. a. Kapitel 8, oder Hinnenkamp 1989), der linguistischen Diskursanalyse (Scollon/ Wong Scollon 1995), der Funktionalen Pragmatik (Redder/Rehbein 1987; Rehbein 1985) und der Konversationsanalyse und Interaktionalen Linguistik (Günthner 1988, 1993b, 1995b, 2001b; Günthner/Luckmann 2002; Günthner/Zhu 2104). Auch dabei gilt wieder, dass das Themenfeld Interkulturelle Kommunikation eigentlich ein eigenes Kapitel verdient hätte, was aus Platzgründen nicht möglich war. Als Einstieg und Überblick ist der Artikel von Casper-Hehne (1999) zu empfehlen, der unterschiedliche theoretische und methodische Ansätze zur Erforschung interkultureller Kommunikation vorstellt und kritisch vergleicht.

Kommunikationstrainings: Auf der Basis der Analysen von institutioneller und interkultureller Kommunikation sind im Laufe der Zeit immer mehr Arbeiten entstanden, die einen direkten Anwendungsbezug haben, indem sie empirisch fundiert Gesprächstrainings entwickeln und Handlungsempfehlungen geben. Dadurch sollen die Interagierenden in die Lage versetzt werden, ihre jeweiligen sprachlichen Handlungen effektiver durchführen zu können. Auch diese anwendungsorientierten Arbeiten finden sich unter den Bezeichnungen der Angewandten Gesprächsforschung und der Angewandten Diskursforschung und stützen sich oft auf unterschiedliche theoretische und methodische Ansätze wie der Konversationsanalyse, Funktionalen Pragmatik, Interaktionalen Linguistik, linguistischen Diskursanalyse oder Interaktionalen Soziolinguistik.

Inzwischen gibt es einerseits Vorschläge für Kommunikationstrainings, die ganz allgemein das Kommunikationsverhalten von Menschen verbessern sollen (Fiehler 2009; Fiehler/Schmitt 2009; Hartung 2004; Kindt/ Rittgeroth 2009) und andererseits zahlreiche spezialisierte Trainings- und Fortbildungsvorschläge z. B. für Callcenter-Mitarbeiter (Fiehler/Kindt/ Schnieders 2002), für Mitarbeiter/innen in der Telefonseelsorge (Gülich/ Krämer 2009), für Mitarbeiter/innen und Führungskräfte in Unternehmen (Jakobs 2008; Jakobs/Fiehler/Eraßme/Kursten 2011) und in großem Umfang für unterschiedliche Aspekte medizinischer Kommunikation (z. B. Coussios/Imo/Korte i. V.; Koerfer/Albus 2018; Gülich 1999; Lalouschek 2002, 2004, Menz/Lalouschek/Gstettner 2008; Nowak/Wimmer-Puchinger 1990; Spranz-Fogasy 1992, 1999 u. v. m.).

Zu den eindrucksvollsten Ergebnissen speziell der angewandten Gesprächsanalyse gehören sicherlich die Arbeiten von Gülich/Couper-Kuhlen (2007) und Gülich/Schöndienst (1999), die durch die Analyse von sprachlichen Formulierungsmustern, mit denen anfallskranke Patientinnen und Patienten ihre Krankheit beschreiben, eine medizinische Diagnostik entwickeln konnten, bei der unterschiedliche Angstformen alleine über die Art ihrer verbalen Darstellung durch die Patienten in klinische Typen eingeordnet werden können.

Bei der Interaktionalen Linguistik, die ihr Interesse stärker auf die sprachlichen Mittel richtet, die zur Handlungsdurchführung eingesetzt werden, und weniger auf diese Aktivitäten selbst, sind Anwendungsbezüge nicht so offenbar wie bei den stärker soziologisch ausgerichteten Ansätzen. Die Interaktionale Linguistik ist bislang primär eine ›reine‹ und keine ›angewandte‹ Wissenschaft, zumindest zum jetzigen Stand, wobei die oben erwähnten *Workplace Studies*, die Forschung zur Interkulturellen Kommunikation und die Erstellung von Kommunikationstrainings in Zukunft mit Sicherheit auch unter dezidiert interaktionslinguistischer Perspektive betrieben werden.

Im Folgenden sollen zwei Bereiche näher betrachtet werden, für die die Arbeiten der Interaktionalen Linguistik unmittelbare Anwendungsrelevanz haben:

1. **Interaktionslinguistische Forschung dient als Grundlage für das Verfassen und Überarbeiten von Referenzgrammatiken**: Im Bereich der Referenzgrammatiken des Deutschen ist schon länger ein Umdenken zu beobachten, das dazu führt, dass nicht mehr nur typisch normschriftsprachliche Muster (*Offline-Syntax* im Sinne von Ágel; s. Kap. 5.2) dort beschrieben werden, sondern auch informelle und interaktionale (*Online-Syntax* im Sinne von Auer; s. Kap. 5.2). So enthalten beispielsweise die *Textgrammatik der deutschen Sprache* von Weinrich (2005) und die *Grammatik der deutschen Sprache* von Zifonun et al. (1997) ausführliche Beschreibungen typisch interaktionaler Phänomene, und seit 2005 findet sich in der Duden-Grammatik ein eigenes Kapitel zur gesprochenen Sprache, in dem viele Forschungsergebnisse der Interaktionalen Linguistik, die auch in der vorliegenden Einführung thematisiert wurden, zu finden sind.

Selbst das früher sehr stark schriftnormorientierte *Wörterbuch der sprachlichen Zweifelsfälle* aus der Duden-Reihe hat unter der Herausgeberschaft von Mathilde Hennig interaktionslinguistischen Strukturen des Deutschen ein größeres Gewicht gegeben. Da große Teile des Deutschen bislang noch nicht aus interaktionslinguistischer Perspektive beschrieben wurden (vgl. z. B. Fiehler 2015, der Forschungslücken u. a. im Bereich von Partikeln und Formulierungsverfahren sieht), ergibt sich der Anwendungsaspekt der Interaktionalen Linguistik fast schon automatisch: Die Autor/innen von Referenzgrammatiken benötigen interaktionslinguistische Beschreibungen, um ihre Grammatiken entsprechend auf den aktuellen Stand des Wissens über die Strukturen des Deutschen zu bringen.

2. **Interaktionslinguistische Ergebnisse und methodische Zugänge können im Muttersprachunterricht eingesetzt werden:** Dieser Bereich steckt noch in den Kinderschuhen (aktuell dazu Schneider/Butterworth/Hahn 2018). Selbst konversationsanalytische Themen werden kaum für

den Unterricht aufbereitet. Eine seltene Ausnahme eines gesprächsanalytisch-funktionalpragmatischen Anwendungsvorschlags ist die Unterrichtsreihe für die Sekundarstufe II *Gesprächsanalyse und Gesprächsführung* von Becker-Mrotzek/Brünner (2006). Zu nennen sind des Weiteren Arbeiten von Kotthoff (2010), Spiegel (2013a, 2013b) und Spiegel/Berkemeier (2014).

Interaktionale Linguistik und Schulunterricht

Ein Grund für die geringe Zahl an konkreten Vorschlägen für die Umsetzung von gesprächs- und interaktionslinguistischen Themen für den Unterricht liegt dabei sicherlich in der Komplexität der Daten. Den Schüler/innen müssen erst Grundlagen des Transkribierens beigebracht werden, damit sie überhaupt die Transkripte lesen und verstehen können, und es müssen in guter Qualität vorliegende und vor allem auch einfach und öffentlich zugängliche Audiodateien zur Verfügung stehen, die dann im Unterricht vorgespielt werden müssen. Das ist alles sehr aufwändig und zeitintensiv und entsprechend schwer im Unterricht umzusetzen.

Es verwundert daher nicht, dass ausgerechnet der Bereich innerhalb der Interaktionalen Linguistik, der am wenigsten etabliert ist – die Interaktionale Schriftlinguistik – dafür prädestiniert ist, Ergebnisse aus der Forschung zu didaktischen Zwecken bereitzustellen. Beißwenger (2016b) hat beispielsweise ein hypermediales E-Learning-Angebot zum Thema »Sprache und Medien: Digitale Kommunikation« entwickelt, das Fachhochschulen und Universitäten im Blick hat und als Selbstlernmodul mit Übungsaufgaben aufgebaut ist. Diese Übungseinheit enthält auch umfangreiche Abschnitte, in denen es um interaktionales Schreiben geht. Trotz der primären Orientierung an Studierenden können die Einheiten problemlos auch in der Oberstufe in der Schule eingesetzt werden.

Speziell auf schulische Belange ausgerichtet ist ein Unterrichtsmodell mit dem Titel »WhatsApp, Facebook, Instagram & Co.: Schriftliche Kommunikation im Netz als Thema der Sekundarstufe« (Beißwenger 2017a). Auch dort nehmen interaktionale Phänomene einen wichtigen Platz ein.

Von Fladrich/Imo (2019) liegt zudem ein dezidiert interaktionslinguistisch ausgerichteter Beitrag zur »Mobilen Messengerkommunikation im Deutschunterricht« vor, der in der Zeitschrift *Der Deutschunterricht* erschienen ist. Interaktionales Schreiben über Kurznachrichtendienste, auf Foren, Twitter und auf Social Network Sites hat aus mehreren Gründen ein hohes Didaktisierungspotenzial: Zum einen ist diese Art der Kommunikation nah an der Lebenswelt der Schüler/innen und weckt daher per se Aufmerksamkeit. Darüber hinaus sind diese Daten deutlich leichter zu erheben und aufzubereiten, mit der MoCoDa 1 und 2 liegen umfangreiche und einfach zu nutzende Datenbanken vor, und es kann ohne Einführung in Transkriptionskonventionen direkt damit gearbeitet werden (Zeitersparnis). Dennoch lassen sich an den Daten viele Phänomene zeigen, die generell für interaktionale Sprache (auch mündliche interaktionale Sprache) gelten. Nicht thematisiert werden können allerdings die Aspekte, die mit der Gleichzeitigkeit von Sprachproduktion und -rezeption zu tun haben.

3. Interaktionslinguistische Ergebnisse sind relevant für den Deutsch-als-Fremdsprache- und den Deutsch-als-Zweitsprache-Unterricht (DaF/DaZ): Für die Bereiche des DaF- und DaZ-Unterrichts finden sich deutlich

›Reine‹ und ›angewandte‹ Linguistik

mehr Umsetzungsvorschläge von interaktionslinguistischen Themen als für den Muttersprachunterricht. Das hängt damit zusammen, dass Deutschlernende ein großes Interesse daran haben, Deutsch zu lernen, wie es tatsächlich im Alltag verwendet wird: Dies reicht von dem Bedürfnis, informellen Alltagsgesprächen überhaupt folgen zu können (langsam gesprochene Lehrbuchdialoge sind dafür keine optimale Vorbereitung) bis hin zu dem Wunsch, selbst so zu sprechen (und in den interaktionalen Neuen Medien zu schreiben) wie deutsche Muttersprachler/innen.

Das Interesse vor allem der DaF-Didaktik an interaktionaler Sprache kann man an zahlreichen Publikationen zu diesem Themenfeld ablesen. Besonders aktiv ist dabei der in Italien lehrende Germanist Sandro Moraldo, der sich u. a. mit der Thematisierung der Interaktionsstrukturen von Twitter (2014), mit Diskursmarkern und korrektiven Konnektoren (2012a, 2013) oder generell mit der Herausforderung der Thematisierung gesprochener Sprache im DaF-Unterricht (2013b) beschäftigt und zahlreiche Sammelbände vor allem mit einem Fokus auf der Vermittlung des gesprochenen Deutsch im DaF-Unterricht (mit)herausgegeben hat (Moraldo 2011; Moraldo/Missaglia 2013; Reeg/Gallo/Moraldo 2012; Imo/Moraldo 2015).

Mit der DaF-Situation in Polen im Blick sind Arbeiten von Pieklarz (2010) und Pieklarz-Thien (2015) zu nennen. Grundlegend mit Fragen der Thematisierung authentischer gesprochener Sprache im DaF-Unterricht (z. T. ohne Bezug auf die Interaktionale Linguistik) befassen sich u. a. Bachmann-Stein (2013), Günthner (2000c, 2011b) Handwerker/Bäuerle/Sieberg (2016), Hennig (2002), Imo (2009b, 2013c), Imo/Weidner (2018), Lüger (2009), Sieberg (2013) und Weidner (2012, i. E.).

Darüber hinaus gibt es inzwischen zahlreiche Vorschläge für die Didaktisierung konkreter Einzelphänomene wie Diskursmarker (Bendig/Betz/Huth 2016, Günthner 2015a, Imo 2016g), Modalpartikeln (Betz 2015), Vergewisserungssignale (›tag questions‹) (Imo 2011b), artikulatorische Varianten von Funktionswörtern (Lanwer 2015b), Prosodie (Moroni 2015), Funktionsvarianten der Partikel *ja* (Weidner 2015), Varietäten (Imo 2012c), die Aspektrealisierung durch die *am*-Verlaufsform (*Ich bin am arbeiten.*) (Imo 2015e) oder die Struktur interaktionalen Erzählens (Zitta 2015).

Auch Lehrbücher thematisieren zunehmend interaktionale Strukturen und stellen entsprechende Dialoge bereit. Zu dem wachsenden Interesse tragen auch die 2012 von Susanne Günthner und Beate Weidner (Universität Münster) aufgebaute Datenbank gesprochenes Deutsch für die Auslandsgermanistik (http://audiolabor.uni-muenster.de/daf) und deren seit 2017 verfügbare Nachfolgedatenbank Plattform gesprochenes Deutsch – authentische Alltagsinteraktionen für die Forschung und Praxis im Bereich DaF und DaZ (http://dafdaz.sprache-interaktion.de) bei. Dort werden Audio- und Transkriptdateien aus unterschiedlichen informellen wie auch institutionellen Kontexten und verschiedenen kommunikativen Handlungsbereichen und Gesprächsgattungen für Lehrende und Lernende bereitgestellt, die unkompliziert heruntergeladen und als Unterrichtsmaterial genutzt werden können. Basierend auf den Gesprächsdaten werden darüber hinaus auch Lehreinheiten zu ausgewählten typi-

Datenbanken für DaF und DaZ

schen Merkmalen interaktionaler gesprochener Sprache bereitgestellt, so dass der Arbeitsaufwand der Beschäftigung mit interaktionaler Sprache im Unterricht minimiert wird (eine Darstellung der Datenbank findet sich in Imo/Weidner 2018).

12.2 | Fallbeispiel: Der Einsatz von Kurznachrichteninteraktionen zur Vermittlung von Modalverben

Modalverben (*können, dürfen, sollen, mögen* etc.) sind für Lerner kompliziert, da die Bedeutungsunterschiede oft sehr subtil sind (vgl. *Magst/kannst/willst du morgen vorbeikommen?*). Bei dem Thema der Modalverben kann die empirisch orientierte interaktionale Linguistik auf zwei Weisen Hilfestellungen für die Didaktisierung liefern:

1. Man kann zunächst fragen, welche Modalverben überhaupt in Alltagsinteraktionen häufig vorkommen und ob es bestimmte Muster gibt, die man den Lernenden schon früh als mehr oder weniger feste Floskeln beibringen kann (wie z. B. die Angebotskonstruktion *Soll ich dir auch einen Kaffee mitbringen?*) bzw. ob es umgekehrt Verwendungsweisen gibt, die zwar in einschlägigen Grammatiken erwähnt werden, aber in der Sprachverwendung so selten sind, dass sie erst spät im Unterricht thematisiert werden müssen. Dies ist insofern für die Konzeption von DaF-Lehrwerken wichtig, als diese eine sehr gut fundierte Auswahl der zu lehrenden Phänomene treffen müssen, um den Kompromiss zwischen begrenztem Zeitbudget und Zielen der Sprachvermittlung schließen zu können.

2. Man kann mit Hilfe von mündlichen oder schriftlichen interaktionalen Daten den Lernenden Modalpartikeln in authentischen Situationen präsentieren, so dass sie deren Funktionen besser erfassen können.

Mit beiden Aspekten hat sich Mostovaia (2015) in ihrem Aufsatz »›Soll ich ihm bei WhatsApp schreiben?‹ Das Modalverb *sollen* im DaF-Unterricht oder: Wie man mit Kurznachrichten Deutsch lernen kann« befasst, wobei sie sich das besonders schwierige Modalverb *sollen* als Beispiel herausgegriffen hat.

Das Modalverb sollen im DaF-Unterricht

Das Modalverb *sollen*: Eine der umfangreichsten Darstellungen der formalen und funktionalen Eigenschaften dieses Modalverbs findet sich in der *Grammatik der Deutschen Sprache* (Zifonun et al. 1997: 1913–1916). Dort wird erwähnt, dass *sollen* in Deklarativsätzen Absichten, Ziele und Forderungen sowie Aussagen darüber bekundet (z. B. *Wir sollen bis Freitag die Unterlagen vollständig einreichen.*). Vor allem die Funktionen im Kontext von Forderungen werden dabei behandelt, mit Unterpunkten wie generelle Forderungen (*Hausarbeiten sollen in Schriftgröße 12 verfasst werden.*), Anleitungen beispielsweise in Kochrezepten (*Die Nudeln sollten noch bissfest sein.*) oder hörerbezogene Aufforderungen (*Du solltest nicht ohne Jacke rausgehen!*). In Fragesätzen können sowohl Forderungen eines Gesprächspartners vorweggenommen werden (*Soll ich dir helfen?*) oder Ratschläge eingeholt werden (*Soll ich das Bild hier auf-*

12.2

Fallbeispiel: Der Einsatz von Kurznachrichteninteraktionen

Sprachniveau	Lehrwerkreihe	Explizit erwähnte Gebrauchsvarianten								
		Aufforderung	Ratschlag (Konj. II)	Bedingung (Konj. II)	Bitte	Vorschlag (*Sollen wir...?*)	Angebot (*Soll ich...?*)	Plan	Vorwurf	epistemischer Gebrauch
A1–B1	DaF kompakt									
	Delfin									
	Schritte international									
	Tangram aktuell									
	Themen aktuell									
B1+ / B2-C1	Aspekte									
	em neu									
	Mittelpunkt									
	Mittelpunkt neu									
	Sicher!									
	Ziel									

Tab. 12.1: Gebrauchsvarianten von *sollen* in unterschiedlichen DaF-Lehrwerken (nach Mostovaia 2015: 351)

hängen oder weiter rechts?). Die Bandbreite der Einsatzzwecke ist groß, zudem muss auch noch zwischen Indikativ und Konjunktiv unterschieden werden, da dies ebenfalls mit Bedeutungs- und Gebrauchsunterschieden verbunden ist (*Die Nudeln sollen/sollten noch bissfest sein.*). Eine Selektion und Systematisierung zu didaktischen Zwecken ist daher notwendig.

Sollen in Lehrwerken: Basierend auf den in der Forschung beschriebenen Verwendungsweisen hat Mostovaia (2015) in einem nächsten Schritt insgesamt 37 Lehrwerke aus 11 Lehrwerkreihen dahingehend analysiert, an welchen Stellen das Modalverb *sollen* Erwähnung findet und wie es erklärt wird. Das Ergebnis ist ein ›Flickenteppich‹ von unsystematisch teils erwähnten und teils ignorierten Gebrauchsvarianten, wie Tabelle 12.1 (angepasst aus Mostovaia 2015: 351) zeigt.

Jeweils grau hinterlegt sind die Verwendungsweisen, die thematisiert werden, weiß diejenigen, die keine Rolle spielen. Die meisten Lehrwerke erwähnen dementsprechend *sollen* meist schon auf den Stufen A1 bis B1, spätestens aber in den höheren Stufen B2-C1 im Kontext von Aufforderungen (*Du sollst deiner Schwester jetzt sofort ihr Legoauto zurückgeben!*), Ratschlägen im Konjunktiv II (*Du solltest aufpassen, dass du nicht übers Ohr gehauen wirst!*) und dem epistemischen Gebrauch von *sollen*, d. h. der Angabe von Informationen, die man aus zweiter Hand hat (*Morgen soll es regnen.*).

301

Eher auf höhere Lernerstufen beschränkt ist die Thematisierung von *sollen* im Konjunktiv in den Lehrwerken im Kontext von Bedingungen (*Sollte es regnen, bleiben wir zu Hause.*) und in höflichen Aufforderungen und (indirekten) Bitten, ebenfalls im Konjunktiv (*Ich glaube, du solltest hier noch unterschreiben.*). Nur selten werden feste Muster wie Vorschläge mit der Floskel *Sollen wir...?* (*Sollen wir nachher in die Mensa gehen?*), Angebote mit der Floskel *Soll ich...?* (*Soll ich dir auch einen Kaffee mitbringen?*) oder *sollen* im Kontext der Formulierung von Plänen (*Meine Abschlussarbeit soll bis Ende Sommer fertig sein.*) oder Vorwürfen (*Du solltest doch den Müll rausbringen!*) thematisiert.

Sollen im DaF-Unterricht: Wie kann man nun herausfinden, welche dieser zahlreichen Verwendungsweisen sinnvollerweise auf welcher Lernerstufe behandelt werden sollten und wie man die interaktionale Funktion von *sollen* plausibel darstellen kann (gerade der Unterschied zwischen einer Aufforderung und einer höflichen Bitte ist ja nicht unbedingt einfach zu erfassen)?

Aus den in Kapitel 12.1 bereits erwähnten Gründen, dass die Verwendung von schriftlicher Interaktion im Unterricht einfacher einzusetzen ist als von mündlicher, beschränkte sich Mostovaia auf die Kurznachrichtendaten aus der Datenbank MoCoDa 1.

Verteilung von sollen in den Daten

Das überraschende Ergebnis der Recherche ergab, dass von allen Verwendungsweisen des Verbs *sollen* knapp die Hälfte bereits durch die beiden relativ festen, fast schon formelhaften Konstruktionen *Soll ich...* und *Sollen wir...* abgedeckt wurden. Alle anderen oben genannten Verwendungsweisen verteilen sich auf die übrigen 50 Prozent. Das bedeutet, dass man mit nur zwei Konstruktionen einen großen Teil des in der Datenbank dokumentierten Sprachgebrauchs abdecken kann und somit mit geringem Lerneinsatz große Wirkung erzielen kann, und es zeigt sich, dass gerade diese Konstruktionen typische ›Interaktionsmuster‹ darstellen, die somit das Ziel des Aufbaus der kommunikativen Kompetenz im DaF-Unterricht optimal erfüllen. Zu klären ist allerdings noch, ob sich in der medial mündlichen Interaktion die gleiche (oder ähnliche) Verteilungen zeigen, ob also eine Verallgemeinerung aus der Analyse interaktionaler Schriftlichkeit auf interaktionalen Sprachgebrauch generell zulässig ist.

12.2.1 | Soll ich...?

Das Muster *soll ich* kann auch durch *w*-Fragewörter (*Wann soll ich..., wohin soll ich...* etc.) erweitert werden und wird entweder dazu verwendet, Angebote zu machen, bei denen man annimmt, dass sie den Wünschen des Interaktionspartners entsprechen, oder dazu, gemeinsame Planungen durchzuführen, also Vorschläge zu machen, die dann ratifiziert werden, oder schließlich dazu, einen Rat einzuholen.

Ein geradezu prototypisches Beispiel für die erste Funktion findet sich in folgendem Austausch zwischen zwei Freundinnen:

Beispiel 1: soll ich was mitbringen (MoCoDa 1 #3498)

bin gerade bei edeka, soll ich was mitbringen?
Nachricht #1–27.02.2014–10:05:05

puhh ja bestimmt, muss ma überlegen
Nachricht #2–27.02.2014–10:07:05

haben die diese billig kelloggs gerade da? dann davon ne packung
Nachricht #3–27.02.2014–10:08:05

und achja bärenmarke kakao, den brauch ich nachher!
Nachricht #4–27.02.2014–10:09:05

Schreiberin A geht davon aus, dass B eventuell etwas benötigt und fragt nach ihren Wünschen. Aus interaktionaler Perspektive ist dabei besonders die Frage relevant, wie man auf ein durch *sollen* ausgedrücktes Angebot reagiert. Solche Angebote sind unverbindlich, und entsprechend unverbindlich kann darauf auch reagiert werden: Man kann das Angebot problemlos annehmen oder ablehnen, denn dieses Angebotsformat ist offen und nicht verpflichtend. Im DaF-Kontext kann man an dieser Stelle z. B. thematisieren, mit welchen Floskeln man das Angebot höflich ablehnen könnte, aber auch, dass es höflich ist, beim Annehmen des Angebots nicht einfach nur mit *ja* zu antworten (dies ist nur dann möglich, wenn man sich sehr gut kennt), sondern wie hier mit einem inszenierten Überlegen (z. B. *Puhh ja bestimmt!*) oder alternativ mit einem Dank und der Partikel *oh* (*Oh, ja, danke!*) oder einer positiven Bewertung des Angebots (*Ja, super, bring mir doch...*).

Gerade solche authentischen Beispiele reizen zum ›Spielen‹ mit Ausdrucksvarianten, und der Vorteil gerade der beiden MoCoDa-Versionen mit ihrer einfachen Bedienbarkeit ist, dass man die alternativen Formen, die die Lernenden vorschlagen, direkt suchen und so überprüfen kann, ob und in welchen Kontexten sie vorkommen.

Die zweite Funktion, Planungsvorschläge zu machen, ist typisch für Verabredungen, wie in folgendem Beispiel:

Beispiel 2: wann soll ich denn heute Abend vorbeikommen (MoCoDa 1 #1168)

Hallo NAME. **Wann soll ich denn heute Abend vorbeikommen?** Ich bringe Nachtisch (Muffins) mit.
Nachricht #1–09.09.2011–10:38

Tach NAME prima:) 20 Uhr heute abend. NAME und NAME kommen auch woah bringst du auch tabu mit? Lg und bis heute Abend
Nachricht #2–09.09.2011–11:05

12

Angewandte Interaktionale Linguistik

> **Ja, mach ich. Freu mich.**
> *Nachricht #3–09.09.2011–11:06*

Das Treffen selbst ist offenbar bereits zuvor geplant worden, mit ihrer ersten Nachricht möchte Schreiberin A den genauen Termin mit einer *soll ich*-Frage mit dem Interrogativadverb *wann* klären. Mit solchen *soll ich*-Mustern lassen sich effektiv Zeit, Ort und weitere Umstände eines Treffens gemeinsam festlegen, ohne dass die andere Person auf zu enge Handlungsoptionen festgelegt wird.

Ein Beispiel für die Frage nach einem Rat findet sich in folgendem Austausch zwischen zwei Freundinnen:

Beispiel 3: was soll ich ihr holeeeen (MoCoDa 1 #2657)

> **VORNAME hat am Freitag Geburtstag**
> *Nachricht #1–29.12.2013–14:05:05*

> **was soll ich ihr holeeeen? :(**
> *Nachricht #2–29.12.2013–14:05:05*

> **Hmm**
> *Nachricht #3–29.12.2013–14:05:05*

> **vielleicht Parfüm? Schmuck?**
> *Nachricht #4–29.12.2013–14:05:05*

Gerade diese Verwendungsweise ist für die Vermittlung im Unterricht wichtig, denn meist wird in Grammatiken und Lehrbüchern auf die – im Alltag deutlich seltenere – Komponente der Verpflichtung durch *sollen* verwiesen anstatt auf dieses keine *Verpflichtung*, sondern eine *Ratsuche* anzeigende Muster. Der vorliegende Austausch zeigt sehr gut, dass beide Interaktionspartnerinnen die Frage als ein offenes ›Brainstorming‹ der Ideenfindung betrachten, dass es also nicht um Verpflichtung, sondern um Vorschläge geht.

12.2.2 | Sollen wir...?

Vorschläge mit
sollen

Sollen wir...? wird in seltenen Fällen mit einer Verpflichtung ausdrückenden Bedeutung verwendet, wie z. B. in der Äußerung »sollen wir die ausdrucken oder macht er das?« (Dialog #2845). Häufiger ist jedoch auch hier ein formelhafter Gebrauch im Kontext von Vorschlägen mit oder ohne Handlungsalternativen. Im folgenden Austausch macht Schreiberin B ihrer Freundin drei Vorschläge für ein zuvor nur sehr vage geplantes Treffen:

304

Beispiel 4: Sollen wir basteln (MoCoDa 1 #2554)

> Oh cool. **Sollen wir basteln oder backen oder nochmal auf den Weihnachtsmarkt?**
> *Nachricht #4–09.12.2013–09:45:35*

> **Weihnachtsmarkt her nicht, lieber basteln oder backen oder auch beides**
> *Nachricht #5–09.12.2013–09:46:34*

Interaktional wichtig ist dabei, dass die Handlungsvorschläge, die mit *Sollen wir...?* formuliert werden, einen generell eher unverbindlichen Charakter haben. Dies spricht für die Thematisierung solcher Beispiele gerade unter der Perspektive des Themas ›Höflichkeit‹, das im DaF-Unterricht aufgrund der kulturell verschiedenen Höflichkeitstraditionen eine zentrale Rolle einnimmt.

Höflichkeit

Mit der Thematisierung von *sollen* hat Mostovaia einen ersten Schritt hin zu einer interaktionslinguistischen Perspektive auf Modalverben gemacht. Wie das folgende Beispiel aus einer scherzhaften Interaktion zweier Freundinnen zeigt, bieten sich diese Daten geradezu an, das komplette Spektrum der Modalverben in ihrer jeweiligen Relation zueinander zu thematisieren:

Beispiel 5: Sollen wir uns mal wieder treffen (MoCoDa 1 #2723)

> **Sollen wir uns mal wieder treffen**
> *Nachricht #1–08.01.2014–14:05:05*

> Nein
> *Nachricht #2–08.01.2014–14:05:05*

> Wir müssen :D !!!
> *Nachricht #3–08.01.2014–14:07:05*

> Boa
> *Nachricht #4–08.01.2014–14:05:05*

> Hahahaa :'D
> *Nachricht #5–08.01.2014–14:05:05*

> Ich hab schon schock gekriegt
> *Nachricht #6–08.01.2014–14:05:05*

> War meine Absicht :'D
> *Nachricht #7–08.01.2014–14:05:05*

Dieses Beispiel ist für den Unterricht natürlich nicht zuletzt wegen seines scherzhaften und unterhaltenden Charakters sehr gut geeignet. Von besonderem Interesse ist aber, dass hier Schreiberin A und B indirekt die Bedeutung der Modalverben zum Thema ihrer Interaktion machen (Stichwort *Aufzeigepraktiken*; s. Kap. 4.6). Während A mit der Floskel »Sollen wir..:« (Nachricht #1) einen unverbindlichen Vorschlag einleitet, reagiert Schreiberin B zunächst mit einer interaktional hochgradig negativ markierten direkten Ablehnung, die sie allerdings in der Folgenachricht #3 (nach einer Pause von immerhin 2 Minuten!) erläutert und so entschärft: Das »Nein« aus Nachricht #2 bezog sich nicht auf den Vorschlag, sondern auf die Unverbindlichkeit, die durch das Modalverb *sollen* transportiert wird. Entsprechend ersetzt Schreiberin B dieses Modalverb durch das einen hohen Grad an Verpflichtung ausdrückende Modalverb *müssen* und stimmt damit emphatisch dem Vorschlag zu, sich zu treffen.

Auch hier kann über die Frage des interaktionalen Gebrauchs von Modalverben hinaus wieder das Thema Höflichkeit behandelt werden, im vorliegenden Fall z. B. die Regel, dass man, wenn man einen Vorschlag ablehnen möchte, dies nicht abrupt machen kann, sondern mit Vorlaufelementen, d. h. man akzeptiert den Vorschlag, bleibt aber vage und verschiebt ihn (*Ja, können wir gerne machen. Diesen Monat hab ich aber lauter Termine, vielleicht im kommenden?*).

Diese kurze Darstellung der möglichen Behandlung von Modalverben im DaF-Unterricht eröffnet Perspektiven für zukünftige Forschung und Anwendung: Bislang wurde erst eines der Modalverben näher untersucht. Was noch aussteht, ist eine umfassendere Frequenzanalyse sowie eine Untersuchung der Funktionen von den übrigen Modalverben, so dass schließlich kontrastiv und datenbasiert der ›Modalverbenzoo‹ des Deutschen didaktisch aufbereitet und anhand von authentischen Beispielen in Lehreinheiten dargestellt werden kann.

Für die Lernenden hat ein solcher interaktionslinguistischer Zugang zum einen den Vorteil, dass sie die Formen lernen, die in der Praxis auch tatsächlich häufig vorkommen. Zum anderen liefern die Beispiele Kontexte authentischer Situationen, die nicht nur die Bedeutung der Modalverben über diese Kontexteinbettung besser vermitteln, sondern die darüber hinaus auch nebenbei die Strukturen alltagssprachlichen Interagierens vermitteln.

Desiderata   **Ausblick:** In der Angewandten Interaktionalen Linguistik ist gerade für den DaF- und DaZ-Bereich noch viel zu tun: Zum einen sind Analysen notwendig, die zeigen, welche sprachlichen Muster im Alltag besonders häufig vorkommen und welche nur selten, so dass Lehrwerke die Themen auswählen können, die sie auf den jeweiligen Lernerstufen behandeln. Zum anderen sind Vorschläge für didaktische Umsetzungen erforderlich, mit denen interaktionale Strukturen des gesprochenen und geschriebenen Deutsch vermittelt werden können, ohne die Lernenden damit zu überfordern.

13 Literatur

Ágel, Vilmos (2012): Junktionsprofile aus Nähe und Distanz. Ein Beitrag zur Vertikalisierung der neuhochdeutschen Grammatik. In: Jochen A. Bär/Marcus Müller (Hg.): *Geschichte der Sprache – Sprache der Geschichte*. Berlin, S. 181–206.

Ágel, Vilmos (2015): Die Umparametrisierung der Grammatik durch Literalisierung. Online- und Offlinesyntax in Gegenwart und Geschichte. In: Ludwig M. Eichinger (Hg.): *Sprachwissenschaft im Fokus*. Berlin, S. 121–155.

Ágel, Vilmos/Hennig, Mathilde (2006): Theorie des Nähe- und Distanzsprechens. In: Vilmos Ágel/Mathilde Hennig (Hg.): *Grammatik aus Nähe und Distanz. Theorie und Praxis am Beispiel von Nähetexten 1650–2000*. Tübingen, S. 3–31.

Ágel, Vilmos/Hennig, Mathilde (Hg.) (2010): *Nähe und Distanz im Kontext variationslinguistischer Forschung*. Berlin.

Agha, Asif (2005): Voice, Footing, Enregisterment. In: *Journal of Linguistic Anthropology* 15, S. 38–59.

Androutsopoulos, Jannis (2003): Online-Gemeinschaften und Sprachvariation. Soziolinguistische Perspektiven auf Sprache im Internet. In: *Zeitschrift für germanistische Linguistik* 31, S. 173–197.

Androutsopoulos, Jannis (2007a): Neue Medien. Neue Schriftlichkeit? In: *Mitteilungen des Germanistenverbandes* 54, S. 72–97.

Androutsopoulos, Jannis (2007b): Style online: Doing hip-hop on the German-speaking Web. In: Peter Auer (Hg.): *Style and social identities: alternative approaches to linguistic heterogeneity*. Berlin, S. 279–317.

Androutsopoulos, Jannis (2013): Code-switching in computer-mediated communication. In: Susan C. Herring/Dieter Stein/Tuija Virtanen (Hg.): *Pragmatics of Computer-mediated Communication*. Berlin, S. 667–694.

Androutsopoulos, Jannis/Schmidt, Gurly (2001): SMS-Kommunikation: Ethnografische Gattungsanalyse am Beispiel einer Kleingruppe. In: *Zeitschrift für angewandte Linguistik* 36, S. 49–79.

Auer, Peter (1984): *Code-Shifting: Phonologische und konversationelle Aspekte von Dialekt/Standard-Kontinua*. Konstanz.

Auer, Peter (1986): Konversationelle Standard/Dialekt-Kontinua (Code-Shifting). In: *Deutsche Sprache* 14, S. 97–124.

Auer, Peter (1986a): Kontextualisierung. In: *Studium Linguistik* 19, S. 22–47.

Auer, Peter (1990a): Rhythm in telephone closings. In: *Human Studies* 13, S. 361–392.

Auer, Peter (1990b): *Phonologie der Alltagssprache. Eine Untersuchung zur Standard/Dialekt-Variation am Beispiel der Konstanzer Stadtsprache*. Berlin.

Auer, Peter (1991): Vom Ende deutscher Sätze. In: *Zeitschrift für germanistische Linguistik* 19, S. 139–157.

Auer, Peter (1992a): The neverending sentence. In: Miklós Kontra (Hg.): Studies in spoken languages: English, German, Finno-Ugric. Budapest, S. 41–59.

Auer, Peter (1992b): Introduction: John Gumperz' Approach to Contextualization. In: Peter Auer/Aldo Di Luzio (Hg.): *The Contextualization of Language*. Amsterdam, S. 1–37.

Auer, Peter (1993): Zur Verbspitzenstellung im gesprochenen Deutsch. In: *Deutsche Sprache* 23, S. 193–222.

Auer, Peter (1995): The pragmatics of code-switching: a sequential approach. In: Lesley Milroy/Pieter Muysken (Hg.): *One speaker, two languages: Cross-disciplinary perspectives on code-switching*. Cambridge, S. 115–135.

Auer, Peter (1996): On the prosody and syntax of turn continuations. In: Elizabeth Couper-Kuhlen/Margret Selting (Hg.): *Prosody in conversation: Interactional studies*. Cambridge, S. 57–100.

J. B. Metzler © Springer-Verlag GmbH Deutschland, ein Teil von Springer Nature, 2019
W. Imo / J. P. Lanwer, *Interaktionale Linguistik*,
https://doi.org/10.1007/978-3-476-05549-1_13

Literatur

Auer, Peter (1999): *Sprachliche Interaktion*. Tübingen.

Auer, Peter (2000): *On line*-Syntax – oder: was es bedeuten könnte, die Zeitlichkeit der mündlichen Sprache ernst zu nehmen. In: *Sprache und Literatur* 85, S. 43–56.

Auer, Peter (2001): »Hoch ansetzende« Intonationskonturen in der Hamburger Regionalvarietät. In: *Germanistische Linguistik (Themenheft: Neue Wege der Intonationsforschung)* 157/158, S. 125–165.

Auer, Peter (2005): Projection in Interaction and Projection in Grammar. In: *Text* 25, S. 7–36.

Auer, Peter (2006): Increments and more. Anmerkungen zur augenblicklichen Diskussion über die Erweiterbarkeit von Turnkonstruktionseinheiten. In: Arnulf Deppermann/Reinhard Fiehler/Thomas Spranz-Fogasy (Hg.): *Grammatik und Interaktion*. Mannheim, S. 279–294.

Auer, Peter (2007): Syntax als Prozess. In: Heiko Hausendorf (Hg.): *Gespräch als Prozess: Linguistische Aspekte der Zeitlichkeit verbaler Interaktion*. Tübingen, S. 95–124.

Auer, Peter (2010): Zum Segmentierungsproblem in der Gesprochenen Sprache. In: *InLiSt* 49, S. 1–19.

Auer, Peter (2016): Dialogus in dialogum. In: *Zeitschrift für germanistische Linguistik* 44, S. 357–368.

Auer, Peter (Hg.) (2013): *Sprachwissenschaft*. Stuttgart.

Auer, Peter et al. (2013): John J. Gumperz (1922–2013) – ein Nachruf. In: *Gesprächsforschung* 14, S. 1–7.

Auer, Peter/Bauer, Angelika/Birkner, Karin/Kotthoff, Helga (2019): *Einführung in die Konversationsanalyse*. Berlin.

Auer, Peter/Couper-Kuhlen, Elizabeth (1994): Rhythmus und Tempo konversationeller Alltagssprache. In: *Zeitschrift für Sprachwissenschaft und Linguistik* 96, S. 78–106.

Auer, Peter/di Luzio, Aldo (Hg.) (1984): *Interpretative Sociolinguistics*. Tübingen.

Auer, Peter/di Luzio, Aldo (Hg.) (1992): *The Contextualization of Language*. Amsterdam.

Auer, Peter/Günthner, Susanne (2004): Die Entstehung von Diskursmarkern im Deutschen – ein Fall von Grammatikalisierung? In: Torsten Leuschner/Tanja Mortelsmans (Hg.): *Grammatikalisierung im Deutschen*. Berlin, S. 335–362.

Auer, Peter/Hinskens, Frans (2008): The role of interpersonal accommodation in a theory of language change. In: Peter Auer/Frans Hinskens/Paul Kerswill (Hg.): *Dialect Change. Convergence and Divergence in European Languages*. Cambridge, S. 335–357.

Auer, Peter/Pfänder, Stefan (Hg.) (2011): *Constructions: emerging and emergent*. Berlin.

Auer, Peter/Selting, Margret (2001): Der Beitrag der Prosodie zur Gesprächsorganisation. In: Klaus Brinker/Gerd Antos/Wolfgang Heinemann/Sven F. Sager (Hg.): *Text- und Gesprächslinguistik*. Berlin, S. 1122–1131.

Auer, Peter/Uhmann, Susanne (1982): Aspekte der konversationellen Bewertungen. In: *Deutsche Sprache* 10, S. 1–32.

Bachmann-Stein, Andrea (2013): Authentische Gesprochene Sprache im DaF-Unterricht: Pro und Contra. In: Sandro M. Moraldo/Federica Missaglia (Hg.): *Gesprochene Sprache im DaF-Unterricht. Grundlagen – Ansätze – Praxis*. Heidelberg, S. 39–58.

Baecker, Dirk (2005): *Kommunikation*. Leipzig.

Bahlo, Nils (2010): *uallah* und/oder *ich schwöre*. Jugendsprachliche expressive Marker auf dem Prüfstand. In: *Gesprächsforschung – Online-Zeitschrift zur verbalen Interaktion* 11, S. 101–122.

Baldauf-Quilliatre, Heike/Colón de Carvajal, Isabel (2019): Interaktionen bei Videospiel-Sessions. Interagieren in einem hybriden Raum. In: Konstanze

Marx/Axel Schmidt (Hg.): *Interaktion und Medien. Interaktionsanalytische Zugänge zu medialvermittelter Kommunikation*. Heidelberg, S. 219–254.

Barden, Birigit/Elstermann, Mechthild/Fiehler, Reinhard (2001): Operator-Skopus-Strukturen in gesprochener Sprache. In: Frank Liedtke/Franz Hundsnurscher (Hg.): *Pragmatische Syntax*. Tübingen, S. 197–232.

Barth-Weingarten, Dagmar (2016): *Intonation units revisited – cesuras in talk-in-interaction*. Amsterdam.

Barth-Weingarten, Dagmar/Reed, Beatrice Szczepek (2014): Prosodie und Phonetik in der Interaktion – Prosody and phonetics in interaction: Hinführung, Termini, Methoden. In: Dagmar Barth-Weingarten/Beatrice Szczepek Reed (Hg.): *Prosodie und Phonetik in der Interaktion*. Mannheim, S. 4–19.

Becker-Mrotzek, Michael/Brünner, Gisela (2006): *Gesprächsanalyse und Gesprächsführung: Eine Unterrichtsreihe für die Sekundarstufe II*. Mannheim.

Behaghel, Otto (1927): Geschriebenes Deutsch und gesprochenes Deutsch. In: Otto Behaghel: *Von deutscher Sprache. Aufsätze, Vorträge und Plaudereien* [1899]. Lahr, S. 11–34.

Beißwenger, Michael (2002): Getippte ›Gespräche‹ und ihre trägermediale Bedingtheit. In: Ingo W. Schröder/Stéphane Voell (Hg.): *Moderne Oralität*. Marburg, S. 265–299.

Beißwenger, Michael (2007): *Sprachhandlungskoordination in der Chat-Kommunikation*. Berlin.

Beißwenger, Michael (2010): Chattern unter die Finger geschaut: Formulieren und Revidieren bei der schriftlichen Verbalisierung in synchroner internetbasierter Kommunikation. In: Vilmos Ágel/Mathilde Hennig (Hg.): *Nähe und Distanz im Kontext variationslinguistischer Forschung*. Berlin, S. 247–294.

Beißwenger, Michael (2013): Das Dortmunder Chat-Korpus. In: *Zeitschrift für germanistische Linguistik* 41, S. 161–164.

Beißwenger, Michael (2016a): Praktiken in der internetbasierten Kommunikation. In: Arnulf Deppermann/Helmuth Feilke/Angelika Linke (Hg.): *Sprachliche und kommunikative Praktiken*. Berlin, S. 279–310.

Beißwenger, Michael (2016b): Sprache und Medien: Digitale Kommunikation. In: *Studikurs Sprach- und Textverständnis*. Hypermediales E-Learning-Angebot des Ministeriums für Innovation, Wissenschaft und Forschung (MIWF) des Landes Nordrhein-Westfalen.

Beißwenger, Michael (2017a): WhatsApp, Facebook, Instagram & Co.: Schriftliche Kommunikation im Netz als Thema in der Sekundarstufe. In: Steffen Gailberger/Frauke Wietzke (Hg.): *Deutschunterricht in einer digitalen Gesellschaft*. Weinheim, S. 91–124.

Beißwenger, Michael (2017b): Sprechen, um zu schreiben: Zu interaktiven Formulierungsprozessen bei der kooperativen Textproduktion. In: Ekinci Yüksel/Elke Montanari/Lirim Selmani (Hg.): *Grammatik und Variation*. Heidelberg, S. 161–174.

Beißwenger, Michael (i. V.): Internetbasierte Kommuniaktion als Textformenbasierte Interaktion: Modellierungen von Zeitlichkeitsbedingungen als Herausforderung für den Aufbau und die Analyse von Social-Media-Korpora.

Beißwenger, Michael/Pappert, Steffen (2018): Analysefeld: Internetbasierte Kommunikation. In: Frank Liedtke/Astrid Tuchen (Hg.): *Handbuch Pragmatik*. Stuttgart, S. 448–459.

Bendig, Ina/Betz, Emma/Huth, Thorsten (2016): »weil – das ist eben doch richtig so.« Teaching variant types of *weil*- and *obwohl*-structures in German. In: *Unterrichtspraxis/Teaching German* 49, S. 214–227.

Bergmann, Jörg (1981): Ethnomethodologische Konversationsanalyse. In: Peter Schröder/Hugo Steger (Hg.): *Dialogforschung*. Düsseldorf, S. 9–51.

Bergmann, Jörg (1987): *Klatsch: Zur Sozialform der diskreten Indiskretion*. Berlin.

Bergmann, Jörg (1988): *Ethnomethodologie und Konversationsanalyse*. Hagen.

Literatur

Bergmann, Jörg (1991): Konversationsanalyse. In: Uwe Flick et al. (Hg.): *Handbuch qualitative Sozialforschung*. München, S. 213–218.

Bergmann, Jörg (1993): Alarmiertes Verstehen: Kommunikation in Feuerwehrnotrufen. In: Thomas Jung/Stefan Müller-Doohm (Hg.): *Wirklichkeit im Deutungsprozess*. Frankfurt a. M., S. 283–328.

Bergmann, Jörg (2001): Das Konzept der Konversationsanalyse. In: Klaus Brinker/Gerd Antos/Wolfgang Heinemann/Sven F. Sager (Hg.): *Text- und Gesprächslinguistik*. Berlin, S. 919–927.

Bergmann, Jörg (2010): Ethnomethodologische Konversationsanalyse. In: Ludger Hoffmann, (Hg.): *Sprachwissenschaft. Ein Reader*. Berlin, S. 258–274.

Bergmann, Pia (2008): *Regionalspezifische Intonationsverläufe im Kölnischen. Formale und funktionale Analysen steigend-fallender Konturen*. Tübingen.

Bergmann, Pia (2012): The prosodic design of parentheses in spontaneous speech. In: Pia Bergmann et al. (Hg.): *Prosody and Embodiment in Interactional Grammar*. Berlin, S. 103–141.

Bergmann, Pia (2013): The prosodic design of parentheses in spontaneous speech. In: Pia Bergmann/Jana Brenning/Martin Pfeiffer/Elisabeth Reber (Hg.): *Prosody and Embodiment in Interactional Grammar*. Berlin, S. 103–142.

Berruto, Gaetano (2004): Sprachvarietät – Sprache (Gesamtsprache, historische Sprache). In: Ulrich Ammon et al. (Hg.): *Soziolinguistik*. Berlin/New York, S. 188–195.

Betz, Emma (2015): »des is halt so«: Explaining, justifying, and convincing with ›halt‹. In: *Unterrichtspraxis/ Teaching German* 48, S. 114–132.

Bezemer, Jeff/Mavers, Diane (2011): Multimodal transcription as academic practice: A social semiotic perspective. In: *International Journal of Social Research Methodology* 14, S. 191–206.

Birdwhistell, Ray L. (1970): *Kinesics and Context. Essays on Body Motion Communication*. Philadelphia.

Birkner, Karin (2008): Relativ(satz)konstruktionen im gesprochenen Deutsch. Berlin.

Birkner, Karin (2012): Prosodic formats of relative clauses in spoken German. In: Pia Bergmann et al. (Hg.): *Prosody and Embodiment in Interactional Grammar*. Berlin/Boston, S. 19–39.

Birkner, Karin/Ehmer, Oliver (Hg.) (2013): *Veranschaulichungsverfahren im Gespräch*. Mannheim.

Birkner, Karin/Gilles, Peter (2008): Dialektstilisierung im Reality-Fernsehen. In: Helen Christen/Evelyn Ziegler (Hg.): *Sprechen, Schreiben, Hören. Zur Produktion und Perzeption von Dialekt und Standardsprache zu Beginn des 21. Jahrhunderts*. Wien, S. 101–129.

Birkner, Karin/Kern, Friederike (2000): Bewerbungsgespräche mit Ost- und Westdeutschen. In: Peter Auer/Heiko Hausendorf (Hg.): *Kommunikation in gesellschaftlichen Um-bruchsituationen*. Tübingen, S. 45–82.

Birkner, Karin/Meer, Dorothee (Hg.) (2011): *Institutionalisierter Alltag: Mündlichkeit und Schriftlichkeit in unterschiedlichen Praxisfeldern*. Mannheim.

Blommaert, Jan (2005): *Discourse: A Critical Introduction*. Cambridge.

Bloomfield, Leonard (1984): *Language* [1933]. Chicago.

Boden, Deirdre (1994): *The Business of Talk: Organizations in Action*. Cambridge.

Bolinger, Dwight (1983): Intonation and Gesture. In: *American Speech* 58, S. 156–174.

Bose, Ines/Hirschfeld, Ursula/Neuber, Baldur/Stock, Eberhard (Hg.) (2016): *Einführung in die Sprechwissenschaft. Phonetik, Rhetorik, Sprechkunst*. Tübingen.

Bose, Ines/Neuber, Baldur (Hg.) (2011): *Interpersonelle Kommunikation – Analyse und Optimierung*. Frankfurt a. M.

Brazil, David (1995): *A Grammar of Speech*. Oxford.

Bressem, Jana (2013): A linguistic perspective on the notation of form features in gestures. In: Cornelia Müller et al. (Hg.): *Body – Language – Communicatio.* Berlin, S. 1079–1098.

Bressem, Jana (2013): Transcription systems for gestures, speech, prosody, postures, and gaze. In: Cornelia Müller et al. (Hg.): *Body – Language – Communication.* Berlin, S. 1037–1059.

Bressem, Jana/Ladewig, Silva H. (2011): Rethinking gesture phases: Articulatory features of gestural movement? In: *Semiotica*, S. 53–91.

Brinker, Klaus/Sager, Sven F. (2001): *Linguistische Gesprächsanalyse: Eine Einführung.* Berlin.

Brône, Geert/Oben, Bert (Hg.) (2018): *Eye-tracking in Interaction. Studies on the role of eye gaze in dialogue.* Amsterdam.

Brown, Gillian/Yule, George (1983): *Discourse Analysis.* Cambridge.

Brüning, Bernhard et al. (2012): Integrating PAMOCAT in the research cycle: linking motion capturing and conversation analysis. In: Louis-Philippe Morency (Hg.): *Proceedings of the 14th ACM International Conference on Multimodal Interaction.* New York, S. 201–208.

Brünner, Gisela/Fiehler, Reinhard/Kindt, Walther (Hg.) (2002): *Angewandte Diskursforschung.* Mannheim.

Bühler, Karl (1999): *Sprachtheorie. Die Darstellungsfunktion der Sprache* [1934]. Stuttgart.

Bührig, Kristin (2009): Konnektivpartikel. In: Ludger Hoffmann (Hg.): *Handbuch der deutschen Wortarten.* Berlin, S. 525–544.

Busler, Christine/Schlobinski, Peter (1997): ›Was er (schon) (...) konstruieren kann – das sieht er (oft auch) als Ellipse an.‹ Über ›Ellipsen‹, syntaktische Formate und Wissensstrukturen. In: Peter Schlobinski (Hg.): *Syntax des gesprochenen Deutsch.* Opladen, S. 93–116.

Büttner, Silke (2005): Kopfbewegungen im Transkript. Ein System zur Analyse von Kopfbewegungen im Kontext nonverbaler Interaktion. In: Kristin Bührig/Sven F. Sager (Hg.): *Nonverbale Kommunikation im Gespräch.* Duisburg, S. 71–92.

Casper-Hehne, Hiltraud (1999): Interkulturelle Kommunikation. Neue Perspektiven und alte Einsichten. In: *ZfAL* 31, S. 77–107.

Chafe, Wallace (1994): *Discourse, consciousness, and time. The Flow and Displacement of Conscious Experience in Speaking and Writing.* Chicago.

Clark, Herbert H. (1996): *Using language.* Cambridge.

Cook-Gumperz, Jenny/Gumperz, John J. (1976): Context in children's speech. In: *Papers on Language and Context* (Working Paper 46), S. 1–45.

Coulthard, Malcolm (1977): *An Introduction to Discourse Analysis.* London.

Coulthard, Malcolm/Montgomery, Martin (Hg.) (1981): *Studies in Discourse Analysis.* London.

Couper-Kuhlen, Elizabeth/Ono, Tsuyoshi (Hg.) (2007): *Increments in cross-linguistic perspective.* Pragmatics 17 Sonderheft.

Couper-Kuhlen, Elizabeth/Selting, Margret (1996): *Prosody in Conversation: Interactional Studies.* Cambridge.

Couper-Kuhlen, Elizabeth/Selting, Margret (1996): Towards an interactional perspective on prosody and a prosodic perspective on interaction. In: Elizabeth Couper-Kuhlen/Margret Selting (Hg.): *Prosody in Conversation: Interactional Studies.* Cambridge, S. 11–56.

Couper-Kuhlen, Elizabeth/Selting, Margret (2000): Argumente für die Entwicklung einer ›interaktionalen Linguistik‹. In: *Gesprächsforschung – Online-Zeitschrift zur verbalen Interaktion* 1, S. 76–95.

Couper-Kuhlen, Elizabeth/Selting, Margret (2001a): Forschungsprogramm ›Interaktionale Linguistik‹. In: *Linguistische Berichte* 187, S. 257–287.

Couper-Kuhlen, Elizabeth/Selting, Margret (Hg.) (2001b): *Studies in Interactional Linguistics.* Amsterdam.

Couper-Kuhlen, Elizabeth/Selting, Margret (2018): *Interactional Linguistics*. Cambridge.

Coupland, Nikolas (2007): *Style. Language Variation and Identity*. Cambridge.

Coussios, Georgios/Imo, Wolfgang/Korte, Lisa (i. V.): *Kommunikation mit Krebspatient/innen: Ein gesprächsanalytisch fundiertes Trainings- und Übungshandbuch*.

Danesi, Marcel (2017): *The Semiotics of Emoji*. London.

Denkler, Markus (2007): Code-Switching in Gesprächen münsterländischer Dialektsprecher. Zur Sprachvariation beim konversationellen Erzählen. In: *Zeitschrift für Dialektologie und Linguistik* 124, S. 164–195.

Denkler, Markus (2011): Zum Dialektgebrauch im Westmünsterland. Code-switching in halböffentlichen Gesprächen. In: *Niederdeutsches Jahrbuch* 134, S. 149–170.

Deppermann, Arnulf (2001): *Gespräche analysieren*. Opladen.

Deppermann, Arnulf (2003): Wenn Semantik zum praktischen Problem wird: Divergierende Schmerzkonzepte von Ärztin und Patientin in der psychosomatischen Exploration. In: *Psychotherapie und Sozialwissenschaft* 5, S. 164–180.

Deppermann, Arnulf (2006): Konstitution von Wortbedeutung im Gespräch: Eine Studie am Beispiel des jugendsprachlichen Bewertungsadjektivs *assi*. In: Arnulf Deppermann/Thomas Spranz-Fogasy (Hg.): *be-deuten: Wie Bedeutung im Gespräch entsteht*. Tübingen, S. 158–184.

Deppermann, Arnulf (2007): *Grammatik und Semantik aus gesprächsanalytischer Sicht*. Berlin.

Deppermann, Arnulf (2007): Playing with the voice of the other: Stylized Kanaksprak in conversations among German adolescents. In: Peter Auer (Hg.): *Style and Social Identities: Alternative Approaches to Linguistic Heterogeneity*. Berlin, S. 325–360.

Deppermann, Arnulf (2009): Verstehensdefizit als Antwortverpflichtung: Interaktionale Eigenschaften der Modalpartikel *denn* in Fragen. In: Susanne Günthner/Jörg Bücker (Hg.): *Grammatik im Gespräch*. Berlin, S. 23–56.

Deppermann, Arnulf (2010): Konklusionen: Interaktives Verstehen im Schnittpunkt von Sequenzialität, Kooperation und sozialer Struktur. In: Arnulf Deppermann/Ulrich Reitemeier/Reinhold Schmitt/Thomas Spranz-Fogasy (Hg.): *Verstehen in professionellen Handlungsfeldern*. Tübingen, S. 363–384.

Deppermann, Arnulf (2013): Multimodal interaction from a conversation analytic perspective. In: *Journal of Pragmatics* 46, S. 1–7.

Deppermann, Arnulf (2013b): Zur Einführung: Was ist eine »Interaktionale Linguistik des Verstehens«? In: Arnulf Deppermann (Hg.): *Deutsche Sprache* 1, S. 1–5.

Deppermann, Arnulf (2014a): Multi-modal participation in simultaneous joint projects: Inter-personal and intra-personal coordination of paramedics in emergency drills. In: Pentti Haddington/Tiina Keisanen/Lorenza Mondada/Maurice Nevile (Hg.): *Multiactivity in social interaction: Beyond multitasking*. Amsterdam, S. 247–281.

Deppermann, Arnulf (2014b): Handlungsverstehen und Intentionszuschreibung in der Interaktion I: Intentionsbekundungen mit *wollen*. In: Pia Bergmann/Karin Birkner/Peter Gilles/Helmut Spiekermann/Tobias Streck (Hg.): *Sprache im Gebrauch: räumlich, zeitlich, interaktional*. Heidelberg, S. 309–326.

Deppermann, Arnulf (2015a): Pragmatik *revisited*. In: Ludwig M. Eichinger (Hg.): *Sprachwissenschaft im Fokus*. Berlin, S. 323–352.

Deppermann, Arnulf (2015b): When recipient design fails: Egocentric turn-design of instructions in driving school lessons leading to breakdowns of intersubjectivity. In: *Gesprächsforschung – Online-Zeitschrift zur verbalen Interaktion* 16, S. 63–101.

Deppermann, Arnulf (2015c): Wissen im Gespräch: Voraussetzung und Produkt, Gegenstand und Ressource. In: *InLiSt* 57, S. 1–31.

Deppermann, Arnulf (2018): Sprache in der multimodalen Interaktion. In: Arnulf Deppermann/Silke Reineke (Hg.): *Sprache in kommunikativen, interaktiven und kulturellen Kontexten*. Berlin, S. 52–85.

Deppermann, Arnulf (Hg.) (2013a): *Conversation Analytic Studies of Multimodal Interaction*. Sonderheft *Journal of Pragmatics* 46.

Deppermann, Arnulf/Blühdorn, Hardarik (2013): Negation als Verfahren des Adressatenzuschnitts: Verstehenssteuerung durch Interpretationsrestriktionen. In: *Deutsche Sprache* 1, S. 6–30.

Deppermann, Arnulf/Feilke, Helmuth/Linke, Angelika (Hg.) (2016): *Sprachliche und kommunikative Praktiken*. Berlin.

Deppermann, Arnulf/Günthner, Susanne (Hg.) (2015): *Temporality in Interaction*. Amsterdam.

Deppermann, Arnulf/Helmer, Henrike (2013): Zur Grammatik des Verstehens im Gespräch: Inferenzen anzeigen und Handlungskonsequenzen ziehen mit *also* und *dann*. In: *Zeitschrift für Sprachwissenschaft* 32, S. 1–40.

Deppermann, Arnulf/Reitemeier, Ulrich/Schmitt, Reinhold/Spranz-Fogasy, Thomas (2010): *Verstehen in professionellen Handlungsfeldern*. Tübingen.

Deppermann, Arnulf/Schmitt, Reinhold (2007): Koordination. Zur Begründung eines neuen Forschungsgegenstandes. In: Reinhold Schmitt (Hg.): *Koordination. Analysen zur multimodalen Interaktion*. Tübingen, S. 15–54.

Deppermann, Arnulf/Schmidt, Axel (2001): ›Dissen‹: Eine interaktive Praktik zur Verhandlung von Charakter und Status in Peer-Groups männlicher Jugendlicher. In: *Osnabrücker Beiträge zur Sprachtheorie* 62, S. 79–98.

Deppermann, Arnulf/Schmidt, Thomas (2014): Gesprächsdatenbanken als methodisches Instrument der Interaktionalen Linguistik: Eine exemplarische Untersuchung auf Basis des Korpus FOLK in der Datenbank für Gesprochenes Deutsch (DGD2). In: *Mitteilungen des Deutschen Germanistenverbandes* 61, S. 4–17.

Deppermann, Arnulf/Schmitt, Reinhold (2007): Koordination. Zur Begründung eines neuen Forschungsgegenstandes. In: Reinhold Schmitt (Hg.): *Koordination. Analysen zur multimodalen Interaktion*. Tübingen, S. 15–54.

Deppermann, Arnulf/Schmitt, Reinhold (2008): Verstehensdokumentation: Zur Phänomenologie von Verstehen in der Interaktion. In: *Deutsche Sprache* 3, S. 220–245.

Deppermann, Arnulf/Spranz-Fogasy, Thomas (Hg.) (2006): *be-deuten. Wie Bedeutung im Gespräch entsteht*. Tübingen.

Dittmar, Norbert (2002): Lakmustest für funktionale Beschreibungen am Beispiel von *auch* (Fokuspartikel, FP), *eigentlich* (Modalpartikel, MP) und *also* (Diskursmarker, DM). In: Cathrine Fabricius-Hansen/Oddleif Leirbukt/Ole Letnes (Hg.): *Modus, Modalverben, Modalpartikeln*. Trier, S. 142–160.

Dovalil, Vit (2010): Zum Begriff »Varietät« und dessen Verflechtung mit »Norm« und »Stil«. In: Peter Gilles/Joachim Scharloth/Evelyn Ziegler (Hg.): *Variatio delectat. Empirische Evidenzen und theoretische Passungen sprachlicher Variation*. Frankfurt a. M., S. 45

Drew, Paul/Heritage, John (1993): *Talk at work*. Cambridge.

Droste, Pepe (2016): Metapragmatik in der kommunikativen Praxis: Kommunikative Typisierungen von Sprachvariation in Norddeutschland in Alltagsgesprächen. In: *Arbeitspapierreihe Sprache und Interaktion SpIn* 67, S. 1–22.

Duden-Ratgeber (2014): *Geschäftskorrespondenz: Professionelle Briefe und E-Mails schreiben*. Mannheim.

Duranti, Alessandro (1997): *Linguistic Anthropology*. Cambridge.

Dürscheid, Christa (2005): Medien, Kommunikationsformen, kommunikative Gattungen. In: *Linguistik online* 22, S. 1–14.

Dürscheid, Christa (2006): *Einführung in die Schriftlinguistik*. Göttingen.

Dürscheid, Christa (2015): Neue Dialoge – alte Konzepte? Die schriftliche Kommunikation via Smartphone. In: *Zeitschrift für germanistische Linguistik* 44, S. 437–468.

Dürscheid, Christa (2016): Nähe, Distanz und neue Medien. In: Helmuth Feilke/ Mathilde Hennig (Hg.): Zur Karriere von ›Nähe und Distanz‹. Berlin, S. 357– 385.

Dürscheid, Christa/Brommer, Sarah (2009): Getippte Dialoge in Neuen Medien. Sprachkritische Aspekte und linguistische Analysen. In: *Linguistik Online* 37, S. 1–20.

Dürscheid, Christa/Frick, Karina (2016): *Schreiben digital – Wie das Internet unsere Alltagskommunikation verändert*. Stuttgart.

Eckert, Penelope (2012): Three waves of variation study: The emergence of meaning in the study of sociolinguistic variation. In: *Annual Review of Anthropology* 41, S. 87–100.

Egbert, Maria (2009): *Der Reparatur-Mechanismus in deutschen Gesprächen*. Mannheim.

Eggers, Hans (1962): Zur Syntax der deutschen Sprache der Gegenwart. In: *Studium Generale* 15, S. 49–59.

Ehlich, Konrad (1979): Formen und Funktionen von ›HM‹. Eine phonologisch-pragmatische Analyse. In: Harald Weydt (Hg.): *Die Partikeln der deutschen Sprache*. Berlin, S. 503–517.

Ehlich, Konrad (1996): Funktional-pragmatische Kommunikationsanalyse: Ziele und Verfahren. In: Ludger Hoffmann (Hg.): *Sprachwissenschaft: Ein Reader*. Berlin, S. 183–201.

Ehlich, Konrad/Rehbein, Jochen (1976): Halbinterpretative Arbeitstranskriptionen (HIAT). In: *Linguistische Berichte* 45, 21–41.

Ehlich, Konrad/Rehbein Jochen (1979): Erweiterte halbinterpretative Arbeitstranskriptionen (HIAT2): Intonation. In: *Linguistische Berichte* 59, S. 51–75.

Ekman, Paul/Friesen, Wallace V. (1976): Measuring Facial Movement. In: *Environmental Psychology and Nonverbal Behavior* 1, S. 56–75.

Engel, Ulrich (1962): Schwäbische Mundart und Umgangssprache. In: *Muttersprache* 72, S. 257–261.

Esser, Hartmut (2002): *Soziologie: Spezielle Grundlagen. Band 6: Sinn und Kultur*. Frank-furt/Main.

Fiehler, Reinhard (Hg.) (2002): *Verständigungsprobleme und gestörte Kommunikation*. Mannheim.

Fiehler, Reinhard (2005): Gesprochene Sprache. In: *Duden. Die Grammatik*. 7. Aufl. Mannheim, S. 1175–1256.

Fiehler, Reinhard (2009): Kommunikationstraining. In: Ulla Fix/Andreas Gardt/ Joachim Knape (Hg.): *Rhetorik und Stilistik*. Berlin, S. 2387–2403.

Fiehler, Reinhard (2015): Die Vielfalt der Besonderheiten gesprochener Sprache – und zwei Beispiele, wie sie für den DaF-Unterricht geordnet werden kann: Gesprächspartikeln und Formulierungsverfahren. In: Wolfgang Imo/Sandro M. Moraldo (Hg.): *Interaktionale Sprache und ihre Didaktisierung im DaF-Unterricht*. Tübingen, S. 23–44.

Fiehler, Reinhard/Barden, Birgit/Elstermann, Mechthild/Kraft, Barbara (2004): *Eigenschaften gesprochener Sprache*. Tübingen.

Fiehler, Reinhard/Kindt, Walther/Schnieders, Guido (2002): Kommunikationsprobleme in Reklamationsgesprächen. In: Gisela Brünner/Reinhard Fiehler/Walther Kindt (Hg.): *Angewandte Diskursforschung*. Mannheim, S. 120–154.

Fiehler, Reinhard/Schmitt, Reinhold (2009): Kommunikationstrainings als Gegenstand der Gesprächsanalyse. In: Michael Becker-Motzek/Gisela Brünner (Hg.): *Analyse und Vermittlung von Gesprächskompetenz*. Frankfurt a. M., S. 113–135.

Fiehler, Reinhard/Schröder, Peter/Wagner, Peter (2007): Analyse und Dokumentation gesprochener Sprache am IDS. In: Heidrun Kämper/Ludwig M. Eichinger (Hg.): *Sprach-Perspektiven*. Tübingen, S. 331–365.

Fischer, Kerstin (1999): Die Ikonizit der Pause: Zwischen kognitiver Last und kommunikativer Funktion. In: Ipke Wachsmuth/Bernhard Jung (Hg.): *KogWis99: Proceedings der 4. Fachtagung der Gesellschaft für Kognitionswissenschaft*. Sankt Augustin, S. 250–255.

Fladrich, Marcel/Imo, Wolfgang (2019): Mobile Messengerkommunikation im Deutschunterricht. In: *Der Deutschunterricht*, S. 55–64.

Foley, William A. (1997): *Anthropological Linguistics*. Oxford.

Foucault, Michel (2001): *Die Ordnung des Diskurses* [1971]. Frankfurt a. M.

Freywald, Ulrike (2008): Zur Syntax und Funktion von *dass*-Sätzen mit Verbzweitstellung. In: *Deutsche Sprache* 36, S. 246–285.

Freywald, Ulrike (2018): *Parataktische Konjunktionen. Zur Syntax und Pragmatik der Satzverknüpfung im Deutschen – am Beispiel von obwohl, wobei, während, wogegen und dass*. Tübingen.

Fricke, Ellen (2012): *Grammatik multimodal. Wie Wörter und Gesten zusammenwirken*. Berlin.

Fuchs, Peter (1993): *Moderne Kommunikation*. Frankfurt a. M.

Garfinkel, Harold (1967): *Studies in Ethnomethodology*. New Jersey.

Garfinkel, Harold (1973): Das Alltagswissen über soziale und innerhalb sozialer Strukturen. In: Arbeitsgruppe Bielefelder Soziologen (Hg.): *Alltagswissen, Interaktion und gesellschaftliche Wirklichkeit*. Opladen, S. 189–262.

Gerhardt, Cornelia (2007): Watching television: The dilemma of gaze. In: *Toegepaste Taalwetenschap in Artikelen* 77, S. 91–101.

Gilles, Peter (2005): *Regionale Prosodie im Deutschen. Variabilität in der Intonation von Abschluss und Weiterweisung*. Berlin.

Goffman, Erving (1963): *Behavior in Public Places: Notes on the Social Organization of Gatherings*. New York.

Goffman, Erving (1964): The neglected situation. In: John J. Gumperz/Dell Hymes (Hg.): *The ethnography of communication*. Menasha, S. 133–136.

Goffman, Erving (1977): *Rahmen-Analyse*. Frankfurt a. M.

Goffman, Erving (1981): *Forms of Talk*. Philadelphia.

Gohl, Christine/Günthner, Suanne (1999): Grammatikalisierung von *weil* als Diskursmarker in der gesprochenen Sprache. In: *Zeitschrift für Sprachwissenschaft* 18, S. 39–75.

Golato, Andrea (2010): Marking understanding versus receipting information in talk: *Achso.* and *ach* in German interaction. In: *Discourse Studies* 12, S. 147–176.

Goodwin, Charles (1981): *Conversational Organization: Interaction Between Speakers and Hearers*. New York.

Goodwin, Charles (1984): Notes on story structure and the organization of participation. In: J. Maxwell Atkinson/John Heritage (Hg.): *Structures of Social Action. Studies in Conversational Analysis*. New York, S. 225–246.

Goodwin, Charles (1997): The Blackness of Black: Color Categories as Situated Practice. In: Lauren B. Resnick/Roger Säljö/Clotilde Pontecorvo/Barbara Burge (Hg.): *Discourse, Tools, and Reasoning*. Berlin, S. 111–140.

Goodwin, Charles/Goodwin, Marjorie Harness (1996): Seeing as a Situated Activity: Formulating Planes. In: Yrjo Engeström/David Middleton (Hg.): *Cognition and Communication at Work*. Cambridge, S. 61–95

Grimmelshausen, Hans Jakob Christoffel von (1669/1964): *Abenteuerlicher Simplicius Simplicissimus*. München.

Gülich, Elisabeth (1994): Formulierungsarbeit im Gespräch. In: Světlana Cmejrková/František Daneš/Eva Havlová (Hg.): *Writing vs. Speaking*. Tübingen, S. 77–95.

Gülich, Elisabeth (1999): ›Experten‹ und ›Laien‹: Der Umgang mit Kompetenzunterschieden am Beispiel medizinischer Kommunikation. In: Union der Deutschen Akademien der Wissenschaften (Hg.): *Werkzeug Sprache*. Hildesheim, S. 165–169.

Gülich, Elisabeth/Couper-Kuhlen, Elizabeth (2007): Zur Entwicklung einer Differenzierung von Angstformen im Interaktionsverlauf. Verfahren der szenischen Darstellung. In: Reinhold Schmitt (Hg.): *Koordination: Analysen zur multimodalen Interaktion.* Tübingen, S. 293–337.

Gülich, Elisabeth/Krämer, Antje (2009): Transkriptarbeit und Psychodrama in Fortbildung und Supervision in der Telefonseelsorge – ein Praxisbericht. In: Karin Birkner/Anja Stukenbrock (Hg.): *Die Arbeit mit Transkripten in Fortbildung, Lehre und Forschung.* Mannheim, S. 26–68.

Gülich, Elisabeth/Mondada, Lorenza (2008): *Konversationsanalyse.* Tübingen.

Gülich, Elisabeth/Schöndienst, Martin (1999): ›Das ist unheimlich schwer zu beschreiben‹. Formulierungsmuster in Krankheitsbeschreibungen anfallskranker Patienten: differentialdiagnostische und therapeutische Aspekte. In: *Psychotherapie und Sozialwissenschaft* 1, S. 199–227.

Gumperz, John J. (1971): Linguistic and Social Interaction in Two Communities. In: Anwar S. Dil (Hg.): *Language in Social Groups. Essays by John J. Gumperz.* Stanford, S. 137–153.

Gumperz, John J. (1982a): *Discourse Strategies.* Cambridge.

Gumperz, John J. (1982b): *Language and Social Identity.* Cambridge.

Gumperz, John J. (1984): Ethnography in urban communication. In: Peter Auer/Aldo Di Luzio (Hg.): *Interpretative Sociolinguistics.* Tübingen, S. 1–12.

Gumperz, John J. (1987): Sprache, soziales Wissen und interpersonale Beziehungen. In: Uta M. Quasthoff (Hg.): *Sprachstruktur – Sozialstruktur.* Königstein, S. 114–127.

Gumperz, John J. (1992): Contextualization and Understanding. In: Alessandro Duranti/Charles Goodwin (Hg.): *Rethinking Context.* Cambridge, S. 229–252.

Gumperz, John J. (1994): Sprachliche Variabilität in interaktionsanalytischer Perspektive. In: Werner Kallmeyer (Hg.): *Kommunikation in der Stadt: Exemplarische Analysen des Sprachverhaltens in Mannheim.* Berlin, S. 611–639.

Gumperz, John J. (1997): On the Interactional Bases of Speech Community Membership. In: Gregory R. Guy et al. (Hg.): *Towards a Social Science of Language. Papers in Honor of William Labov.* Amsterdam; Philadelphia, S. 183–203.

Gumperz, John J. (1999): *On Interactional Socioliguistic Method.* In: Srikant Sarangi/Celia Roberts (Hg.): *Talk, Work and Institutional Order.* Berlin, S. 453–472.

Gumperz, John J./Dell Hymes (Hg.) (1972): *Directions in Sociolinguistics: The Ethnography of Communication.* New York.

Günthner, Susanne (1988): Interkulturelle Kommunikation und Fremdsprachenunterricht unter besonderer Berücksichtigung deutsch-chinesischer Unterschiede. In: *Themenheft der Zeitschrift Beiträge zur Fremdsprachenvermittlung aus dem Konstanzer Sprachlehrinstitut* 18, S. 23–52.

Günthner, Susanne (1993a): »... weil – man kann es ja wissenschaftlich untersuchen« – Diskurspragmatische Aspekte der Wortstellung in WEIL-Sätzen. In: *Linguistische Berichte* 143, S. 37–59.

Günthner, Susanne (1993b): *Diskursstrategien in der Interkulturellen Kommunikation. Analysen deutsch-chinesischer Gespräche.* Tübingen.

Günthner, Susanne (1995a): Gattungen in der sozialen Praxis. In: *Deutsche Sprache* 3, S. 193–218.

Günthner, Susanne (1995b): Deutsch-Chinesische Gespräche. Interkulturelle Mißverständnisse aufgrund kulturspezifischer Kontextualisierungskonventionen. In: Armin Wolff/Winfried Welter (Hg.): *Materialien Deutsch als Fremdsprache* 40, S. 55–74.

Günthner, Susanne (1999a): *Wenn*-Sätze im Vor-Vorfeld: Ihre Formen und Funktionen in der gesprochenen Sprache. In: *Deutsche Sprache* 3, S. 209–235.

Günthner, Susanne (1999b): Entwickelt sich der Konzessivkonnektor *obwohl* zum Diskursmarker? In: *Linguistische Berichte* 180, S. 409–446.

Günthner, Susanne (1999c): Beschwerdeerzählungen als narrative Hyperbeln. In:

Jörg Bergmann/Thomas Luckmann (Hg.): *Kommunikative Konstruktion von Moral*. Opladen, S. 174–205.

Günthner, Susanne (2000a): *Vorwurfsaktivitäten in der Alltagsinteraktion*. Tübingen.

Günthner, Susanne (2000b): Grammatik im Gespräch: Zur Verwendung von ›wobei‹ im gesprochenen Deutsch. In: *Sprache und Literatur* 85, S. 57–74.

Günthner, Susanne (2000c): Grammatik der gesprochenen Sprache – eine Herausforderung für Deutsch als Fremdsprache? In: *Info DaF* 27, S. 352–366.

Günthner, Susanne (2001a): ›wobei (.) es hat alles immer zwei seiten.‹ Zur Verwendung von *wobei* im gesprochenen Deutsch. In: *Deutsche Sprache* 4, S. 313–341.

Günthner, Susanne (2001b): Höflichkeitspraktiken in der interkulturellen Kommunikation – am Beispiel chinesisch-deutscher Interaktionen. In: Heinz-Helmut Lüger (Hg.): *Höflichkeitsstile*. Frankfurt a. M., S. 295–314.

Günthner, Susanne (2002a): Konnektoren im gesprochenen Deutsch – Normverstoß oder funktionale Differenzierung? In: *Deutsch als Fremdsprache* 39, S. 67–74.

Günthner, Susanne (2002b): Stimmenvielfalt im Diskurs: Formen der Stilisierung und Ästhetisierung in der Redewiedergabe. In: *Gesprächsforschung – Online-Zeitschrift zur verbalen Interaktion* 3, S. 59–80.

Günthner, Susanne (2005): Grammatikalisierungs-/Pragmatikalisierungserscheinungen im alltäglichen Sprachgebrauch. Vom Diskurs zum Standard? In: Ludwig M. Eichinger/Werner Kallmeyer (Hg.): *Standardvariation*. Berlin, S. 41–62.

Günthner, Susanne (2006a): Grammatische Analysen der kommunikativen Praxis – ›Dichte Konstruktionen‹ in der Interaktion. In: Arnulf Deppermann/Reinhard Fiehler/Thomas Spranz-Fogasy (Hg.): *Grammatik und Interaktion*. Mannheim, S. 95–122.

Günthner, Susanne (2006b): Von Konstruktionen zu kommunikativen Gattungen: Die Relevanz sedimentierter Muster für die Ausführung kommunikativer Aufgaben. In: *Deutsche Sprache* 34, S. 173–190.

Günthner, Susanne (2007): Die Analyse kommunikativer Gattungen. In: Jürgen Straub/Arne Weidemann/Doris Weidemann (Hg.): *Handbuch interkulturelle Kommunikation und Kompetenz*. Stuttgart, S. 374–383.

Günthner, Susanne (2008a): Interactional Sociolinguistics. In: Gerd Antos/Eija Ventola (Hg.): *Handbook of Applied Linguistics*. Berlin, S. 52–76.

Günthner, Susanne (2008b): Projektorkonstruktionen im Gespräch: Pseudoclefts, *die Sache ist*-Konstruktionen und Extrapositionen mit *es*. In: *Gesprächsforschung. Online-Zeitschrift zur verbalen Interaktion* 9, S. 86–114.

Günthner, Susanne (2008c): »weil – es ist zu spät«. Geht die Nebensatzstellung im Deutschen verloren? In: Markus Denkler et al. (Hg.): *Frischwärts und Unkaputtbar. Sprachverfall oder Sprachwandel im Deutschen?* Münster, S. 103–128.

Günthner, Susanne (2011a): Zur Dialogizität von SMS-Nachrichten – eine interaktionale Perspektive auf die SMS-Kommunikation. In: *Networx* 60, S. 1–40.

Günthner, Susanne (2011b): Übergänge zwischen Standard und Non-Standard – welches Deutsch vermitteln wir im DaF-Unterricht? In: Eva L. Wyss/Daniel Stotz (Hg.): *Sprachkompetenz in Ausbildung und Beruf*. Neuenburg, S. 24–47.

Günthner, Susanne (2012): ›Lupf meinen Slumpf‹ – die interaktive Organisation von SMS-Dialogen. In: Christian Meier/Ruth Ayaß (Hg.): *Sozialität in Slow Motion. Theoretische und empirische Perspektiven*. Wiesbaden, S. 353–374.

Günthner, Susanne (2014): Die interaktive Gestaltung von SMS-Mitteilungen – Aspekte der interaktionalen Matrix chinesischer und deutscher SMS-Dialoge. In: *Networx* 64, S. 129–148.

Günthner, Susanne (2015a): Diskursmarker in der Interaktion – zum Einbezug alltagssprachlicher Phänomene in den DaF-Unterricht. In: Wolfgang Imo/Sandro M. Moraldo (Hg.): *Interaktionale Sprache und ihre Didaktisierung im DaF-Unterricht*. Tübingen, S. 135–164.

Günthner, Susanne (2015b): ›Geteilte Syntax‹: Kollaborativ erzeugte *dass*-Konstruktionen. In: Alexander Ziem/Alexander Lasch (Hg.): *Konstruktionsgrammatik IV*. Tübingen, S. 25–40.

Günthner, Suanne (2017): Die kommunikative Konstruktion von Kultur: Chinesische und deutsche Anredepraktiken im Gebrauch. In: *Zeitschrift für Angewandte Linguistik* 66, S. 1–29.

Günthner, Susanne/Hopper, Paul J. (2010): Zeitlichkeit und sprachliche Strukturen: Pseudoclefts im Englischen und Deutschen. In: *Gesprächsforschung – Online-Zeitschrift zur verbalen Interaktion* 11, S. 1–18.

Günthner, Susanne/Imo, Wolfgang (2003): Die Reanalyse von Matrixsätzen als Diskursmarker. *ich mein*-Konstruktionen im gesprochenen Deutsch. In: Magdolna Orosz/Andreas Herzog (Hg.): *Jahrbuch der Ungarischen Germanistik*. Budapest, S. 181–216.

Günthner, Susanne/Imo, Wolfgang/Bücker, Jörg (Hg.) (2014): *Grammar and Dialogism. Sequential, syntactic, and prosodic patterns between emergence and sedimentation*. Berlin.

Günthner, Susanne/Knoblauch, Hubert (1994): ›Forms are the food of faith‹. Gattungen als Muster kommunikativen Handelns. In: *Kölner Zeitschrift für Soziologie und Sozialpsychologie* 4, S. 693–723.

Günthner, Susanne/Knoblauch, Hubert (1997): Gattungsanalyse. In: Ronald Hitzler/Anne Honer (Hg.): *Qualitative Methoden und Forschungsrichtungen in den Sozialwissenschaften*. Opladen, S. 281–308.

Günthner, Susanne/Kriese, Saskia (2012): Dialogizität in der chinesischen und deutschen SMS-Kommunikation – eine kontrastive Studie. In: *Linguistik online* 57, S. 43–70.

Günthner, Susanne/Luckmann, Thomas (2001): Asymmetries of Knowledge in Intercultural Communication. In: Aldo di Luzio/Susanne Günthner/Franca Orletti (Hg.): *Culture in Communication*. Amsterdam, S. 55–86.

Günthner, Susanne/Luckmann, Thomas (2002): Wissensasymmetrien in der interkulturellen Kommunikation. In: Helga Kotthoff (Hg.): *Kultur(en) im Gespräch*. Tübingen, S. 213–244.

Günthner, Susanne/Schmidt, Gurly (2001): Stilistische Verfahren in der Welt der Chat Groups. In: Inken Keim/Wilfried Schütte (Hg.): *Soziale Welten und kommunikative Stile*. Tübingen, S. 315–338.

Günthner, Susanne/Zhu, Quiang (2014): Wissenschaftsgattungen im Kulturvergleich – Analysen von Eröffnungssequenzen chinesischer und deutscher Konferenzvorträge. In: Simon Meier/Daniel Rellstab/Gesine Schiewer (Hg.): *Dialog und (Inter-)Kulturalität*. Tübingen, S. 175–196.

Günthner, Susanne/Zhu, Quiang (2015): Formen ›verbaler Fellpflege‹: Kosende Anredepraktiken in chinesischen und deutschen SMS-Dialogen. In: *Deutsche Sprache* 43, S. 42–73.

Habermas, Jürgen (1981): *Theorie des kommunikativen Handelns (2 Bände)*. Frankfurt/Main.

Hagemann, Jörg (2009): Tag questions als Evidenzmarker. In: *Gesprächsforschung – Online-Zeitschrift zur verbalen Interaktion* 10, S. 145–176.

Hall, Edward T. (1976): *Beyond Culture*. New York.

Handwerker, Brigitte/Bäuerle, Rainer/Sieberg, Bernd (Hg.) (2016): *Gesprochene Fremdsprache Deutsch*. Baltmannsweiler.

Hanks, William F. (1996): Language form and communicative practices. In: John J. Gumperz/Stephen C. Levinson (Hg.): *Rethinking linguistic relativity*. Cambridge, S. 232–270.

Hartung-Schaidhammer, Nele (2012): The role of the Discourse Marker UND in German L1-acquisition. In: Marcia Macaulay/Pilar Blitvich (Hg.): *Pragmatics & Context*. Toronto, S. 43–72.

Hartung, Martin (2004): Wie lässt sich Gesprächskompetenz wirksam und nachhaltig vermitteln? In: Michael Becker-Mrotzek/Gisela Brünner (Hg.): Analyse und Vermittlung von Gesprächskompetenz. Mannheim, S. 47–66.

Hartung, Nele (2012): *Und-Koordination in der frühen Kindersprache: Eine korpusbasierte Untersuchung*. Tübingen.

Haspelmath, Martin (2002): Grammatikalisierung: von der Performanz zur Kompetenz ohne angeborene Grammatik. In: Sybille Krämer/Ekkehard König (Hg.): *Gibt es eine Sprache hinter dem Sprechen?* Frankfurt a. M., S. 262–286.

Hausendorf, Heiko (2001): Gesprächsanalyse im deutschsprachigen Raum. In: Klaus Brinker/Gerd Antos/Wolfgang Heinemann/Sven F. Sager (Hg.): *Text- und Gesprächslinguistik*. Berlin, S. 971–978.

Hausendorf, Heiko (2003): Deixis and speech situation revisited. The mechanism of perceived perception. In: Friedrich Lenz (Hg.): *Deictic Conceptualisation of Space, Time and Person*. Amsterdam, S. 249–269.

Hausendorf, Heiko (2010): Interaktion im Raum. Interaktionstheoretische Bemerkungen zu einem vernachlässigten Aspekt von Anwesenheit. In: Arnulf Deppermann/Angelika Linke (Hg.): *Sprache intermedial: Stimme und Schrift, Bild und Ton*. Tübingen, S. 163–197.

Hausendorf, Heiko (2013): On the interactive achievement of space – and its possible meanings. In: Peter Auer et al. (Hg.): *Space in Language and Linguistics: Geographical, Interactional and Cognitive Perspectives*. Berlin, S. 276–303.

Hausendorf, Heiko (2015): Interaktionslinguistik. In: Ludwig M. Eichinger (Hg.): *Sprachwissenschaft im Fokus. Positionsbestimmungen und Perspektiven*. Berlin, S. 43–70.

Hausendorf, Heiko/Mondada, Lorenza/Schmitt, Reinhold (Hg.) (2012): *Raum als interaktive Ressource*. Tübingen.

Heath, Christian/Jirotka, Marina/Luff, Paul/Hindmarsh, Jon (1994): Unpacking collaboration: the interactional organisation of trading in a city dealing room. In: *Computer Supported Cooperative Work* 3, S. 147–165.

Heath, Christian/Luff, Paul (2000): *Technology in Action*. Cambridge.

Helasuvo, Marja-Liisa (2004): Shared syntax: the grammar of co-constructions. In: *Journal of Pragmatics* 36, S. 1315–1336.

Hennig, Mathilde (2002): Wie kommt die gesprochene Sprache in die Grammatik? In: *Deutsche Sprache* 30, S. 307–326.

Hennig, Mathilde (2006a): *Grammatik der gesprochenen Sprache in Theorie und Praxis*. Kassel.

Hennig, Mathilde (2006b): So, und so, und so weiter: Vom Sinn und Unsinn der Wortartenklassifikation. In: *Zeitschrift für Germanistische Linguistik* 34, S. 409–431.

Hennig, Mathilde (2009): *Nähe und Distanzierung: Verschriftlichung und Reorganisation des Nähebereichs im Neuhochdeutschen*. Kassel.

Heritage, John (1984): A change-of-state token and aspects of its sequential placement. In: John M. Atkinson/John Heritage (Hg.): *Structures of Social Action: Studies in Conversation Analysis*. Cambridge, S. 299–345.

Heritage, John (2001): Ethno-sciences and their significance for conversation linguistics. In: Klaus Brinker/Gerd Antos/Wolfgang Heinemann/Sven F. Sager (Hg.): *Text- und Gesprächslinguistik*. Berlin, S. 908–918.

Herring, Susan C. (2001): Computer-mediated discourse. In: Deborah Schiffrin/Deborah Tannen/Heide E. Hamilton (Hg.): *The Handbook of Discourse Analysis*. Oxford, S. 612–634.

Herring, Susan C. (2004): Computer-mediated discourse analysis: An approach to researching online behavior. In: Sasha A. Barab/Rob Kling/James H. Gray (Hg.): *Designing for Virtual Communities in the Service of Learning*. New York, S. 338–376.

Herring, Susan C. (2010): Computer-mediated conversation: Introduction and Overview. In: *Language@Internet* 7, S. 1–12.

Herring, Susan C. (2011): Computer-mediated conversation: Introduction and Overview. In: *Language@Internet* 8, S. 1–12.

Herring, Susan C. (2013): Discourse in Web 2.0: Familiar, reconfigured, and emergent. In: Deborah Tannen/Anna Marie Tester (Hg.): *Georgetown University Round Table on Languages and Linguistics 2011*. Washington DC, S. 1–25.

Herring, Susan C. (2015): New frontiers in interactive multimodal communication. In: Alexandra Georgapoulou/Tereza Spilloti (Hg.): *The Routledge handbook of language and digital communication*. London, S. 398–402.

Hinnenkamp, Volker (1989): *Interaktionale Soziolinguistik und Interkulturelle Kommunikation*. Tübingen.

Hinnenkamp, Volker (1998): *Missverständnisse in Gesprächen*. Wiesbaden.

Hirschfeld, Ursula/Stock, Eberhard (2017): Sprechwissenschaftliche Ansätze zur Untersuchung der interkulturellen institutionellen Telekommunikation. In: Baldur Neuber/Judith Pietschmann (Hg.): *Dialogoptimierung in der Telekommunikation*. Berlin, S. 187–206.

Hitzler, Sarah (2013): Recipient Design in institutioneller Mehrparteineinteraktion. In: *Gesprächsforschung – Online-Zeitschrift zur verbalen Interaktion* 14, S. 110–132.

Holly, Werner (2011): Medien, Kommunikationsformen, Textsortenfamilien. In: Stephan Habscheid (Hg.): *Textsorten, Handlungsmuster, Oberflächen. Linguistische Typologien der Kommunikation*. Berlin, S. 144–163.

Hopper, Paul J. (1998): Emergent Grammar. In: Michael Tomasello (Hg.): *The New Psychology of Language*. Mahwah, S. 155–175.

Hopper, Paul J. (2004): The Openness of Grammatical Constructions. In: *Chicago Linguistic Society* 40, S. 239–256.

Hundsnurscher, Franz (1986): Dialogmuster und authentischer Text. In: Franz Hundsnurscher/Edda Weigand (Hg.): *Dialoganalyse*. Tübingen, S. 35–49.

Hundsnurscher, Franz (1994a): Einleitung. In: Gerd Fritz/Franz Hundsnurscher (Hg.): *Handbuch der Dialoganalyse*. Tübingen, S. IX–XV.

Hundsnurscher, Franz (1994b): Dialog-Typologie. In: Gerd Fritz/Franz Hundsnurscher (Hg.): *Handbuch der Dialoganalyse*. Tübingen, S. 203–238.

Hundsnurscher, Franz (2001): Das Konzept der Dialoggrammatik. In: Klaus Brinker/Gerd Antos/Wolfgang Heinemann/Sven F. Sager (Hg.): *Text- und Gesprächslinguistik*. Berlin, S. 945–952.

Hymes, Dell (1974): *Foundations of Sociolinguistics. An Ethnographic Approach*. Philadelphia.

Hymes, Dell (1979): *Soziolinguistik – Zur Ethnographie der Kommunikation*. Frankfurt a. M.

Imo, Wolfgang (2007): *Construction Grammar und Gesprochene-Sprache-Forschung: Konstruktionen mit zehn matrixsatzfähigen Verben im gesprochenen Deutsch*. Tübingen.

Imo, Wolfgang (2008): Individuelle Konstrukte oder Vorboten einer neuen Konstruktion? Stellungsvarianten der Modalpartikel *halt* im Vor- und Nachfeld. In: Anatol Stefanowitsch/Kerstin Fischer (Hg.): *Konstruktionsgrammatik II*. Tübingen, S. 135–156.

Imo, Wolfgang (2009a): Konstruktion oder Funktion? Erkenntnisprozessmarker (change-of-state-token) im Deutschen. In: Susanne Günthner/Jörg Bücker (Hg.): *Grammatik im Gespräch*. Berlin, S. 57–86.

Imo, Wolfgang (2009b): Welchen Stellenwert sollen und können Ergebnisse der Gesprochene-Sprache-Forschung für den DaF-Unterricht haben? In: Andrea Bachmann-Stein/Stephan Stein (Hg.): *Mediale Varietäten*. Landau, S. 39–61.

Imo, Wolfgang (2011a): Ad hoc-Produktion oder Konstruktion? – Verfestigungstendenzen bei Inkrement-Strukturen im gesprochenen Deutsch. In: Alexander Lasch/Alexander Ziem (Hg.): *Konstruktionsgrammatik III*. Stauffenburg, S. 241–256.

Imo, Wolfgang (2011b): ›Jetzt gehn wir einen trinken, gell?‹ Vergewisserungssignale (tag questions) und ihre Relevanz für den DaF-Unterricht. In: Sandro M. Moraldo (Hg.): *Deutsch aktuell 2*. Rom, S. 127–150.

Imo, Wolfgang (2011c): Cognitions are not observable – but their consequences are: Mögliche Aposiopese-Konstruktionen in der gesprochenen Alltagssprache. In: *Gesprächsforschung – Online-Zeitschrift zur verbalen Interaktion* 12, S. 265–300.

Imo, Wolfgang (2012a): Wortart Diskursmarker? In: Björn Rothstein (Hg.): *Nicht-flektierende Wortarten*. Berlin, S. 48–88.

Imo, Wolfgang (2012b): »Fischzüge der Liebe«: Liebeskommunikation in deutschen und chinesischen SMS-Dialogen. In: *Linguistik Online* 56, S. 19–36.

Imo, Wolfgang (2012c): Hattu Möhrchen? Gesprochene Sprache im DaF-Unterricht. In: Ulrike Reeg/Pasquale Gallo/Sandro Moraldo (Hg.): *Gesprochene Sprache im DaF-Unterricht. Zur Theorie und Praxis eines Lerngegenstandes*. Münster, S. 29–56.

Imo, Wolfgang (2013a): *Sprache in Interaktion: Analysemethoden und Untersuchungsfelder*. Berlin.

Imo, Wolfgang (2013b): Ellipsen und Verstehen in der Interaktion. In: Mathilde Hennig (Hg.): *Die Ellipse. Neue Perspektiven auf ein altes Problem*. Berlin, S. 281–320.

Imo, Wolfgang (2013c): ›Rede‹ und ›Schreibe‹: Warum es sinnvoll ist, im DaF-Unterricht beides zu vermitteln. In Sandro M. Moraldo/Federico Missaglia (Hg.): *Gesprochene Sprache im DaF-Unterricht. Grundlagen – Ansätze – Praxis*. Heidelberg, S. 55–78.

Imo, Wolfgang (2015a): Vom Happen zum Häppchen... Die Präferenz für inkrementelle Äußerungsproduktion in internetbasierten Messengerdiensten. In: *Networx* 69, S. 1–35.

Imo, Wolfgang (2015b): Nachträge im Spannungsfeld von Medialität, Situation und interaktionaler Funktion. In: Hélène Vincel-Roisin (Hg.): *Das Nachfeld im Deutschen: Theorie und Empirie*. Berlin, S. 231–253.

Imo, Wolfgang (2015c): ›Schnittmuster‹ in der Interaktion: Adressatenzuschnitt, Situationszuschnitt, Gattungszuschnitt. In: *Arbeitspapierreihe Sprache und Interaktion SpIn* 50, S. 1–29.

Imo, Wolfgang (2015d): Vom ikonischen über einen indexikalischen zu einem symbolischen Ausdruck? Eine konstruktionsgrammatische Analyse des Emoticons :-). In: Jörg Bücker/Susanne Günthner/Wolfgang Imo (Hg.): *Konstruktionsgrammatik V*. Tübingen, S. 133–162.

Imo, Wolfgang (2015e): Aspektrealisierung im gesprochenen Deutsch zwischen Norm und Gebrauch. In: Wolfgang Imo/Sandro M. Moraldo (Hg.): *Interaktionale Sprache im DaF-Unterricht*. Tübingen, S. 367–393.

Imo, Wolfgang (2016a): Das Nähe/Distanz-Modell in der Konversationsanalyse und Interaktionalen Linguistik. Versuch der Skizzierung einer Nicht-Karriere. In: Mathilde Hennig, Mathilde/Helmuth Feilke (Hg.): *Zur Karriere von Nähe und Distanz*. Berlin, S. 159–189.

Imo, Wolfgang (2016b): Im Zweifel für den Zweifel... Praktiken des Zweifelns. In: Arnulf Deppermann/Helmuth Feilke/Angelika Linke (Hg.): *Sprachliche und kommunikative Praktiken*. Berlin, S. 153–176.

Imo, Wolfgang (Hg.) (2016c): *Dialogizität: Sonderheft der Zeitschrift für germanistische Linguistik* 44.

Imo, Wolfgang (2016d): *Grammatik: Eine Einführung*. Stuttgart.

Imo, Wolfgang (2016e): Diskursmarker: grammatischer Status – Funktionen in monologischen und dialogischen Kontexten – historische Kontinuität. In: *Arbeitspapierreihe Sprache und Interaktion SpIn* 65, S. 1–35.

Imo, Wolfgang (2016f): Wortbedeutung interaktional betrachtet: Der Fall *quasi*. In: *Arbeitspapierreihe Sprache und Interaktion SpIn* 61, S. 1–27.

Imo, Wolfgang (2016 g): Von der Redeanführung über den Matrixsatz zum Diskursmarker. In: Brigitte Handwerker/Rainer Bäuerle/Bernd Sieberg (Hg.): *Gesprochene Fremdsprache Deutsch*. Baltmannsweiler, S. 45–74.

Imo, Wolfgang (2017a): Sprachliche Akkomodation in onkologischen Therapieplanungsgesprächen. In: *Arbeitspapierreihe Sprache und Interaktion SpIn 76*, 1–34.

Imo, Wolfgang (2017b): Interaktionale Linguistik und die qualitative Erforschung computervermittelter Kommunikation. In: Michael Beißwenger (Hg.): *Empirische Erforschung internetbasierter Kommunikation*. Berlin, S. 81–108.

Imo, Wolfgang (2019): Das Medium ist die Massage: Interaktion und ihre situativen und technischen Rahmenbedingungen. In: Konstanze Marx/Axel Schmidt (Hg.): *Interaktion und Medien*. Tübingen, S. 1–24.

Imo, Wolfgang/Moraldo, Sandro M. (Hg.) (2015): *Interaktionale Sprache und ihre Didaktisierung im DaF-Unterricht*. Tübingen.

Imo, Wolfgang/Wegner, Lars/Weidner, Beate (Hg.) (2019): *Kommunikative Gattungen*. Berlin.

Imo, Wolfgang/Weidner, Beate (2018): Mündliche Korpora im DaF- und DaZ-Unterricht. In: Thomas Schmidt/Marc Kupietz (Hg.): *Korpuslinguistik*. Berlin, 231–251.

Jäger, Karl-Heinz (1976): *Untersuchungen zur Klassifikation gesprochener deutscher Standardsprache*. München.

Jakobs, Eva-Maria (2008): Unternehmenskommunikation. In: Susanne Niemeyer/Hajo Diekmannshenke (Hg.): *Profession und Kommunikation*. Frankfurt a. M., S. 13–31.

Jakobs, Eva-Maria/Fiehler, Reinhard/Eraßme, Denise Eraßme/Kursten, Anne (2011): Industrielle Prozessmodellierung als kommunikativer Prozess. In: *Gesprächsforschung – Online-Zeitschrift zur verbalen Interaktion* 12, S. 223–264.

Jefferson, Gail (1981): The Abominable *Ne?*. An Exploration of Post-Response Pursuit of Response. In: Peter Schröder/Hugo Steger (Hg.): *Dialogforschung*. Düsseldorf, S. 53–58.

Kaiser, Julia (2016): Reformulierungsindikatoren im gesprochenen Deutsch: Die Benutzung der Ressourcen DGD und FOLK für gesprächsanalytische Zwecke. In: *Gesprächsforschung – Online-Zeitschrift zur verbalen Interaktion Online-Zeitschrift zur verbalen Interaktion* 17, S. 196–230.

Kallmeyer, Werner (1985): Handlungskonstitution im Gespräch. In: Elisabeth Gülich/Thomas Kotschi (Hg.): *Grammatik, Konversation, Interaktion*. Tübingen, S. 81–123.

Kallmeyer, Werner (Hg.) (1994): *Kommunikation in der Stadt: Exemplarische Analysen des Sprachverhaltens in Mannheim*. Berlin.

Kallmeyer, Werner/Keim, Inken (1994): Phonologische Variation als Mittel der Symbolisierung sozialer Identität in der Filsbachwelt. In: Werner Kallmeyer (Hg.): *Kommunikation in der Stadt: Exemplarische Analysen des Sprachverhaltens in Mannheim*. Berlin, S. 141–249.

Kallmeyer, Werner/Keim, Inken (2003): Eigenschaften von sozialen Stilen der Kommunikation: Am Beispiel einer türkischen Migrantinnengruppe. In: Jürgen Erfurt (Hg.): *»Multisprech«: Hybridität, Variation, Identität*. Duisburg, S. 35–56.

Kalverkämper, Hartwig (1994): Die Rhetorik des Körpers: Nonverbale Kommunikation in Schlaglichtern. In: *Jahrbuch Rhetorik* 13, S. 131–169.

Keim, Inken (2006): Der kommunikative soziale Stil der »türkischen Powergirls«, einer Migrantengruppe aus Mannheim. In: *Deutsche Sprache* 34, S. 89–105.

Keim, Inken (2007): Interaktionale Soziolinguistik und kommunikative, soziale Stilistik. In: *Sociolinguistica* 30, S. 70–91.

Kendon, Adam (1967): Some Functions of Gaze-Direction in Social Interaction. In: *Acta Psychologica* 26, S. 22–63.

Kendon, Adam (1975): Gesticulation, Speech, and the Gesture Theory of Language Origins. In: *Sign Language Studies* 9, S. 349–373.

Kendon, Adam (1990): *Conducting interaction. Patterns in behavior in focused encounters.* Cambridge.

Kendon, Adam (2010): Spacing and Orientation in Co-present Interaction. In: *Lecture Notes in Computer Science*, S. 1–15.

Kern, Friederike/Selting, Margret (2013): Conversation Analysis and Interactional Linguistics. In: Carol A. Chapelle (Hg.): *The Encyclopedia of Applied Linguistics*. Oxford, o. S.

Kieserling, André (1999): *Kommunikation unter Anwesenden: Studien über Interaktionssysteme*. Frankfurt a. M.

Kindt, Walther (1985): Grammatische Prinzipien sogenannter Ellipsen und ein neues Syntaxmodell. In: Reinhard Meyer-Hermann (Hg.): *Ellipsen und fragmentarische Ausdrücke*. Tübingen, S. 161–290.

Kindt, Walther/Rittgeroth, Yvonne (2009): *Strategien der Verständigungssicherung: Zur Lösung einer universellen Aufgabe von Kommunikation*. Wiesbaden.

Klappenbach, Ruth/Steinitz, Wolfgang (1975): *Wörterbuch der deutschen Gegenwartssprache*. Berlin.

Knöbl, Ralf (2006): Zur interaktionsstrukturellen Fundiertheit von Sprachvariation. In: *Deutsche Sprache* 1–2, S. 61–76.

Knöbl, Ralf (2010): Changing codes for classroom contexts. In: *Gesprächsforschung – Online-Zeitschrift zur verbalen Interaktion* 11, S. 123–153.

Knöbl, Ralf (2012): *Dialekt – Standard – Variation. Formen und Funktionen von Sprachvariation in einer mittelschwäbischen Schulklasse*. Heidelberg.

Knöbl, Ralf/Steiger, Kerstin (2006): Transkription: Transkriptionssysteme. In: http://www.ph-freiburg.de/fileadmin/dateien/fakultaet3/sozialwissenschaft/Quasus/Volltexte/transkriptionsregeln.pdf.

Knoblauch, Hubert (1991): Kommunikation im Kontext: John J. Gumperz und die Interaktionale Soziolinguistik. In: *Zeitschrift für Soziologie* 20, S. 446–462.

Knoblauch, Hubert (2000): Workplace Studies und Video. Zur Entwicklung der Ethographie von Technologie und Arbeit. In: Irene Götz/Andreas Wittel (Hg.): *Arbeitskulturen im Umbruch*. Münster, S. 159–173.

Koch, Peter/Oesterreicher, Wolf (1985): Sprache der Nähe – Sprache der Distanz. In: *Romanistisches Jahrbuch* 36, S. 15–43.

Koerfer, Armin/Albus, Christian (Hg.) (2018): *Kommunikative Kompetenz in der Medizin*. Mannheim.

Kohler, Klaus Jürgen (2005): Form and Function of Non-Pitch Accents. In: *AIPUK* 35a, S. 97–123.

König, Katharina (2012): Formen und Funktionen von syntaktisch desintegriertem *deswegen* im gesprochenen Deutsch. In: *Gesprächsforschung – Online-Zeitschrift zur verbalen Interaktion* 13, S. 45–71.

König, Katharina (2015a): ›Muss leider absagen. Muss noch nen referat fertig machen.‹ – Zur Dialogizität von Absagen und Verabredungsablehnungen in der SMS-Kommunikation. In: *Linguistik Online* 70, S. 143–166.

König, Katharina (2015b): Dialogkonstitution und Sequenzmuster in der SMS- und WhatsApp-Kommunikation. In: *Travaux neuchâtelois de linguistique* 63, S. 87–107.

König, Katharina (2017): Question tags als Diskursmarker? – Ansätze zu einer systematischen Beschreibung von *ne* im gesprochenen Deutsch. In: Arnulf Deppermann/Hardarik Blühdorn (Hg.): *Diskursmarker im Deutschen*. Mannheim, S. 233–258.

König, Katharina/Hauptstock, Amelie/Zhu, Qiang (2010): Kontrastive Analyse chinesischer und deutscher SMS-Kommunikation – Ein interaktionaler und gattungstheoretischer Ansatz. In: *Networx 58*, S. 1–33.

König Katharina/Hector, Tim Moritz (2017): Zur Theatralität von WhatsApp-

Sprachnachrichten. Nutzungskontexte von Audio-Postings in der mobilen Messenger-Kommunikation. In: *Networx* 79, S. 1–41.

König, Katharina/Oloff, Florence (Hg.) (2018): *Erzählen multimodal*. Sonderheft *Gesprächsforschung – Online-Zeitschrift zur verbalen Interaktion* 19.

Kotthoff, Helga (2010): Grundlagen der Gesprächsanalyse und ihre schulische Relevanz. In: Volker Frederking/Hans-Werner Huneke/Axel Krommer/Christel Meier (Hg.): *Taschenbuch des Deutschunterrichts. Band 1: Sprach- und Medienendidaktik.* Hohengehren, S. 105–123.

Krämer, Sybille/König, Ekkehard (Hg.) (2002): *Gibt es eine Sprache hinter dem Sprechen?* Frankfurt a. M.

Kupetz, Maxi (2014): »Mitfühlend sprechen«: Zur Rolle der Prosodie in Empathie-. In: Dagmar Barth-Weingarten/Beatrice Szczepek Reed (Hg.): *Prosodie und Phonetik in der Interaktion – Prosody and phonetics in interaction.* Mannheim, S. 87–114.

Kurtenbach, Stephanie/Bose, Ines (Hg.) (2013): *Gespräche zwischen Erzieherinnen und Kindern. Beobachtung, Analyse, Förderung.* Frankfurt a. M.

Lakoff, George (1973): Hedges: A Study in Meaning Criteria and the Logic of Fuzzy Concepts. In: *Journal of Philosophical Logic* 2, S. 458–508.

Lalouschek, Johanna (2002): *Ärztliche Gesprächsausbildung. Eine diskursanalytische Studie zu Formen des ärztlichen Gesprächs.* Mannheim.

Lalouschek, Johanna (2004): Kommunikatives Selbst-Coaching im beruflichen Alltag. Ein sprachwissenschaftliches Trainingskonzept am Beispiel der klinischen Gesprächsführung. In: Michael Becker-Mrotzek/Gisela Brünner (Hg.): *Analyse und Vermittlung von Gesprächskompetenz.* Mannheim, S. 133–156.

Lanwer, Jens Philipp (2011): »Ick lieb dir wohl!« Dialektologische Untersuchungen zur Stilisierung regionaler Substandards in der Face-to-face-Interaktion. In: *Niederdeutsches Wort* 51, S. 107–131.

Lanwer, Jens P. (2015a): *Aber da ham wi son bärenstarken Pernot gekriegt.* Zur didaktischen Relevanz des Unterschiedes zwischen Standardaussprache und Alltagssprache. In: Sandro M. Moraldo/Wolfgang Imo (Hg.): *Interaktionale Sprache im DaF-Unterricht.* Tübingen, S. 83–112.

Lanwer, Jens Philipp (2015b): Allegro oder usuell? Zum Status sogenannter ›Allegroformen‹ aus Sicht einer gebrauchsbasierten Linguistik. In: Michael Elmentaler/Markus Hundt/Jürgen Erich Schmidt (Hg.): *Deutsche Dialekte. Konzepte, Probleme, Handlungsfelder.* Stuttgart, S. 169–190.

Lanwer, Jens Philipp (2015c): *Regionale Alltagssprache. Theorie, Methodologie und Empirie einer gebrauchsbasierten Areallinguistik.* Berlin.

Lanwer, Jens Philipp (2017): Apposition: a multimodal construction? The multimodality of linguistic constructions in the light of usage-based theory. In: *Linguistics Vanguard. A Multimodal Journal for the Language Sciences.* 3, S. 1–12.

Lanwer, Jens Philipp (2019a): Erzählen im virtuellen Interaktionsraum. In: *Networx* 84, S. 1–43.

Lanwer, Jens Philipp (2019b): Blended joint attention in medial-vermittelter Interaktion. Beobachtungen zur Konstitution eines virtuellen Interaktionsraumes in Videotelefonaten mit Skype. In: Konstanze Marx/Axel Schmidt (Hg.): *Interaktion und Medien.* Heidelberg, S. 99–121.

Lanwer, Jens Philipp (i. Dr.): *Gesprächslinguistische Aspekte der arealen Varietäten des Deutschen.* Berlin.

Lanwer, Jens Philipp (i. E.): Appositive Syntax oder appositive Prosodie? In: Wolfgang Imo/Jens Philipp Lanwer (Hg.): *(Konstruktions-)Grammatik und Prosodie.* Berlin.

Lanwer, Jens Philipp (i. V.a): Alignmentmarker in nord(west)deutscher Alltagssprache. In: *Niederdeutsches Wort* 59.

Lanwer, Jens Philipp (i. V.b): Sprachvariation, Interaktion und Raum. In: Markus Denkler/Jens Philipp Lanwer (Hg.): *Dialektologie und Gesprächslinguistik.* Hildesheim.

Literatur

Lanwer, Jens Philipp/Coussios, Georgios (2017): Kommunikative Praxis, soziale Gruppe und sprachliche Konventionen. In: Eva Neuland/Peter Schlobinski (Hg.): *Handbuch Sprache in sozialen Gruppen*. Berlin, S. 126–148.

Lemnitzer, Lothar/Zinsmeister, Heike (2015): *Korpuslinguistik: Eine Einführung*. Tübingen.

Lenz, Alexandra (2010): Emergence of varieties through restructuring and reevaluation. In: Peter Auer/Jürgen Erich Schmidt (Hg.): *Language and Space*. Berlin, S. 295–315.

Lerner, Gene H. (2002): Turn-sharing: the choral co-production of talk-in-interaction. In: Cecilia E. Ford/Barbara A. Fox/Sandra A. Thompson (Hg.): *The Language of Turn and Sequence*. Oxford, S. 225–256.

Leska, Christel (1965): Vergleichende Untersuchungen zur Syntax gesprochener und geschriebener deutscher Gegenwartssprache. In: *Beiträge zur Geschichte der deutschen Sprache und Literatur* 87, S. 427–464.

Levinson, Stephen C. (1979): Activity Types and Language. In: *Linguistics* 17, S. 365–399.

Levinson, Stephen C. (2000): *Pragmatik*. Tübingen.

Levinson, Stephen C. (2013): Action formation and ascription. In: Tanja Stivers/James Sidnell (Hg.): *The handbook of conversation analysis*. Malden, S. 103–130.

Linell, Per (1998): *Approaching Dialogue*. Amsterdam.

Linell, Per (2005): *The Written Language Bias. Its Nature, Origins and Transformations*. London.

Linell, Per (2009): *Rethinking Language, Mind, and World Dialogically*. Charlotte.

Local, John/Kelly, John (1986): Projection and ›Silences‹: Notes on Phonetic and Conversational Structure. In: *Human Studies* 9, S. 185–204.

Local, John/Walker, Gareth (2005): Methodological imperatives for investigating the phonetic organization and phonological structures of spontaneous speech. In: *Phonetica* 62, S. 120–130.

Luckmann, Thomas (1986): Grundformen der gesellschaftlichen Vermittlung des Wissens: Kommunikative Gattungen. In: *Kölner Zeitschrift für Soziologie und Sozialpsychologie* 27, S. 191–211.

Luckmann, Thomas (1988): Kommunikative Gattungen im kommunikativen ›Haushalt‹ einer Gesellschaft. In: Gisela Smolka-Koerdt/Peter M. Spangenberg/Dagmar Tillmann-Bartylla (Hg.): *Der Ursprung von Literatur*. München, S. 179–288.

Lüger, Heinz-Helmut (2009): Authentische Mündlichkeit im fremdsprachlichen Unterricht? In: *Beiträge zur Fremdsprachenvermittlung* 15, S. 15–37.

Luhmann, Niklas (1984): *Soziale Systeme*. Frankfurt a. M.

Maas, Utz (2006): *Phonologie. Einführung in die funktionale Phonetik des Deutschen*. Göttingen.

Macha, Jürgen (1991): *Der flexible Sprecher. Untersuchungen zu Sprache und Sprachbewußtsein rheinischer Handwerksmeister*. Köln.

Marx, Konstanze (2015) »ich bin mit ...ähm... ›leidenschaftlichen‹ Gedanken aufgewacht ;-)« – Sprachliche Zurückhaltung als Projektionsräume begünstigender Aspekt in Online-Liebesdiskursen. In: Lenka Vankova (Hg.): *Emotionalität im Text*. Tübingen, S. 273–290.

Marx, Konstanze (2016): Silences as a linguistic strategy. Remarks on the role of the unsaid in romantic relationships on the internet. In: Ulrich M. Lüdtke (Hg.): *Emotion in Language*. Amsterdam, S. 325–240.

Marx, Konstanze (2017): »Doing aggressive 2.0« – Gibt es ein genderspezifisches sprachliches Aggressionsverhalten in der Social-Media-Kommunikation? Ein Diskussionsauftakt. In: Silvia Bonacchi (Hg.): *Verbale Aggression. Multidisziplinäre Zugänge zur verletzenden Macht der Sprache*. Berlin, S. 331–355.

Marx, Konstanze/Schmidt, Axel (2019): Interaktion und Medien. *Interaktionslinguistische Zugänge zu medienvermittelter Kommunikation*. Heidelberg: Winter

Mayer, Jörg (2017): Phonetische Analysen mit Praat. Ein Handbuch für Ein- und Umsteiger. In: http://praatpfanne.lingphon.net/downloads/praat_manual.pdf.

Maynard, Douglas W./Zimmerman, Don H. (1984): Topical Talk, Ritual and the Social Organization of Relationships. In: *Social Psychology Quarterly* 47, S. 301–316.

Mazeland, Harrie (2009): Positionsexpansionen: Die interaktive Konstruktion von Stellungnahme-Erweiterungen in Arbeitsbesprechungen. In: Susanne Günthner/Jörg Bücker (Hg.): *Grammatik im Gespräch*. Berlin, S. 185–211.

Mazeland, Harrie/Huiskes, Mike (2001): Dutch ›but‹ as a sequential conjunction. In: Margret Selting/Elizabeth Couper-Kuhlen (Hg.): *Studies in Interactional Linguistics*. Amsterdam, S. 141–169.

McNeill, David (1992): *Hand and Mind: What Gestures Reveal about Thought*. Chicago.

Meer, Dorothee (2000): »Ich hab nur ne ganz kurze Frage«. Sprechstundengespräche an der Hochschule: Eine empirische Studie. In: *Forschung und Lehre* 12, S. 642–643.

Menz, Florian/Lalouschek, Johanna/Gstettner, Andreas (2008): *Effiziente ärztliche Gesprächsführung*. Münster.

Mittelberg, Irene (2017): Multimodal existential constructions in German: Manual actions of giving as experiential substrate for grammatical and gestural patterns. In: *Linguistics Vanguard* 3, S. 1–14.

Möller, Robert (2013): *Erscheinungsformen rheinischer Alltagssprache. Untersuchungen zu Variation und Kookkurrenzregularitäten im »mittleren Bereich« zwischen Dialekt und Standardsprache*. Stuttgart.

Mondada, Lorenza (2010): Eröffnungen und Präeröffnungen in medienvermittelter Interaktion: Das Beispiel Videokonferenz. In: Lorenza Mondada/Reinhold Schmitt (Hg.): *Situationseröfnungen. Zur multimodalen Herstellung fokussierter Interaktion*. Tübingen, S. 277–334.

Mondada, Lorenza (2013): Video as a tool in the social sciences. In: Cornelia Müller et al. (Hg.): *Body – Language – Communication*. Berlin, S. 982–992.

Mondada, Lorenza (2014b): Conventions for multimodal transcription. In: http://icar.univ-lyon2.fr/projets/corinte/documents/convention_transcription_multimodale.pdf.

Mondada, Lorenza (2014a). The local constitution of multimodal resources for social interaction. In: *Journal of Pragmatics* 65, S. 137–156.

Mondada, Lorenza (2016): Challenges of multimodality: Language and the body in social interaction. In: *Journal of Sociolinguistics* 20, S. 336–366.

Mondada, Lorenza (2018): Multiple Temporalities of Language and Body in Interaction: Challenges for Transcribing Multimodality. In: *Research on Language and Social Interaction* 51, S. 85–106.

Mondada, Lorenza/Schmitt, Reinhold (Hg.) (2010): *Situationseröffnungen. Zur multimodalen Herstellung fokussierter Interaktion*. Tübingen.

Moraldo, Sandro M. (Hg.) (2011): *Deutsch aktuell 2*. Rom.

Moraldo, Sandro M./Missaglia, Federica (Hg.) (2013): *Gesprochene Sprache im DaF-Unterricht. Grundlagen – Ansätze – Praxis*. Heidelberg.

Moroni, Manuela Caterina (2015): Intonation im Gespräch. Zur Vermittlung der Intonation im DaF-Unterricht. In: Wolfgang Imo/Sandro M. Moraldo (Hg.): *Interaktionale Sprache im DaF-Unterricht*. Tübingen, S. 67–82.

Moser, Hugo (1960): Umgangssprache. Überlegungen zu ihren Formen und ihrer Stellung im Sprachganzen. In: *Zeitschrift für Mundartforschung* 27, S. 215–232.

Mostovaia, Irina (2015): »Soll ich ihm bei WhatsApp schreiben?« Das Modalverb *sollen* im DaF-Unterricht oder: Wie man mit Kurznachrichten Deutsch lernen kann. In: Wolfgang Imo/Sandro M. Moraldo (Hg.): *Interaktionale Sprache im DaF-Unterricht*. Tübingen, S. 347–368.

Mostovaia, Irina (i. V.): *Reparaturmechanismen in der Kurznachrichtenkommunikation*. Dissertation.

Müller, Cornelia (1994): *Redebegleitende Gesten. Kulturgeschichte – Theorie – Sprachvergleich*. Berlin.

Nevile, Maurice (2015): The Embodied Turn in Research on Language and Social Interaction. In: *Research on Language and Social Interaction* 48, S. 121–151.

Niebuhr, Oliver (2010): On the phonetics of intensifying emphasis in German. In: *Phonetica* 67, S. 170–198.

Ningelgen, Jana/Auer, Peter (2017): Is there a multimodal construction based on non-deictic so in German? In: *Linguistics Vanguard* 3, S. 1–15.

Norén, Niklas (2007): *Apokoinu in Swedish talk-in-interaction*. Linköping.

Nowak, Peter/Wimmer-Puchinger, Beate (1990): Die Umsetzung linguistischer Analyseergebnisse in ein Kommunikationstraining mit Ärzten – ein Modellversuch. In: Konrad Ehlich/Armin Koerfer/Angelika Redder/Rüdiger Weingarten (Hg.): *Medizinische und therapeutische Kommunikation: Diskursanalytische Untersuchungen*. Opladen, S. 137–142.

Ochs, Elinor (1979): Transcription as theory. In: Elinor Ochs/Bambi B. Schieffelin (Hg.): *Developmental Pragmatics*. New York, S. 43–72.

Oloff, Florence (2017): Genau als redebeitragsinterne, responsive, sequenzschließende oder sequenzstrukturierende Bestätigungspartikel im Gespräch. In: Hardarik Blühdorn et al. (Hg.): *Diskursmarker im Deutschen. Reflexionen und Analysen*. Göttingen, S. 207–232.

Ono, Tsuyoshi/Thompson, Sandra A. (1995): What can conversation tell us about syntax? In: Philip W. Dawis (Hg.): *Descriptive and theoretical modes in the alternative linguistics*. Amsterdam, S. 213–271.

Pappert, Steffen (2017): Zu kommunikativen Funktionen von Emojis in der WhatsApp-Kommunikation. In: Michael Beißwenger (Hg.): *Empirische Erforschung internetbasierter Kommunikation*. Berlin, S. 175–211.

Parsons, Talcott (1937): *The Structure of Social Action*. New York.

Pennycook, Alastair (2010): *Language as a local practice*. New York.

Peters, Jörg (2006): *Intonation deutscher Regionalsprachen*. Berlin.

Peters, Jörg (2014): *Intonation*. Heidelberg.

Peters, Jörg/Auer, Peter/Gilles, Peter/Selting, Margret (2015): Untersuchungen zur Struktur und Funktion regionalspezifischer Intonationsverläufe im Deutschen. Rückblick auf ein Forschungsprojekt. In: Roland Kehrein/Alfred Lameli/Stefan Rabanus (Hg.): *Regionale Variation des Deutschen. Projekte und Perspektiven*. Berlin/Boston, S. 53–80.

Pfeiffer, Martin (2015): *Selbstreparaturen im Deutschen. Syntaktische und interaktionale Analysen*. Berlin.

Pieklarz-Thien, Magdalena (2015): *Gesprochene Sprache in der philologischen Sprachausbildung*. Frankfurt a. M.

Pieklarz, Magdalena (2010): Gesprochene Sprache in der philologischen Sprachausbildung. In: Natalia S. Babenko/Natalia A. Bakshi (Hg.): *Russische Germanistik*. Moskau, S. 257–273.

Pomerantz, Anita (1986): Extreme case formulations: A way of legitimizing claims. In: *Human Studies* 9, S. 219–229.

Pompino-Marschall, Bernd (2009): *Einführung in die Phonetik*. Berlin.

Proske, Nadine (2014): °h ach KOMM; hör AUF mit dem klEInkram. Die Partikel *komm* zwischen Interjektion und Diskursmarker. In: *Gesprächsforschung – Online-Zeitschrift zur verbalen Interaktion* 15, S. 121–160.

Psathas, George (1995): *Conversation Analysis: The Study of Talk-in-Interaction*. Thousand Oaks.

Rampton, Ben (2009): Interaction Ritual and Not Just Artful Performance in Crossing and Stylization. In: *Language in Society* 38, S. 149–176.

Rath, Rainer (1973): Zur linguistischen Beschreibung kommunikativer Einheiten in gesprochener Sprache. In: *Linguistik und Didaktik* 22, S. 103–118.

Rath, Rainer (1975): Korrektur und Anakoluth im gesprochenen Deutsch. In: *Linguistische Berichte* 37, S. 1–12.

Rath, Rainer (1979): *Kommunikationspraxis*. Göttingen.

Redder, Angelika (2008): Functional Pragmatics. In: Gerd Antos/Eija Ventola/Tilo Weber (Hg.): *Interpersonal Communication*. Berlin, S. 133–178.

Redder, Angelika/Rehbein, Jochen (Hg.) (1987): Arbeiten zur interkulturellen Kommunikation. In: *Osnabrücker Beiträge zur Sprachtheorie* 38, S. 7–21.

Reeg, Ulrike/Gallo, Pasquale/Moraldo, Sandro M. (Hg.) (2012): *Gesprochene Sprache im DaF-Unterricht. Zur Theorie und Praxis eines Lerngegenstandes*. Münster.

Rehbein, Jochen (Hg.) (1985): *Interkulturelle Kommunikation*. Tübingen.

Rehbein, Jochen (2001): Das Konzept der Diskursanalyse. In: Klaus Brinker/Gerd Antos/Wolfgang Heinemann/Sven F. Sager (Hg.): *Text- und Gesprächslinguistik*. Berlin, S. 927–945.

Rickheit, Gert/Strohner, Hans (1993): *Grundlagen der kognitiven Sprachverarbeitung*. Tübingen.

Rossano, Frederico (2012): Gaze in Conversation. In: Jack Sidnell/Tanya Stivers (Hg.): *The Handbook of Conversation Analysis*. Chichester, S. 308–329.

Rupp, Heinz (1965): Gesprochenes und geschriebenes Deutsch. In: *Wirkendes Wort* 15, S. 19–29.

Sacks, Harvey (1971): Das Erzählen von Geschichten innerhalb von Unterhaltungen. In: *Kölner Zeitschrift für Soziologie und Sprachpsychologie* 15, S. 307–314.

Sacks, Harvey (1984): Notes on Methodology. In: J. Maxwell Atkinson/John Heritage (Hg.): *Structures of Social Action: Studies in Conversation Analysis*. Cambridge, S. 21–27.

Sacks, Harvey (1995): *Lectures on conversation*. Oxford.

Sacks, Harvey/Schegloff, Emanuel A. (1973): Opening up Closings. In: *Semiotica* 8, S. 289–327.

Sacks, Harvey/Schegloff, Emanuel A. (1979): Two Preferences in the Organization of Reference to Persons in Conversation and Their Interaction. In: George Psathas (Hg.): *Everyday Language. Studies in Ethnomethodology*. New York, S. 15–21.

Sacks, Harvey/Schegloff, Emanuel A. (2002): Home position. In: *Gesture 2*, S. 133–146.

Sacks, Harvey/Schegloff, Emanuel A./Jefferson, Gail (1974): A Simplest Systematics for the Organization of Turn-Taking in Conversation. In: *Language 50*, S. 696–735.

Sacks, Harvey/Schegloff, Emanuel A./Jefferson, Gail (1977): The Preference for Self-Correction in the Organization of Repair in Conversation. In: *Language* 53, S. 361–382.

Sager, Sven F. (2001): Probleme der Transkription nonverbalen Verhaltens. In: Klaus Brinker/Gerd Antos/Wolfgang Heinemann/Sven F. Sager (Hg.): *Text- und Gesprächslinguistik*. Berlin, S. 1069–1085.

Sandig, Barbara (1973): Zur historischen Kontinuität normativ diskriminierter syntaktischer Muster in spontaner Sprechsprache. In: *deutsche sprache* 3, S. 37–57.

Sapir, Edward (1921): *Language: An Introduction to the Study of Speech*. New York.

Schank, Gerd/Schoenthal, Gisela (1976): *Gesprochene Sprache*. Tübingen.

Schegloff, Emanuel A. (1968): Sequencing in conversational opening. In: *American Anthropologist* 70, S. 1075–1095.

Schegloff, Emanuel A. (1979a): The relevance of repair to syntax-for-conversation. In: Talmy Givon (Hg.): *Syntax and Semantics*. New York, S. 261–286.

Schegloff, Emanuel A. (1979b): Identification and recognition in telephone openings. In: George Psathas (Hg.): *Everyday language*. New York, S. 23–78.

Schegloff, Emanuel A. (1984): On some gestures' relation to talk. In: J. Maxwell Atkinson (Hg.): *Structures of Social Action*. Cambridge, S. 266–296.

Schegloff, Emanuel A. (1986): The Routine as Achievement. In: *Human Studies 9*, S. 111–152.

Schegloff, Emanuel A. (1990): On the organization of sequences as a source of ›coherence‹ in talk-in-interaction. In: Bruce Dorval (Hg.): *Conversational Organization and its Development*. Norwood, S. 51–77.

Schegloff, Emanuel A. (1992): Repair after Next Turn: The Last Structurally Provided De-fense of Intersubjectivity in Conversation. In: *American Journal of Sociology 97*, S. 1295–1345.

Schegloff, Emanuel A. (1993): Reflections on Quantification in the Study of Conversation. In: *Research on Language and Social Interaction 26*, S. 99–128.

Schegloff, Emanuel A. (1996): Turn Organization: One Direction for Inquiry into Grammar and Interaction. In: Elinor Ochs/Emanuel A. Schegloff/Sandra A. Thompson (Hg.): *Interaction and Grammar*. Cambridge, S. 52–133.

Schegloff, Emanuel A. (1997): Practices and Actions: Boundary Cases of Other-Initiated Repair. In: *Discourse Processes 23*, S. 499–445.

Schegloff, Emanuel A. (1998): Body Torque. In: *Social Research 65*, S. 535–596.

Schegloff, Emanuel A. (2007): *Sequence organization in interaction*. Cambridge.

Schegloff, Emanuel A./Ochs, Elinor/Thompson, Sandra A. (1996): Introduction. In: Emanuel A. Schegloff/Elinor Ochs/Sandra A. Thompson (Hg.): *Interaction and Grammar*. Cambridge, S. 1–51.

Scheutz, Hannes (2005): Pivot constructions in spoken German. In: Auli Hakulinen/Margret Selting (Hg.): *Syntax and Lexis in Conversation*. Amsterdam, S. 103–128.

Schiffrin, Deborah (1994): *Approaches to Discourse*. Oxford.

Schlobinski, Peter (1987): *Stadtsprache Berlin. Eine soziolinguistische Untersuchung*. Berlin.

Schmidt, Jürgen Erich (2002): Die sprachhistorische Genese der mittelfränkischen Tonakzente. In: Peter Auer/Peter Gilles/Helmut Spiekermann (Hg.): *Silbenschnitt und Tonakzente*. Tübingen, S. 201–233.

Schmidt, Thomas (2007): Transkriptionskonventionen für die computergestützte gesprächsanalytische Transkription. In: *Gesprächsforschung – Online-Zeitschrift zur verbalen Interaktion 8*, S. 229–241.

Schmidt, Thomas (2016): Construction and Dissemination of a Corpus of Spoken Interaction – Tools and Workflows in the FOLK project. In: *Journal for language technology and computational linguistics 31*, S. 127–154.

Schmitt, Reinhold (2005): Zur multimodalen Struktur von turn-taking. In: *Gesprächsforschung – Online-Zeitschrift zur verbalen Interaktion 6*, S. 17–61.

Schmitt, Reinhold (2007): Von der Konversationsanalyse zur Analyse multimodaler Interaktion. In: Heidrun Kämper/Ludwig M. Eichinger (Hg.): *Sprach-Perspektiven. Germanistische Linguistik und das Institut für Deutsche Sprache*. Tübingen, S. 395–417.

Schmitt, Reinhold (2012): Zur Multimodalität von Unterstützungsinteraktion. In: *Deutsche Sprache 40*, S. 343–371.

Schmitt, Reinhold/Knöbl, Ralf (2013): Recipient design aus multimodaler Sicht. In: *Deutsche Sprache 41*, S. 242–276.

Schmölders, Claudia (1979): *Die Kunst des Gesprächs*. München.

Schneider, Jan Georg (2008): *Spielräume der Medialität*. Berlin.

Schneider, Jan Georg (2016): Nähe, Distanz und Medientheorie. In: Helmuth Feilke/Mathilde Hennig (Hg.): *Zur Karriere von ›Nähe und Distanz‹*. Berlin, S. 333–356.

Schneider, Jan Georg (2017): Medien als Verfahren der Zeichenprozessierung: Grundsätzliche Überlegungen zum Medienbegriff und ihre Relevanz für die Gesprächsforschung. In: *Gesprächsforschung – Online-Zeitschrift zur verbalen Interaktion 18*, S. 34–55.

Schneider, Jan Georg/Butterworth, Judith/Hahn, Nadine (Hg.) (2018): *Gesprochener Standard in syntaktischer Perspektive*. Tübingen.

Schneider, Wolfgang Ludwig (1994): *Die Beobachtung von Kommunikation*. Opladen.

Schönfeldt, Juliane (2002): Die Gesprächsorganisation in der Chat-Kommunikation. In: Michael Beißwenger (Hg.): *Chat-Kommunikation*. Stuttgart, S. 25–53.

Schönfeldt, Juliane/Golato, Andrea (2003): Repair in chats: A conversation analytic approach. In: *Research on Language and Social Interaction 36*, S. 241–284.

Schönherr, Beatrice (1997): *Syntax – Prosodie – nonverbale Kommunikation*. Tübingen.

Schoonjans, Steven (2018): *Modalpartikeln als multimodale Konstruktionen. Eine korpusbasierte Kookkurrenzanalyse von Modalpartikeln und Gestik im Deutschen*. Berlin.

Schoonjans, Steven et al. (2015): Multimodalität in der Konstruktionsgrammatik. Eine kritische Betrachtung illustriert anhand einer Gestikanalyse der Partikel *einfach*. In: Jörg Bücker/Susanne Günthner/Wolfgang Imo (Hg.): *Konstruktionsgrammatik V. Konstruktionen im Spannungsfeld von sequenziellen Mustern, kommunikativen Gattungen und Textsorten*. Tübingen, S. 291–308.

Schütz, Alfred (1972): Der Fremde. In: Arvid Brodersen (Hg.): *Alfred Schütz. Gesammelte Aufsätze. Band 2: Studien zur soziologischen Theorie*. Den Haag, S. 53–69.

Schütz, Alfred (1993): *Der sinnhafte Aufbau der sozialen Welt* [1933]. Frankfurt a. M.

Schütz, Alfred/Luckmann, Thomas (1979): *Strukturen der Lebenswelt*. Frankfurt a. M.

Schwarze, Cordula/Bose, Ines (2013): Mündliche Rhetorik im DaF-Unterricht: Zur Vermittlung von Rede- und Gesprächskompetenz. In: *Deutsch als Fremdsprache 2*, S. 74–84.

Schwitalla, Johannes (2002): Kleine Wörter. Partikeln im Gespräch. In: Jürgen Dittmann/Claudia Schmidt (Hg.): *Über Wörter*. Freiburg, S. 259–282.

Schwitalla, Johannes (2006): Gespräche über Gespräche. Nach- und Nebengespräche über ausgeblendete Aspekte einer Interaktion. In: *Gesprächsforschung – Onlinezeitschrift zur verbalen Interaktion 7*, S. 229–247.

Schwitalla, Johannes (2015): *Gesprochenes Deutsch: eine Einführung*. Berlin.

Scollon, Ron/Wong Scollon, Suzanne (1995): *Intercultural Communication*. Oxford.

Searle, John R. (1969): *Speech Acts*. Cambridge.

Selting, Margret (1983): Institutionelle Kommunikation. Stilwechsel als Mittel strategischer Interaktion. In: *Linguistische Berichte 86*, S. 29–48.

Selting, Margret (1987): *Verständigungsprobleme. Eine empirische Analyse am Beispiel der Bürger-Verwaltungs-Kommunikation*. Tübingen.

Selting, Margret (1993): Voranstellungen vor den Satz: zur grammatischen Form und interaktiven Funktion von Linksversetzung und Freiem Thema im Deutschen. In: *Zeitschrift für germanistische Linguistik 21*, S. 291–319.

Selting, Margret (1995): *Prosodie im Gespräch. Aspekte einer interaktionalen Phonologie der Konversation*. Tübingen.

Selting, Margret (1997): So genannte ›Ellipsen‹ als interaktiv relevante Konstruktionen? In: Peter Schlobinski (Hg.): *Syntax des gesprochenen Deutsch*. Opladen, S. 117–156.

Selting, Margret (2000a): The construction of units in conversational talk. In: *Language in Society 29*, S. 477–517.

Selting, Margret (2000b): Berlinische Intonationskonturen: ›Der Springton‹. In: *Deutsche Sprache 28*, S. 193–231.

Selting, Margret (2003a): Fallbögen im Dresdenerischen. In: *Deutsche Sprache 31*, S. 142–170.

Selting, Margret (2003b): Treppenkonturen im Dresdenerischen. In: *Zeitschrift für germanistische Linguistik 31*, S. 1–43.

Selting, Margret (2004): Listen: sequenzielle und prosodische Struktur einer kommunikativen Praktik. In: *Zeitschrift für Sprachwissenschaft* 23, S. 1–46.

Selting, Margret (2007): ›Grammatik des gesprochenen Deutsch‹ im Rahmen der Interaktionalen Linguistik. In: Vilmos Ágel/Mathilde Hennig (Hg.): *Zugänge zur Grammatik der gesprochenen Sprache*. Niemeyer, S. 99–135.

Selting, Margret (2010): Prosody in interaction: State of the art. In: Dagmar Barth-Weingarten/Reber Elizabeth/Margret Selting (Hg.): *Prosody in Interaction*. Amsterdam, S. 3–40.

Selting, Margret et al. (1998): Gesprächsanalytisches Transkriptionssystem. In: *Linguistische Berichte* 173, S. 91–122.

Selting, Margret et al. (2009): Gesprächsanalytisches Transkriptionssystem 2 (GAT 2). In: *Gesprächsforschung – Online-Zeitschrift zur verbalen Interaktion* 10, S. 353–402.

Selting, Margret/Hinnenkamp, Volker (1989): Einleitung zum Sammelband Stil und Stilisierung: Arbeiten zur interpretativen Soziolinguistik. In: Volker Hinnenkamp/Margret Selting (Hg.): *Stil und Stilisierung: Arbeiten zur interpretativen Soziolinguistik*. Tübingen, S. 1–23.

Seyfeddinipur, Mandana (2006): *Disfluency: interrupting speech and gesture*. Wageningen.

Shannon, Claude/Weaver, Warren (1949): *The Mathematical Theory of Communication*. Urbana.

Sieberg, Bernd (2013): *Sprechen lehren, lernen und verstehen*. Tübingen.

Sievers, Eduard (1881): *Grundzüge der Phonetik: zur Einführung in das Studium der Lautlehre der indogermanischen Sprachen*. Leipzig.

Silverstein, Michael (1992): The Indeterminacy of Contextualization: When is Enough Enough? In: Peter Auer/Aldo Di Luzio (Hg.): *The Contextualization of Language*. Amsterdam, S. 55–75.

Sinclair, John McH./Mauranen, Anna (2006): *Linear unit grammar*. Amsterdam.

Söll, Ludwig (1974): *Gesprochenes und geschriebenes Französisch*. Berlin.

Spiegel, Carmen (2006): *Unterricht als Interaktion*. Mannheim.

Spiegel, Carmen (2013a): Gesprächskompetenzen in der Sekundarstufe II. In: Steffen Gaiberger/Frauke Wietzke (Hg.): *Handbuch Kompetenzorientierter Deutschunterricht*. Weinheim, S. 439–457

Spiegel, Carmen (2013b): Die ausbildungsvorbereitende Förderung von Gesprächskompetenzen an Realschulen. In: Christian Efing (Hg.): *Ausbildungsvorbereitung im Deutschunterricht der Sekundarstufe I*. Frankfurt a. M., S. 299–318

Spiegel, Carmen/Berkemeier, Anne (2014): In der Schule Gesprächsfähigkeit fordern und fördern: Moderieren – Argumentieren – Zuhören. In: Elke Grundler/Carmen Spiegel (Hg.): *Konzeptionen des Mündlichen*. Bern, S. 120–142.

Spranz-Fogasy, Thomas (1992): Ärztliche Gesprächsführung – Inhalte und Erfahrungen gesprächsanalytisch fundierter Weiterbildung. In: Reinhard Fiehler/Wolfgang Sucharowski (Hg.): *Kommunikationsberatung und Kommunikationstraining*. Opladen, S. 68–78.

Spranz-Fogasy, Thomas (1999): Medikamente im Gespräch zwischen Arzt und Patient – Gesprächsanalysen für die Praxis. In: Sächsische Akademie der Wissenschaften zu Leipzig (Hg.): *Werkzeug Sprache*. Hildesheim, S. 240–258.

Spreckels, Janet (2006): *Britneys, Fritten, Gangschta und wir: Identitätskonstitution in einer Mädchengruppe: Eine ethnographisch-gesprächsanalytische Untersuchung*. Frankfurt a. M.

Staffeldt, Sven (2014): Sprechakttheoretisch analysieren. In: Sven Staffeldt/Jörg Hagemann (Hg.): *Pragmatiktheorien*. Tübingen, S. 105–148.

Steger, Hugo (1967): Gesprochene Sprache. Zu ihrer Typik und Terminologie. In: Hugo Moser (Hg.): *Satz und Wort im heutigen Deutsch*. Düsseldorf, S. 259–291.

Stein, Stephan (2003): *Textgliederung: Einheitenbildung im geschriebenen und gesprochenen Deutsch – Theorie und Empirie.* Berlin.

Stoltenburg, Benjamin (2007): Wenn Sätze in die Auszeit gehen. In: Ágel Vilmos/ Mathilde Hennig (Hg.): *Zugänge zur Grammatik der gesprochenen Sprache.* Niemeyer, S. 137–176.

Stoltenburg, Benjamin (2016): *Zeitlichkeit als Ordnungsprinzip der gesprochenen Sprache.* Tübingen.

Streeck, Jürgen (2014): Mutual gaze and recognition. Revisiting Kendon's »Gaze direction in two-person conversation«. In: Mandana Seyfeddinipur/Marianne Gullberg (Hg.): *From Gesture in Conversation to Visible Action as Utterance: Essays in honor of Adam Kendon.* Amsterdam, S. 35–55.

Streeck, Jürgen/Goodwin, Charles/LeBaron, Curtis (2011): An Introduction. In: Jürgen Streeck/Charles Goodwin/Curtis LeBaron (Hg.): *Embodied Interaction language and body in the material world.* Cambridge, S. 1–26.

Stukenbrock, Anja (2008): »Wo ist der Hauptschmerz?« – Zeigen am menschlichen Körper in der medizinischen Kommunikation. In: *Gesprächsforschung – Online-Zeitschrift zur verbalen Interaktion* 9, S. 1–33.

Stukenbrock, Anja (2009a): Herausforderungen der multimodalen Transkription: Methodische und theoretische Überlegungen aus der wissenschaftlichen Praxis. In: Karin Birkner/Anja Stukenbrock (Hg.): *Die Arbeit mit Transkripten in Fortbildung, Lehre und Forschung.* Mannheim, S. 144–168.

Stukenbrock, Anja (2009b): Referenz durch Zeigen: Zur Theorie der Deixis. In: *Deutsche Sprache* 37, S. 289–316.

Stukenbrock, Anja (2010): Überlegungen zu einem multimodalen Verständnis der gesprochenen Sprache am Beispiel deiktischer Verwendungsweisen des Ausdrucks ›so‹. In: Norbert Dittmar/Nils Bahlo (Hg.): *Studien zum gesprochenen Deutsch.* Tübingen, S. 165–193.

Stukenbrock, Anja (2013): Sprachliche Interaktion. In: Peter Auer (Hg.): *Sprachwissenschaft: Grammatik – Interaktion – Kognition.* Stuttgart, S. 217–259.

Stukenbrock, Anja (2015): *Deixis in der face-to-face-Interaktion.* Berlin.

Stukenbrock, Anja (2018): Blickpraktiken von SprecherInnen und AdressatInnen bei der Lokaldeixis: Mobile Eye Tracking-Analysen zur Herstellung von. In: *Gesprächsforschung – Online-Zeitschrift zur verbalen Interaktion* 19, S. 132–168.

Stukenbrock, Anja/Birkner, Karin (2010): Multimodale Ressourcen für Stadtführungen. In: Marcella Costa/Bernd Müller-Jacquier (Hg.): *Deutschland als fremde Kultur: Vermittlungsverfahren in Touristenführungen.* München, S. 214–243.

Szczepek Reed, Beatrice (2015): Managing the Boundary Between »Yes« and »But«: Two Ways of Disaffiliating with German *ja aber* and *jaber.* In: *Research on Language and Social Interaction* 48, S. 32–57.

Szczepek, Beatrice (2000a): Formal Aspects of Collaborative Constructions in English Conversation. In: *InLiSt* 17, S. 1–34.

Szczepek, Beatrice (2000b): Functional Aspects of Collaborative Constructions in English Conversation. In: *InLiSt* 21, S. 1–36.

ten Have, Paul (2007): *Doing Conversation Analysis.* London.

Thompson, Sandra A./Couper-Kuhlen, Elizabeth (2005): The clause as a locus of grammar and interaction. In: *Language and Linguistics* 6, S. 807–837.

Trudgill, Peter (1986): *Dialects in Contact.* Oxford.

Uhmann, Susanne (1991): *Fokusphonologie. Eine Analyse deutscher Intonationskonturen.* Tübingen.

Uhmann, Susanne (1992): Contextualizing Relevance: On some Forms and Functions of Speech Rate Changes in Everyday Conversation. In: Peter Auer/Aldo Di Luzio (Hg.): *The Contextualization of Language.* Amsterdam, S. 297–336.

Uhmann, Susanne (1997): Selbstreparaturen in Alltagsdialogen: Ein Fall für eine integrative Konversationstheorie. In: Peter Schlobinski (Hg.): *Zur Syntax des gesprochenen Deutsch*. Opladen, 157–180.

Uhmann, Susanne (2015): Multimodale Ko-Konstruktionen: Gestische Lokaldeixis im Bauchraum. In: Dausendschön-Gay Ulrich/Elisabeth Gülich/Ulrich Krafft (Hg.): *Ko-Konstruktionen in der Interaktion. Die gemeinsame Arbeit an Äußerungen und anderen sozialen Ereignissen*. Bielefeld, S. 209–228.

Uhmann, Susanne/Couper-Kuhlen, Elizabeth/Selting, Margret (1996): On Rhythm in Everyday German Conversation: Beat Clashes in Assessment Utterances. In: Elizabeth Couper-Kuhlen/Margret Selting (Hg.): *Prosody in Conversation: Interactional Studies*. Cambridge, S. 303–365.

Wälchli, Bernhard/Ender, Andrea (2013): Wörter. In: Peter Auer (Hg.): *Sprachwissenschaft: Grammatik – Interaktion – Kognition*. Stuttgart, S. 91–136.

Wegner, Lars (2016): *Lehrkraft-Eltern-Interaktionen am Elternsprechtag: Eine gesprächs- und gattungsanalytische Untersuchung*. Berlin.

Weidner, Beate (2012): Gesprochenes Deutsch für die Auslandsgermanistik – eine Projektvorstellung. In: *Info DaF* 39, S. 31–51.

Weidner, Beate (2015): Das funktionale Spektrum von *ja* im Gespräch – ein Didaktisierungsvorschlag für den DaF-Unterricht. In: Wolfgang Imo/Sandro M. Moraldo (Hg.): *Interaktionale Sprache und ihre Didaktisierung im DaF-Unterricht*. Tübingen, S. 165–195.

Weidner, Beate (2017): *Kommunikative Herstellung von Infotainment – gesprächslinguistische und multimodale Analysen einer TV-Kochsendung*. Berlin.

Weidner, Beate (i. E.): Gesprochene Sprache als Unterrichtsgegenstand. In: Zeynep Kalkavan-Aydin (Hg.): *Deutsch als Zweit-/Fremdsprache – Didaktik für die Sek. I und II*. Berlin.

Weigand, Edda (1994): Discourse, Conversation, Dialogue. In: Edda Weigand (Hg.): *Concepts of Dialogue*. Tübingen, S. 49–75.

Weigand, Edda (2000): The dialogic action game. In: Malcom Coulthard/Janet Cotterill/Frances Rock (Hg.): *Dialogue Analysis VII*. Tübingen, 1–18.

Weingarten, Rüdiger (2001): Voraussetzungen und Formen technisch realisierter Kommunikation. In: Klaus Brinker/Gerd Antos/Wolfgang Heinemann/Sven F. Sager (Hg.): *Text- und Gesprächslinguistik*. Berlin, S. 1141–1148.

Weinrich, Harald (2005): *Textgrammatik der deutschen Sprache*. Hildesheim.

Weiß, Clarissa (2018): When gaze-selected next speakers do not take the turn. In: *Journal of Pragmatics* 133, S. 28–44.

Weiß, Clarissa/Auer, Peter (2016): Das Blickverhalten des Rezipienten bei Sprecherhäsitationen: eine explorative Studie. In: *Gesprächsforschung – Online-Zeitschrift zur verbalen Interaktion* 17, S. 132–167.

Weithase, Irmgard (1961): *Zur Geschichte der gesprochenen deutschen Sprache*. Tübingen.

Wenger, Etienne (1998): *Communities of Practice. Learning, Meaning, and Identity*. Cambridge.

Westfahl, Swantje/Schmidt, Thomas (2013): POS für(s) FOLK – Part of Speech Tagging des Forschungs- und Lehrkorpus Gesprochenes Deutsch. In: *JLCL* 28, S. 139–153.

Wittgenstein, Ludwig (2001): *Philosophische Untersuchungen*. [1953]. Frankfurt a. M.

Wooffitt, Robin (2005): *Conversation Analysis and Discourse Analysis*. London.

Ziegler, Evelyn (2009): »Ich sag das jetzt so, weil das steht auch so im Duden!«: Sprachwandel als Sprachvariation: *weil*-Sätze. In: *Praxis Deutsch* 215, S. 45–51.

Ziegler, Evelyn/Tophinke, Doris (2014): Spontane Dialektthematisierungen in der Weblogkommunikation. In: Christina Cuonz/Rebekka Studler (Hg.): *Sprechen über Sprache*. Tübingen, S. 205–242.

Zifonun, Gisela/Hoffmann, Ludger/Strecker, Bruno (1997): *Grammatik der deutschen Sprache*. Berlin.

Zima, Elisabeth (2014): Gibt es multimodale Konstruktionen? Eine Studie zu

[V(motion) in circles] und [all the way from X PREP Y]. In: *Gesprächsforschung – Online-Zeitschrift zur verbalen Interaktion* 15, S. 1–48.

Zima, Elisabeth (2017): Multimodale Mittel der Rederechtsaushandlung im gemeinsamen Erzählen in der Face-to-Face Interaktion Elisabeth Zima. In: *Gesprächsforschung – Online-Zeitschrift zur verbalen Interaktion* 18, S. 241–273.

Zimmermann, Heinz (1965): *Zu einer Typologie des spontanen Gesprächs*. Bern.

Zitta, Eva (2015): »weißte WAS?« – Erzählen im DaF-Unterricht. In: Sandro M. Moraldo/Wolfgang Imo (Hg.): *Interaktionale Sprache im DaF-Unterricht*. Tübingen, S. 113–131.

14 Sachregister

A

Abbruch 95
Abkürzungen, Transkription von 101
action ascription s. Handlungszuschreibung
adjacency pairs s. Paarsequenz
Adressatenorientierung 218
Adressatenzuschnitt 218–219
Akkommodation, sprachliche 267
Akzent 94, 212
Akzentuierung 95, 203
Akzentuierung, stoßende 205
Akzentverdichtung 212
Allegrosprechen 99
Alltag 72, 134
Analyse, qualitative 57, 62, 133, 281
Analyse, quantitative 57, 61, 133, 281
Annotation 107, 114–115
Anonymisierung 78, 113
Anschluss, schneller 87, 97–98
Anthropologische Linguistik 59
Antwortellipse 183
Antwortpartikel 191, 227
Apokoinu-Konstruktionen 159
Aposiopese 180, 185, 207, 222
Apposition 193
Audioaufnahme 67, 70, 75, 106
Audiodaten 109
Audiosnippets 112
Aufzeigepraktik 29, 136
Äußerungsabbruch 87

B

Basistranskript 86
Beteiligungsrahmen 250
Bewertung 228, 233
Blick 250, 252
Blickkontakt 131
body torque 254
Bottom-up Analyseverfahren 133
Brechungsexperiment 45, 47

C

Chatkommunikation 80, 170
chunk 139, 151
Code-Switching 273, 279
community of practice 270, 278
Computer-Mediated Discourse Analysis (CMDA) 283
computervermittelte Kommunikation 20, 283
Conversation Analysis *s.* Konversationsanalyse

Courier New 89

D

Daten, authentische 48, 51, 63, 71
Datenbank 77, 132
Datenbank Gesprochenes Deutsch (DGD) 77
Daten, mehrsprachige, Transkription von 105
Daten, multimodale 78
Daten, mündliche 71
Daten, schriftliche 71
Datensitzung 92
Deduktion 52–53, 133
Dehnung 96, 98, 200
Deklinationstrend 214
Deutsch-als-Fremdsprache-Unterricht (DaF) 298
Deutsch-als-Zweitsprache-Unterricht (DaZ) 298
deviant case analysis 53
Dialog 10–11, 16, 23, 36, 49
Dialoganalyse 11, 13, 16, 48
Dialogism 36
Dialogizität 36
Dichte Konstruktion 184
Diskurs 14–16
Diskursanalyse 16, 48
Diskursanalyse, Foucaultsche 14
Diskursanalyse, Kritische 14
Diskursanalyse, linguistische 15, 284, 296
Diskursforschung, angewandte 296
Diskursmarker 62, 156
Diskursmarker, prosodische Realisierung der 159
display s. Aufzeigepraktik
Dortmunder Chat-Korpus 80, 285
Druckkontur 203
du-Einstellung 42

E

Ein- und Ausatmen 101
Einverständniserklärung 73–75, 78
Ellipse 180
embodiment 256
Emergenz 65, 163
emisch 278
Emoji 81, 225, 286, 289
Emojis, Funktionen von 291
Emoticon 81, 225
Empirie 48, 51, 61, 71
Engebildung, artikulatorische 206

J. B. Metzler © Springer-Verlag GmbH Deutschland, ein Teil von Springer Nature, 2019
W. Imo / J. P. Lanwer, *Interaktionale Linguistik*,
https://doi.org/10.1007/978-3-476-05549-1_14

Sachregister

enregisterment 279
Erkenntnisprozessmarker 228
Erzählung 58–59, 179, 184, 233
Erzählung, multimodale 261
Ethnographie der Kommunikation
  s. Soziolinguistik, Interaktionale
ethnographische Hintergrundinfor-
  mationen 79
Ethnomethode 43, 46, 269
Ethnomethodologie 39, 43–44, 46
Ethnoregel 53, 57–58, 63
etisch 278
Expansion 140, 150, 165–166
Eyetracking 252

F

Face-to-face-Interaktion 23, 32–33, 67,
  245–246
Feintranskript 87, 104, 199, 209
F-Formation 254
Flüchtigkeit 141
Flüstern 207
Fokus 212
Fokusakzent 93, 204, 209, 212
Fokuspartikel 191
force accent 205
Formalität, Grad der 5, 49
Formant 117
Formulierung 242
Formulierungsverfahren 218
Forschungs- und Lehrkorpus
  (FOLK) 77, 82, 133
Freiburger Redekonstellations-
  modell 20, 28
Freies Thema 155
Fremdheit, methodische 134
Fremdwahl 175
Fremdwörter, Transkription von 101
Funktionale Pragmatik 15, 296
Funktion, interaktionale 61, 63, 136,
  275

G

GAT *s.* Gesprächsanalytisches Tran-
  skriptionssystem
Gebärdensprache 2
Generalisierbarkeit 132
Generalisierung 61
Generalthese der wechselseitigen
  Perspektiven 40
geschriebene Sprache 17–18, 27
Gespräch 17, 20, 49–50
Gesprächsanalyse 18, 48
Gesprächsanalytisches Transkriptions-
  system (GAT) 82, 84
Gesprächsbeendigung 58

Gesprächseinstieg 286
Gesprächseröffnung 58
Gesprächsforschung, angewandte 295–
  296
gesprochene Sprache 17–18, 27
Gesprochene-Sprache-Forschung 19
Gestalt 151, 166, 174
Gestalt, prosodische 197
Gestalt, syntaktische 146
Gestalt, tonale 209
Gesteneinheit 128
Gestenphrase 128
Gestenraum 131
Gestik 194
Gestikulieren 128
Glottalverschluss 95
Grammatik 35, 64, 145, 192, 195
Grenzton 93, 95, 209
Grundfrequenz 116–117, 207–208
Gruppen, soziale 268
Grußfloskel 286

H

Halbinterpretative Arbeitstran-
  skriptionen (HIAT) 82
Handeln, sprachliches 7, 30, 34–35,
  269
Handlung 30, 39, 43–44, 136
Handlungszuschreibung 43
Häsitation 201
Hauptakzent 87
Heckenausdruck *s. hedge*
hedge 142, 238
HIAT *s.* Halbinterpretative Arbeitstran-
  skriptionen
hold 129
Hörersignal 68, 101

I

Indexikalität 46–47, 236
Indifferenz, ethnomethodologische 51
Induktion 52–53, 133
Inkrement 165
Intensität 203, 205–206
Interaktion 30, 49–50
Interaktionale Linguistik 33, 44
Interaktionale Schriftlinguistik 283–
  284
Interaktionen 49
Interaktion, fokussierte 252
Interaktionsformation 253
Interaktionslinguistik 32
Interaktionsraum 251
Interaktivität 64
Interjektion 228
Interlinearübersetzung 105

Sachregister

Intersubjektivität 35
Intonation 208
Intonationskontur 197, 209, 214
Intonationsphrase 87, 91, 93, 108, 130, 191, 193, 202, 204, 208
Intonationssprache 194
Irrelevanzkonditionale 155
Irreversibilität 142

J

Jugendsprache 236

K

Klitisierung 96, 100
Kodalität 247
Kollaboration 34
Kollaborativität 230
Kollektion 78–79, 107, 115, 132
Kommentar, interpretierender 87
Kommunikation 9
Kommunikation, computervermit-
telte 49–50, 66, 142, 170, 246, 285
Kommunikation, institutionelle 50
Kommunikation, interkulturelle 32, 41, 296
Kommunikation, nonverbale 67
Kommunikationsbedingung 21
Kommunikationstraining 296
kommunikative Gattung 187, 285
Kompetenz 13, 17, 271
konditionelle Relevanz 177
Kongruenz der Relevanzsysteme 40
Konjunktion, koordinierende 157
Konjunktion, subordinierende 62, 157
Konkordanzen 114
Konstitutivität 64
Konstruktion, multimodale 262
Kontext 135, 192
Kontextgebundenheit 65
Kontext, sequenzieller 275
Kontextualisierung 59–60, 192, 272, 276
Kontextualisierungshinweis 66, 164, 225, 259, 265, 289
Kontextualisierungstheorie 60
Kontextualisierungsverfahren 273, 278
Kontrastmarkierung 95
Konversation 17, 20, 49
Konversationsanalyse 18, 31, 33, 35, 39, 44, 48, 50–51, 58, 61, 284, 295–296
Konversationsanalyse, angewandte 50
konzeptionelle Mündlichkeit/Schrift-
lichkeit 11, 19–21, 27
Kookkurrenz 280
Kooperation 34

Koordination, interpersonelle 249
Koordination, intrapersonelle 249
Koordinationsellipse 182
Kopräsenz 67
Korpus 57, 62, 76–77, 79, 132, 285
Kovariation 280
Kurznachrichtendatenbank
MoCoDa 285
Kurznachrichtenkommunikation 80

L

Lachen 101
Längungszeichen 98
Linearität 141
Linksversetzung 155

M

Maskieren der Tonspur 113
Maskieren von Gesprächsauf-
nahmen 113
Medialität 247
Medium 19–21, 27–28, 246, 283
Messengerkommunikation 80
Methode der Konversationsanalyse 56, 62
Methodizität 65
Mikropause 201
Minimaltranskript 85
Mitteilung s. Kommunikation
Mobile Communication Database
(MoCoDa) 80
Modalität 247
Modalpartikel 134, 227
Modalverben 300
Monolog 10–11, 23
Monologiztiät 36
Multimedialität 246
Multimodalität 32, 50, 66, 120–121, 123, 194, 245, 247–248
Muttersprachunterricht 297

N

Nachbarschaftspaar s. Paarsequenz
Nachlaufelement 96
Nähe-Distanz-Modell 284
Nähe und Distanz 19, 21
Nebenakzent 104
next turn proof procedure 137
nonverbal 245
noticing 52
Nukleusakzent 95

O

obwohl 62, 157
Off line-Syntax 143
On line-Syntax 140–141, 163

Sachregister

order at all points 58, 175, 201
Orthographie und Transkription 98

P

Paarsequenz 55, 58–59, 177, 183, 286
paraverbal 193, 195
Parenthese 147, 163
Parenthese, Funktionen der 165
Parenthese, prosodische Realiserung der 206
Parenthese, prosodische Realisierung der 163
participation framework s. Beteiligungsrahmen
Partikel 95
Partikel, multimodal gebrauchte 261
Partiturschreibweise 83
Part-of-Speech-Tagging 114
Pause 96–97, 200–201
Pause, gefühlte 97
Pause, gemessene 97, 110
Pause, geschätzte 111
Pausen, Funktion von 202
Pause, stille 202
Performanz *s.* Kompetenz
Planungszeit 26
Praat 115
Praktik 30
Praxis 30
Projektion 6, 146–147, 149, 157, 163, 174
Projektionsaufbau 150
Projektionseinlösung 150
Projektorkonstruktion 154, 156
Prosodie 6, 35, 66, 86, 92, 105, 172, 191, 196
Prozesshaftigkeit 28–29, 33, 136
Prozessualität 64, 140, 273
Pseudonymisierung 78

R

Rahmen, ritueller 286
Rechtsversetzung 166
recipient design s. Adressatenzuschnitt 218
Redeanführung 160
Redebeitrag *s.* Turn
Rederecht *s.* Turn-Taking
Redezug *s.* Turn
Referenz-Aussage-Struktur 144, 155
Referenzgrammatik 297
Reflexivität 65, 184, 292
Regel 44, 134
Regiolekt 270
Register, tonales 214
Regularität 44

Reparatur 24, 26, 58, 142, 149, 166, 175
Reparaturen, Präferenzordnung von 176
repariere 234
Repertoire, sprachliches 269
Retraktion 146, 149–150
Retranskription 77
Retroduktion 52–53, 133
Rezeptionssignal 101
Reziprozitätsthese 40
Rhythmisierung 212
Rhythmus 105
Routine 43
Routinefloskel 184
Rückversicherungssignal *s.* Vergewisserungssignal
Ruheposition 128

S

Satz als Gestalt 146, 151
Satz, strukturalistisch 151
Schalldruck 203
Schemahaftigkeit 65
Schriftlichkeit, interaktionale 283
Schriftsozialisation 126
Segment 91
Segmentieren 126, 151
Segmentierung 125, 141
Selbstwahl 175
Selektivität, doppelte 124
Semantik 217
Sequenz 29, 55, 59, 65, 125, 171, 177, 179–180, 274–275, 282
Sequenzialität 33, 59, 64, 171, 273
Sinn, geteilter 42
Sinn, objektiver 39, 42
Sinn, subjektiver 39, 42
Situation 31, 33
Situationsellipse 183
Skriptizismus 63
SMS-Kommunikation 80, 287
sollen 300
Soziolinguistik, interaktionale 10, 31, 35, 59, 271, 284, 296
Soziolinguistik, korrelative 272
Soziologie des Alltags 39
Sozioloinguistik, interaktionale 33
Spektrogramm 117
Sprache, geschriebene 283
Sprache, gesprochene 141, 283
Sprachkontakt 267
Sprachnachrichten 293
Sprachproduktionsanalyse 293
Sprachvariation 273
Sprachwandel 267

Sachregister

Sprechakttheorie 13
Sprechen 17–18, 266
Sprecherwechselsystem 58, 172, 174, 202, 250
Sprechgemeinschaft 268–269
Sprechgeschwindigkeit 87, 105, 202
Sprechrhythmus 203
Sprechstimme 208
Sprechtempo 200, 202
Sprechwissenschaft 17, 295
Standbild 112, 126
Stilisierung 276–277
Stimmqualität 208
Stimmumfang 117
stroke 129
Synchronisierung 142
Syntax 61, 151

T

Tabulator 89
Tagging 114–115
tag question s. Vergewisserungssignal
TCU *s.* turn constructional unit
teilnehmende Beobachtung 45
Temporalität 64
Text 15
Text-Ton-Alignierung 106, 108
Thema 179
Theorie der kommunikativen Gattungen 188
Tonakzentsprache 194
Tonhöhenanschluss 211
Tonhöhenbewegung 87, 93
Tonhöhenbewegung, finale 210
Tonhöhensprung 105
Tonhöhenverlauf 95
Tonsprache 194
transition relevance place 173
Transkript 77, 81, 83
Transkriptband 77
Transkription, multimodale 126
Transkription, phonetische 126
Transkriptionseditor 76, 92, 106
Transkriptionseditor ELAN 107
Transkriptionseditor EXMARaLDA Partitur Editor 106–107
Transkriptionseditor FOLKER 107
Transkriptkopf 76, 87–88
Transkript, multimodales 120–122
Trennung, räumliche und zeitliche 23
TRP *s. transition relevance place* 173
Turn 173
turn constructional unit 173
Turnkonstruktionseinheit *s. turn constructional unit*
Turn-Taking 23, 58

Turn-Taking-System *s.* Sprecherwechselsystem

U

übergaberelevante Stelle *s. transition relevance place*
Überlappung 92, 110, 174
unmotivated looking 52

V

Vagheit 233–234, 239
Variation, sprachliche 265
Varietäten 99, 265
Varietätenwechsel 265
verbal 245
Verbspitzenstellung 183
Vergewisserungssignal 96, 168
Verkörperung *s. embodiment*
Versprachlichungsstrategie 22
Verstehen 221
Verstehensdokumentation 169, 219–220
Verstehensmanifestation 223, 226, 229, 231
Verstehensprozesse 220
Verstehensthematisierung 221
Vertauschbarkeit der Standpunkte 40
Verzögerungssignal 101, 202
Videoaufnahme 67, 70, 106
Videodaten 109
Vorlaufelement 96
Vorwurf 42, 65, 137, 192

W

Wahrnehmungswahrnehmung 33, 251
weil 62, 157
Why that now? 59, 63, 271
wir-Beziehung 42
Workplace Studies 50, 295
World-Wide-Web als Datenlieferant 79
Wortbedeutung, interaktionale 243
Wortbetonung 95
Wörterbuch 297

Z

Zäsur 174
Zäsur, funktionale 152
Zäsurieren 151, 166
Zäsur, prosodische 151, 211
Zäsur, semantische 152
Zäsur, syntaktische 152
Zeigegeste 123, 130, 262
Zeitlichkeit 136, 140, 154
Zeitreihenverfahren 126
Zwiebelprinzip 85, 87